Toskana

Nordwestliche
Toskana
(S. 235)

Florenz
(S. 60)

Östliche
Toskana
(S. 282)

Etruskische
Riviera
& Elba
(S. 206)

Siena &
Zentraltoskana
(S. 131)

Elba

Südliche
Toskana
(S. 186)

Nicola Williams, Virginia Maxwell

WEIN IM CHIANTI S. 150

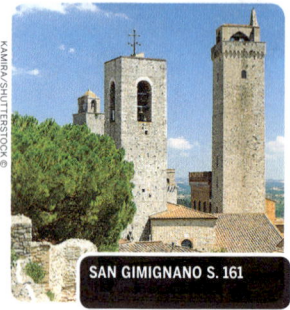

SAN GIMIGNANO S. 161

Inhalt

TRATTORIA IN FLORENZ
S. 60

Willkommen in der Toskana

Poetische Landschaften, Kunst von Weltrang und die unwiderstehliche cucina contadina (bäuerliche Küche) verschmelzen in der Toskana zu einem unvergesslichen Reiseerlebnis.

Bilderbuchlandschaft

Die Toskana erscheint uns zeitlos vertraut. Die berühmte Kuppel des Florentiner Doms, sanfte Hügel im Morgendunst und markante Zypressenalleen – die ganze mittelitalienische *regione* scheint nur aus Postkartenmotiven zu bestehen. Goldene Weizenfelder, silberne Olivenhaine und leuchtend grüne Weinberge bilden die anmutige Überleitung zu mittelalterlichen Hügeldörfern, Bergketten und üppigen Wäldern im Norden und idyllischen Inseln vor dem südlichen Küstenstreifen. Diese Bilderbuchlandschaft schreit geradezu nach Entdeckern, die sie zu Fuß oder mit dem Fahrrad erkunden.

Sensationelles Slow Food

Die Toskana ist ein Traumziel für Gourmets. Ihre Bewohner verbringen sehr viel Zeit damit, über Essen und Wein nachzusinnen und diese Gaumenfreuden zu genießen. Regional, saisonal, nachhaltig: Das ist die heilige Dreifaltigkeit der Toskana mit ihren erstklassigen Erzeugnissen. Zu einer Toskanareise gehören Abstecher zu Weingütern, um Spitzenweine wie Brunello di Montalcino und Vino Nobile di Montepulciano zu kosten, und zu einem *pastificio tradizionale*, wo Pasta kunstvoll von Hand geschnitten wird, ebenso wie die Suche nach dem ultimativen *bistecca alla fiorentina. Buon appetito!*

Lebendige Geschichte

Seit die Etrusker vorbeischauten und sich zum Bleiben entschlossen, hat die Toskana ihre Besucher verzaubert. Die Römer stockten hier ihre Getreidevorräte auf, die Christen folgten mittelalterlichen Pilgerrouten, Napoleon plünderte die Kunstschätze (und erduldete sein Exil in einer klassizistischen Prunkvilla auf Elba), Bildungsreisende pilgerten im 19. Jh. wie auch heute noch zu den Baudenkmälern von Florenz. Wenn der Sonnenuntergang den Arno rosa färbt, findet in dieser unfassbar schönen Stadt jeder das richtige Quartier, von altmodisch schlicht bis zum todschicken Boutiquehotel.

Hochburg der Kunst

Und was für Kunst! Die Etrusker schickten liebe Verstorbene mit erlesenen Grabbeigaben ins Jenseits, die Römer hinterließen ihr übliches Vermächtnis an monumentalen Skulpturen. Künstlerisch ganz groß raus kam die Toskana dann im Mittelalter und in der Renaissance, als Maler, Bildhauer und Baumeister hier Meisterwerke von Weltrang schufen. Die Kunst der Toskana, die heute in den Kirchen und Museen der ganzen Region sorgsam gehütet wird, ist einfach unvergleichlich. Und mit schräger Street Art in Florenz und Skulpturenparks auf dem Land dringt die Kunstszene auch ins 21. Jh. vor.

Warum ich die Toskana so liebe

Nicola Williams, Autorin

Die Toskana eroberte mein Herz auf einem Bauernhof in der Garfagnana. Wir waren beim Abendessen, als die Bauersfrau hereineilte und uns aufgeregt drängte, mit in den Stall zu kommen, um bei der Geburt eines Kalbs zuzusehen. Als sie danach verkündete „Wir nennen sie Kaya, nach Ihrer Tochter!", war ich sprachlos. Also hat meine Siebenjährige jetzt eine Kuh in der Toskana und ich bin um eine intime Verbindung mit dieser vielfältigen, seelenvollen, erdverbundenen Region reicher. Darum liebe ich die Toskana (von Trüffeln, Florenz, *aperitivi*, Renaissancekunst und Chianti-Wein mal ganz abgesehen).

Mehr Infos über unsere Autoren gibt's auf S. 379

Oben: Florenz (S. 59)

Toskana

ADRIA

LIGURIEN

EMILIA-ROMAGNA

MARKEN

Apuanische Alpen
Über Marmorberge voller
Wildblumen stapfen (S. 268)

Garfagnana
Wandern und in deftiger
Küche schwelgen (S. 268)

San Miniato
Kostbare weiße Trüffeln
finden und genießen (S. 267)

Florenz
Eine Zeitreise in die Renaissance unternehmen (S. 60)

Chianti
Italiens berühmtem Wein
huldigen (S. 150)

Lucca
Auf dem Stadtwall radeln
oder spazierengehen (S. 249)

Pisa
Den berühmten schiefen
Turm erklimmen (S. 240)

Modena

Bologna

Pontremoli
Lunigiana

Carrara
Massa
Pietrasanta
Versilia
Viareggio

Parco
Regionale
delle Alpi
Apuane

Apuanische Alpen

Castelnuovo
di Garfagnana
Barga

Bagni di
Lucca

Lucca

Pistoia

Pisa
Internationaler
Flughafen
Pisa

Parco Regionale
Migliarino
San Rossore
Massaciuccoli

Livorno

LIGURISCHES
MEER

44°N

Arno

Flughafen
Florenz

Fiesole

Florenz

San Miniato

San

Parco Nazionale
delle Foreste
Casentinesi,
Monte Falterona e
Campigna

Monte
Falterona
(1654 m)

Stia
Poppi

Riserva
Naturale
Vallombrosa

Chianti
Fiorentino

Greve in
Chianti

Chianti

Chianti
Senese
Gaiole in

Sarsepolcro

Arezzo

Tever

Arno

San Gimignano
Unter mittelalterlichen Türmen Vernaccia süffeln (S. 161)

Elba
Auf das Inselparadies der Toskana entfliehen (S. 222)

Siena
Gotische Gebäude und tolle Malerei bewundern (S. 132)

Arezzo
Die Fresken von Piero della Francesca bestaunen (S. 283)

Val d'Orcia
Durch Bilderbuchlandschaften fahren (S. 174)

Perugia

Lago Trasimeno

Cortona

Fiorentino

UMBRIEN

Orte

Viterbo

Orvieto

Montepulciano

Pienza

Val d'Orcia

Bagno Vignoni

Bagni San Filippo

Sorano

Sovana

Pitigliano

Montalcino

Riserva Naturale Lago di Burano

Orbetello

Lago di Burano

Parco Regionale della Maremma

Grosseto

Porto Santo Stefano

Monte Argentario

Giannutri

Siena

Massa Marittima

Vetulonia

Golfo di Follonica

TYRRHENISCHES MEER

Giglio

Campese

Bolgheri

Castagneto Carducci

San Vincenzo

Baratti

Piombino

Golfo di Baratti

Capoliveri

Elba

Cavo

Marciana Marina

Fetovaia

Pianosa

Capraia

Montecristo

11°O

43°N

| **HÖHE** |
| 1800 m |
| 1500 m |
| 1200 m |
| 800 m |
| 500 m |
| 300 m |
| 100 m |
| 0 |

ENTFERNUNGEN (km)

Hinweis: Die Entfernungen sind ungefähre Angaben

	Arezzo	Florenz	Grosseto	Livorno	Lucca	Pisa
Florenz	60					
Grosseto	100	113				
Livorno	126	80	110			
Lucca	117	61	130	36		
Pisa	121	69	120	19	17	
Siena	47	51	64	87	89	87

Die **Top 18**
der Toskana

1

✕Duomo, Florenz

1 Der Dom (S. 74) ist nicht nur das spektakulärste Gebäude von Florenz, sondern gehört wie das Kolosseum in Rom und der Schiefe Turm von Pisa zu den bekanntesten Wahrzeichen Italiens. Schon seine mehrfarbige Marmorfassade ist umwerfend. Doch der absolute Clou ist die markante rote Ziegelkuppel von Filippo Brunelleschi, eine der größten architektonischen Leistungen aller Zeiten. Wer die steile, enge Treppe zum unteren Rand der Kuppel erklimmt, kann tief in den Innenraum hinunterblicken – und dann weiterklettern, um das atemberaubende Stadtpanorama zu genießen.

✕Piazza del Campo, Siena

2 Zweimal im Jahr rennen hier Pferde um die Wette, einheimische Teenies nutzen die Piazza als Picknickplatz, und Touristen verschlägt der erste Anblick regelmäßig den Atem. Der leicht abschüssige, makellos gepflasterte Zentralplatz von Siena (S. 132) bildet seit dem 12. Jh. das geografische und historische Herz der Stadt. Die Piazza zwischen dem eleganten Palazzo Comunale und zahlreichen gut besuchten Terrassencafés ist *der* Ort in Siena, um zu flanieren, zu fotografieren und den Zauber dieser glorreichen gotischen Stadt von einzigartiger architektonischer Harmonie auf sich wirken zu lassen.

AB. ICP/ALAMY ©

CEZARY WOJTKOWSKI/SHUTTERSTOCK ©

✈ Chianti

3 Die uralte Weinbauregion (S. 150) ist die Toskana der Postkarten. Zypressenalleen führen zu grünen Weinbergen, silbrigen Olivenhainen, Bauernhäusern aus honigfarbenem Stein und Herrenhäusern, die zur Zeit der Renaissance für den Adel von Florenz und Siena gebaut wurden. Luxuriöse Unterkünfte und moderne toskanische Spitzenküche laden zu idyllischen Fluchten aus dem Alltag ein, zu romantischen Wanderungen und Ausflügen über grüne Landsträßchen zu den Weingütern, die den rubinroten, veilchenduftenden Chianti Classico produzieren.

✈ Uffizien, Florenz

4 Nur wenige Kunstmuseen lösen bei ihren Besuchern so ehrfürchtiges Staunen aus wie die Galleria degli Uffizi (S. 68), die in Florenz in einem Medici-Palazzo aus dem 16. Jh. residiert. Schon das riesige Gebäude fasziniert mit seiner prachtvollen Architektur und bewegten Geschichte. Seine gigantische Kunstsammlung strotzt vor Meisterwerken der Renaissance. Giotto, Botticelli, Michelangelo, Leonardo da Vinci, Raffael, Tizian und Caravaggio wetteifern um die Aufmerksamkeit der Kunstfreunde. Man sollte reichlich Zeit einplanen, um das auszukosten.

Der Geschmack der Toskana

5 „Wie deine Mutter zu kochen ist gut, wie deine Großmutter zu kochen besser", sagt ein toskanisches Sprichwort. Seit Urzeiten von Generation zu Generation vererbte Rezepte bilden das Fundament der heimischen Küche, die ein Highlight jeder Toskanareise darstellt. Deftige T-Bone-Steaks in alteingesessenen Trattorien wie Mario (S. 109) am zentralen Lebensmittelmarkt in Florenz, moderne Toskanaküche inmitten alter Antinori-Reben bei Rinuccio 1180, Gourmet-Streifzüge über Märkte voller frischer Saisonprodukte: *Buon appetito!*
Bistecca alla fiorentina (S. 42)

Entspannen im Agriturismo

6 Ob man die idyllische Schönheit der Landschaft vom Pool aus bewundern oder sich bei der Ernte die Hände schmutzig machen will – die *agriturismi* (Unterkünfte auf Bauernhöfen oder Weingütern) sind eine geniale Möglichkeit, ins toskanische Landleben einzutauchen. Immer dabei: Hausmannskost aus eigenen Erzeugnissen und grüne Weite ohne Ende. Barbialla Nuova (S. 267) ist ein idealer Mix aus Abenteuer (ungeteerte Landstraßen) und Annehmlichkeiten (stilvolle Einrichtung und grandiose Aussicht).

T PHOTOGRAPHY/SHUTTERSTOCK ©

Auf Trüffelsuche

7 Der kostbarste Schatz der italienischen Speisekammern ist die weiße Trüffel, die Hunde in den herbstfeuchten Wäldern um San Miniato aufspüren. Die Heimlichtuerei und Rivalität der einheimischen *tartufai* (Trüffelsucher) verleihen der Delikatesse zusätzliche Würze. Von Oktober bis Dezember können Besucher an der Trüffeljagd teilnehmen (S. 267). Oder sie folgen ihrer Nase nach San Miniato, wo im November die Mostra Mercato Nazionale del Tartufo Bianco (Nationale Verkaufsmesse für weiße Trüffeln) regiert.

Mittelalterfeste

8 Tiefe Einblicke in das Leben der Region bieten ihre ausgelassenen Feste – Schnappschüsse der toskanischen Kultur mit reichlich Essen, Wein und Gaudi. Im Frühjahr und Sommer veranstaltet fast jeder Ort sein eigenes Fest: Die Einheimischen werfen sich in Mittelaltertracht und gehen mit Armbrüsten und Lanzen aufeinander los. Oft spielen sie historische Konflikte zwischen den *contrade* (Stadtviertel) nach. Dafür winken traditonsreiche Trophäen wie der goldene Pfeil und das Seidenbanner des Balestro del Girifalco in Massa Marittima (S. 187).
Beim Palio (S. 146)

✗ Geschlechtertürme in San Gimignano

9 Sie bilden eine bezaubernde Skyline und dienen heute allen möglichen Zwecken, vom Wohnhaus bis zur Kunstgalerie. Die mittelalterlichen Geschlechtertürme von San Gimignano (S. 161) sind lebendige Wahrzeichen der toskanischen Geschichte. Besucher können die Torre Grossa des Palazzo Comunale besteigen und im Schatten der übrigen Türme flanieren, um über den Bürgerstolz und die nachbarliche Rivalität nachzusinnen, denen das Hügelstädtchen seine einzigartige Erscheinung verdankt.

9

Val d'Orcia

10 In sanftem Auf und Ab führen Sträßchen zwischen Weinbergen hindurch zu den mittelalterlichen Abteien Sant'Antimo und San Galgano, der Renaissancepracht von Pienza und den Weinstädtchen Montepulciano und Montalcino. Hier locken Klöster, in denen einst die Pilger auf der Via Francigena von Canterbury nach Rom nächtigten, ein ausgedehntes Mittagsmahl mit Brunello und einer der schönsten Roadtrips der Toskana – nicht umsonst steht das Orcia-Tal (S. 174) auf der Welterbeliste der Unesco.

PAOLO GALLO/SHUTTERSTOCK ©

10

✖ Sakrale Kunst in Arezzo

11 Dass es abseits der Touristenpfade liegt, trägt zum Charme des beschaulichen Städtchens (S. 283) im Osten der Toskana bei, das Siena in Sachen abschüssiger Zentralplätze locker übertrumpft. Arezzo strotzt nur so von mittelalterlichen Kirchen, die kostbare Kruzifixe, Fresken und andere Sakralkunst hüten. Für alle, die ein Kunstwerk zum Mitnehmen suchen: Am ersten Wochenende im Monat findet hier einer der bekanntesten Antiquitätenmärke Italiens statt. Fiera Antiquaria di Arezzo (S. 288)

Per Drahtesel durch Lucca

12 Ein Leihfahrrad, ein Picknickkorb und los geht's durch das hübsche Lucca (S. 249), über baumbestandene Piazze und gepflasterte Gassen, an denen sich mittelalterliche Kirchen, eine romanische Kathedrale und Palazzi aus dem 17. Jh. verstecken. Danach schmeckt ein Mittagessen aus regionalen Zutaten auf dem Stadtwall, auf dem ein Radweg verläuft (unbedingt probieren: *buccellato* aus der Bäckerei Taddeucci). Oder man unternimmt noch einen Ausflug zu den Prunkvillen der Umgebung.

Aperitivo

13 Der *aperitivo* (Drink mit Häppchen vor dem Abendessen) gehört zu den schönsten Ess- und Trinkritualen der Toskana. Man genießt ihn am besten nach einer *passeggiata* (frühabendlicher Spaziergang), zu der sich die halbe Stadt auf der Via de' Tornabuoni in Florenz, der Via Fillungo in Lucca oder anderen autofreien Flaniermeilen zu treffen scheint. Leutegucken gehört immer dazu. In Florenz heißt es da, sich einen Platz vor der Weinbar Le Volpi e l'Uva (S. 123) oder zwischen den cocktailschlürfenden Hipstern im Santarosa Bistrot oder bei Mad Souls & Spirits zu sichern.

✗ Die Apuanischen Alpen

14 Das schroffe Gebirge im Parco Regionale delle Alpi Apuane (S. 268) lockt Wanderer, Radfahrer und Autoreisende mit ruhigen Touren zwischen abgelegenen Bauernhöfen, mittelalterlichen Einsiedeleien und Bergdörfern. Spektakulär sind die Berghänge hinter der Stadt Carrara, wo seit der Römerzeit Marmor abgebaut wird. Besucher können einen Steinbruch besichtigen und im Dörfchen Colonnata *lardo di colonnata* (hauchfeine Speckscheiben) kosten, eine berühmte Leckerei der Toskana.

✕ Piazza dei Miracoli, Pisa

15 Auf dieser Piazza (S. 240) scheint die Geschichte zum Greifen nah. Das Ensemble romanischer Kirchenbauten, die Gott verherrlichen und bürgerlichen Reichtum zur Schau stellen sollten (und das nicht unbedingt in dieser Reihenfolge), beeindruckt durch seine außergewöhnliche architektonische Harmonie. Von der Akustik des Baptisteriums über Giovanni Pisanos marmorne Kanzel im Dom bis zur spektakulären Schieflage des weltberühmten Turms ist dieser Platz in der Tat voller Wunder.

Inselleben auf Elba

16 Elba (S. 222) ist das Toskanaparadies der anderen Art. Eine Mittelmeerinsel mit Orangenbäumen, Olivenhainen und jahrhundertealten Palmen, wie geschaffen für faule Strandtage, Küstenwanderungen und Fahrten zu Hügeldörfern, Traumbuchten und Fischerhäfen. Dank Napoleon, der 1814 hierher verbannt wurde, hat die Insel auch einige historische Sehenswürdigkeiten. Und natürlich die Weine und Olivenöle, die stolze Familienbetriebe seit Jahrhunderten erzeugen. Schlafzimmer im Museo Nazionale della Residenze Napoleoniche (S. 225)

15

ALESSIO CATELLI/SHUTTERSTOCK ©

MARCOCIANNAREL/SHUTTERSTOCK ©

Die Garfagnana

17 In den Hügeln nördlich von Lucca kann man Kastanien, Pilze, Honig und andere Früchte des Waldes schmausen, durch Wiesen voller Wildblumen wandern und über holperige Sträßchen von einem mittelalterlichen Bergdorf zum nächsten fahren. Am besten quartiert man sich bei einem *agriturismo* ein und verbringt die Tage mit Wandern, Mountainbiking und Schlemmerfesten der Hausmannskost am bäuerlichen Gemeinschaftstisch. Von der Garfagnana (S. 268) ist es dann nicht mehr weit zu den Stränden und Künstlerorten der Versilia.

Der Pilgerweg der Franziskaner

18 Das Santuario della Verna (Abbildung unten rechts; S. 298) in der Osttoskana und die Hügelstadt Assisi im benachbarten Umbrien, zwei der bedeutendsten christlichen Pilgerziele der Welt, verzaubern mit ihrem Mix aus Landschaft, Kunst, Geschichte und Religion. Vom Kloster im Casentino, wo der hl. Franziskus seine Wundmale empfangen haben soll, geht es weiter zu seinem Geburtsort. Dort lässt Giottos grandioser Freskenzyklus in der Oberkirche der Basilika garantiert niemanden unberührt.

Gut zu wissen

Weiteres unter Praktische Informationen (S. 351)

Währung
Euro (€)

Sprache
Italienisch

Visa
EU-Bürger und
Schweizer brauchen für
Italien kein Visum.

Geld
Dichtes Netz von
Geldautomaten. Die
meisten Hotels und viele
Restaurants akzeptieren
Kreditkarten.

Handy
Mit europäischen
Handys kann man in der
gesamten Toskana mobil
telefonieren. Mit einer
italienischen SIM-Karte
sind Inlandsgespräche
billiger.

Zeit
MEZ

Reisezeit

Warme bis heiße Sommer, milde Winter

Florenz
REISEZEIT
ganzjährig

Livorno
REISEZEIT
Mai–Okt.

Arezzo
REISEZEIT
ganzjährig

Siena
REISEZEIT
ganzjährig

Grosseto
REISEZEIT
März–Okt.

Hauptsaison
(Mai, Juni, Sept.
& Okt.)

➡ Die Übernach-
tungspreise steigen
um bis zu 50 %.

➡ Ideales Reise-
wetter, aber teils
großer Besucher-
andrang.

➡ Von Juni bis
September finden
die großen Festivals
statt.

Zwischensaison
(April, Juli & Aug.)

➡ Im April herrschen
angenehmes Wetter
und ein vernünftiges
Preisniveau.

➡ Im Hochsommer
ist es im Binnenland
heiß und an der
Küste voll.

➡ Sehenswürdigkei-
ten sind im Sommer
meist bis Sonnen-
untergang geöffnet.

Nebensaison
(Nov.–März)

➡ Genügend Unter-
künfte zu günstigen
Preisen, aber viele
Hotels haben ge-
schlossen.

➡ Manche Touris-
teninformationen
schließen.

➡ Viele Restaurants
machen Betriebs-
ferien.

Websites

Visit Tuscany (www.visit tuscany.com) Offizielle Website der Region Toskana

The Florentine (www.thefloren tine.net) Englischsprachige Zeitung für Florenz und weite Teile der Toskana

The Local (www.thelocal.it) Zuverlässige Quelle für regionale und gesamtitalienische Nachrichten auf Englisch

Il Sole 24 Ore (www.italy24. ilsole24ore.com) Digitale englischsprachige Ausgabe der italienischen Zeitung *Il Sole 24 Ore*

Girl in Florence (http://girlin florence.com) Aktuelle Tipps einer texanischen Bloggerin, die in Florenz zu Hause ist

Lonely Planet (www.lonely planet.com/italy/tuscany) Infos, Hotelbuchung, Forum u. v. m.

Wichtige Telefonnummern

Ländervorwahl Italien	39
Rettungswagen	118
Polizei	113
Notrufnummer vom Handy	112

Wechselkurs

Schweiz	1 €	1,17 sFr
	1 sFr	0,85 €

Aktuelle Wechselkurse siehe www.xe.com.

Tagesbudget

Budget: bis 80 €

➡ Bett im Schlafsaal: 16–36 €

➡ Panino: 5–8 €

➡ Abendessen in der Trattoria: 20 €

➡ Kaffee im Stehen an der Bar: 1 €

Mittelklasse: 80–200 €

➡ DZ im Mittelklassehotel: 110–200 €

➡ Abendessen im Restaurant: 35 €

➡ *Aperitivo*: 10 €

➡ Museumseintritt: 5–20 €

Gehoben: über 200 €

➡ DZ im Spitzenhotel: ab 200 €

➡ Abendessen toskanisch-modern: 50 €

➡ Kaffee auf einer Café-terrasse: 4–5 €

➡ Fremdenführer: 2 Std. 140 €

Öffnungszeiten

Die Öffnungszeiten variieren je nach Jahreszeit. Wir geben in diesem Führer Öffnungszeiten für den Sommer (Hauptsaison) und den Winter (Nebensaison) an; in der Zwischensaison können aber abweichende Öffnungszeiten gelten.

Banken Mo–Fr 8.30–13.30, 15.30–16.30 Uhr

Restaurants 12.30–14.30, 19.30–22 Uhr

Cafés 7.30–20 Uhr

Bars und Kneipen 10–1 Uhr

Geschäfte Mo–Sa 9–13, 15.30–19.30 (oder 16–20) Uhr

Ankunft in der Toskana

Internationaler Flughafen Pisa LAM-Rossa-Busse nach Pisa-Zentrum (1,20 €). Automatisch gesteuerte PisaMover-Züge zur Stazione Pisa Centrale (2,70 €), normale Züge zur Stazione di Santa Maria Novella in Florenz (8,40 €). Ein Taxi nach Pisa-Zentrum kostet 10 €.

Flughafen Florenz Busse nach Florenz-Zentrum kosten 6 €. Ein Taxi nach Florenz-Zentrum kostet 20 € (sonn- und feiertags 23 €, 22–6 Uhr 22 €), plus 1 € pro Gepäckstück und 1 € Aufschlag für einen vierten Passagier.

Gefahren & Ärgernisse

➡ Die Toskana ist in der Regel eine sichere Region.

➡ In Florenz, Siena und anderen Städten gelten die üblichen Vorsichtsmaßnahmen: spätabends nicht allein in der Stadt herumlaufen; sich an Hauptstraßen halten und düstere Gassen meiden.

➡ Gegenden mit vielen Touristen wie die Piazza del Duomo und die Ponte Vecchio in Florenz, die Piazza dei Miracoli in Pisa und die Piazza del Duomo in Siena sind Paradiese für Taschendiebe.

➡ In den Bussen von/zu den Flughäfen Florenz und Pisa die Augen aufhalten.

➡ In der ländlichen Toskana sind im Hochsommer Plagegeister wie Bremsen und Mücken unterwegs – Mückenschutz mitnehmen und sich bedeckt halten!

Infos zum Thema **Unterwegs vor Ort** S. 38 und S. 359 ➡

Die Toskana für Einsteiger

Mehr Infos unter Praktische Informationen (S. 351)

Checkliste

➡ Ist der Personalausweis/ Reisepass noch gültig?

➡ Reiseversicherung

➡ Sich ggf. über Fluggepäckbeschränkungen informieren

➡ Unterkünfte und Tickets für beliebte Sehenswürdigkeiten reservieren

➡ Online-Tickets für die Uffizien in Florenz und den Schiefen Turm von Pisa besorgen

➡ Museumspässe (Firenze Card) reservieren

➡ Führungen (z. B. für die Domkuppel in Siena) buchen

➡ Ggf. das Handy fürs Roaming freischalten lassen

Ins Gepäck gehören

➡ Solide Wanderschuhe für Kopfsteinpflaster und holprige Feldwege

➡ Italienisch-Sprachführer

➡ Reiseadapter

➡ Straßenkarte und Navi füs Auto (oder Handy-App)

➡ Sonnenschutzmittel, -hut und -brille (im Sommer)

➡ Regenschirm und/oder -jacke (außer im Hochsommer)

➡ Korkenzieher

Top-Tipps

➡ Immer etwas Bargeld dabeihaben. Automatentankstellen nehmen u. U. keine ausländischen Kreditkarten und in manchen Restaurants und Hotels kann man nur bar bezahlen.

➡ Nicht nur aufs Navi verlassen (das manchmal in die Wildnis führt), sondern die Route mit einer gedruckten Straßenkarte abgleichen.

➡ In und um *palazzi comunale* (Rathäuser) und Touristeninformationen gibt es oft kostenlosen WLAN-Zugang.

➡ Sparfüchse besuchen Florenz am ersten Sonntag im Monat; dann bieten die staatlichen Museen wie die Uffizien und die Galleria dell'Accademia freien Eintritt.

➡ Für Feinschmecker lohnt sich der Kauf des *Osterie d'Italia* von Slow Food Editore – als Buch oder App, auf Englisch oder Italienisch.

➡ Den Selfie-Stick kann man getrost zu Hause lassen: In vielen Museen der Toskana sind die Stangen verboten.

Richtig angezogen

Stilbewusstsein ist für die Toskaner ganz wichtig. Sie legen großen Wert auf Kleidung und eine gepflegte Gesamterscheinung. Shorts, Miniröcke und Flipflops sind hier nur etwas für den Strand. Zum Besuch von Restaurants, Clubs und Bars sollte man sich lieber zu schick als zu leger anziehen. Lässig-elegante Outfits passen fast immer; Turnschuhe sind abends entschieden nicht angesagt.

In Kirchen nicht zu viel nackte Haut zeigen (keine Shorts, kurzen Röcke oder schulterfreien Oberteile). An den meisten Stränden ist „oben ohne" oder gar hüllenloses Baden tabu.

Unterkünfte

Unterkünfte früh reservieren, vor allem im Frühjahr, Sommer und Herbst – dann sind die besten rasch ausgebucht. Nach Online-Sonderangeboten suchen.

Agriturismi Die Unterkünfte auf Bauernhöfen, Wein- und Landgütern sind ideal für Besucher mit Auto und in der Regel besonders praktisch für Reisende, die Kinder im Schlepptau haben.

Palazzohotels Designerhotels in historischen „Palästen" sind top für Städtereisende mit mittlerem bis unbegrenztem Budget.

B&Bs Kleine Familienpensionen mit wenigen Zimmern bieten meist Unterkunft und Frühstück; teils mit Gemeinschaftsbädern.

Weitere Informationen siehe S. 36.

Feilschen

Die Toskaner feilschen nicht und Besucher sollten ihrem Beispiel folgen.

Trinkgeld

Taxis Den Fahrpreis auf den vollen Euro aufrunden.

Restaurants Viele Einheimische geben gar kein Trinkgeld. Besucher lassen normalerweise 10–15 % Trinkgeld liegen, wenn kein Bedienungsgeld in der Rechnung enthalten ist.

Cafés Für einen Kaffee an der Theke eine Münze (10 Cent tun es), am Tisch 10 % liegen lassen.

Hotels Gepäckträger erwarten meist 1–2 € pro Gepäckstück, das Reinigungs- und Empfangspersonal gar nichts.

Sprache

Viele Stadtbewohner können Englisch oder Französisch, manche sogar Deutsch. Auf dem Land dagegen kommt man ohne Sprachführer nicht weit. Viele traditionelle Lokale der Region haben entweder gar keine Speisekarte oder nur eine handschriftlich auf Italienisch gekritzelte.

 Was ist die Spezialität dieser Region?
Qual'è la specialità di questa regione?
kwa·*lä* la spe·tscha·li·ta di kwes·ta rä·*dscho*·ne

Wo einst mittelalterliche Stadtstaaten rivalisierten, konkurrieren die Regionen heute um die besten Delikatessen und Weine.

 Welche Kombitickets haben Sie?
Quali biglietti cumulativi avete?
kwa·li bi·*liät*·ti ku·mu·la·ti·wi a·we·te

Ein prima Spartrick sind Kombitickets für verschiedene Attraktionen; es gibt sie in allen größeren italienischen Städten.

 Wo gibt es Designerschnäppchen?
C'è un outlet in zona? tschä un *aut*·let in so·na

Die Mode-Outlets in den Großstädten bieten B-Ware, Warenmuster und Ausrangiertes für *la bella figura* zum Schnäppchenpreis.

 Ich bin mit meinem Mann/Freund hier.
Sono qui con il mio marito/ragazzo.
ßo·no kwi konn il *mi*·o ma·ri·to/ra·gat·tso

Allein reisende Frauen sollten unerwünschte Casanovas am besten ignorieren; ansonsten hilft vielleicht eine höfliche Abfuhr.

 Wir treffen uns um 18 Uhr zum Aperitif.
Ci vediamo alle sei per un aperitivo.
tschi we·*dia*·mo *al*·le ßey per un a·pe·ri·ti·wo

Gegen Abend drängen sich um den Hauptplatz Menschenmengen, um bunte Cocktails zu schlürfen und Häppchen zu knabbern: Dieses uritalienische Ritual sollte man nicht verpassen!

Etikette

Begrüßung Mit Handschlag und *buon giorno* (Guten Tag) bzw. *buona sera* (Guten Abend). Gute Bekannte geben sich Küsse auf beide Wangen (erst links, dann rechts).

Höflichkeitsfloskeln *Mi scusi* (Entschuldigung), um jemanden anzusprechen; *grazie (mille)* – danke (sehr); *per favore* – bitte; *prego* – bitte schön! oder bitte nach Ihnen; *permesso* (gestatten Sie), z. B. wenn man in einer Menge an jemandem vorbei will.

Cafés Nach dem Espresso an der Theke den Platz räumen.

Körpersprache Grob beleidigend ist ein Kreis aus zwei Händen („Ich tret dich in den Hintern.") oder aus Zeigefinger und Daumen („Du bist wohl schwul.") sowie das Hochstrecken von Zeige- und kleinem Finger („Deine Frau setzt dir Hörner auf.").

In Kirchen Auf keinen Fall den Gottesdienst stören.

Selfie-Sticks In Museen in Florenz offiziell verboten. Ansonsten nicht anderen Leuten vor die Nase halten!

Was gibt's Neues?

Be Tuscan for a Day

Im Rahmen dieses spannenden Angebots mit einzigartigen Alltagserlebnissen, dank derer man sich für einen Tag wie ein Einheimischer fühlen kann, lässt sich die Region hautnah erspüren. Geboten werden z. B. gemächliche Wanderungen, experimentelle Archäologie, Weintouren, mittelalterliches Speisen und kulturelle Orientierungsläufe. (S. 143)

Das Letzte Abendmahl

Kunstfreunde können sich auf zwei kürzlich restaurierte Meisterwerke freuen, die das Letzte Abendmahl zum Thema haben: Domenico Ghirlandaios Fresko von 1476 in der mittelalterlichen Abtei in Badia a Passignano (S. 153) und Giorgio Vasaris Ölgemälde von 1546, das nach 50-jähriger Restaurierung in die Basilica di Santa Croce (S. 91) in Florenz zurückgekehrt ist.

Vignamaggio

Auf diesem herrlichen Weingut bei Greve in Chianti mit Renaissancevilla, Weinkeller und formalem Garten wird der toskanische Traum Wahrheit. Hier wurden auch Szenen für Kenneth Branaghs Verfilmung von *Viel Lärm um nichts* gedreht. (S. 151)

Centro Per l'Arte Contemporanea Pecci, Prato

Wer von der Renaissance genug hat, kann das umwerfende neue Museum für Gegenwartskunst in Prato ansteuern. Es residiert in einem tollen, gold glitzernden Bau des niederländischen Architekten Maurice Nio. (S. 162)

Enoliteca Consortile, Montepulciano

In diesem Schaukasten für den Vino Nobile di Montepulciano in der Medici-Festung des Orts können Freunde edler Tröpfchen mehr als 70 Weine verkosten und erwerben – ein wahres Paradies für Bacchus-Jünger! (S. 183)

Wegweisende urbane Küche

Die moderne toskanische Küche erklimmt dank den umwerfenden Talenten des schöpferischen jungen Kochs Simone Cipriani im Essenziale (S. 113) und von Lorenzo Barsotti in der Cocktailbar und Lounge Filippo Mud Bar (S. 279) neue Höhen.

Führung „Porta del Cielo", Siena

Mit der spektakulären Führung „Tor des Himmels" hoch zum Dach und zur Kuppel des Gotteshauses wird Sienas grandioser romanisch-gotischer Dom jetzt noch atemberaubender. (S. 137)

Craft-Cocktails

Ein energiegeladenes Trio treibt die Florentiner Cocktail-Revolution an: Das Mad Souls & Spirits (S. 119) mit fachkundig gemixten Cocktails mit verrückten Namen, das balkanisch-toskanische Restaurant Gurdulù (S. 116) mit seiner innovativen Cocktail-Begleitung zum Essen und die Flüsterkneipe Rasputin (S. 119).

Noch mehr aktuelle Tipps und Empfehlungen gibt's auf lonelyplanet.com/tuscany

Wie wär's mit …

Essen

Es gibt so viele Arten, die Küche der Toskana zu genießen: von ihren fabelhaften Restaurants und Lebensmittelmärkten bis zu Kochkursen.

Bistecca alla fiorentina Das legendäre Florentiner Steak aus dem Val di Chiana: besonders lecker im Ristorante da Muzzicone. (S. 301)

Antipasto toscano Traditioneller Auftakt der Mahlzeit ist eine Platte mit Aufschnitt, Käse und Toasts mit Pastete – in Florenz z. B. in der Trattoria Le Massacce oder der Osteria Il Buongustai. (S. 106)

Weiße Trüffeln Dekadent, einzigartig, unvergesslich: auf zur Trüffelsuche bei Barbialla Nuova. (S. 267)

Colonnata Das Bergdorf bei Carrara lässt seinen *lardo* (Schweinespeck) in Marmortrögen mit Olivenöl reifen. (S. 276)

Mercato Centrale Ein Bummel durch die Markthalle in Florenz ist ein Fest für die Sinne; die Krönung ist ein Mittagessen im Obergeschoss. (S. 109)

Frisch auf den Tisch Bei einem Spitzenkoch der Toskana mit Zutaten frisch vom Bauernhof in einem angesagten Restaurant wie dem Culinaria Bistrot dinieren. (S. 113)

Streetfood Kuttel-Panini bietet der traditionelle Florentiner *trippaio* L'Antico Trippaio. (S. 110)

Wein

Aperitivi Das Glas Wein mit Häppchen vor dem Abendessen ist ein Eckpfeiler der Florentiner Esskultur – zu genießen z. B. bei Il Santino. (S. 121)

Antinori nel Chianti Classico *Die* Weinkellerei des Chianti: Ess- und Trinkgenuss im James-Bond-Ambiente. (S. 155)

Strada del Vino e dell'Olio Costa degli Etruschi Die Fahrt durch die Etruskische Riviera führt zu Weingütern, Kellereien und Erzeugern traditioneller Spezialitäten. (S. 218)

Bolgheri Die Heimat des Sassicaia-Supertoskaners. Zu den besten Weinlokalen hier zählen die Enoteca Tognoni und die Enoteca de Centro. (S. 218)

Montalcino Besucher kommen am besten zur Präsentation des neuen Brunello-Jahrgangs im Februar. (S. 174)

Montepulciano In dem berühmten Winzerort kann man den Vino Nobile de Montepulciano verkosten und kaufen. (S. 181)

Castello di Brolio Das älteste Weingut Italiens, mit Museum, Garten, Verkostungskeller und Restaurant. (S. 160)

Renaissancekunst

Galleria degli Uffizi Die Kunstsammlung der Medici in Florenz ist das absolute Nonplusultra. (S. 68)

Museo di San Marco Kein Freskenmaler porträtierte den humanistischen Geist der Renaissance besser als Fra Angelico. (S. 89)

Cattedrale di Santo Stefano Im besucherarmen Prato kann man die Fresken von Filippo Lippi in aller Ruhe bestaunen. (S. 262)

Museo Diocesano Kleine, aber sensationelle Renaissancesammlung in Cortona. (S. 287)

Museo Civico Sienas berühmtestes Museum ist ein Fest der weltlichen Kunst. (S. 138)

Piero della Francesca Auf den Spuren des größten Renaissancemalers der Osttoskana; den Anfang bildet sein berühmtes Bild *Legende vom Heiligen Kreuz* in Arezzo. (S. 293)

Caprese Michelangelo Ein Pilgerziel für Kunstfreunde ist das Dorf im entlegenen Casentino, wo der Schöpfer des *David* zur Welt kam. (S. 299)

Moderne Kunst

Museo Novecento Moderne und zeitgenössische italienische Kunst in einem Florentiner Palazzo aus dem 13. Jh. (S. 83)

Tuttomondo Wer weiß schon, dass das letzte Wandgemälde des amerikanischen Popkünstlers Keith Haring eine Kirchenfassade in Pisa schmückt? (S. 246)

Palazzo Fabroni Das fesselnde Kunstmuseum setzt die zeitgenössischen Künstler von Pistoia ins rechte Licht. (S. 263)

Fattoria di Celle Für den Park voller außergewöhnlicher Installationskunst sind vier Stunden einzuplanen. (S. 260)

Castello di Ama Auf dem Weingut im Chianti trifft altehrwürdige Winzertradition auf Avantgardekunst. (S. 160)

Galleria Continua Moderne Kunst von Weltrang im mittelalterlichen San Gimignano. (S. 164)

Giardino dei Tarocchi In diesem Kunstpark hat die französisch-amerikanische Künstlerin Niki de Saint Phalle die Tarotsymbole zum Leben erweckt. (S. 203)

Giardino di Daniel Spoerri Kunstinstallationen von 55 internationalen Künstlern auf einem 16 ha großen Gelände. (S. 193)

Naturlandschaften

Parco Nazionale dell'Arcipelago Toscano Die Trauminsel Elba liegt inmitten dieses größten Meeresschutzgebiets Europas. (S. 222)

Val d'Orcia Das malerische Tal in der Zentraltoskana ist als Kulturlandschaft Unesco-Welterbe. (S. 174)

Apuanische Alpen Das Weiß der Berge um die berühmte Bergbau-Stadt Carrara ist kein Schnee, sondern Marmor. (S. 268)

Garfagnana In den drei wilden Tälern im Nordwesten der Toskana gedeihen Kastanienwälder und *porcini* (Steinpilze). (S. 269)

Oben: Schiefer Turm (S. 240), Pisa

Unten: Montalcino (S. 174)

Parco Nazionale delle Foreste Casentinesi, Monte Falterona e Campigna Dichte Wälder, rauschende Flüsse und mittelalterliche Klöster im Nordosten der Toskana. (S. 298)

Parco Regionale della Maremma Der spektakuläre Regionalpark stellt Pinienwälder, Sümpfe, Naturstrände und das Uccellina-Gebirge unter Schutz. (S. 202)

Riserva Naturale Provinciale Diaccia Botrona Die Küsten-Feuchtgebiete um Castiglione della Pescaia ziehen Zehntausende von Zugvögeln an. (S. 201)

Landschafts-routen

Passo del Vestito Die haarsträubende Passstraße von Castelnuovo di Garfagnana nach Massa an der Versilia-Küste hinabkurven (S. 269)

Colle d'Orano & Fetovaia Eine spektakuläre Straße verbindet die beiden Traumstrände an der Westküste von Elba. (S. 233)

Monte Argentario Die schmale Via Panoramica um die schroffe Halbinsel erfordert Nerven wie Drahtseile. (S. 204)

Val d'Orcia Die idyllische Welterbe-Landschaft aus sanften Hügeln und romanischen Abteien will ganz gemächlich erkundet werden. (S. 174)

Chianti Uralte Holperpisten und fotogene Zypressenalleen winden sich durch Weinberge und Olivenhaine. (S. 156)

Strada del Vino e dell'Olio Die Gourmettour von Hügelstädtchen zur Etruskischen Riviera passiert Zypressenalleen und *enoteche*. (S. 218)

Gärten

Giardino Torrigiani Europas größte Grünanlage in Privatbesitz liegt im historischen Zentrum von Florenz. (S. 99)

Giardino Bardini Das Paradebeispiel eines Florentiner Gartens mit Orangerie, Marmorskulpturen und dem tollsten Gartenrestaurant der Toskana. (S. 102)

Villa Grabau Die kunstvolle Gartenanlage bei Lucca bezaubert mit Zitronenbäumen und Springbrunnen. (S. 258)

Palazzo Pfanner Ein Kammermusikkonzert im Barockgarten des Luccheser Anwesens aus dem 17. Jh. ist der Gipfel der Romantik. (S. 252)

Orto de' Pecci Oase des Friedens in Siena, mit Biobauernhof, Mittelaltergarten und experimentellem Weingarten. (S. 143)

Museo di Casa Vasari Auf dem Haus von Giorgio Vasari in Arezzo versteckt sich ein Renaissance-Dachgarten. (S. 288)

La Foce Führungen erschließen Besuchern diese formellen Gärten im Val d'Orcia. (S. 179)

Vignamaggio Dieser prachtvolle Garten diente als Kulisse für Kenneth Branaghs Verfilmung von *Viel Lärm um nichts*; reservieren! (S. 151)

Pilgerziele

Via Francigena Ein Highlight des toskanischen Abschnitts der mittelalterlichen Pilgerroute ist der Dom zu Siena. (S. 178)

Assisi Im benachbarten Umbrien lädt der Geburtsort des hl. Franziskus zu einem spirituellen Tagesausflug ein. (S. 303)

Santuario della Verna Das Kloster, in dem der hl. Franziskus seine Stigmata empfing, hütet sein blutbeflecktes Gewand. (S. 298)

Cattedrale di San Martino Der Volto Santo, Luccas heiligstes Kultbild, wird im September im Fackelzug durch die Straßen getragen. (S. 249)

Siena In der Heimatstadt der hl. Katharina sind ihr Geburtshaus, ihr einbalsamierter Kopf und ihr verschrumpelter Daumen zu besichtigen. (S. 132)

Historische Türme

Campanile Wer die 414 Stufen auf den Glockenturm des Doms erklimmt, wird mit einem erhebenden Florenz-Panorama belohnt. (S. 76)

Torre d'Arnolfo Der 94 m hohe, zinnengeschmückte Turm des Palazzo Vecchio bietet einen tollen Blick über Florenz. (S. 79)

Schiefer Turm Der Glockenturm des Doms von Pisa hatte schon bei der Einweihung 1372 Schlagseite. (S. 240)

Torre Guinigi Der Ziegelturm aus dem 14. Jh., einer von einst 130 im mittelalterlichen Lucca, fasziniert mit einem Eichenhain auf seinem Dach. (S. 153)

Torre del Mangia Nach 500 Stufen eröffnet sich von dem eleganten Turm in Siena ein atemberaubender Blick auf die Piazza del Campo. (S. 133)

Torre Grossa Spektakuläre Aussicht über jahrhundertealte Sträßchen und die Bilderbuchlandschaft um San Gimignano. (S. 163)

Torre del Candeliere Toskana pur: Vom Kerzenleuchter-Turm in Massa Marittima blickt man auf ein urtypisches Hügelstädtchen inmitten sanft gewellter Landschaft. (S. 187)

Monat für Monat

Februar

Erst gegen Ende des Monats erwachen die Einheimischen langsam aus dem Winterschlaf. Die windumtosten Hügelstädtchen wirken oft wie ausgestorben.

⭐ Festa di Anna Maria Medici

Anna Maria Luisa de' Medici, die letzte Medici, vermachte Florenz das reiche Familienerbe. Die Stadt dankt es ihr mit diesem Fest am 18. Februar, dem Tag ihres Todes 1743, mit einer Kostümparade vom Palazzo Vecchio zu ihrem Grab in den Cappelle Medicee und freiem Eintritt zu den staatlichen Museen. (S. 103)

⭐ Carnevale di Viareggio

Schon im Februar beginnt in Viareggio das Karnevalstreiben. Einen guten Monat geht die Party mit Feuerwerk, Karnevalswagen, Umzügen und Trubel rund um die Uhr. (S. 280)

März

In den Wochen vor Ostern machen sich in der Toskana langsam Frühlingsgefühle bemerkbar. Viele Gäste kommen jetzt, solange noch Nebensaison-Preise gelten und der Andrang sich in Grenzen hält.

⭐ Torciata di San Giuseppe

Der stimmungsvolle Fackelzug durch die mysteriösen *vie cave* der Etrusker bei Pitigliano gipfelt in einem großen Freudenfeuer mitten im Ort. Das Ritual zur Frühjahrs-Tagundnachtgleiche (19. März) ist ein Symbol der Reinigung und des Winterausklangs.

⭐ Settimana Santa

Die Karwoche wird in Assisi im benachbarten Umbrien mit Prozessionen und Passionsspielen zelebriert. Zu den weiteren Osterritualen der Region gehört u. a. der dramatische Scoppio del Carro (Explosion des Karrens) vor dem Florentiner Dom am Ostersonntag. (S. 103)

April

Wildblumen färben die Landschaft, die Marktstände biegen sich unter der Ernte, und klassische Musik erklingt an stimmungsvollen Aufführungsorten. Ostern geht die Touristensaison richtig los.

☆ Maggio Musicale Fiorentino

Das älteste Kulturfestival von Italien – begründet 1933 – bringt Theater, klassische Musik, Jazz und Tanz von Weltklasseniveau in das glanzvolle neue Opernhaus und andere Veranstaltungssäle von Florenz. Das Veranstaltungsprogramm läuft von April bis Juni. (S. 103)

Mai

Vom späten Frühjahr bis zum Herbstbeginn bieten die Mittelalterfeste der größeren und kleineren Städte ein Ventil für alte Nachbarschaftsrivalitäten und moderne Feierfreude.

⭐ Balestro del Girifalco

Mit spektakulärem Fahnenschwenken beginnt dieses Turnier am vierten Sonntag im Mai sowie am

14. August in Massa Marittima. Schützen aus den drei *terzieri* (Stadtbezirken) schießen in Mittelalterkluft mit Armbrüsten des 15. Jhs. um einen Goldpfeil und ein Seidenbanner um die Wette. (S. 190)

Juni

Es ist Sommer. Anfang Juni ist der ideale Zeitpunkt für eine Rundfahrt über die paradiesische Insel Elba. Außerdem beginnt die Saison, um nach Herzenslust Meeresfrüchte und Erdbeeren zu futtern.

✨ Luminaria di San Ranieri

Am Abend des 16. Juni ehren die Pisaner ihren Schutzpatron, San Ranieri, indem sie Abertausende von Kerzen auf Fensterbänken und Türschwellen und Fackeln am Ufer des Arno entzünden. Den Höhepunkt des Schauspiels bildet ein spektakuläres Feuerwerk.

✨ Festa di San Giovanni

Das Fest des Schutzpatrons von Florenz, San Giovanni (hl. Johannes), am 24. Juni ist eine prima Gelegenheit, den *calcio storico* (historischen Fußball) auf der Piazza di Santa Croce zu erleben – samt Kopf- und Ellbögenstößen, Boxhieben, Würgen des Gegners etc. Zum Finale gibt es ein Feuerwerk über dem Piazzale Michelangelo. (S. 103)

✨ Giostra del Saracino

Das bombastische Spektakel ist tief in der alten Rivalität der Stadtviertel verwurzelt: Die vier *quartieri* von

Oben: Auftritt von J AX beim Lucca Summer Festival (S. 254)

Unten: Ferie delle Messi (S. 165)

Beim Gioco del Ponte (S. 244)

Arezzo entsenden je eine Mannschaft zu dem Mittelalterturnier auf der schönen Piazza Grande – jeweils am dritten Samstag im Juni und am ersten Sonntag im September. (S. 288)

☆ San Gimignano Estate

Die turbulenten Ferie delle Messi, meist am dritten Wochenende im Juni, erwecken mit Ritterkämpfen, Bogenschießen, Falknerei-Vorführungen, wüstem Tauziehen und Theatervorstellungen das mittelalterliche Erbe von San Gimignano zum Leben. (S. 165)

Gioco del Ponte

Am letzten Sonntag im Juni herrscht in Pisa spannungsgeladene Atmosphäre, wenn zwei Mannschaften in Kostümen des 16. Jhs. um die Eroberung der Stadtbrücke Ponte di Mezzo ringen. (S. 244)

Juli

Radler und Wanderer zieht es in die Berge. Alle anderen strömen an die Strände, was die Übernachtungspreise im Binnenland purzeln lässt. Sommerliche Musik- und Kulturfestivals haben Hochkonjunktur.

☆☆ Palio

Die spektakulärste Veranstaltung im toskanischen Festkalender richtet Siena am 2. Juli und 16. August aus. Mit farbenprächtigen Umzügen, einem wüsten Pferderennen und ganz viel Bürgerstolz verkörpert der Palio die lebendige Geschichte der Toskana. (S. 148)

☆ Festivals in Cortona

Himmlische Klänge verzaubern das Hügelstädtchen während des Festivals der Sakralmusik (www.cortona cristiana.it). Ende Juli folgt das Cortona Mix Festival (www.mixfestival.it) mit Musik, Theater, Literatur und Film. Im Februar gibt es die Winterausgabe dazu.

☆ Lucca Summer Festival

Das einmonatige Musikfestival (www.summer-festival.com) importiert internationale Stars der Pop-, Rock- und Bluesmusik nach Lucca, wo sie ihre Kunst auf stimmungsvollen Plätzen unterm Sternenhimmel zu Gehör bringen. (S. 254)

☆ Pistoia Blues

BB King, Miles Davis, David Bowie, Sting und

Santana waren schon bei Pistoias Bluesfestival zu Gast, das seit 1980 auf der Piazza del Duomo stattfindet. (S. 264)

Giostra dell'Orso

Lanzenstechen und andere Reiterkunststücke beleben die Piazza del Duomo während der Giostra dell' Orso (Bärenturnier), mit der Pistoia am 25. Juli seinen Schutzpatron San Giacomo feiert. (S. 264)

Mittelalterabende

Suvereto, eins der schönsten mittelalterlichen Dörfer der Etruskerküste, ist ein passender Schauplatz für die Serate Medievali (Mittelalterabende) im Juli. Das Festival verwandelt den friedlichen Kreuzgang des Convento di San Francesco in einen quirligen Mittelaltermarkt. (S. 220)

☆ Puccini-Festival

Im Juli und August pilgern Opernfans aus aller Welt zum Festival im kleinen Torre del Lago. Die Aufführungen finden auf einer Freilichtbühne am Seeufer neben dem Wohnhaus des großen Komponisten statt

August

Die Einheimischen nehmen ihren Jahresurlaub, und das Stadtleben entschleunigt sich bis zum Schneckentempo. Das Klima kann drückend heiß werden und die Strände sind überfüllt.

Volterra AD 1398

Am dritten oder vierten Sonntag im August drehen die Bewohner von Volterra

die Zeit rund 600 Jahre zurück, strömen in historischen Kostümen auf die Straßen und machen Party wie im Jahr 1398. (S. 172)

Bravio delle Botti

Am letzten Sonntag im August liefern sich muskelbepackte Männer der acht *contrade* (Bezirke) der Weinstadt Montepulciano ein spannendes Rennen, bei dem sie 80 kg schwere Weinfässer bergauf rollen. (S. 184)

🔒 Antiquitätenmärkte

Ende August oder Anfang September lockt im osttoskanischen Cortona der Antiquitätenmarkt Cortonantiquaria im Palazzo Vagnotti aus dem 18. Jh. Zudem kann man auch gleich den berühmtesten Antikmarkt der Toskana besuchen, die Fiera Antiquaria di Arezzo, die jeden ersten Samstag und Sonntag im Monat in Arezzo stattfindet. (S. 302) (S. 288)

September

Ein Top-Monat für Gourmets: Im Herbst wird die *vendemmia* (Weinlese) gefeiert und die Wälder strotzen von duftenden Steinpilzen und zarten Kastanien.

🍷 Festa delle Cantine

Weinfreunde dürfen sich bei dem beliebten Winzerfestival Settembre diVino – Festa delle Cantine, das am ersten Septemberwochenende im spektakulären Hügelstädtchen Pitigliano in der Südtoskana stattfindet, auf Ströme von trockenem, temperamentvollem Bianco di Pitigliano freuen.

🎯 Palio della Balestra

Am zweiten Sonntag im September putzen sich die Einwohner von Sansepolcro mittelalterlich heraus, um durch die Stadt zu paradieren und dem Armbrustturnier mit den Rivalen aus der Nachbarstadt Gubbio beizuwohnen. (S. 294)

🍷 Expo del Chianti Classico

Es gibt keine bessere Gelegenheit, Chianti Classico zu verkosten, als bei der Expo del Chianti Classico in Greve in Chianti am zweiten Septemberwochenende. Los geht's am Donnerstag. Man kauft einfach ein Glas und schnuppert und schlürft sich von Stand zu Stand. (S. 151)

☆ Festival Barocco di San Gimignano

Das Festival, ein Genuss für Liebhaber der Barockmusik, beglückt San Gimignano an den Septemberwochenenden mit einer wunderbaren Konzertserie (www.accademiadeileg gieri.org). (S. 165)

November

Jetzt kommen Gastronomen und Trüffelfans aus aller Welt, um sich mit den göttlichen weißen Trüffeln einzudecken.

⚔ Mostra Mercato Nazionale del Tartufo Bianco

Ein unvergleichlicher Duft zieht durch die alten Straßen von San Miniato, wenn hier an den drei letzten November-Wochenenden die Verkaufsmesse für weiße Trüffel stattfindet.

Reiserouten

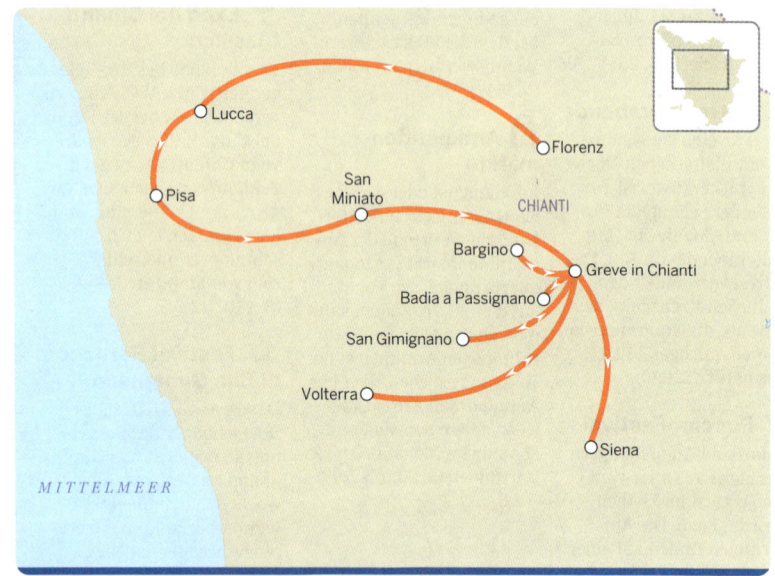

 Nur das Beste

Diese Toskana-Tour verspricht einen klassischen Mix aus Weltklassekunst, mittelalterlicher Architektur, idyllischer Hügellandschaft, göttlichem Essen und himmlischem Wein.

Drei Tage braucht man für die Renaissancestadt **Florenz**: Den ersten für die Uffizien und einen Uferbummel am Arno, den zweiten für prächtige Medici-Kapellen, atemberaubende Fresken und Michelangelos *David* in San Marco und San Lorenzo, den dritten für das Kunsthandwerkerviertel Oltrarno mit seinem Gewirr alter Plätze und Gassen.

Am vierten Tag kann man das beschauliche **Lucca** mit seinen kopfsteingepflasterten Straßen und hübschen Piazze, umgeben von Stadtmauern aus dem 16. Jh., in aller Ruhe per Leihfahrrad erkunden. Am fünften Tag geht es früh weiter nach **Pisa**, um den Schiefen Turm zu erklimmen, und dann ostwärts in die Chianti-Region, mit Mittagspause in der Gourmetstadt **San Miniato**. Ein Bauernhaus bei **Greve in Chianti** ist der ideale Stützpunkt, um drei Tage lang das bestens erhaltene mittelalterliche **San Gimignano**, das Künstlerstädtchen **Volterra** und die Antinori-Weinkellereien in **Bargino** und **Badia a Passignano** abzuklappern. Den Abschluss bildet das gotische **Siena** mit einer Zwei-Tages-Dosis umwerfender Piazze, Kirchen, Museen und Restaurants.

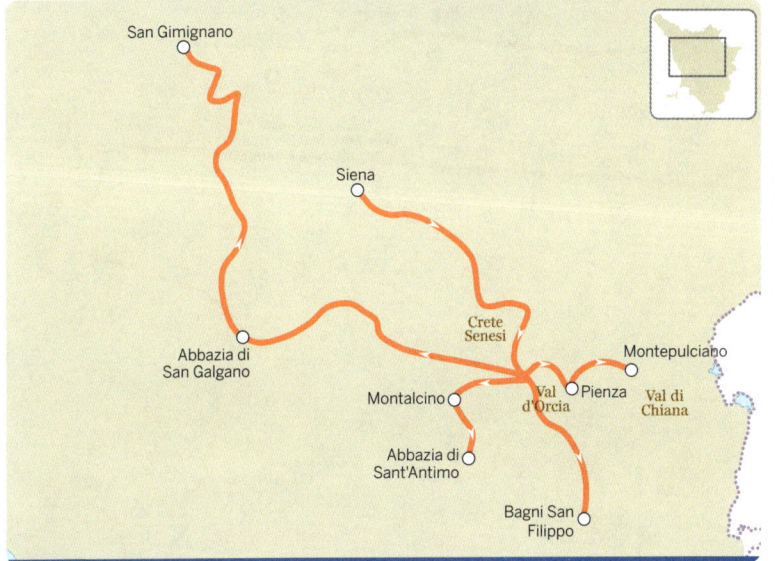

Das Herz der Toskana

Wer nur wenig Zeit in der Region verbringen kann, wird auf dieser Route durch die Zentraltoskana seine Träume von sanfter Hügellandschaft, mittelalterlichen Städten, Renaissancepracht und überragenden Weinen mehr als erfüllt finden.

Startpunkt ist **Siena**, die ewige Rivalin von Florenz. Ein Stadtrundgang ist der perfekte Auftakt zur gotischen Sinfonie der sagenhaften Stadt. Der Dom und das Museo Civico wollen gründlicher erkundet sein. Als Stärkungspause gibt es einen *caffè* vor einem der Lokale an der abschüssigen Piazza del Campo oder köstliches Sieneser Gebäck vom nahen Il Magnifico. Dann geht es weiter durch Sienas bestens erhaltenes *centro storico* (Altstadt), das nicht umsonst zum Unesco-Welterbe zählt.

Am zweiten Tag (oder am dritten, wenn man sich von Siena nicht losreißen kann) geht es gen Südosten durch die Hügel und Zypressenalleen der Crete Senesi zum als Welterbe registrierten **Pienza**, einem Wunderwerk der Renaissancearchitektur und mit diversen Unterkünften und Esslokalen in und um die Stadt einer prima Basis, um diese Ecke der Toskana zu erforschen. Oder man begibt sich 15 km östlich zum wunderbaren Weinstädtchen **Montepulciano** im fruchtbaren Val di Chiana und nutzt diesen Ort als Ausgangspunkt. Die nächsten drei Tage winken Kultur- und Gaumengenüsse satt: die Weingüter um **Montalcino** im Val d'Orcia, gregorianische Gesänge in der **Abbazia di Sant'Antimo**, die Ruinen der Zisterzienserabtei von **San Galgano** und ein Bad in den warmen Kaskaden der **Bagni San Filippo**. In Montepulciano schlemmen Feinschmecker saftige Steaks vom Chianina-Rind mit erlesenem Olivenöl, begleitet von Brunello di Montalcino oder Vino Nobile di Montepulciano, zwei der besten Weine Italiens.

Zum Ausklang der Reise führen Nebensträßchen durch idyllische Landschaft zurück nach Norden zum romantischen **San Gimignano** mit seinen mittelalterlichen Geschlechtertürmen, seinem üppig ausgemalten *duomo* und seiner innovativen zeitgenössischen Kunst. Hier mundet zu delikaten Pastagerichten mit Safran aus regionalem Anbau ein Glas des goldgelben Vernaccia di San Gimignano. Auf keinen Fall verpassen: das geniale Safran-Vernaccia-Sorbet des ehemaligen Gelato-Weltmeisters Sergio Dondoli.

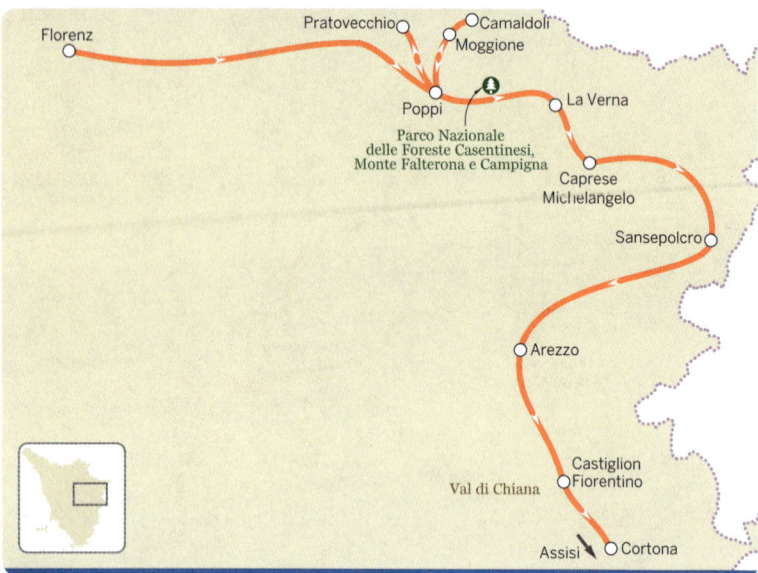

12 TAGE

Der Osten

Eine tolle Route für Toskana-Kenner: Sie bietet einen spannenden Mix aus bekannten Attraktionen und faszinierenden Alternativen abseits der ausgetretenen Pfade.

Nach drei Tagen Renaissancepracht in **Florenz** geht es ostwärts in die Region des Casentino mit dem abgelegenen Parco Nazionale delle Foreste Casentinesi, Monte Falterona e Campigna. Beim Hügelstädtchen **Poppi** findet sich sicher ein gutes Basislager, um drei Tage lang die mittelalterlichen Klöster von **Camaldoli** und **La Verna** zu besuchen, sich den Nationalpark zu erwandern, mit regionaler, saisonaler *cucina tipica casentinese* (Casentino-Küche) im familiengeführten Dorfrestaurant Il Cedro im winzigen **Moggione** zu Mittag zu essen und abends in **Pratovecchio** exzellent zu dinieren.

Ein Stück südöstlich liegt das Dorf **Caprese Michelangelo**, in dem der Schöpfer des *David* aufwuchs. Dann folgt **Sansepolcro**, das Meisterwerke des Renaissancemalers Piero della Francesca hütet.

Nach zwei Übernachtungen heißt es sich losreißen, um zum Ziel der Reise, dem Val di Chiana, vorzustoßen. Hier kann man angenehme Tage mit Essen, Trinken und Sightseeing verbringen. Ein Tag ist für die Provinzhauptstadt **Arezzo** mit ihrem abschüssigen Hauptplatz samt Cafészene einzuplanen. Das Museo di Casa Vasari widmet sich dem Baumeister der weltberühmten Florentiner Uffizien. Besonders sehenswerte Kirchen sind die Cappella Bacci, Pieve di Santa Maria und der *duomo*. Nach dem Mittagessen geht es spätnachmittags zur *passeggiata* (Promenade) auf die Einkaufsstraße Corso Italia.

Feinschmecker kommen an dem mittelalterlichen Hügelstädtchen **Castiglion Fiorentino** nicht vorbei. Aus diesem Tal stammen die legendären Chianina-Rinder und die *bistecca alla fiorentina* (T-Bone-Steak) des Ristorante da Muzzicone ist unübertroffen.

In **Cortona** sollte man mindestens einen halben Tag einplanen, die gepflasterten Straßen zur Fortezza Medicea hochkraxeln und die Sammlungen des Museo dell'Accademia Etrusca und des Museo Diocesano bewundern. Im benachbarten Umbrien liegt, nur einen Tagesausflug entfernt, **Assisi**, einer der berühmtesten Wallfahrtsorte Italiens – auch für Fans des genialen Freskenmalers Giotto.

1 WOCHE · Pisa & seine Provinzen

Nach einem Anstandsbesuch beim Schiefen Turm von Pisa führt diese Reise nach Süden in weniger touristische Gefilde.

In **Pisa** sollte man sich Zeit für das Museo Nazionale di San Matteo und die Piazza dei Miracoli nehmen und das legendär „schief gegangene" Bauprojekt erklimmen. Leckeres Abendessen gibt es dann im Künstlerstädtchen **Pietrasanta**. Am zweiten Tag informiert das Museo Piaggio in **Pontedera** über die Geschichte der Vespa. Alternativ bekommt man in **Lari** Einblick in die Spaghetti-Herstellung. Nach dem Mittagessen im Dorf lockt das Gourmetmekka **San Miniato**. Barbialla Nuova bei **Montaione** bietet Unterkunft und je nach Saison auch Ausflüge zur Trüffelsuche.

Im spektakulär gelegenen **Volterra** im Val di Cecina warten Alabasterwerkstätten und Etruskerkunst. Am vierten Tag geht es Richtung Küste. Ein Highlight für Weinfreunde ist **Bolgheri**, die Heimat der Sassicaia-Supertoskaner. Auf der Küstenfahrt nach Norden kann man im wunderbar altmodischen Seebad **Castiglioncello** die Zehen ins Meer strecken, um den Tag dann in der Hafenstadt **Livorno** mit einem Meeresfrüchte-Festmahl im Vetto alle Vaglie oder La Barrocciaia zu krönen.

1 WOCHE · Die Maremma

Ein Traum für Outdoorfans ist die Südtoskana, wo dramatische Landschaften aus porösem Vulkangestein, die örtliche „Cowboy"-Kultur und vielerlei Aktivitäten in freier Natur für Adrenalinkicks sorgen.

Im wenig besuchten mittelalterlichen **Massa Marittima** kann man zwei Tage lang Museen besuchen und in rustikalen Lokalen die Spezialitäten und Weine der Maremma genießen. Am dritten Tag steht ein Besuch bei den Ausgrabungsstätten, etruskischen Gräbern und dem eindrucksvollen Museum der uralten Hügelsiedlung **Vetulonia** an. Übernachtet wird in einem *agriturismo*. Dann geht es die Küste hinunter zum wunderbar wilden **Parco Regionale della Maremma** zum Wandern, Kanufahren, Radeln oder zu Ausritten mit den berühmten *butteri* (Cowboys). Die letzte Etappe führt landeinwärts ins Paese del Tufo (Tuffsteinland) und zu den Städtchen **Pitigliano**, **Sovana** und **Sorano**. Hier kann man bei der **Società Agricola Terenzi** den heimischen Wein Morellino di Scansano kosten, etruskische Grabstätten im **Parco Archeologico Città del Tufo** erkunden und eine 8 km lange Wanderung durch die *vie cave* (Hohlwege) unternehmen.

Abseits der üblichen Pfade

AL BENEFIZIO

Duftende Feigenbäume, Olivenhaine, Weinreben und Akazienhölze säumen die beunruhigend schmale Straße zu diesem entlegenen Bauernhof, wo die Imker in Francesca Gäste begrüßt wie alte Freunde. Bei ihr kann man kochen lernen oder bei der Oliven- und Honigernte helfen. (S. 273)

STRADA DEL VINO E DELL'OLIO

Von Lucca aus geht es auf einem Geflecht von ruhigen, ländlichen Straßen durch klassische Toskana-Kulisse – die romantischen Colline Lucchesi voller Weingüter und die Olivenhaine rund um das schicke Bergdorf Montecarlo. Weinproben obligatorisch. (S. 218)

PONTEDERA

In der wenig bekannten toskanischen Kleinstadt erblickte 1946 der berühmte Vespa-Roller das Licht der Welt. Das Museo Piaggio in Pontedera präsentiert Geschichte und Legenden rund um die „Wespe", zu deren Erfolgsstory Audrey Hepburn beitrug. (S. 264)

LARI

Für neugierige Foodies ist die Wallfahrt in das mittelalterliche Dorf zwischen Pisa und Livorno ein Muss. Hier führt die Familie Martelli seit 1926 die kleinste Pastafabrik der Welt als Handwerksbetrieb. (S. 247)

TERME DI SASSETTA

Wer ein Päuschen von all den superhippen Supertoskaner-Weinproben braucht, kann in der Zentraltoskana bei Sassetta in einem entlegenen Kastanienwäldchen in eine natürliche Thermalquelle hüpfen. (S. 220)

0 ━━━━━━ 50 km

IL CEDRO

Gourmetreisen in der Toskana heißt entlegene Lokale aufzustöbern, die seit Jahrzehnten unverändert saisonale Regionalküche servieren – wie z. B. das Il Cedro im Parco Nazionale delle Foreste Casentinesi, Monte Falterona e Campigna. (S. 298)

CAPRESE MICHELANGELO

Für passionierte Michelangelo-Fans gibt's nichts Besseres als eine Spritztour in das winzige mittelalterliche Dorf im osttoskanischen Casentino, wo der Schöpfer des *David* seine Kindheit verbrachte, durch die Landschaft streifte und malte. (S. 299)

ABBAZIA DI MONTE OLIVETO MAGGIORE

In der mittelalterlichen Abtei, einer Benediktiner-Waldklause südöstlich von Siena, locken Einsamkeit und wunderbare Freskenkunst. Auch ihre Kirche, das freskenverzierte Refektorium, die Bibliothek und der historische Weinkeller sind herrlich. (S. 184)

MONTE AMIATA

In der unberührten Gegend um den Monte Amiata, einen erloschenen Vulkan, warten eigenwillige Schmankerl wie ein zeitgenössischer Skulpturenpark, eine alte Quecksilbermine und dichter Wald. (S. 193)

GIARDINO DEI TAROCCHI SCULTURA

Die französisch-amerikanische Künstlerin Niki de Saint Phalle lebte in einer Skulptur, während sie die 22 übergroßen Gaudí-inspirierten Skulpturen schuf, die in diesem phantastischen Skulpturengarten an der südlichen Toskana den Hang hinabzupurzeln scheinen. (S. 203)

Adria

Parco Nazionale delle Foreste Casentinesi, Monte Falterona e Campigna
Monte Falterona (1654 m)
Flughafen Florenz
Fiesole
Stia
IL CEDRO
Florenz
Poppi
Chianti Fiorentino
CAPRESE MICHELANGELO
Greve in Chianti
Chianti
Chianti Sense
Arno
San Gimignano
Gaiole in Chianti
Arezzo
Castellina in Chianti
Siena
Cortona
ABBAZIA DI MONTE OLIVETO MAGGIORE
Montepulciano
Val d'Orcia
Montalcino
Pienza
Bagno Vignoni
Bagni San Filippo
MONTE AMIATA
Vetulonia
Grosseto
Sorano
Parco Regionale della Maremma
Sovana
Pitigliano
Porto Santo Stefano
Orbetello
GIARDINO DEI TAROCCHI SCULTURA
UMBRIEN
Monte Argentario
Lago di Burano
Riserva Naturale Lago di Burano
Giannutri

Unterkunft

Unterkunftsarten

Agriturismo Bauernhöfe oder Weingüter mit Gästezimmern und oft auch abendlicher Beköstigung. Laut Definition muss ein *agriturismo* mindestens ein Agrarprodukt selbst anbauen. Ansonsten umfasst die Kategorie alles vom Landhäuschen mit einer Handvoll Olivenbäume übers luxuriöse Weingut bis zum bewirtschafteten Bauernhof, auf dem die Gäste bei der Ernte mit anpacken können.

Albergo Hotel, ob Budget-, Business-, Luxus- oder auch Mittelklasse mit persönlicher Atmosphäre.

B&B Kleine Pension, die Übernachtung und Frühstück anbietet. Doppelzimmer mit eigenem Bad.

Castello Wörtlich „Burg", in der Realität alles vom umgebauten Nebengebäude eines Landguts bis zum Märchenschloss mit Zinnentürmen. So oder so darf man sich auf reichlich Charme und Atmosphäre freuen.

Locanda Landgasthaus mit B&B-Unterkunft. Die meisten servieren auch Abendessen.

Ostello Ein Hostel mit Schlafsaalbetten und Zimmern für Reisende mit kleinem Budget.

Palazzohotel Viele städtische Hotels residieren in jahrhundertealten Palazzi. Bei diesen „Palästen" handelt es sich eher um historische Herrenhäuser, manche noch mit Originalfresken und -einrichtung, andere ganz modern eingerichtet.

Pensione Kleine Familienpension mit B&B, deren Inhaber mit im Haus wohnen.

Rifugio Berghütte mit schlichten Schlafräumen für zwei bis zwölf (oder mehr) Personen und Halbpension; von Mitte Juni bis Mitte September geöffnet.

Villa Villen und *fattorie* (Bauernhäuser) werden komplett an Selbstversorger vermietet, die meisten mit Pool und in idyllisch grüner Lage.

Buchung

Unterkünfte sollte man möglichst frühzeitig reservieren, vor allem in Florenz und Siena und im Sommer an der Küste. In der Hochsaison verlangen manche Hotels einen Mindestaufenthalt (z. B. die Strandhotels im Juli und August und die Hotels in Siena während des Palio). Ländliche Hotels, *locande*, Villen und *agriturismi* sind im Winter oft geschlossen.

➡ Es lohnt sich, auf Hotelwebsites nach Sonderangeboten zu suchen. Die billigsten Angebote erfordern in der Regel Vorauszahlung ohne Erstattungs- oder Umbuchungsanspruch.

➡ Die meisten Unterkünfte nehmen Kreditkarten – aber nicht alle!

Buchungsdienste

Associazione Italiana Alberghi per la Gioventù (www.aighostels.com) Italienischer Jugendherbergsverband; Mitglied im Dachverband Hostelling International (HI)

Camping.it (www.camping.it) Verzeichnis der Campingplätze in der Toskana

Club Alpino Italiano (www.cai.it) Mit Datenbank der CAI-*rifugi* (Berghütten)

Lungarno Collection (www.lungarnocollection.com) Eine Kollektion von Luxushotels, die zum Ferragamo-Modeimperium gehören, von Penthouse-Suiten in Florenz bis zu paradiesischen Ferienanlagen an der toskanischen Küste

Monastery Stays (www.monasterystays.com) Gut organisiertes Online-Buchungszentrum für Unterkünfte in verschiedenen Klöstern

Wtb Hotels (www.whythebesthotels.com) In Florenz ansässige Hotelgruppe

Lonely Planet (lonelyplanet.com/italy/tuscany/hotels) Empfehlungen und Buchung

DAN74/SHUTTERSTOCK ©

TASSA DI SOGGIORNO

Kleine und größere Städte in der Toskana erheben eine *tassa di soggiorno* (Betten-steuer). Diese ist zusätzlich zum Zimmerpreis zu zahlen – in der Regel bar. Der ge-naue Betrag variiert von Stadt zu Stadt und je nach Hotelkategorie und Jahreszeit. Grobe Faustregel: von 1,50 € pro Person und Nacht bis zu 5 € im Vier- oder Fünf-Sterne-Hotel. Für Kinder unter 10 bzw. 12 Jahren fällt normalerweise keine Steuer an; für Kinder von 11 bis 16 Jahren zahlt man im Allgemeinen nur 50 % der Steuer.

Top-Tipps
Agriturismi

Barbialla Novella (www.barbialla.it; 90–350 €) Stilvolle Häuschen für Selbstversorger auf einem Biohof und Trüffelgut zwischen Florenz und Pisa

Sant'Egle (www.santegle.it; 112–125 €) Luxuriö-ses B&B mit Biopool, Whirlpool und Yogapavillon auf einem Biohof in der Südtoskana

Podere San Lorenzo (www.agriturismo-volterra. it; 100 €) Unterkunft auf einer Olivenplantage bei Volterra mit Gourmetverpflegung in einer Kapelle aus dem 12. Jh.

Podere Brizio (www.poderebrizio.it; 170–220 €) Tolles Hotel auf einem Weingut bei Montalcino

Palazzi

Ad Astra (http://adastraflorence.com; 340 €) Gästehaus in Florenz in Palazzo aus dem 16. Jh. an Europas größtem privatem Garten

Palazzo Puccini (www.lsmpistoia.it/residenza-storica; 105–130 €) Boutique-Gästehaus mit superschicker alter Einrichtung in Pistoia

Pensione Palazzo Ravizza (www.palazzoravizza. it; 160–295 €) Renaissance-Palasthotel in Siena

Antica Torre di Via de' Tornabuoni (www.tornabu oni1.com; 350 €) Top-Hotel in Florenz in einem Palazzo des 14. Jhs. mit sensationellem Dachblick

Für Familien

La Bandita (www.la-bandita.com; 250–395 €) Urbaner Chic und ländlicher Charme in Landhotel bei Pienza, Montepulciano und Montalcino

Rosselba Le Palme (www.rosselbalepalme.it; 69–198 €) Zeltplatz auf Elba mit „Glamping"-Zelten, Chalets und Apartments am Meer

Villa Fontelunga (www.fontelunga.com; 240–365 €) Stylische Häuser für Selbstversorger auf dem Gelände eines tollen Villenhotels des 19. Jhs. in der Osttoskana

Borgo Corsignano (www.borgocorsignano.it; 120 €) Mittelalterliches Dorf mit Unterkünften für Selbstversorger, zwei Pools, Spielplätzen und weiten Bergblicken

Schnäppchen

Hotel Scoti (www.hotelscoti.com; 130 €) Tolle *pensione* zwischen Modeboutiquen an der schicksten Einkaufsmeile von Florenz

Hotel Alma Domus (www.hotelalmadomus.it; 90–140 €) Kloster mit unverstelltem Blick auf den Dom von Siena

La Locanda di Pietracupa (www.locandapietra cupa.com; 70–92 €) Eine seltene günstige Unter-kunft im noblen Chianti

La Casa di Adelina (www.lacasadiadelina.eu; 97 €) B&B voller Kunst mit rustikal-schicken Zimmern im zentraltoskanischen Val d'Orcia

Unterwegs vor Ort

Mehr Infos unter Verkehrsmittel & -wege (S. 358)

Mit dem Auto

Außer in den Städten ist ein eigenes Fahrzeug zweifellos die beste Art, die malerische Toskana zu erkunden, mit ihren romantischen Zypressenalleen, Weingütern und Obstgärten sowie den mittelalterlichen Hügeldörfern. Nicht nur ist das Auto die schnellste – und oft auch einzige – Möglichkeit, in dieser ländlichen Region von A nach B zu gelangen, sondern es ist auch der Schlüssel zu einigen der authentischsten Unterkünfte, Sehenswürdigkeiten und Erlebnisse abseits der ausgetretenen Pfade.

Mietwagen

Die großen Autovermietungen sind an den Flughäfen Florenz und Pisa vertreten, sodass man sofort nach der Ankunft einen Wagen bekommen kann. Um ein Auto zu leihen, muss man mindestens 25 Jahre alt sein und über eine Kreditkarte verfügen. Auf jeden Fall sollte man genau klären, was im Mietpreis inbegriffen ist: Italiener haben teils einen wilden Fahrstil, die Straßen sind eng und die Parkplätze in den Städten klein, sodass es sich wahrscheinlich lohnt, etwas mehr zu bezahlen, um den Selbstbehalt auf Null oder zumindest wenige hundert Euro zu reduzieren.

Verkehrsverhältnisse

Die Toskana verfügt über ein ausgezeichnetes Straßennetz, von mautpflichtigen *autostradas* (Autobahnen) bis zu idyllischen Landsträßchen, auf denen sich zwei Autos gerade so eben aneinander vorbeiquetschen können. Die

INFORMATIONEN

Automobile Club d'Italia (ACI; www.aci.it) Die beste Infoquelle für Autofahrer in Italien. Den Rund-um-die-Uhr-Pannenservice erreicht man unter der Telefonnummer 803 116. Ausländische Autofahrer müssen dem Automobilclub nicht beitreten, sondern zahlen jeweils eine Gebühr, wenn sie ihn in Anspruch nehmen.

Autostrade per l'Italia (www.autostrade.it) Routenplanung, Wetter, Webcams und Verkehrsinfos in Echtzeit für Autobahnen in der Toskana und im restlichen Italien. Tel. 840 04 21 21.

RTL (102.5 FM; http://rtl1025fm.radio.net) Regelmäßige Verkehrsnachrichten.

Isoradio (103.3 FM; www.isoradio.rai.it) Verkehrsinfos, Wetter und dazwischen Musik ohne Unterbrechung.

FI-PI-LI ist eine mautfreie Autobahn zwischen Florenz, Pisa und Livorno.

In den Städten vermeidet man das Autofahren besser. Dank der **autofreien Zonen** (ZTL; Zona a Traffico Limitato) sind die Altstädte tabu und Parkplätze sind schwer zu finden und teuer. Außerhalb der Städte ist die Lage gänzlich anders: Hier können Autofahrer den Fuß vom Gas nehmen und gemächlich durch wundervolle Landschaften rollen.

Karten

Generell ist ein Navi oder eine Smartphone-App praktisch, aber auch eine gute Straßenkarte sollte nicht fehlen: In abgeschiedenen Gegenden wie dem Val d'Orcia, den Apuanischen Alpen oder der Garfagnana können Navi und App Autofahrer durchaus auch mal fehlleiten oder der Handyempfang kann schlecht oder nicht vorhanden sein.

Kein Auto?

Bus

Die Städte sind durch ein einigermaßen ausgedehntes Busnetz miteinander verbunden. Von Florenz nach Siena sind z. B. die *corse-rapide*-Busse (Expressbusse) am besten. Auf vielen anderen Strecken sind die Verbindungen allerdings umständlich und am Wochenende fahren entweder nur wenige oder gar keine Busse. Die regionalen Busunternehmen sind locker unter dem Verbund **Tiemme** (www.lfi.it) zusammengeschlossen.

In den städtischen Bussen müssen die Fahrscheine entwertet werden, sonst riskiert man eine sofort zu zahlende Geldbuße in Höhe von 50 €.

Zug

Schnellzüge von Trenitalia (S. 362) verbinden Florenz, Arezzo und Cortona sowie Grosseto, Livorno und Pisa. Langsame Regionalbahnen verkehren zwischen Florenz, Lucca und Pisa. Ansonsten ist das Bahnnetz in der Toskana eher begrenzt.

Vor dem Fahrtantritt muss die Fahrkarte entwertet werden, sonst droht ein sofort zu zahlendes Bußgeld in Höhe von 50 €.

Fahrrad

Radfahren ist in Italien ein Volkssport und belohnt Radler auf dem Land mit tollen Ausblicken. Fahrräder können in Zügen mit Radsymbol mitgenommen werden, man benötigt jedoch eine Radkarte – die kostet 3,50 € für Regionalbahnen und 12 € für internationale Verbindungen. In der gesamten Region sind Fahrradverleihe zu finden und die Touristeninformationen in beliebten Radlergebieten wie dem Chianti oder der Etruskischen Riviera halten Infos zu Radrouten bereit.

KURZINFOS

Rechts oder Links? Rechts

Schaltung oder Automatik: Schaltgetriebe

Höchstgeschwindigkeit: 130 km/h

Mindestalter für den Führerschein: 18

Typisches Auto: Fiat 500 (am besten als Cabrio)

Alternatives Fahrzeug: Vespa-Motorroller

ENTFERNUNGEN (KM)

	Florenz	Pisa	Lucca	San Miniato
Pisa	110			
Lucca	98	37		
San Miniato	59	75	112	
Siena	82	139	48	123

Autotouren

Weintour durch das Chianti (S. 156) Den Fuß vom Pedal nehmen und vier Tage lang in aller Ruhe das toskanische Weinland erkunden.

Das Val d'Orcia erkunden (S. 176) Eine der schönsten Autostrecken der Toskana: Das als Unesco-Welterbe gelistete Tal in der Zentral-toskana bettelt geradezu darum, erkundet zu werden.

Strada del Vino e dell'Olio Costa degli Etruschi (S. 218) Für die Wein- und Olivenölstraße an der

Etruskischen Riviera sollte man einen ganzen Tag einplanen. Weinverkostungen müssen vorgebucht werden.

Entschleunigung im Casentino (S. 296) Ein einfacher Tagesausflug ab Florenz führt ins wilde und abgeschiedene Casentino-Tal in der Osttoskana.

Via Francigena (S. 274) In der ländlichen Lunigiana in der Nordwesttoskana auf den Spuren der mittelalterlichen Pilger wandeln – zu Fuß oder mit dem Fahrrad oder Auto.

Frische Trüffeln und Pilze

Essen & Trinken

Nicht nur Kirchenarchitektur und Skulpturen, auch Essen und Trinken gelten in der Toskana als hohe Kunst. Sie wird gern an langen Tafeln in geselliger Runde zelebriert. Bäuerliche Traditionen und die Früchte von Feld und Meer haben der Region ein reiches kulinarisches Erbe beschert. Hier einige Tipps, um ihre Gaumenfreuden voll auszukosten.

Kulinarischer Kalender

In der Toskana ist das ganze Jahr über fast immer irgendwo ein Schlemmerfestival.

Frühjahr (März–Mai)

Die Marktstände quellen über vor Babyartischocken, Spargel, frischem Knoblauch und – zum Frühsommer hin – Kirschen, Feigen und Zucchiniblüten.

Sommer (Juni–Aug.)

Erdbeeren, Paprika und der Start der Safranernte bei San Gimignano (Juli–Nov.). Gegen die Hitze helfen an der Küste frische Meeresfrüchte, sonst *gelato* in Sorten wie Kastanie, Feige/Honig oder Safran mit Pinienkernen.

Herbst (Sept.–Nov.)

Jetzt heißt es Oliven ernten, Wein lesen, Früchte des Waldes wie Kastanien und *porcini* (Steinpilze; Aug.–Okt.) sammeln und Wild jagen. Weinfreunde pilgern im September nach Greve im Chianti zum größten Weinmarkt der Region. Mitte Oktober beginnt bei Pisa die Trüffelsaison.

Winter (Dez.–Feb.)

Die Trüffelsaison geht noch bis Mitte Dezember; ihr Höhepunkt ist der Trüffelmarkt in San Miniato. Im Februar präsentieren die Winzer beim Benvenuto Brunello in Montalcino den neuen Jahrgang.

Gaumenfreuden

Das Esserlebnis Toskana umfasst alles vom Straßenimbiss über Bauerntafeln bis zu piekfeinen Gourmettempeln. Etwas Vorausplanung hilft, es optimal auszukosten.

Einmal im Leben

Enoteca Pinchiorri, Florenz (S. 112) Überirdisch gut: Das einzige Restaurant der Toskana mit drei Michelin-Sternen residiert ganz edel in einem Palazzo aus dem 16. Jh.

Peperino, San Miniato (S. 268) Kleiner geht's nicht – ideal für ein romantisches Rendezvous.

Barbialla Nuova, Montaione (S. 267) Weiße Trüffeln selber suchen und dann in einer dörflichen Trattoria übers Steak gehobelt genießen.

Il Leccio, Sant'Angelo in Colle (S. 178) Schlichte, aber spektakuläre Köstlichkeiten aus dem eigenen Garten mit Spitzen-Brunellos zum Nachspülen.

Osteria di Passignano, Chianti (S. 154) Beim eleganten Mahl auf dem Antinori-Anwesen steht der Wein im Mittelpunkt. Toskana-Noblesse pur.

Osteria del Castello, Gaiole in Chianti (S. 161) Klassische toskanische Gerichte mit modernem Einschlag von Köchin Silvia Zinato; dazu passen bestens die renommierten Weine des Guts.

La Terrazza del Chiostro, Pienza (S. 180) Die Weinbegleitung honoriert die umwerfende moderne italienische Küche von Alessandro Rossi. Das i-Tüpfelchen ist das Panorama von der Terrasse.

Preiswert & lecker

Pecorino Der Schafskäse mundet perfekt zu knusprig frischem *pane* (Brot).

Porchetta Mit Fenchel, Knoblauch und Pfeffer gegrilltes Spanferkelfleisch im knusprigen Panino

Torta di ceci Herzhafter Pfannkuchen aus Kichererbsenmehl

Castagnaccio Ganz dünner, süßer Kuchen aus Kastanienmehl

Gelato In den besten toskanischen Eissorten stecken heimische Zutaten der Saison: Feigen, Kastanien, Pinienkerne, Honig, Safran, Walderdbeeren …

Für Experimentierfreudige

Bistecca alla fiorentina Das urtypische Florentiner T-Bone-Steak wird „blau" (fast roh) verzehrt; *die* Adresse dafür ist die Trattoria Mario (S. 108).

Lampredotto Den Labmagen der Kuh, gehackt und liebevoll geschmort, gibt es an jedem Florentiner *trippaio*.

Trippa alla fiorentina Kutteln in Tomatensauce; ein unvergessliches Geschmackserlebnis bei Da Nerbone (S. 109) im Mercato Centrale, Florenz

Lardo di colonnata Der fette, in Marmorbecken gereifte Speck aus Carrara sichert den Kardiologen die Kundschaft.

Biroldo Die Blutwurstspezialität gibt es bei der Osteria Vecchio Mulino (S. 271) in Castelnuovo di Garfagnana zu verkosten.

Mallegato Die begehrte Blutwurst aus San Miniato steht im Restaurant des Metzgers Sergio Falaschi (S. 268) meist auf der Karte.

Spezialitäten der Region

Würzige grüne Oliven, native Olivenöle der Spitzenklasse, körperreiche Rotweine, aromatische *porcini* (Steinpilze) und säckeweise Bohnen sind die kulinarischen Aushängeschilder der Toskana. Dazu gesellen sich je nach Region weitere Köstlichkeiten.

Florenz

Ob Slow-Food-Lokal oder Nobelrestaurant, ein Panino auf die Hand oder Kutteln am Straßenstand: Die Grande Dame der Toskana befriedigt jedes erdenkliche kulinarische Bedürfnis mit Bravour.

Zum Ausklang des Tages locken die **aperitivi** (Drinks vor dem Abendessen), ein heiliges Ritual in der größten Stadt der Toskana: Die dazugehörigen Gratisbuffets sind so üppig, dass clevere junge Florentiner oft aufs Abendessen verzichten und sich mittels **apericena** (*aperitivi* mit Snacks statt Abendessen) durchfuttern.

Nordwestliche Toskana

Diese kulinarische Fundgrube zwischen windgepeitschten Wogen und steilen Bergen ist bekannt für ihren Pecorino (Schafskäse), *zuppe di cavolo* (Kohlsuppen) und andere rustikale Köstlichkeiten. Die Slow-Food-Stadt San Miniato bei Pisa ist Heimat der unvergleichlichen weißen Trüffeln.

In **Castelnuovo di Garfagnana** strotzen die Märkte im Herbst vor Steinpilzen, Kastanien und ganzen Säcken des hier angebauten *farro* (Dinkel). Der süße *castagnaccio* (Kastanienkuchen) ist für die

Cacciucco

Bewohner der Garfagnana das, was den Bürgern von Lucca ihr *buccellato* (süßes Brot mit Sultaninen und Anis) ist.

In der Nähe der Küste lässt man fetten Schweinespeck in Becken aus Carrara-Marmor reifen, um ihn 12 bis 24 Monate später in hauchfeinen Scheiben als *lardo di colonnata* zu verzehren.

Etruskische Riviera & Elba

Märchenhafte Meeresfrüchte: Die schmuddelige Hafenstadt **Livorno** lockt mit erschwinglichen Leckereien wie **cacciucco**, einer deftigen Fischsuppe aus Oktopus, Drachenkopf und anderem Fisch.

Landeinwärts erzeugen die Weinberge um das befestigte Dorf **Bolgheri** den Supertoskaner Sassicaia und weitere legendäre Rote, die perfekt zum *cinghiale* (Wildschwein) passen. **Elba** produziert außer dem süßen roten Aleatico Passito DOCG und anderen sonnenverwöhnten Weinen auch markante Olivenöle.

Siena & Zentraltoskana

Siena ist der Ursprungsort der toskanischen Küche – sagen die Einheimischen, für die ein Wochenende ohne *caffè* mit

---

DIE BESTEN KOCHKURSE

Desinare (☑055 22 11 18; www.desin are.it; Via dei Serragli 234r) Florenz

Cucina Lorenzo de' Medici (Karte S. 89; ☑334 3040551; www.cucinaldm. com; Mercato Centrale, Piazza del Mercato Centrale) Florenz

La Dogana (S. 184) Montepulciano

Podere San Lorenzo (☑0588 3 90 80; www.agriturismo-volterra.it; Via Allori 80) Bei Volterra

Strada del Vino Nobile di Montepulciano (S. 183) Montepulciano

Scuola di Cucina di Lella (S. 143) Siena

Rosso di Montalci

panforte (Mandelkuchen mit Honig und kandierten Früchten) unvorstellbar ist.

Das **Chianti** ist ein Paradies für Gourmets: vollmundige Rotweine, der legendäre Metzger Dario Cecchini (S. 154) in Panzano, feinste Olivenöle (Chianti Classico DOP), *finocchiona briciolona* (Salami mit Fenchel und Chianti) von der Antica Macelleria Falorni (S. 152) in Greve in Chianti und aufregend moderne Toskanaküche.

Montalcino ist berühmt für seinen roten Brunello, den altbewährten Rosso di Montalcino und preisgekrönte Olivenöle. **Montepulciano**, Heimat des roten Vino Nobile und seines ebenso trinkbaren kleinen Bruders Rosso di Montepulciano, produziert außerdem feinstes Rindfleisch und das native Olivenöl Terre di Siena DOP.

Käseliebhaber zieht es nach **Pienza**, dessen Pecorino zu den besten Italiens zählt, und ins **Val di Chiana**, wo Schafskäse in Farnwedel eingepackt und als *ravaggiolo* verkauft wird. Aus diesem idyllisch grünen Tal kommt auch das berühmte Chianina-Rindfleisch. Somit ist es der ideale Ort, um eine *bistecca alla fiorentina* zu kosten, vielleicht nach einem leckeren *primo* (ersten Gang) aus *pici* (handgerollten Nudeln).

Eine besondere Spezialität ist der flammrote Safran von **San Gimignano**, der sich als erster in Europa die geschützte Herkunftsbezeichnung DOP verdiente. Die örtliche Gelateria Dondoli (S. 168) würzt damit ihr unvergessliches Safraneis.

Südliche Toskana

Die Maremma steht für hochwertiges Rindfleisch, Huhn und Wild. **Pitigliano** ist dank hausgemachter Backwaren wie dem traditonellen jüdischen Honig-Walnuss-Gebäck *lo sfratto* ein Mekka für Schleckermäuler.

Zudem trumpft es mit seinem DOC Bianco di Pitigliano, einem frisch-fruchtigen Weißwein, der vorwiegend aus Trebbiano-Trauben gewonnen wird.

DIE BESTEN WEINE

- ➥ Brunello di Montalcino
- ➥ Vino Nobile di Montepulciano
- ➥ Chianti
- ➥ Vernaccia di San Gimignano
- ➥ Der Supertoskaner Sassicaia

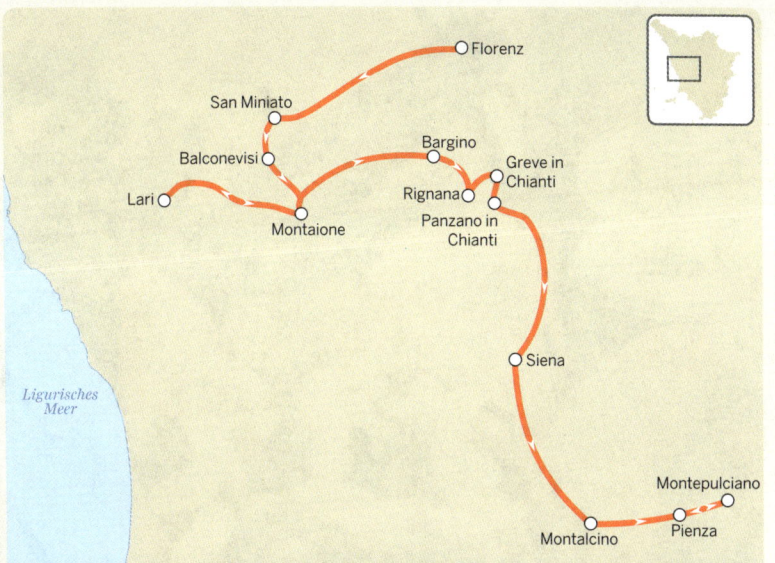

Gourmetreise: Von Florenz nach Siena

Die Reise durch das Schlemmerherz der Toskana verspricht höchsten Gaumengenuss.

In der Genießerstadt Florenz (S. 60) decken sich Kenner in der Bottega della Frutta oder beim Mercato Centrale mit Olivenöl ein und schmausen in der Trattoria Mario zu Mittag, gefolgt vom Espresso bei Ditta Artigianale. Nach der Schokoladen-*degustazione* mit Foodie Alessandro Frassica bei 'Ino geht's auf ein Eis zur Gelateria La Carraia. Später laden All'Antico Vinaio (geniale Salami- und Käseplatten) oder *enoteche* (Weinbars) wie Le Volpi e l'Uva und Pitti Gola e Cantina zum *aperitivo*. Den Abschluss bildet die topmoderne Toskanaküche von Simone Cipriani in der Lagerhaus-Lounge Essenziale oder ein Event-Schmaus des Starkochs Fabio Picchi im Il Teatro del Sale.

Am zweiten Tag führt eine gemächliche 30-km-Fahrt ins Slow-Food-Mekka San Miniato (S. 267), wo hervorragende Lokale fürs Mittagessen warten. Regionale Wurstspezialitäten bietet die berühmte Metzgerei von Sergio Falaschi. Nach dem Abendessen mit moderner toskanischer Küche in der Osteria Il Papero im Hügeldorf Balconevisi (S. 266) bietet sich als Nachtquartier das Trüffelanwesen Barbialla Nuova in Montaione (S. 267) an.

Am nächsten Morgen kann man eine Autostunde westlich bei Martelli in Lari Pastakünstlern bei der Arbeit zusehen oder ins Chianti rüberschauen, um eine Kellerei zu besuchen und beim spektakulären Antinori nel Chianti Classico (S. 155) in Bargino zu Mittag zu speisen. Für Abendessen und Übernachtung sorgt Rignana (S. 154).

Im nahen Greve in Chianti (S. 151) lockt die Enoteca Falorni mit dem größten Weinkeller der Toskana. Nach einem Picknick mit *finocchiona briciolona* (Fenchelsalami) von der Antica Macelleria Falorni klingt der Tag bei der Badia a Passignano angenehm aus.

An fünften Tag fährt man südwärts nach Panzano in Chianti (S. 154) zum Lunch bei Starmetzger Dario. Weiter geht's nach Siena (S. 132): Hier kann man in der Scuola di Cucina di Lella einen Kochkurs absolvieren, bei Panificio Il Magnifico *panforte* kaufen und in der Taverna di San Giuseppe zu Abend essen. Am letzten Tag führt die Tour nach Montalcino (S. 174) zu einer Kellereiführung auf dem Gut Poggio Antico, einem Mittagsmahl im Il Leccio und einem Abstecher zur Enoliteca Consortile im Weinort Montepulciano (S. 181). Der Tag endet mit einem weiteren kulinarischen Höhepunkt bei La Bandita in Pienza (S. 37).

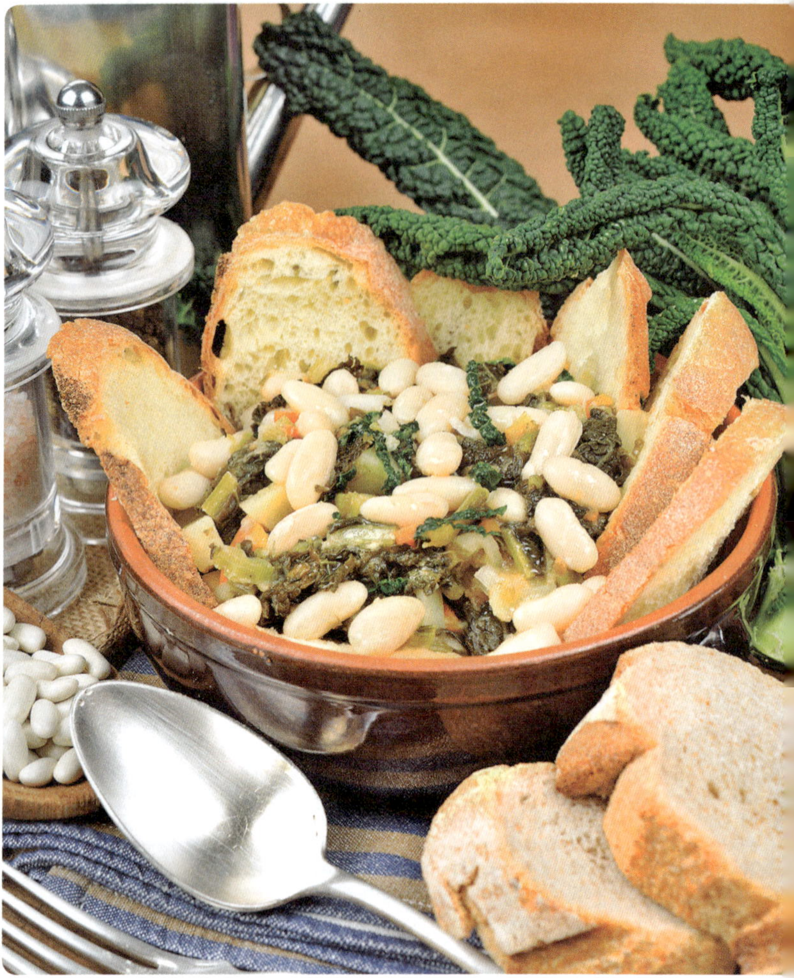

STEFANO EMBER/SHUTTERSTOCK ©

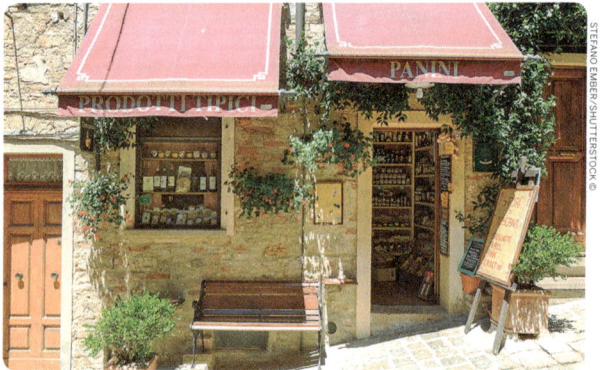

Oben: *Ribollita* („erneut gekochte" Bohnen-, Gemüse- und Brotsuppe)
Unten: Geschäft in Volterra (S. 170)

Gut zu wissen

Wer die kulinarischen Highlights voll auskosten möchte, sollte wissen, was die Einheimischen wann, wo und wie essen.

Wann essen

Colazione (Frühstück) ist für die meisten
Toskaner ein schneller Espresso und ein *cornetto*
(Hörnchen) oder *brioche* (Hefegebäck) aus der
Hand am Tresen einer Bar oder eines Cafés.

Pranzo (Mittagessen) war traditionell die Haupt-
mahlzeit des Tages, aber mittlerweile versammeln
sich die Familien eher abends um den Esstisch.
In Restaurants wird das Mittagessen von 12 bzw.
12.30 bis 14.30 Uhr serviert; die Einheimischen
setzen sich selten vor 13 Uhr zu Tisch.

Merenda (Nachmittagsimbiss) kommt besonders
bei Schulkindern und Arbeitern, aber eigentlich
auch bei allen an, die gern essen. Den Nachmit-
tagssnack, meist mit Brot, gibt's gegen 16 Uhr.

Aperitivo (Aperitif) ist der Drink nach Feierabend,
irgendwann zwischen 17 und 22 Uhr, wobei im
Preis des Cocktails (in Florenz 8–10 €) ein üppiges Buffet mit Knabbereien, Fingerfood oder sogar
Salaten und Pasta enthalten ist.

Cena (Abendessen) war traditionell eine leichtere
Mahlzeit als das Mittagessen. Zur fünfgängigen
Gefahr für den Hosenknopf wird sie nur sonntags
oder an Feiertagen. In den Restaurants wird meist
zwischen 19.30 und ca. 22 Uhr zu Abend gegessen, in Florenz und im Sommer generell auch
später; die Einheimischen essen nie vor 20 Uhr.

Wo essen

Im **Ristorante** (Restaurant) darf man
gestärkte Tischdecken, klassische Einrichtung, förmliche Bedienung und raffinierte
Küche erwarten. Die **Trattoria** ist oft ein
Familienbetrieb mit günstigeren Preisen,
legerem Service und regionalen Spezialitäten. Die gemütliche **Osteria** war mal eine
Kneipe, die zum Wein auch kleine Gerichte

WEISSE TRÜFFELN

Sie sind keine Pflanzen, sprießen nicht überirdisch wie andere Pilze und lassen sich
nicht kultivieren. Die ebenso unansehnlichen wie kostbaren Pilzknollen kitzeln die
Phantasie aller Feinschmecker. Ihnen wird sogar aphrodisierende Wirkung nachge-
sagt und wer ihr intensives Aroma, insbesondere das der weißen Trüffeln, einmal
gerochen hat, wird das gern glauben. Ihr Duft ist einfach unglaublich verführerisch.
   Trüffeln wachsen in Symbiose mit Eichen und kommen in den Sorten *bianco*
(weiß, eigentlich eher schmutzig-beige) oder *nero* (ein herrliches Samtschwarz) vor.
Sie werden von Mitte Oktober bis Ende Dezember in San Giovanni d'Asso bei Siena
und San Miniato zwischen Florenz und Pisa von Trüffelhunden erschnüffelt. Man
hobelt sie gern roh über schlichte Gerichte ohne großen Eigengeschmack, damit der
Gaumen ihr zartes Aroma voll auskosten kann. Unsere Top-Tipps für Trüffelfans:
Barbialla Nuova, Montaione (S. 267) Das beste Revier für die Jagd nach den
weißen Trüffeln der Toskana
Boutique del Tartufo, Volterra (S. 173) Trüffelshop für z. B. frische und eingelegte
Trüffeln, Panini mit Trüffelkäse und Trüffelpaste
Pepenero, San Miniato (S. 268) Starkoch Gilberto Rossi entwickelt bei der Zube-
reitung der Trüffeln große Kreativität.
Ristorante Da Ventura, Sansepolcro (S. 294) Nichts geht über ein schlichtes
Omelett mit frisch gehobelten Trüffeln.
I Sette Consoli, Orvieto (☎0763 34 39 11; www.isetteconsoli.it; Piazza Sant'Angelo 1a;
Mahlzeiten ca. 45 €, 6-Gänge-Probiermenü 42 €; ⊙12.30–15 & 19.30–22 Uhr, So abends &
Mi geschl.) Zelebriert die Trüffelsaison mit speziellen Tagesgerichten.
L'Osteria di Casa Chianti, Fiano (S. 294) Trüffelgerichte sind die Spezialität des
Hauses; außerdem Kochunterricht.
La Taverna di San Giuseppe, Siena (S. 146) Die Top-Adresse fürs Trüffelschlem-
men in Siena.

Pecorino in Pienza (S. 17

anbot, doch heute verwischen sich die Unterschiede zwischen *osteria* und *trattoria*. Preiswertes Essen und kaltes Bier in geselliger Atmosphäre verspricht die **Pizzeria**.

Die **Enoteca** (Weinbar) etabliert sich zunehmend als legeres, stimmungsvolles Lokal, in dem man speisen und toskanische Weine glasweise verkosten kann.

Das Abendessen im **Agriturismo** gehört zu den schönsten Esserlebnissen der Toskana – ein Fest der opulenten Hausmannskost aus heimischen Zutaten in urtypischen alten Bauernhäusern zwischen Zypressenalleen und grünen Hügeln.

Die beste **Gelateria** (Eisdiele) ist immer an der Schlange vor der Tür zu erkennen. Und an die sagenhafte Auswahl ausgefallener Geschmacksrichtungen wird man noch lange sehnsüchtig zurückdenken.

Speisekarten-Dolmetscher

Menù di degustazione Probiermenü

Coperto Gedeckgebühr, 1–3 € pro Person, für den Inhalt des Brotkörbchens

Piatto del giorno Tagesgericht

Antipasto Kalte oder warme Vorspeise; eine ganze Auswahl davon bietet der *antipasto misto* (gemischte Vorspeisenteller).

Primo Erster Gang, meist Pasta, Reis oder *zuppa* (Suppe)

Secondo Zweiter Gang, *carne* (Fleisch) oder *pesce* (Fisch)

Contorno Gemüsebeilage

Dolce Dessert, oft *torta* (Kuchen) oder *cantucci* (hartes Mandelgebäck), die in süßen Vin Santo getunkt werden

Acqua minerale (Mineralwasser) In der Toskana gehört eine Flasche *acqua frizzante* (mit Sprudel) oder *naturale* (still) zur Mahlzeit.

Vino della casa (Hauswein) Das Weinangebot der Restaurants ist erschwinglich und gut; am billigsten kommt der *vino della casa* in Viertel-, Halb-, Dreiviertel- oder Literkaraffen.

Reiseplanung

Outdoor-aktivitäten

Hohe Berge, sanfte Hügel, unberührte Küsten: Die Toskana bietet zahllose Möglichkeiten für Outdooraktivitäten. Wandern, Radeln, Segeln, Kajakfahren, Tauchen, Reiten – alles ist hier inmitten traumhafter Natur möglich. Neben Kultur und kulinarischen Genüssen locken diese Outdoorabenteuer viele Besucher immer wieder her.

Reisezeit

Die frische Berg- und Seeluft mit ihrem berauschenden Salbei- und Strandkiefernduft gehört zum Naturerlebnis Toskana einfach dazu. Frühling und Herbst sind mit warmen, trockenen Tagen, Wildblumen und Waldfrüchten die malerischsten Jahreszeiten in der Natur. Der Juli (dann ist es nicht ganz so heiß und voll wie im August) ist ideal für Wassersport und Wanderungen in den Apuanischen Alpen. Besonders schön ist die milde Herbstzeit mit Weinlese und Olivenernte. Die Sommerwärme hält sich bis weit in den Oktober und die Tage sind noch lang genug für Wanderungen durch pilzreiche Wälder.

Besser vermeiden

Ostern In den beiden Wochen Ende März und/oder Anfang April drängeln sich zu viele Menschen auf den Wanderwegen.

August Italiener auf Sommerurlaub beölkern die Wanderwege, Radrouten und Straßen. Im Tiefland herrscht oft drückende Hitze.

Winter Für Radler wegen nasser, glatter Straßen und schlechter Sicht keine gute Jahreszeit.

Wohin reisen?

Chianti (S. 150) Das wichtigste Weinanbaugebiet der Toskana: einfache Wander- und Radtouren durch idyllische Weinberge und Olivenhaine

Highlights

Kurzwanderungen

Vie cave – durch die Hohlwege der Etrusker um Pitigliano (S. 195)

Geführte Naturwanderungen durch die Hügel um San Gimignano (S. 165)

Von Montalcino zur Abbazia di Sant'Antimo (S. 175), Val d'Orcia

Gemütliche Radtouren

Auf der Stadtmauer von Lucca (S. 249)

Weinberge und Olivenhaine im Chianti (S. 152)

Inseltour auf Elba (S. 223)

Abenteuer zu Wasser

Mit dem Kanu durch die stillen Gewässer des Parco Regionale della Maremma (S. 202)

Seekajaktouren und Tauchen vor Elba (S. 223)

Thermalbäder

Der legendäre Literatentreff Bagni di Lucca (S. 273)

Das alte Römerbad Terme di Saturnia (S. 198)

Puccinis liebstes Planschbecken: Montecatini Terme (S. 252)

Apuanische Alpen & Garfagnana (S. 268) Wildromantisch und entlegen, mit Marmorsteinbrüchen und bewaldeten Tälern: Wanderungen, Höhlentouren, Mountainbiking und Reiten

Etruskische Riviera (S. 215) Im Juli und August locken die Strände mit Sand, Sonne, Wassersport. Radrouten von Holperpisten bis zu Asphaltwegen.

Elba (S. 222) Die Sommeridylle ist ein Traum für Seekajaker, Segler, Taucher und Schnorchler. Schöne Wanderungen von Bucht zu Bucht durch duftende *macchia* (Buschwald) und Pinienwald.

Val d'Orcia (S. 174) Familientaugliche Wander- und Radtouren in der Umgebung von Siena

Parco Regionale della Maremma (S. 202) Wandern, Radfahren, Reiten und Kanutouren an der toskanischen Südküste

Planung & Informationen

Die Website www.visittuscany.com bietet interaktive Karten, Wander-, Rad- und Reitrouten sowie Infos zu Höhlenwanderungen, Wassersport und Wellness.

Touristeninformationen und Nationalparkbüros der Toskana haben Berge von Infomaterial zu Outdooraktivitäten, u. a. Listen mit Führern und Unterkünften. Karten und Wanderführer kauft man aber besser schon vor Reiseantritt.

Anbieter von Outdooraktivitäten:

Toscana Adventure Team (☎348 791 12 15; www.tateam.it) Organisiert alles von Mountainbike- und Reittouren bis zu Coasteering, Helibiking, Abseilen, Wander- und Höhlentouren.

Hedonistic Hiking (☎333 319 42 03; www.hedonistichiking.com) Wanderungen um Volterra, Pisa, Lucca und Siena, im Chianti und auf Elba mit luxuriösen Unterkünften und Gourmetmahlzeiten

Discovery Chianti (S. 152) Organisiert Rad- und Wandertouren im Chianti.

Wandern

Wanderwege führen Besucher tief in die Seele der Toskana hinein. Seit Jahrtausenden sind Menschen kreuz und quer durch die Region gewandert. Heute gewähren diese geschichtsträchtigen Routen Zugang zu den schönsten Winkeln der Toskana, zu Weingütern, Hügelstädtchen, Bergen, Sumpfgebieten und Sandstränden.

Die Apuanischen Alpen

Die Apuanischen Alpen und die Garfagnana-Täler (S. 268) im Apennin sind ein Revier für erfahrene Wanderer. Hier gibt es Hunderte von Routen, von halbtägigen Wanderungen bis zur Fernwanderwegen. Ihr Hauptort Castelnuovo di Garfagnana bietet sich als Basislager an. Hier bekommt man auch Infos über die *rifugi* (Berghütten). Die Website des Parco Regionale delle Alpi Apuane (www.parcapuane.it) bietet zahlreiche Informationen für Wanderer.

Grande Escursione Appenninica

Der Fernwanderweg führt vom Due-Santi-Pass oberhalb von La Spezia den Toskanisch-Emilianischen Apennin entlang nach Sansepolcro in der Osttoskana. Die Route über Bergkämme und durch Täler ist in 23 Tagesetappen aufgeteilt. Ihr höchster Punkt liegt auf 2000 m. Sie ist normalerweise zwischen April und Oktober begehbar. Cicerone Press (www.

WANDERUNGEN ZU VERSCHIEDENEN THEMEN

Etruskerzeit Golfo di Baratti (S. 221), Pitigliano (S. 194)

Vogelbeobachtung Riserva Naturale Provinciale Diaccia Botrona (S. 201), Laguna di Orbetello (S. 203)

Geologie Monterotondo Marittimo (S. 192)

Wein Chianti (S. 150), Montalcino (S. 174), Montepulciano (S. 181)

Pilgerwege Marciana (S. 228), Abbazia di Sant'Antimo, (S. 175), Monteriggioni (S. 169), Siena (S. 132)

Küstenpanorama Monte Capanne (S. 223), Marciana (S. 223)

Skulpturen Giardino di Daniel Spoerri (S. 193), Fattoria di Celle (S. 260)

Butteri (Cowboys) Parco Regionale della Maremma (S. 202)

BESONDERE AKTIVITÄTEN

Die Nase voll von unglaublich anmutigen Weinbergen? Mit diesen besonderen Aktivitäten erscheint die Toskana in ganz neuem Licht. Für kulinarische Erlebnisse siehe „Essen & Trinken" auf S. 41.

Ballonfahren

Geräuschlos über die toskanische Idylle aus Weinbergen und Olivenhainen zu schweben, ist ein traumhaftes Naturerlebnis.

Die Ballonsaison geht vom späten Frühjahr bis zum Frühherbst. Startzeit ist um 6 Uhr herum. Die Flüge dauern 1¼ Stunden und kosten 240–280 € pro Person, oft inklusive Sektfrühstück.

Tuscany Ballooning (☎055 824 91 20, 335 6454036; www.tuscanyballooning.com; Via del Masso 14, San Casciano, Val di Pesa) Bei Florenz.

Ballooning in Tuscany (☎338 1462994; www.ballooningintuscany.com; Erw./Kind unter 12 J. ab 280/220 €) Südlich von Siena.

Chianti Ballooning (☎338 1462994; www.chiantiballooning.com; Erw./Kind über 7 J. 280/220 €; ☻Mitte Mai–Mitte Okt.) Im Chianti.

Fotografie

Fotoexkursionen sind eine von zahlreichen Aktivitäten des innovativen Programms Be Tuscan for a Day (S. 143) in der Zentraltoskana.

Höhlentouren

Caving ist normalerweise nur etwas für Leute mit der nötigen Ausrüstung und Erfahrung. Doch die saisonalen dreistündigen Touren durch die Grotta del Vento (S. 269) tief in den Apuanischen Alpen – 1200 Stufen an unterirdischen Flüssen und kristallenen Seen entlang – sind eine großartige Erfahrung für jedermann.

Imkerei

Bei Al Benefizio (S. 273), einem rustikalen *agriturismo* bei Barga in der Nordwesttoskana, kann man sich anschauen, wie Akazien- und Kastaniennektar gewonnen werden und daraus ein sortenreiner Honig entsteht. Wer möchte, kann auch bei der Olivenernte helfen.

Sommersonnenwende

Die Teilnahme an einer Feier der Sommersonnenwende ist eine der vielen einzigartigen Aktivitäten von Sapori e Saperi (S. 272) in der Nordwesttoskana. Andere Aktivitäten: Zuschauen, wie ein Schafhirte aus der Milch seiner Herde Pecorino und Ricotta macht; nach Wildkräutern suchen; Textiltouren mit örtlichen Kunsthandwerkern; an der Dinkelernte im Juli teilnehmen.

Stadtläufe

In Siena organisiert Siena Urban Running (S. 143) bei entsprechendem Wetter morgens 90-minütige geführte Läufe durch die Altstadt (25 € pro Pers.). Von November bis Mitte Mai finden die Läufe abends statt – Infos auf der Facebook-Seite. In Florenz organisiert ArtViva (S. 103) Stadtläufe.

Vespa-Touren

Die Straßen auf einer Vespa erkunden (S. 264).

Yoga

Die Dzogchen Community & Cultural Association (S. 193) bietet in der Südtoskana Yantra-Yoga, Meditation und traditionellen Tanz mit tibetischen Mönchen.

cicerone.co.uk) gibt den englischsprachigen Wanderführer *The GEA – The Grande Escursione Appenninica* heraus.

Via Francigena

Die **Via Francigena** war einer der wichtigsten mittelalterlichen Pilgerwege: Sie führte vom englischen Canterbury nach Rom. In der Zentraltoskana führt sie durch Orte wie San Gimignano, Monteriggioni, San Quirico d'Orcia und Radicófani oder nahe an ihnen vorbei.

Die englischsprachige Wanderkarte *Via Francigena Toscana* (8 €; 1:175 000) des Touring Club Italiano ist bei Touristeninformationen und Buchläden überall in der Toskana erhältlich. Auch die Websites www.viafrancigenatoscana.org (auf Italienisch) und www.viefrancigene.org/en halten Infos bereit; Letzte bietet auch eine interaktive Karte.

Chianti

Die legendäre Weinbauregion begeistert auch Wanderer. Man schweift zwischen Weinbergen, Kellereien und jahrhundertealten Bauernhöfen umher, um sich dann an Gemeinschaftstischen mit hausgemachten Nudeln, Öl und Wein zu stärken.

Besonders beliebt sind die Routen, die von Florenz südwärts durchs Chianti (oft über Greve und Rada in Chianti) nach Siena führen. Sehr praktisch: Am Wegesrand liegen viele Restaurants, *enoteche* und *agriturismi*. Die Wanderstrecke zwischen den beiden Städten beträgt je nach Route ca. 80 bis 120 km (fünf bis sieben Tage).

Il Mugello

Der Mugello (www.mugellotoscana.it), der einige Kilometer nordöstlich von Florenz beginnt, ist ideal für halb- und ganztägige Wanderungen zwischen sanften Hügeln, Flusstälern und niedrigen Bergen.

Elba

Tolles Wanderrevier mit spektakulärer Landschaft. Schwierig ist nur die Wanderung auf den Monte Capanne (S. 223).

Radfahren

Von der gemütlichen Tagestour um Florenz über eine Wochenend-Weintour im Chianti bis zur zweiwöchigen Radreise ist in der Toskana für Pedalritter alles drin.

Regionen & Routen

Via Francigena (S. 165) Die mittelalterliche Pilgerroute steht natürlich auch Radlern offen.

Chianti Die malerische **Strada Chiantigiana** (SS222) schlängelt sich zwischen Florenz und Siena durchs Chianti; die einfache Strecke wird von kurzen, steilen Steigungen unterbrochen. Konditionsstarke Mountainbiker können von der SS222 auf die Seitenstraßchen des Chianti (teils nur Schotterpisten) ausweichen, die zwischen Dörfchen und Weinbergen hindurchführen. Bauernhöfe bieten Übernachtungsmöglichkeiten.

Etruskische Riviera Relativ einfache Küstenstrecken südlich von Livorno. Die Touristeninformation hält die Broschüre (S. 215) *Costa degli Etruschi: Cycling Itineraries* mit 20 Routen bereit.

NATIONAL- & REGIONALPARKS

PARK	BESCHREIBUNG
Parco Nazionale dell'Arcipelago Toscano	Das größte Meeresschutzgebiet Europas mit 180 km² Land- und 600 km² Meeresfläche; typische Flora und Fauna der Mittelmeerinseln
Parco Nazionale delle Foreste Casentinesi, Monte Falterona e Campigna	Um die Arnoquelle liegt Italiens größter und gesündester Wald: uralte Kiefern, Buchen, fünf Ahornarten und seltene Eiben; Hirsche, Wildschweine, Mufflons, Wölfe und 97 Brutvogelarten.
Parco Alpi Apuane	Gebirgiger Regionalpark, der von der Garfagnana zum Meer abfällt; Steinadler, Wanderfalken, Bussarde und die seltene Alpenkrähe (Symbol des Parks)
Parco Regionale Migliarino, San Rossore, Massaciuccoli	Küstenschutzgebiet von Viareggio bis Livorno; artenreiche Vogelwelt (über 200 Arten) in der Feucht- und Dünenlandschaft
Parco Regionale della Maremma	Umfasst die Monti dell'Uccellina, Pinienwald, Agrarland, Sümpfe und 20 km naturbelassene Küstenlinie; Eichen und Korkeichen, *macchie* (Buschwald); Maremma-Rinder, Pferde und Wildschweine

Strada del Vino e dell'Olio (www.lastradadelvino.com) Die 150 km lange Wein- und Ölstraße windet sich von Livorno südwärts nach Piombino und dann hinüber nach Elba. Besonders malerisch ist der 36 km lange Abschnitt von Bolgheri über Castagneto Carducci und Sassetta nach Suvereto – er wimmelt allerdings von Serpentinen.

Le Crete & Val d'Orcia Ausgedehnte hügelige Routen; zwischen anstrengenden Anstiegen rollt man genüsslich zwischen goldenen Weizenfeldern und durch Zypressenalleen dahin.

Monte Amiata Die Straßen auf den 1700 m hohen Vulkankegel im Süden der Toskana sind ein Härtetest für ambitionierte Bergfahrer.

Praktische Tipps

Fahrradtypen Geländeräder, mit denen man auf Asphalt ebenso sicher unterwegs ist wie auf Feldwegen, sind für toskanische Straßen am besten.

Ausrüstung Sonnen-, Wind- und Regenschutz und ein Helm sind unerlässlich. Wer in die Berge will, sollte unbedingt genug Wasser mitnehmen.

Fahrradtransport Wer sein Rad im Flieger mitbringen will, sollte bei der Fluggesellschaft nachfragen, ob das Rad demontiert bzw. verpackt werden muss. In Italien kann man Räder im Zug mitführen oder sich per Zug nachbringen lassen. (S. 361).

Mieträder In der Toskana gibt es viele Fahrradverleiher. Man kann vorab über EcoRent buchen (www.ecorent.net) oder sich vor Ort an einen der Fahrradvermieter in Florenz, Pisa, Lucca, Siena und anderswo wenden. Viele Hotels und *agriturismi* haben Leihräder für ihre Gäste.

Freie Fahrt Viele historische Stadtzentren sind für Autos, nicht aber für Radler gesperrt – im Zweifelsfall das jeweilige Schild genau studieren.

DIE BESTEN STRÄNDE

Sansone & Sorgente (S. 233; Elba) Weißer Kies und türkisblaues Wasser: ein Paradies für Schnorchler

Golfo di Baratti (S. 221; Etruskische Riviera) Sandige Buchten, denen Pinien Schatten spenden

Innamorata (S. 233; Elba) Naturnahe Bucht mit Sand, Kies und Eukalyptusbäumen

Castiglioncello (S. 215; Etruskische Riviera) Ein hübscher Sandstreifen am Nordrand der Stadt

Reiten

Gemächliche Ausritte durch Kastanien- und Korkeichenwälder, an Weinbergen und Feldern mit Sonnenblumen und rotem Klatschmohn vorbei sind geradezu hypnotisch beruhigend – und sehr toskanisch.

Regionen

Maremma Dieses Eckchen der Südtoskana hat eine besonders rege Reitkultur – schließlich ist es die Heimat der berühmten *butteri* (Maremma-Cowboys). Erfahrene Reiter können einen Tag lang am Viehtrieb auf den Terre Regionali Toscani (S. 202) teilnehmen. Infos über zwei- oder vierstündige geführte Reittouren von Anfänger- bis Könnerniveau gibt es beim Parco Regionale della Maremma (S. 202).

Etruskische Riviera Eine Route führt von Livorno 170 km südostwärts nach Sassetta, über sonnige Küstenpfade (am schönsten im Frühjahr und

AKTIVITÄTEN	BESTE ZEIT	WEBSITE
Seekajakfahren, Segeln, Tauchen, Schnorcheln, Wandern, Radfahren, Weinproben	Frühling & Sommer	www.islepark.it
Kurz- und Langwanderungen, Vogelbeobachtung	Frühling & Herbst	www.parcoforestecasentinesi.it
Wandern, Mountainbiken, Höhlentouren	Sommer & Herbst	www.parcapuane.it
Kurzwanderungen, Radfahren, Reiten, Vogelbeobachtung, Kanufahren	Frühling, Sommer & Herbst	www.parcosanrossore.org
Kurz- und Langwanderungen, Radfahren, Reiten, Kanufahren	Frühling & Herbst (Mitte Juni–Mitte Sept. fast nur geführte Touren möglich)	www.parco-maremma.it

GEFÜHRTE RADTOUREN

Florenz ist ein ausgezeichneter Ausgangspunkt für eine geführte Radtour ins Chianti. Bei den folgenden Touren wird alles gestellt, inkl. Rad und Helm. Zu strampeln sind ca. 20 km pro Tag.

Florence By Bike (S. 152) Tour durchs nördliche Chianti (1 Tag) mit Mittagessen und Weinprobe; bietet auch Mieträder und Tipps für ungeführte Touren.

I Bike Italy (S. 152) Zwei-Tages-Tour inkl. Unterkunft und Verpflegung

I Bike Tuscany (S. 152) Tagestouren für alle Fitnessgrade, inkl. Transport von Florenz ins Chianti

Discovery Chianti (S. 152) Touren im Chianti und anderswo in der Toskana

Tuscany Ride A Bike (S. 253) Geführte Tagestouren ab Lucca in der Nordwesttoskana; auch Wein-, Kulinarik- und Strandtouren

FiesoleBike (S. 128) 21-km-Sonnenuntergangstouren von Fiesole nach Florenz

---

Herbst) und schattige Feldwege. An der Strecke liegen Unterkünfte für Ross und Reiter; Infos dazu in der Touristeninformation (S. 214) in Livorno.

Elba Die alten Militär- und Forstwege im Parco Nazionale dell'Arcipelago Toscano (S. 222) werden heute als Reitwege genutzt; die Touristeninformation (S. 226) von Portoferraio hält Karten, Broschüren und Wegbeschreibungen bereit.

Wassersport

Das vielleicht bestgehütete Geheimnis der Toskana ist die Küste mit ihren Inseln. Seekajaks, Segelboote und nur vom Meer zu erreichende Sandbuchten bieten reichlich Potenzial für Outdoor-Action.

Tauchen & Schnorcheln

Elba gehört zu den beliebtesten ganzjährigen Tauchrevieren. Wrack-Tauchplätze gibt es u. a. bei Pomonte, wo der Frachter *Elvisco* in 12 m Tiefe liegt, und bei Portoferraio, wo eine deutsche Ju 52 aus dem Zweiten Weltkrieg in 38 m Tiefe wartet.

Die Meeresflora und -fauna ist geschützt und spektakulär. Mehrere Tauchschulen verleihen Ausrüstung und bieten Führer und Kurse an. Wer nicht so tief runter will, kann auch schnorcheln.

Gut tauchen kann man auch an der **Etruskerküste** und in Porto Ercole auf der Halbinsel **Monte Argentario**.

Kajak- & Kanufahren

Was wäre an einem heißen Sommernachmittag verlockender als eine geruhsame Seekajak- oder Kanutour – am besten an der mit Buchten gespickten Küste von **Elba**? Il Viottolo (S. 229) bietet eine große Auswahl an Seekajaktouren an.

Im Parco Regionale della Maremma (S. 202) gibt es tolle geführte Kanutouren.

Segeln & Surfen

Die Buchten des Toskanischen Archipels und um **Monte Argentario** sind ideal zum Segeln, Wind- und Kitesurfen. Ausrüstung und Kurse gibt es in allen größeren Urlaubsorten. **Viareggio** veranstaltet mehrmals im Jahr Segelregatten.

Rafting

Im Kurort **Bagni di Lucca** in der Nordwesttoskana gibt es einige Anbieter, die Raftingtouren auf dem Lima organisieren.

Thermalbäder

Die Toskana ist ein Hotspot geothermischer Aktivität. Besonders die Provinz Siena strotzt von mineralreichen Thermalquellen. Von schicken Thermalbädern bis zu Naturtümpeln im Wald laden sie zu genussvoller Entspannung ein.

Terme di Saturnia (S. 198) Durch Kaskaden verbundene Wasserbecken unter freiem Himmel bei Pitigliano – kostenlos und einfach herrlich!

Bagni San Filippo (S. 180) Schöner geht's kaum: kostenfreies Thermalbaden im Val d'Orcia.

Calidario Terme Etrusche (S. 217) Wellness-Behandlungen und stimmungsvolles Outdoor-Schwimmbecken an der Etruskerküste.

Terme di Sassetta (S. 220) Elegantes Thermalbad auf einem Biohof mit typisch toskanischem Hügelpanorama

Reiseplanung
Die Toskana mit Kindern

Die Toskana hat viel mehr zu bieten als nur Kirchen und Museen. In dieser kinderfreundlichen Region können Familien mit etwas Vorausplanung eine Riesenauswahl kreativer, interessanter, kulinarischer oder einfach nur spaßiger Attraktionen und Erlebnisse auskosten.

Die Toskana für Kinder

Die kindgerechten Attraktionen der Toskana sind herrlich abwechslungsreich. Beim Küstenurlaub dürfen Eimerchen, Schüppe und Badezeug nicht fehlen (die besten Sandstrände liegen an der Etruskerküste und auf Elba), aber auch im Binnenland gibt es jede Menge zu sehen und zu tun. Städte wie Florenz und Siena bieten schönere (und spaßigere) Möglichkeiten, etwas über Renaissancekunst, -architektur und Geschichte zu lernen, als jedes Schulbuch. Immer mehr Museen stellen sich auf die Erwartungen der jüngeren Generation ein, indem sie spannende Multimedia-Präsentationen, Touchscreen-Geräte, Audioguides und originelle Führungen anbieten.

Auf dem Land geht alles ein paar Gänge langsamer. *Agriturismi* (Unterkünfte auf Bauernhöfen und Weingütern), Wein- und Landgüter unterhalten und begeistern junge Gäste mit traditionsreichen Beschäftigungen: Oliven ernten, schwarze Schweine füttern, Brot in uralten Steinöfen backen, sehen, wie Safran angebaut wird. Hier gibt es reichlich Platz zum Herumtoben und außerdem Naturpfade zu erkunden, Skulpturen und Installationen unter freiem Himmel zu bestaunen und genügend Outdooraktivitäten, um die Kids wochenlang bei Laune zu halten.

Top-Ziele für Kinder

Florenz
Mit seinen faszinierenden Museen – mal interaktiv, mal mit kreativen Workshops und Führungen für Kinder – ist Florenz besonders für Familien mit Kindern im Schulalter geeignet. Aber auch die Kleineren kommen bei Spaziergängen am Fluss, phantastischen *gelaterie* (Eisdielen) und einer großen Auswahl von Esslokalen nicht zu kurz.

Südliche Toskana
Die „Cowboys" der Maremma, archäologisch interessante Ruinen, Sandstrände, schneegekrönte Berge: Die ländliche Region ist mit ihren *agriturismi*, Outdoor-Action und kuriosen Sehenswürdigkeiten für neugierige Kids ein echter Knaller.

Etruskische Riviera & Elba
Strände und Boote, Livorno mit seinem Aquarium und „venezianischen" Kanälen, Segeltörns zur Paradiesinsel Elba

Nordwestliche Toskana
In den Apuanischen Alpen und der Garfagnana kann man auf Bauernhöfen wohnen, Marmorsteinbrüche bestaunen, unterirdische Seen und Höhlen erkunden. Außerdem locken eine Klettertour auf den Schiefen Turm von Pisa und eine Radrundfahrt auf den Stadtmauern von Lucca.

➡ Die beste Reisezeit? Vielleicht zu den bunten Festen wie dem Palio in Siena, dem Carnevale di Viareggio (S. 280) oder dem Scoppio del Carro in Florenz (S. 103).

➡ *Agriturismi* (Unterkünfte auf Bauernhöfen und Weingütern) und ländliche Villenanlagen sind für Familien bestens geeignet. Oft bieten sie die Möglichkeit zur Selbstversorgung und jede Menge kindertaugliche Aktivitäten.

➡ Bei vielen Museen und Sehenswürdigkeiten haben Kinder freien Eintritt, oft bis zum Alter von sechs Jahren. In Florenz ist der Eintritt zu staatlichen Museen für EU-Bürger unter 18 Jahren frei.

➡ In Bussen sind die Tickets für Kinder und Erwachsene gleich teuer (Kleinkinder und Babys fahren auf dem Schoß umsonst mit). Im Zug zahlen Kinder unter 12 Jahren nur die Hälfte.

➡ Kinder unter 150 cm oder 36 kg gehören in einen passenden Kindersitz auf die Rückbank.

Highlights für Kinder

Museen

Museo Galileo, Florenz (S. 83) Schätze der Astronomie und Mathemathik und reichlich Gelegenheit, ihre Funktionsweise auszuprobieren.

Palazzo Vecchio, Florenz (S. 78) Historische Gestalten führen Kinder und Familien über Geheimtreppen und durch versteckte Räume.

Museo Piaggio, Pontedera (S. 264) In dem spaßigen Museum bei Pisa erfährt man alles über die kultigen Vespa-Roller.

Museo Stibbert, Florenz (S. 86) Lebensgroße Pferde und Ritter in Rüstungen aus Europa und dem Orient.

Santa Maria della Scala, Siena (S. 133) Phantastischer Kunstraum für Kinder in faszinierendem Museum in Pilgerhospiz aus dem 13. Jh.

Kunst von Mittelalter bis Moderne

Parco Sculture del Chianti, Zentraltoskana (S. 161) Auf dem 1 km langen Spazierweg gibt es die kuriosesten Kunstwerke zu bestaunen.

Giardino dei Tarocchi, Südliche Toskana (S. 203) Ein ganzer Hang voller bunter Riesenskulpturen.

Palazzo Comunale & Torre Grossa, San Gimignano (S. 163) Mit Digitalbrillen machen mittelalterliche Fresken erst richtig Spaß.

Museo Novecento & Palazzo Strozzi, Florenz (S. 83) Kreative Workshops für Kinder oder auch die ganze Familie.

Museo Marino Marini, Pistoia (S. 86) Monatliche Familienführungen und Mitmach-Aktivitäten.

Il Giardino di Daniel Spoerri, Castel del Piano (S. 193) Moderne Kunstinstallationen in einem 16 ha großen Garten in der südlichen Toskana.

Coole Outdoor-Touren

Cave di Marmo Tours, Carrara (S. 277) Wie James Bond per Geländewagen durch die Steinbrüche oder mit Bergleuten in den „Marmorberg".

Stadtmauer, Lucca (S. 249) Eine Fahrradtour über die Mauerkrone ist ein Riesenspaß.

Grotta del Vento, Garfagnana (S. 269) Unterirdische Abgründe, Seen und Höhlen erkunden.

Cabinovia Monte Capanne, Elba (S. 228) In der Seilbahngondel auf Elbas höchsten Gipfel.

Pistoia Sotteranea, Pistoia (S. 263) Unter einem Hospital aus dem 13. Jh. gibt es einen unterirdischen Fluss zu entdecken.

Bagni San Filippo, Val d'Orcia (S. 180) Kostenlose Warmwasser-Pools mitten im Wald.

Terme di Saturnia, Südliche Toskana (S. 198) Nicht ins Thermalbad, sondern zu den Naturbecken bei der Quelle am Ende eines Trampelpfads.

Tierwelt

Riserva Naturale Provinciale Diaccia Botrona, Südliche Toskana (S. 201) Eine Bootstour durchs Feuchtgebiet zu Flamingos und Reihern.

Parco Regionale della Maremma, Südliche Toskana (S. 202) Der weitläufige Küstenpark ist per pedes, Rad oder Kanu zu erkunden.

Acquario di Livorno, Livorno (S. 207) Topmodernes Aquarium am Meer.

Die Toskana im Überblick

Florenz

**Essen
Kunst
Shoppen**

Lebendige Gastroszene

Das Gastronomieangebot der Stadt reicht von *enoteche* (Weinbars) mit tollen Aufschnitt- und Käseplatten über rustikale Trattorien und wuselnde Lebensmittelmärkte bis zum einzigen Drei-Sterne-Restaurant der Toskana.

Galerien & Museen

Die Uffizien gehören zu den berühmtesten Kunstmuseen der Welt, aber es wartet noch viel mehr meisterliche Kunst in dieser Stadt: Kirchen, Kapellen und diverse weniger bekannte Museen hüten ungeahnte Schätze.

Designer & Kunsthandwerker

Von den Designerboutiquen der schicken Via de' Tornabuoni bis zu den winzigen Werkstätten in den Gässchen von Oltrarno ist die Heimatstadt von Gucci ein Mekka für Freunde des kultivierten Einkaufserlebnisses.

S. 59

Siena & Zentraltoskana

**Essen
Wein
Hügeldörfer**

Sieneser Köstlichkeiten

Sienas berühmte Gebäckspezialitäten schmecken am besten zum Kaffee oder in ein Gläschen süßen Vin Santo gestippt.

Berühmte Weine

Hier werden weltberühmte Tropfen wie Brunello, Vino Nobile, Chianti Classico und Vernaccia erzeugt. Überall in der Region laden Kellereien und Weingüter zu Besuchen und Verkostungen ein.

Baukunst & Panoramen

Malerische Hügelstädtchen wie Montalcino, Montepulciano, Volterra und San Gimignano beeindrucken mit mittelalterlicher Architektur und belohnen alle, die bis ganz oben kraxeln, mit umwerfendem Panoramablick.

S. 131

Südliche Toskana

**Essen
Geschiche
Natur**

Lokal & saisonal

Die Küche ist erfrischend bodenständig: Heimische Zutaten der Saison werden nach der Slow-Food-Philosophie zubereitet. Das Resultat ist einfach himmlisch.

Archäologische Stätten

Die Etrusker drückten der Region ihren Stempel auf: Die *Città del Tufo* (Tuffsteinstadt) ist geradezu übersät von ihren Gräbern. Aber auch die Römer ließen sich nicht lumpen, wie ein Besuch in Roselle oder Vetulonia beweist.

Unberührte Landschaften

Scharen von Zugvögeln rasten auf dem Weg von und nach Nordafrika in den weitläufigen Naturgebieten mit vielfältiger Tier- und Pflanzenwelt.

S. 186

Etruskische Riviera & Elba

Essen
Strände
Geschichte

Meeresfrüchte

Livorno ist die Top-Adresse für Meeresfrüchte in der Toskana. Die Bewohner der Hafenstadt sind stolz auf ihren *cacciucco*, den legendären Eintopf mit mindestens fünf Sorten Fisch und Meeresfrüchten.

Inselparadies

Elba, die paradiesische Palmeninsel, auf die Napoleon verbannt wurde, lädt zum Sonnenbaden, Seekajakfahren, Schnorcheln und Schwimmen.

Etruskische Ruinen

Die Überreste der Etruskergräber und -tempel unter den mächtigen Pinien am sandigen Ufer des Golfo di Baratti zu erkunden, ist ein außerordentliches Erlebnis – besonders in Kombination mit einer Picknickwanderung.

S. 206

Nordwestliche Toskana

Essen
Berge
Natur

Weiße Trüffeln

Kaum eine Delikatesse ist so begehrt wie die göttlich duftenden Knollen, die in der herbstlichen Trüffelsaison in den Wäldern um San Miniato aufgespürt und hemmungslos geschlemmt werden.

Die Apuanischen Alpen

Auf einer Fahrt durch die Garfagnana, zwischen schroffen Gipfeln und bewaldeten Tälern, sind die majestätischen Marmorberge der Apuanischen Alpen in voller Pracht zu bewundern.

Die Garfagnana

Die drei Täler der Garfagnana sind ideal für Urlauber, die gern wandern, radeln und schlemmen. Pfade führen kreuz und quer durch Wälder voller Kastanien, Beeren und Steinpilze.

S. 235

Östliche Toskana

Essen
Pilgerziele
Kunst

Steak

Im Val di Chiana lockt die saftigste *bistecca alla fiorentina* Italiens: Das kurz gegrillte Steak vom heimischen Chianina-Rind ist das kulinarische Aushängeschild der Toskana.

Franz von Assisi

Der hl. Franziskus ist in dieser Gegend sehr präsent. Er wurde im nahen Assisi geboren und soll seine Stigmata im Santuario della Verna im wunderbar wilden Casentino-Wald empfangen haben.

Meisterwerke

Hier gilt: Qualität statt Quantität. Auf einer Pilgerfahrt zu den Werken von Piero della Francesca gibt es auch Arbeiten von Cimabue, Fra Angelico, Signorelli, Rosso Fiorentino und den Familien Lorenzetti und della Robbia zu bewundern.

S. 282

Reiseziele in der Toskana

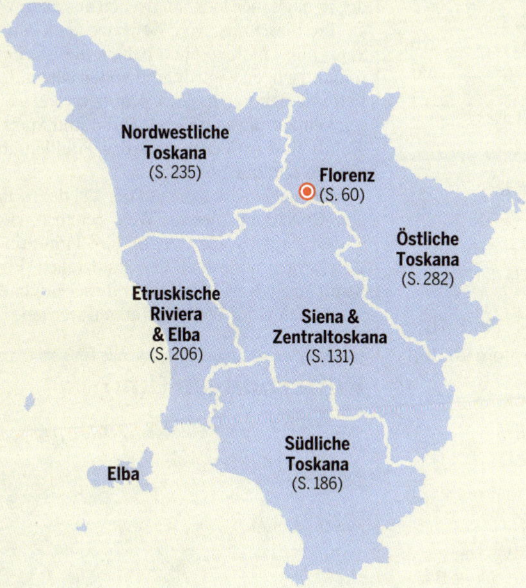

Nordwestliche
Toskana
(S. 235)

Florenz
(S. 60)

Östliche
Toskana
(S. 282)

Etruskische
Riviera
& Elba
(S. 206)

Siena &
Zentraltoskana
(S. 131)

Elba

Südliche
Toskana
(S. 186)

Florenz

Gut essen

➡ Essenziale (S. 113)

➡ Trattoria Mario (S. 109)

➡ La Leggenda dei Frati (S. 102)

➡ Il Teatro del Sale (S. 111)

➡ Il Santo Bevitore (S. 116)

Sommer-terrassen

➡ Santarosa Bistrot (S. 121)

➡ Flò (S. 123)

➡ La Terrazza (S. 118)

➡ La Terrazza Lounge Bar (S. 118)

➡ Amblé (S. 118)

Auf nach Florenz

Egal, der wievielte Besuch es ist: In Florenz gibt's immer etwas Neues zu entdecken. Selbst wer sich mehrmals am Tag auf eine Brücke über den Arno stellt, sieht nie dasselbe: Das Licht und die Stimmung sind jedes Mal anders. Die Wiege der Renaissance lockt Menschen aus allen Winkeln der Erde an, die hier Kunst von Weltrang genießen möchten. Diese Stadt muss man gesehen haben: Sie ist ein wahrer Magnet, romantisch, einzigartig und voller Leben. Das Stadtbild hat sich seit der Renaissance kaum verändert, die engen Gassen kennen tausend Geschichten und Speis und Trank (der Wein!) sind so lecker, dass das Prädikat „fiorentina" weltweit für Qualität steht.

Modedesigner zeigen auf der Via de' Tornabuoni ihr Können. Gucci kam hier zur Welt, genauso wie Roberto Cavalli, der übrigens wie viele andere Florentiner gerne in den Weinbergen außerhalb der Stadt relaxt. Ein verständliches Bedürfnis, wie viele Besucher dieser unglaublich fesselnden Stadt nach einer Weile bestätigen werden.

Entfernungen (km)

	Florenz	Pisa	Lucca	San Miniato
Pisa	110			
Lucca	98	37		
San Miniato	59	75	112	
Siena	82	139	48	123

Geschichte

Die Geschichte von Florenz geht bis zu den Etruskern zurück, die sich in Fiesole niederließen. Julius Cäsar gründete um 59 v. Chr. die römische Kolonie Florentia, strategisch geschickt an der schmalsten Furt durch den Arno. So konnte er die Via Flaminia kontrollieren, die Rom mit Norditalien und Gallien verband.

Nach dem Zusammenbruch des Römerreichs fielen die Goten in Florenz ein, gefolgt von Langobarden und Franken. Das Jahr 1000 markierte einen Wendepunkt für die Stadt, denn damals verlegte der toskanische Markgraf Ugo seinen Hauptsitz von Lucca nach Florenz. 1110 wurde Florenz eine autonome *comune* (Stadtstaat) und ab 1138 von zwölf Konsuln und dem *consiglio di cento* (Rat der Hundert) regiert, dessen Mitglieder meist aus reichen Händlerfamilien stammten. Streitereien zwischen den verschiedenen Fraktionen führten 1207 zur Ernennung eines *podestà* (Statthalter), der nicht aus der Stadt stammen durfte und daher theoretisch über den Streitereien und Intrigen der rivalisierenden Parteien stand.

Das mittelalterliche Florenz war eine reiche, dynamische *comune*. Sie zählte zu Europas wichtigsten Finanz- und Kulturzentren und spielte im Handel mit Wolle, Seide und Leder eine führende Rolle. Reiche Handwerker und Kaufleute bildeten einen nicht unerheblichen Teil der Bevölkerung. Sie schlossen sich zu Zünften zusammen und begannen, Künstler zu fördern. Mit der Aussicht auf lukrative Aufträge zog es diese in die aufstrebende Stadt.

Mitte des 13. Jhs. erwuchsen die Meinungsverschiedenheiten zwischen papsttreuen Guelfen und kaisertreuen Ghibellinen. Sie bekämpften sich fast ein ganzes Jahrhundert lang, ohne dass eine Partei einen eindeutigen Sieg erringen konnte. Mitten in diese hochexplosive Zeit hinein wurden der revolutionäre Maler Giotto und der kritische Dichter Dante Alighieri geboren. Dantes Familie unterstützte die Guelfen.

Die Ära der Medici begann in Florenz 1434, als der Kunstmäzen Cosimo der Ältere (Cosimo de' Medici) an die Macht kam. Mit seinem Riecher für Begabung und einem enormen Feingefühl im Umgang mit Künstlern brachte er Genies wie Alberti, Brunelleschi, Luca della Robbia, Fra Angelico, Donatello und Fra Filippo Lippi zur Entfaltung.

Unter der Herrschaft von Cosimos gebildetem und allseits beliebtem Enkel Lorenzo dem Prächtigen (1469–1492) entwickelte sich Florenz zum Zentrum der Renaissance (Wiedergeburt). Künstler wie Michelangelo, Botticelli und Ghirlandaio schufen ihre berühmten Werke. An Lorenzos Hof trafen sich Humanisten, die sich für die Würde und das kreative Potenzial des Menschen starkmachten. Ende des 14. Jhs. wurde in Florenz eine Philosophieschule gegründet, an der lateinische und griechische Texte studiert wurden. Musik, Literatur und die bildenden Künste standen hoch im Kurs. Kurzum: Florenz war der kulturelle Hotspot Italiens.

Diese goldene Zeit endete mit Lorenzos Tod 1492. Kurz zuvor war die Bank der Medici zusammengebrochen, zwei Jahre später musste die Familie aus Florenz fliehen. Als Antwort auf die Exzesse und die Prunksucht der Medici übernahm Girolamo Savonarola das Kommando im Stadtstaat. Der lustfeindliche Dominikanermönch zog ganz andere Seiten auf. 1497 landeten die „unmoralischen" Werke von Botticelli & Co. sowie sämtliche Luxusgüter auf dem berühmten „Scheiterhaufen der Eitelkeiten". Im Jahr darauf hatte Savonarola seine Gunst beim Volk verspielt und wurde als Ketzer verbrannt.

Die frankophilen Tendenzen der folgenden republikanischen Regierung führten zu Konflikten mit dem Papst und seinen spanischen Verbündeten. 1512 besetzten spanische Streitkräfte die Stadt, und die Medici durften zurückkehren. Mit ihrer tyrannischen Herrschaft machten sie sich wenig Freunde. Als Rom 1527 unter dem Medici-Papst VII. und Kaiser Karl V. besiegt wurde, nutzten die Florentiner die Gunst der Stunde und jagten die Medici erneut zum Teufel. Wieder zwei Jahre später wurde Florenz vom kaiserlich-päpstlichen Heer belagert und gezwungen, Lorenzos Urenkel als Herrscher zu akzeptieren. Alessandro de' Medici, ein selbstherrlicher Despot, wurde von Karl V. zum Herzog von Florenz ernannt. So hatten die Medici für weitere 200 Jahre das Sagen. Sie rissen sich in dieser Zeit fast die gesamte Toskana unter den Nagel. Mit dem Tod Cosimos I. (1537–1574) ging es für Florenz steil bergab. Der letzte männliche Medici, Gian Gastone, starb 1737. Danach verschacherte seine Schwester Anna Maria das Großherzogtum Florenz an das Haus Habsburg-Lothringen

DIE STADTVIERTEL IM ÜBERBLICK

❶ Duomo & Piazza della Signoria (S. 66)

Der Knotenpunkt der Renaissance und heute das quirlige Herz des modernen Florenz: Das zauberhafte Labyrinth schmaler Straßen zwischen dem Dom und der Piazza della Signoria hat geschichtlich und kulturell einiges zu bieten. In dieser Gegend, deren Geschichte bis zu Dante und sogar den Römern zurückreicht, befinden sich die wichtigsten Sehenswürdigkeiten der Stadt – und die meisten Touristen. In dieser schicken Ecke gibt's zahlreiche Cafés und auch shoppen kann man hier hervorragend, vor allem auf der schicken Via de' Tornabuoni.

❷ Santa Maria Novella (S. 83)

Dieser alte und spannende Teil von Florenz rund um seine prächtige Basilika lässt sich in keine Schublade stecken – von den eher rauen Straßen rund um den Hauptbahnhof sind es nur ein paar Schritte zur quirligen Stadtszenerie an der immer nobler werdenden Piazza di Santa Maria Novella und den hippen Boutiquen an den stimmungsvollen, altmodischen Nebenstraßen westlich der Via de' Tornabuoni. Hier bietet sich neben einer Vielzahl von schönen Speise- und Ausgehmöglichkeiten auch mit das beste Shoppingerlebnis von Florenz.

❸ San Lorenzo & San Marco (S. 86)

Dieser Teil der Stadt wartet mit einem bunten Marktviertel – mit einer Markthalle und den lauten Straßenständen rund um die Basilica di San Lorenzo – sowie der großen Piazza San Marco mit der Universität von Florenz und einem beliebten Museum auf. Zwischen den beiden befindet sich die weltberühmte Skulptur des *David*. Diese Viertel bieten ein wahres Fest für die Sinne, mit städtischem Trubel, grandioser Kunst und einigen fabelhaft authentischen Läden zum Essen, Trinken und Shoppen.

❹ Santa Croce (S. 90)

Dieser alte Teil von Florenz liegt zwar nur einen Katzensprung von den wichtigsten Museen der Stadt entfernt, doch vom Touristentrubel spürt man hier nichts mehr. In den Straßen hinter der bedeutendsten lokalen Sehenswürdigkeit, der Basilica di Santa Croce, tummeln sich die Einheimischen, die die Verwandlung ihres Viertels in ein Hipster-Mekka mit zahlreichen Bars und Clubs gelassen zu ertragen scheinen.

❺ Oltrarno (S. 97)

Das schmerzhaft hippe Viertel „auf der anderen Seite des Arno" ist traditionell die Heimat der Florentiner Handwerker und so findet man in den alten stimmungsvollen Straßen zahlreiche *botteghe* (Werkstätten) und kleine Läden oder auch beides zusammen. Zu Oltrarno gehört das Gebiet südlich des Flusses und westlich des Ponte Vecchio; sein Herz ist der Borgo San Jacopo mit seinen beiden Türmen aus dem 12. Jh., der Torre dei Marsili und Torre de' Belfredelli. Eine echte Stärke des Viertels ist seine kulinarische Szene mit jeder Menge angesagter Restaurants und Bars.

❻ Boboli & San Miniato al Monte (S. 100)

Wer von Museen die Nase voll hat – was in dieser Kulturmetropole schnell passieren kann –, sollte sich in den Grünanlagen dieser entspannenden Gegend im Osten der Stadt die Beine vertreten. Vom großartigen Palazzo Pitti mit all seinen Museen geht's durch Boboli vorbei an Palazzi, Villen und Gärten hoch nach San Miniato, einem Viertel oben auf dem Hügel mit einer Kopie von Michelangelos *David* und einer der ältesten und schönsten Kirchen der Stadt. Und die Ausblicke von hier oben sind natürlich zauberhaft und atemberaubend.

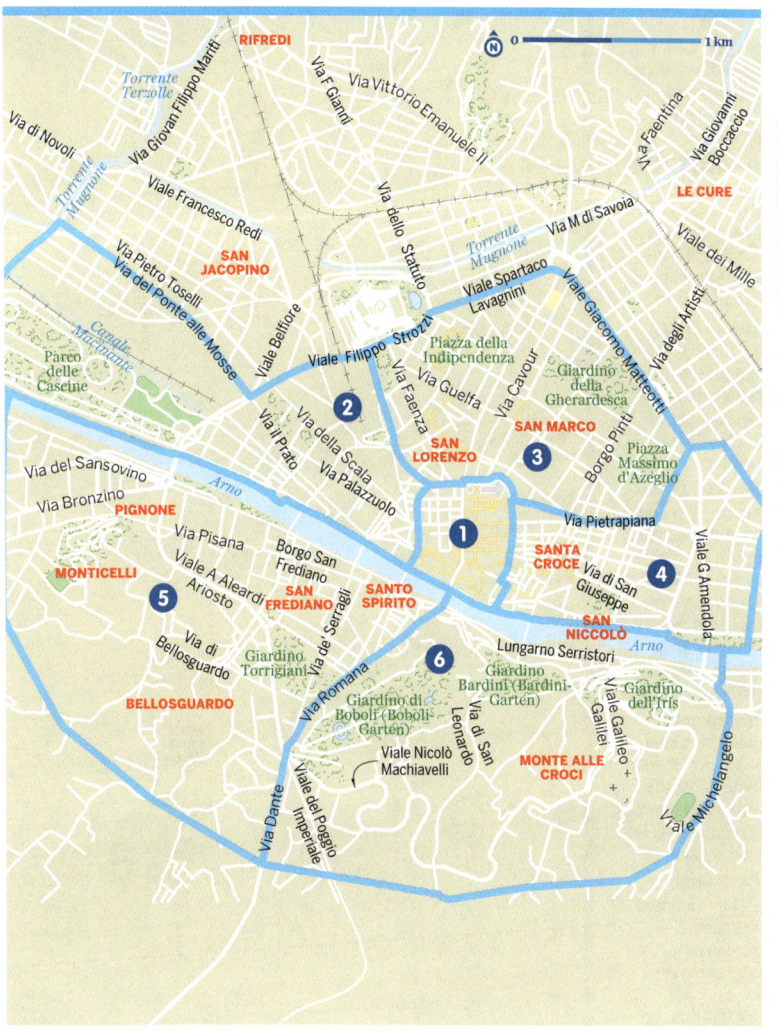

RIFREDI

Via F Gianni

Via Vittorio Emanuele II

N 0 1 km

Via di Novoli

Via Giovan Filippo Marti

Torrente
Terzolle

Via Faentina

Via Giovanni
Boccaccio

Viale Francesco Redi

Torrente
Mugnone

LE CURE

Via M di Savoia

Viale dei Mille

Via dello Statuto

Via Pietro Toselli
Via del Ponte alle Mosse

SAN
JACOPINO

Torrente
Mugnone

Viale Spartaco
Lavagnini

Viale Giacomo Matteotti

Via degli Artisti

Canale
Macinante

Viale Belfiore

Viale Filippo Strozzi

Piazza della
Indipendenza

Parco
delle
Cascine

Via Faenza

Via Guelfa

Via Cavour

Giardino
della
Gherardesca

Via del Sansovino

Via della Scala

Via Il Prato

Via Palazzuolo

2

SAN
LORENZO

SAN MARCO

Borgo Pinti

Piazza
Massimo
d'Azeglio

Arno

3

Via Bronzino

PIGNONE

Via Pisana

Borgo San
Frediano

1

Via Pietrapiana

SANTA
CROCE

Via di San
Giuseppe

4

Viale G Amendola

MONTICELLI

Viale A Aleardi
Ariosto

Via de' Serragli

SAN
FREDIANO

SANTO
SPIRITO

SAN
NICCOLÒ

5

Via di
Bellosguardo

Giardino
Torrigiani

Via Romana

6

Lungarno Serristori

Arno

Giardino
Bardini (Bardini-
Garten)

Giardino
dell'Iris

Via di San Leonardo

Viale Galileo
Galilei

BELLOSGUARDO

Giardino di
Boboli (Boboli-
Garten)

Viale Nicolò
Machiavelli

MONTE ALLE
CROCI

Viale del Poggio
Imperiale

Via Dante

Viale Michelangelo

Highlights

1 **Galleria degli Uffizi** (S. 68) In dieser Galerie von Weltrang die beste Sammlung von Renaissance-Gemälden inspizieren.

2 **Duomo** (S. 74) In Brunelleschis spektakuläre Kuppel klettern, den Superstar der Skyline und die krönende Pracht des Doms von Florenz.

3 **Museo di San Marco** (S. 89) Sich in diesem Klostermuseum anhand seiner Fresken von der Genialität Fra Angelicos überzeugen.

4 **Piazzale Michelangelo** (S. 102) Zum Piazzale Michelangelo hinaufstapfen, um mal wieder eine Kopie des *David* zu sehen – dazu den herrlichsten Sonnenuntergang und das prächtigste Panorama der Stadt.

5 **Museo delle Cappelle Medicee** (S. 88) In der Begräbnisstätte der Medici die wunderschönen Grabskulpturen Michelangelos bestaunen.

6 **Cafékultur** (S. 122) Im zeitlosen Caffè Giacosa, im Trendladen Ditta Artigianale oder in einem Café in einer der Gassen des Künstlerviertels Oltrarno in die Cafékultur von Florenz eintauchen.

7 **Fiesole** (S. 128) Der Großstadthitze entfliehen und stattdessen Olivenhaine und römische Ruinen in Fiesole genießen und bei Sonnenuntergang mit dem Guide Giovanni zurück in die Stadt radeln.

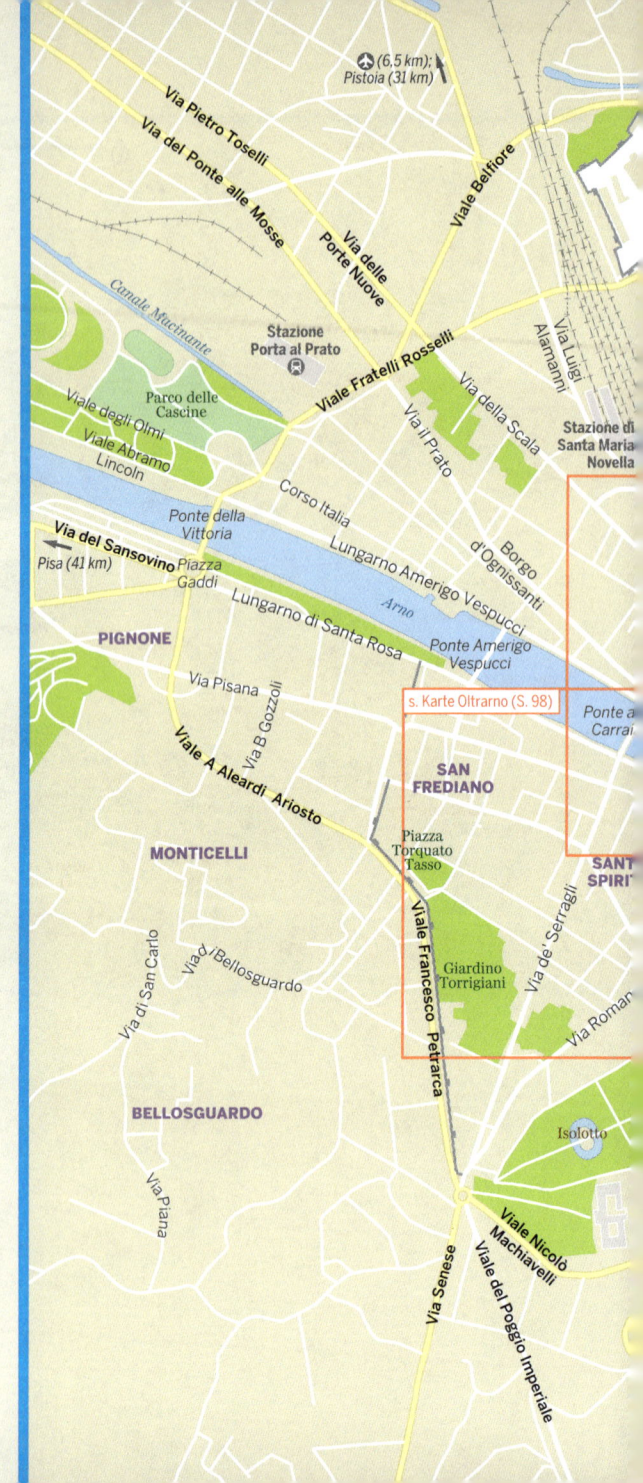

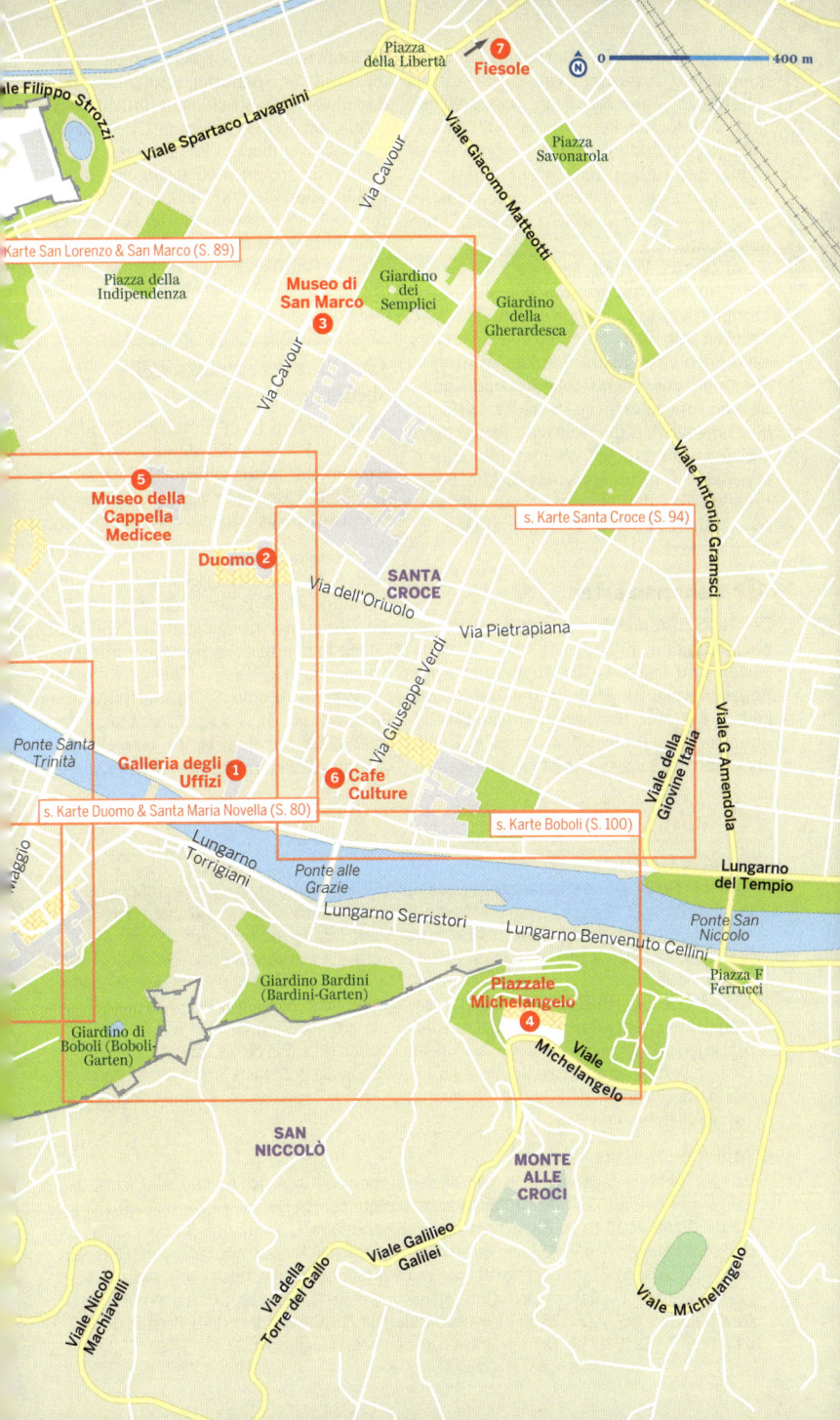

(in dem damals die österreichische Seite dominierte). Abgesehen von einem kurzen Intermezzo unter Napoleon (von 1799 bis 1814) änderte sich lange nichts. 1860 schloss sich das Herzogtum dem neu gegründeten Königreich Italien an. Florenz konnte im Jahr darauf sogar kurzzeitig als italienische Hauptstadt glänzen, ab 1871 fiel diese Ehre dann Rom zu.

Im Zweiten Weltkrieg wüteten die bereits auf dem Rückzug befindlichen deutschen Truppen in Florenz und sprengten sämtliche Brücken mit Ausnahme des Ponte Vecchio. 1966 erlebte die Stadt eine Hochwasserkatastrophe, die vielen Gebäuden und Kunstwerken unermessliche Schäden zufügte. Seit 1997 werden die weltweit einzigartigen Uffizien trotz einiger Widerstände enorm erweitert – im Rahmen eines 65-Mio.-Euro-Projekts, das den Namen „Neue Uffizien" trägt. Ein Ende der Baumaßnahmen ist nicht abzusehen.

◉ Sehenswertes

Der Reichtum an Museen und Galerien ist überwältigend: Florenz zeigt die weltweit besten und spektakulärsten Beispiele der Renaissancekunst. Auch für die Architektur gibt es nur eine Beschreibung: einzigartig! Besucher sollten nicht dem Druck erliegen, alles sehen zu müssen. Es ist viel besser, sich

persönliche Favoriten herauszupicken und diese mit entspannten Streifzügen durch das malerische Straßenlabyrinth und gelegentlichen Pausen in einem Café und einer *enoteca* (Weinbar) zu kombinieren.

In den Kirchen wird streng auf korrekte Kleidung geachtet: keine Shorts, ärmellosen Tops oder tiefen Ausschnitte. Fotografieren ohne Blitz ist in Museen erlaubt, der Selfie-Stick bleibt aber besser zu Hause – Selfie-Sticks sind nämlich auch ganz offiziell verboten.

◉ Duomo & Piazza della Signoria

Zwischen dem Dom und der von Cafés gesäumten Piazza della Signoria schlägt das geografische, historische und kulturelle Herz der Stadt – und hier liegen auch die Top-Sehenswürdigkeiten.

Piazza della Signoria　　　PIAZZA
(Karte S. 80; Piazza della Signoria) Das Zentrum des städtischen Lebens seit dem 13. Jh. – die Florentiner treffen sich hier am frühen Abend in den historischen Cafés mit Freunden zu einem *aperitivo*. Über allem thronen der Palazzo Vecchio (S. 78), das Rathaus von Florenz und die **Loggia dei Lanzi** (Karte S. 80) GRATIS aus dem 14. Jh, eine Open-Air-Galerie, die Skulpturen aus der Renaissance

---

ⓘ GÜNSTIG INS MUSEUM

Firenze Card

Die Firenze Card (www.firenzecard.it; 72 €) gilt 72 Stunden – im Preis inbegriffen sind der Eintritt in 72 Museen, Villen und Parks, Fahrten im kompletten städtischen Nahverkehr und kostenloses WLAN überall in der Stadt. Der Vorteil der Karte ist, dass die Wartezeiten in der Hochsaison stark verkürzt werden, denn es gibt spezielle Zugänge für Karteninhaber. Der Nachteil ist, dass nur ein Eintritt pro Museum inbegriffen ist und sehr, sehr viele Museen besucht werden müssen, um den Preis zu rechtfertigen. Zu bekommen ist die Firenze Card online (bei Ankunft in Florenz abholen), bei den Touristeninformationen und an den Kartenschaltern in den Uffizien (Eingang Nr. 2), im Palazzo Pitti, Palazzo Vecchio und Museo del Bargello, in der Cappella Brancacci, im Museo di Santa Maria Novella und in den Giardini Bardini. EU-Bürger können mit der Karte Minderjährige kostenlos mitnehmen.

Amici degli Uffizi

Wer auf mehrere Tage verteilt in den Uffizien stöbern will, legt sich (genau wie Nicht-EU-Bürger mit Kindern) besser die Jahreskarte der Amici degli Uffizi (Erw./erm./Fam. mit 4 Pers. 60/40/100 €) zu. Sie gilt ein ganzes Kalenderjahr (1. Januar bis 31. Dezember) und deckt den Eintritt in 22 Museen ab (u. a. Galleria dell'Accademia, Museo del Bargello und Palazzo Pitti) – und zwar so oft man will. Bei jedem Besuch muss ein Ausweis vorgezeigt werden. Die Jahreskarte gibt's online und beim **Amici degli Uffizi Welcome Desk** (Karte S. 80; ☏ 055 28 56 10; www.amicidegliuffizi.it; Galleria degli Uffizi, Piazzale degli Uffizi 6; ☺ Di–Sa 10–17 Uhr) in den Uffizien, gleich beim Eingang Nr. 2.

FLORENZ IN DREI TAGEN

Tag 1

Die **Uffizien** (S. 68) laden mit umwerfender Kunst aus dem 15. und 16. Jh. zu einer Reise in die Renaissance ein. Über den **Ponte Vecchio** (S. 97) geht's dann auf die andere Seite des Arno. Nach der Besichtigung der **Basilica di Santo Spirito** (S. 98) und der prächtigen **Cappella Brancacci** (S. 98) kann man sich in der Oltrarno-Filiale von **Ditta Artigianale** (S. 120) mit einem Kaffee oder Tee stärken. Kurz vorm Sonnenuntergang ist es Zeit für den Aufstieg zum **Piazzale Michelangelo** (S. 102) mit seinen atemberaubenden Ausblicken auf die Stadt. Nach dem Abendessen im **Essenziale** (S. 115) versucht man, das **Rasputin** (S. 119) zu finden, die bis in die frühen Morgenstunden geöffnete Flüsterkneipe der Stadt.

Tag 2

Der Vormittag gehört der sensationellen Kunst und Architektur an der Piazza del Duomo. Nach einem Rundgang durch den **Dom** (S. 74) geht's auf den **Campanile** (S. 76) und am Ende noch ins **Baptisterium** (S. 76). Für weitere Höhegefühle sorgt eine Besteigung von Brunelleschis **Kuppel** (S. 75) und komplettiert wird das Ganze durch einen Besuch im spannenden **Grande Museo del Duomo** (S. 76). Anschließend lockt die **Via de' Tornabuoni** (S. 83) zu einem Schaufensterbummel, mit einem Päuschen bei **Procacci** (S. 122), um den Trüffel-Panino zu probieren. Richtung Westen wartet nun die großartige **Basilica di Santa Maria Novella** (S. 84). Zu Abend wird bei **Il Santo Bevitore** (S. 116) gegessen, aber man sollte noch Platz für ein Eis von der **Gelateria La Carraia** (S. 111) lassen, das man am besten bei einem abendlichen Bummel am Fluss entlang genießt.

Tag 3

Der Tag beginnt mit einer Inspektion des berühmtesten nackten Mannes der Welt, Michelangelos *David* in der **Galleria dell'Accademia** (S. 92). Als Nächstes lockt in diesem faszinierenden Viertel das erhebende **Museo di San Marco** (S. 89). Anschließend hat man sich einen Cappuccino oder einen anderen besonderen Kaffee bei **Ditta Al Cinema** (S. 120) verdient. Weiter geht's Richtung Süden zum **Palazzo Vecchio** (S. 78) – besonders bei Sonnenuntergang bieten sich von der Torre d'Arnolfo, einem Florentiner Wahrzeichen, tolle Ausblicke. Wer schließlich bei **Il Teatro del Sale** (S. 111) zu Abend speist, kann dazu eine Theateraufführung genießen.

---

ausstellt, darunter Giambolognas *Raub der Sabinerinnen* (1583), Benvenuto Cellinis Bronze *Perseus* (1554) und Agnolo Gaddis *Sieben Tugenden* (1384–1389).

Bei jeder der zahllosen politischen Krisen haben die Florentiner sich hier versammelt, um als *parlamento* (Stimme des Volkes) Entscheidungen abzusegnen, die meist den Untergang der einen und den Aufstieg einer anderen mächtigen Dynastie bedeuteten. So wechselten sich Szenen unvorstellbaren Prunks mit Szenen ebenso unvorstellbarer Brutalität ab: Hier gingen 1497 unter dem fanatischen Prediger Savonarola Kunstschätze von unermesslichem Wert in Flammen auf, als er Bücher und Gemälde, aber auch Musikinstrumente, Spiegel, Schmuck, Gewänder und ähnlichen Luxus zum „Scheiterhaufen der Eitelkeiten" aufschichten ließ. Ein Jahr später wurde er hier selbst in Ket-

ten gelegt und zusammen mit zwei Anhängern als Ketzer verbrannt.

Eine im Boden eingelassene Bronzetafel markiert den Ort beider Verbrennungen vor Ammannatis **Fontana de Nettuno** (Neptunbrunnen), den groteske Satyrn und liebliche Göttergestalten am Rand zieren. Giambolognas große Reiterstatue von Cosimo I. in der Platzmitte ist ebenso beeindruckend wie das beliebteste Fotomotiv der Piazza, die Kopie von Michelangelos *David*, der seit 1910 vor dem Westeingang zum Palazzo Vecchio Wache schiebt (das Original stand hier bis 1873). Außerdem stehen hier noch zwei Statuen von Donatello (ebenfalls Kopien), zum einen der florentinische Löwe *Marzocco* (Original im Museo del Bargello, S. 96), zum anderen *Giuditta e Oloferne* (Judith und Holofernes, 1455, Original im Palazzo Vecchio).

GALLERIA DEGLI UFFIZI

Der riesige U-förmige Palazzo degli Uffizi beherbergt die größte Sammlung italienischer Renaissancekunst der Welt. Die weltberühmte Sammlung ist chronologisch angeordnet und umfasst die ganze Bandbreite der Kunstgeschichte, von Skulpturen aus dem antiken Griechenland bis zu venezianischen Gemälden aus dem 18. Jh. Der Kern besteht aber aus ihren Renaissancewerken – schon mit der unübertroffenen Sammlung an Botticellis lässt sich ein ganzer Vormittag zubringen.

Die Nuovi Uffizi

Nach einem 65 Mio. € teuren Sanierungsprojekt („Nuovi Uffizi") werden die Uffizien ihre Ausstellungsflächen verdoppeln und vielleicht auch über eine neue Ausgangsloggia des japanischen Architekten Arato Isozaki verfügen. An der ständigen Sammlung sind die Arbeiten so gut wie fertig: Im Verlauf der Jahre hat sich diese von 45 auf 101 nun renovierte Räume auf zwei Etagen ausgedehnt. Doch in den Bereichen für Sonderausstellungen muss noch viel getan werden. Bis das Projekt vollendet ist, können einige Säle geschlossen sein, andere sind vielleicht anders bestückt.

Toskanische Kunst des 13. Jhs.

Im Primo Corridoio (Erster Korridor) ist der erste Raum links der Treppe (Saal 2) wie eine mittelalterliche Kapelle gestaltet, um seinem fabelhaften Inhalt einen würdigen Rahmen zu bieten: drei großen Altarbildern von Duccio di Buoninsegna, Cimabue und Giotto aus Florentiner Kirchen. Sie verdeutlichen den Übergang von der Gotik zur entstehenden Renaissance.

NICHT VERSÄUMEN

➡ Michelangelo
(2. Etage, Saal 33–35)

➡ Sala del Botticelli
(2. Etage, Saal 10–14)

➡ Leonardo da Vinci
(1. Etage, Saal 79)

PRAKTISCH & KONKRET

➡ Uffizien

➡ Karte S. 80

➡ ☏ 055 29 48 83

➡ www.uffizi.beniculturali.it

➡ Piazzale degli Uffizi 6

➡ Erw./erm. 8/4 €, mit Wechselausstellungen 12,50/6,25 €

➡ ⏱ Di–So 8.15–18.50 Uhr

Sieneser Kunst des 14. Jhs.

Das Highlight in Saal 3 ist Simone Martinis schillernde *Annunciazione* (Verkündigung, 1333), bei der Lippo Memmi mithalf und Maria in ein Meer von Gold getaucht wurde. Ebenfalls sehenswert ist Pietro Lorenzettis Triptychon *Madonna con il bambino in trono e angeli* (Madonna mit Kind und Heiligen, 1340), das an Giotto erinnernde, realistische Einschläge aufweist. Leider starben Pietro Lorenzetti und sein ebenfalls malender Bruder Ambrogio 1348 in Siena an der Pest.

Wegbereiter der Renaissance

Ein Kennzeichen der Florentiner Schule (Raum 8) des frühen 15. Jhs. war die Einführung der Zentralperspektive. Eine Tafel von Paolo Uccellos *Schlacht von San Romano* (1436–1340), mit der der Sieg von Florenz über Siena 1432 gefeiert wird, zeigt das Bemühen des Künstlers um eine solche Zentralperspektive, indem er alle Lanzen, Pferde und Soldaten auf einen zentralen Fluchtpunkt hin ausrichtet. Sehenswert ist auch die *Madonna con bambino e due angeli* (Madonna und Kind mit zwei Engeln, 1460–1465) des Karmelitermönchs Fra Filippo Lippi. Der hatte einen unglücklichen Hang zu irdischen Vergnügungen und heiratete skandalöserweise eine Nonne aus Prato. Sein Schüler Sandro Botticelli wurde durch das hier zu sehende Bild unübersehbar beeinflusst.

Herzog & Herzogin von Urbino

In Saal 9 hängen Piero della Francescas schonungslose Profilporträts (1465) des hakennasigen Herzogs von Urbino und seiner Gattin. Den Herzog malte della Francesca von der linken Seite, da er bei einem Turnier sein rechtes Auge verloren hatte, und die Herzogin ist leichenblass – ein Hinweis darauf, dass das Porträt posthum entstand.

Der erste Botticelli

Das Gemälde der sieben Kardinal- und Göttlichen Tugenden des Florenz des 15. Jhs. in Saal 9 schufen die Brüder Antonio und Piero del Pollaiolo für das Kaufmannstribunal an der Piazza della Signoria. Das einzige Gemälde dieser Serie, das nicht von den Brüdern stammt, ist die *Tapferkeit* (1470), das erste dokumentierte Werk Botticellis.

Botticelli

In der spektakulären **Sala del Botticelli** (Saal 10 bis 14) ist es immer rappelvoll. Von den 18 Arbeiten des für seine ätherischen Schönheiten bekannten Renaissancestars, die in den Uffizien zu sehen sind, sind *La nascita di Venere* (Geburt der Venus, um 1485), *Primavera* (Frühling, um 1482) und die *Madonna del Magnificat* (1483) die berühmtesten. Eine eingehendere Betrachtung lohnt auch die weniger bekannte

PALAZZO DEGLI UFFIZI

1560 beauftragte Cosimo I. de' Medici Vasari mit dem Bau des riesigen, U-förmigen Palazzo degli Uffizi – das Amtsgebäude sollte *uffizi* (Büros) beherbergen. Nach Vasaris Tod 1564 übernahmen die Architekten Alfonso Parigi und Bernardo Buontalenti die Leitung. Buontalenti gestaltete die oberste Etage um, damit die von Cosimos Sohn Francesco I. begeistert gesammelten Kunstwerke Platz finden konnten. 1580 war der Bau fertig. Als die letzte Medici 1743 starb, ging ihre umfangreiche Kunstsammlung an die Stadt Florenz – mit der Auflage, dass sie die Stadt nie verlassen darf.

Auf www.uffizi.org sind unter „News" Änderungen der Saalbelegung zu finden.

GESCHLOSSENE TÜR

Neben Saal 25 führt eine geschlossene Tür in den Vasari-Korridor (S. 91). Den 1 km langen Gang schuf Vasari 1565, damit die Medici bequem und ungestört zwischen den Uffizien, dem Palazzo Vecchio (S. 78) und dem Palazzo Pitti (S. 100) hin und her gehen konnten.

Annunciazione (Verkündigung), ein 6 m breites Fresko, das Botticelli 1481 für das Krankenhaus San Martino in Florenz schuf. Manche Kenner bevorzugen die beiden Miniaturen: Die eine zeigt die schwertschwingende Judith, die aus Holofernes' Zelt zurückkehrt, die andere die Entdeckung des geköpften Holofernes (1495–1500).

Einflüsse aus dem Norden

Nicht entgehen lassen sollte man sich die *Adorazione dei Magi* (Anbetung der Könige, 1475) mit einem Selbstbildnis des Künstlers (der blonde, gelb gekleidete Jüngling ganz rechts außen) in Saal 15, wo auch Botticellis *Krönung Marias* (1488–1490) und Werke des flämischen Malers Hugo van der Goes (1430–1482) zu sehen sind. An dem Altarbild, das Letzterer für die Kirche des Krankenhauses Santa Maria Novella schuf, lässt sich ganz deutlich der Einfluss ablesen, den Künstler aus Nordeuropa auf die Florentiner Künstler ausübten.

La Tribuna

Ihre wertvollsten Kunstkleinodien versteckten die Medici in dieser exquisiten, achteckigen Schatzkammer (Saal 18), die Francesco I. zwischen 1581 und 1586 bauen ließ. Der originalgetreu restaurierte Raum beeindruckt heute wie damals mit seinen karmesinroten Seidentapeten und der mit 6000 Perlmuttschalen dekorierten roten Kuppel. Er enthält eine kleine Sammlung klassischer Skulpturen und Bilder.

Werke aus dem 15. Jh.

Die Säle 19 bis 23 versammeln Werke von Malern aus Siena, Venedig, der Emilia-Romagna und der Lombardei aus dem 15. Jh. Die Gewölbedecken wurden im 16. und 17. Jh. mit militärischen Motiven, Allegorien, Schlachtszenen und Darstellungen von Festen auf den Piazze von Florenz ausgemalt.

Der junge Michelangelo

In den Sälen 33 und 34 mit ihren salbeigrünen Wänden stehen Skulpturen aus der klassischen Antike – von denen sich der junge Michelangelo stark beeinflussen ließ – sowie aus dem Skulpturengarten der Medici in San Marco, wo Michelangelo ab dem Alter von 13 Jahren als Lehrling die klassische Bildhauerei studierte.

Tondo Doni

Michelangelos überwältigendes *Tondo Doni,* auf dem die Heilige Familie zu sehen ist, hängt in Saal 35. Die lebhaften Farben dieser ungewöhnlichen Komposition wirken so frisch, als wären sie nicht 1504–1506, sondern erst gestern aufgetragen worden. Ursprünglich gehörte das Bild dem reichen florentinischen Tuchhändler Agnolo Doni (der es sich übers Bett hängte), wurde aber 1594 von den Medici für den Palazzo Pitti gekauft.

Madonna mit dem Stieglitz

In der ersten Etage befinden sich in den Sälen 46 bis 55 Werke ausländischer Künstler des 16. bis 18. Jhs., z. B. von Rembrandt (Saal 49), Rubens und van Dyck (beide Saal 55). Außerdem sind Werke von Andrea del Sarto (Säle 57 und 58) und Raffael (Saal 66) zu sehen, dessen *Madonna del cardellino* (Madonna mit dem Stieglitz, 1505–1506) allen die Show stiehlt. Raffael malte das Gemälde während seines vierjährigen Aufenthalts in Florenz.

Medici-Porträts

Saal 65 ist dem Medici-Porträtkünstler Agnolo Bronzino (1503–1572) gewidmet, der von 1539 bis 1555 am Hof Cosimos I. wirkte. Seine Porträts von 1545 zeigen die Großherzogin Eleonora von Toledo zusammen mit ihrem Sohn Giovanni sowie den 18 Monate alten Giovanni mit einem Distelfink – was seine Berufung für eine Kirchenlaufbahn symbolisiert – und gelten als Meisterwerke der europäischen Porträtkunst

usschnitt aus der *Verkündigung* von Leonardo da Vinci

DECKENKUNST

Auf den fabelhaften Deckenfresken des Ostkorridors sind groteske Monster und unerwartete Burlesken wie ein Pfeile verschießender Satyr vor Saal 15 zu entdecken. Weitere spannende Deckenkunst findet man in den Sälen 19 bis 23: Die Deckengewölbe wurden im 16. und 17. Jh. mit militärischen Gegenständen und Allegorien sowie mit Darstellungen historischer Schlachten und florentinischer Feste auf den vielen schönen Piazze der Stadt bemalt.

Vom Secondo Corridoio (Zweiten Korridor) zwischen dem Primo (Ersten) und Terzo (Dritten) Korridor bieten sich grandiose Ausblicke auf den Arno und die Hügel von Florenz.

DACHCAFÉ

Für die Uffizien sollte man drei bis vier Stunden einplanen. Wer eine Pause braucht, tankt im Café auf der Dachterrasse (bzw. den hängenden Gärten, von wo die Medici den Musikkonzerten auf dem Platz vor dem Haus lauschten) frische Luft und genießt den Ausblick.

des 16. Jhs. Giovanni wurde 1560 zum Kardinal erkoren, starb jedoch zwei Jahre später an der Malaria.

Leonardo da Vinci

In Saal 79 werden derzeit vier frühe florentinische Arbeiten von Leonardo da Vinci ausgestellt – evtl. zieht Leonardo demnächst aber wieder in die zweite Etage zurück. Seine *Annunciazione* (Verkündigung, 1472) war absichtlich so gemalt, dass sie nicht von vorne – von hier erscheint Marias Arm zu lang, ihr Gesicht zu hell, die Winkel der Gebäude nicht ganz richtig –, sondern eher von rechts unten betrachtet werden sollte. Der eklektische Stil der *Adorazione dei Pastori* (Anbetung der Hirten, 1495–1497) ist typisch für die figurative Malerei im Florenz des 15. Jhs. Im Frühjahr 2017 kehrte eins der faszinierendsten Frühwerke Leonardos, die unvollendete *Adorazione dei Magi* (Anbetung der Könige, 1481–1482), nach sechs Jahren mühseliger Restaurierung in die Uffizien zurück.

Caravaggio

Saal 90 mit seinen kanariengelben Wänden zeigt Werke von Caravaggio, die zu seiner Zeit wegen der unverblümten Darstellung der Realität als vulgär verschrien waren. Der *Kopf der Medusa* (1598–1599) wurde für ein Zeremonienschild in Auftrag gegeben und ist wahrscheinlich ein Selbstporträt des jungen Künstlers, der mit 39 starb. Das biblische Drama in Caravaggios *Opferung Isaaks* (1601–1602) ist grandios in seiner Intensität: Ein Engel umfasst die Hand Abrahams, der sich gerade anschickt, seinem Sohn Isaak mit einem Messer die Kehle durchzuschneiden.

Uffizien

EINE REISE IN DIE RENAISSANCE

Die Orientierung in der chronologisch angeordneten Kunstsammlung der Uffizien ist leicht. Schwieriger ist es, zu entscheiden, welches der 1500 Meisterwerke man sehen möchte. Kaum sind Mantel und Rucksack im Erdgeschoss abgegeben und durch Übersichtsplan und Audioguide ersetzt, kommt einem beim Aufstieg über die grandiose, büstengesäumte Treppe die toskanische Baukunst des 16. Jhs. mit voller Wucht entgegen.

Vier Stunden sollte man für diese Reise in die Vergangenheit einplanen. Am oberen Ende der Treppe, hinter der Kartenkontrolle, öffnet sich nach links in südlicher Richtung zum Arno hin der erste Korridor in seiner ganzen Pracht. Von dort zweigt Saal 2 ab, wo mit den Altarbildern von ❶ **Giotto** & Co. die ersten Schritte hin zu einer eigenen toskanischen Schule zu bewundern sind. Weiter geht es quer durch die Kunst des Mittelalters Richtung Saal 9 mit ❷ **Piero della Francescas** weltberühmter Porträtmalerei, wobei die verspielten ❸ **Deckengemälde** im Korridor ebenfalls einen Blick wert sind. Nach Renaissance-Star ❹ **Botticelli** mäandert man an der Tribuna (möglicher Abstecher) vorbei. Die Panoramafenster des ❺ **Zweiten Korridors** geben eine Aussicht frei, die vom Arno mit Ponte Vecchio und vier weiteren Brücken bis zu den Apuanischen Alpen am Horizont reicht. Im dritten Korridor lohnt es sich, zwischen Saal 25 und Saal 34 einen Blick in den geheimnisvollen Corridoio Vasariano zu werfen. Den krönenden Abschluss bildet Michelangelo, der Meister der Hochrenaissance, im ❻ **Skulpturengarten von San Marco** und mit dem ❼ **Tondo Doni**.

Giottos Madonna
Saal 2
Der scheue Blick, das zarte Erröten und die wohlgeformte Brust lassen Giottos Jungfrau (*La Maestà di Ognissanti*; 1310) im Vergleich zu den Werken Duccios und Cimabues menschlicher und femininer erscheinen.

Porträts des Herzogs & der Herzogin von Urbino
Saal 9
Piero della Francesca hat in seinen kompromisslos realistischen Porträts keine Warze ausgelassen. Die Gemälde im DIN-A3-Format waren ursprünglich für einen tragbaren Klapprahmen gedacht.

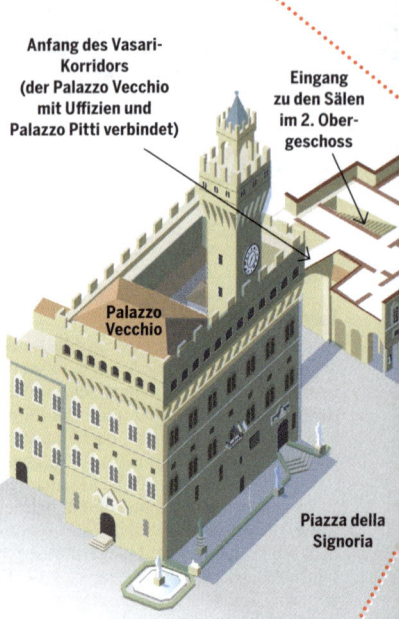

Anfang des Vasari-Korridors
(der Palazzo Vecchio mit Uffizien und Palazzo Pitti verbindet)

Eingang zu den Sälen im 2. Obergeschoss

Palazzo Vecchio

Piazza della Signoria

Die grotesken Deckenfresken
Primo Corridoio
Phantasiemonster und Groteskes (z. B. der Satyr mit dem Pfeil vor Saal 15) lohnen einen Blick hinauf zu den fabelhaften Deckenfresken (1581).

ALIZADA STUDIOS/SHUTTERSTOCK ©

Das Genie des Botticelli
Saal 10–14
Dass Botticellis *Auffindung des enthaupteten Holofernes* (ca. 1470) so klein ist, macht das Meisterwerk der Frührenaissance umso beeindruckender. Wer genau hinsieht, entdeckt den Künstler auf der *Anbetung der Heiligen drei Könige* (1475) in Saal 15.

EMI CRISTEA/SHUTTERSTOCK©

Blick auf den Arno
Aus den Fenstern des kurzen Korridors – ein architektonisches Meisterwerk – öffnet sich ein Blick auf die Stadt. Im Hintergrund ist einer von 73 Türmen des äußeren Verteidigungsrings zu erkennen, der Florenz und seine 15 Stadttore schützte.

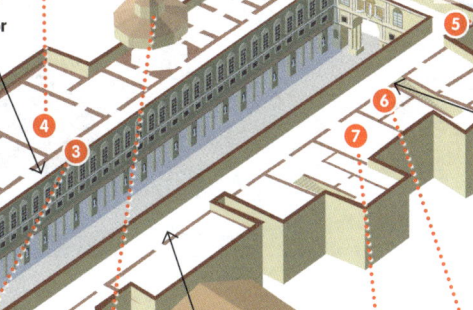

Zweiter Korridor

Tribuna

Erster Korridor

2 **4** **3**

1

5

6

7

Arno

Eingang zum Vasari-Korridor

Skulpturengarten von San Marco
Saal 34
Der 13-jährige Michelangelo lernte als Schüler an Lorenzo de Medicis Bildhauerschule in San Marco klassische Bildhauerei. Hier sind reliefverzierte Sarkophage zu bewundern, die den jungen Künstler stark beeinflusst haben.

Dritter Korridor

MITTAGESSEN
Das Museumscafé ist auf der Dachterrasse, preiswerter sind Gourmet-*panini* bei 'Ino (www.ino-firenze.com; Via dei Georgofili 3-7r).

Tribuna
Kein anderer Raum in den Uffizien ist so klein und so exquisit! Die Tribuna wurde als „Schatzkammer" für den Großherzog Francesco angelegt; die darin aufgestellte Medici-Venus gehört zu den Highlights.

ÜBRIGENS
Die Sammlung der Uffizien umfasst Werke aus dem 13. bis 18. Jh.; einmalig ist vor allem die Renaissance-Sammlung (15./16. Jh.).

Der Tondo Doni
Saal 35
Dass Michelangelo vor allem Bildhauer war, wird in keinem Gemälde so deutlich wie im *Tondo Doni* (1506–1508). Die muskulösen Arme der Madonna vor den wohlgeformten Akten im Hintergrund wirken fast so plastisch wie 3D.

HIGHLIGHT
DUOMO

Die **Cattedrale di Santa Maria del Fiore** (Kathedrale der hl. Maria der Blume), kurz als Duomo (Dom) bekannt, ist das Wahrzeichen von Florenz. Mit dem Bau des von Arnolfo di Cambio, einem Architekten aus Siena, entworfenen Gotteshauses wurde 1296 begonnen – bis zu seiner Vollendung dauerte es fast 150 Jahre. Mit Brunelleschis roter Kuppel, dem anmutigen Campanile (Glockenturm) und der rosa, weißen und grünen Marmorfassade ist der Bau auch heute noch atemberaubend.

Fassade

Die neugotische Fassade des Doms hat der Architekt Emilio de Fabris im 19. Jh. als Ersatz für das unvollendete Original entworfen, das im 16. Jh. abgerissen worden war. Der älteste und deutlich gotische Teil des Doms ist die Südseite mit der **Porta dei Canonici** (Stifterpforte und Eingang für den Aufstieg zur Kuppel), die Mitte des 14. Jhs. entstand.

Innenraum

Nach der spektakulären Fassade wirkt der großzügige, 155 m lange und 90 m breite Innenraum des Doms überraschend karg. Die meisten Kunstschätze wurden aus der Kirche entfernt und diejenigen, die noch übrig sind, wirken unspektakulär weltlich – sie erinnern daran, dass der Dom mit öffentlichen Geldern als *chiesa di stato* (Staatskirche) errichtet wurde.

Auf den beiden gewaltigen Fresken mit Reiterstatuen im linken Seitenschiff sind zwei *condottieri* (Söldnerführer) zu sehen – links Niccolò da Tolentino, gemalt von Andrea del Castagno (1456), und rechts Sir John Hawkwood, der im 14. Jh. für Florenz kämpfte und von Uccello verewigt wurde (1436).

NICHT VERSÄUMEN

➜ Brunelleschis Kuppel erklimmen

➜ Blick auf die Stadt vom Campanile

➜ Michelangelos *Pièta* und Ausblicke auf den Dom von der **Terrazza Brunelleschi** oben im Grande Museo del Duomo

PRAKTISCH & KONKRET

➜ Cattedrale di Santa Maria del Fiore

➜ Karte S. 80

➜ ☎ 055 230 28 85

➜ www.ilgrandemuseo delduomo.it

➜ Piazza del Duomo

➜ ⏱ Mo–Mi & Fr 10–17, Do bis 16.30, Sa bis 16.45, So 13.30–16.45 Uhr

Im selben Seitenschiff zeigt *La Commedia Illumina Firenze* (1465) von Domenico di Michelino den Dichter Dante Alighieri umgeben von den drei jenseitigen Welten, die er in seiner *Göttlichen Komödie* beschreibt: Hinter ihm ist das Fegefeuer, seine rechte Hand weist gen Hölle und die Stadt Florenz ist das Paradies.

Sagrestia delle Messe

In der **Sagrestia delle Messe** (Sakristei) zwischen dem (linken) Nordarm des Querschiffs und der Apsis sticht die außergewöhnlich schöne Holzverkleidung mit Intarsien von Benedetto und Giuliano da Maiano ins Auge. Die Bronzetüren stammen von Luca della Robbia, der, soweit bekannt, sonst nie mit diesem Material gearbeitet hat. Über dem Eingang hängt seine *Resurrezione* (Auferstehung) aus glasiertem Ton.

Cripta Santa Reparata

Nicht weit vom Haupteingang führt eine Treppe hinunter zum Andenkenladen und zur **Cripta Santa Reparata** (Karte S. 80; ⏰ Mo–Mi & Fr 10–17, Do bis 16, Sa bis 16.45 Uhr), wo zwischen 1965 und 1974 Teile der Vorgängerkirche Chiesa di Santa Reparata aus dem 5. Jh. ausgegraben wurden. Wer an einem Sonntag kommt, wenn die Krypta geschlossen ist, sollte daran denken, dass das Dom-Kombiticket 48 Stunden gültig ist.

Cupola

Als Michelangelo mit der Arbeit am Petersdom in Rom begann, soll er gesagt haben: „Ich werde eine größere, aber keine schönere Kuppel bauen." Dabei bezog er sich auf die gewaltige, aber doch auch anmutige **Kuppel** (Brunelleschi-Kuppel; Karte S. 80; ⏰ Mo–Fr 8.30–19, Sa bis 17, So 13–16 Uhr) des Doms von Florenz. Sie entstand zwischen 1420 und 1436 nach Plänen von Filippo Brunelleschi und ist ein Highlight eines jeden Florenzbesuchs.

Die 91 m hohe und 45,5 m breite Domkuppel ist wirklich eines der beeindruckendsten Werke der Renaissance und den Aufstieg über eine Innentreppe mit 463 Steinstufen auf jeden Fall wert. Brunelleschi hatte das Pantheon in Rom genau studiert und dann eine ganz neue technische Lösung entwickelt: Auf den achteckigen Vierungsgrundriss setzte er einen Tambour (zylinderförmige Mauer), sodass das Gewicht der Kuppel nicht auf dem Langhausdach lastet. Darüber errichtete er eine Rippenkonstruktion, die er anschließend mit einer äußeren und einer inneren ovalen Gewölbeschale bedeckte – dadurch konnten seine Arbeiter auf ein Holzgerüst verzichten. Sie vermauerten über 4 Mio. Steine, die in horizontalen Kreisen um die Rippen gelegt wurden.

TICKETS

Mit einem einzigen, 48 Std. gültigen **Ticket** (Erw./erm. inkl. Kuppel, Baptisterium, Campanile, Krypta & Museum 15/3 €) hat man Zugang zu allen Sehenswürdigkeiten, von denen jede einmal besucht werden kann. Die Tickets gibt's online und am Kartenschalter gegenüber vom Eingang zum Baptisterium in der Piazza di San Giovanni 7.

Es herrscht ein strenger Dresscode: keine Shorts, Miniröcke oder ärmellosen Tops.

EIN MATHEGENIE

Der Architekt, Mathematiker, Ingenieur und Bildhauer Filippo Brunelleschi (1377–1446) verbrachte ab 1419 unglaubliche 42 Jahre mit der Arbeit an der Domkuppel. Das Mathegenie mit einem ausgeprägten Talent für innovative technische Lösungen schaffte, was viele Florentiner für unmöglich gehalten hatten: Er baute die größte Kuppel in Italien seit der Antike.

Der Aufstieg

Der Aufstieg über die Wendeltreppe ist steil. Auf der Balustrade an der Basis der Kuppel sollte man eine Pause einlegen und den Blick von oben auf den achteckigen Chor und die sieben runden Buntglasfenster des Tambours genießen. Am Ende des letzten, steilen Treppentrakts in der Wölbung der Innenschale wartet dann die Belohnung: das 360-Grad-Panorama einer der schönsten Städte Europas.

Das Jüngste Gericht

Das Fresko *Giudizio Universale* (1572–1579) von Giorgio Vasari und Federico Zuccari auf der 4500 m² großen Innenfläche der Kuppel ist eines der größten Gemälde weltweit. Zu sehen ist hier u. a. eine ausgelaugte Mutter Natur mit faltigen Brüsten; zu ihren Füßen schlummern die vier Jahreszeiten. Weniger gut haben es die armen Seelen in der Hölle, die mit einer Mistgabel traktiert werden.

Glockenturm

Neben dem Dom erhebt sich der schlanke **Campanile** (Glockenturm; Karte S. 80; ☺ 8.15–20 Uhr), ein aufsehenerregendes Werk der Florentiner Gotik. Entworfen wurde der Turm von Giotto, dem Künstlergenie, das oft als Begründer der Renaissance bezeichnet wird. Wer die 414 Stufen auf den 85 m hohen Glockenturm erklimmt, wird am Ende mit einem Ausblick belohnt, der fast so eindrucksvoll ist wie der von der Domkuppel.

Beim untersten Reliefband um das Fundament der raffinierten gotischen Fassade handelt es sich um Kopien von Pisanos Darstellung der Erschaffung des Menschen und der *attività umane* (Künste und Handwerke). In der zweiten Reliefreihe sind die Planeten, die Kardinaltugenden, die Künste und die sieben Sakramente dargestellt. Die Skulpturen von Propheten und Sibyllen in den Nischen der oberen Stockwerke sind Kopien von Werken Donatellos und anderer Meister.

Baptisterium

Gegenüber vom Haupteingang zum Dom befindet sich das **Battistero di San Giovanni** (Baptisterium; Karte S. 80; ☺ Mo–Fr 8.15–10.15 & 11.15–19.30, Sa 8.15–18.30, So 8.15–13.30 Uhr) aus dem 11. Jh., ein achteckiger Bau mit weißen und grünen Marmorbändern. Im Taufbecken des Baptisteriums hat u. a. auch Dante ein frühes Bad genommen.

Die berühmtesten Teile des romanischen Baus sind seine drei Portalpaare, deren Fächer die Geschichte der Menschheit und deren Erlösung nacherzählen. Bei den vergoldeten Bronzetüren von Lorenzo Ghiberti am östlichen Eingang, der *Porta del Paradiso* (Paradiespforte), handelt es sich um Kopien – die Originale befinden sich im Grande Museo del Duomo. Das Südportal von Andrea Pisano (1330) thematisiert das Leben Johannes' des Täufers. Mit seinem Nordportal hatte Lorenzo Ghiberti 1401 eine Ausschreibung gewonnen; auch dieses ist nur eine Kopie.

Im Inneren der Taufkapelle funkeln Mosaiken im byzantinischen Stil, die die Kuppel in fünf horizontalen Bändern schmücken. Zu sehen sind hier u. a. Szenen aus dem Leben von Johannes dem Täufer, Christus und Josef auf der einen Seite und eine Darstellung des Jüngsten Gerichts auf der anderen. Vom obersten Band blickt ein Engelschor herab.

Tickets fürs Baptisterium gibt's online oder im Ticketbüro an der Piazza di San Giovanni 7 gegenüber vom Haupteingang des Baptisteriums.

Grande Museo del Duomo

Dieses atemberaubende **Museum** (Dommuseum; ☺ 9–19.30 Uhr) erzählt anhand von Kunstgegenständen und kurzen Filmen die spannende Geschichte des Baus des Doms und seiner Kuppel. Außerdem sind hier zahllose sakrale Schätze versammelt.

m Inneren des Doms

DIE DOMUHR

Nach dem Betreten des Doms kann man hoch oben nach der riesigen Uhr Ausschau halten. Dies war eine der ersten Monumentaluhren Europas. Sie läuft gegen den Uhrzeigersinn, zählt 24 Stunden pro Tag (los geht's unten) und die erste Stunde des Tages beginnt bei Sonnenuntergang. Das Zifferblatt schuf der Florentiner Paolo Ucello zwischen 1440 und 1443.

Am besten kommt man morgens – dann ist weniger los und man muss nicht in der Hitze Schlange stehen.

RESERVIERUNG FÜR DIE KUPPEL

Für die Kuppelbesteigung muss man reservieren. Wer sein Ticket online oder an dem Ticketpoint-Automaten im **Kartenbüro** (Piazza San Giovanni 7; ⏰ 8.15–18.45 Uhr) an der Piazza di San Giovanni kauft, kann sich einen Termin aussuchen.

Der spektakuläre Hauptsaal des Museums, die **Sala del Paradiso**, wird von einer Rekonstruktion der Originalfassade des Doms von Florenz dominiert. Sie wird von rund 40 aus Stein gehauenen Statuen aus dem 14. und dem frühen 15. Jh. verziert. Die Arbeit an der Fassade begann 1296, wurde aber nie vollendet und 1586 wurde die Fassade schließlich abgetragen. Hier befinden sich auch das Original von Lorenzo Ghibertis Meisterwerk, der *Porta del Paradiso* (Paradiespforte, 1425–1452) – der wunderbar goldenen, 16 m hohen Bronzetüren für den Osteingang des Baptisteriums –, sowie diejenigen, die er für den Nordeingang schuf (1403–1424).

Michelangelos schmerzhaft schöne *Pietà*, die er mit fast 80 Jahren für sein eigenes Grab gestaltete, ist in der **Tribuna di Michelangelo** zu sehen. Michelangelo war so frustriert von seinem noch unfertigen Werk und der Marmorqualität, dass er wutentbrannt den Arm und das linke Bein Jesu zertrümmerte.

Nicht zu übersehen ist in Saal 8, der **Sala della Maddalena**, Donatellos Holzskulptur einer hageren, unendlich traurigen Maria Magdalena von der Mitte des 15. Jhs., also aus seiner späten Schaffenszeit.

Im ersten Stock ist in den Räumen 14 und 15 im Detail zu sehen, wie Brunelleschi seine bahnbrechende Kuppel konstruierte. Man kann allerlei Werkzeuge und Flaschenzüge bewundern, die damals im 15. Jh. zum Einsatz kamen. Auch die Totenmaske von Brunelleschi von 1446 ist hier zu sehen. Im zweiten Stock sind Modelle mit Vorschlägen für die Domfassade versammelt.

HIGHLIGHT
PALAZZO VECCHIO

Dieser befestigte Palazzo am schönsten Platz von Florenz war Dreh- und Angelpunkt des politischen Lebens im mittelalterlichen Florenz. Der von 1298 bis 1314 für die *signoria* (Stadtregierung) erbaute „Alte Palast" beherbergte neun *priori* (Konsuln), alle zwei Monate durch Losentscheid bestimmte Gildemitglieder. Von 1540 bis 1549 lebte Cosimo I. hier in prächtigen Gemächern. Der Ausblick vom zinnenbewehrten Turm des Palasts ist atemberaubend.

Salone dei Cinquecento

1540 beauftragte Cosimo I. Vasari mit der Umgestaltung der Innenräume des Palazzo Vecchio. Cosimo lebte hier neun Jahre lang, bevor er auf die andere Seite des Arno in den Palazzo Pitti umzog. Besonders eindrucksvoll ist der 53 m lange und 22 m breite Salone dei Cinquecento: Er ist geschmückt mit wandhohen, lebensprallen Schlachtszenen von Vasari und seinen Gehilfen. Cosimo I. ließ Vasari die Decke 7 m höher hängen und sich selbst als Gott im Zentrum der prächtigen Deckengemälde darstellen. In der Rekordzeit von nur zwei Jahren (1563–1565) und mit Michelangelo als Berater stellten Vasari und seine Crew die neue Decke fertig und mit ihr die 34 mit Blattgold verzierten Gemälde – die Wirkung ist schlichtweg überwältigend.

Kapelle der hl. Cosmas und Damian

Die Kapelle der hl. Cosmas und Damian neben dem riesigen Salone dei Cinquecento wartet mit Vasaris Triptychon (1557–1558) der beiden Heiligen auf, auf dem Cosimo der Ältere in die Rolle des hl. Cosmas (rechts) und Cosimo I. in die des hl. Damian (links) schlüpft.

NICHT VERSÄUMEN

➡ Vasaris Schlachtszenen im Salone dei Cinquecento

➡ Cosimos Studiolo auf einer „Secret Passages"-Führung

PRAKTISCH & KONKRET

➡ Karte S. 80

➡ ☎ 055 276 85 58, 055 27 68 22

➡ www.musefirenze.it

➡ Piazza della Signoria

➡ Erw./erm. Museum 10/8 €, Turm 10/8 €, Museum & Turm 14/12 €, Archäologieführung 4 €, Kombiticket 18/16 €

➡ ☺ Museum April–Sept. Fr–Mi 9–23, Do bis 14 Uhr, Okt.–März Fr–Mi 9–19, Do bis 14 Uhr, Turm April–Sept. Fr–Mi 9–21, Do bis 14 Uhr, Okt.–März Fr–Mi 10–17, Do bis 14 Uhr

Studiolo

Cosimo beauftragte Vasari und andere Künstler des Florentiner Manierismus mit der Gestaltung des Studierzimmers seines eigenbrötlerischen, von Alchemie besessenen Sohnes Francesco I. In einem der 34 Gemälde erscheint Francesco als durchgeknallter Quacksalber, der mit Schwarzpulver experimentiert. Hinter der unteren Gemäldereihe verbargen sich 20 Schränkchen, in denen Francesco seine Schätze hortete. Das Studiolo ist im Rahmen der „Secret Passages"-Führung zu besichtigen.

Privatgemächer

Eine Treppe höher liegen die Privatgemächer von Eleonora und ihren Dienerinnen. Auch hier ist der üppige Dekor eine einzige Lobeshymne auf die Medici. Für die Decke der **Camera Verde** (Grünes Zimmer) ließ sich Rodolfo del Ghirlandaio von Neros Domus Aurea in Rom inspirieren. Die **Sala dei Gigli** wurde nach dem Lilienfries benannt; die Blume symbolisiert die Republik Florenz. Die Sala beherbergt die Originalskulptur *Judith und Holofernes* von Donatello.

Torre d'Arnolfo

Nach 418 Stufen bietet sich von diesem Turm (Erw./erm. 10/8 €) ein atemberaubendes Stadtpanorama. Keine Kinder unter sechs Jahren!

Hinter den Kulissen

Im Rahmen von phantasievollen Führungen (auf Englisch oder Italienisch) gelangt man auch in Teile des Palazzo Vecchio, die sonst nicht zugänglich sind. Zusätzlich zur Karte für die Führung benötigt man eine Eintrittskarte fürs Museum.

Bei der Führung „Secret Passages" (Geheime Gänge; Erw./erm. 4/2 €, 1¼ Std.) werden kleine Gruppen zur Geheimtreppe geführt, die 1342 als Fluchtweg für den französischen Herzog von Athen, Walter VI. von Brienne, zwischen die meterdicken Mauern gequetscht wurde. Der Herzog hatte sich zum Signore von Florenz machen lassen und den Palazzo okkupiert, wurde aber ein Jahr später aus der Stadt gejagt. Auf der Geheimtreppe geht's weiter mit dem **Tesoretto** (Schatzkämmerchen) Cosimos I. und dem opulenten **Studiolo** (Studierzimmer) Francescos I.

Die Führung „Secrets of the Inferno" (Erw./Kind 4/2 €, 1¼ Std.) wandelt auf den Spuren von Dan Browns Roman *Inferno*. Bei der Führung „Invitation to the Court" (Erw./Kind 4/2 €, 1¼ Std.) treten Darsteller in Renaissancekostümen auf. Für Kinder eignen sich besonders „At Court with Donna Isabelle" (Erw./Kind 4/2 €, 1¼ Std.) mit der geselligen Spanierin Isabel de Reinoso und „Life at Court" (Erw./Kind 4/2 €, 1¼ Std.), bei der sich am Ende alle im Stil des 16. Jhs. verkleiden. Es gibt auch Erzählstunden für Kinder und praktische Malworkshops für Fresken und Tafeln.

DER KARTENRAUM

Einen faszinierenden Einblick ins Weltbild der Renaissance ermöglicht die Kartensammlung Cosimos I. in der **Sala delle Carte Geografiche** (Kartenraum). Auf diesen Karten des 16. Jhs. ist alles abgebildet, was man damals von der Welt kannte, von Nord- und Südpol bis hin zur Karibik.

Vasaris Schlachtszenen verherrlichen die Siege Cosimos I. über die Erzrivalen Pisa und Siena. Übrigens tragen die Pisaner – im Gegensatz zu den Sienesen – keine Rüstungen (wer findet auf dem Gemälde den Schiefen Turm?).

TOP-TIPPS

➡ Am besten kommt man an einem trockenen, sonnigen Tag, damit man auch wirklich auf den Turm kann, der bei Regen geschlossen ist.

➡ Am Kartenschalter kann man ein Tablet mit Multimedia-Guide (5/4 € für 1/2 Pers.) leihen oder man lädt sich die Palazzo-Vecchio-App (2 €) aufs Smartphone.

➡ Führungen können telefonisch (055 276 82 24, 055 276 85 58), per E-Mail (info@ muse.comune.fi.it) oder am Palazzo-Vecchio-Ticketschalter gebucht werden. Für die Führungen braucht man auch ein gültiges Museumsticket.

Duomo & Santa Maria Novella

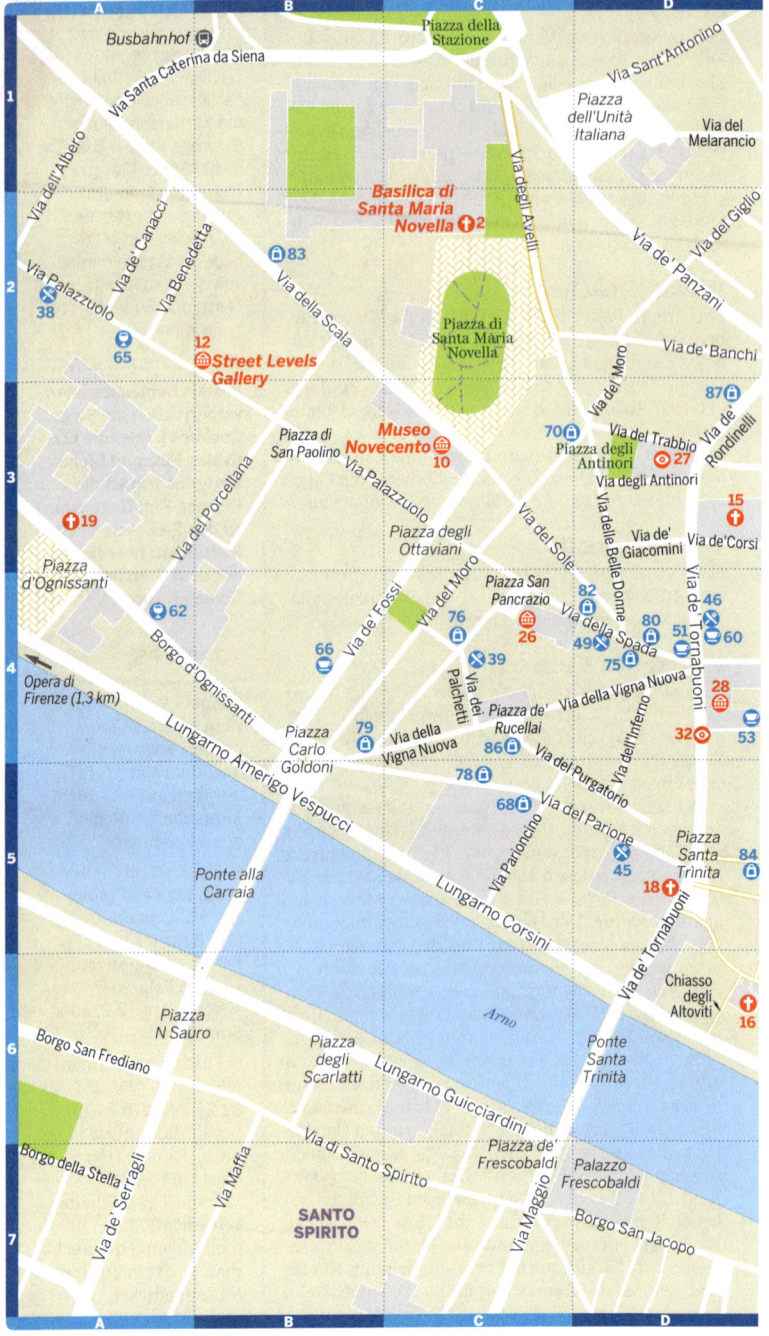

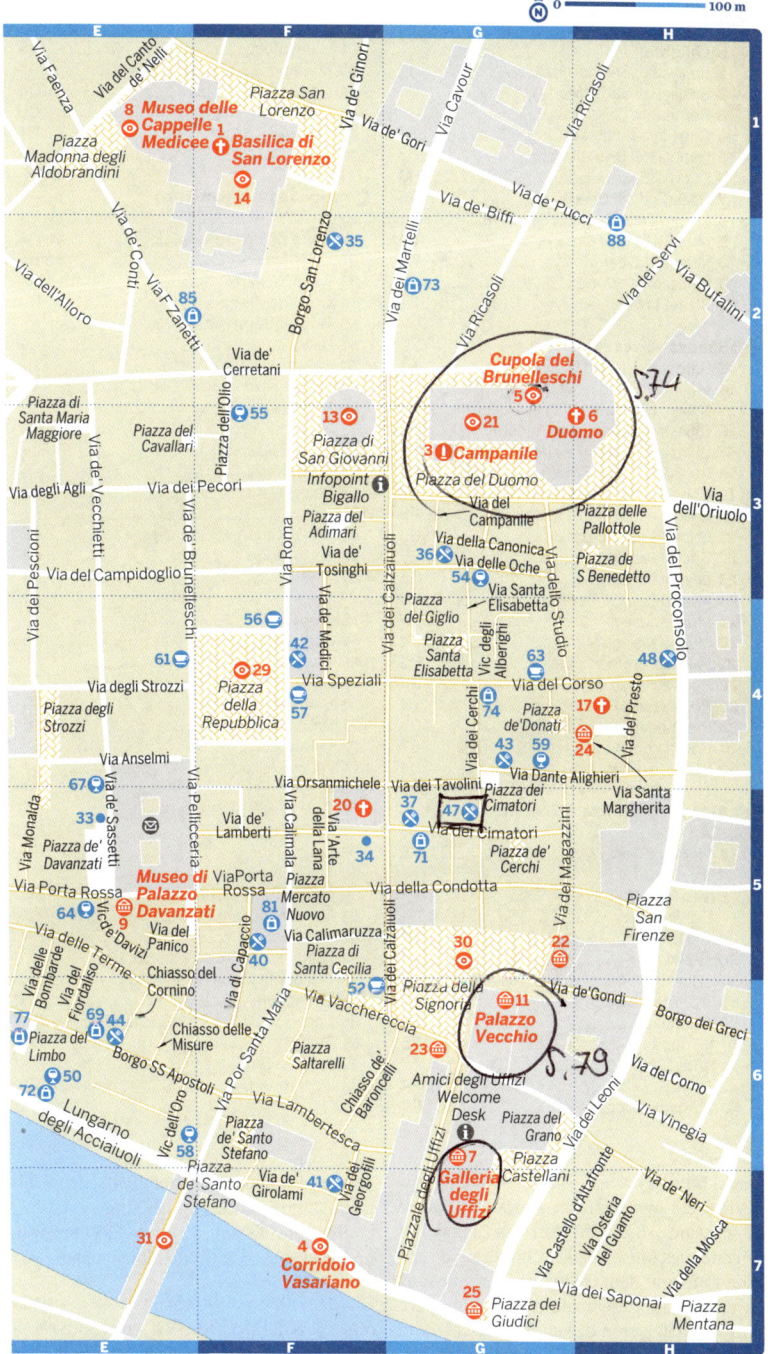

0   100 m

Duomo & Santa Maria Novella

Gucci Museo   MUSEUM
(Karte S. 80; www.gucci.com; Piazza della Signoria
10; Erw./erm. 7/5 €; ☺10–20, Fr bis 23 Uhr) Der
Eingang des Museums liegt hinter dem schicken Café und dem trendigen Souvenirshop.
Es erzählt die Geschichte des Gucci-Imperi-
ums von den ersten beigen Reisetaschen mit
dem verschlungenen „GG"-Logo über die rot-

grünen Streifenmuster der 1950er-Jahre bis
heute. Ein Hingucker ist der strahlend weiße
Cadillac Seville von 1979 mit Gucci-Bezügen
und goldenen „G"s auf den Radkappen.

Piazza della Repubblica   PIAZZA
(Karte S. 80) Dort, wo sich einst ein römisches Forum befand und im Mittelalter das

Herz von Florenz pochte, entstand in den 1880er-Jahren dieser zentrale Platz. Er war damals Teil eines umstrittenen Stadtsanierungsprojekts, für das der alte Markt, das jüdische Getto und die Elendsviertel der Umgebung abgerissen und fast 6000 Bewohner umgesiedelt wurden. Zum Glück blieb Vasaris hübsche Loggia del Pesce (Fischmarkt) erhalten; sie wurde nur in die Via Pietrapiana versetzt.

Chiesa e Museo di
Orsanmichele   KIRCHE, MUSEUM
(Karte S. 80; ☑ 055 21 58 52; Via dell'Arte della Lana; ⊙ Museum Mo 10–17 Uhr, Kirche tgl. 10–17 Uhr, Aug. Mo geschl.) GRATIS Die ungewöhnliche Kirche mit der ganz besonderen Ausstrahlung entstand im 14. Jh., als die Arkaden des alten Kornspeichers (1290) zugemauert und um zwei Etagen aufgestockt wurden. Im Inneren besticht der gotische Tabernakel von Andrea Orcagna und auch die Außenwand mit von Statuen bewohnten Nischen bietet viele Hingucker. Die *signoria* (Stadtrat) wälzte die Kosten für die Kirchenausstattung nämlich auf die verschiedenen Zünfte ab – und die ließen sich ihre jeweiligen Schutzpatrone von den berühmtesten Bildhauern des 15. und 16. Jhs. meißeln und in den Nischen der Fassade aufstellen.

Museo Galileo   MUSEUM
(Karte S. 80; ☑ 055 26 53 11; www.museogalileo.it; Piazza dei Giudici 1; Erw./erm. 9/5,50 €; ⊙ Mi–Mo 9.30–18, Di bis 13 Uhr) Die Sonnenuhr auf dem Gehsteig weist den Weg zum Palazzo Castellani aus dem 12. Jh., gleich neben den Uffizien am Fluss. Darin residiert ein topmodernes Geschichts- und Wissenschaftsmuseum. Der große Wissenschaftler aus Pisa und Namensgeber des Museums, Galileo Galilei, wurde 1610 an den Hof der Medici in Florenz gebeten und ist hier mit zwei Fingern und einem Zahn vertreten.

Via de' Tornabuoni   WAHRZEICHEN
(Karte S. 80) Renaissancepaläste und Geschäfte berühmter italienischer Modelabels säumen die teuerste Shoppingmeile der Stadt. Namensgeber war eine Florentiner Familie, die im 17. Jh. ausstarb. Einheimische nennen die Straße auch den „Salotto di Firenze" (Wohnzimmer von Florenz). Nördlich davon liegt der **Palazzo Antinori** (Karte S. 80; Piazza degli Antinori 3), erbaut 1461–1469 und seit 1506 im Besitz der gleichnamigen Adelsfamilie, die für ihren Wein bekannt ist. Gegenüber führt eine breite Steintreppe zur **Chiesa dei Santi Michele e Gaetano** (Karte

S. 80; Piazza degli Antinori; ⊙ Mo–Sa 7.15–12 & 13–19.30, So 8–13.15 & 15.30–20 Uhr) aus dem 17. Jh.

Palazzo Strozzi   GALERIE
(Karte S. 80; ☑ 055 246 96 00; www.palazzostrozzi.org; Piazza degli Strozzi; Erw./erm. 12/9,50 €, Familienticket 22 €; ⊙ Di, Mi & Fr–So 10–20, Do bis 23 Uhr) Dieses Renaissance-Herrenhaus hat sich der reiche Bankier Filippo Strozzi, politisch wie wirtschaftlich einer der stärksten Konkurrenten der Medici, im 15. Jh. hinstellen lassen. Heute finden hier hervorragende Kunstausstellungen statt. Es ist immer viel los, weil das **Caffé Strozzi** (Karte S. 80; ☑ 055 28 82 36; www.strozzicaffe.com; ⊙ Mo 8–20.30, Di–So bis 1 Uhr; 🕾) im Hof ein Treffpunkt der Florentiner Jugend ist. Wegen ihrer Kunstworkshops, Führungen und familienfreundlichen Angebote ist die Galerie sehr beliebt.

★ Museo di
Palazzo Davanzati   MUSEUM
(Karte S. 80; ☑ 055 238 86 10; www.polomuseale.firenze.it; Via Porta Rossa 13; Erw./erm. 6/3 €; ⊙ 8.15–14 Uhr, 1., 3. & 5. Mo, 2. & 4. So des Monats geschl.) Hier kann man sich wunderbar anschauen, wie der Florentiner Adel im 16. Jh. lebte. Der Palazzo aus dem 14. Jh., der der reichen Kaufmannsfamilie Davanzati seit 1578 als Wohn- und Lagerhaus diente, ist mit seiner wunderschönen Loggia in der Mitte ein echtes Juwel. Besondere Hingucker sind die in Holz geschnitzten Gesichter an den Pfosten im Innenhof, die bemalte Holzdecke der **Sala Madornale** (Empfangszimmer) im ersten Stock sowie die exotische **Sala dei Pappagalli** (Papageiensaal) und die **Camera dei Pavoni** (Pfauenzimmer).

◉ Santa Maria Novella

Die wichtigsten Sehenswürdigkeiten in diesem Stadtteil befinden sich an der Piazza di Santa Maria Novella mit der glitzernden grün-weißen Fassade der altehrwürdigen Basilika von Santa Maria Novella. Richtung Süden und Arno beherbergt die Chiesa di Santa Trinità einige der schönsten Fresken der Stadt. Die Chiesa d'Ognissanti ist ein Muss für alle Botticelli-Fans und dazu kommt noch das kleine, aber feine Museo Marino Marini.

★ Museo Novecento   MUSEUM
(Museum des 20. Jahrhunderts; Karte S. 80; ☑ 055 28 61 32; www.museonovecento.it; Piazza di Santa Maria Novella 10; Erw./erm. 8,50/4 €; ⊙ Sommer Mo–Mi, Sa & So 9–19, Do bis 14, Fr bis 23 Uhr, Winter

BASILICA DI SANTA MARIA NOVELLA

Hinter der auffälligen, grün-weiß gestreiften Marmorfassade der Basilika verbirgt sich ein ganzer Klosterkomplex mit verwunschenen Kreuzgängen und einer
mit Fresken geschmückten Kapelle. Allein die Basilika
ist eine Schatzkammer voller Meisterwerke, die im Freskenzyklus von Domenico Ghirlandaio und einem leuchtenden gemalten Kruzifix von Giotto (um 1290) gipfeln.

Heilige Dreifaltigkeit

Im Innenraum gegenüber dem Eingang prangt Masaccios
wunderbares Fresko *Heilige Dreifaltigkeit* (1424–1425). Dies
war eines der ersten Kunstwerke, bei dem die neuen Erkenntnisse von Perspektive und Proportionen umgesetzt wurden.

Cappella Maggiore

Hinter dem Hauptaltar liegt das Highlight der Basilika, eine
winzige Kapelle mit Fresken, die Ghirlandaio von 1485 bis
1490 schuf. Die Fresken zeigen Szenen aus dem Leben der
Jungfrau Maria und gelten als Spiegel des florentinischen
Lebens in der Zeit der Renaissance. Auf den Fresken hat
Ghirlandaio sowohl berühmte Zeitgenossen als auch seine
Auftraggeber, Mitglieder der Familie Tornabuoni, verewigt.

NICHT VERSÄUMEN

➡ Cappella Maggiore
➡ Chiostro Verde
➡ Cappellone degli Spagnoli

PRAKTISCH & KONKRET

➡ Karte S. 80
➡ ☎ 055 21 92 57
➡ www.smn.it
➡ Piazza di Santa Maria Novella 18
➡ Erw./erm. 5/3,50 €
➡ ⏲ Sommer Mo–Do 9–19, Fr 11–19, Sa 9–18.30, So 12–18.30 Uhr, im Winter kürzer

Cappella Strozzi di Mantova

Die um ein paar Stufen erhöhte wunderbare Cappella Strozzi di Mantova ganz außen links vom Altar haben Niccolò di Tommaso und Nardo di Cione bewegend mit Szenen aus dem Paradies, dem Fegefeuer und der Hölle ausgemalt. Das wunderschöne Altarbild (1354–1357) stammt von Nardos Bruder Andrea di Cione, auch Andrea Orcagna genannt.

Chiostro Verde

Eine Seitentür im Kirchenschiff führt in den beschaulichen Chiostro Verde (Grüner Kreuzgang, 1332–1362). Er gehört zu dem weitläufigen Klostergelände der Dominikanermönche, die 1219 nach Florenz kamen und sich zwei Jahre später in Santa Maria Novella niederließen. Seinen Namen verdankt er dem grünen Hintergrund der Fresken, die drei der vier Kreuzgangwände zieren. Auf der Westseite des Chiostro Verde liegt der Zugang zur **Cappella degli Ubriachi** aus dem 14. Jh. und zum geräumigen **Refektorium** (1353–1354) mit kirchlichen Relikten und dem *Abendmahl* (1583) von Alessandro Allori.

Cappellone degli Spagnoli

Diese Kapelle auf der Nordseite des Kreuzgangs bekam ihren heutigen Namen (Kapelle der Spanier) erst 1566, als sie der spanischen Kolonie in Florenz übergeben wurde. Die Fresken (um 1365–1367) von Andrea di Bonaiuto zeigen im Gewölbe *Auferstehung*, *Himmelfahrt* und *Pfingsten*, die Altarwand zeigt den *Leidensweg*, die *Kreuzigung* und den *Abstieg zur Hölle*.

Fr–Mi 9–18, Do bis 14 Uhr) Zwischen den ganzen Renaissanceschätzen hat Florenz auch ein phantastisches modernes Kunstmuseum zu bieten. Das Museum ist in einem Palazzo des 13. Jhs. zu Hause, der in früheren Zeiten schon Pilgerunterkunft, Krankenhaus und Schule war. Ein gut ausgeschilderter Plan führt die Besucher durch die moderne italienische Malerei und Bildhauerei von Anfang des 20. Jhs. bis ans Ende der 1980er-Jahre. Kunstinstallationen nutzen die Außenflächen der Loggia im ersten Obergeschoss optimal. Mode und Theater kommen in der zweiten Etage zum Zuge. Die Zeitreise endet mit einer 20-minütigen Filmmontage der besten in Florenz gedrehten Filme.

Ein Höhepunkt in Raum 10 ist die herausragende Skulptur *La Pisana* (1933) von Arturo Martini, die direkt neben einem der typischen Bronzepferde von Marino Marini steht. Beide Künstler sind Vertreter einer italienischen Kunstrichtung der 1920er- und 1930er-Jahre, die sich der archäologischen Neuinterpretation der Antike verschrieben hatte.

Chiesa d'Ognissanti KIRCHE
(Karte S. 80; ☏ 055 239 87 00; Borgo d'Ognissanti 42; ⊙ Mo–Sa 9–12.30 & 16–18, So 9–10 & 16–17.30 Uhr) GRATIS Der Borgo d'Ognissanti führt von der Piazza Carlo Goldoni zur Porta al Prato, einem der alten Stadttore von Florenz. Wer ihn entlangschlendert, kommt an Antiquitätenläden und Designerboutiquen vorbei und erreicht schließlich die Chiesa d'Ognissanti. Sie entstand im 13. Jh. als Teil eines Benediktinerklosters und beherbergt Domenico Ghirlandaios Fresko der *Madonna della Misericordia*. Die Arbeit entstand im Auftrag der Vespucci-Familie, der größten Geldgeber der Kirche. Amerigo Vespucci war ein berühmter Florentiner Seefahrer; von seinem Vornamen leitet sich der Name des Kontinents Amerika ab. Auf dem Fresko soll er der Junge sein, dessen Kopf zwischen der Madonna und dem Greis hervorblitzt.

Museo Marino Marini GALERIE
(Karte S. 80; ☏ 055 21 94 32; http://museo marinomarini.it/; Piazza San Pancrazio 1; Erw./erm. 6/4 €; ⊙ Sa–Mo 10–19, Mi–Fr bis 13 Uhr) Die im 19. Jh. säkularisierte Chiesa di San Pancrazio beherbergt heute ein kleines Kunstmuseum mit Skulpturen, Porträts und Zeichnungen des aus Pistoia stammenden Künstlers Marino Marini (1901–1980). Glanzstück ist die wunderschön restaurierte **Cappella Rucellai** mit einer verkleinerten Kopie des Heiligen Grabs in Jerusalem von Leon Battista Alberti, die zu den versteckten Perlen der Renaissance gezählt werden darf. Die Kapelle wurde zwischen 1458 und 1467 als Grablege des reichen florentinischen Bankiers und Wollhändlers Giovanni Rucellai errichtet.

Chiesa di Santa Trinità KIRCHE
(Karte S. 80; Piazza Santa Trinità; ⊙ Mo–Sa 8–12 & 16–17.45, So 8–10.45 & 16–17.45 Uhr) Die im 14. Jh. erbaute gotische Kirche mit der später errichteten manieristischen Fassade beherbergt einige der schönsten Florentiner Fresken. Dazu zählen Lorenzo Monacos *Verkündigung* (1422) in der **Cappella Bartholini Salimbeni**, aber auch Ghirlandaios faszinierende Darstellungen des Lebens des hl. Franz von Assisi in der **Cappella Sassetti** rechts vom Altar. Sie entstanden zwischen 1483 und 1485 und einige Mitglieder der damaligen High Society sind ebenfalls darin verewigt. Für 0,50 € werden die Fresken für zwei Minuten angestrahlt.

Museo Stibbert MUSEUM
(www.museostibbert.it; Via Federigo Stibbert 26; Erw./erm. 8/6 €; ⊙ Mo–Mi 10–14, Fr–So bis 18 Uhr) Der in Florenz geborene Frederick Stibbert (1838–1906), Sohn eines Engländers und einer Italienerin, gehörte im 19. Jh. zu den ganz Großen im europäischen Antiquitätengeschäft und trug die faszinierende Sammlung mit Möbeln, Teppichen und Gemälden aus dem 16. bis 19. Jh. zusammen, die in diesem Museum zu sehen ist. Die **Sala della Cavalcata** (Reitersaal) ist vor allem etwas für Kinder: Dicht an dicht stehen hier lebensgroße Pferde- und Reiterfiguren mit Rüstungen aus Europa und dem Orient. Erreichbar ist das Museum mit der Buslinie 4 von der Stazione di Santa Maria Novella bis zur Haltestelle „Gioia" in der Via Fabroni – von dort ist es nicht mehr weit zu Fuß.

◉ San Lorenzo & San Marco

San Lorenzo ist das Territorium der Medici: ihr Palazzo, ihre Kirche, ihre Bibliothek, ihr Mausoleum – alle mit außergewöhnlichen Kunstwerken auf das Prächtigste herausgeputzt. Der Stadtteil San Marco wiederum hat viel mehr zu bieten als nur den berühmtesten Florentiner aller Zeiten, einen gewissen *David*: Die Fresken im Museo di San Marco zum Beispiel sind ein Top-Highlight.

★ Basilica di San Lorenzo BASILIKA
(Karte S. 80; www.operamedicealaurenziana.org; Piazza San Lorenzo; 6 €, mit Biblioteca Medicea

ⓘ MUSEUMSTICKETS

Im Hochsommer und zu anderen Stoßzeiten (z. B. Ostern) bilden sich vor den bekanntesten Museen endlose Schlangen. Wer sich da nicht vorher Eintrittskarten besorgt hat, kann schon mal vier Stunden in der Warteschleife stehen.

Gegen eine Gebühr von 3 € pro Ticket (4 € für die Uffizien und die Galleria dell'Accademia) können Tickets für neun *musei statali* (staatliche Museen) reserviert werden, darunter die Uffizien, die Galleria dell'Accademia (wo *David* zu Hause ist), den Palazzo Pitti, das Museo del Bargello und die Medici-Kapellen (Cappelle Medicee). Eigentlich ist die Vorbestellung nur für die Uffizien und die Accademia wirklich notwendig. Wer das machen will, bucht entweder online, ruft bei **Firenze Musei** (Florentiner Museen; www.firenzemusei.it) an oder reserviert die Karten direkt am Schalter (Di–So 8.30–19 Uhr) in den **Uffizien** (Eingang 3, Piazzale degli Uffizi) oder dem **Palazzo Pitti** (Piazza dei Pitti).

Vor den Uffizien weisen Schilder zum Gebäude gegenüber, wo die vorbestellten Tickets bereitliegen. Dann geht man zum Eingang 1 des Museums (nur mit reservierten Karten) und stellt sich dort an, um hereingelassen zu werden. Das ist zwar auch nervig, aber immer noch besser, als mehrere Stunden mit Schlangestehen zu verbringen. Tipp: Viele Hotels übernehmen Vorabreservierungen für ihre Gäste.

An jedem ersten Sonntag im Monat und am 18. Februar, dem Todestag von Anna Maria Luisa de' Medici (1667–1743), ist der Eintritt in die staatlichen Museen, einschließlich Uffizien und Galleria dell' Accademia, kostenlos. Als letztes Mitglied der Medici hat Anna Maria Luisa all ihre Kunstschätze der Stadt hinterlassen.

EU-Bürger unter 18 und über 65 Jahre kommen kostenlos in alle staatlichen Museen in Florenz, 18- und 25-Jährige zahlen die Hälfte. Also immer den Ausweis einstecken! Gut zu wissen: Eintrittskarten werden meist bis 30 Minuten vor Schließung des Museums verkauft.

Laurenziana 8,50 €; ☺ Mo–Sa 10–17 Uhr, März–Okt. auch So 13.30–17 Uhr) Diese nie fertiggestellte Basilika gilt als eines der harmonischsten Beispiele der Renaissance-Architektur in Florenz. Die Pfarrkirche und Grablege der Familie Medici wurde 1425 von Brunelleschi für Cosimo den Älteren entworfen und über eine Kirche aus dem 4. Jh. gebaut. Im klar gegliederten Inneren beeindruckt die wunderbare **Sagrestia Vecchia** (Alte Sakristei) von Brunelleschi mit Bildhauereien von Donatello. Michelangelo wurde 1518 beauftragt, die Fassade zu gestalten. Sein Entwurf aus weißem Carrara-Marmor wurde allerdings nie umgesetzt, weswegen das Gebäude roh und unfertig erscheint.

Im Innenraum trennen Säulen aus *pietra serena* (weicher, hellgrauer Stein) mit korinthischen Kapitellen das Hauptschiff von den beiden Seitenschiffen. Donatello, der während der Arbeit an den beiden bronzenen Kanzeln mit Kreuzigungsszenen (1460–1467) starb, wurde in der **Capella Martelli** (Martelli-Kapelle) mit Fra Filippos wundervoll restaurierter *Verkündigung* (ca. 1440) ein vergoldetes Grabdenkmal gewidmet.

Donatellos eigentliches Grab befindet sich jedoch in der Krypta der Basilika, die heute zum **Museo del Tesoro di San Lorenzo** (Schatzkammermuseum von San Lo-

renzo) gehört; der Eingang zur Krypta ist im Hof hinter dem Kartenschalter. Im Museum sind Kelche, Altarbilder, zauberhafte Altartücher, Prozessionskreuze, Bischofsbroschen und andere wertvolle sakrale Schätze ausgestellt, die einst in der Kirche zu sehen waren. Gegenüber dem schlichten Marmorgrab von Donatello ist das Grabmal Cosimos des Älteren: Er ist in dem viereckigen Pilaster in der Krypta bestattet, der den Altarbereich stützt – Cosimos Gedenkplatte liegt direkt darüber vor dem Hochaltar in der Basilika.

**Biblioteca Medicea
Laurenziana** BIBLIOTHEK
(Medici-Bibliothek; Karte S. 80; ☎ 055 293 79 11; www.bml.firenze.sbn.it; Piazza San Lorenzo 9; 3 €, mit Basilika 8,50 €; ☺ Mo–Sa 9.30–13.30 Uhr) Hinter dem Kartenhäuschen der Kirche liegt ein friedlicher Kreuzgang mit Garten und Orangenbäumen. Treppen führen die Loggia hinauf zur Biblioteca Medicea Laurenziana, die sich Giulio de' Medici (der spätere Papst Clemens VII.) 1524 ausgedacht hatte, um die von Cosimo I. begonnene und von Lorenzo dem Prächtigen erheblich aufgestockte Büchersammlung unterzubringen. Die als „dunkler Auftakt" gedachte Treppe hinauf zum Vestibül mit der prächtigen **Sala di Lettura** (Lesesaal) stammt von Michelangelo.

★ **Museo delle Cappelle Medicee**   MAUSOLEUM

(Medici-Kapellen; Karte S. 80; www.firenzemusei.it; Piazza Madonna degli Aldobrandini 6; Erw./erm. 8/4 €; ☉8.15–13.50 Uhr, 1., 3. & 5. Mo, 2. & 4. So des Monats geschl.) Nirgendwo wird die Selbstgefälligkeit der Medici so deutlich wie in den Medici-Kapellen. Granit, Marmor, Halbedelsteine und einige der schönsten Skulpturen Michelangelos vereinigen sich zu einem Luxusmausoleum für 49 Mitglieder der Medici-Familie. Francesco I. liegt in der dunklen, imposanten **Cappella dei Principi** (Prinzenkapelle) neben Ferdinando I. und II. sowie Cosimo I., II. und III. In der eleganten **Sagrestia Nuova** (Neue Sakristei) ruht Lorenzo der Prächtige; hier wirkte Michelangelo zum ersten Mal als Architekt.

In der Sakristei stehen auch drei seiner bewegendsten Skulpturen: *Morgen- und Abenddämmerung* auf dem Sarkophag von Lorenzo, dem Herzog von Urbino, *Nacht und Tag* auf dem Sarkophag von Lorenzos Sohn Giuliano – bemerkenswert ist das unfertige Gesicht des „Tages" und die Jugend der schlafenden, in Licht gehüllten Frau, der „Nacht" – und *Madonna mit Kind*, die das Grabmal von Lorenzo dem Prächtigen ziert.

Palazzo Medici-Riccardi   PALAZZO

(Karte S. 89; ☏055 276 03 40; www.palazzo-medici.it; Via Cavour 3; Erw./erm. 7/4 €; ☉Do–Di 8.30–19 Uhr) Cosimo der Ältere betraute Michelozzo 1444 mit dem Entwurf für das Stadthaus der Familie. Und der lieferte ihm diesen Palazzo, von dem bei späteren Bauten in Florenz, z. B. dem Palazzo Pitti und dem Palazzo Strozzi, viel abgekupfert wurde. Die **Cappella dei Magi** wird von einer Reihe unglaublich detailliert gemalter Fresken (1459–1463) ausgefüllt, die von Fra Angelicos Schüler Benozzo Gozzoli stammen und zu den besten Stücken der Renaissancemalerei gehören.

Der Titel *Zug der Könige nach Bethlehem* war für Gozzoli nur ein Vorwand: Er brauchte ein Motiv, in das er so viele Medici wie möglich einbauen und sie von ihrer besten Seite zeigen konnte. Wer Spaß daran hat, sucht Lorenzo den Prächtigen und Cosimo den Älteren. Übrigens wurde die Kapelle für die Treppe im Barockstil umgebaut – daher rührt die etwas unglückliche Teilung des Freskos. Der Altaraufsatz ist eine Kopie der *Anbetung des Kindes* aus dem 15. Jh. von Fra Filippo Lippi, die ursprünglich hier prangte. Nur zehn Besucher dürfen die Kapelle gleichzeitig betreten; Interessierte sollten sich während der Hochsaison am Kartenschalter anmelden.

NICHT VERSÄUMEN

DANTE IN DEN GASSEN

Italiens „göttlicher" Dichter kam 1265 in einem winzigen Haus in einer engen Gasse im Florentiner Straßengewirr zur Welt. Nirgends kann man dem Mittelalter zu Zeiten des Dichters besser nachspüren als im **Museo Casa di Dante** (Karte S. 80; ☏055 21 94 16; Via Santa Margherita 1; Erw./erm. 4/2 €; ☉Mo–Fr 10–17, Sa & So 10–18 Uhr).

Tragische Liebe war schon immer ein Thema in Dantes Leben. Erst zwölf Jahre alt, wurde er Gemma Donati zur Ehe versprochen. Dabei hatte er damals schon ein ganz anderes Mädchen im Auge: Beatrice Portinari (1266–1290); sie war seine Muse, seine Inspiration und seine große Liebe (obwohl er sie überhaupt nur zweimal getroffen hat). In der *Divina Commedia* (Göttliche Komödie) beschreibt Dante, wie der Ich-Erzähler auf der Suche nach seiner geliebten Beatrice die Reiche der Unterwelt durchstreift. Entgegen der Tradition verfasste Dante sein Werk in der italienischen Volkssprache statt in förmlichem Latein – eine Revolution.

Die echte Beatrice heiratete schließlich einen Bankier und starb zwei Jahre später mit nur 24 Jahren. Sie liegt in der **Chiesa di Santa Margherita** (Karte S. 80; Via Santa Margherita 4; ☉unterschiedlich) aus dem 11. Jh. begraben, also ganz in der Nähe von Dantes Haus. Der Weidenkorb vor ihrem Grabmal quillt fast über von Zetteln, auf die Besucher ihre Gedanken und Gebete zum Thema unsterbliche Liebe gekritzelt haben. In derselben kleinen Kirche nahm der Dichter 1295 Gemma zur Frau. Kerzenschein und klassische Musik vom Band erzeugen eine Atmosphäre, die einen in Dantes Zeiten zurückversetzt. Kein Wunder, dass der Bestsellerautor Dan Brown die Kirche als Schauplatz für eine Szene in seinem 2013 erschienenen Thriller *Inferno* gewählt hat, in dem auch Dante eine Rolle spielt.

San Lorenzo & San Marco

San Lorenzo & San Marco

Die Medici bewohnten den Palazzo bis 1540. Rund 100 Jahre später zog die Familie Riccardi ein und richtete sich das Gebäude nach ihrem Geschmack her. Im oberen Stockwerk gestalteten sie die **Sala Luca Giordano**, ein üppiges Meisterwerk der Barockkunst. Giordano steuerte das komplexe Deckengemälde *Allegorie der Göttlichen Weisheit* (1685) bei, eine wahre Farborgie im spätbarocken Stil mit viel Blattgold.

★ **Museo di San Marco**   MUSEUM
(Karte S. 89; ☎ 055 238 86 08; Piazza San Marco 3; Erw./erm. 4/2 €; ⊙ Mo–Fr 8.15–13.50, Sa & So 8.15–16.50 Uhr, 1., 3. & 5. So & 2. & 4. Mo des Monats geschl.) Mitten im Universitätsviertel von Florenz macht sich die **Chiesa di San Marco** mit dem angeschlossenen Dominikanerkloster aus dem 15. Jh. breit. Dort verrichteten sowohl der begabte Maler Fra

Angelico (1395–1455) wie auch der scharfzüngige Mönch Savonarola (1452–1498) ihren Gottesdienst – jeder auf seine Weise. Heute sind hier, in einem der berührendsten Museen der Stadt, Fra Angelicos Bilder zu bewundern. Jahrhundertelang galt Fra Angelico als „Il Beato Angelico" (der gesegnete Engelhafte) oder einfach nur als „Il Beato" (der Gesegnete). 1984 hat Papst Johannes Paul II. den begabtesten religiösen Maler der Renaissance seliggesprochen.

Hinter dem Eingang zu Michelozzos **Chiostro di Sant' Antonio** (Kreuzgang, 1440) liegt gleich rechts die **Sala dell'Ospizio dei Pellegrini** (Pilgerherbergssaal), wo Fra Angelicos Bemühungen um perspektivische, realistische Darstellungen in einer ganzen Reihe von Gemälden zum Ausdruck kommen, darunter die *Kreuzabnahme* (1432).

Giovanni Antonio Soglianis Fresko *Das wundersame Abendmahl des hl. Dominikus* (1536) beherrscht das ehemalige **Refettorio** (Refektorium) am Kreuzgang. Fra Angelicos monumentales Fresko *Kreuzigung und Heilige* (1441–1442), auf dem sämtliche Schutzheiligen des Klosters und der Stadt sowie die Medici-Familie zu sehen sind, ziert den **Capitolo** (Kapitelsaal). Den größten Eindruck hinterlassen jedoch die **44 Mönchszellen** in der ersten Etage: Am Ende der Treppe zieht Fra Angelicos berühmteste Arbeit, die *Verkündigung* (ca. 1440), die Blicke auf sich.

Jede einzelne Zelle zeigt weitere Ausschnitte aus dem Werk des toskanischen Mönchs. Die tief religiösen Bilder entstanden zwischen 1440 und 1441 als Meditationshilfe für seine Brüder: Die meisten malte er höchstpersönlich, für andere lieferte er nur den Entwurf, den dann seine Schüler (darunter Benozzo Gozzoli) unter seiner Anleitung ausführten. Zu den diversen Meisterwerken zählt auch die wunderschöne *Anbetung der Könige* in der Zelle, die Cosimo dem Älteren als Klausur diente (Nr. 38–39); hier sind höchstens zehn Besucher gleichzeitig zugelassen. Einige Darstellungen sind recht brutal – z. B. das Gemälde in der Zelle von San Antonino Arcivescovo (neben Fra Angelicos *Verkündigung*), auf dem Jesus das Tor seiner Grabstätte aufstößt und dabei einen dämonisch aussehenden Teufel zerquetscht.

Im Kontrast zur reinen Schönheit dieser Fresken stehen die schmucklosen Räume, die Savonarola ab 1489 bewohnte (Zelle VI). Nachdem er zum Prior des Dominikanerklosters ernannt worden war, entwarf er hier seine Hetzreden gegen Luxussucht, Gier und Korruption unter den Vertretern des Klerus. Wie eine Art Altar zum Andenken an den fanatischen Prediger enthalten die drei kleinen Räume neben persönlichen Gegenständen Reste des schwarzen Umhangs und der weißen Kutte, die Savonarola trug, die Perlen seines Rosenkranzes und das Leinenbanner, das er auf Prozessionen schwang, sowie ein pompöses Denkmal aus Marmor, das ihm seine Bewunderer 1873 errichteten.

★ Museo degli Innocenti · MUSEUM

(Karte S. 89; ☎ 055 203 73 08; www.museo deglinnocenti.it; Piazza della Santissima Annunziata 13; Erw./erm./Fam. 7/5/10 €; ⏰ 10–19 Uhr) Kurz nach der Gründung des **Ospedale degli Innocenti** 1421 – es war Europas erstes Findelhaus, erbaut für ungewollte Kinder von der Seidenweberzunft – entwarf Brunelleschi die Loggia des Gebäudes. Drinnen erkundet ein sehr bewegendes, hypermodernes Museum die Geschichte des Hauses. Außerdem ist hier eine sensationelle Sammlung von Fresken und Kunstwerken zu sehen, die einst das Waisenhaus schmückten, und es gibt ein atemberaubendes Dachcafé mit fabelhaftem Blick auf die Stadt. Mit ihren gerundeten Bögen und römischen Kapitellen ist die Loggia vielleicht das erste Gebäude der Renaissance.

Giardino dei Semplici · GÄRTEN

(Orto Botanico; Karte S. 89; ☎ 055 275 64 44; www.unifi.it/msn; Via Pier Antonio Micheli 3; Erw./ erm. 4/2 €; ⏰ April–Mitte Okt. 10–19 Uhr, Mitte Okt.–März Sa & So 10–16 Uhr) Der 1545 zu dem Zweck, Heilpflanzen für die Medici zu liefern, gegründete botanische Garten von Florenz untersteht heute der Universität. Er ist ein wunderbar friedvolles Plätzchen in einem Teil der Stadt, in dem es sonst nur wenig Grün gibt. Das Gewächshaus duftet nach Zitrusblüten; ansonsten finden sich auf der 2,3 ha großen Anlage Heilkräuter, toskanische Gewürze, 220 Baumarten und Wildblumen aus dem Apennin. Toll sind auch die prächtige, 1720 gepflanzte Eibe und eine Zierkorkeiche von 1805. Durch den Garten winden sich mehrere Lehrpfade.

◉ Santa Croce

Das Viertel mit der gleichnamigen wuchtigen Franziskanerkirche auf dem Hauptplatz präsentiert sich etwas weniger herausgeputzt. Neben der Basilika ist die wichtigste Sehenswürdigkeit hier das Museo del Bargello mit seiner sensationellen Sammlung toskanischer Bildhauerei aus der Renaissance. Michelangelos Familie lebte in Santa Croce – im heutigen Museo Casa Buonarroti.

Piazza di Santa Croce · PIAZZA

(Karte S. 94) Der Platz wurde im Mittelalter freigeräumt, damit die Gläubigen sich hier versammeln konnten, wenn die Kirchen voll waren. Und zu Savonarolas Zeiten wurden hier Ketzer hingerichtet. Aber so eine große Fläche findet natürlich schnell noch weitere Verwendung. Ab dem 14. Jh. wurden hier Turniere ausgetragen, Feste gefeiert – und *calcio storico* (www.calciostorico.it) gespielt. Im 2. Jh. stand am Westende der Piazza ein Amphitheater, dessen Oval bis heute von der Piazza dei Peruzzi, der Via de' Bentaccordi und der Via Torta nachgezeichnet wird.

DER VASARI-KORRIDOR

Der **Corridoio Vasariano** (Vasari-Korridor; Karte S. 80; ⊙ nur mit Führung; 🚻 B) birgt so viele Geheimnisse, dass er der berüchtigtste und rätselhafteste Durchgang der Welt sein dürfte. Über den Schmuckläden an der östlichen Seite des Ponte Vecchio ist der überdachte Verbindungsweg vom Palazzo Vecchio an der Piazza della Signoria zu den Uffizien und zum Palazzo Pitti auf der anderen Seite des Flusses etwa 1 km lang. Vasari hat ihn im Jahr 1565 im Auftrag Cosimos I. entworfen, damit die Medici und die Würdenträger des Hofes bequem und ohne Aufsehen von einem Palazzo zum anderen gelangen konnten. Ab dem 17. Jh. haben die Medici den Gang mit Selbstporträts geschmückt – zu den gut 700 Werken, die dabei herausgekommen sind, gehören u. a. die Selbstporträts von Andrea del Sarto (das älteste der Sammlung), Rubens, Rembrandt und Canova.

Ursprünglich hatte der Korridor zum Fluss hin winzige Fenster und zur Straße vergitterte, kreisrunde Öffnungen als Schutz vor Angreifern. Als jedoch Hitler 1941 Florenz besuchte, ließ Mussolini für den befreundeten Diktator große Fenster in die Brückenmauern reißen, um ihm vom berühmten Ponte Vecchio aus einen Panoramablick über den Arno zu bieten.

Im Stadtteil Oltrarno verläuft der Verbindungsweg direkt an der **Chiesa di Santa Felicità** (Karte S. 100; Piazza di Santa Felicità; ⊙ Mo–Sa 9.30–12 & 15.30–17.30 Uhr) entlang. So hatten die Medici eine eigene Empore in der Kirche, von der aus sie die Messe verfolgen konnten, ohne sich unters gemeine Volk zu mischen. Von der Piazza di Santa Felicità aus, die sich vor der kleinen romanischen Kirche ausbreitet, sind über dem Portikus der ansonsten unauffälligen Fassade die drei Bögen des Korridors zu sehen. Wer innen vor dem Altar steht und sich umdreht, hat die Medici-Empore im Blick und kann den Korridor dahinter erahnen. Ein weiterer Hingucker, den sich keiner entgehen lassen sollte, ist die *Begegnung Joachims und Annas* von Ridolfo Ghirlandaio am Ende des rechten Querschiffs.

Nach erfolgter Renovierung – Ende unbekannt – wird der Korridor nur einer kleinen Schar Auserwählter zugänglich sein, die eine Führung gebucht haben: Aktuelle Infos gibt's bei Florence Town (S. 103) und Caf Tour & Travel (S. 103) sowie auf der Website der Uffizien (S. 68).

⭐ **Basilica di Santa Croce**   KIRCHE, MUSEUM
(Karte S. 94; ☎ 055 246 61 05; www.santacroce opera.it; Piazza di Santa Croce; Erw./erm. 8/4 €; ⊙ Mo–Sa 9.30–17.30, So 14–17.30 Uhr) Nach der prächtigen, neogotischen Fassade mit dem vielfarbigen Marmorschmuck ist der schlichte Innenraum der franziskanischen Basilika ein kleiner Schock. Das Interesse der Besucher konzentriert sich meist auf die Grabmale berühmter Florentiner wie Michelangelo, Galileo und Ghiberti. Aber die eigentlichen Highlights von Santa Croce sind die Fresken von Giotto in den Kapellen rechts des Altars. Santa Croce wurde nach Entwürfen von Arnolfo di Cambio zwischen 1294 und 1385 gebaut und verdankt ihren Namen einem Splitter aus dem Kreuz Jesu, den der französische König Ludwig 1258 als Geschenk überreichte.

Die mit Fresken verzierten Kapellen sind mehr oder weniger gut in Schuss, nur Giottos Malereien mit Johannes dem Täufer in der **Cappella Peruzzi** (1310–1320) sind leider kaum noch zu erkennen. Im Vergleich dazu wirken die zwischen 1320 und 1328 geschaffenen Szenen aus dem Leben des Franz von Assisi in der **Cappella Bardi** noch relativ frisch. Giottos Gehilfe und treuester Schüler, Taddeo Gaddi, war für die Fresken in der benachbarten **Cappella Majeure** (wird derzeit restauriert) und der nicht weit davon entfernten **Cappella Baroncelli** (1328–1338) verantwortlich; letztere zeigen wichtige Stationen im Leben der Jungfrau Maria.

Taddeos Sohn Agnolo schmückte die **Cappella Castellani** (1385) mit dem Lebensweg des hl. Nikolaus und malte auch die Fresken über dem Altar.

Im Querhaus führt ein von Michelozzo gestalteter Durchgang in den Korridor zur **Sagrestia** (Sakristei), einem wunderschönen Raum aus dem 14. Jh. mit Taddeo Gaddis *Kreuzigung*. Links vom Eingang befindet sich eine Christusbüste aus glasierter Terrakotta von Andrea della Robbia aus dem späten 15. Jh., die leider allzu oft im Schatten des großen bemalten Holzkreuzes (um 1288) von Cimabue steht, das von der

GALLERIA DELL'ACCADEMIA

Eine Warteschlange zeigt, wo der Eingang zu dieser Galerie liegt, die extra für eines der größten Meisterwerke der Renaissance erbaut wurde: Michelangelos *David*. Zum Glück ist die berühmteste Skulptur der Welt die Wartezeit auch wert! Außerdem befinden sich hier Michelangelos unvollendete *Prigioni*-Skulptur sowie Gemälde von Andrea Orcagna, Taddeo Gaddi, Domenico Ghirlandaio, Filippino Lippi und Sandro Botticelli.

Michelangelos David

Michelangelo hat sein berühmtestes Werk aus einem einzigen Block Marmor gemeißelt, an dem sich schon zwei andere Bildhauer versucht hatten – eine echte Herausforderung! Doch die Detailtreue dieses riesigen Kunstwerks – die Venen auf den sehnigen Armen, die muskulösen Beine, die Art und Weise, wie sich der Ausdruck verändert, wenn man um die Statue herumgeht – ist wirklich beeindruckend. David ist hier erstmals nicht als Knabe, sondern im besten Mannesalter dargestellt. Als er dann 1504 auf der Piazza della

NICHT VERSÄUMEN

➡ Michelangelos *David*

➡ Die Sklaven

➡ Botticellis *Madonna del Mare*

PRAKTISCH & KONKRET

➡ Karte S. 89

➡ www.firenzemusei.it

➡ Via Ricasoli 60

➡ Erw./erm. 8/4 €, mit Wechselausstellung 12,50/6,25 €

➡ ⊙ Di–So 8.15–18.50 Uhr

Signoria aufgestellt wurde, haben ihn die Florentiner sofort als Symbol für die Stärke, die Freiheit und den Stolz ihrer Stadtrepublik ins Herz geschlossen.

Die Sklaven

Ein weiteres erhebendes Werk von Michelangelo, die *Prigioni* (Gefangene oder Sklaven, 1521–1530), ist so überzeugend, dass sich die Figuren aus dem eiskalten Marmor freizukämpfen scheinen. Sie waren eigentlich für das Grabmal von Papst Julius II. vorgesehen, das jedoch nie fertiggestellt wurde.

Krönung der Jungfrau

Diese bemerkenswerte Stickerei, ein 4 m langes und 1 m breites Altartuch, zeigt im feinen Detail der bunten Seiden- und der Gold- und Silberfäden die *Coronazione della Vergine* (Krönung der Jungfrau, 1336; siehe Abbildung oben). Das Werk des Stickereimeisters Jacopo Cambi bedeckte einst den Hochaltar der Basilica di Santa Maria Novella.

Botticellis Madonna

Die *Madonna del Mare* (Madonna des Meeres, 1477), eine Darstellung der hl. Jungfrau mit dem Jesuskind von Sandro Botticelli, verströmt eine zauberhafte Ruhe. Zum Vergleich dienen einige Werke in der Galerie von Botticellis Lehrer und Mentor Filippo Lippi (ca. 1457–1504) – einige Experten schreiben ihm das Werk zu.

Santa Croce

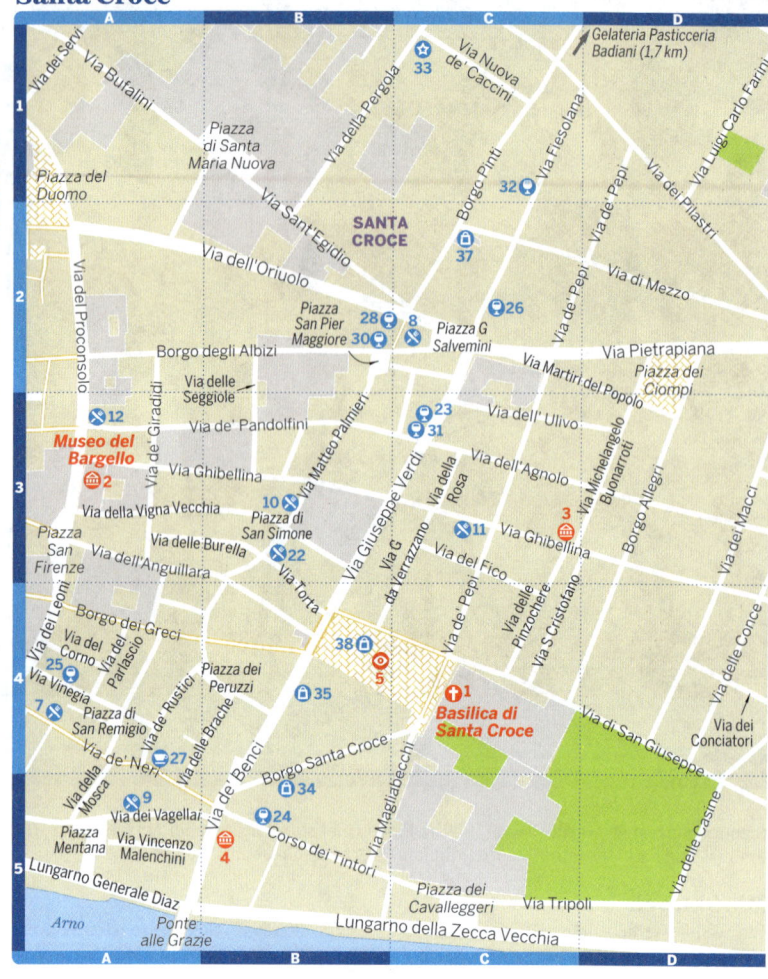

Holzdecke hängt. Das Kreuz war eines der unschätzbar wertvollen Kunstwerke, die bei der großen Überschwemmung 1966 beschädigt wurden, bei der Santa Croce 4 m hoch unter Wasser stand. Die Restaurierung des Kreuzes dauerte zehn Jahre und heute ist das Kreuz ein Symbol sowohl für die große Katastrophe als auch für die Wiedergeburt der Stadt nach der Flut.

Wer durch den dahinterliegenden Souvenirshop geht, kommt in die **Scuola del Cuoio** (Karte S. 94; ☏ 055 24 45 33; www.scuola delcuoio.com; Via di San Giuseppe 5r; ⏰ 10–18 Uhr), wo Leder verarbeitet und verkauft wird. Die

Schüler lassen sich bei der Arbeit über die Schulter gucken.

Am Ende des Gangs liegt eine **Medici-Kapelle** mit einem hübschen, zweifarbigen Altaraufsatz aus glasiertem Ton von Andrea della Robbia. Hier war ursprünglich Galileo bestattet, und zwar von seinem Tod 1642 bis 1737: Dann wurde er ins Langhaus der Basilika umgebettet. In einem kleinen Raum links vom Altar steht eine Büste des Wissenschaftlers und eine Plakette markiert die Stelle, an der sich sein erstes Grab befand.

Von der Kapelle geht's zurück durch die Kirche und gegenüber vom Haupteingang

Santa Croce

(dem zum Ausgang weisenden „Uscita"-Schild folgen) zu den beiden beschaulichen Kreuzgängen von Santa Croce, die Brunelleschi kurz vor seinem Tod 1446 entwarf. Seine unvollendete **Cappella de' Pazzi** am Ende des ersten Kreuzgangs besticht mit harmonischen Linien und den schlichten Terrakottamedaillons mit Apostelbildnissen von Luca della Robbia. Die kleine Perle der Renaissance-Architektur war für die reiche Bankiersfamilie Pazzi gebaut, aber nie von ihr benutzt worden. Die Familie spielte eine maßgebliche Rolle in der Pazzi-Verschwörung von 1478, die Lorenzo den Prächtigen und die Medici stürzen sollte, dabei aber die Pazzi zu Fall brachte.

Im zweiten Kreuzgang ist durch eine Glastür eine Galerie mit verschiedenen Kunstwerken zu erreichen – das Highlight ist der riesige **Cenacolo** (Refektorium): Hier nahmen im 15. Jh. 150 Franziskanermönche gemeinsam ihre Mahlzeiten ein. Im 20. Jh.

diente er als Lagerraum; 1966 erreichte das Flutwasser hier einen Höchststand von 5 m. Während Taddeo Gaddis atemberaubendes Fresko *Das letzte Abendmahl* (1334–1356) die gesamte rückwärtige Wand ausfüllt, ist das eigentliche Glanzstück jedoch Georgio Vasaris großartiges *Abendmahl* (1546).

★ **Museo del Bargello**   MUSEUM
(Karte S. 94; www.bargellomusei.beniculturali.it; Via del Proconsolo 4; Erw./erm. 8/4 €; ☉8.15–13.50 Uhr, 2. & 4. So & 1., 3. & 5. Mo des Monats geschl.) Hinter der düsteren Fassade des Palazzo del Bargello fällte der *podestà* vom 13. Jh. bis 1502 Gerichtsurteile. Der Palast war das erste öffentliche Gebäude der Stadt und wurde 1845 im neugotischen Stil umgestaltet. Heute ist hier die umfangreichste Sammlung Italiens zur toskanischen Bildhauerei der Renaissance beheimatet, darunter einige der schönsten Frühwerke Michelangelos sowie mehrere Werke von Donatello. Als 21-Jähriger schuf Michelangelo für den Kardinal seinen mit Trauben geschmückten, beschwipsten *Bacchus* (1496–1497). Der Auftraggeber war mit dem Ergebnis aber nicht zufrieden und verkaufte das Objekt an einen Bankier.

Weitere sehenswerte Werke Michelangelos in der **Sala di Michelangelo e della Scultura del Cinque Cento** im Erdgeschoss (nach dem Betreten des Innenhofs erste Tür rechts) sind z. B. die Marmorbüste des *Brutus* (um 1539), der *David/Apollo* von 1530–1532 und das große, unvollendete Rundgemälde der *Madonna mit Kind und dem jungen Johannes dem Täufer* (auch *Tondo*

DAS SCHÖNSTE ABENDMAHL VON FLORENZ

Der **Cenacolo di Sant'Apollonia** (Karte S. 89; ☏ 055 238 86 07; www.polomusealetoscana.beniculturali.it; Via XXVII Apre 1; ☉tgl. 8.15–13.50 Uhr, 1., 3. & 5. Sa & So des Monats geschl.) GRATIS, einst Teil eines großen Benediktinerklosters, beherbergt vielleicht die faszinierendste Darstellung des Letzten Abendmahls in Florenz. Das in den 1440er-Jahren von Andrea del Castagno geschaffene Werk ist eine der ersten Arbeiten ihrer Art, die die neue Zentralperspektive der Renaissance umsetzt. Mit seinen kräftigen Farben und seiner düsteren, bedrohlichen Figur des Judas besitzt das Gemälde eine betörende Kraft.

FLORENTINER STREETART

Die **Street Levels Gallery** (Karte S. 80; ☏347 3387760, 339 2203607; www.facebook.com/pg/StreetLevelsGalleriaFirenze; Via Palazzuolo 74r; ☉10–13 & 15–19 Uhr) verschafft ihren Besuchern mit urbaner Streetart eine Pause von der Renaissance. Bei den Ausstellungen werden heimische Streetart-Künstler vorgestellt wie der Straßenschild-Hacker Clet (S. 97), Hogre mit seiner Stencil-Kunst und ExitEnter, dessen Werk leicht an den roten Ballons zu erkennen ist, die seine Strichmännchen in der Hand halten. Ein Highlight ist der geheimnisvolle Blub: Seine Karikaturen historischer Persönlichkeiten, die Taucherbrillen und andere Brillen tragen, zieren viele Wände der Stadt – seine Kunst ist als L'Arte Sa Nuotare (Die Kunst weiß, wie man schwimmt) bekannt.

Termine von Workshops und Events sind auf der Facebook-Seite der Galerie zu finden.

Pitti genannt, 1503–1505). Nachdem Michelangelo Florenz 1534 endgültig den Rücken gekehrt hatte, rückten andere nach: Hier sind auch Baccio Bandinellis 1551 für den Dom geschaffene Skulptur *Adam und Eva* und Benvenuto Cellinis verspielte Marmorfigur *Ganimedes* von 1548–1550 zu sehen.

Vom Innenhof führt eine offene Treppe zur skulpturstrotzenden **Loggia** (1370) sowie rechts zum **Salone di Donatello**. Die prunkvolle ehemalige Sala del Consiglio, in der der Große Rat der Stadt tagte, enthält neben Werken Donatellos auch Arbeiten anderer Künstler des frühen 15. Jhs. Donatellos wunderschöner *Hl. Georg* (1416–1417) in einem Tabernakel am Ende des Gangs prangte früher an der Fassade von Orsanmichele und brachte Bewegung und Perspektive in die italienische Bildhauerkunst. Weitere beachtenswerte Schätze sind die Bronzereliefs, die Brunelleschi und Ghiberti für den Wettbewerb um die Türen des Baptisteriums einreichten.

Die größte Faszination üben Donatellos zwei Versionen des *David* aus, der damals bei Bildhauern sehr beliebt war: Sein schlanker, jugendlicher bekleideter Marmor-*David* entstand 1408, der berühmte Bronzebruder zwischen 1439 und 1443. Letzterer verdankt seinen Ruhm auch der

Tatsache, dass es seit der Antike niemand mehr gewagt hatte, eine freistehende nackte Skulptur zu modellieren.

In der **Cappella del Podestà** (auch bekannt als Maria-Magdalena-Kapelle) in der ersten Etage des Palasts empfingen die zum Tode Verurteilten früher ihre Sterbesakramente. Hoffentlich konnten die herrlichen Malereien von Hölle, Paradies und den Lebenswegen von Maria, Maria Magdalena und Johannes dem Täufer sie etwas trösten. Die Reste dieser von Giotto stammenden Fresken kamen übrigens erst 1840 zum Vorschein, als die Kapelle zu einem Lagerraum und Gefängnis umgebaut wurde.

Mit ihrer außergewöhnlichen Sammlung von Terrakottaarbeiten der fleißigen della Robbia-Familie führt die zweite Etage des Bargello ins 16. Jh. Hier warten einige der bekanntesten Werke, z. B. Andreas *Ritratto idealizia di fanciullo* (Idealbild eines Jungen; um 1475) und Giovannis *Pietà* (1514). Durch ihre detailverliebte Ausführung und größere Farbvielfalt unterscheiden sich die Arbeiten Giovannis ganz deutlich von denen seines Vaters Luca und seines Cousins Andrea.

Museo Casa Buonarroti MUSEUM
(Karte S. 94; ✆055 24 17 52; www.casabuonarroti.it; Via Ghibellina 70; Erw./erm. 6,40/4,50 €; ◷Mi-Mo 10–17 Uhr, Nov.–Feb. bis 16 Uhr) GRATIS Michelangelo selbst lebte zwar nie in der Casa Buonarroti, doch seine Nachfahren gaben im 17. Jh. für den Bau dieses zu seinem Gedenken errichteten Palazzos einiges von seinem schwer verdienten Reichtum aus. Das kleine

Museum beherbergt Fresken zum Leben des Künstlers sowie zwei seiner bedeutendsten Frühwerke: das heitere Flachrelief *Madonna an der Treppe* und die unvollendete *Schlacht der Zentauren*.

Museo Horne MUSEUM
(Karte S. 94; ✆055 24 46 61; www.museohorne.it; Via de' Benci 6; Erw./erm. 7/5 €; ◷Mo–Sa 9–13 Uhr) Herbert Percy Horne war einer von zahlreichen exzentrischen Briten, die sich Anfang des 20. Jhs. in Florenz niederließen. Er kaufte und renovierte diesen Renaissance-Palazzo und brachte hier anschließend seine bunte Sammlung an italienischer Kunst des 14. und 15. Jhs. sowie an Töpferwaren, Möbeln und anderen Dingen unter. Darunter befinden sich ein paar Werke von Meistern wie Giotto und Filippo Lippi. Interessanter sind die zum Teil exquisiten Möbel.

◉ Oltrarno

Die wichtigsten Sehenswürdigkeiten von Oltrarno befinden sich nahe beieinander an der Piazza Santo Spirito und Piazza del Carmine. Irgendwann hat jeder Besucher genug von Museen und will an die frische Luft: Das ist der Moment, um das östlich gelegene, benachbarte Viertel Boboli anzusteuern, das hinter dem Palazzo Pitti mit terrassierten Parks und Gärten lockt.

Ponte Vecchio BRÜCKE
(Karte S. 80) Der Ponte Vecchio, erbaut 1345, war die einzige Florentiner Brücke, die der Zerstörungswut der deutschen Wehrmacht bei ihrem Rückzug 1944 entging. Oberhalb

INSIDERWISSEN

CLET
Wenn einem gelegentlich ein Straßenschild in Oltrarno merkwürdig vorkommt – z. B. ein „Einfahrt verboten"-Schild, auf dem sich ein schwarzes Männchen mit dem weißen Balken aus dem Staub macht –, dann steckt garantiert von aus Frankreich stammende Clet Abraham dahinter, einer der beliebtesten Streetart-Künstler von Florenz. In seinem **Atelier** (Karte S. 100; www.facebook.com/CLET-108974755823172; Via dell'Olmo 8r; ◷unterschiedlich) in Oltrarno kann man Aufkleber und Postkarten mit seinen gehackten Straßenschildern kaufen – und vielleicht erblickt man den rebellischen Künstler sogar bei der Arbeit.

Als Clet 2011 bei Nacht und Nebel auf dem Ponte alle Grazie eine lebensgroße Figur mit dem Titel *Uomo Comune* (Normalbürger) aufstellte, verursachte er einigen Wirbel – aber die Behörden drückten eine Woche lang ein Auge zu, bevor sie das Werk entfernten. Wer sich Hals über Kopf in Clets Arbeit verliebt, kann in seiner Werkstatt ein reproduziertes Straßenschild bestellen (ab 500 €) oder bei **Mio Concept** (Karte S. 80; ✆055 264 55 43; www.mio-concept.com; Via della Spada 34r; ◷Di–Sa 10–13.30 & 14.30–19.30, Mo 15–19 Uhr) ein in begrenzter Auflage produziertes Original (nummeriert und signiert, ab 2500 €) erwerben – von jedem Design stellt Clet lediglich 13 Stücke her.

Oltrarno

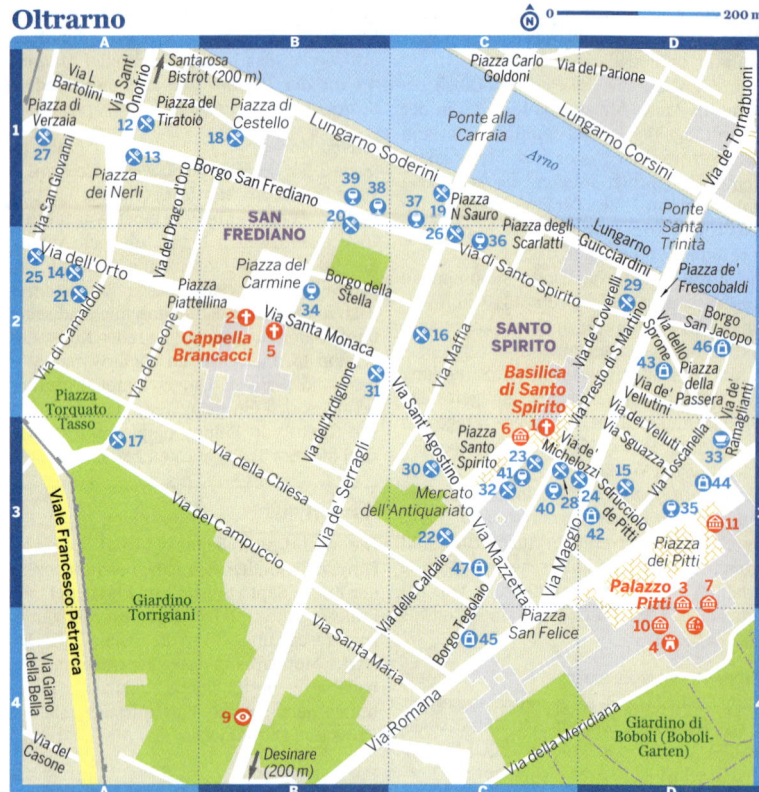

der Juwelierläden auf der Ostseite verbindet der Corridoio Vasariano (Vasari-Korridor) die Uffizien mit dem Palazzo Pitti. Am südlichen Brückenende führt er einmal um den mittelalterlichen Torre dei Mannelli herum anstatt hindurch. Erstmals wurde die Steinbrücke über die engste Stelle des Arno 972 urkundlich erwähnt.

Die Überschwemmungen von 1177 und 1333 hatten den Ponte Vecchio jeweils zerstört und 1966 wäre das um ein Haar erneut passiert. Viele Juweliere hatten Angst, ihr Laden auf der Brücke würde von den Fluten mitgerissen. Aber zum Glück hielt der Ponte Vecchio stand.

★ **Basilica di Santo Spirito**　　　KIRCHE
(Karte S. 98; Piazza Santo Spirito; ◷Do–Di 9.30–12.30 & 16–17.30 Uhr) Vor allem an Sommerabenden kommt die Fassade der von Brunelleschi erbauten Kirche voll zur Geltung. Dann bildet sie die Kulisse für Open-Air-Konzerte

auf dem sonst eher unattraktiven (manche würden sogar sagen: schäbigen) Platz. Innen ist die Basilika auf ihrer ganzen Länge mit 38 halbrunden Kapellen bestückt, die in den 1960er-Jahren durch eine Wand abgeschirmt wurden. Die Kolonnaden mit korinthischen Säulen aus grauer *pietra forte* lassen die Kirche richtig bombastisch wirken. Besondere Beachtung verdient Domenico di Zanobis *Hilfreiche Madonna* (1485) in der Cappella Velutti, die einen kleinen roten Teufel mit einem Stock vertreibt.

★ **Cappella Brancacci**　　　KAPELLE
(Karte S. 98; ☏ 055 238 21 95; http://museicivici fiorentini.comune.fi.it; Piazza del Carmine 14; Erw./erm. 6/4,50 €; ◷Mi–Sa & Mo 10–17, So 13–17 Uhr) Die **Basilica di Santa Maria del Carmine** (Karte S. 98) aus dem 13. Jh. wurde durch ein Feuer Ende des 18. Jhs. fast völlig zerstört. Zum Glück blieben die umwerfenden Fresken in dieser Kapelle verschont. Die male-

Oltrarno

FLORENZ SEHENSWERTES

rischen Schätze von Masolino da Panicale, Masaccio und Filippino Lippi wurden von dem reichen Kaufmann Felice Brancacci nach seiner Rückkehr aus Ägypten 1423 in Auftrag gegeben. Der Kapelleneingang liegt rechts vom Haupteingang der Kirche. Es dürfen maximal 30 Personen gleichzeitig in die Kapelle, in der Hochsaison nur für jeweils 30 Minuten. Die Eintrittskarten gelten auch für die Fondazione Salvatore Romano.

Masaccios Freskenzyklus über das Leben Petri gilt als ein absolutes Meisterwerk. Er machte ein für alle Mal Schluss mit den Stilregeln der Gotik und experimentierte mit den neuen Ausdrucksmitteln der frühen Renaissance. *Die Vertreibung von Adam und Eva aus dem Paradies* und *Der Zinsgroschen,* beide auf der linken Kapellenseite, sind seine berühmtesten Werke. Sie waren von Masolino begonnen worden; die Hauptarbeit erledigte jedoch Masaccio als damals kaum 20-Jähriger, bevor er nach Rom ging und dort mit nur 27 Jahren starb. Erst 60 Jahre später legte dann Filippino Lippi letzte Hand an den Freskenzyklus. Masaccios *Thronender Petrus* enthält übrigens ein Selbstbildnis – er ist der Mann neben dem Apostel, der den Betrachter anstarrt.

Die ihn umgebenden Figuren wurden als Brunelleschi, Masolino und Alberti identifiziert. Auch Filippino Lippi hat sich selbst verewigt; in der *Kreuzigung des Petrus* ist er mit seinem Lehrer Botticelli zu sehen.

Fondazione Salvatore Romano   MUSEUM
(Cenacolo di Santo Spirito; Karte S. 98; ☎ 055 28 70 43; http://museicivicifiorentini.comune.fi.it; Piazza Santo Spirito 29; Erw./erm. 7/5 €; ☉ Sa–Mo 10–16 Uhr) Als Erholung von der übermächtigen florentinischen Renaissance bietet sich das ehemalige gotische Refektorium an, das Andrea Orcagna mit einem wunderschönen *Abendmahl und Kreuzigung* (um 1370) schmückte – dies ist eines der größten erhaltenen Gemälde des 14. Jhs. Das Museum selbst zeigt seltene romanische Skulpturen aus dem 11. Jh., Gemälde und alte Möbel, die der Kunstsammler und Antiquar Salvatore Romano (1875–1955) der Stadt vermachte. Eintrittskarten sind nur in der nahen Cappella Brancacci erhältlich – die Karte gilt für beide Einrichtungen.

Giardino Torrigiani   GÄRTEN
(Karte S. 98; ☎ 055 22 45 27; www.giardino torrigiani.it; Via de' Serragli 144; 1½-stündige Führungen gegen Spende; ☉ Anmeldung per E-Mail)

Boboli

Unglaublich, aber wahr: Hinter den unauffälligen Häuserfassaden der Via de' Serragli versteckt sich ein riesiger Park – Europas größte private Grünanlage in einem historischen Stadtgebiet. Sie gehört den Familien Torrigiani Malaspina und Torrigiani di Santa Cristina, die sich mit viel Liebe und Engagement um den Erhalt kümmern. Der Rundgang durch das kleine Paradies in Begleitung des charismatischen Marquis Vanni Torrigiani Malaspina und seiner Frau Susanna ist ein wahres Vergnügen. Die sehr persönliche Führung (auf Englisch oder Italienisch) eröffnet Einblicke in eine privilegierte, sehr florentinische Welt.

◉ Boboli & San Miniato al Monte

Die Sehenswürdigkeiten dieser Gegend befinden sich an der Piazza dei Pitti mit dem riesigen Palazzo Pitti und seinen verschiedenen Museen und am Piazzale Michelangelo auf dem Hügel in San Miniato.

★ Palazzo Pitti   MUSEUM

(Karte S. 98; www.polomuseale.firenze.it; Piazza dei Pitti; ☏ 055 29 48 83; ⊙ Di–So 8.15–18.50 Uhr) Der riesige Renaissancebau wurde 1457 von dem Bankier Luca Pitta in Auftrag gegeben und nach einem Entwurf von Brunelleschi

gebaut. Später kaufte die Medici-Familie das Gebäude. Es diente jahrhundertelang als Residenz der Stadtoberhäupter, bis die Savoyer es 1919 dem Staat schenkte. Heute sind hier ein eindrucksvolles Silbermuseum sowie einige Kunstmuseen untergebracht. Einige Räume widmen sich dem Palastleben in der Zeit der Savoyer. Bei Sonnenuntergang ist die gesamte große Fassade in ein leuchtendes Rosa getaucht.

➔ Erdgeschoss

Wunderschöne Schnitzereien in Bernstein, Elfenbeinminiaturen, funkelnde Tiaras und anderer Kopfschmuck, silberne Pillendöschen und alle möglichen weiteren Preziosen bestücken die Räume des **Tesoro dei Granduchi** (Schatzkammer der Großherzoge; Karte S. 98; Erw./erm. mit Museo delle Porcellane, Museo della Moda e del Costume & Giardino di Boboli 7/3,50 €, mit Wechselausstellungen 10/5 €). In den reich mit Fresken verzierten ehemaligen Empfangsräumen finden gelegentlich auch Wechselausstellungen statt. Sehenswert, aber nicht immer zugänglich ist die **Sala di Giovanni da San Giovanni** mit ihren mannshohen Gemälden (1635–1642), die Lorenzo den Prächtigen zum Thema haben (u. a. ist Michelangelo zu sehen, der Lorenzo eine Statue überreicht). „Rede wenig, fasse dich kurz und sei geistreich", lautet das

Motto über der gemalten Treppe im Raum daneben, wo der Großherzog Hof hielt und Audienzen gewährte.

➡ 1. Etage

Raffael und Rubens konkurrieren miteinander in der unglaublich reichen Kollektion von Kunstwerken aus dem 16. bis 18. Jh. Das Ergebnis der Sammelwut der Medici und Lothringer präsentiert sich in der **Galleria Palatina** (Karte S. 98; Erw./erm. mit Appartamenti Reali & Galleria d'Arte Moderna 8,50/4,25 €, mit Wechselausstellungen 13,50/6,50 €), zu der mehrere Treppen vom zentralen Platz des Palazzos führen. Da die ursprüngliche Anordnung der Gemälde unangetastet blieb (mache hängen so eng, dass sie sich überlappen), kann es leicht zum visuellen Overkill kommen. Da hilft nur eins: langsam gehen und den Blick fokussieren.

Hier nur einige der Highlights: Fra Filippo Lippis *Madonna mit Kind und Geschichten aus dem Leben der hl. Anna* (auch *Tondo Bartolini* genannt, 1452–1453) und Botticellis *Madonna mit Kind und dem jungen Johannes dem Täufer* (um 1490–1495) in der **Sala di Prometeo**, Raffaels *Madonna dell'Impannata* (1513–1514) in der **Sala di Ulisse** und Caravaggios *Schlafender Cupido* (1608) in der **Sala dell'Educazione di Giove**. Sehenswert ist auch die **Sala di Saturno** mit wunderbaren Werken Raffaels, darunter die *Madonna auf dem Stuhle* (1511) sowie Porträts von Anolo Doni und Maddalena Strozzi (um 1506). In der nahe gelegenen **Sala di Giove** hängt seine *Dame mit Schleier* (auch *La Velata* genannt; um 1516), der Giorgiones *Drei Menschenalter* (um 1500) Gesellschaft leisten.

Hinter der **Sala di Venere** beginnen die **Appartamenti Reali** (Königliche Gemächer; Karte S. 98; Erw./erm. mit Galleria Palatina & Galleria d'Arte Moderna 8,50/4,25 €, mit Wechselausstellungen 13/6,50 €). Die Einrichtung der Räume entspricht noch dem Zustand um 1880–1891, als sie von den Mitgliedern des Hauses Savoyen bewohnt wurden.

➡ 2. Etage

In der **Galleria d'Arte Moderna** (Karte S. 98; Erw./erm. mit Appartamenti Reali & Galleria Palatina 8,50/4,25 €, mit Wechselausstellungen 13,50/6,50 €) geht es um Werke aus dem 18. und 19. Jh., vor allem von den florentinischen Macchiaioli, einer örtlichen Gruppe von Impressionisten.

Die Krönung des Palastes ist das **Museo della Moda e del Costume** (Mode- & Kostümmuseum; Karte S. 98; mit Tesoro dei Granduchi, Museo delle Porcellane & Giardino di Boboli Erw./erm. 7/3,50 €, mit Wechselausstellungen 10/5 €) mit einem Querschnitt durch die Mode seit den Zeiten von Cosimo I. bis zur Haute Couture der 1990er-Jahre.

★ Giardino di Boboli   GÄRTEN

(Karte S. 100; ☏055 29 48 83; www.polomuseale.firenze.it; Palazzo Pitti, Piazza dei Pitti; Erw./erm. mit Tesoro dei Granduchi, Museo delle Porcellane & Museo della Moda e del Costume 7/3,50 €, mit Wechselausstellungen 10/5 €; ☺Sommer 8.15–19.30 Uhr, im Winter kürzer, 1. & letzter Mo des Monats geschl.) Hinter dem Palazzo Pitti beginnen die Gärten, die Mitte des 16. Jhs. nach Plänen des Architekten Niccolò Pericoli angelegt wurden. Phantastische Ausblicke in die ländliche Umgebung eröffnen sich am Südrand unterhalb des von Buchsbaumhecken eingefassten Rosengartens und des **Museo delle Porcellane** (Porzellanmuseum; Karte S. 100). Im unteren Bereich des Gartens befindet sich die phantastische, mit Muscheln und Edelsteinen besetzte **Grotta del Buontalenti** (Karte S. 100). Diese Ziergrotte schuf Bernardo Buontalenti zwischen 1583 und 1593 für Francesco I. de' Medici.

Villa e Giardino Bardini   VILLA, GÄRTEN

(Karte S. 100; ☏055 263 85 99; www.bardinipeyron.it; Costa San Giorgio 2, Via de' Bardi 1r; Erw./erm. 8/6 €; ☺Di–So 10–19 Uhr) Namenspate der Villa und des Gartens aus dem 17. Jh. war der Kunstsammler Stefano Bardini (1836–1922), der die Villa 1913 kaufte und große Teile der Gartenanlage aus dem Mittelalter restaurierte. Alle Elemente eines typischen toskanischen Gartens sind erhalten – künstliche Grotten, eine Orangerie, Marmorstatuen und Springbrunnen. In der Villa befinden sich zwei kleine Museen: das **Museo Pietro Annigoni** mit Werken des gleichnamigen italienischen Malers (1910–1988) und das **Museo Roberto Capucci** mit von Capucci entworfener Mode. Von der romantischen **Dachterrasse** hat man einen tollen Blick auf die Stadt.

Das Michelin-besternte Gartenrestaurant **La Leggenda Dei Frati** (Karte S. 100; ☏055 068 05 45; www.laleggendadeifrati.it; Costa di San Giorgio 6a; Menü 60 & 75 €, Mahlzeiten 70 €; ☺Di–So 12.30–14 & 19.30–22 Uhr; ☏) mit Stein-Loggia, von der man einen wunderbaren Blick über Florenz genießen kann, gehört zu den besten Lokalen für ein romantisches Essen.

Forte di Belvedere   FESTUNG

(Karte S. 100; www.museicivicifiorentini.comune.fi.it; Via di San Leonardo 1; ☺unterschiedlich) **GRATIS** Die weitläufige Befestigungsanlage hat Bernardo Buontalenti Ende des 16. Jhs. für Großherzog Ferdinand I. gebaut. Sie bietet eine perfekte Sicht in alle vier Himmelsrichtungen, sodass die Wachen sowohl nach fremden Invasoren von außen wie auch nach Angreifern auf den Palazzo Pitti aus dem Inneren der Stadt Ausschau halten konnten. Heute finden hier zeitweise Kunstausstellungen statt, die sich schon alleine dafür lohnen, dass sich hier ein herrliches Stadtpanorama vor den Besuchern ausbreitet. Außerhalb der Ausstellungszeiten ist die Festung geschlossen.

Torre San Niccolò   STADTTOR

(Karte S. 100; ☏ 055 276 82 24; http://musefirenze.it; Piazza Giuseppe Poggi; halbstündige Führung 4 €; ☺ 24. Juni–Sept. tgl. 17–20 Uhr) Das 1324 erbaute und am besten erhaltene der mittelalterlichen Stadttore von Florenz hält am Ufer des Arno Wacht. Im Sommer kann man mit einem Guide die steile Treppe im Innern des Turms erklimmen – oben wird man dann mit umwerfenden Ausblicken auf den Fluss und die Stadt belohnt. Es dürfen immer nur 15 Personen gleichzeitig den Turm steigen – keine Kinder unter acht Jahren! – sodass sich eine Reservierung (online, per E-Mail oder telefonisch) empfiehlt. Wenn es regnet, fallen die Touren aus.

Piazzale Michelangelo   AUSSICHTSPUNKT

(Karte S. 100; Piazzale Michelangelo; ☒13) Wer den Ständen mit Touristenramsch (David im Miniaturformat, David auf Boxershorts usw.) auf dieser großen Piazza den Rücken kehrt, hat ein atemberaubendes Panorama von Florenz mitsamt einer *David*-Kopie vor sich – vor allem bei Sonnenuntergang ist der Anblick spektakulär. Vom Arno schlängelt sich ein Fußweg (10 Min.) mit Treppen und Serpentinen über die Piazza Giuseppe Poggi hinauf zu diesem Platz. Auch von der Piazza San Niccolò aus geht ein Weg nach oben. Achtung: beim Schild „Viale Michelangelo" links halten und die lange Treppe nehmen. Oder auf die einfache Tour am Hauptbahnhof in den Bus Nr. 13 einsteigen.

☞ Geführte Touren

Muse Firenze   TOUREN

(☏ 055 276 82 24; http://musefirenze.it) Kreative Führungen, darunter auch für Familien mit Kindern, in verschiedenen städtischen Museen und Sehenswürdigkeiten wie dem Palazzo Vecchio (S. 78), dem Museo Novecento (S. 83), der Basilica di Santa Maria Novella (S. 84), der Cappella Brancacci (S. 98) und dem Forte di Belvedere (S. 102) sowie in Fiesole. Die Touren können per E-Mail oder Telefon oder am Ticketschalter im Palazzo Vecchio (S. 78) gebucht werden.

Curious Appetite TOUREN
(www.curiousappetitetravel.com) Lebensmittel- und Weinverkostungen für Privatpersonen und Gruppen mit der Italo-Amerikanerin Coral Lelah und einem kleinen Team von Guides. Die Verkostungen dauern 3½ Std. (mind. vier Personen) und sind thematisch gestaltet: Marktbesuch, selbstgerührte Cocktails und *aperitivi*, italienisches Essen und der passende Wein, hausgemachtes Eis.

★ 500 Touring Club AUTOTOUR
(☎ 346 8262324; www.500touringclub.com; Via Gherardo Silvani 149a) Der 500 Touring Club bietet Stadtrundfahrten im Cinquecento aus den 1960er-Jahren zum Selberfahren an – einfach einsteigen und dem Stadtführer hinterher. Jeder Oldtimer hat einen Namen. Bei den thematischen Rundfahrten ist für jeden Geschmack etwas dabei: für Familien Picknicktouren, für Paare Weinproben.

City Sightseeing Firenze BUSTOUREN
(Karte S. 89; ☎ 055 29 04 51; www.firenze.city-sightseeing.it; Piazza della Stazione 1; 1/2/3 Tage Erw. 23/28/33 €, Kind 12/14/17 €) Im offenen roten Bus durch Florenz. Die Tickets gibt's beim Fahrer sowie online und sie gelten für einen, zwei oder drei Tage. Man kann nach Belieben an den 15 Haltepunkten ein- und aussteigen.

Tuscany Bike Tours RADTOUREN
(Karte S. 94; ☎ 055 386 02 53, 339 1163495; www.tuscany-biketours.com; Via Ghibellina 34r; ⊙ Büro März–Nov. 9–10 & 17–19 Uhr) Hat ein tolles Angebot an Radtouren in und um Florenz, z. B. dreistündige Stadttouren mit Eispause (Erw./erm. 39/35 €). Dazu kommt noch eine ziemlich coole Vespa-Tagestour von Florenz in die Chianti-Hügel (Erw./erm./Beifahrer 125/115/90 €, inkl. Mittagessen, Burgbesuch und Wein-/Olivenölverkostung). Außerdem Fahrradverleih.

Florence Town RUNDGÄNGE
(Karte S. 80; ☎ 055 28 11 03; www.florencetown.com; Via de' Lamberti 1) Organisiert Touren, Aktivitäten und Workshops in und um Florenz, außerdem Kochunterricht, Marktbesuche, Pizza- und Eiscremekurse und toskanische Weintouren.

ArtViva RUNDGÄNGE
(Karte S. 80; ☎ 055 264 50 33; www.italy.artviva.com; Via de' Sassetti 1; ab 29 € pro Pers.) Ein- bis dreistündige Stadtspaziergänge mit Stadt- oder Kunsthistorikern, z. B. Meisterwerke der Uffizien, der *David* oder eine Kunstführung nur für Erwachsene: „Sex, Drugs und die Renaissance". Außerdem Weinproben, Kochunterricht und Joggingtouren.

De Gustibus TOUREN
(☎ 340 5796207; www.de-gustibus.it) Diese Dachorganisation für Bauernhöfe der Umgebung von Florenz organisiert äußerst leckere Ausflüge zu kleinen, familiengeführten Biohöfen. Die Touren sind thematisch gestaltet – Wein, Trüffeln, Olivenöl – und finden mit dem Auto, zu Fuß oder auf dem Fahrrad statt. Infos zum aktuellen Angebot stehen auf der Website und auf der Facebook-Seite.

Caf Tour & Travel KULTURTOUREN
(Karte S. 89; ☎ 055 28 32 00; www.caftours.com; Via degli Alfani 151r; ⊙ Mo–Sa 7.30–20, So bis 17 Uhr) Interessante Führungen durch Florenz wie ein Blick hinter die Kulissen der Restaurierungswerkstatt des Doms (45 €, 2¼ Std.), das Erklimmen der nördlichen Dachterrasse des Doms (50 €, 1½ Std.) oder die Begehung des berühmten Vasari-Korridors.

✦ Festivals & Events

Festa di Anna Maria Medici KULTUR
(⊙ 18. Feb.) Eine Kostümparade vom Palazzo Vecchio zum Grab der Anna Maria Luisa in den Cappelle Medicee erinnert an den Tod der letzten Medici im Jahr 1743.

Scoppio del Carro FEUERWERK
(⊙ März/April) Am Ostersonntag um 11 Uhr wird ein Karren mit Feuerwerkskörpern auf der Piazza del Duomo vor dem Dom in die Luft gejagt.

Maggio Musicale Fiorentino KULTUR
(www.operadifirenze.it; ⊙ April–Juni) Das älteste Kulturfestival Italiens bietet Theater, klassische Musik, Jazz, Oper und Ballett von Weltrang. Die Veranstaltungen finden in der Opera di Firenze (S. 123) sowie an Orten in der ganzen Stadt statt.

Festa di San Giovanni RELIGIÖSES FEST
(⊙ 24. Juni) Florenz lässt seinen Schutzpatron Johannes den Täufer mit einer Partie *calcio storico* (historischer Fußball) auf der Piazza di Santa Croce und einem Feuerwerk auf dem Piazzale Michelangelo hochleben.

PETERVRABEL/SHUTTERSTOCK ©

PETER HORREE/ALAMY ©

Michelangelos *David*, Galleria
dell'Accademia (S. 92)

gal, wie viele Fotos man von der berühmten
Statue gesehen hat: Nichts bereitet einen auf die
überwerfende Kraft und Anmut des Originals vor.

Botticellis *Verleumdung des*
Apelles, Galleria degli Uffizi (S. 68)

Die Galleria degli Uffizi ist das Juwel in der
florentiner Krone. Ihre Sammlung an Kunst der
Renaissance umfasst Meisterwerke von Giotto,
Botticelli, Michelangelo, Leonardo, Raffael, Tizian
und Caravaggio.

Modell für die Domfassade,
Grande Museo del Duomo (S. 76)

Die Geschichte vom Bau des Doms und seiner
Kuppel ist wirklich sehr spannend!

Gozzolis *Zug der Könige nach*
Bethlehem, Palazzo Medici-Riccardi
(S. 88)

Die Cappella dei Magi beherbergt wunderbar
detaillierte Fresken von Benozzo Gozzoli, auf
denen auch diverse Medici zu finden sind.

MICHELE BUZZI/SHUTTERSTOCK ©

✖ Essen

Hochwertige Zutaten und Zubereitung ohne Schnickschnack sind die Markenzeichen der Florentiner Küche. Die Krone bildet die *bistecca alla fiorentina*: ein riesiges T-Bone-Steak, mit Olivenöl eingerieben, auf Holzkohle gegrillt, mit Salz und Pfeffer gewürzt und richtig schön *al sangue* (blutig) serviert. Ob in einer traditionellen Trattoria oder in einem schicken Designer-Restaurant – Qualität ist immer verbürgt.

✖ Duomo & Piazza della Signoria

Ob Slowfood in einer Trattoria, moderne toskanische Küche in einem Hipster-Bistro oder Gourmet-Panini für ein Picknick am Fluss: Hier im Zentrum werden teils phantastische und sehr erschwingliche Mahlzeiten aufgetischt.

★ Osteria Il Buongustai   OSTERIA €

(Karte S. 80; ☎ 055 29 13 04; Via dei Cerchi 15r; Mahlzeiten 15–20 €; ⊙ Mo–Fr 8–16, Sa bis 23 Uhr) Laura und Lucia wirbeln elegant und mit atemberaubender Geschwindigkeit durch das Lokal, in dem sich Einheimische in der Mittagspause mit kulinarisch anspruchsvollen Studenten um die Tische drängen. Kein Wunder, denn hier gibt's leckere toskanische Familienküche zu günstigen Preisen. Das Ambiente ist wohltuend einfach, die Leute rücken zusammen, bezahlt wird in bar (d. h. keine Kreditkarten).

Trattoria Le Massacce   TRATTORIA €

(Karte S. 80; ☎ 055 29 43 61; www.trattoriale mossacce.it; Via del Proconsolo 55r; Mahlzeiten 20 €; ⊙ Mo–Fr 12–14.30 & 19–21.30 Uhr) Diese altmodische, mit Schinken und Knoblauchgirlanden vollgehängte Trattoria wird mit einem herzlichen *benvenuto* (Willkommen) und einer fabelhaften Hausmannskost, die jede toskanische Oma absegnen würde, den Erwartungen gerecht. Schon seit mehr als 50 Jahren betreibt die Familie Fantoni-Mannucci dieses Lokal mit großem Stolz und viel Freude – das *bistecca alla fiorentina* hier ist mit das beste der Stadt.

Mangiafoco   TOSKANISCH €€

(Karte S. 80; ☎ 055 265 81 70; www.mangia foco.com; Borgo SS Apostoli 26r; Mahlzeiten 40 €; ⊙ Mo–Sa 10–22 Uhr) In dieser kleinen und gemütlichen Osteria mit butterblumengelben Wänden, Sitzkissen und einer außergewöhnlichen Weinkarte können Trüffel ihr Aroma voll zur Entfaltung bringen. Ob Hardcore-Trüffelfan oder Neuling – hier wird für jeden etwas geboten, etwa Steak mit frischen Trüffelraspeln, Trüffel-Tagliatelle oder einfach ein Käseteller mit süßem Trüffelhonig.

Obicà   ITALIENISCH €€

(Karte S. 80; ☎ 055 277 35 26; www.obica.com; Via de' Tornabuoni 16; Mahlzeiten 30–50 €; ⊙ Mo–Fr 12–16 & 18.30–23.30, Sa & So 12–23 Uhr) Der Laden ist durchgestylt und megatrendy, kein Wunder bei *der* exklusiven Lage im Palazzo Tornabuoni – hier sind sogar die Tischsets Upcycling-Ergebnisse aus Bioprodukten. Im riesigen Innenraum können zehn verschiedene Mozzarella-Sorten probiert werden oder man lümmelt sich draußen zu Pizza und Salaten auf den von Heizstrahlern erwärmten Sofas. Zum *aperitivo* bieten sich *taglierini* (Probierteller mit Käse, Salami, frittiertem Gemüse und einigem mehr) an.

★ Irene   BISTRO €€€

(Karte S. 80; ☎ 055 273 58 91; www.roccoforte hotels.com; Piazza della Repubblica 7; Mahlzeiten 60 €; ⊙ 12.30–22.30 Uhr) Das nach der italienischen Großmutter des Hoteliers Rocco Forte – das ist der mit der gleichnamigen Luxushotelgruppe – benannte Irene gehört zum benachbarten Savoy und ist ein tolles modernes Bistro mit einer – im Winter beheizten – Terrasse an der Piazza della Repubblica. Die Einrichtung ist retro im Stil der 1950er-Jahre und Starkoch Fulvio Pierangelini zaubert in seiner toskanischen Küche eine verspielte, äußerst schmackhafte Bistrokost.

✖ Santa Maria Novella

Das Essen in diesem bodenständigen Viertel ist meist traditionell und erschwinglich: In alten Feinkostläden gibt's nach Wunsch belegte Panini zum Mitnehmen und in altehrwürdigen Familien-Trattorien wird traditionelle Florentiner Küche aufgetischt.

Il Contadino   TRATTORIA €

(Karte S. 80; ☎ 055 238 26 73; www.trattoria ilcontadino.com; Via Palazzuolo 69–71r; Mahlzeiten 11–15 €; ⊙ 12–22.30 Uhr) Am Wochenende drängen sich in dieser schnörkellosen Trattoria jede Menge Familien, die sich mit Verve an der erstaunlich preisgünstigen toskanischen Küche laben. Mittagessen wird bis 15.30 Uhr serviert, ab dann gilt die Abendkarte – es gibt also immer etwas zu essen.

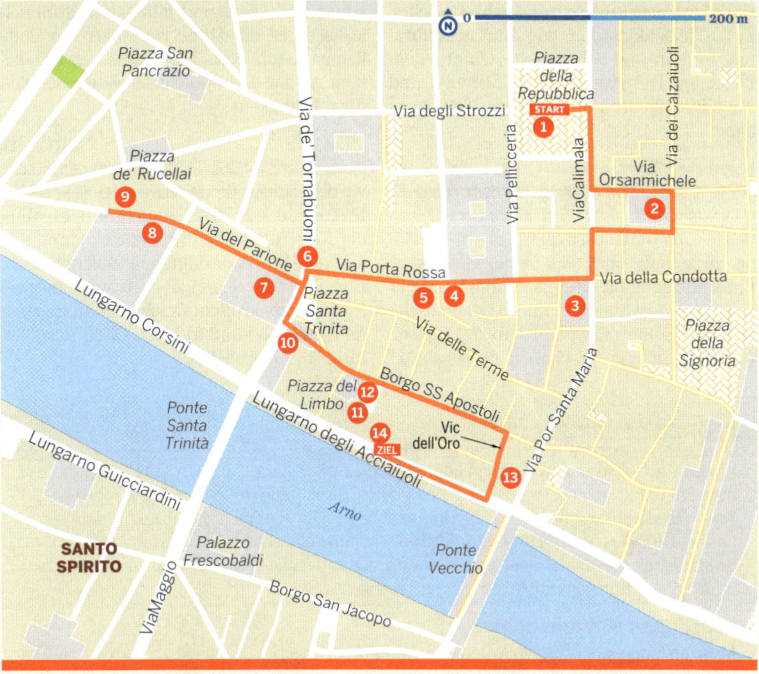

Spaziergang
Typisch Florenz

START PIAZZA DELLA REPUBBLICA
ZIEL AMBLÉ
LÄNGE 2 KM; 2 STUNDEN

Mit einem Tässchen Kaffee auf der ❶ **Piazza della Repubblica** (S. 82) gestärkt, geht's auf der Via Calimala nach Süden und links in die Via Orsanmichele in Richtung ❷ **Chiesa e Museo di Orsanmichele** (S. 83), einer außergewöhnlichen Kirche mit Museum. Danach kehrt man zur Via Calimala zurück und läuft weiter nach Süden, bis die Loggia des ❸ **Mercato Nuovo** (S. 123) ins Blickfeld kommt. Auf dem „Neuen Markt" steht eine Wildschweinstatue aus Bronze. Wer am Rüssel reibt, so heißt es, kehrt nach Florenz zurück.

Der Weg führt anschließend durch die Via Porta Rossa zum ❹ **Palazzo Davanzati** (S. 83). Ein paar Häuser weiter schnell einen Blick durch das Eisentor neben der Bar Slowly in diese ❺ **dunkle Gasse** werfen: Genauso stellt man sich das Florenz der 1001 Tore und Gassen vor!

Dann kreuzt die ❻ **Via de' Tornabuoni** (S. 83) mit ihren Luxusboutiquen den Weg;

wunderschön sind aber auch die Fresken in der ❼ **Chiesa di Santa Trìnita** (S. 86). Ein Abstecher in die Via del Parione lohnt sich vor allem wegen der Kunsthandwerksläden von ❽ **Alberto Cozzi** (www.facebook.com/AlbertoCozzi1908; ☺ Mo–Fr 9–13 & 14.30–19, Sa 15–19 Uhr) und ❾ **Letizia Fiorini** (Puppen, S. 124)

Zurück auf der Via de' Tornabuoni nach rechts gehen, vorbei am ❿ **Palazzo Spini-Feroni**, heute Flagshipstore von Ferragamo, bis zum Borgo Santi Apostoli. An der Piazza del Limbo taucht die romanische ⓫ **Chiesa dei Santissimi Apostoli** auf.

In der ⓬ **La Bottega dell'Olio** (www.labottegadelloliofirenze.it; ☺ Mo 14.30–18.30, Di–Sa 10–13 & 14–18.30 Uhr) gibt's Olivenöl aus der Toskana, dann führt der Weg östlich weiter und nach rechts in den Vicolo dell'Oro mit dem Hotel Continentale. Dessen schicke Dachterrasse mit der ⓭ **La Terrazza Lounge Bar** (S. 118) ist ideal für einen Sundowner mit Blick auf den Ponte Vecchio. Wer eher nach dem hippen Florenz sucht, geht zum *aperitivo* ins ⓮ **Amblé** (S. 118).

Die Tageskarte umfasst rund zehn Gerichte, z. B. Fleischklassiker wie Kaninchenbraten, Kutteln und Schweinsstelzen aus dem Backofen. Die zweigängigen Mittags- und Abendmenüs sind ab 9 € bzw. 13,50 € zu haben.

Trattoria Marione
TRATTORIA €€

(Karte S. 80; ☏ 055 21 47 56; Via della Spada 27; Mahlzeiten 30 €; ⊙12–15 & 19–23 Uhr) Durch und durch italienisch geht es im Marione zu: lebhaft, laut, 99,9 % der Gäste sind Einheimische und das Essen kommt direkt aus Omas toskanischer Küche. Italienische Vokabeln sollte man parat haben, Englisch wird hier nicht gesprochen, aber das ausge-

sprochen leckere und günstige traditionelle Essen ist die Mühe wert. Wer am Ende keinen Limoncello aufs Haus serviert bekommt, hat den Sprachtest wahrscheinlich nicht bestanden.

Il Latini
TRATTORIA €€

(Karte S. 80; ☏ 055 21 09 16; www.illatini.com; Via dei Palchetti 6r; Mahlzeiten 30 €; ⊙Di–So 12.30–14.30 & 19.30–22.30 Uhr) Ein Liebling der Reiseführer: traditionelle Crostini, toskanische Wurstspezialitäten, leckere Nudeln und Fleischgerichte. Abends wird in zwei Runden an großen Gemeinschaftstischen serviert (19.30 und 21 Uhr). Ohne Reservierung läuft hier nichts.

FLORENZ FÜR KIDS

Kinder sind in Florenz so ziemlich überall gern gesehen. Viele Familien gehen abends mitsamt dem Nachwuchs aus, sei es zu einem Spaziergang mit Eis am Arno oder zum Abendessen unter freiem Himmel. Und trotzdem ist Florenz nicht gerade ein Urlaubsparadies für die ganz Kleinen: Grünflächen und Spielplätze sind Mangelware, auf dem Kopfsteinpflaster sind Kinderwagen eine Herausforderung und einen Museumsbesuch muss man schon generalstabsmäßig vorausplanen.

Führungen & Workshops

Museen Einige phantasievolle und spannende Führungen für Familien mit Kindern und Workshops zum Mitmachen bieten die Firenze Musei (S. 87) im Palazzo Vecchio (S. 78), im Museo Novecento (S. 83) und in der Basilica di Santa Maria Novella (S. 84). Im Palazzo Strozzi (S. 83) gibt es jeden Monat Wochenendangebote für die ganze Familie. Außerhalb der Stadt veranstaltet das Museo Primo Conti (S. 128) in Fiesole gelegentlich Kunstworkshops für Kinder.

Private Führungen Die lizensierte Kunstführerin Molly McIlwrath (http://letterarte mente.com) bietet private Führungen und organisiert Kreativworkshops für Kinder und ihre Eltern. Es gibt Mitmach-Workshops zu Themen wie Kalligraphie, Fresken, die Kunst der Mosaike, Buchherstellung, Zeichnen und Selbstporträts im Stil von Arcimboldo mit Gemüse und Obst. Viele der Führungen von Molly enden in einem Künstleratelier in Oltrarno.

Gruppenführungen Context Travel (www.contexttravel.com) organisiert kleine Familienführungen, darunter eine zweistündige Tour „Symbols & Legends of Florence", eine 2½-stündige Führung zur Kunst in Florenz (ab sechs Jahre) mit dem Schwerpunkt Uffizien oder eine zweistündige „Wissenschaftsexpedition" (ab acht Jahre), bei der es um die Wissenschaft in der Stadt geht, sowie eine zweistündige Stadtführung zum Leben in der Renaissance (ab sechs Jahre).

Parks & Spielplätze

Spielplätze Die besten Spielplätze für Kinder unter sechs Jahren sind auf der Piazza Massimo d'Azeglio nicht weit vom Dom sowie am Lungarno Santa Rosa und an der Piazza Torquato Tasso auf der anderen Seite des Flusses.

Piazza della Repubblica (S. 82) Das nostalgische Karussell auf der autofreien, von Cafés gesäumten Piazza della Repubblica übt auf Kinder jeden Alters seinen Reiz aus.

Giardino di Boboli (S. 102) Phantastische Statuen, versteckte Wege, geheime Gassen, mit Muscheln verzierte Grotten und jede Menge Grün zum Herumtollen.

Parco della Cascine (Viale degli Olmi) Freibad und Spielplätze für die ganz Kleinen. Am Ufer des Arno führt ein Rasenweg zum Park.

🍴 San Lorenzo & San Marco

Neben Trattorien, die sich ganz dem Slow-food verschrieben haben, bietet San Lorenzo auch Panini-Läden und Bäckereien, die schon seit mehreren Generationen von derselben Familie betrieben werden. Mit modernerer Küche wartet San Marco auf, z. B. in dem wegweisenden Geschäft und Bistro samt Bar, dem La Ménagère (S.109).

⭐ Mercato Centrale · MARKTHALLE €

(Karte S. 89; 📞 055 239 97 98; www.mercatocentrale.it; Piazza del Mercato Centrale 4; Gerichte 7–15 €; 🕐10–24 Uhr; 🛜) Durch das Erdgeschoss der ältesten und größten Markhalle von Florenz zieht sich ein Labyrinth von Ständen mit frischen Lebensmitteln. Im ersten Stock des Eisen- und Glasbaus, den Giuseppe Mengoni 1874 ersann, befindet sich eine lebhafte, moderne Gastrohalle, dazu ein engagierter Buchladen, eine Kochschule und Imbissstände, an denen Steaks, Burger, Panini mit Kutteln, vegetarische Gerichte, Pizza, Eis, Gebäck und Pasta zubereitet werden.

⭐ Trattoria Mario · TOSKANISCH €

(Karte S. 89; 📞 055 21 85 50; www.trattoria-mario.com; Via Rosina 2; Mahlzeiten 25 €; 🕐Mo–Sa 12–15.30 Uhr, Aug. 3 Wochen geschl.; 🚭) Wer nicht Punkt 12 Uhr da ist, hat kaum Chancen auf einen Platz in der lauten, hektischen, wunderbaren Trattoria, in der Fremde zusammen an den Tischen sitzen. Obwohl das Lokal in allen Reiseführern steht, ist es eine Lieblingsadresse der Einheimischen geblieben und fast eine Legende. Fabio schmeißt den Laden, den sein Großvater Mario 1953 eröffnet hat, mit viel Charme; sein großer Bruder Romeo und sein Neffe Francesco wirbeln in der Küche. Keine Reservierungen, keine Kreditkarten.

Trattoria Sergio Gozzi · TRATTORIA €

(Karte S. 89; 📞 055 28 19 41; Piazza di San Lorenzo 8r; Mahlzeiten 25 €; 🕐Mo–Sa 10–16 Uhr) Die zwischen Läden mit billigen Lederwaren beim Mercato Centrale versteckte Zwei-Raum-Trattoria wartet mit gradlinigem, traditionell toskanischem Mittagessen auf. Dieses wird an Marmortischen inmitten einer spartanischen Einrichtung eingenommen, die sich seit der Eröffnung des Lokals 1915 eindeutig nicht verändert hat. Hier sind alle Klassiker zu haben: Pasta, Braten, Kutteln und *bollito misto* (Fleischtopf mit Rind, Huhn und Zunge).

STREETFOOD

„Das Land in die Stadt bringen" – so lautet die Devise des kirschroten Foodtrucks **La Toraia** (📞 338 5367198; www.latoraia.com; Lungarno del Tempio; Burger 6 €, mit Käse 7 €; 🕐15. April–15. Okt. 12–24 Uhr) – sein Name bedeutet „Zuchtstall". Der Truck parkt 15 Fußminuten östlich der Piazza di Santa Croce am Arno und bietet tolle 140-g-Burger aus zartem Chianina-Fleisch vom Familienhof im Val di Chiana mit geschmolzenem Pecorino-Schafskäse.

Komplettiert wird das bukolische Landerlebnis durch Real-McCoy-Fritten (4 €; die Bio-Kartoffeln stammen natürlich auch vom eigenen Hof), Craft-Bier (4 €) aus demselben Tal und ein paar Tische, Stühle und gemütliche Liegestühle unter freiem Himmel am Fluss.

Pugi · BÄCKEREI €

(Karte S. 89; 📞 055 28 09 81; www.focacceriapugi.it; Piazza San Marco 9b; 15–24 € pro kg; 🕐Mo–Sa 7.45–20 Uhr, Mitte Aug. 2 Wochen geschl.) Die Wartenden vor der Tür sprechen für sich. Die Florentiner versorgen sich in dieser Bäckerei mit Pizzastücken und *schiacciata* (toskanisches Fladenbrot), einfach nur mit Salz und Rosmarin gebacken oder mit leckeren saisonalen Produkten belegt oder gefüllt.

Da Nerbone · FASTFOOD €

(Karte S. 89; Mercato Centrale, Piazza del Mercato Centrale; Mahlzeiten 10 €; 🕐Mo–Sa 7–14 Uhr) Wer sich zur Mittagszeit an den Käse-, Fleisch- und Wurstständen im Erdgeschoss des Mercato Centrale vorbeikämpft, sieht bald die Schlange beim traditionsreichen Stand von Nerbone (seit 1872 vor Ort), wo sich die Einheimischen *trippa alla fiorentina* (Eintopf mit Kutteln und Tomaten) genehmigen oder die beliebten *panini con bollito* (deftiges, gekochtes Rindfleisch im Brötchen, das vor dem Essen noch extra in Fleischsaft getränkt wird). Wer keinen Tisch ergattert, isst eben im Stehen.

⭐ La Ménagère · INTERNATIONAL €€

(Karte S. 89; 📞 055 075 06 00; www.lamenagere.it; Via de' Ginori 8r; Mahlzeiten 15–70 €; 🕐7–2 Uhr; 🛜) Ob zum Frühstück, Mittag- oder Abendessen, zu einem guten Kaffee oder zu Cocktails am Abend – dieses helle Restaurant im Industriestil lockt die Hippen von Florenz

FLORENZ ESSEN

KUTTELN: FLORENTINER FASTFOOD

Wenn der kleine Hunger kommt, sausen Florentiner mal eben zu einem *trippaio* (eine meist fahrbare Imbissbude). Hier genehmigen sie sich eine Portion Kutteln im Brötchen – genau: in Streifen geschnittener, gekochter und gewürzter Kuhmagen.

In diesen Bastionen der guten alten Florentiner Tradition brummt nach wie vor das Geschäft. Dazu zählen **Il Trippaio del Porcellino** (Karte S. 80; ☎335 8070240; Piazza del Mercato Nuovo 1; Kutteln 4,50 €; ☺Mo–Sa 9–18.30 Uhr) an der Südwestecke des Mercato Nuovo, **L'Antico Trippaio** (Karte S. 80; ☎339 7425692; Piazza dei Cimatori; Kutteln 4,50 €; ☺9.30–20 Uhr), **Trippaio Sergio Pollini** (Karte S. 94; Piazza Sant' Ambrogio; Kutteln 3,50 €; ☺Mo 9.30–15, Di–Sa bis 20 Uhr) in Santa Croce und das winzige **Da Vinattieri** (Karte S. 80; Via Santa Margherita 4; Panini 4,50 €; ☺Mo–Fr 10–19.30, Sa & So bis 20 Uhr). Eine Portion Kutteln mit giftgrüner *salsa verde* (Pesto aus Petersilie, Knoblauch, Kapern und Sardellen) oder mit Salz, Pfeffer und Chili bestreut kostet 4,50 €. Ebenfalls im Angebot: ein Teller *lampredotto* (klein geschnittener Labmagen, stundenlang gekocht; 5,50–7 €).

Die standhafte **Osteria del Cocotrippone** (☎055 234 75 27; www.facebook.com/OsteriaCocoTrippone; Via Vincenzo Gioberti 140; Mahlzeiten 25 €; ☺12–15 & 19–23 Uhr) im Viertel Beccaria jenseits des Stadtzentrums ist eine Pilgerstätte für Einheimische, die die Innereien der traditionellen Küche von Florenz verehren. Die *trippa alla fiorentina* (Kutteln in Tomatensauce) und *L'Intelligente* (gebratenes Hirn mit Zucchini) sind örtliche Legenden.

an. Der Conceptstore „Die Hausfrau" ist eine angesagte Adresse für schickes Geschirr und Besteck, Designer-Küchenklamotten und frische Blumen. Wer tagsüber etwas essen oder trinken möchte, kann sich auf den alten Sofas im Ladenbereich oder auf den Bänken oder Barhockern im vollen Bistro niederlassen.

Antica Trattoria da Tito
TRATTORIA €€

(☎055 47 24 75; www.trattoriadatito.it; Via San Gallo 112r; Mahlzeiten 30 €; ☺Mo–Sa 12–15 & 19–23 Uhr) Die Ankündigung im Fenster „keine durchgebratenen Steaks" sagt schon alles: Hier werden lokale Küchentraditionen eisern hochgehalten. Da Tito serviert schon seit 1913 beste toskanische Zwiebelsuppe und Pasta mit Wildschwein. Die Atmosphäre ist herzlich, an den Tischen sitzen hauptsächlich Stammgäste. Aber keine Sorge, auch Fremde sind willkommen.

 Santa Croce

Die Verpflegungsmöglichkeiten in diesem schönen Teil von Florenz bieten etwas für jede Stimmung, jeden Geschmack und jeden Geldbeutel. Hier werden ständig neue Läden eröffnet – also Augen auf!

★ All'Antico Vinaio
OSTERIA €

(Karte S. 94; ☎055 238 27 23; www.allanticovinaio.com; Via de' Neri 65r; Probierplatten 10–30 €; ☺Di–Sa 10–16 & 18–23, So 12–15.30 Uhr) Die Leute stehen vor diesem lauten Florentiner Panini-Vollblüter bis auf die Straße.

Wer Käse und Salami im Sitzen verzehren möchte, muss sich zu einem der Tische im hinteren Bereich durchkämpfen (Reservierung empfohlen). Wenn es schneller gehen soll, ist auch die gut gefüllte Focaccia von der Theke, zum Mitnehmen in gewachstes Papier eingepackt, herausragend. Die Wartezeit verkürzt ein Glas Wein.

Brac
VEGETARISCH €

(Karte S. 94; ☎055 094 48 77; www.libreriabrac.net; Via dei Vagellai 18r; Mahlzeiten 20 €; ☺12–24 Uhr, Mitte Aug. 2 Wochen geschl.; ☎🍴) Das Hipster-Buchladen-Café, in dem es auch *aperitivi* und Abendessen gibt, zaubert phantasievolle vegetarische und vegane Leckerbissen. Die Einrichtung stammt vom Flohmarkt und Kinderzeichnungen sorgen im künstlerisch angehauchten Ambiente für einen familiären Touch.

Il Giova
TRATTORIA €

(Karte S. 94; ☎055 248 06 39; www.ilgiova.com; Borgo La Croce 73r; Mahlzeiten 15 €; ☺Mo–Sa 12–15 & 19–23 Uhr) Die winzige und stets volle, fröhliche Trattoria mit ringelblumengelben Wänden und bunten Keramikfliesentischen bietet alles, was ein traditionelles florentinisches Lokal haben sollte. Serviert werden jahrhundertealte Gerichte wie *zuppa della nonna* (Großmutters Suppe), *risotto del giorno* (Risotto des Tages) oder *mafalde al ragù* (gewellte Bandnudeln mit Fleischsauce) – und man darf stolz sein, die Mittagskneipe der Einheimischen gefunden zu haben.

★ Il Teatro del Sale
TOSKANISCH €€

(Karte S. 94; ☎ 055 200 14 92; www.teatrodelsale.
com; Via dei Macci 111r; mittags/abends/Wochen-
endbrunch 15/35/20 €; ⊙ Di–Sa 11–15 & 19.30–23,
So 11–15 Uhr, Aug. geschl.) Fabio Picchi, legendärer Florentiner Küchenchef, stiehlt dem
Theater die Show mit seinem originellen
Club, zu dem nur Mitglieder Zutritt haben
(jeder kann für einen Beitrag von 7 € problemlos beitreten). Der Club liegt in einem
ehemaligen Theatergebäude und ist jeweils
zu den Mahlzeiten geöffnet. Ab 21.30 Uhr
geht es los mit turbulenten Liveauftritten
von Musikern, Schauspielern und Komi-
kern, die Maria Cassi, Picchis Frau, Komödi-
antin und Intendantin, organisiert.

Das Abendessen ist temporeich: Jeder
Gast schnappt sich einen Stuhl, versorgt sich
mit Wein, Wasser und Antipasti und wartet.
Sobald Picchi verkündet, was es zu essen
gibt, stürmen alle zur Durchreiche und holen sich ihren *primo* und *secondo* ab. Dies
ist übrigens das einzige Picchi-Restaurant
in Florenz, in dem auch Pasta auf den Tisch
kommt. Desserts und Kaffee gibt's dann
kurz vor der Vorstellung am Buffet.

Trattoria Cibrèo
TOSKANISCH €€

(Karte S. 94; www.cibreo.com; Via dei Macci 122r;
Mahlzeiten 40 €; ⊙ Di–Sa 12.50–14.30 & 18.50–
23 Uhr, Aug. geschl.) Wer hier bei Fabio Picchi
isst, kapiert sofort, warum sich abends vor
der Tür Schlangen bilden. Denn die Küche
läuft wirklich zur Hochform auf, z. B. bei
pappa al pomodoro (dicke Tomatensuppe,
Brot und Basilikum) gefolgt von *polpettine
di pollo e ricotta* (Hühnchen-Ricotta-Bäll-
chen). Wer jetzt Appetit bekommen hat,

sollte unbedingt früh da sein, um einen der
Tische zu ergattern, denn hier sind Reservierung und Kreditkarten Fremdworte (genauso wie Pasta).

Vivo
FISCH €€

(Karte S. 94; ☎ 333 1824183; www.ristorantevivo.it;
Largo Pietro Annigoni 9a/b; Meeresfrüchteplatten
15–50 €, Mahlzeiten 45 €; ⊙ Di–So 12.30–14.30
& 19.30–23 Uhr; ☎) Fisch und Meeresfrüchte wie z. B. Austern – alles in italienischen
Gewässern von den 30 Fischkuttern der Familie Manno gefangen – bereitet in diesem
Fischrestaurant in hangarähnlichen modernen Räumlichkeiten mit fischkutterförmi-
ger Bar die Köchin Anna Maria zu. Alles ist
superfrisch und auf der täglich wechselnden
Karte stehen immer wieder seltene oder fast
schon vergessene Fische.

Gilda Bistrot
TRATTORIA €€

(Karte S. 94; ☎ 055 234 38 85; www.gildabistrot.it;
Piazza Ghiberti 40r; Mahlzeiten 40 €; ⊙ Mo–Sa 12–
15 & 19–23 Uhr) Auf der Terrasse dieser klassischen Trattoria lässt sich das bunte Markt-
treiben von Santa Croce genießen. Das Lokal
selbst ist für seine traditionelle toskanische
Küche beliebt – Obst und Gemüse stammen
direkt vom Markt gegenüber. Bunt karierte
Tischdecken und Topfpflanzen sorgen für
ein freundliches Ambiente. Die handge-
schriebene Karte wechselt täglich.

Antico Noè
OSTERIA €€

(Karte S. 94; http://anticonoe.com/; Volta di San
Piero 6r; Mahlzeiten 40 €; ⊙ Mo & Mi–Sa 12–2 Uhr)
Die Typen, die draußen herumlungern, sind
harmlos, und die abweisend wirkende Gasse sollte auch nicht abschrecken: Hier ver-

FLORENZ ESSEN

TOP FIVE: EISDIELEN

Grom (Karte S. 80; ☎ 055 21 61 58; www.grom.it; Via del Campanile 2; Waffeln 2,60–4,60 €,
Becher 2,60–5,50 €; ⊙ So–Do 10–22.30, Fr & Sa bis 23.30 Uhr) Erstklassiges Eis, u. a. herausragendes Schokoladeneis; beim Dom.

Vivoli (Karte S. 94; ☎ 055 29 23 34; www.vivoli.it; Via dell'Isola delle Stinche 7; Becher 2–10 €;
⊙ Di–Sa 7.30–24, So 9–24 Uhr, Winter bis 21 Uhr) Alteingesessener Klassiker für Kaffee und
Kuchen sowie Eiscreme.

My Sugar (Karte S. 89; ☎ 393 0696042; Via de' Ginori 49r; Waffeln 2–2,50 €, Becher 2–5 €;
⊙ 13–21 Uhr) Sensationelle Eisdiele bei der Piazza San Marco.

Gelateria La Carraia (Karte S. 98; ☎ 055 28 06 95; Piazza Nazario Sauro 25r; Waffeln &
Becher 1,50–6 €; ⊙ Sommer 10.30–24 Uhr, Winter 11–22 Uhr) Florentiner Liebling auf der
anderen Seite des Arno.

Carabé (Karte S. 89; ☎ 055 28 94 76; www.parcocarabe.it; Via Ricasoli 60r; Waffeln 2,50–4 €;
⊙ 10–24 Uhr, Mitte Dez.–Mitte Jan. geschl.) Traditionelles sizilianisches Eis in San Marco,
außerdem *granita* (Sorbet).

steckt sich eine ehemalige Metzgerei mit marmorverkleideten Wänden, Fleischerhaken und rustikalen, authentisch-toskanischen Gaumenfreuden! Wer nur eine Kleinigkeit essen will, bekommt in der *fiaschetteria* (Imbiss) nebenan Panini (4,50–5 €). Keine Kreditkarten.

Fishing Lab   FISCH €€

(Karte S. 94; ☎ 055 24 06 18; www.fishinglab.it; Via del Proconsolo 16r; Mahlzeiten 40 €; ⏱ 11–24 Uhr) Das stylische Restaurant präsentiert sich von Beginn an einnehmend: Man kann den ganzen Tag speisen, sich von der Fischkarte sein eigenes Menü zusammenstellen und sich Riesengarnelen, wilde Austern oder jede Menge rohen Fisch gönnen – oder man entscheidet sich für etwas Gekochtes oder nach alter toskanischer Art in einem Walnussblatt Geräuchertes. Für *aperitivo*-Freunde hält die Streetfood-Karte mit gebratenen Sardellen, Thunfischbrötchen und kleinen Knabbereien einige Köstlichkeiten parat.

Selbst wer nicht speist, kann sich oben im reizenden Speisesaal mit Gewölbedecke die Fragmente von Fresken aus dem 14. und 15. Jh. anschauen.

Enoteca Pinchiorri   TOSKANISCH €€€

(Karte S. 94; ☎ 055 24 27 77; www.enotecapinchiorri.com; Via Ghibellina 87r; 4-/7-/8-Gänge-Probiermenü 150/225/275 €; ⏱ Di–Sa mittags & abends, Aug. geschl.) Küchenchefin Annie Féolde aus Nizza verbindet feinste toskanische Küche mit französischer Raffinesse und das so geschickt, dass sie als einziges Restaurant in der Toskana drei Michelin-Sterne absahnen konnte. Gespeist wird in einem Palazzo

aus dem 16. Jh. Die Weinkarte ist galaktisch – in Bezug auf Umfang, Qualität und Preis. Aber einmal im Leben darf man sich das gönnen. Reservieren!

✖ Oltrarno

In diesem zunehmend gentrifizierten Viertel auf der „anderen Seite" des Arno tauchen ständig neue Restaurants auf und so gibt's hier inzwischen einige sehr gute. Außerdem ist hier die beste vegetarische, Bio- und Rohkost der Stadt zu haben. Mehrere Feinschmeckerlokale säumen die Piazza del Passera, einen äußerst reizvollen Platz ohne Straßenverkehr.

★ Raw   NATURKOST €

(Karte S. 98; ☎ 055 21 93 79; Via Sant' Agostino 9; Mahlzeiten 7,50 €; ⏱ Do & Fr 11–16 & 19–22, Sa, So, Di & Mi 11–16 Uhr; ☎) Ob es einen nach einem Kurkuma-, Ingwer- oder Aloe-Vera-Drink oder einem sanft erwärmten, rohen veganen Burger gelüstet, serviert auf einer stylischen Schiefer-Holz-Tafel – das Raw weiß zu punkten. Alles, was hier serviert wird, ist frisch gemacht und roh – mit sensationellem Ergebnis. Die Kräuter wachsen im biodynamischen Gewächshaus der charismatischen und sehr fachkundigen Köchin Caroline, die, bevor sie nach Florenz zog, in Schweden als Architektin gearbeitet hatte.

Carduccio   BIOKOST €

(Karte S. 98; ☎ 055 238 20 70; www.carduccio.com; Sdrucciolo de Pitti 10r; Mahlzeiten 15 €; ⏱ Mo–Sa 8–20, So 10–17 Uhr; ☎) Dieser *salotto bio* (Bio-Wohnzimmer) mit nur einer Handvoll Tischen drinnen und ein paar weiteren drau-

---

ERSTKLASSIGE PANINI

Semel (Karte S. 94; Piazza Ghiberti 44r; Panini 3,50–5 €; ⏱ Mo–Sa 11.30–15 Uhr) Unwiderstehlich kreative Feinschmecker-Brötchen zum Mitnehmen in Sant'Ambrogio.

'Ino (Karte S. 80; ☎ 055 21 45 14; www.inofirenze.com; Via dei Georgofili 3r–7r; Bruschette/Panini 6/8 €; ⏱ 12–16.30 Uhr) ✎ Nach Wunsch belegte Gourmet-Panini an den Uffizien.

Mariano (Karte S. 80; ☎ 055 21 40 67; Via del Parione 19r; Panini 3,50 €; ⏱ Mo–Fr 8–15 & 17–19.30, Sa 8–15 Uhr) Nachbarschaftscafé mit superfrischen Panini.

Gustapanino (Karte S. 98; www.facebook.com/pages/Gustapanino; Piazza Santa Spirito; Focacce ab 3,50 €; ⏱ Mo–Sa 11–20, So 12–17 Uhr) Winzige *enopaninoteca* (Wein- und Sandwich-Laden) in Santa Croce.

Dal Barone (Karte S. 80; ☎ 366 1479432; https://dalbarone.jimdo.com; Borgo San Lorenzo 30; Sandwiches 5–10 €; ⏱ 11–20 Uhr) Heiße, käsige Panini zum Mitnehmen beim Markt von San Lorenzo.

I Due Fratellini (Karte S. 80; ☎ 055 239 60 96; www.iduefratellini.com; Via dei Cimatori 38r; Panini 4 €; ⏱ 10–19 Uhr) Toller alter Laden seit 1875.

ßen verströmt Intimität. Alle Tische zieren Mini-Kohl-„Blumen", an der Theke stapeln sich Obst- und Gemüsekisten und das Essensangebot ist 100 % bio. Vielleicht begnügt man sich mit einem kleinen Ingwer-Kurkuma-Drink (3 €) oder man verweilt länger bei köstlichen Salaten, Suppen, veganen Burgern oder Kürbis-Lauch-Küchlein.

S.Forno
BÄCKEREI €

(Karte S. 98; ☎ 055 239 85 80; Via Santa Monaco 3r; ◷ Mo–Fr 7.30–19.30, Sa & So ab 8 Uhr) Die schon seit mindestens hundert Jahren bestehende Hipster-Bäckerei offeriert in einem alten *forno* (Ofen) perfekt gebackenes Brot und Gebäck. Auf den alten Regalen stapeln sich edle Trockenprodukte und der Florentiner Bäcker Angelo hat außerdem Suppen, Quiches und Panini (4–6 €) zum Mitnehmen oder Verspeisen vor Ort im Angebot.

Gesto
TOSKANISCH €

(Karte S. 98; ☎ 055 24 12 88; www.gestofailtuo.it; Borgo San Frediano 27r; Mahlzeiten 25 €; ◷ 18–2 Uhr) Das Florenz der Hipster: Im kerzenbeschienenen Gesto dreht sich alles um umweltfreundliche Nachhaltigkeit – so ist auch das gesamte Mobiliar in dem pieksauberen alten Laden re- oder upcycelt und die Gäste notieren ihre Bestellung auf kleinen Tafeln, die anschließend auch als Teller dienen. Die Fisch-, Fleisch- und vegetarischen Gerichte (3,50–5 €) weisen Tapasgröße auf – am besten bestellt man ein paar für den gesamten Tisch.

Culinaria Bistrot
TOSKANISCH €

(Karte S. 98; ☎ 055 22 94 94; www.facebook.com/culinaria.degustibus.bistro/; Piazza Torquato Tasso 13; Mahlzeiten 25 €; ◷ 12–15 & 18.45–23.30 Uhr) Kein anderes Restaurant in Florenz erfüllt das Motto „vom Feld auf den Tisch" mit so einer kulinarischen Magie wie dieses Bistro in San Frediano. Unter einer Gewölbedecke aus Ziegelsteinen zaubern die Köche unvergessliche toskanische und mediterrane Gerichte aus Bioprodukten von Bauernhöfen der Umgebung und anderen kleinen Erzeugern.

La Casalinga
TRATTORIA €

(Karte S. 98; ☎ 055 21 86 24; www.trattorialacasalinga.it; Via de' Michelozzi 9r; Mahlzeiten 25 €; ◷ Mo–Sa 12–14.30 & 19–22 Uhr) Die ganze Familie werkelt in der bescheidenen, immer vollen Trattoria, deren Preise in Florenz einfach unschlagbar sind. Nicht böse sein, wenn Paolo, der wie Gottvater hinter der Bar steht und das Chaos dirigiert, Einheimische den

DINNER MIT SILBERBESTECK

In Fabbrica (☎ 347 5145468; http://restaurant.pampaloni.com/; Via del Gelsomino 99; Mahlzeit 45 €; ◷ Mi–Sa 20.30–22.30 Uhr) liegt 1,5 km südlich der Porta Romana an der Via Senese in Oltrarno. In Fabbrica bedeutet „in der Fabrik" – hier werden die außerordentlichen Florentiner Handwerkskünste mit einer ebenso edlen Küche kombiniert. Tagsüber essen hier die Arbeiter der Silberwerkstatt **Pampaloni** (Karte S. 80; ☎ 055 28 90 94; www.pampaloni.com; Via Porta Rossa 97; ◷ Mo–Sa 10–13.30 & 15–19.30 Uhr), die in der dritten Generation Silber verarbeitet. Nach Sonnenuntergang öffnen sich die Türen der Kantine für neugierige Feinschmecker.

Die Tische werden mit Silberbesteck eingedeckt und prächtige Kronleuchter beleuchten den Raum; die Kellner tragen weiße Handschuhe. Geboten wird toskanische Küche. Reservierung erforderlich.

„Fremdlingen" vorzieht – das ist hier eben so, und die herzhaften, perfekt zubereiteten toskanischen Leckerbissen trösten locker über die „Zwei-Klassen-Gesellschaft" hinweg.

Gnam
BURGER €

(Karte S. 98; ☎ 055 22 39 52; www.gnamfirenze.it; Via di Camaldoli 2r; Burger 10–12 €; ◷ Di–Sa 19–23, So 12–14.30 & 19–23 Uhr; ☏) In diesem Öko-Burgerladen in San Frediano wird das Brot in braunen Papiertüten serviert und die Pommes kommen in winzigen Kupferkesseln. Die Zutaten sind saisonal, aus der Region und bio und es gibt vegetarische und glutenfreie Burger ebenso wie die traditionellen Fleischvarianten. Der Gnam-Imbiss gegenüber bietet leckere Suppen (8 €) zum Mitnehmen oder zum Vor-Ort-Verzehr.

★ Essenziale
TOSKANISCH €€

(Karte S. 98; ☎ 055 247 69 56; http://essenziale.me/; Piazza di Cestello 3r; 3-/5-/7-Gänge-Probiermenü 35/55/75 €, Brunch 28 €; ◷ Di–Sa 19–22, So 11–16 Uhr; ☏) Für die moderne toskanische Küche gibt's keine bessere Bühne als dieses loftartige Restaurant in einem Lagerhaus aus dem 19. Jh. Der umwerfende junge Koch Simone Cipriani bereitet seine Gerichte mit hochgekrempelten Ärmeln und in marineblauer Fleischerschürze am Küchentresen

KLEINE AUSZEIT

In Florenz dreht sich nicht alles nur um die Kunst, den Dom und die Museen. Um das Wesen und die Kultur der Renaissancestadt zu erkunden, muss man sich auch Zeit dafür nehmen, mit den Einheimischen zusammen abzuhängen.

KAFFEEKULTUR

Am Wochenende treffen sich die Florentiner stundenlang mit Freunden und schauen bei einem perfekten Cappuccino dem allgemeinen Treiben zu. Alteingesessene Cafés wie das **Caffè Giacosa** (S. 122) und **Caffè Rivoire** (S. 122) sind zeitlos – oder man mischt sich bei einem sortenreinen Espresso oder einem von fachkundigen Baristas zubereiteten V60-Gebräu bei der Kaffeerösterei **Ditta Artigianale** (S. 122) unter die jungen Florentiner. Einen guten Kaffee serviert in schönem Gartenambiente das **Santarosa Bistrot** (S. 121) zwischen Arno und Stadtmauer.

EIN LANGES MITTAGSMAHL

Für die meisten Florentiner ist Essen sehr wichtig – und so auch ein langes Mittagessen, z. B. auf der schicken Terrasse des Bistros **Irene** (S. 106) auf der Piazza della Repubblica oder im Sternerestaurant **La Leggenda dei Frati** (S. 102) im Bardini-Garten. Oder man besorgt sich am Foodtruck **La Toraia** (S. 109) einen Gourmetburger und lässt sich damit zum Mittagsschmaus am grasigen Ufer des Arno nieder.

EIN GARTENSPAZIERGANG

Schon seit dem 16. Jh. zieht es die Florentiner in den **Boboli-** (S. 102) und den **Bardini-Garten** (S. 102). Ruhiger ist's allerdings im **Giardino dei Semplici** (S. 90), dem stillen botanischen Garten in San Marco, wo sich der Duft der Zitrusblüten mit dem alter Heilpflanzen und toskanischer Wildblumen mischt.

1. Caffè Rivoire (S. 122)
2. Giardino Bardini (S. 102)

DIE BESTE PIZZA

Santarpia (Karte S. 94; ☎ 055 24 58 29; www.santarpia.biz; Largo Pietro Annigoni 9; Pizza 8,50–11 €; ⊙ Mi–Mo 19.30–24 Uhr; ☎) Neapolitanische Pizza gegenüber vom Mercato di Sant'Ambrogio.

Berberé (Karte S. 98; ☎ 055 238 29 46; www.berberepizza.it; Piazza dei Nerli 1; Pizza 6,50–13,50 €; ⊙ Fr–So 12–14.30 & 19–24, Mo–Do 19–24 Uhr) Perfekte Pizza, Craft-Bier und moderne Einrichtung in San Frediano.

Gustapizza (Karte S. 98; ☎ 055 28 50 68; Via Maggio 46r; Pizza 4,50–8 €; ⊙ Di–So 11.30–15 & 19–23 Uhr) Liebling der Studenten mit neapolitanischer Pizza in Oltrarno.

SimBIOsi (Karte S. 89; ☎ 055 064 01 15; www.simbiosi.bio; Via de' Ginori 56r; Pizza 6–10 €, Salate 8–9 €; ⊙ 12–23 Uhr; ☎) Hipster-Pizzeria mit Bio-Pizza, Craft-Bier und Wein von kleinen Erzeugern.

Caffè Italiano Pizzeria (Karte S. 94; ☎ 055 28 93 68; www.caffeitaliano.it; Via dell'Isola delle Stinche 11–13r; Pizza 8 €; ⊙ Di–So 19–23 Uhr) Nur drei verschiedene Pizzas in kargem Ambiente – oder zum Mitnehmen.

Il Pizzaiuolo (Karte S. 94; ☎ 055 24 11 71; Via dei Macci 113r; Pizza 5–10,50 €; ⊙ Mo–Sa 12.30–14.30 & 19.30–24 Uhr, Aug. geschl.) Gemütliche Pizzeria in Sant'Ambrogio, schön für einen Ausgehabend.

zu. Die gesamte Palette seiner kreativen, durch und durch modernen Küche, die sich von klassischen toskanischen Speisen inspirieren lässt, kostet man am besten mit einem seiner Probiermenüs.

Wer Glück hat, dem bringt der Meister seine Kreation selbst an den Tisch, begleitet von einer detaillierten Erläuterung: Schön ist etwa die Geschichte hinter seinem bemerkenswerten Dessert Fior d'Evo mit Grünkohl – eine andere Nachspeise beinhaltet Artischocken. Sonntags gibt's Brunch, eine fabelhaft revolutionäre Angelegenheit mit drei Gängen, Kaffee und Wasser ohne Ende und vielleicht die interessantesten French Toasts, Waffeln und Eier (mit Rotkohl), die man je gegessen hat. Ohne Reservierung geht nichts.

★ Il Santo Bevitore
TOSKANISCH €€

(Karte S. 98; ☎ 055 21 12 64; www.ilsantobevitore.com; Via di Santo Spirito 64–66r; Mahlzeiten 40 €; ⊙ 12.30–14.30 & 19.30–23.30 Uhr, So mittags & Aug. geschl.) Nur wer reserviert hat oder zumindest Punkt 19.30 Uhr da ist, bekommt in dem allseits beliebten Restaurant einen Platz. Hier ist essen mit Stil angesagt: Feinschmecker speisen bei Kerzenlicht in einem weißgekalkten Raum mit Gewölbedecke und Flaschenregalen. Die Karte greift phantasievoll Klassiker der Jahreszeitenküche auf, z. B. Risotto mit Seeteufel, roten Rüben und Fenchel, *ribollita* mit Grünkohl oder Hühnchenleberterrine mit Brioche und einer Vin-Santo-Reduktion.

★ Burro e Acciughe
TOSKANISCH €€

(Butter & Anchovis; Karte S. 98; ☎ 055 045 72 86; www.burroeacciughe.com; Via dell'Orto 35; Mahlzeiten 35 €; ⊙ Fr–So 12–14 & 19–24, Di–Do 19–24 Uhr) Sorgsam ausgewählte Zutaten bilden den Grundstock der Speisen dieses neuen Fischrestaurants, das seine Gäste mit einer kleinen, aber stylischen Auswahl an rohen (Tatar und Carpaccio) und gekochten Fischgerichten anlockt. Die Gnocchi mit Tintenfisch-*ragù* (Ragout) sind himmlisch, genauso wie der *baccalà* (Stockfisch) mit Sahnelauch, Rüben und frittierten Polenta-Ecken. Auch die Weinkarte kann sich sehen lassen.

Gurdulù
RISTORANTE €€

(Karte S. 98; ☎ 055 28 22 23; www.gurdulu.com; Via delle Caldaie 12r; Mahlzeiten 40 €, Probiermenü 55 €; ⊙ Di–Sa 19.30–23, So 12.30–14.30 & 19.30–23 Uhr; ☎) Der Feinschmeckertempel Gurdulù lockt trendbewusste Florentiner mit einer ultraschicken Einrichtung, großartigen Cocktails und einer saisonalen Marktküche mit einem Hauch albanischer Würze der Köchin Entiana Osmenzeza an. Hier kann man nicht nur sehr edel speisen, sondern auch einfach bei einem fachkundig von Sabrina Galloni gemixten Cocktail köstliche *aperitivi*-Snacks knabbern.

Tamerò
ITALIENISCH €€

(Karte S. 98; ☎ 055 28 25 96; www.tamero.it; Piazza Santa Spirito 11r; Mahlzeiten 25 €; ⊙ Di–So 12–15 & 18.30–2 Uhr; ☎) Eine angesagte Pasta-Bar an der hipsten Piazza von Florenz! In der offenen Küche lassen sich die Köche auf die Finger schauen, wodurch die Wartezeit auf einen freien Tisch erträglicher wird. Frische Pasta, gigantische Salate sowie üppig bestückte Aufschnitt- und Käseplatten sind die perfekte Grundlage für die aufgekratzte Gästeschar, um hinterher irgendwo abzutanzen. Der Laden ist im trendigen Industrie-Look ausgestattet, von 18.30 bis 21 Uhr ist *aperitivo*-Happy Hour und am Wochenende dreht ab 22 Uhr ein DJ an den Turntables.

Cuculia   RISTORANTE €€
(Karte S. 98; www.cuculia.it; Via dei Serragli 11; Mahlzeiten 40 €; ☉ Di–Fr 10–24, Sa bis 1 Uhr) Wer ein paar Stunden lang zwischen Bücherregalen bei klassischer Musik träumen will, geht in das wunderbar gemütliche Buchladen-Restaurant und lässt sich von der nostalgisch-kultivierten Atmosphäre einlullen. Die leichte, kreative Küche strotzt vor saisonalen Aromen: Das Rindfleischtatar ist mit Fenchel, Minze und Limone aufgepeppt, die lila Rote-Bete-Gnocchi werden mit Apfelwürfeln, Walnüssen und Gorgonzola-Sauce serviert.

All'Antico Ristoro di' Cambi   TOSKANISCH €€
(Karte S. 98; ☎ 055 21 71 34; www.anticoristoro dicambi.it; Via Sant'Onofrio 1r; Mahlzeiten 35 €; ☉ Mo–Sa 12–14.30 & 18–22.30 Uhr) 1950 als Weingeschäft gegründet, hält sich diese Institution in Oltrarno streng an die Tradition – eine lange Liste guter toskanischer Weine, getrocknetes Fleisch, das von der gewölbten Ziegelsteindecke hängt, und eine Glasvitrine, in der stolz das hoch beachtete *bistecca alla fiorentina* reift. Dies ist eines der besten Lokale der Stadt, um das allgegenwärtige T-Bone-Steak zu probieren.

Olio   TOSKANISCH €€
(Karte S. 98; ☎ 055 265 81 98; www.oliorestaurant. it; Via di Santo Spirito 4; Probiermenüs 40–49 €; ☉ Di–Do 12–15, Fr–So 12–15 & 19–23 Uhr) Die Adresse ist ein kulinarisches Muss: Beim Anblick der Schinken, Trüffelkonserven, Käseräder, Landbrote und anderer Delikatessen, die in diesem Feinkostladen samt Restaurant verkauft werden, bilden sich unweigerlich kleine Pfützchen im Mund. Zwischen Flaschenregalen stehen elegante, mit weißen Tischdecken gedeckte Tische. Die Probiermenüs stehen jeweils unter einem bestimmten Motto.

Il Guscio   TOSKANISCH €€
(Karte S. 98; ☎ 055 22 44 21; www.il-guscio.it; Via dell'Orto 49; Mahlzeiten 35 €; ☉ Mo–Fr 12.30–14

& 19.30–23, Sa 19.30–23 Uhr) Aus der Küche dieses bescheidenen, von einer Familie betriebenen Juwels abseits der Touristenpfade in San Frediano kommen außergewöhnliche Gerichte. Fleisch und Fisch wird gleich viel Aufmerksamkeit gewidmet – Highlights auf der kurzen, aber raffinierten Karte sind etwa Bohnensuppe mit Garnelen und Fisch. Für eine *bistecca* (Steak) muss man 45 € pro kg veranschlagen.

iO Osteria Personale   TOSKANISCH €€€
(Karte S. 98; ☎ 055 933 13 41; www.io-osteria personale.it; Borgo San Frediano 167r; 4-/5-/6-Gänge-Probiermenüs 40/48/55 €; ☉ Mo–Sa 19.30–22 Uhr) Am besten ist es, wenn sich der ganze Tisch für das Probiermenü entscheidet, das erspart allen die Qual der Wahl, denn in dieser wunderbar zeitgemäßen, kreativen Osteria schmeckt einfach alles zum Niederknien! Der in Pontedera geborene Küchenchef Nicolò Baretti verwendet nur Zutaten der Saison, keine Industrieprodukte, keine künstlichen Aromen – und das Ergebnis ist einfach sensationell.

✘ Boboli & San Miniato al Monte

Der grüne Teil von Florenz ist nicht gerade reich mit Essensmöglichkeiten gesegnet, doch was es gibt, ist dafür erinnerungswürdige Gourmetküche.

★ San Niccolò 39   FISCH & MEERESFRÜCHTE €€
(Karte S. 100; ☎ 055 200 13 97; www.sanniccolo39. com; Via di San Niccolò 39; Mahlzeiten 40 €; ☉ Di 19–22.30, Mi–Sa 12.30–14.30 & 19–22.30 Uhr; ☎) Das moderne Restaurant im urigen San Niccolò ist mit seiner Terrasse vorne und

seinem versteckten Sommergarten hinterm Haus ein echtes Juwel. Die Spezialität des Hauses ist roher und gekochter Fisch und so zaubert Küchenchef Vanni kreative Stockfisch-Burger, Schwertfischsteaks mit Radicchio und seine berühmten Linguine mit Tintenfischsud und Cetara-Sardellenöl.

★ La Bottega del Buon Caffè
TOSKANISCH €€€

(Karte S. 100; ☏055 553 56 77; www.borgoin thecity.com; Lungarno Benvenuto Cellini 69r; ⊙Di–Sa 12.30–15, Mo–Sa 19.30–22.30 Uhr) In diesem mit einem Michelin-Stern ausgezeichneten Restaurant, das sich ganz der Farm-to-Table-Philosophie verschrieben hat, verzaubert Chefkoch Antonello Sardi seine Gäste mit herrlichen Gerichten aus seiner offenen Küche. Gemüse und Kräuter stammen vom eigenen Bauernhof Borgo Santo Pietro in den Bergen von Siena. Brot und Focaccia (mit Nuss einfach himmlisch) sind selbst gemacht und das Olivenöl (spezielle Herstellung von Vinci) gehört zu den besten überhaupt.

Ausgehen & Nachtleben

Die Florentiner Ausgehszene ist sehr vielfältig. Ob in alten oder neuen Cafés mit besonderen, von den jeweiligen Baristas ausgewählten Kaffees, in traditionellen *enoteche* – die Weinlokale tischen immer auch tolles Essen auf –, angesagten Bars mit üppigen *aperitivo*-Buffets, versteckten Flüsterkneipen oder modernen Cocktail- oder Craft-Bier-Bars: In Florenz etwas trinken zu gehen ist immer ein Vergnügen. Im Mittelpunkt des weniger extravaganten Nachtlebens stehen eine Handvoll Tanzclubs.

Duomo & Piazza della Signoria

★ La Terrazza Lounge Bar
BAR

(Karte S. 80; ☏055 2726 5987; www.lungarno collection.com; Vicolo dell' Oro 6r; ⊙April–Sept. 14.30–23.30 Uhr) Diese Dachbar mit Holzterrasse, die vom fünften Stock aus im Stil der 1950er-Jahre gehaltenen Designhotels Continentale aus zugänglich ist, ist genauso schick, wie man es sich von einem Modehaushotel erwarten würde. Das *aperitivo*-Buffet ist eine eher bescheidene Angelegenheit, doch wen stört's angesichts des umwerfenden Panoramablicks auf eine der schönsten Städte Europas. Wer sich hier

nicht aufbrezelt, fühlt sich etwas fehl am Platze. Ein Cocktail kostet mindestens 19 €.

Amblé
BAR

(Karte S. 80; ☏055 26 85 28; Piazzetta dei del Bene 7a; ⊙Di–Sa 10–24, So 12–24 Uhr) Diese Café-Bar unweit des Ponte Vecchio ist nicht leicht zu finden. Alte Tische und Stühle – alle auch zu kaufen – sorgen für ein Shabby-Chic-Ambiente und bei einem Sommerabend auf der winzigen Terrasse geraten die Touristenmassen in Vergessenheit. Vom Fluss geht es die Viccolo Oro hinunter zum Hotel Continentale und dann links die Gasse entlang, die parallel zum Fluss verläuft.

Coquinarius
WEINBAR

(Karte S. 80; www.coquinarius.com; Via delle Oche 11r; ⊙Mi–Mo 12.30–15 & 18.30–22.30 Uhr) Steingewölbe, blanke Holztische und erfrischend modernes Flair sind das Erfolgsrezept der weitläufigen, durchgestylten *enoteca*. Nicolas, der umtriebige Besitzer, bietet jede Menge mehr oder weniger berühmter toskanischer Weine an, dazu herzhafte Crostini (geröstetes Weißbrot mit verschiedenen Belägen) und *carpacci* (hauchdünn aufgeschnittenes Fleisch) – da bleibt niemand hungrig. Besonders herausragend sind die mit seidigem Burrata-Käse gefüllten Ravioli mit Pistazienpesto.

Fiaschetteria Nuvoli
WEINBAR

(Karte S. 80; ☏055 239 66 16; Piazza dell'Olio 15r; ⊙Mo–Sa 8–21 Uhr) In dieser altmodischen *fiaschetteria* (Weinhandlung) eine Straße vom Dom entfernt kann man sich an der Straße auf einem Stuhl niederlassen und bei einem Glas *vino della casa* (Hauswein) mit einem der Stammgäste ins Gespräch kommen. Es gibt auch etwas zu essen.

La Terrazza
CAFÉ

(Karte S. 80; La Rinascente, Piazza della Repubblica 1; ⊙Mo–Sa 9–21, So 10.30–20 Uhr) Drei große Sonnenschirme und ein Dutzend Tische auf dem Kaufhausdach machen die gut versteckte Dachterrasse zu einem besonderen Ort. Von Vögeln umschwirrt tun sich die Gäste an einem Espresso oder einem Cocktail gütlich und genießen dabei den Blick auf den Dom, die Piazza della Repubblica und die Hügel im Hintergrund. Im Winter ist die Terrasse beheizt.

RED
CAFÉ

(Karte S. 80; ☏055 293 78 11; www.facebook.com/ RedFeltrinelliFirenze/; Piazza della Repubblica 26; ⊙9–23 Uhr; ☏) Im RED – eine Abkürzung

NICHT VERSÄUMEN

TRENDIGE CRAFT-COCKTAILS

Mad Souls & Spirits (Karte S. 98; ☎055 627 16 21; www.facebook.com/madsoulsandspirits; Borgo San Frediano 38r; ⊙Do–So 18–2, Mo & Mi bis 24 Uhr; ☎) In dieser Bar der Stunde locken die Kultmixer Neri Fantechi und Julian Biondi ein anspruchsvolles trendbewusstes Publikum mit ihren fachkundig zusammengestellten Cocktails an, serviert in einem winzigen meeresgrünen und backsteinroten Raum, der spartanischer nicht sein könnte. Jeder Holztisch ist mit einem Topfkaktus verziert und die humorvolle Cocktailkarte kennt keine Rücksichten. Auf der „Daily Madness"-Tafel sind irre Specials verzeichnet.

Rasputin (Karte S. 98; ☎055 28 03 99; www.facebook.com/rasputinfirenze; Borgo Tegolaio 21r; ⊙20–2 Uhr) Die „geheime" Flüsterkneipe, die jeder kennt! Draußen weist kein Schild auf die Bar hin und sie ist auch eher als eine Art Kapelle getarnt – man halte Ausschau nach dem winzigen Eingang mit einer zweisitzigen Kirchenbank, einem Kreuz an der Wand, alten Bildern und im Flur flackernden Teelichten. Drinnen bietet sich eine Zeitreise zurück in die 1930er-Jahre, mit entsprechenden Möbeln, einem exklusiven Ambiente und Cocktails aus der amerikanischen Prohibitionszeit. Reservierung (telefonisch oder über die Facebook-Seite) empfohlen.

Lo Sverso (Karte S. 89; ☎335 5473530; www.facebook.com/losverso.firenze; Via Panicale 7–9r; ⊙Mo–Sa 17–1, So bis 24 Uhr) In einem Teil der Stadt, in dem Kneipen ungewöhnlicherweise eher Mangelware sind, ist das stylische Lo Sverso ein echtes Juwel. Die Barkeeper bereiten aus hausgemachten Sirupen Cocktails zu – jeder Cocktail mit dem temperamentvollen Basilikumsirup ist klasse! –, die Craft-Biere (mehrere vom Fass) zählen zu den besten in Florenz und schon das selbstgebraute Ginger Ale lohnt einen Besuch hier.

Mayday (Karte S. 80; ☎055 238 12 90; Via Dante Alighieri 16; Cocktails 8 €; ⊙Di–Sa 19–2 Uhr) Wer sich von dem Barkeeper Marco in ein Gespräch verwickeln lässt, ist in Sekundenschnelle seinen selbst erfundenen Mischungen und erstaunlichen Aufgüssen ausgeliefert. Alle sind aus ausschließlich toskanischen Zutaten von Hand gemixt, z. B. Pancetta in Whiskey, Safran-Limoncello oder Steinpilzlikör. Auch die Cocktailkarte von Marco ist eindrucksvoll – wer ihm seine Lieblingsaromen nennt, bekommt einen persönlichen Überraschungsdrink.

für „Read, Eat, Drink" – kann man zwischen Bücherregalen im Erdgeschoss der größten Feltrinelli-Buchhandlung der Stadt wunderbar bei einem Cappuccino verweilen. Zu essen gibt's neben einer tollen Kuchenauswahl auch leckere Panini (4–9 €) und Mittagsgerichte (9,50–12,50 €). Am Wochenende kommt der Brunch (14–16 €) dazu.

Shake Café   CAFÉ
(Karte S. 80; ☎055 21 59 52; www.shakecafe.bio; Via del Corso 28–32; ⊙7.30–20 Uhr) Smoothies mit Proteinpulver, Grünkohl und Gojibeeren, kaltgepresste Säfte und vor Vitaminen strotzende kleine Drinks – alles auch zum Mitnehmen – befriedigen in diesem lockeren Café an der geschäftigen Via del Corso jegliche Gelüste nach Wohlfühlgetränken. Ausländische Zeitungen, sanfte Musik und eine relaxte Atmosphäre machen das Ganze zu einer Hipster-Höhle. Den ganzen Tag über werden außerdem Wraps, Salate und herzhafte hausgemachte Suppen (6–7,50 €) geboten.

YAB   CLUB
(Karte S. 80; ☎055 21 51 60; www.yab.it/en; Via de' Sassetti 5r; ⊙Okt.–Mai Mo & Mi–Sa 19–4 Uhr) Den extrem beliebten Tanzclub hinter dem Palazzo Strozzi gibt es schon seit den 1970er-Jahren. Am besten sucht man sich den für sein Alter und seinen Geschmack passenden Abend aus.

🍷 Santa Maria Novella

Von alteingesessenen Cafés bis zu Buchladencafés, Saftbars und modernen Weinbars: Santa Maria Novella wartet mit einigen interessanten Ausgehadressen und Studentenclubs auf.

⭐ Todo Modo   CAFÉ
(Karte S. 80; ☎055 239 91 10; www.todomodo.org; Via dei Fossi 15r; ⊙Di–So 10–20 Uhr) Diese moderne Buchhandlung mit hippem Café und winzigem Theater im Hinterzimmer ist eine frische Abwechslung zum üblichen Angebot.

Unterschiedliche vom Sperrmüll gerettete Tische und Stühle stehen zwischen Bücher- und Weinregalen in einer entspannten Atmosphäre. Das Café wird auch „UqBar" genannt, nach einem fiktiven Ort in einer Kurzgeschichte des argentinischen Autors Jorges Luis Borges.

Sei Divino WEINBAR
(Karte S. 80; ☏ 055 21 57 94; Borgo d'Ognissanti 42r; ⏰ Mi–Mo 18–1 Uhr) Die stilvolle Weinbar unter einem Ziegelsteingewölbe ist ein Veteran der großen Florentiner Weinlokalszene. Hier spielt Musik, gelegentlich gibt es Kunstausstellungen und im Sommer dehnt sich das Geschehen auf den Bürgersteig aus. Die *aperitivo*-Stunde (mit reichlich gedeckter Tafel) dauert von 19 bis 22 Uhr.

Space Club CLUB
(Karte S. 80; ☏ 055 29 30 82; www.facebook.com/spacefirenze2; Via Palazzuolo 37r; Eintritt unterschiedlich; ⏰ 22–4 Uhr) Allein die Größe des Clubs in Santa Maria Novella ist ein Hammer – hier heißt es Tanzen, Trinken und Video-Karaoke in der Bar. Das Publikum ist international und studentisch.

San Lorenzo & San Marco

In diesem Teil der Stadt sieht's in Sachen Nachtleben eher mau aus, genauso wie bei den Bars und Cafés. Doch es öffnen immer mehr neue Läden ihre Pforten, darunter eine der besten Cocktailbars und Coffeeshops von Florenz.

★ Ditta Al Cinema CAFÉ, BAR
(Karte S. 89; ☏ 055 045 71 63; Via Cavour 50r; ⏰ Mo–Fr 8–24, Sa & So 9–24 Uhr; 🛜) Der dritte und neueste Ableger der bekannten Rösterei und Ginbar Ditta Artigianale residiert im alten Kino La Compagnia und erfüllt alle Erwartungen. An der Theke rangeln rund 150 Sorten Gin um Aufmerksamkeit und die Cocktailkarte von Barkeeper Lorenzo spielt mit dem Erbe des Kinos: Die Drinks sind nach Filmklassikern benannt. Es werden auch Frühstück, Mittagessen und Brunch sowie den ganzen Tag über Tapas serviert.

Chillax Lounge Bar BAR
(Karte S. 94; ☏ 346 2656340; Via Fiesolana 8–10r; ⏰ Di–So 22–4 Uhr) Diese Loungebar am Rande des Ausgehviertels Santa Croce lädt zum Chillen bei einem Cocktail in vorwiegend hölzernem Ambiente ein. An Musik – sowohl live als auch von DJs – läuft alles Mögliche von Latin und Salsa bis Pop und Rock. Mittwochs ist oft Karaoke – Näheres auf der Facebook-Seite der Bar.

Rex Caffé BAR
(Karte S. 94; ☏ 055 248 03 31; www.rexfirenze.com; Via Fiesolana 25r; ⏰ 18–3 Uhr) Das bodenständige Rex sitzt seit 1990 fest im Sattel und ist noch immer ein Publikumsmagnet. An der Bar mixen Virginia und Lorenzo kräftige Cocktails aus hausgemachten Sirupen und handwerklich produzierten Spirituosen wie Ingwer- oder Karotten-Wodka, Pfefferrum und Lorbeer-Wermut. Die künstlerisch angehauchte Bar mit ihrer von Gaudí inspirierten Einrichtung ist zugleich Kunstgalerie und Bühne.

Santa Croce

Ob man bei Sonnenuntergang, wenn das Sonnenlicht sanfter wird und die Arnobrücken in ein romantisches dunstiges Rosa taucht, mit den Einheimischen zusammen und einem Glas in der Hand auf dem Ponte alle Grazie abhängt oder in der hippsten Ginbar der Stadt Cocktails schlürft: Santa Croce weiß nach Einbruch der Dunkelheit auf jeden Fall zu fesseln.

★ Ditta Artigianale CAFÉ, BAR
(Karte S. 94; ☏ 055 274 15 41; www.dittaartigianale.it; Via de' Neri 32r; ⏰ So–Do 8–22, Fr 8–24, Sa 9.30–24 Uhr; 🛜) Mit ihrem Industrieambiente und der einladenden, entspannten Stimmung ist die geniale Kaffeerösterei und Ginbar Ditta Artigianale zu jeder Tageszeit ein perfektes Plätzchen zum Chillen. Die Café-Bar ist eine Schöpfung des dreimaligen italienischen Barista-Meisters Francesco Sanapo und berühmt für ihren erstklassigen Kaffee und ihre herausragenden Gin-Cocktails. Hier gibt's alles vom einfachen Milchkaffee bis zum Cold Brew Tonic und Cappuccino mit Mandel-, Soja- oder Kokosmilch.

Le Murate Caffè Letterario BAR, CAFÉ
(Karte S. 94; ☏ 055 234 68 72; www.lemurate.it; Piazza delle Murate Firenze; ⏰ 9–1 Uhr; 🛜) In der künstlerischen Café-Bar im alten Gefängnis der Stadt treffen sich Literaten bei einer Tasse Kaffee oder einem Häppchen zum Diskutieren, Fabulieren und Vorlesen. Das Literaturcafé versteht sich als Plattform für Schriftsteller aus dem In- und Ausland, die für Lesungen und Vorträge eingeladen werden. Dazu gibt's Filmvorführungen, Gesprächsrunden, Livemusik und Kunstausstellungen. Die Tischplatten bestehen aus

recycelten Fensterrahmen und im Sommer verlagert sich das Geschehen in den gepflasterten Innenhof.

Beer House Club   CRAFT-BIER
(Karte S. 94; ☎ 055 247 67 63; www.beerhouseclub.eu; Corso dei Tintori 34r; ⊙12–3 Uhr) In der jungen, fröhlichen Bar in Santa Croce können Freunde des Gerstensafts die besten italienischen Craft-Biere probieren: Es gibt zehn vom Fass und weitere hundert aus der Flasche, darunter auch welche aus dem Ausland. Es werden Sportereignisse übertragen und jede Menge Party-Events veranstaltet – siehe Facebook-Seite des Ladens. Etwas zu essen gibt's auch.

Eby's Bar   BAR
(Karte S. 94; Via dell'Oriuolo 5r; ⊙Mo–Sa 11–3 Uhr) Ein munteres studentisches Publikum füllt diese junge und bunte Bar, die draußen in einer überdachten Gasse außerdem mit Holzbänken aufwartet. Aus der Küche kommt Mexikanisches und die Barkeeper sind für ihre Kurzen bekannt, die sie auch gern flambieren.

Off the Hook   BAR
(Karte S. 94; ☎ 055 1999 1333; www.offthehook.it; Via Giuseppe Verdi 47; ⊙12–2.30 Uhr; ☏) In der quirligen Kneipe genießen junge Florentiner Craft-Biere, Cocktails und eine umwerfende Auswahl an kreativen Burgern (7–12 €), darunter auch vegane und vegetarische. Dienstags und freitags legen ab 22 Uhr DJs auf oder es spielen Bands.

Lion's Fountain   IRISH PUB
(Karte S. 94; ☎ 055 234 44 12; www.thelionsfountain.com, Borgo degli Albizi 34r; ⊙10–3 Uhr) Wer sich leichter tut, auf Englisch ins Gespräch zu kommen als auf Italienisch, ist hier richtig – aber auch wer eine Band aus der Umgebung hören will. Im belebtesten Irish Pub von Florenz geht's vor allem im Sommer ab, wenn biertrinkende Gäste den hübschen, verkehrsberuhigten Platz bevölkern. Zur Livemusik kann man sich mit Burgern, Nachos, Sandwiches, Wings und Brunchspeisen (5–10 €) von einem kanariengelben Foodtruck stärken.

Bamboo   CLUB
(Karte S. 94; ☎ 339 4298764; www.bambooloungeclub.com; Via Giuseppe Verdi 59r; ⊙Fr, Sa & Mo 19–4, Do bis 3 Uhr) Der Club in Santa Croce mit Lounge und Tanzfläche, roten Samtbänken, einer Bar aus grauem Stahl und einer Mischung aus Hip-Hop und R&B auf den

Plattentellern ist die perfekte Hipster-Location – in Schale werfen, gut aussehen und die Türen öffnen sich.

Blob Club   CLUB
(Karte S. 94; ☎ 324 8043276; Via Vinegia 21r; ⊙Mo–Mi 23–3, Do–Sa bis 5 Uhr) Dieser trendige kleine Club in Santa Croce lockt mit seinen musikalischen Mottonächten – z. B. 60er-Jahre, Hip-Hop, Alternative Rock – ein international gemischtes Publikum an.

🍷 Oltrarno

Ob besondere Kaffees, Cocktails, Craft-Biere oder außerordentlich gute Weine aus der Toskana und anderswo in Italien – Oltrarno fehlt es an nichts. Die Ausgehszene auf dieser Seite des Flusses ist absolut top und es eröffnen auch ständig neue interessante Läden.

★Santarosa Bistrot   BAR
(☎ 055 230 90 57; www.facebook.com/santarosa.bistrot; Lungarno di Santarosa; ⊙8–24 Uhr; ☏) In dieser Hipster-Garten-Bistrobar an einem Stückchen der alten Stadtmauer in den blumigen Santarosa-Gärten lässt es sich gut aushalten. Unter den Bäumen stehen hier gemütliche Sofas aus alten Holzkisten. Das Essen (Mahlzeiten 30 €) ist hervorragend und die Mixer an der Bar setzen der ausgezeichneten Weinkarte, für die die Enoteca Pitti Gola e Cantina verantwortlich zeichnet, ihre toll gefertigten Cocktails entgegen.

★Enoteca Pitti Gola e Cantina   WEINBAR
(Karte S. 98; ☎ 055 21 27 04; www.pittigolaecantina.com; Piazza dei Pitti 16; ⊙Mi–Mo 13–24 Uhr) Für Bacchusjünger gibt's nichts Besseres als diese Weinbar gegenüber vom Palazzo Pitti. Sie wird mit viel Leidenschaft und Humor von dem charismatischen Trio Edoardo, Manuele und Zeno betrieben – und manchmal genehmigen sie sich selbst ein Gläschen und klönen mit ihren Gästen. Die Wände der kleinen Bar sind mit Regalen voller sorgfältig ausgewählter Weine von kleinen Gütern aus der Toskana und dem restlichen Italien gesäumt und an ein paar Marmortischen kann man auch zwanglos etwas essen, z. B. ausgezeichneten Aufschnitt und hausgemachte Pasta.

★Il Santino   WEINBAR
(Karte S. 98; ☎ 055 230 28 20; Via di Santo Spirito 60r; ⊙12.30–23 Uhr) Die kleine Schwester des edlen Restaurants Il Santo Bevitore zwei Türen weiter gibt sich mit ihren nackten

Steinwänden und der Marmortheke sehr stilvoll. Hier lassen sich bestens Wurst und Schinken, Käse und toskanische Klassiker mit sorgsam ausgesuchten Weinen – viele von regionalen Erzeugern – und Craft-Bieren kombinieren.

Kawaii COCKTAILBAR
(Karte S. 98; ☎055 28 14 00; www.ristorante momoyama.it; Borgo San Frediano 8r; ☉18–1 Uhr) Die schicke neue japanische Cocktailbar lockt mit Außergewöhnlichem wie einer Blood Meray (Tomatensaft, japanischer Sochu, frischer Ingwer, Sojasauce und Wasabi) sowie mit mehreren kreativen Cocktails auf Sake-Basis – dazu gibt's japanische Tapas. Wer möchte, kann auch einen der rund 30 verschiedenen Sakes, eins der 15 japanischen Biere oder einen der 15 Whiskys probieren. Aufbrezeln ist hier angesagt.

Ditta Artigianale CAFÉ, BAR
(Karte S. 98; ☎055 045 71 63; www.dittaartigia nale.it; Via dello Sprone 5r; ☉Mo–Fr 8–24, Sa & So 9–24 Uhr; ☎) Der zweite Ableger der besten Kaffeerösterei und Ginbar in Florenz lädt seine treue Hipster-Kundschaft in einem Ambiente im Stil der 1950er-Jahre zu kompletten Abendmahlzeiten. Daneben gibt's natürlich auch Kaffeespezialitäten, Gin-Cocktails und

überhaupt eine lockere Atmosphäre mit bunt gemusterten Tapeten, gemütlichen goldenen und erbsengrünen Sesseln, einem Restaurant oben und einer quirligen Bar mit tollen Cocktails unten sowie einer winzigen Terrasse hinterm Haus.

Volume BAR
(Karte S. 98; ☎055 238 14 60; www.volumefirenze. com; Piazza Santo Spirito 3r; ☉8.30–1.30 Uhr) Sessel, jede Menge Antikes und Recyceltes vom Flohmarkt, Bücher, Musikbox, Crêpes, leckere Kleinigkeiten zum Kaffee sowie leichte Mittagsgerichte machen die Mischung aus Bar, Galerie und Café unheimlich attraktiv. Das Ganze ist in einer ehemaligen Hutmacherwerkstatt untergebracht, altes Werkzeug und Holzmodelle unterstützen den kreativen Vintage-Look. Wenn Musik, Kunst, DJs oder andere Events auf dem Programm stehen, lohnt sich der Besuch doppelt.

La Cité BAR
(Karte S. 98; ☎055 21 03 87; www.lacitelibreria. info; Borgo San Frediano 20r; ☉Mo–Sa 14–2, So 15–2 Uhr; ☎) Das angesagte Büchercafé mit zusammengewürfelten alten Sitzmöbeln ist ein herrlicher kleiner Ort für Lesungen, Drinks und Livemusik (Jazz, Swing, Weltmusik) – siehe Facebook-Seite.

CAFÉS MIT GESCHICHTE

Caffè Giacosa (Karte S. 80; ☎055 277 63 28; www.caffegiacosa.it; Via della Spada 10r; ☉Mo–Fr 7.45–20.30, Sa 8.30–20.30, So 12.30–20.30 Uhr; ☎) Das schicke Café ist berühmt für seine Vergangenheit: gegründet 1815, Geburtsstätte des Cocktails Negroni und Treffpunkt von englisch-florentinischen Aristokraten und Intellektuellen in den Jahren zwischen den Weltkriegen. Heute ist es das hippe Café des Erfolgsdesigners Roberto Cavalli – sein Flagshipstore liegt gleich nebenan –, mit einer quirligen Terrasse an der angesagten Via de' Tournabuoni und erstaunlich gemäßigten Preisen.

Caffè Rivoire (Karte S. 80; ☎055 21 44 12; www.rivoire.it; Piazza della Signoria 4; ☉Sommer Di–So 7–24 Uhr, Winter bis 21 Uhr) Der Evergreen der Cafészene ist unschlagbar in puncto Leutegucken. Seit 1872 werden hier mit die leckersten Pralinen der Stadt unters Volk gebracht. Für den eleganten Rahmen sorgen die Barkeeper mit schwarzer Weste und Krawatte. Wer ein paar Euro sparen möchte, gesellt sich zu den Florentinern an der Theke.

Gilli (Karte S. 80; ☎055 21 38 96; www.gilli.it; Piazza della Repubblica 39r; ☉7.30–1.30 Uhr) Das berühmteste unter den historischen Cafés serviert seit 1733 extrem leckere Kuchen, Pralinen, Obsttörtchen und *millefoglie* (Blätterteig mit sahniger Vanille- oder Schokocreme) – zum Hineinlegen. 1910 ist das Lokal an die heutige Adresse am alten römischen Forum gezogen. Die Jugendstileinrichtung ist wunderbar in Schuss.

Procacci (Karte S. 80; ☎055 21 16 56; www.procacci1885.it; Via de' Tornabuoni 64r; ☉Mo–Sa 10–21, So 11–20 Uhr, Aug. 3 Wochen geschl.) Die letzte Bastion des Florenz „der guten alten Zeit" in der Via de' Tornabuoni ist dieses winzige Café. Es war 1885 gegenüber der englischen Apotheke als Feinkostgeschäft eröffnet worden, das Trüffeln und andere Delikatessen verkaufte. Bis heute sind die häppchengroßen *panini tartufati* (Brötchen mit Trüffelpaste) der Renner und schmecken besonders lecker mit einem Glas Prosecco.

Dolce Vita
BAR

(Karte S. 98; ☎055 28 45 95; www.dolcevita florence.com; Piazza del Carmine 6r; ◷So–Mi 19–1.30, Do–Sa bis 2 Uhr, Aug. 2 Wochen geschl.) Die alteingesessene Bar mit Clubflair ist als Hotspot für Drinks nach der Arbeit, Cocktails und DJs schon seit den 1980er-Jahren gut im Geschäft. Das schicke Innere wechselt dank stets neuer Foto- und Kunstausstellungen monatlich sein Gesicht. Im Sommer tummelt sich alles auf der Terrasse – Sonnenbrille nicht vergessen! Manchmal spielen auch Bands.

 Boboli & San Miniato al Monte

Dank ihrer Lage am Fluss bzw. am Hügel mit einigen der schönsten Ausblicke der Stadt bietet diese Gegend einige ansprechende Ausgehmöglichkeiten.

⭐ Le Volpi e l'Uva
WEINBAR

(Karte S. 100; ☎055 239 81 32; www.levolpieluva. com; Piazza dei Rossi 1; ◷Mo–Sa 11–21 Uhr) Diese unscheinbare Bar, versteckt in der Nähe der Chiesa di Santa Felicità, ist so einladend wie am Tag ihrer Eröffnung vor über zehn Jahren. Das erstklassige Speisen- und Weinangebot ist aufeinander abgestimmt – erlesene Weine von 150 kleinen Winzern aus ganz Italien können verkostet und gekauft werden, dazu die passenden Käse- und Wurstsorten sowie die besten Crostini (Toasts mit verschiedenen Belägen) der Stadt. Auch Weinproben und Kurse.

Flò
LOUNGE, CLUB

(Karte S. 100; ☎055 65 07 91; www.flofirenze.com; Piazzale Michelangelo 84; ◷Sommer 19.30–4 Uhr) Zweifellos die angesagteste Location der Stadt, um sich sehen zu lassen. Die Sommernächte im Flò, das ab Mai oder Juni am Piazzale Michelangelo aufmacht, sind wirklich hot. Verschiedene, thematisch eingerichtete Lounges, Tanzfläche und ein VIP-Bereich (wo nur die Florentiner Schickimicki-Szene einen Tisch bekommt) machen Laune.

Schick anziehen – sonst kommt man nicht an den Türstehern vorbei!

Il Lounge
LOUNGE

(Karte S. 100; ☎055 553 56 77; www.borgointhe city.com; Lungarno Benvenuto Cellini 69r; ◷Di–Sa 14–24, So 12–15 Uhr; ☎) Wem die irrsinnigen Massen und die lärmenden toskanischen *fiaschetteria* zu viel werden, findet in dieser stilvollen Lounge einen himmlischen Ruhepol. Die Weinkarte ist außerordentlich,

der Kamin sorgt für Gemütlichkeit und die Snacks an der Bar kommen direkt aus der Feinschmeckerküche des mit einem Michelin-Stern ausgezeichneten Chefkochs Antonello Sardi (sein Restaurant ist nebenan).

Zoé
BAR

(Karte S. 100; ☎055 24 31 11; www.facebook.com/ zoebarfirenze; Via dei Renai 13r; ◷8.30–3 Uhr; ☎) Die Bar auf der anderen Seite des Arno bietet genau das, was ihre Stammkunden suchen: relaxte Atmosphäre im Industrielook. Hier ist (fast) rund um die Uhr chillen angesagt. Ob Frühstück, Mittagessen, Cocktails oder Partynacht, Zoé ist stets zur Stelle. Sobald es wärmer wird, hängen die Gäste draußen auf der Holzterrasse ab. Oft sorgen DJs und Partys für Stimmung – siehe die Facebook-Seite des Ladens.

Außerhalb

Tenax
CLUB

(☎335 5235922; www.tenax.org; Via Pratese 46; Eintritt unterschiedlich; ◷Okt.–April Do–So 22–4 Uhr) Als einziger Club in Florenz hat das Tenax europaweit einen Ruf wegen seiner internationalen Gast-DJs und der abgefahrenen „Nobody's Perfect"-House-Partys am Samstag. Das kaufhausähnliche Gebäude liegt außerhalb, nicht weit vom Flughafen, und ist mit Bus 29 oder 30 ab Stazione di Santa Maria Novella zu erreichen.

⭐ Unterhaltung

Opera di Firenze
OPER

(☎055 277 93 09; www.operadifirenze.it; Piazzale Vittorio Gui, Viale Fratelli Rosselli 15; ◷Kasse Di–Fr 10–18, Sa bis 13 Uhr) Das moderne Opernhaus von Florenz mit seiner funkelnden geometrischen Fassade liegt am Rand des Stadtparks Parco delle Cascine. In den drei durchdachten multifunktionalen Konzertsälen finden 5000 Besucher Platz. Im Frühling findet hier das Maggio Musicale Fiorentino (S. 103) statt.

Teatro della Pergola
THEATER

(Karte S. 94; ☎055 2 26 41; www.teatrodella pergola.com; Via della Pergola 18) In dem schönen Stadttheater mit dem faszinierenden Eingang werden von Oktober bis April klassische Konzerte aufgeführt.

🛍 Shoppen

Geschmacklose Massenware wie Boxershorts mit dem David-Schniedel drauf gibt's überall, vor allem auf dem **Mercato Nuovo**

(Karte S. 80; Piazza del Mercato Nuovo; ⊗ Mo–Sa 8.30–19 Uhr): Er wird von minderwertigen Handtaschen und anderen billigen Ledererzeugnissen nur so überflutet. Für alle, die niveauvoller shoppen wollen, öffnet sich eine Welt mit Werkstätten und Boutiquen: Seit dem Mittelalter steht Florenz für solide Handwerkskunst.

⌂ Duomo & Piazza della Signoria

★ Benheart
MODE & ACCESSOIRES
(Karte S. 80; ☏ 055 046 26 38; www.benheart.it; Via dei Cimatori 25r; ⊗ 10–20 Uhr) Der wunderschöne Flagshipstore von Benheart beeindruckt mit handgemachten Lederwaren wie Schuhen, Jacken, Gürteln und Taschen für Männer und Frauen, kreiert vom örtlichen Superstar Ben, einem jungen Florentiner Modeschöpfer, der mit seinem Florentiner Schulfreund Matteo nach einer Herzoperation sein Geschäft gründete. Sie schworen sich, dass, wenn Ben überleben sollte, sie die Sache allein durchziehen würden – und das haben sie mit großem Erfolg getan.

Fabriano Boutique
KUNST & KUNSTHANDWERK
(Karte S. 80; ☏ 055 28 51 94; www.fabriano boutique.com; Via del Corso 59r; ⊗ 9–19.30 Uhr) Luxuriöses Schreibpapier, Origami, originelle Klappkarten und andere nette Papierprodukte ziehen Kunden in diesen hochmodernen Schreibwarenladen – eine schöne Abwechslung zur traditionellen Norm. Er bietet auch Kurse für Kalligraphie, Kartenherstellung und Origami an.

Angela Caputi
SCHMUCK
(Karte S. 80; ☏ 055 29 29 93; www.angelacaputi. com; Borgo SS Apostoli 42–46; ⊗ Mo–Sa 10–13 & 15.30–19.30 Uhr) Der bunte, peppige Gießharzschmuck von Angela Caputi, die seit den 1970er-Jahren in Florenz tätig ist, hat viele Fans. Ketten und Broschen sind echte Hingucker und kommen in Kombination mit den Klamotten der originellen Modelabels, die Angela auf ihren vielen Reisen entdeckt hat, besonders gut zur Geltung.

⌂ Santa Maria Novella

Das Straßennetz unmittelbar westlich der Designerstraße Via de' Tornabuoni (S. 83) wartet mit superstylischen Läden für Mode, Kunstgewerbe, Haushaltswaren und einzigartiges Design auf: Die Via della Vigna Nuova und Via della Spada sind von tollen Läden gesäumt.

★ Officina Profumo-Farmacia di Santa Maria Novella
KOSMETIK, GESCHENKE
(Karte S. 80; ☏ 055 21 62 76; www.smnovella.it; Via della Scala 16; ⊗ 9.30–20 Uhr) Schon 1612 mischten die Dominikanermönche von Santa Maria Novella in der Parfümerie und Apotheke Kräuter aus dem Klostergarten zu duftenden Salben und heilenden Tinkturen. In den Regalen der prächtigen Verkaufsräume von 1848 drängen sich Duftwässerchen, Kosmetikprodukte und Kräuteressenzen nach alten Rezepten, etwa gegen schwere Beine oder für elastische Haut und die Stärkung des Gedächtnisses und der geistigen Energie.

Grevi
MODE & ACCESSOIRES
(Karte S. 80; ☏ 055 26 41 39; www.grevi.it; Via della Spada 11–13r; ⊗ Mo–Sa 10–14 & 15–20 Uhr) In *Tee mit Mussolini* (1999) trug Cher einen Hut von Siena Grevi, ebenso Maggie Smith in *Mein Haus in Umbrien* (2003). Wer sich wie ein Star fühlen will, probiert in der unglaublich romantischen Boutique mal ein paar Hüte durch – zu Preisen ab 30 € bis unerschwinglich.

Aprosio & Co
ACCESSOIRES, SCHMUCK
(Karte S. 80; ☏ 055 21 01 27; www.aprosio.it; Via del Moro 75–77r; ⊗ Mo–Fr 10–19, Sa 10.30–19.30 Uhr) Aus winzig kleinen Glasperlen fabriziert Ornella Aprosio glitzernde Schmuckstücke und veredelt damit Haarspangen, Broschen in Tierform, Handtaschen und sogar Kaschmirpullis. Einfach zauberhaft!

Letizia Fiorini
KUNST & KUNSTHANDWERK
(Karte S. 80; ☏ 055 21 65 04; Via del Parione 60r; ⊗ Di–Sa 10–19 Uhr) Das bezaubernde Märchenparadies ist ein One-Woman-Unternehmen: Letizia Fiorini sitzt hinter der Ladentheke, und wenn sie gerade mal Leerlauf hat, näht sie an ihren ausdrucksstarken Puppen. Von den Regalen grüßen Pulcinella, der Clown Arlecchino, die hübsche Magd Colombina, Doctor Peste (mit Gesichtsmaske gegen die Pest), der Draufgänger Il Capitano und viele andere Figuren aus dem traditionellen italienischen Puppentheater.

Pineider
KUNST & KUNSTHANDWERK
(Karte S. 80; ☏ 055 28 46 56; www.pineider.com; Piazza de' Rucellai 4–7r; ⊗ 10–19 Uhr) Stendhal, Byron, Shelley und Dickens zählen zu den literarischen Größen, die sich ihre Schreibwaren von dieser Firma liefern ließen.

Richard Ginori
HAUSHALTSWAREN
(Karte S. 80; ☏ 055 21 00 41; www.richard ginori1735.com; Via de' Rondinelli 17r; ⊗ Mo–Mi

TOP DREI: FEINKOSTLÄDEN

Kulinaria einzukaufen ist in Florenz eine wahre Freude. Die Florentiner leben, um zu essen. Neben dem Mercato Centrale (S. 109) und dem **Mercato di Sant'Ambrogio** (Karte S. 94; Piazza Ghiberti; ☺ Mo–Sa 7–14 Uhr) sind dies die besten Lebensmittelläden von Florenz:

La Bottega Della Frutta (Karte S. 80; ☎ 055 239 85 90; Via dei Federighi 31r; ☺ Mo–Sa 8.30–19.30 Uhr, Aug. geschl.) Am besten Einheimischen folgen, um diesen bezaubernden Laden zu finden. Draußen stehen mit Blumen und Gemüse beladene Fahrräder, drinnen stapeln sich Käse, Bioobst und -gemüse, Kekse, Schokolade, konservierte Produkte, exzellente Weine usw. Jeden Dienstag wird frischer Mozzarella, von dem die Milch noch abtropft, aus Eboli auf Sizilien geliefert. Wer plant, Olivenöl zu kaufen, sollte unbedingt hier vorbeischauen; einfach nach Elisabeta oder Ehemann Francesco fragen.

Eataly (Karte S. 80; ☎ 055 015 36 01; www.eataly.net; Via de' Martelli 22r; ☺ 10–22.30 Uhr; ☎) Alles, was die Toskana zu bieten hat, an einem Ort: Schön präsentiert werden hier Olivenöl, eingelegtes Gemüse, Pasta, Reis, Kekse usw. Außerdem gibt's Tresen für frische Backwaren und Feinkost, Kühlregale mit scheinbar jedem Käse, der unter Italiens Sonne reift, und eine Kaffeebar.

Obsequium (Karte S. 98; ☎ 055 21 68 49; www.obsequium.it; Borgo San Jacopo 17/39; ☺ Mo 10–22, Di & Mi bis 21, Do–Sa bis 24, So 12–24 Uhr) Toskanische Weine, Weinzubehör und Gourmetleckerbissen wie Trüffeln in einer der edelsten Weinhandlungen der Stadt – und das auch noch im Erdgeschoss eines der besterhaltenen mittelalterlichen Türme von Florenz. Wer vom Angebot überwältigt ist, gönnt sich vielleicht erstmal ein Gläschen oder auch eine kleine Weinverkostung mit drei Gläsern mit (20–40 €) oder ohne (15–30 €) Käse- und Salamiteller.

10–19, Do–Sa 10–19.30, So 12–19 Uhr) Das Raumlabyrinth dieses eleganten Porzellanladens lohnt auf jeden Fall eine Erkundung. Das Geschäft für Geschirr von Richard Ginori, eines seit 1735 bestehenden toskanischen Unternehmens, ist eins der schönsten der ganzen Stadt, mit Original-Parkettböden, Stuckdecken, tapezierten Wänden und einem gläsernen Wintergarten des 18. Jhs. voller Pflanzen.

Marioluca Giusti HAUSHALTSWAREN
(Karte S. 80; ☎ 055 239 95 27; www.mario lucagiusti.com; Via della Vigna Nuova 88r; ☺ 10–19.30 Uhr) Kannen, Becher, Gläser und anderes buntes Geschirr in diesem auffälligen Geschäft sehen aus wie aus Glas – sind sie aber nicht! Der Designer Marioluca Giusti verwendet ausschließlich synthetische Materialien für seine Entwürfe. Ob poppig oder im alten Stil – das Geschirr ist immer erfrischend bunt und ein perfektes Mitbringsel. Ein zweites **Geschäft** (Karte S. 80; ☎ 055 21 45 83; Via della Spada 20r; ☺ 10–19.30 Uhr) befindet sich ganz in der Nähe.

🔒 San Lorenzo & San Marco

Frisches Obst und Gemüse, Olivenöl, Salami usw. gibt's natürlich auf dem Mercato Cen-

trale (S. 106). Außerdem befindet sich hier noch der Gourmettempel Eataly und die Gegend wartet zudem mit ein paar interessanten Modeboutiquen auf.

★ Street Doing MODE, VINTAGE
(Karte S. 89; ☎ 055 538 13 34; www.streetdoing vintage.it; Via dei Servi 88r; ☺ Mo 14.30–19.30, Di–Sa 10.30–19.30 Uhr) In dieser außergewöhnlichen Kleidcrhöhle drcht sich alles um Vintage-Mode für Männer und Frauen. Die sorgfältig ausgesuchten Stoffe und Accessoires stammen von den führenden italienischen Designern und sind in hervorragendem Zustand: mit Perlen bestickte Clutches aus den 1950er-Jahren von Gucci, blumige Pucci-Kleider aus den 1960ern, Modelle von Valentino aus allen vergangenen Kollektionen. Ein wahrer Modehimmel!

Penko SCHMUCK
(Karte S. 80; ☎ 055 21 16 61; www.paolopenko. com; Via Ferdinando Zannetti 14–16r; ☺ Mo–Sa 9.30–19 Uhr) Schmuck und Edelsteine der Renaissance sind die Inspirationsquelle für die Entwürfe von Juwelier Paolo Penko. Werkstatt und Geschäft wurden 1950 vom Großvater eröffnet. Heute führen sie Vater und Sohn gemeinsam in dritter und vierter Generation. Alles wird von Hand hergestellt,

wie die zahllosen alten Werkzeuge auf der Werkbank zeigen. Wer Glück hat und im richtigen Moment den Laden betritt, kann sich von Paolo einen persönlichen Florentiner Gulden aus Bronze, Silber oder Gold prägen lassen.

Scriptorium KUNST & KUNSTHANDWERK
(Karte S. 80; ☎ 055 238 26 20; www.facebook.com/scriptoriumatelier/; Via de' Pucci 4; ⊙ Mo–Fr 10–13 & 15.30–19, Sa 10–13 Uhr) Es lohnt sich, einfach mal durch diese exklusive Boutique zu schlendern und in die cineastische Kulisse im Hof des Palazzo Pucci (16.–18. Jh.), in dem sich der Laden versteckt, einzutauchen. Hier werden erlesene Ledertaschen und Bücher, Kalligraphiewerkzeuge und altmodische Wachssiegel in jeglicher Farbe hergestellt.

Mrs Macis MODE & ACCESSOIRES
(Karte S. 94; ☎ 055 247 67 00; Borgo Pinti 38r; ⊙ Mo 16–19.30, Di–Sa 10.30–13 & 16–19.30 Uhr) Die begnadete Carla Macis hat ihr Atelier mit Verkaufsraum im Puppenstubenlook eingerichtet – ein echter Blickfang. Die Boutique ist auf sehr feminine Damenmode im Stil der 50er-, 60er- und 70er-Jahre und Schmuck aus neuen und recycelten Materialien spezialisiert.

Scarpelli Mosaici KUNST
(Karte S. 89; ☎ 055 21 25 87; www.scarpellimosaici.it; Via Ricasoli 59r; ⊙ Mo–Fr 9.30–18.30, Sa bis 13 Uhr) Die gesamte Familie Scarpelli ist in dieser Werkstatt mit schönem Laden unter einem Backsteingewölbe damit beschäftigt, die Kunst der *pietre dure*, der puzzleartigen Marmoreinlegearbeiten, zu bewahren. Wenn das Personal gerade Zeit hat, gibt es gerne eine kurze Einführung in dieses schöne, aber unglaublich mühsame Handwerk.

🔒 Santa Croce
Santa Croce ist auf jeden Fall eher ein Viertel für einen stimmungsvollen Marktbummel als für schicke Designerläden.

★ Aquaflor KOSMETIK
(Karte S. 94; ☎ 055 234 34 71; www.florenceparfum.com; Borgo Santa Croce 6; ⊙ 10–19 Uhr) Diese elegante Parfümerie in einem gewölbten Palazzo aus dem 15. Jh. verströmt Romantik und Exotik. Die Düfte werden mit großer Sorgfalt und Präzision von Meisterparfümeur Sileno Cheloni selbst hergestellt, der mit wertvollen Essenzen aus aller Welt arbeitet wie z. B. der Florentiner Schwertlilie. Bioseifen, Kosmetik und Körperpflege-

produkte sind herrliche Mitbringsel für die Daheimgebliebenen.

Boutique Nadine VINTAGE
(Karte S. 94; ☎ 055 247 82 74; www.boutiquenadine.com; Via de' Benci 32r; ⊙ Mo 14.30–19.30, Di–Sa 10.30–19.30, So 14–19.30 Uhr) Es gibt keine elegantere, nostalgischere Adresse für Vintage-Klamotten, Schmuck, Wohnaccessoires und anderen Schnickschnack als diesen Laden mit Holzboden, antiken Vitrinen und der Umkleidekabine von anno dazumal. Hier stimmt alles bis aufs Detail. Am Fluss in der Nähe des **Ponte Vecchio** (Karte S. 80; ☎ 055 28 78 51; Lungarno degli Acciaiuoli 22r; ⊙ Mo 14.30–19.30, Di–Sa 10–19.30 Uhr) gibt es einen weiteren Laden.

Oltrarno
Hier kann man wunderbar herumstreifen: In alten Gassen verbergen sich winzige Werkstätten florentinischer Handwerker, Kunstgalerien und einzigartige Geschäfte. Die Einkaufsmeilen Borgo San Jacopo und Via Santo Spirito sind top für angesagte Mode, der Ponte Vecchio (S. 122) strotzt vor Juwelieren.

★ Lorenzo Perrone KUNST
(Karte S. 98; ☎ 340 274402; www.libribianchi.info; Borgo Tegolaio 59r; ⊙ unterschiedlich) In dieser absolut faszinierenden Künstlerwerkstatt erzählt jedes Buch eine andere Geschichte. Hier schafft der aus Mailand stammende Lorenzo Perrone aus Gips, Leim, Acryl und verschiedenen wiederverwerteten Produkten schneeweiße *Libri Bianchi* (Weiße Bücher), wunderbare Buchskulpturen. Seine Arbeitszeiten sind eher unregelmäßig – vorher anrufen!

★ &Co KUNST & KUNSTHANDWERK
(And Company; Karte S. 98; ☎ 055 21 99 73; www.andcompanyshop.com; Via Maggio 51r; ⊙ Mo–Sa 10.30–13 & 15–19 Uhr) Souvenirsuche vom Feinsten! Diese Büchse der Pandora wird von der in Florenz geborenen und in England aufgewachsenen Kalligraphin und Grafikdesignerin Betty Soldi und ihrem Ehemann und Vintage-Liebhaber Matteo Perduca mit herrlichen Objekten gefüllt. In ihrem einzigartigen Laden sind Bettys individuelle Karten, dekorative Papierwaren, wiederverwertete Haushaltswaren und besondere Düfte zu haben, außerdem Arbeiten anderer Designer wie superschicke Accessoires aus bedrucktem Leder der dänischen Firma Edition Poshette.

Byørk MODE & ACCESSOIRES
(Karte S. 98; ✆ 333 9795839; www.bjorkflorence.
com; Via della Sprone 25r; ⊙ Mo 14.30–19.30, Di–Sa
10.30–13.30 & 14.30–19.30 Uhr) Trendige Mode
sowie Heftchen, Bücher und Magazine werden in diesem hippen Laden verkauft, der
so gar nicht zwischen die schmuddeligen, alten Kunstateliers in einer Nebenstraße von
Oltrarno passt. Das Geschäft ist das Werk
des weitgereisten Florentiner Modefreaks
Filippo Anzaione, dessen Gespür für italienische und moderne europäische Designer
unschlagbar ist.

Officine Nora SCHMUCK
(Karte S. 98; www.officinenora.it; Via dei Preti 2–4;
⊙ Mo–Fr 11–13 & 15.30–19.30 Uhr) In der coolen
ehemaligen Autowerkstatt, in der heute moderne Juweliere ihre Stücke kreieren, wird
die reiche Florentiner Goldschmiedekunst
vollends in die Gegenwart befördert. Der große, helle Loft ist mit alten Tischen gefüllt, an
denen die Kunsthandwerker ihre vielfältigen
tragbaren Kunstwerke anfertigen. Besucher
können ihnen bei der Arbeit zusehen und natürlich auch Stücke kaufen, aber am besten
schickt man vorher eine Mail oder ruft an.

Giulio Giannini e Figlio KUNST & KUNSTHANDWERK
(Karte S. 98; ✆ 055 21 26 21; www.giuliogiannini.
it; Piazza dei Pitti 37r; ⊙ Mo–Sa 10–19, So 11–
18.30 Uhr) Die urige, alte Ladenfront dieser
Buchbinderei gegenüber vom Palazzo Pitti
gibt es seit 1856. Hier werkelt mit den Gian-
ninis eine der ältesten Handwerkerfamilien
der Stadt. Hergestellt und verkauft werden
Marmorpapier, wunderschön gebundene
Bücher und Schreibwaren. Unbedingt die
Werkstatt oben anschauen!

⛺ Boboli & San Miniato al Monte

Zwar prägt das benachbarte Oltrarno die
Shoppingszene auf dieser Seite des Flusses,
doch Boboli und San Miniato sind bekannt
für eine Handvoll nobler Fachgeschäfte –
normale Einkaufsstraßen sucht man hier
eher vergebens.

★ Lorenzo Villoresi PARFÜM
(Karte S.100; ✆ 055 234 11 87; www.lorenzovilloresi.
it; Via de' Bardi 14; ⊙ Mo–Sa 10–19 Uhr) Für seine
Parfüme, Körperpflegeprodukte, Duftkerzen
und -steine, ätherischen Öle und Duftpot-
pourris vermählt Villoresi typisch toskanische Aromen wie Lorbeer, Olive, Zypresse
und Iris mit ätherischen Ölen und Essenzen
aus der ganzen Welt. Seine magischen Düf-

te sind äußerst begehrt, und ein Besuch des
Geschäfts im familieneigenen Palazzo aus
dem 15. Jh. ist ein echtes Erlebnis.

Antica Bottega Degli Orafi SCHMUCK
(Karte S. 100; ✆ 055 246 90 32; www.marco
baronifirenze.com; Via dei Renai 3; ⊙ 9.30–13 &
15.30–19 Uhr) In dieser altmodischen Werkstatt kann man dem bekannten Florentiner
Goldschmied Marco Baroni bei der Arbeit
über die Schulter schauen. Neben Gold verarbeitet er auch Eisen und fertigt mit selte-
nen und Edel- und Halbedelsteinen exquisite Ringe, Armreife, Anhänger und Ohrringe.

Legatoria Il Torchio KUNST & KUNSTHANDWERK
(Karte S. 100; ✆ 05 5234 2862; www.legatoriail
torchio.com; Via de' Bardi 17; ⊙ Mo–Fr 10–13.30 &
14.30–19, Sa 10–13 Uhr) In Erin Ciullas gemütlicher Werkstatt erhält man einen Einblick in
ihre zeitgenössische Version der traditionellen Florentiner Buchbindekunst. Hier findet
man eine wahre Schatztruhe an Mitbringseln
wie handgenähte Lederbücher, Fotorahmen
aus marmoriertem Papier und Journale
in der Form von Musikinstrumenten. Wer
möchte, kann sich auch etwas nach eigenen
Vorstellungen Maßgefertigtes machen lassen.

Madova MODE & ACCESSOIRES
(Karte S. 100; ✆ 055 21 02 04; www.madova.com;
Via Guicciardini 1r; ⊙ Mo–Sa 9.30–19.30 Uhr) Egal,
ob mit Kaschmir-, Seiden- oder Lammfell-
futter oder auch ungefüttert – in dem seit
1919 bestehenden Betrieb gibt's Handschuhe
in allen Größen und Farben und aus jedem
Leder, das das Herz begehrt. Ein Paar kostet
etwa zwischen 35 und 185 €.

Stefano Bemer SCHUHE
(Karte S. 100; ✆ 055 046 04 76; www.stefano
bemer.com; Via di San Niccolò 2; ⊙ Mo–Sa 10–
19 Uhr) Maßgeschneiderte Schuhe für den
Herren – in die Sohle des linken Schuhs wird
als Glücksbringer eine originale Sechs-Pence-
Münze eingearbeitet – sind das Markenzeichen dieses Florentiner Schuhmachers. Kunden können zwischen 40 Grundmustern und
aus einem erstaunlichen Lederangebot wählen, darunter Rotwild, Rind, Hai, Nilpferd
oder russisches Rentier, deren Lederhäute
durch traditionelle, seit 1786 angewandte
Gerbmethoden konserviert werden.

ℹ Praktische Informationen

MEDIZINISCHE VERSORGUNG

24-Stunden-Apotheke (✆ 055 21 67 61;
Stazione di Santa Maria Novella; ⊙ 24 Std.)

TAGESAUSFLUG NACH FIESOLE

Das Schmuckstück von einem Dorf schmiegt sich in die Hügel 9 km nordöstlich von Florenz. Schon Boccaccio, Marcel Proust, Gertrude Stein und Frank Lloyd Wright erlagen der Idylle aus frischer Luft und Olivenhainen, hinter denen immer wieder elegante Villen im Renaissancestil auftauchen. Die Ausblicke auf die Ebene und Florenz sind umwerfend.

10 Uhr

Fiesole wurde im 7. Jh. v. Chr. von den Etruskern gegründet und war die wichtigste Stadt im nördlichen Etrurien. Wer sich in diese Blütezeit zurückbeamen will, geht in die **Area Archeologica** (www.museidifiesole.it; Via Portigiani 1; Erw./erm. Fr–So 10/6 €; ☺Sommer 9–19 Uhr, im Winter kürzer) nahe der zentralen Piazza Mino di Fiesole. Karten gibt's in der **Touristeninformation** (☎055 596 13 11, 055 596 13 23; www.fiesoleforyou.it; Via Portigiani 3; ☺Sommer 10–18.30 Uhr, Winter bis 17.30 Uhr) ganz in der Nähe. Der Weg führt an den Ruinen eines kleinen etruskischen Tempels und einer römischen Bäderanlage vorbei zum archäologischen Museum. Für eine Pause bieten sich die Steinstufen des römischen Amphitheaters aus dem 1. Jh. v. Chr. an. Im Sommer treten dort Musiker und Schauspieler beim ältesten Open-Air-Festival Italiens auf, der **Estate Fiesolana** (www.estatefiesolana.it).

Nebenan zeigt das **Museo Bandini** (☎055 596 12 93; www.museidifiesole.it; Via Giovanni Dupré; Erw./erm. 5/3 €, mit Area Archeologica 12/8 €; ☺Sommer 9–19 Uhr, im Winter kürzer) toskanische Werke der Frührenaissance, darunter Medaillons (um 1505–1520) von Giovanni della Robbia sowie Taddeo Gaddis strahlende *Verkündigung* (1340–1345).

12 Uhr

Vom Museo Bandini aus führt ein 300 m langer Spaziergang über die Via Giovanni Dupré zum **Museo Primo Conti** (☎055 59 70 95; www.fondazioneprimoconti.org; Via Giovanni Dupré 18; Erw. 3 €; ☺Mo–Fr 9–14 Uhr). Hier lebte und arbeitete im 20. Jh. der gleichnamige Avantgardekünstler. Um hineinzukommen und seine rund 60 Werke sehen und die Aussicht im Garten genießen zu können, einfach klingeln.

13 Uhr

Zurück auf der **Piazza Mino di Fiesole**, wo am ersten Sonntag im Monat ein Antiquitätenmarkt stattfindet, locken Caféterrassen. Einen spektakulären Blick auf Florenz bietet die überdachte Terrasse der 1860 eröffneten **Villa Aurora** (☎055 5 93 63; www.villaurora fiesole.com; Piazza Mino da Fiesole 39; Mahlzeiten 30 €; ☺12–14.30 & 19–22.30 Uhr). Rustikale, typisch toskanische Mahlzeiten am Gemeinschaftstisch gibt's im **Vinandro** (☎055 5 91 21; www.vinandrofiesole.com; Piazza Mino da Fiesole 33; Mahlzeiten 25 €; ☺12–24 Uhr), noch besser ist **La Reggia degli Etruschi** (☎055 5 93 85; www.lareggiadeglietruschi.com; Via San Francesco; Mahlzeiten 30 €; ☺Mo–Mi 19–21.30, Do–So 12.30–13.30 & 19–21.30 Uhr), das sonntags von Florentinern wimmelt, die neben dem Essen auch die traumhafte Aussicht schätzen.

15 Uhr

Jetzt ist die **Cattedrale di San Romolo** (Piazza Mino di Fiesole; ☺7.30–12 & 15–17 Uhr) GRATIS dran, deren Grundstein im 11. Jh. gelegt wurde. Die Terrakotta-Skulptur, die das Portal von innen bewacht, stammt von Giovanni della Robbia und stellt den heiligen Romolo dar. Danach geht's die von Mauern gesäumte **Via San Francesco** steil bergauf zum Florenz-Panorama, das sich vom Platz neben der **Chiesa e Convento di San Francesco** (Via San Francesco; ☺9–12 & 15–18 Uhr) aus dem 15. Jh. bietet. Hier gibt's überall viel Grün für eine Siesta und die Touristeninfo hat eine Broschüre mit Spaziergängen (1–3,5 km).

17 Uhr

Die Florentiner machen sich nun bereit für den *aperitivo* im populären **JJ Hill** (☎055 5 93 24; Piazza Mino da Fiesole 40; ☺Mo–Mi 18–24, Do–Sa 17–1, So 17–23 Uhr). Der stimmungsvolle irische Pub bietet nicht nur gute Biere, sondern auch exzellente Burger und andere Kneipenklassiker. Aktive Romantiker entscheiden sich vielleicht für die geführte 2½-stündige Radtour (21 km, 50 € inkl. Leihrad) bei Sonnenuntergang zurück nach Florenz mit **FiesoleBike** (☎345 3350926; www.fiesolebike.it). Die Agentur wird von Giovanni Crescioli geleitet, einem super Guide aus Fiesole für Radtouren und Wanderungen. In der Saison beginnt seine Sonnenuntergangstour täglich um 17 Uhr an der Piazza Mino di Fiesole.

Diese Apotheke im Hauptbahnhof von Florenz hat rund um die Uhr geöffnet. Meist ist wenigstens ein Mitarbeiter mit Englischkenntnissen anwesend.

Dr. Stephen Kerr: Medical Service (☎ 335-836 16 82, 055 28 80 55; www.dr-kerr.com; Piazza Mercato Nuovo 1; ⊙ Mo–Fr 15–17 Uhr oder mit Termin Mo–Fr 9–15 Uhr) Britischer Arzt.

Krankenhaus (Ospedale di Santa Maria Nuova; ☎ 055 6 93 81; www.asf.toscana.it; Piazza di Santa Maria Nuova 1; ⊙ 24 Std.)

NOTFALL

Polizei (Questura; ☎ 055 4 97 71, englischsprachiger Service 055 497 72 68; http://questure.poliziadistato.it; Via Zara 2; ⊙ tgl. 24 Std., englischsprachiger Service Mo–Fr 9–14 Uhr)

TOURISTENINFORMATION

Flughafen (☎ 055 31 58 74; www.firenze turismo.it; Flughafen Florenz, Via del Termine 11; ⊙ Mo–Sa 9–19, So bis 14 Uhr)

Infopoint Bigallo (Karte S. 80; ☎ 055 28 84 96; www.firenzeturismo.it; Piazza San Giovanni 1; ⊙ Mo–Sa 9–19, So bis 14 Uhr)

Touristeninformation (Karte S. 89; ☎ 055 21 22 45; www.firenzeturismo.it; Piazza della Stazione 4; ⊙ Mo–Sa 9–18.30, So bis 13.30 Uhr)

Touristeninformation (Karte S. 89; ☎ 055 29 08 32; www.firenzeturismo.it; Via Cavour 1r; ⊙ Mo–Fr 9–13 Uhr)

An- & Weiterreise

BUS

Der **Busbahnhof** (Autostazione Busitalia-Sita Nord; Karte S. 80; ☎ 800 373760; Via Santa Caterina da Siena 17r; ⊙ 5.30–20.30, So 6–20 Uhr) an der Westseite der Piazza della Stazione bietet nur eine begrenzte Anzahl an Busverbindungen an – die Zugverbindungen sind besser. Sitabus (www.sitabus.it) fährt folgende Ziele an:

Siena (7,80 €, 1¼ Std., mind. stündl.)
Greve in Chianti (4,20 €, 1 Std., stündl.)

FLUGZEUG

Der **Flughafen Florenz** (Aeroporto Amerigo Vespucci; ☎ 055 3 06 15, 055 306 18 30; www.aeroporto.firenze.it; Via del Termine 11), auch Amerigo Vespucci oder Peretola genannt, liegt 5 km nordwestlich der Stadtmitte und wird sowohl von italienischen Flughäfen als auch aus dem Ausland angeflogen.

ZUG

Der Hauptbahnhof von Florenz ist die **Stazione di Santa Maria Novella** (Piazza della Stazione). Die **Gepäckaufbewahrung** (Deposito Bagagliamano; Stazione di Santa Maria Novella; bis 5 Std. 6 €, dann 0,90 €/Std.; ⊙ 6–23 Uhr) liegt am

Gleis 16. Fahrkarten werden in der Schalterhalle verkauft, können aber auch (ohne langes Schlangestehen) an Automaten mit Touch-Screen-Bedienung (auch auf Deutsch) erstanden werden. Zahlung mit Kreditkarte möglich.

Florenz liegt an der Verbindungsachse Mailand–Rom. Züge gehen nach:

ZIEL	PREIS (€)	DAUER	HÄUFIGKEIT
Bologna	26	1–1¾ Std.	alle 15–30 Min.
Lucca	7,50	1½–1¾ Std.	2-mal stündl.
Mailand	54–64	2¼–3½ Std.	mind. stündl.
Pisa	8,40	45 Min.–1 Std.	alle 15 Min.
Pistoia	4,40	45 Min.–1 Std.	alle 10 Min.
Rom	45–55	1¾–4¼ Std.	mind. 2-mal stündl.
Venedig	49–54	2¾–4½ Std.	mind. stündl.

ⓘ Unterwegs vor Ort

AUTO & MOTORRAD

Die Innenstadt ist fast die ganze Woche über für den Individualverkehr gesperrt (Anlieger frei). Aber mit dem Auto nach Florenz reinzufahren, bringt ohnehin nur Ärger und Stress.

FAHRRAD

Milleunabici (www.bicifirenze.it; Piazza della Stazione; 1 Std./5 Std./1 Tag 2/5/10 €; ⊙ März–Okt. 10–19 Uhr) Vor dem Hauptbahnhof Santa Maria Novella können gegen Vorlage eines Ausweises violette Fahrräder gemietet werden.

Florence by Bike (☎ 055 48 89 92; www.florencebybike.com; Via San Zanobi 54r; 1 Std./5 Std./1 Tag 3/9/12 €; ⊙ Sommer Mo–Sa 9–13 & 15.30–19.30, So 9–17 Uhr, Winter So geschl.) Erstklassiger Fahrradladen mit Verleih (Stadtfahrräder, Mountainbikes, Touren- und Rennräder), Tipps für Fahrradwege und Organisation von Fahrradtouren (2-stündige Fototour durch die Stadt, Tagesausflüge ins Chianti).

VOM/ZUM FLUGHAFEN

Bus

ATAF (einfach/hin & zurück 6/10 €, 30 Min.) pendelt mit dem **Volainbus** (☎ 800 373760; www.fsbusitalia.it) zwischen dem Busbahnhof und dem Flughafen Amerigo Vespucci. Er verkehrt zwischen 6 und 20.30 Uhr im 30-Minuten-Takt, von 20.30 bis 23.30 Uhr dann stündlich (vom Flughafen aus 5.30–23.45 Uhr).

Taxi

Ein Taxi vom Flughafen Florenz Vespucci in die Stadt kostet 20 € (Festpreis; an Sonn- und Feiertagen 24 €, zwischen 22 und 6 Uhr 25,30 €) plus 1 € Zuschlag pro Gepäckstück und 1 € für einen vierten Mitfahrer. Der Taxistand liegt gleich rechts vom Ausgang des Terminals.

ÖFFENTLICHE VERKEHRSMITTEL

In Florenz verkehren Busse und elektrische Minibusse der städtischen ATAF. Die meisten (auch Bus 13 zum Piazzale Michelangelo) halten an der ATAF-Haltestelle gegenüber dem Südostausgang der Stazione di Santa Maria Novella. Tickets kosten 1,20 € (im Bus 2 €; Fahrer wechseln nicht!) und gelten 90 Minuten (Rückfahrten sind nicht erlaubt). Verkauft werden sie an Kiosken, in Tabakläden und im **Auskunfts- und Ticket-büro der ATAF** (Karte S. 89; ☎800 424500, 199 104245; www.ataf.net; Stazione di Santa Maria Novella, Piazza della Stazione; ⊙Mo–Sa 6.45–20 Uhr) im Hauptbahnhof. Buspässe für 1/3/7 Tage kosten 5/12/18 €. Einzelfahrscheine müssen bei Fahrtantritt im Bus entwertet werden (sonst droht ein Bußgeld von 50 €).

TAXI

Taxiruf ☎ 055 42 42 oder ☎ 055 43 90.

Siena & Zentraltoskana

Gut essen

➡ Il Leccio (S. 178)

➡ L'Osteria di Casa Chianti (S. 155)

➡ Osteria del Castello (S. 161)

➡ La Taverna di San Giuseppe (S. 146)

➡ La Terrazza del Chiostro (S. 180)

➡ Dopolavoro La Foce (S. 179)

Weinproben

➡ Antinori nel Chianti Classico (S. 155)

➡ Castello di Ama (S. 160)

➡ Poggio Antico (S. 174)

➡ Fattoria Le Capezzine (S. 183)

➡ Vignamaggio (S. 151)

Auf nach Siena & in die Zentraltoskana

Wer sich klassische Toskana-Landschaften vor Augen führt, denkt gemeinhin an die Zentraltoskana. Aber diese beliebte Touristenregion hat mehr zu bieten als sanft gewellte Hügel, sonnenverwöhnte Weinberge und kunstvoll angelegte Zypressenalleen. Das wahre Juwel sind die alten Dörfer und Städte aus Mittelalter und Renaissance, die es auf wundersame Weise in die heutige Zeit geschafft haben.

Schon seit dem Mittelalter, als christliche Pilger der Via Francigena von Canterbury nach Rom folgten, ist dieser privilegierte Teil Italiens eine Region der Reisenden. Die Orte an der Pilgerroute wuchsen und gediehen durch die Versorgung der Pilger. Heute ist es nicht viel anders: Der Tourismus ist der Haupterwerbszweig, dicht gefolgt vom Weinanbau und der Olivenölherstellung, und es sind hier jede Menge Leute unterwegs.

Die Region beeindruckt mit Kunst, Architektur und Landschaften, die zum Unesco-Welterbe gehören, sowie mit ihrer Gastronomie. Hier kann man sich wirklich verzaubern lassen!

Entfernungen (km)

	Montepulciano	Siena	San Gimignano	Volterra
Siena	70			
San Gimignano	112	46		
Volterra	120	50	30	
Greve in Chianti	102	48	33	53

SIENA

53 903 EW.

Sienas Vorzeigebauwerke streben gen Himmel – und haben durchaus das Zeug, auch die Stimmung der Betrachter zu heben. Die religiösen und säkularen Baudenkmäler, ein großes gotisches Freiluftmuseum, haben sich sowohl ihr mittelalterliches Aussehen als auch ihre herausragenden Kunstschätze bewahrt, sodass die Besucher jede Menge Anlass zum Staunen haben. Auch die historischen *contrade* (Bezirke) der Stadt sind grandios: Sie halten heute noch genauso eng zusammen und sind genauso bunt wie im 17. Jh., als das weltberühmte Pferderennen, der Palio, aus der Taufe gehoben wurde. Und in jedem Stadtviertel finden sich quirlige Straßen mit Kunsthandwerksläden, duftenden *pasticcerie* (Konditoreien) und verführerischen Restaurants – ein Fest für die Sinne und ein Muss auf jeder Toskana-Reise.

Geschichte

Der Legende nach wurde Siena vom Sohn des Remus gegründet. Deswegen ist die Wölfin, die die Zwillinge Romulus und Remus säugt, in Siena so gegenwärtig wie in Rom. Wahrscheinlich ist die Stadt etruskischen Ursprungs; sie wuchs allerdings erst ab dem 1. Jh. v. Chr. zu einer richtigen Stadt heran, als die Römer hier die Militärkolonie Sena Julia gründeten.

Im 12. Jh. brachte der Ausbau von Handel und Verkehr Siena Wohlstand, Größe und Macht. Mit der Bedeutung Sienas wuchs auch die Rivalität mit dem benachbarten Florenz, die im 13. Jh. zu mehreren gewaltsamen Auseinandersetzungen zwischen der Hauptstadt der Guelfen und dem ghibellinischen Siena führte. Im Jahr 1230 belagerten Truppen aus Florenz Siena und katapultierten Kot und Eselsfleisch über die Stadtmauern. Siena revanchierte sich 1260 mit einem überragenden Sieg in der Schlacht von Montaperti. Allerdings war der Erfolg nur von kurzer Dauer. Schon zehn Jahre später wurden die toskanischen Ghibellinen von Karl von Anjou besiegt, und Siena war gezwungen, sich mit Florenz, der Hauptstadt der toskanischen Guelfen, zu verbünden.

Im folgenden Jahrhundert wurde Siena vom *Consiglio dei Nove* (Rat der Neun) regiert, einer Gruppe von wohlhabenden Bürgern, die ständig im Streit mit dem Adel lag. Der Rat gab viele der gotischen Bauten Sienas in Auftrag, die das Stadtbild prägen. Zu den bleibenden Baudenkmälern gehören der *duomo* (Dom) (S. 178), der Palazzo Pubblico (S. 132) und die Piazza del Campo (S. 132).

In der Malerei entwickelte sich die Sieneser Schule, die Anfang des 14. Jhs. mit Künstlern wie Duccio di Buoninsegna und Ambrogio Lorenzetti ihren Höhepunkt erreichte.

Der Ausbruch der Pest im Jahr 1348 raffte zwei Drittel der 100 000 Einwohner von Siena dahin und leitete eine Zeit des Niedergangs ein, die 200 Jahre später in der Übergabe der Stadt an den Florentiner Cosimo I. de' Medici gipfelte. Der neue Herrscher untersagte den Einwohnern der Stadt jegliche Finanzgeschäfte und schmälerte damit ihren Einfluss erheblich.

Aus heutiger Sicht war der sich über Jahrhunderte hinziehende ökonomische Niedergang ein Segen, weil dadurch Geld für große städtebauliche Erneuerungen fehlte. Im Zweiten Weltkrieg nahmen die Franzosen Siena ohne nennenswerte Gegenwehr ein, sodass die Stadt fast unzerstört blieb. All dies führte dazu, dass das historische Zentrum von Siena zum Unesco zum Weltkulturerbe erklärt wurde: als lebendiges Beispiel einer mittelalterlichen Stadt.

⊙ Sehenswertes

★ Piazza del Campo

PLATZ

(Karte S. 144) Die abschüssige Piazza, im Volksmund einfach „Il Campo" genannt, wurde Mitte des 12. Jhs. im Auftrag des *Consiglio dei Nove* (Rat der Neun) angelegt und ist seither das politische und gesellschaftliche Zentrum der Stadt. Früher befand sich hier ein römischer Marktplatz. Die neun Kreissegmente im Pflastermuster stehen für die neun Mitglieder des Rates. Das prachtvolle Pflaster ist heute ein beliebter Treffpunkt besonders der jüngeren Einwohnerschaft der Stadt und die Cafés rund um den Platz gehören zu den beliebtesten für einen Kaffee oder einen Aperitif vor dem Abendessen.

Im oberen Bereich des Platzes befindet sich die **Fonte Gaia** (Fröhlicher Brunnen; Karte S. 144; Piazza del Campo).

Palazzo Pubblico

HISTORISCHES GEBÄUDE

(Palazzo Comunale; Karte S. 144; Piazza del Campo) Das gotische Meisterwerk aus dem 14. Jh. zieht am Campo, dem eigentlichen Herzen der Stadt, alle Blicke auf sich. Es wurde erbaut, um den gewaltigen Wohlstand, die stolze Unabhängigkeit und das säkulare Wesen von Siena zu demonstrieren. Der

DREI PERFEKTE TAGE

1. Tag

Die Geschmacksknospen auf einer Führung durch das supermoderne Weingut **Antinori nel Chianti Classico** (S. 155) „aufwärmen" und vielleicht im **Rinuccio 1180** (S. 155) zu Mittag essen, bevor es auf ein historisches Gut wie **La Bottega di Badia a Passignano** (S. 154) oder **Vignamaggio** (S. 151) geht. Danach folgt man Nebenstraßen an Weinbergen vorbei nach Greve in Chianti, um sich die **Antica Macelleria Falorni** (S. 152) anzusehen. Weiter südlich, in **Panzano in Chianti** (S. 154), besichtigt man die **Pieve di San Leolino** (S. 154), speist in einem **Dario-Cecchini-Restaurant** (S. 154) und nächtigt schließlich in einem *agriturismo* oder einem Landhaushotel.

2. Tag

Vormittags führt ein Bummel durch die Kopfsteinpflasterstraßen von **Volterra** (S. 170) zum **Museo Etrusco Guarnacci** (S. 172) und in Alabaster-Werkstätten. Zum Mittagessen bieten sich das edle **Ristorante-Enoteca Del Duca** (S. 173) oder das Café **L'Incontro** (S. 173) an. Anschließend lockt das mittelalterliche **San Gimignano** (S. 161) mit einem Kunstausflug, bei dem sich Traditionelles (**Collegiata**; S. 162) und Zeitgenössisches (**Galleria Continua**; S. 164) die Waage halten.

3. Tag

Am letzten Tag besichtigt man die mittelalterliche Abtei **Sant'Antimo** (S. 175). Nach einer Fahrt vorbei an Sangiovese-Rebstöcken gibt's im **Il Leccio** (S. 178) Mittagessen in der Gesellschaft örtlicher Winzer. Als Nächstes steht **Montalcino** (S. 174) auf dem Programm, die Heimat der berühmten Brunello-Weine. Man kann die Wehrmauern der **Fortezza** (S. 174) erklimmen, Wein in den zahlreichen *enoteche* des Orts verkosten und dann in der **Drogheria Franci** (S. 175) ein modernes toskanisches Mahl genießen.

---

architektonisch clever designte Bau – seine konkave Fassade passt sich der konvexen Form des Platzes perfekt an – beherbergte schon seit jeher die Verwaltung der Stadt und dient als Veranstaltungsort für Kulturevents. Vom schlanken Glockenturm, der **Torre del Mangia** (Karte S. 144; 0577 29 23 43; www.enjoysiena.it; 10 €; Sommer 10–18.15 Uhr, im Winter bis 15.15 Uhr), eröffnen sich großartige Ausblicke – doch erst muss man die steilen Treppen erklimmen!

Die städtischen Amtsstuben sind für Besucher nicht zugänglich, aber die wichtigen historischen *sale* (Säle) und die hintere Loggia bilden heute das tolle Museo Civico (S. 138).

★**Complesso Museale Santa Maria della Scala**   MUSEUM
(Karte S. 144; 0577 53 45 11, 0577 53 45 71; www.santamariadellascala.com; Piazza Duomo 1; Erw./erm. 9/7 €; Mo, Mi & Do 10–17, Fr bis 20, Sa & So bis 19 Uhr, im Sommer länger) Der riesige Museumskomplex gegenüber vom Dom, ursprünglich als Hospiz für Pilger auf der Via Francigena erbaut, stammt aus dem 13. Jh. Ein echtes Highlight ist der **Pellegrinaio** (Pilgersaal) im Obergeschoss. Lebendige Fresken aus dem 15. Jh. von Lorenzo di Pietro (alias Il Vecchietta), Priamo della Quercia und Domenico di Bartolo preisen die guten Werke des Krankenhauses und seiner Schutzherren. Das eindringlichste davon ist vielleicht Bartolos *Il governo degli infermi* (Versorgung der Kranken, 1440–1441), auf dem Szenen aus dem Krankenhausalltag dargestellt sind.

In diesem Komplex gibt's so viel zu sehen, dass ein halber Tag nur knapp ausreicht. Keinesfalls auslassen sollte man das stimmungsvolle **Archäologische Museum** in den Kellergewölben, den mittelalterlichen *fienile* (Heuboden) im 3. Stock mit den Originalskulpturen (1419) der Fonte Gaia (S. 132) von Jacopo della Quercia und die *Sagrestia Vecchia* (Alte Sakristei) der Chiesa SS Annunziata rechts beim Haupteingang mit di Bartolos *Madonna della Misericordia* (1444–1445) und einem Freskenzyklus von di Pietro zu den Glaubensartikeln.

Dazu kommen noch ein ausgezeichneter Andenkenladen und ein nettes Café (Eingang an der Piazza Duomo).

★**Pinacoteca Nazionale**   GALERIE
(Karte S. 144; 0577 28 11 61; http://pinacoteca nazionale.siena.it; Via San Pietro 29; Erw./erm. 4/2 €; Di–Sa 8.15–19.15, So & Mo 9–13 Uhr)

Highlights

1 **Siena** (S. 132) Gotische Architektur, wundervolle Kunst und süße Mandelkekse genießen.

2 **Chianti** (S. 150) Eine der berühmtesten Weinregionen der Welt erkunden und dabei stilvoll essen, trinken und nächtigen.

3 **San Gimignano** (S. 161) Durch die Straßen dieser zauberhaft erhaltenen mittelalterlichen Stadt bummeln.

4 **Montepulciano** (S. 181) In diesem stimmungsvollen Weinort Vino Nobile und Chianina-Rindfleisch aus der Gegend probieren.

5 **Volterra** (S. 170) Etruskische Artefakte und Kunsthandwerk aus Alabaster entdecken.

6 **Montalcino** (S. 174) In einer der vielen *enoteche* der Stadt den berühmtesten toskanischen Wein verkosten, den Brunello.

7 **Val d'Orcia** (S. 174) Auf idyllischen Nebenstraßen einen Abstecher in diese Welterbelandschaft unternehmen.

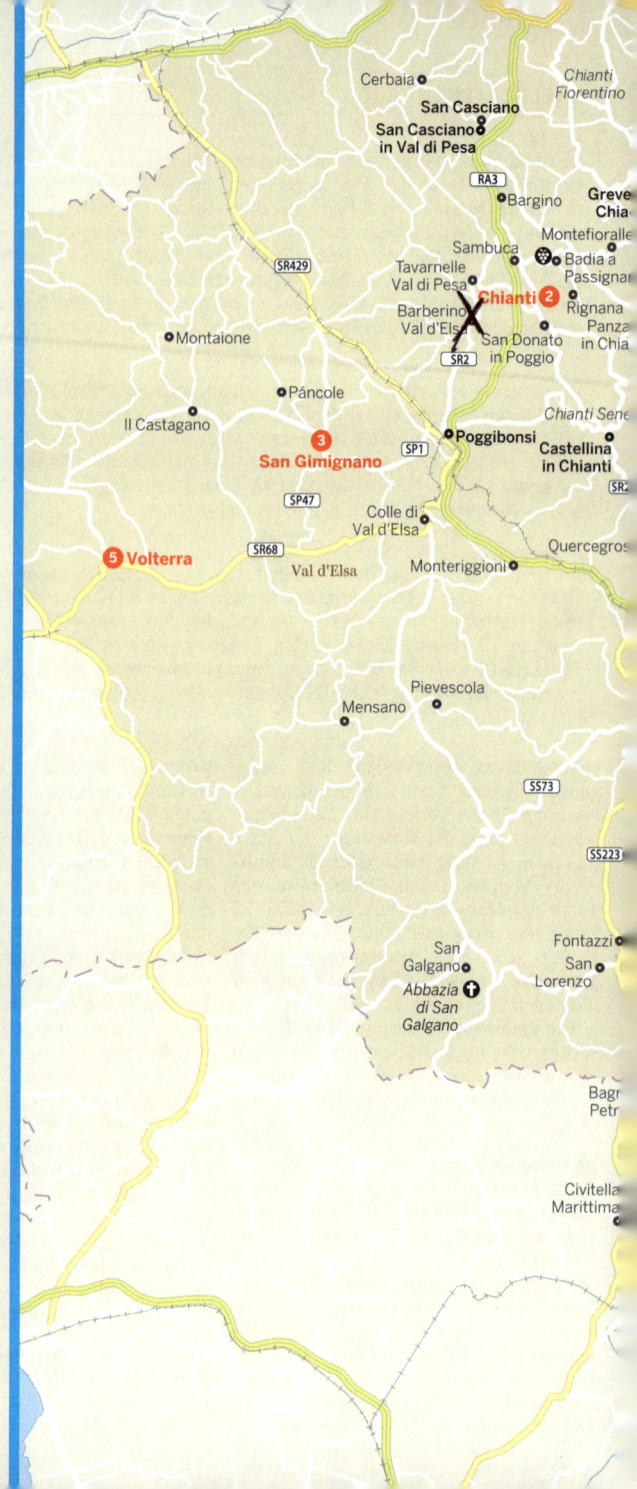

HIGHLIGHT
OPERA DELLA METROPOLITANA DI SIENA

Sienas Dom, eine der großartigsten gotischen Kirchen Italiens, bildet den Mittelpunkt eines Ensembles kirchlicher Bauten mit Museum, Taufkapelle und Krypta. Sie sind allesamt mit wundervoller Kunst geschmückt: Zu den Künstlern, die ihrer Stadt und ihrem Gott huldigten, zählen Giovanni und Nicola Pisano, Pinturicchio, Jacopo della Quercia, Ghiberti, Donatello und der berühmteste der Sieneser Maler, Duccio di Buoninsegna.

Duomo

Mit dem Bau des Doms wurde 1215 begonnen und die Arbeiten dauerten bis weit ins 14. Jh. Die prachtvolle Fassade aus weißem, grünem und rotem Marmor entwarf Giovanni Pisano. Bei den Statuen von Philosophen und Propheten handelt es sich um Kopien – die Originale befinden sich im Museo dell'Opera. Atemberaubend ist der Dom auch drinnen: Hier setzt sich das Muster mit schwarzen und weißen Bändern von den Außenmauern und vom Turm fort.

Libreria Piccolomini

Zugang zu der zauberhaften **Bibliothek** (Piccolomini-Bibliothek; Karte S. 144; Sommer/Winter frei/2 €) hat man durch eine Tür im nördlichen Seitenschiff. Sie wurde für die Büchersammlung von Enea Silvio Piccolomini gebaut, besser bekannt als Papst Pius II. Die Wände der Bibliothek wurden zwischen 1503 und 1508 von Bernardino (di Betto) Pinturicchio mit detailreichen Fresken bemalt, die Szenen aus dem Leben Piccolominis zeigen, u. a. seine Krönung als Papst.

Pisanos Kanzel

Die exquisite Kanzel des Doms aus Marmor und Porphyr schuf zwischen 1265 und 1268 Nicola Pisano, der auch schon

NICHT VERSÄUMEN

➡ Libreria Piccolomini

➡ Duomo

➡ Battistero di San Giovanni

➡ Cripta

➡ Museo dell'Opera

➡ Panorama del Facciatone

PRAKTISCH & KONKRET

➡ Cattedrale di Santa Maria Assunta

➡ Karte S. 144

➡ ☎ 0577 28 63 00

➡ www.operaduomo. siena.it

➡ Piazza Duomo

➡ Sommer/Winter 4 €/ frei, wenn der Domboden aufgedeckt ist 7 €

➡ ☺ Sommer Mo–Sa 10.30–19, So 13.30–18 Uhr, Winter bis 17.30 Uhr

die berühmte Kanzel im Dom zu Pisa geschaffen hatte. Unterstützt von seinem Sohn Giovanni und seinem Assistenten Arnolfo di Cambio stellte Pisano sehr aussagekräftige Szenen wie das Jüngste Gericht dar.

Die Bodenplatten

Intarsien im Marmorboden zeigen auf 56 Bildfeldern historische und biblische Motive. Die Einlegearbeiten wurden vom 14. Jh. bis zum 19. Jh. von etwa 40 Künstlern gestaltet. Leider ist etwa die Hälfte der Felder gewöhnlich durch schützende Platten abgedeckt und nur von Ende August bis Oktober zu sehen (gegen zusätzl. Gebühr).

Battistero di San Giovanni

Hinter dem Dom ist über eine steile Treppe das reich mit Fresken ausgeschmückte **Baptisterium** (Karte S. 144; Piazza San Giovanni; 4 €) zu erreichen. In der Mitte der Taufkapelle steht ein achteckiges Marmortaufbecken (um 1417) von Jacopo della Quercia, das mit Bronzereliefs verkleidet ist. Die Reliefs zeigen Szenen aus dem Leben von Johannes dem Täufer und stammen von Künstlern wie Lorenzo Ghiberti (*Taufe Christi* und *Gefangennahme des Johannes*, 1427) sowie Donatello (*Gelage des Herodes*, 1427).

Cripta

Die **Krypta** (Karte S. 144; Piazza San Giovanni; mit Audioguide 6 €) unter der Kanzel des Doms wurde 1999 wiederentdeckt, nachdem sie im 14. Jh. mit Schutt aufgefüllt worden war, und restauriert. Die Wände sind vollständig mit *pintura a secco* („Trockenmalerei") aus dem 13. Jh. bedeckt. Die gesamte Fläche ist rund 180 m² groß und zeigt biblische Szenen wie die Passion Jesu und die Kreuzigung.

Museo dell'Opera

Die Sammlung des **Museo dell'Opera** (Karte S. 144; 8 €) zeigt Kunstwerke, die für den Dom geschaffen wurden, darunter zwölf Propheten- und Philosophenstatuen (1285–1287) von Giovanni Pisano, die früher an der Fassade angebracht waren. Glanzstücke des Museums sind außerdem das Fenster mit der leuchtenden Glasmalerei (1287–1290) von Duccio di Buoninsegna sowie seine einzigartige *Maestà* (1308–1311), ein beidseitig bemalter Aufsatz für den Hochaltar des Doms.

Panorama del Facciatone

1339 beschlossen die Stadtväter, den Dom in eine der größten Kirchen Italiens umzubauen. Die Pest von 1348 durchkreuzte allerdings ihre Pläne, ein gewaltiges neues Langschiff errichten zu lassen, für das der bestehende Dom als Querschiff dienen sollte. Vom Duomo Nuovo (Neuen Dom) ist heute nur noch diese **Panoramaterrasse** (Karte S. 144) übrig, die durch das Museum erreichbar ist.

PORTA DEL CIELO

Einen spektakulären Blick auf das Innere und Äußere des Doms ermöglicht die **Führung** (Karte S. 144; http://opera duomo.siena.it; Duomo; März–Okt. 15 €, Nov.–Feb. 10 €; ☉ Sommer Mo–Sa 10.30–19, So 13.30–18 Uhr, Winter Mo–Sa 10.30–17.30, So 13.30–17.30 Uhr) „Tor des Himmels" zum Dach und zur Kuppel des Gebäudes. Mit höchstens 18 Teilnehmern starten die Führungen den ganzen Tag über zu festen Zeiten; Karten gibt's im Museumskomplex Santa Maria della Scala (S. 133). Nicht vergessen: Man muss mindestens fünf Minuten vor Beginn der Führung am Treffpunkt sein.

Mit einem drei Tage gültigen OPA-SI- oder Acropoli-Kombiticket spart man gegenüber den Einzeltickets bis zu 9 €.

FÜHRUNGEN

Die ausgezeichnete zweistündige Stadtführung „Classic Siena" des Centro Guide Turistiche Siena e Provincia (S. 144) umfasst eine Führung durch den Dom (Mo–Sa) oder die Krypta (April–Okt. tgl. 11 Uhr).

Die Räume des Museums im ersten Stock des Palazzo Pubblico (S. 132) sind reich mit Fresken von Künstlern der Sieneser Schule aus dem frühen 14. Jh. ausgeschmückt. Sie wurden von der Stadtregierung in Auftrag gegeben und nicht von der Kirche; daher sind sie nicht religiösen, sondern weltlichen Themen gewidmet.

Eingangsräume

Die Fresken des ersten Saals, der **Sala del Risorgimento**, aus dem ausgehenden 19. Jh. feiern das Leben des ersten Königs von Italien, Vittorio Emanuele II., und zeigen Schlüsselszenen des Kampfes um die Einigung Italiens (des Risorgimento). In der **Sala di Balìa** (Saal der Macht) erzählen Wandfresken aus dem 15. Jh. Episoden aus dem Leben Papst Alexanders III.

Anticappella & Cappella

Die Fresken der **Anticappella** stammen von Taddeo di Bartolo, der 1415 die Tugenden der Macht (Gerechtigkeit, Großmut, Stärke, Vorsicht, Religion) sowie einige republikanische Führer aus dem Alten Rom malte. Die **Cappella** selbst birgt ein von Domenico di Niccolò (1415–1428) geschnitztes und mit Einlegearbeiten verziertes Chorgestühl. Jeder der 21 Sitze verdeutlicht einen Glaubensartikel.

NICHT VERSÄUMEN
→ Sala del Mappamondo
→ Sala dei Nove
→ Anticappella
→ Loggia dei Nove

PRAKTISCH & KONKRET
→ Städtisches Museum
→ Karte S. 144
→ ☎ 0577 29 22 32
→ Palazzo Pubblico, Piazza del Campo 1
→ Erw./erm. 9/8 €
→ ⊙ Sommer 10–18.15 Uhr, Winter bis 17.15 Uhr

Simone Martinis Maestà

In der **Sala del Mappamondo** (Saal der Weltkarte; siehe Abbildung oben) hält Simone Martinis prächtige *Maestà* (1315) Hof, Martinis ältestes bekanntes Werk.

Die Kapitulation der Burg Giuncarico

Ein weiteres beachtenswertes Fresko in der **Sala del Mappamondo** ist diese Darstellung aus dem frühen 14. Jh.: Ein Abgesandter von Giuncarico (die Burg ist rechts von ihm zu sehen) überreicht einem Mitglied der Sieneser Republik nach deren erfolgreichen Belagerung der Burg sein Schwert. Das Fresko wird Duccio di Buoninsegna zugeschrieben und wurde teilweise später übermalt.

Allegorien der guten und schlechten Regierung

Die riesigen Fresken in der **Sala dei Nove** (Saal der Neun) schuf um 1338–1340 der Sieneser Künstler Ambrogio Lorenzetti. Das Fresko in der Mitte zeigt Personifikationen der Gerechtigkeit, der Weisheit und des Friedens. An der Ost- und Westwand sind zwei Fresken zu sehen: Die Folgen des guten Regierens sind eine sonnendurchflutete, idyllische Stadt mit fröhlichen Bürgern; die schlecht regierte Stadt wird von einem teuflisch aussehenden Tyrannen beherrscht und ist gekennzeichnet durch Lasterhaftigkeit, Verbrechen und Krankheit.

Loggia dei Nove

Von diesem breiten Panoramabalkon bieten sich wunderbare Ausblicke auf die südlichen Täler Sienas.

Der einst herrliche, heute leider etwas vernachlässigte **Palazzo Buonsignori** aus dem 14. Jh. zeigt eine unglaubliche Sammlung gotischer Meister der Sieneser Schule. Die besten Stücke sind in der zweiten Etage zu sehen: herrliche Werke von Guido da Siena, Duccio (di Buoninsegna), Simone Martini, Niccolò di Segna, Lippo Memmi, Ambrogio und Pietro Lorenzetti, Bartolo di Fredi, Taddeo di Bartolo und Sano di Pietro.

Die Sammlung ist allerdings auch ein Beweis für den großen Graben zwischen der Sieneser Kunstwelt und der von Florenz im 15. Jh. Während 70 km weiter nördlich die Renaissance erblühte, blieben die Künstler und deren Förderer in Siena den byzantinischen und gotischen Konzepten verhaftet, mit denen sie seit dem frühen 13. Jh. so erfolgreich waren. Zu sehen sind altbewährte religiöse Motive, typischerweise großzügig mit Blattgold verziert. Sie sind jedoch ohne den Ehrgeiz ausgeführt, Neuerungen in puncto Perspektive, Ausdruck und Bewegung zu wagen, wie ihn die Florentiner Maler an den Tag legten. Das macht sie keineswegs minderwertig – viele Werke gehören zum Schönsten und Wichtigsten, was in jener Zeit geschaffen wurde.

Unbedingt sehenswert sind Duccios *Madonna mit Kind* (Saal 2) und *Madonna mit Kind und Heiligen* (Saal 4), außerdem Simone Martinis *Madonna della Misericordia* und *Madonna mit Kind* (beide Saal 4), seine weitere *Madonna mit Kind* und sein Altarbild *Der hl. Augustinus* (beide Saal 6). Weiter geht's mit Bartolo di Fredis riesiger und prachtvoller *Anbetung der Könige* (Saal 6), Lippo Memmis *Madonna col Bambino* (Saal 6), Ambrogio Lorenzettis glänzender

Verkündigung und *Madonna mit Kind* (beide Saal 8), Pietro Lorenzettis *Thronende Jungfrau mit hl. Nikolaus und Prophet Elia* (Saal 8), Taddeo di Bartolos *Verkündigung* (Saal 11) sowie Jacopo della Quercias *Angelo Annunciante* (Saal 18).

Die Ausstellungsordnung wird gelegentlich geändert; bei unserem letzten Besuch trafen die genannten Saalnummern zu.

Palazzo Chigi Saracini MUSEUM
(Karte S. 144; ☎ 333 9180012, 0577 2 20 91; http://eng.chigiana.it; Via di Città 89; Erw./Stud. 7/5 €; ⊙ Führungen Mo–Mi & Sa 11.30, Do & Fr 11.30 & 16 Uhr) Nur wenige Gebäude können auf eine solche Geschichte zurückblicken wie dieser Palazzo aus dem 13. Jh. Hier war während der Renaissance die Familie Piccolomini zu Hause – ihr prominentestes Mitglied war Papst Pius II. Im 18. Jh. erwarb die mächtige Familie Saracini das Gebäude, das dann ein Jahrhundert später an einen Sprössling der wohlhabenden römischen Familie Chigi überging. Heute beherbergt es die **Fondazione Accademia Chigiana** – die Innenausstattung mit all ihrer Kunst zeugt vom Reichtum, der Gelehrsamkeit und dem Geschmack der Familien Saracini und Chigi.

Zu den Highlights im Gebäude zählen der Rokoko-**Konzertsaal**, der **Speisesaal** mit seinen ungewöhnlichen gemalten Wandteppichen und die *salotti* (Salons) mit Gemälden aus dem 13. bis 18. Jh. Außerdem sind wertvolle Dinge wie alte Musikinstrumente zu finden, darunter Liszts Klavier und das älteste noch existierende Cembalo. Vom Musikgeschmack des letzten Chigi-Eigentümers, Guido Chigi Saracini, der 1932 die Stiftung gründete, zeugen die Fotos berühmter Künstler, die hier im Haus zu Gast waren, wie z. B. Arthur Rubinstein, Pietro Mascagni, Zubin Mehta und Daniel Barenboim.

Das Palazzo ist nur im Rahmen einer einstündigen Führung zu besichtigen. Im Winter und wenn Musik-Meisterklassen stattfinden, werden diese manchmal verschoben. Führungen auf Englisch müssen per E-Mail oder Telefon vorgebucht werden.

Basilica di San Domenico KIRCHE
(Karte S. 144; www.basilicacateriniana.com; Piazza San Domenico; ⊙ März–Okt. 7–18.30 Uhr, Nov.–Feb. 9–18 Uhr) GRATIS In der riesigen und kargen Basilika aus dem 13. Jh. legte die hl. Katharina ihr Gelübde ab. Fresken von Il Sodoma und Andrea Vanni in der **Cappella di Santa Caterina** (rechts vom Altar auf halbem Weg die Wand entlang) zeigen Szenen aus dem

---

INSIDERWISSEN

GELATO

Durch das historische Zentrum Sienas zu bummeln macht mit einem Eis in der Hand noch mehr Spaß. Das werden einem auch die vielen Stammkunden der **La Vecchia Latteria** (Karte S. 144; ☎ 0577 05 76 38; Via San Pietro 10; Gelato 2–3,50 €; ⊙ 12–20 Uhr) bestätigen, einer *gelateria artigianale* (Eisdiele mit handgefertigtem Eis) bei der Pinacoteca Nazionale. Die Eigentümer Fabio und Francesco produzieren aus natürlichen Zutaten frisches Frucht- und dekadent sahniges Milcheis sowie auch Frozen Yoghurt.

Siena

Siena

Leben der Heiligen. Außerdem befinden sich hier Reliquiare aus dem 15. Jh. mit Katharinas Kopf und einem ihrer Finger sowie eine übel aussehende Kettenpeitsche, mit der die Heilige sich gegeißelt haben soll.

In der **Cappella delle Volte** (Kapelle der Gewölbe) rechts vom Haupteingang soll die Heilige zahlreiche mystische Erlebnisse gehabt haben. Heute ist hier ein Porträt der Heiligen von ihrem Zeitgenossen Andrea Vanni zu finden. Andere wichtige Werke in der Basilika sind z. B. eine *Geburt Christi* von Francesco di Giorgio Martini, ein Triptychon der *Madonna mit Kind sowie dem hl.*

ℹ MUSEUMSPÄSSE

Wer sich die wichtigsten Sehenswürdigkeiten von Siena ansehen möchte, kann mit verschiedenen Kombitickets Geld sparen.

➡ OPA SI Pass: Gilt für den Dom (S. 178), die Libreria Piccolomini (S. 136), das Museo dell'Opera (S. 137), das Battistero di San Giovanni (S. 137) und die Cripta (S. 137); März bis Oktober 13 €, November bis Februar 8 €, drei Tage gültig.

➡ OPA SI + Pass: Gilt für die oben genannten Sehenswürdigkeiten sowie die Porta-del-Cielo-Führung (S. 137); März bis Oktober 20 €, November bis Februar 15 €, drei Tage gültig.

➡ Acropoli Pass: Gilt für den Dom, die Libreria Piccolomini, das Museo dell'Opera, das Battistero di San Giovanni, die Cripta und den Museumskomplex Santa Maria della Scala (S. 133); März bis Oktober 18 €, November bis Februar 13 €, drei Tage gültig.

➡ Acropoli + Pass: Gilt für die oben genannten Sehenswürdigkeiten sowie die Porta-del-Cielo-Führung; März bis Oktober 25 €, November bis Februar 20 €, drei Tage gültig.

➡ Kombiticket Museo Civico (S. 138) und Santa Maria della Scala: 13 € (erhältlich in den beiden Museen).

➡ Kombiticket Museo Civico, Santa Maria della Scala und Torre del Mangia (S. 133): 20 € (erhältlich in den Museen).

Alle diese Pässe sind im Ticketbüro im Komplex Santa Maria della Scala erhältlich. Kinder bis zwölf Jahre haben übrigens in den Dom-Sehenswürdigkeiten und in Santa Maria della Scala freien Eintritt. Die OPA-SI- und Acropoli-Pässe umfassen auch den Zutritt zum Oratorio di San Bernardino, wenn dieses im Sommer geöffnet ist.

Hieronymus und Johannes dem Täufer von Matteo di Giovanni und eine *Maestà* von Guido da Siena.

Casa Santuario di Santa Caterina
CHRISTLICHE STÄTTE

(Karte S. 144; ☎0577 28 08 01; www.caterina ti.org; Costa di Sant'Antonio 6; ☺März–Nov. 9–18 Uhr, Dez.–Feb. 10–18 Uhr) **GRATIS** Hier lebte die hl. Katharina einst mit ihren Eltern und ihren 24 Geschwistern – die Einheimischen witzeln gern, dass Katharinas Mutter wohl auch eine Heilige war. Heute ist das Haus eine Pilgerstätte, die von Benediktinernonnen verwaltet wird. Die ursprüngliche Küche und der Schlafraum des Hauses wurden im 15. Jh. mit Fresken ausgemalt und in Kapellen verwandelt. Die größere **Chiesa del Crocifisso** (12.30–15 Uhr geschl.) kam im 17. Jh. dazu. Das **Orotorio della Camera** im Untergeschoss umfasst die unveränderte, fast leere Zelle der Heiligen.

Oratorio di San Bernardino
GALERIE

(Karte S. 141; ☎0577 28 63 00; http://opera duomo.siena.it; Piazza San Francesco 10; 3 €; ☺März–Okt. Mo–Sa 10.30–19, So 13.30–18 Uhr) Im Schatten der großen gotischen Kirche **San Francesco** steht, an ihre Mauern geschmiegt, das Bethaus aus dem 15. Jh. Es ist dem hl. Bernhard geweiht und mit manieristischen Fresken von Il Sodoma, Domenico (di Pace) Beccafumi und Girolamo del Pac-

chia ausgeschmückt. Im Obergeschoss zeigt das kleine **Museo Diocesano di Arte Sacra** hübsche Bilder wie die *Madonna del Latte* (Stillende Madonna, um 1340) von Ambrogio Lorenzetti.

Museo delle Tavolette di Biccherna
MUSEUM

(Karte S. 144; ☎0577 24 71 45; www.archivio stato.si.it; 4. OG, Banchi di Sotto 52; ☺Führungen Mo–Sa 9.30, 10.30 & 11.30 Uhr) **GRATIS** Sienas Staatsarchive liegen nicht unbedingt auf den üblichen Touristenpfaden, halten aber für diejenigen, die den Weg hierherfinden, einiges bereit. Das kleine Museum im **Palazzo Piccolomini**, einem Renaissance-Bau, verdankt seinen Namen dem Sahnestück der Sammlung des Archivs, den *tavolette di Biccherna*. Die Serie von 103 kleinformatigen, bemalten und mit Gold verzierten Holztafeln stammt aus dem späten 13. Jh. Sieneser Künstler wie Ambrogio Lorenzetti und Taddeo di Bartolo hatten die *tavolette* als Umschlagbilder für die Rechnungsbücher gemalt.

Wer sie (und weitere historisch wertvolle Dokumente, z. T. aus dem Mittelalter) sehen will, muss an einer Führung (nur auf Italienisch) teilnehmen. Natürlich möchte man sich eingehend die *tavolette* mit ihren Darstellungen des Lebens in Siena vom 13. bis zum frühen 18. Jh. anschauen und sich an der Kunstfertigkeit der Künstler erfreuen, doch interessant ist auf jeden Fall auch das illuminierte Buch der *Verfassung von Siena* (um 1310), geschrieben auf Italienisch statt auf Latein – sehr ungewöhnlich für die Zeit. Außerdem gibt's hier Dokumente zu den *contrade* (Bezirke) der Stadt und zum Palio (S. 146) mit Zeichnungen von Trachten und Prozessionswagen.

Der Eingang liegt hinten links im Innenhof; ein Fahrstuhl bringt Besucher zu dem Museum im 4. Stock.

Aktivitäten & Kurse

Scuola di Cucina di Lella · KOCHEN
(Karte S. 144; ☎0577 4 66 09; www.scuoladicucinadilella.net; Via di Fontebranda 69; Unterricht ab 80 €; ☉ Sommer tgl. 10–14 & 16–20 Uhr nach Vereinbarung) Lella Cesare Ciampoli ist eine echte Sienesin und hat unübersehbar viel Spaß daran, die Teilnehmer ihrer renommierten Kochkurse in die Geheimnisse der örtlichen Küche einzuführen. In ihrer Profiküche beim alten Fontebranda-Brunnen (S. 148) zeigt sie Kochtechniken und leitet die Teilnehmer bei der Zubereitung einer viergängigen Mahlzeit an, die dann mittags oder abends mit Wein vertilgt wird. Assistenzkoch Francesco übersetzt ins Englische.

Siena Urban Running · LAUFEN
(Karte S. 141; ☎0577 4 42 77; maratoneta.sport@libero.it; Via Camollia 201; pro Lauf 25 €; ☉ Juli–Okt. Mo, Mi & Fr 7.45 Uhr) Das Sportgeschäft **Il Maratoneta** (Maratoneta Sport; Karte S. 141; ☉ Mo–Sa 9.30–20 Uhr) organisiert geführte 90-minü-

ALLTAG IN DER TOSKANA

Im Rahmen des von einigen zentraltoskanischen Kommunen organisierten Programms **Be Tuscan for a Day** (☎338 5829179; www.betuscanforaday.com) erhalten Besucher die Gelegenheit, den „authentischen" Alltag auf einem Bauernhof, in einer Küche, in Kunsthandwerkstätten und der freien Natur zu erleben. Zum Angebot gehören auch Kochunterricht, Wein- und Fototouren, Reiten, Wandern und Radfahren.

tige Läufe durch das historische Zentrum. Von November bis Mitte Mai findet donnerstags außerdem am frühen Abend ein zweistündiger Lauf statt. Laufausstattung ist für 35 € erhältlich.

Accademia Musicale Chigiana · MUSIK
(Karte S. 144; ☎0577 2 20 91; www.chigiana.it; Via di Città 89; ab 130 €) Veranstaltet im Juli und August im Palazzo Chigi Saracini (S. 140) Meisterkurse und Workshops in klassischer Musik.

Tuscan Wine School · WEIN
(Karte S. 144; ☎0577 22 17 04; www.tuscanwineschool.com; Via di Stalloreggi 26) Bietet täglich zweistündige Weinseminare zu italienischen und toskanischen Weinen (45 €, Mo–Fr 16–18 Uhr), außerdem einen zweistündigen Gourmetrundgang durch Siena (45 €, Mo–Fr

---

FLUCHT INS GRÜNE

Orto Botanico (Botanischer Garten; Karte S. 141; ☎0577 23 28 77; www.simus.unisi.it; Via Pier Andrea Mattioli 4; Erw./erm. 5/2,50 €; ☉ Juli–Sept. 10–19 Uhr, März–Juni bis 17 Uhr, Okt.–Feb. bis 16 Uhr) Die stillen Terrassen dieses botanischen Gartens, der sich über 2,5 ha des grünen Sant'Agostino-Tals ausbreitet, bieten eine willkommene Zuflucht vor den Touristenmassen sowie fabelhafte Ausblicke über das Tal. Der Garten untersteht der Universität Siena, die hier auch wissenschaftlich forscht, und verfügt über Gewächshäuser mit tropischen und subtropischen Pflanzen sowie über Obstbäume und Gärten voller Duft-, Heil- und essbarer Pflanzen. Insgesamt sind hier über 1000 Arten vertreten, darunter endemische und vom Aussterben bedrohte.

Orto de' Pecci (Karte S. 144; ☎0577 22 22 01; www.ortodepecci.it; Via Porta Giustizia; ☉ Sommer 8.30–22 Uhr, im Winter kürzer; ♿) Sienas grüne Oase wird von einer sozialen Kooperative betrieben, die Menschen mit Behinderungen und Suchtproblemen unterstützt und ihnen Arbeit bietet. Das Gelände umfasst einen kleinen Weinberg, der mit Klonen mittelalterlicher Rebsorten bepflanzt ist, und einen gemeinschaftlich betriebenen Biohof, der das Restaurant vor Ort mit Obst und Gemüse beliefert. Außerdem sind hier jede Menge Tiere wie Gänse, Ziegen, Enten und Esel zu finden sowie einige temporäre Kunstwerke, die eigens für den Garten geschaffen wurden.

Siena Zentrum

12–14 Uhr) und Touren in umliegende Weinregionen (ab 150 €, März–Okt.). Auf jeden Fall vorbuchen!

👉 Geführte Touren

Centro Guide Turistiche
Siena e Provincia KULTUR
(☎ 0577 4 32 73; www.guidesiena.it) Der Verband eingetragener Fremdenführer bietet von April bis Oktober täglich um 11 Uhr – findet garantiert statt! – den zweistündigen Stadtrundgang „Classic Siena" (Erw./Kind unter 12 J. 20 €/frei), der zu den wichtigsten Sehenswürdigkeiten führt und den Eintritt

zum Dom (S. 178) oder zur Krypta (S. 178) umfasst. Die Rundgänge beginnen vor der Touristeninformation im Komplex Santa Maria della Scala (S. 149) und werden auf Italienisch und Englisch durchgeführt.

Siena Francigena
Walking Tour RUNDGANG
(Karte S. 141; ☎ 347 6137678; www.enjoysiena.it; Erw./Kind unter 11 J. 20/10 €; ☺ Anfang Mai–Ende Juni & Sept.–Mitte Okt. 9 Uhr) Die drei- bis vierstündige italienisch- und englischsprachige Führung, die es seit 2017 gibt, führt von der **Porta Camollia** (Karte S. 141; Via Camollia) am Nordrand des historischen Zentrums 4 km

Siena Zentrum

die mittelalterliche Pilgerroute entlang zum Dom und von dort weiter zur Porta Romana. Unterwegs wird der Museumskomplex Santa Maria della Scala (S. 133; Eintrittspreis inbegriffen) aufgesucht. Buchung unerlässlich.

 Festivals & Events

Accademia Musicale Chigiana   MUSIK
(www.chigiana.it; ⊙ Nov.–April, Juli & Aug.) Die Accademia Musicale Chigiana veranstaltet zwei hochrangige Konzertserien klassischer Musik mit Künstlern aus aller Welt: **Micat in Vertice** von November bis April und das **Chigiana International Festival** im Juli und August. Zu den Aufführungsorten zählen das Teatro dei Rinnovati am Campo, der Dom, das Teatro dei Rozzi an der Piazza Indipendenza, die Chiesa di Sant'Agostino und der Palazzo Chigi Saracini.

✖ Essen

Siena wartet mit zahlreichen Verpflegungsmöglichkeiten auf, von billigen Bäckereien, *enoteche* (Weinlokalen) und bei den Studenten der Stadt beliebten Cafés bis zu alteingesessenen, eleganten und teuren Restaurants

für besser betuchte Einheimische und Touristen.

Was all diese Läden eint, ist die strenge Hingabe zur Regionalküche. Zu den vielen Sieneser Speisen, die serviert werden, gehören *panzanella* (ein Sommersalat mit eingeweichtem Brot, Basilikum, Zwiebeln und Tomaten), *ribollita* (deftige Gemüsesuppe mit Bohnen und Brot), *pappardelle alla lepre* (Bandnudeln mit Hasenragout), *panforte* (Gewürzkuchen mit Mandeln, Honig und kandierten Früchten) und *ricciarelli* (mit Zucker bestäubte Mandelkekse mit weichem Kern). Bei Fleischgerichten lohnt es sich, auf der Karte nach der toskanischen Schweinerasse *cinta senese* zu suchen.

 Osteria Il Vinaio   TOSKANISCH €
(Karte S. 141; ☑ 0577 4 96 15; Via Camollia 167; Antipasti 6–13 €, Pasta 6–7 €; ⊙ Mo–Sa 10–22 Uhr) Weinlokale sind in Siena eher Mangelware – daher ist es auch keine Überraschung, dass Bobbes und Davides Osteria so beliebt ist. Hier treffen sich Einheimische jeden Alters zu einer Pasta oder ein paar Leckereien vom reichhaltigen Antipastibuffet und spülen alles mit dem einen oder anderen Gläschen des sehr süffigen Hausweins hinunter.

Osteria la Chiacchera

TOSKANISCH €

(Karte S. 144; ☏0577 28 06 31; www.osteriala
chiacchera.it; Costa di San Antonio 4; 18 €; ☉Mi-
Mo 12.20–14.30 & 19–22 Uhr) Diese schnörkellose, unscheinbare Osteria wartet mit nur
wenigen Gemeinschaftstischen, aber jeder
Menge Flair auf. Auf der Karte (nur auf
Italienisch) stehen herzhafte örtliche Speisen – Crostini und *pici* mit verschiedenen
Saucen gibt's immer, genauso wie Gerichte
mit *fagioli* (weiße Bohnen) –, genossen zum
billigen Hauswein. Am besten reservieren!

La Finestra

TOSKANISCH €€

(Karte S. 144; ☏0577 22 35 02; www.ristorante
lafinestra.it; Piazza del Mercato 14; Mahlzeiten
26 €; ☉Mo–Sa 11.30–15 & 18.30–22.30 Uhr; ✐)
Dieser Familienbetrieb bietet eine *finestra*
(Fenster) zum alten Marktplatz der Stadt
und zeichnet sich vor allem durch seine
nette Straßenterrasse und die ungewöhnlich zahlreichen vegetarischen Gerichte auf
der Karte aus. Ansonsten gibt's nur wenige
Überraschungen: Einrichtung und Speisen
sind traditionell, die Weine hauptsächlich
aus der Gegend. Effizienter Service!

Ristorante Enzo

TOSKANISCH €€

(Karte S.141; ☏0577 28 12 77; www.daenzo.net; Via
Camollia 49; Mahlzeiten 40 €; ☉Di–So 12–14.30 &
19.30–22 Uhr) Da Enzo, wie das Restaurant
allgemein genannt wird, verkörpert das Es-
sengehen auf altmodische Sieneser Art: Hier
werden die Gäste mit einem Gratisgläschen

Prosecco begrüßt, um sich dann kunstvoll
und sorgfältig zubereitete traditionelle Gerichte einzuverleiben. Es steht auch Fisch
auf der Karte, aber die meisten Einheimischen bevorzugen die hausgemachte Pasta
und die Fleischgerichte. Auch gut sind die
traditionellen Menüs (28–35 €).

Enoteca I Terzi

TOSKANISCH €€

(Karte S. 144; ☏0577 4 43 29; www.enotecaiterzi.
it; Via dei Termini 7; Mahlzeiten 35 €; ☉Mo–Sa
11–15 & 18.30–1 Uhr, im Winter kürzer) Diese
enoteca (Weinlokal) nicht weit vom Campo, aber doch abseits der ausgetretenen
Touristenpfade, residiert in einem mittelalterlichen Gebäude mit Gewölben, wirkt
aber dennoch modern. Hierher kommen
gerne kultivierte Einheimische zum Ar-
beits-Mittagessen, auf einen *aperitivo* und
zu einem gemächlichen Abendessen mit
toskanischen *salumi* (Wurstwaren), feiner
hausgemachter Pasta, Grillfleisch und wundervollen Weinen, von denen viele per Glas
ausgeschenkt werden.

★ La Taverna di San Giuseppe

TOSKANISCH €€€

(Karte S. 144; ☏0577 4 22 86; www.tavernasan
giuseppe.it; Via Dupré 132; Mahlzeiten 45 €; ☉Mo–
Sa 12–14.30 & 19–22 Uhr) Jedes Restaurant,
das auf Rindfleisch, Trüffeln und Steinpilze
spezialisiert ist, ist schon automatisch interessant, aber nicht alle solche Läden können
die Erwartungen erfüllen. Doch dieser tut

DER PALIO

Der spektakuläre **Palio** (Piazza del Campo; ☉2. Juli & 16. Aug.) hat seine Wurzeln im Mittelalter. Er umfasst farbenprächtige Festumzüge und ein wildes Pferderennen auf der
Piazza del Campo (S. 132). Beim Palio kämpfen zehn der insgesamt 17 Stadtviertel,
der *contrade*, um ein begehrtes Seidenbanner. Jedes Viertel hat seine eigenen Traditionen, Symbole und Farben, eine eigene Kirche und ein Palio-Museum.

Ab etwa 17 Uhr ziehen Vertreter der konkurrierenden *contrade* in historischen Kostümen und Fahnen schwenkend um den Platz. Später rasen dann für gerade mal eine
aufregende Minute zehn ungesattelte Pferde samt Reiter mit einer Geschwindigkeit und
Rücksichtslosigkeit drei Runden auf einer provisorischen Rennbahn, dass einem die
Haare zu Berge stehen.

Im Juli startet das Rennen um 19.45 Uhr, im August um 19 Uhr. Besucher sollten sich
mindestens vier Stunden vor dem Startschuss in der Mitte des Campo einfinden, um
einen guten Platz zu ergattern. Allerdings kommt man dann bis zum Ende des Rennens
auch nicht mehr heraus, etwa um auf Toilette zu gehen oder etwas zu trinken zu holen.
Die Cafés am Campo verkaufen Plätze auf ihren Terrassen, die Preise liegen zwischen
350 und 400 € pro Ticket. Bei der **Touristeninformation** (S. 149) können die Plätze
bis zu einem Jahr im Voraus gebucht werden.

Während des Palio erhöhen die Hotels die Zimmerpreise um 10 bis 50 % und legen
einen Mindestaufenthalt fest. Führungen zum Thema Palio mit einem Einheimischen
veranstaltet das **Centro Guide Turistiche Siena e Provincia** (S. 144).

ESSEN AUF DIE SCHNELLE

Lievito M@dre (Karte S. 141; ☑0577 28 80 28; www.lievitomadresiena.it; Via di Pantaneto 59; Stück Pizza 2–2,50 €, Panino 1,50–3,50 €; ⏲7.30–1 Uhr; ☎) Die beliebte Bäckerei mit Café beim Campo bietet belegte Panini und Pizzastücke zum Mitnehmen sowie Mittagsgerichte für 5 €, die man an einem der Tische drinnen verspeisen kann. Im *aperitivo*-Angebot für 5 € sind ein Getränk und Snacks enthalten.

La Prosciutteria (Karte S. 141; ☑0328 5414325; www.laprosciutteria.com; Ecke Via Pantaneto & Vicolo Magalotti; Panino 4–7 €, Probierteller 5–15 €; ⏲11.30–21.30 Uhr; ☎) Der Name sagt schon alles. Hier steht der Prosciutto im Mittelpunkt, serviert in Panini oder auf einem *tagliero* (Brett) – auf Wunsch auch mit zusätzlichem Käse. Wer seine Bestellung nicht mitnehmen will – der **Orto de' Pecci** (S. 143) ist ganz in der Nähe –, lässt sich an einem der Tische an der Straße nieder und genehmigt sich vielleicht auch ein Gläschen Wein (2,50 €).

Consorzio Agrario di Siena (Karte S. 144; www.capsi.it; Via Pianigiani 9–13; ⏲Mo–Sa 8–20.30, So 9.30–20 Uhr) Seit 1901 funktioniert diese Agrarkooperative, die eine reiche Auswahl an Ess-und Trinkbarem (meist aus der Region) bietet. Hier kann man sich bei einem Metzger mit Fleisch eindecken, außerdem ist Käse, Brot, Gemüse, Obst und Pasta erhältlich. Im Thekenbereich können Panini (2,50–5 €) und frisch gebackene Pizzastücke (12–14,30 € pro kg) bestellt und verschlungen werden.

Morbidi (Karte S. 144; ☑0577 28 02 68; www.morbidi.com; Via Banchi di Sopra 75; Mittags-/Aperitivo-Buffet 12 €/ab 7 €; ⏲Mo–Do 8–20, Fr & Sa bis 22 Uhr) Der edle Feinkostladen ist für seine hochwertigen Waren berühmt. Beim preiswerten Mittagsbuffet (12 €; Mo–Sa 12.15–14.30 Uhr) im Untergeschoss kann man aus frisch zubereiteten Antipasti, Salaten, Risottos, Pastagerichten und Desserts wählen. Wasserflaschen stehen auf den Tischen, Wein und Kaffee kosten extra. Das Buffetticket kauft man oben, bevor man sich in den Keller begibt. Der Preis des *aperitivo*-Buffets (Fr & Sa 18–22 Uhr) hängt vom gewählten Getränk ab.

Te Ke Voi? (Karte S. 144; ☑0577 4 01 39; Vicolo di San Pietro 4; Burger 9–14 €, Pizza 7–10 €, Pasta 8–10 €; ⏲12–1 Uhr; ☑) Der Name bedeutet „Was willst du?" und die Antwort ist einfach: billiges, köstliches Essen, schnell zubereitet und in nettem Ambiente serviert. Der bei Studenten beliebte Laden bietet Focaccias, Salate, Risottos, Pasta, Pizza und Burger, darunter auch vegetarische Speisen. Die *pasta cresciuta* (gebratene Pasta) lässt sich zusammen mit einem kalten Bierchen oder einem Glas Wein bestens vertilgen. Am Tresen bestellen!

es. Hierher kommen die Einheimischen gerne zu besonderen Gelegenheiten, um diese mit ausgezeichnetem Essen und Weinen von der eindrucksvollen Karte mit regionalen und ausländischen Tröpfchen zu begehen. Das Ambiente ist traditionell und gesellig, der Service effizient. Sehr nett!

⭐**Tre Cristi**   FISCH & MEERESFRÜCHTE €€€
(Karte S. 144; ☑0577 28 06 08; www.trecristi.com; Vicolo di Provenzano 1–7; Mahlzeiten 45 €; Probiermenüs 40–65 €; ⏲Mo–Sa 12.30–14.30 & 19.30–22 Uhr) Fischrestaurants sind eher eine Seltenheit in dieser fleischbesessenen Region. Es gibt also gute Gründe, das Durchhaltevermögen des Tre Cristi zu würdigen – immerhin gibt es das Restaurant seit 1830. Die Menüs sind so elegant wie das Ambiente,

dazu kommen kleine Aufmerksamkeiten wie ein kostenloses Glas Prosecco als Aperitif. Fabelhafter Service.

Ausgehen & Nachtleben

Die wichtigsten Bar- und Cafémeilen der Stadt sind die Via Camollia und Via di Pantaneto. Die Cafés und Bars am Campo (S. 132) haben zwar viel Flair, sind aber teuer, wenn man sich an einem Tisch niederlässt – soll nachher keiner sagen, er sei nicht gewarnt worden!

Caffè Fiorella   CAFÉ
(Torrefazione Fiorella; Karte S. 144; www.torrefazionefiorella.it; Via di Città 13; ⏲Mo–Sa 7–18 Uhr) Für einen der besten Kaffees von Siena muss man sich in das winzige Lokal im Zentrum

des Geschehens quetschen. Im Sommer bietet die Kaffeegranita mit einem Klecks Sahne eine herrliche Abkühlung.

Bar Il Palio CAFÉ
(Karte S. 144; ☑ 0577 28 20 55; Piazza del Campo 47; ⊙ 8–22 Uhr, im Sommer später) Hier gibt's den vielleicht besten Kaffee am Campo: Wer ihn nicht im Stehen an der Theke trinkt, sei vor der finanziellen Folgen gewarnt! Die Bedienung auf der Terrasse, einem beliebten Treff zu einem Aperitif, kann quälend langsam sein.

Bar Pasticcheria Nannini CAFÉ
(Karte S. 144; ☑ 0577 23 60 09; www.pasticcerie nannini.it/en; Via Banchi di Sopra 24; ⊙ Mo–Fr 7.30–21.30, Sa bis 23, So bis 22 Uhr) Das 1886 gegründete Nannini ist dank gutem Kaffee und seiner Lage beim Campo schon seit jeher ein Favorit der Einheimischen. Hier kann man wunderbar süße Sieneser Leckereien wie *cantuccini* (knusprige Mandelkekse), *cavallucci* (weiche Kekse mit Anis und anderen Gewürzen), *ricciarelli* (mit Zucker bestäubte Mandelkekse mit weichem Kern), *panforte* (Gewürzkuchen mit Mandeln, Honig und kandierten Früchten) und *panpepato* (*panforte* mit Pfeffer und Haselnüssen) probieren.

Carta Zucchero CAFÉ
(Karte S. 141; ☑ 0577 28 47 69; www.carta zucchero.it; Via Camollia 92–94; ⊙ Mo 12.30–19.30, Di–Sa ab 10 Uhr; 🐾) Warum diese Buchhandlung nach den traditionellen Zuckertüten benannt ist, weiß niemand, doch ihre Beliebtheit ist leicht zu erklären: Hier gibt's neue und gebrauchte Bücher, es finden Literatur- und Musikveranstaltungen statt und im ruhigen Café werden verschiedenste lose Tees, sortenreine Kaffees, Panini und Salate serviert.

Mad in Italy WEINBAR
(Karte S. 141; ☑ 0577 4 39 81; Via Camollia 136–138; ⊙ Mo–Do 11–16, Fr & Sa bis 24 Uhr) Hier zeigt sich Siena von seiner hippsten Seite: Diese lockere „Biobar" ist besonders bei den Studenten beliebt. Die Einrichtung ist Trödelladen-originell, die Stimmung freundlich und freitags und samstags wird oft Livemusik geboten. Außerdem wartet die Bar mit einer guten Auswahl an Weinen und Spirituosen auf und auch das Essen ist nicht schlecht: Viele der phantasievoll präsentierten Gerichte (6–10 €) sind vegetarisch und bio.

Enoteca Italiana WEINBAR
(Karte S. 141; ☑ 0577 22 88 43; www.enoteca-italiana.it; Fortezza Medicea, Piazza Libertà 1; ⊙ Mo & Di 12–19.30, Mi–Sa bis 24 Uhr) Munitionskeller und Verlies der ehemaligen Festung (S. 174) wurden gekonnt in eine elegante *enoteca* verwandelt, in der über 1500 italienische Weine angeboten werden. Man kann den Wein in Flaschen kaufen, ihn sich kistenweise liefern lassen oder auch ein oder zwei Gläser in dem schönen Hof bzw. dem stimmungsvollen Gewölbesaal kosten.

Cacio e Pere CLUB
(Karte S. 144; ☑ 0577 151 07 27; Via dei Termini 70; ⊙ 19–1 Uhr) Viele Studenten in Siena sind Stammgäste in dieser Mischung aus Bar und Club, bekannt für Livemusik, recht billiges Essen und jede Menge Alkohol. Wer zu den *aperitivi musicali* hier aufkreuzt,

---

ℹ️ SIENA FÜR KIDS

Siena ist ein tolles Reiseziel für Familien mit Kindern. Die Kleinen haben sicher ihren Spaß daran, auf dem Campo (S. 132) herumzutollen, die Mauern der **Fortezza Medicea** (Karte S. 141; Piazza Caduti delle Forze Armate; ⊙ 24 Std.) GRATIS zu erklimmen und den Orto de' Pecci (S. 143) mit seinen Rasenflächen, Kunstwerken, Bäumen und Hoftieren zu erkunden.

Und auf jeden Fall wird sie auch das einzigartige Sieneser Spiel Palio dei Barberi faszinieren: Dabei liefern sich Holzkugeln, die *barberi*, ein spannendes Rennen über einen gestuften Rundkurs aus Stein, die *pista*. Die Kugeln sind in den Farben der 17 *contrade* (Bezirke) der Stadt angemalt und in Geschäften wie **Antica Siena** (Karte S. 144; ☑ 0577 4 64 96; Piazza del Campo 28; ⊙ 9–20.30 Uhr) am Campo erhältlich. Marmorpisten gibt's an der Fortezza Medicea und gegenüber der **Fontebranda** (Karte S. 144; Vicolo del Tiratoio).

Ältere Kinder erfreuen sich an den Kulturführungen und Aktivitäten, die im Winter im Rahmen der Programme „Siena for Kids" und #SienaFrancigenaKids angeboten werden. Näheres auf www.enjoysiena.it/en/attrattore/Siena-for-Kids-00001 und in der Touristeninformation (S. 149).

bleibt meist bis ganz zum Schluss. Infos über Veranstaltungen stehen auf der Facebook-Seite.

UnTUBO CLUB
(Karte S. 144; ☑ 0577 27 13 12; www.untubo.it; Via del Luparello 2; Eintritt unterschiedlich; ☺ Di–Sa 18.30–3 Uhr) In diesem kleinen, bei der Studenten- und Kunstszene der Stadt beliebten Club beim Campo treten regelmäßig Jazz-Musiker auf. Das gesamte Programm, zu dem hin und wieder auch Blues, Pop und Rock gehören, steht auf der Website. Im Winter sind die Öffnungszeiten oft kürzer.

Shoppen

⭐ **Il Magnifico** LEBENSMITTEL
(Karte S. 144; ☑ 0577 28 11 06; www.ilmagnifico.siena.it; Via dei Pellegrini 27; ☺ Mo–Sa 7.30–19.30 Uhr) Lorenzo Rossi ist Sienas bester Bäcker. Viele Sienesen kaufen hier ihren Wochenvorrat an *panforte*, *ricciarelli* (weiches, mit Puderzucker bestäubtes Mandelgebäck) und *cavallucci* (mit Anis und anderen Gewürzen aromatisiertes Gebäck). Wer sie einmal im Laden hinter dem Dom probiert hat, versteht warum.

Bottega d'Arte KUNST
(Karte S. 144; www.arteinsiena.it; Via di Stalloreggi 47; ☺ unterschiedlich) Die sienesischen Meister des 14. und 15. Jhs. inspirierten die Künstler Chiara Perinetti Casoni, Paolo Perinetti Casoni und Michelangelo Attardo Perinetti Casoni zu diesen exquisiten Tempera-Ikonen mit Blattgold. Teuer? Ja. Lohnt sich trotzdem? Auf jeden Fall!

Brocchi ANTIQUITÄTEN
(Karte S. 144; ☑ 347 4346393; brocchi1815@libero.it; Via del Porrione 41–43; ☺ Mo–Fr 16–19.30 Uhr) Ein Messing-Türklopfer scheint vielleicht ein merkwürdiges Mitbringsel zu sein, aber die von Laura Brocchi hergestellten sind schön, recht preiswert und echt sienesisch. Laura führt eine Familientradition fort – Brocchi gibt's seit 1815 – und arbeitet in einer historischen Schmiede in der Nähe. Sie ist in der ganzen Stadt bekannt für die traditionellen Stücke, die sie für die *contrade* anfertigt.

Il Pellicano KERAMIK
(Karte S. 144; ☑ 0577 24 79 14; www.siena-ilpellicano.it; Via Diacceto 17a; ☺ Sommer 10.30–19 Uhr, im Winter unterschiedlich) Seit über 30 Jahren töpfert, brennt und bemalt Elisabetta traditionelle Keramikobjekte. Oft greift sie dabei auf Stilelemente der Renaissance oder *contrade*-Motive zurück. Elisabetta unterrichtet

auch alte Töpfertechniken – bei Interesse einfach anrufen.

Mittwochsmarkt MARKT
(Karte S. 141; ☺ 7.30–14 Uhr) **GRATIS** Einer der größten Märkte der Toskana, der sich von der Fortezza Medicea bis zum Stadio Comunale erstreckt. Zu kaufen gibt's preiswerte Kleidung und auch ein paar Lebensmittel.

❶ Praktische Informationen

Touristeninformation (Karte S. 144; ☑ 0577 28 05 51; www.enjoysiena.it; Piazza Duomo 1, Santa Maria della Scala; ☺ Sommer 9–18 Uhr, im Winter bis 17 Uhr) Sienas Touristeninformation befindet sich im Museumskomplex Santa Maria della Scala und bietet kostenlose Stadtpläne. Der Eingang befindet sich auf der rechten (westlichen) Seite des Gebäudes.

Polizei (Questura; ☑ 0577 20 11 11; http://questure.poliziadistato.it/Siena; Via del Castoro 6; ☺ Mo–Sa 8–20 Uhr)

Azienda Ospedaliera Universitaria Senese (☑ 0577 58 51 11; www.ao-siena.toscana.it; Strada della Scotte) Krankenhaus unmittelbar nördlich von Siena in Le Scotte.

❶ An- & Weiterreise

AUTO & MOTORRAD
Die *autostrada* (Autobahn) führt direkt nach Florenz, auf der SR222 ist die Fahrt malerischer.

BUS
Sena/Eurolines/Baltour
Tickets für Busse ab Siena, die von der Gruppe Sena/Eurolines/Baltour betrieben werden, sind u. a. an einem **Ticketkiosk** (Karte S. 141; ☑ 0861 1991900; Piazza Gramsci; ☺ Mo–Fr 9–18.20, Sa 9–12.30 & 13.45–16.30, So 16–19 Uhr) unterhalb des Busbahnhofs an der Piazza Gramsci erhältlich.

Die Preise für die Fahrkarten schwanken je nach Verfügbarkeit und Nachfrage. Einige Verbindungen:

ZIEL	PREIS (€)	DAUER	HÄUFIGKEIT (TGL.)
Bologna	13–24	3 Std.	6-mal
Mailand	17–29	4¼ Std.	7-mal
Neapel	18–30	6¼ Std.	6-mal
Perugia	13–20	1½ Std.	1-mal
Rom	13–25	3½ Std.	13-mal
Turin	17–34	7¼ Std.	3-mal
Venedig	17–30	5½ Std.	2-mal

BUSSE VON SIENA MOBILITÀ

Siena Mobilità (☎ 800 922984; www.sienamobilita.it) gehört zum Netzwerk Tiemme und verbindet Siena mit dem Rest der Toskana. Der **Ticketkiosk** (Karte S. 141; www.sienamobilita.it; Piazza Gramsci; ◷ Mo–Fr 6.30–19.30, Sa ab 7 Uhr) befindet sich unterhalb des **Busbahnhofs** (Karte S. 141; Piazza Antonio Gramsci). Hier gibt's auch eine Gepäckaufbewahrung (7–19 Uhr, 5,50 € pro Tasche).

Hier ein paar Fahrtziele, die Siena Mobilità von Montag bis Samstag bedient:

ZIEL	PREIS (€)	DAUER	HÄUFIGKEIT	ANMERKUNGEN
Arezzo	6,60	1½ Std.	8-mal tgl.	
Colle di Val d'Elsa	3,40	30 Min.	stündl.	Anschlüsse nach Volterra (2,75 €, 4-mal tgl.)
Flughafen Fiumicino (Rom)	22	3¾ Std.	2-mal tgl.	
Florenz (*Corse-Rapide-/* Expressbusse über die *autostrada*).	7,80	1¼ Std.	häufig	*Corse-Ordinarie*-Busse fahren nicht über die *autostrada* und brauchen mind. 20 Min. länger
Montalcino	4,90	70 Min.	6-mal tgl.	Abfahrt am Bahnhof
Montepulciano	6,80	1½ Std.	2-mal tgl.	Abfahrt am Bahnhof
Monteriggioni	6,10	1¼ Std.	häufig	
Pienza	5,50	70 Min.	2-mal tgl.	Abfahrt am Bahnhof
San Gimignano	6	1–1½ Std.	10-mal tgl.	Oft mit Umsteigen in Poggibonsi (4,35 €, 1 Std., stündl.)

ZUG

Sienas Angebot an Zugverbindungen ist ziemlich überschaubar – mit Bussen kommt man oft besser voran. Nach Florenz (ab 9,10 €, 1½ Std., stündl.) fährt eine Regionalbahn. Nach Rom muss man in Chiusi-Chianciano Terme umsteigen, nach Pisa in Empoli.

Eine kostenlose *scala mobile* (Rolltreppe) verbindet den **Bahnhof** (Piazza Carlo Rosselli) mit dem Viale Vittorio Emanuele II bei der Porta Camollia im historischen Zentrum.

ⓘ Unterwegs vor Ort

AUTO & MOTORRAD

Das historische Zentrum von Siena ist eine ZTL (*Zona a Traffico Limitato*); Besucher dürfen ihr Gepäck häufig am Hotel ausladen, müssen die Altstadt dann aber wieder verlassen (dem Hotel das Kennzeichen mitteilen, sonst riskiert man einen saftigen Strafzettel).

Große Parkplätze von **Siena Parcheggi** (☎ 0577 22 87 11) befinden sich am Stadio Comunale und rund um die Fortezza Medicea, beide etwas nördlich der Piazza San Domenico. Es gibt einige (hart umkämpfte) kostenlose Parkmöglichkeiten (nach den weißen Markierungen schauen) in der Viale Vittorio Veneto am südlichen Ende der Fortezza Medicea. Die gebührenpflichtigen Parkhäuser in San Francesco und Santa Caterina (Fontebranda) verfügen jeweils über eine *scala mobile* (Rolltreppe), mit der man ins oberhalb gelegene Stadtzentrum kommt.

Die Gebühr beträgt zwischen 7 und 20 Uhr meist 2 € pro Stunde. Mehr Infos zum Parken in Siena unter www.sienaparcheggi.com.

BUS

In Siena betreibt **Tiemme** (☎ 0577 20 41 11; www.tiemmespa.it) *pollicino*-, *urbano*- und *suburbano*-Busse (Innenstadt, Stadt bzw. Vororte; 1,20 € pro Std.). Die Buslinien 3 und 9 verkehren zwischen dem Bahnhof und der Piazza Gramsci.

TAXI

Taxis sind telefonisch bei **Radio Taxi Siena** (☎ 348 3892305, 0577 4 92 22; www.taxisiena.it) zu bestellen oder man geht zum **Taxistand** (Karte S. 144; Piazza Independenza) an der Piazza Independenza.

CHIANTI

In den Weinbergen dieser Bilderbuchgegend wachsen die Trauben, aus denen der Chianti und Chianti Classico gekeltert werden. Der Vertrieb dieser weltberühmten Rotweine erfolgt unter der Schutzmarke „Gallo Nero" (Schwarzer Hahn). Diese Landschaft ist von alten Olivenbaumhainen und dichten Wäldern durchzogen. Dazwischen stehen honigfarbene steinerne Bauernhäuser, grazile romanische *pievi* (Landkirchen), hübsche Renaissancevillen und imposante mittelalterliche Steinburgen, errichtet von florentinischen und sienesischen Kriegsherren.

Der Süden des Chianti (Chianti Senese), der heute zur Provinz Siena gehört, war in früherer Zeit Kerngebiet der Lega del Chianti, eines militärischen und verwaltungstechnischen Verbundes der Orte Castellina, Gaiole und Radda innerhalb des Stadtstaats Florenz. Der Norden des Chianti (Chianti Fiorentino) gehört zur Provinz Florenz und ist von der Stadt Florenz aus ein beliebtes Tagesausflugsziel. Die wichtigsten Wein- und Verwaltungszentren sind Greve in Chianti, Castellina in Chianti und Radda in Chianti.

Informationen über die Region und zu den hiesigen Festen und Veranstaltungen bieten www.wechianti.com und www.chianti. com.

Greve in Chianti

13 862 EW.

Die Hauptstadt des Chianti Fiorentino und Hochburg der regionalen Weinproduktion besitzt ein liebenswertes Marktstadtflair.

Der Ort ist nicht gerade malerisch – die meisten Bauten sind modern und unschön –, doch es gibt einen hübschen alten zentralen Platz sowie einige interessante Geschäfte. Anfang September findet jedes Jahr die **Expo del Chianti Classico** (Chianti Classico Expo; www.expochianticlassico.com/en/; ⏲ 2. Wochenende im Sept.) statt – Übernachtungen zur Zeit der Weinmesse müssen hier und in der gesamten Region weit im Voraus gebucht werden.

✖ ◉ Sehenswertes & Aktivitäten

Vignamaggio　　　　WEINGUT, GARTEN
(☑ 0558 54 66 24; www.vignamaggio.com; Via Petriolo 5; ⏲ April–Okt.) Mona Lisa Gherardini, Gegenstand von Leonardo da Vincis weltberühmtem Gemälde, heiratete in die Familie, die diese Villa im 14. Jh. errichten ließ. In jüngerer Zeit diente die Villa mit ihren prächtigen formellen Gärten als Kulisse in Kenneth

Chianti

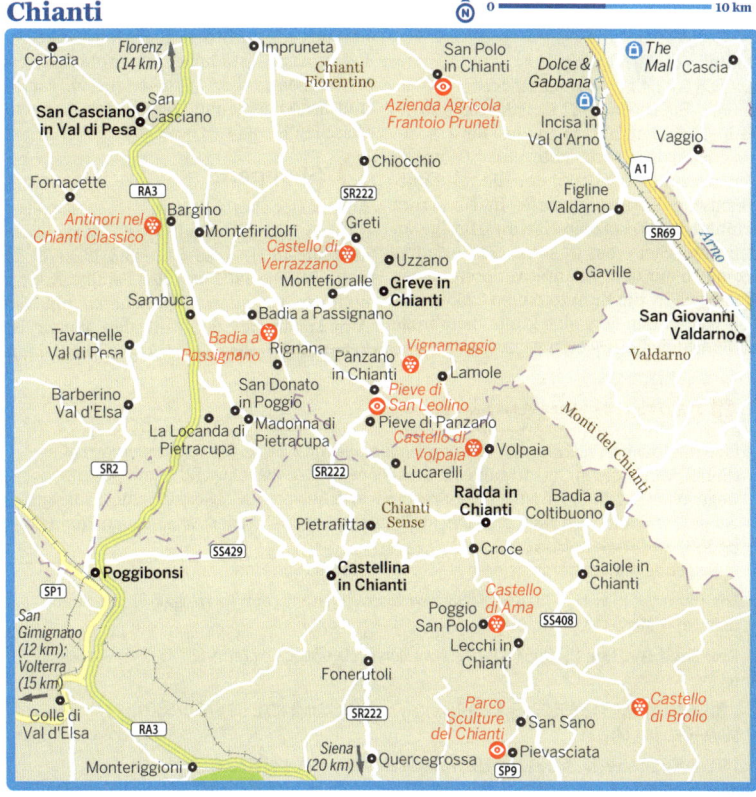

0　　　　　　　10 km

Branaghs Verfilmung von *Viel Lärm um nichts*. Das 2017 restaurierte Gebäude bietet nun Unterkünfte, ein Restaurant, Kochunterricht, Weinproben (2 Std., 27 €) und dreistündige Führungen durch die Gärten, den Bioweinbau und die historischen Weinkeller (59 € mit viergängigem Mittagessen und Wein). Buchung unerlässlich.

Das Anwesen liegt 5 km südöstlich von Greve in Chianti und 9 km nordöstlich von Panzano in Chianti.

SIENA & ZENTRALTOSKANA GREVE IN CHIANTI

Enoteca Falorni WEIN

(☎ 055 854 64 04; www.enotecafalorni.it; Piazza delle Cantine 6; ☉ Frühjahr & Herbst 10.30–19.30 Uhr, Sommer bis 20 Uhr, im Winter Mi geschl.) In dieser *enoteca* kann man seinen Gaumen schon einmal wunderbar an die hiesigen Tröpfchen gewöhnen, bevor man dann einzelne Weingüter aufsucht. Sie hat mehr als 1000 Weine vorrätig, von denen 100 verkostet werden können, u. a. Chianti, Chianti Classico, IGTs, Grappa und Vin Santo von verschiedenen Erzeugern. Mit einer Prepaid-Weinkarte für 5 bis 25 € lässt sich der Lieblingswein herausfinden.

Castello di Verrazzano WEIN

(☎ 0558 5 42 43; www.verrazzano.com; Via Citille, Greti; Führungen 18–62 €; ☉ Mo–Sa 9.30–18, So 10–13 & 15–18.30 Uhr) In der Burg 3 km nördlich von Greve lebte einst Giovanni Verrazzano (1485–1528), der die nordamerikanische Küste erkundete. In New York erinnert die Verrazano-Narrows Bridge an den Entdecker – ein „z" muss der Seefahrer irgendwo auf dem Atlantik verloren haben. Heute gehört die Burg zu einem 225 ha großen Weingut, in dem eine große Bandbreite an Führungen angeboten wird.

Sie alle schließen einen kurzen Besuch der alten Weinkeller und der Gärten sowie eine Verkostung von hauseigenen Weinen (u. a. des berühmten Chianti Classico) und anderen Produkten (Honig, Olivenöl, Balsamicoessig usw.) ein. Zur „Classic Wine Tour" (18 €, 1½ Std., Mo–Fr 10 & 15 Uhr) gehört eine Verkostung mehrerer Weine, bei der „Chianti Tradition Tour" (32 €, 2½ Std., Mo–Fr 11 Uhr) werden dazu auch gastronomische Spezialitäten gereicht. Die „Wine and Food Experience" (58 €, 3 Std., Mo–Fr 12 Uhr) schließt mit einem viergängigen Mittagessen und Gutsweinen ab. Die Touren sollten vorab gebucht werden.

✗ Essen

Bistro Falorni FEINKOST €

(☎ 0558 53029; www.falorni.it; Piazza Giacomo Matteotti 71; Taglieri 7–16 €, Bruschetta 4 €, Panino 5 €; ☉ 10.30–19 Uhr) Italienisches Fastfood ist anders, und das ist auch gut so. Greves berühmte *macelleria* (Metzgerei) samt Feinkostladen eröffnete 2013 neben dem Laden diese Cafeteria, die sowohl bei den Einheimischen als auch den Touristen sofort ein Erfolg war. Gäste haben die Wahl aus verschiedenen *taglieri* (Probiertellern), Panini und Bruschettas und können sich dazu ein Gläschen Wein (4 €) bestellen.

🔒 Shoppen

Antica Macelleria Falorni LEBENSMITTEL

(☎ 0558 5 30 29; www.falorni.it; Piazza Giacomo Matteotti 71; ☉ Mo–Sa 9–13 & 15.30–19, So ab 10 Uhr) Die 1806 von der Familie Falorni eröffnete *macelleria* (Fleischerei) mit viel Atmosphäre an der zentralen Piazza ist bekannt für ihre *finocchiona briciolona*

---

❶ RADFAHREN IM CHIANTI

Eine Radtour im Chianti ist für viele ein Höhepunkt ihrer Reise. Die Touristeninformation (S. 149) von Greve in Chianti gibt eine Broschüre mit den Wander- und Radwegen der Gegend heraus. In Greve ist auch der renommierte Anbieter Discovery Chianti ansässig, der geführte Rad- und Wandertouren im Programm hat. Fahrräder verleiht auch Ramuzzi (S. 153) im Ortszentrum von Greve.

Folgende Anbieter organisieren geführte Radtouren von Florenz aus:

Discovery Chianti (☎ 328 6124658; www.discoverychianti.com; Via I Maggio 32; Preise auf Anfrage; ☉ März–Okt.)

Florence By Bike (☎ 0554 8 89 92; www.florencebybike.it; Erw./erm. 83/75 €; ☉ März–Okt. tgl.)

I Bike Italy (☎ 342 9352395; www.ibikeitaly.com; Trekkingrad/E-Bike 450/550 €; ☉ Mitte März–Okt. Mo, Mi & Fr)

I Bike Tuscany (☎ 335 812 07 69; www.ibiketuscany.com; 120–160 €)

(Schweinesalami mit Fenchelsamen und Chianti), aber man bekommt hier auch Wein, Käse und andere Feinkostwaren.

ℹ Praktische Informationen

Die **Touristeninformation** (☏ 390 55853606, 0558 54 52 71; www.helloflorence.net; Piazza Matteotti 10; ⊗ Ende März–Mitte Okt. 10.30–13.30 Uhr, Ostern–Aug. bis 18.30 Uhr) liegt am Hauptplatz von Greve.

ℹ Anreise & Unterwegs vor Ort

AUTO & MOTORRAD

Greve liegt an der Via Chiantigiana (SR222). Im zweistöckigen, offenen Parkhaus in der Via Luca Chini, auf der anderen Seite der Hauptstraße zur Piazza Matteotti, ist das Parken auf dem oberen Parkdeck kostenlos. Wer in der Nacht von Freitag auf Samstag sein Fahrzeug auf den gebührenpflichtigen Plätzen an der Piazza Matteotti parkt, muss damit rechnen, dass es abgeschleppt wird, um den Ständen für den Samstagsmarkt Platz zu machen.

BUS

Busse pendeln zwischen Greve in Chianti und Florenz (3,30 €, 1 Std., stündl.) und zwischen Greve und Panzano in Chianti (1,30 €, 15 Min., häufig). Die Bushaltestelle befindet sich an der Piazza Trento, 100 m von der Piazza Giacomo Matteotti.

FAHRRAD

Fahrräder verleiht **Ramuzzi** (☏ 055 85 30 37; www.ramuzzi.com; Via Italo Stecchi 23; Mountainbike/Crossrad 20/130 € pro Tag/Woche, Motorroller 55/290 € pro Tag/Woche; ⊗ Mo–Fr 9–13 & 15–19, Sa 9–13 Uhr).

Badia a Passignano

Stimmungsvoller als in Badia a Passignano, einem Dörfchen mit einer benediktinischen Vallombrosaner-Abtei und Weinbergen der legendären Antinori-Dynastie, lässt sich das Chianti wohl kaum erleben. Hier können Besucher die alte Kirche und die Klostergebäude besichtigen, die Ausblicke über die Weinreben bestaunen und in der edlen Osteria des Orts Antinori-Weine verkosten.

⊙ Sehenswertes & Aktivitäten

Chiesa di San Michele Arcangelo   KIRCHE
(Passignano-Abtei; Via di Passignano; Eintritt per Spende; ⊗Führungen auf Italienisch Sommer Fr, Sa & Mo–Mi 10–12 & 15–17.30, So 15–17.30 Uhr, im Winter kürzer) Eine aus dem 11. Jh. stammen-

---

ABSTECHER

MONTEFIORALLE

Das mittelalterliche Montefioralle thront auf einer Anhöhe unmittelbar östlich von Greve und ist von Greve aus über einen 2 km langen **Wanderweg** zu erreichen – vom Zentrum des Orts die Via San Francesco entlang, die von der Via Roma abzweigt. Das von Olivenhainen und Weinbergen umgebene, auf einem Hügel gelegene Dorf ist der Heimatort von Amerigo Vespucci (1415–1512), einem Entdecker, der nach Kolumbus nach Amerika reiste. Er schrieb so begeistert über die Neue Welt, dass der deutsche Kartograf Martin Waldseemüller auf seiner 1507 gedruckten Weltkarte den neuen Kontinent nach Amerigo „Amerika" nannte.

Als krönender Abschluss eines Streifzugs durchs Dorf bietet sich ein Mittagessen im **La Castellana** (☏ 0558 5 31 34; www.ristorantelacastellana.it; Via di Montefioralle 2, Montefioralle; Mahlzeiten 40 €; ⊗Sommer Di–So 12–14 & 19.30–21.30 Uhr, im Winter unterschiedlich) an. Serviert wird toskanische Hausmannskost und die Weinkarte liest sich wie eine Liste der Highlights des Chianti. Die Gäste sitzen drinnen oder auf der Terrasse am Hang mit weitem Blick über Zypressen, Olivenbäume und Weinreben.

---

de Kirche hier wurde im 13. Jh. zerstört und durch diesen Bau ersetzt, der dann im Verlauf der Jahrhunderte stark verändert wurde. Er ist dem Erzengel Michael geweiht – neben dem Hochaltar ist eine Statue aus dem 12. Jh. des hl. Michael als Drachentöter zu sehen – und beherbergt Fresken sowie Gemälde unterschiedlicher Qualität. Die besten stammen von Domenico Cresti (bekannt als „Il Passignano") und befinden sich in der mittleren Kapelle der Apsis.

Kloster   KLOSTER
(☏ 0558 07 23 41 (Englisch), 0558 07 11 71 (Italienisch); Passignano-Abtei, Via di Passignano; Eintritt per Spende; ⊗ Führungen auf Italienisch Sommer Fr, Sa & Mo–Mi 10–12 & 15–17.30, So 15–17.30 Uhr, im Winter kürzer) Die vier Vallombrosaner-Mönche, die in diesem mittelalterlichen Kloster zu Hause sind, öffnen auf regelmäßig stattfindenden Führungen ihre Quartiere für Besucher. Das Highlight ist das Refek-

NICHT VERSÄUMEN

DER PROMIMETZGER DER TOSKANA

Das 10 km südlich von Greve gelegene Städtchen **Panzano in Chianti** ist in ganz Italien für seine Metzgerei **L'Antica Macelleria Cecchini** (☑ 0558 5 20 20; www.dariocecchini. com; Via XX Luglio 11; ⏺ 9–16 Uhr) bekannt. Sie gehört dem populären, sehr extrovertierten Dario Cecchini. Als poetisch veranlagter Wächter der *bistecca* (Steak) und anderer toskanischer Fleischspezialitäten hat er sich seine persönliche Nische geschaffen. Mittlerweile betreibt er neben der *macelleria* noch drei Esslokale: die **Officina della Bistecca** (☑ 0558 5 21 76; www.dariocecchini.com; Via XX Luglio 11; Menü Erw./Kind unter 10 J. 50/10 €; ⏺ Servierzeiten 13 & 20 Uhr) mit einem Menü rund um die legendäre *bistecca*, das **Solociccia** (☑ 0558 5 27 27; www.dariocecchini.com; Via XX Luglio; Fleischmenüs 30 & 50 €; ⏺ Servierzeiten 13, 19 & 21 Uhr), in dem die Gäste andere Fleischgerichte als Steak bestellen können, und das **Dario DOC** (☑ 0558 5 21 76; www.dariocecchini.com; Via XX Luglio 11; Burger 10 oder 15 €, Sushi mit Fleisch 20 €; ⏺ Mo–Sa 12–15 Uhr), Cecchinis legeres Mittagsrestaurant. Für die Officina und das Solociccia benötigt man eine Reservierung. Zuletzt brütete Cecchini Pläne für ein viertes Lokal aus – über den Stand der Dinge informiert die Website.

Panzano in Chianti sollte man nicht Lebewohl sagen, ohne eine der schönsten Kirchen des Chianti besichtigt zu haben, die romanische **Pieve di San Leolino** (Strada San Leolino, Località San Leolino; ⏺ 7.30–12 Uhr) auf einem Hügel unmittelbar vor den Toren von Panzano. Zu den Kunstschätzen in der Kirche gehören ein Polyptychon von Mariotto di Nardo (1421) hinter dem Hochaltar, zwei glasierte Terrakotta-Tabernakel von Giovanni della Robbia und ein leuchtendes Triptychon aus dem 13. Jh. vom Meister von Panzano: Es zeigt die Muttergottes mit dem Jesuskind neben Heiligen wie Katharina von Alexandrien, der Schutzpatronin der Philosophen.

torium, das im 15. Jh. umgebaut wurde; es beherbergt Domenico Ghirlandaios absolut wunderbares, kürzlich restauriertes Fresko des *Letzten Abendmahls* von 1476. Die Führungen gewähren außerdem einen Blick in den Klostergarten und die alte Klosterküche. Am besten im Voraus buchen!

La Bottega di Badia a Passignano   WEIN
(☑ 0558 07 12 78; www.osteriadipassignano.com; Via di Passignano 33; ⏺ Mo–Sa 10–19.30 Uhr) In dieser *enoteca* neben dem renommierten Restaurant Osteria di Passignano (S. 154) kann man Antinori-Weine verkosten und kaufen. Eine Weinprobe mit drei Gläsern kostet zwischen 25 und 55 €. Außerdem werden verschiedene Keller- und Weinbergtouren geboten – Näheres auf der Website.

✕ Essen & Ausgehen

⭐ L'Antica Scuderia   TOSKANISCH €€
(☑ 335 8252669; www.ristorolanticascuderia.com; Via di Passignano 17; Mahlzeiten 45 €, Pizza 8–12 €; ⏺ Mi–Mo 12.30–14.30 & 19.30–22.30 Uhr; 🚸) Von der großen Terrasse des sehr freundlichen Restaurants fällt der Blick auf einen der Antinori-Weingärten – hier kann man im Sommer wunderbar speisen. Im Winter lädt dann der elegante Speisesaal zum Dinieren ein. Zu Mittag gibt es Antipasti, Pasta

und traditionelle gegrillte Fleischgerichte, abends wird vor allem Pizza serviert. Kinder lieben den Spielplatz – und Erwachsene den Umstand, dass die Kinder beschäftigt sind.

La Cantinetta di Rignana   TOSKANISCH €€
(☑ 0558 5 26 01; www.lacantinettadirignana.com; Rignana; Mahlzeiten 36 €; ⏺ Sommer Mi–Mo 12–15 & 19–22 Uhr, im Winter unterschiedlich) Auf der Terrasse der Cantinetta di Rignana kommt schnell das Gefühl auf, dass man gerade den schönsten Ort im Chianti für ein ausgedehntes Mittagessen gefunden hat. Eine historische Mühle dient als Kulisse, mit Weingärten bewachsene Hügel erstrecken sich bis zum Horizont und aus heimischen Zutaten werden rustikale Speisen mit herrlichem Aroma gezaubert. Von Badia a Passignano sind es 4 km; die Cantinetta steht am Ende einer unbefestigten Holperstraße.

Osteria di Passignano   MODERN ITALIENISCH €€€
(☑ 055 807 12 78; www.osteriadipassignano.com; Via di Passignano 33; Mahlzeiten 85 €, Probiermenüs 80–90 €, mit Wein 100–140 €; ⏺ Mo–Sa 12.15–14.15 & 19.30–22 Uhr; 🅿) Rings um Badia a Passignano erstrecken sich Rebzeilen, so weit das Auge reicht. Das elegante Sternerestaurant im Zentrum des Dorfs ist schon seit Langem eine der beliebtesten Speiseadressen der Toskana. Raffinierte, toskanisch

inspirierte Gerichte aus hiesigen Zutaten und eine umfangreiche Weinkarte mit zahlreichen Antinori-Weinen (7–35 € pro Glas) machen ordentlich Eindruck.

An- & Weiterreise

Nach Badia a Passignano verkehren keine öffentliche Verkehrsmittel. Am einfachsten ist der Ort über die Strada di Badia zu erreichen, die von der SP94 abzweigt.

San Casciano in Val de Pesa

17 062 EW.

Das 1944 fast komplett durch alliierte Bomben zerstörte San Casciano in Val di Pesa südlich von Florenz wurde vollständig wiederaufgebaut und ist heute ein geschäftiges Wein- und Olivenölzentrum. Sehenswürdigkeiten gibt's im Ort selbst keine, doch im Umland liegen einige eindrucksvolle *agriturismi* und Villen.

Aktivitäten

⭐ **Antinori nel Chianti Classico** WEIN
(☑0552 35 97 00; www.antinorichianticlassico.it; Via Cassia per Siena 133, Località Bargino; Führung & Weinprobe 25–50 €, Buchung erforderlich; ⊙Winter Mo–Fr 10–17, Sa & So bis 17.30 Uhr, Sommer Sa & So 18.30 Uhr) Marco Casamintis skulpturales Gebäude, das sich malerisch an einen Hang schmiegt, ist ein echtes Wahrzeichen an der *autostrada* unmittelbar südlich von Florenz und eines der eindrucksvollsten Beispiele moderner Weingutarchitektur. Auf den täglichen Führungen auf Englisch und Italienisch geht es nach dem Rundgang durch die Keltereinrichtungen in einen der gläsernen Verkostungsräume, die über den Holzfässern im kathedralenhaften Reifekeller wie aufgebockt dastehen, um unter Anleitung Antinori-Weine zu verkosten. Die Führungen (1½/2 Std.) kosten 30/60 € für drei/fünf Weine; Buchung erforderlich.

Die Familie Antinori keltert schon seit 1180 Wein. In der stylischen Bar neben dem Shop kann man 16 der letzten Jahrgänge verkosten (4–15 € pro Probe) oder man nimmt an einer von einem Sommelier angeleiteten Verkostung von drei Weinen (9–12 €) teil. Wer möchte, kann anschließend im Restaurant Rinuccio 1180 (S. 155), zu Mittag speisen oder auch dort ein Glas Wein zu sich nehmen. Oder man bucht die 2½-stündige Weintour mit Mittagessen (150 €), auf der sieben Cru-Weine verkostet werden.

Bargino liegt 7 km südlich von San Casciano in Val di Pesa und 20 km nordwestlich von Greve.

Essen & Ausgehen

San Casciano liegt nicht weit von Florenz, sodass es sich anbietet, in der Feinschmeckermetropole zu speisen. Die Hotels hier im Ort verfügen über Restaurants; besonders beeindruckend ist das in der **Villa I Barronci** (☑0558 2 05 98; www.ibarronci.com; Via Sorripa 10), für das man jedoch reservieren muss.

Rinuccio 1180 TOSKANISCH €€
(☑0552 35 97 20; www.antinorichianticlassico.it; Via Cassia per Siena 133, Bargino; Mahlzeiten 40 €, Probierplatten 14–15 €; ⊙12–16 Uhr) In dem Restaurant auf dem Dach der schicken Antinori-Kellerei sitzen die Gäste auf einer großen Terrasse mit berauschendem 180-Grad-Blick auf Hügel und leuchtend grüne Weinberge bei dezentem Vogelgezwitscher. Bei kühlerem Wetter speist man drinnen im gläsernen Speisesaal. Die Küche ist toskanisch, saisonal, modern und originell – wie wär's mit einem Chianti-Burger? – und die Weinkarte erwartungsgemäß fabelhaft. Reservieren!

⭐ **L'Osteria di Casa Chianti** TOSKANISCH €€
(☑0571 66 96 88; www.osteriadicasachianti.it; Località Case Nuove 77, Fiano; Mahlzeiten 38 €; ⊙Di–Sa 19–22, So 12.30–14.30 & 19–22 Uhr) Das extrem freundliche Lokal, das bei so manchem Gast den Wunsch auslöst, in die Toskana umzuziehen, backt selbst Brot, macht die Pasta von Hand, grillt *bistecca* auf dem Holzfeuer, ist auf Gerichte mit Trüffeln und Steinpilzen spezialisiert und wartet mit einer außergewöhnlichen Weinkarte auf. Außerdem weiht es bei 4½-stündigen Kochkursen (95 € inkl. Mittagessen) in die Geheimnisse seiner Küche ein. Reservieren!

Das Restaurant liegt zwischen Fiano und Certaldo an der SP79, 14 km südwestlich von San Casciano in Val di Pesa.

An- & Weiterreise

San Casciano liegt an der SP92, nicht weit von der *autostrada* von Florenz nach Siena.
Busitalia/Autolinee Chianti Valdarno (ACV) (☑800.373760; www.acvbus.it) bietet Busverbindungen zwischen San Casciano und Florenz (2,30 €, 20 Min., 10-mal tgl.) und zwischen San Casciano und Greve in Chianti (2,30 €, 30 Min., 3-mal tgl.).

AUTOTOUR > WEINTOUR DURCH DAS CHIANTI

Kaum etwas anderes ist so genussvoll wie eine gemächliche Autofahrt auf von Zypressen und Weinreben gesäumten Sträßchen durch die uralte Weinregion Chianti. Nicht nur ist die Landschaft äußerst berauschend – die Region ist außerdem gespickt mit exzellenten Restaurants und zahlreichen altehrwürdigen Weingütern, auf denen edle rubinrote Weine gekeltert werden. Diese Tour erfordert ein wenig Planung: Weinproben und Kellereiführungen müssen im Voraus gebucht werden.

❶ Antinori nel Chianti Classico

Von Florenz geht's zunächst 22 km Richtung Süden die *superstrada* (Schnellstraße) entlang. Ab der Ausfahrt Bargino folgt man dann der Beschilderung zu **Antinori nel Chianti Classico** (S. 155), einem tollen Weingut mit einem architektonisch faszinierenden Reifekeller. Hier bieten sich eine Führung, eine Weinprobe und ein Mittagsmahl unter freiem Himmel mit einem sensationellen Ausblick auf die Weinberge im Gutsrestaurant **Rinuccio 1180** (S. 155) an.

❷ Castello di Verrazzano

Über die SS2, SP3 und SS222 geht's dann weiter nach Greve in Chianti. Im alten **Castello di Verrazzano** (S. 152), eine halbe Autostunde (19 km) von Bargino entfernt, nimmt man an einer Weinprobe teil. Bei den Führungen über das 225 ha große Weingut lernen die Besucher auch die faszinierenden alten Weinkeller und die Gärten des Anwesens kennen.

❸ Greve in Chianti

Am nächsten Tag kann man sein neu erworbenes Wissen bei einer in Eigenregie durchgeführten Weinprobe in der **Enoteca Falorni** (S. 152) testen. Zum Mittagessen bietet sich im **Dario DOC** (S. 154) in **Panzano in Chianti**, 7 km Richtung Süden auf der SR222, ein Burger im toskanischen Stil an. Wer mag,

gönnt sich stattdessen einen herrlichen viergängigen Mittagsschmaus mit perfekter Weinbegleitung auf dem Gut **Vignamaggio** (S. 151) 4,5 km südlich abseits derselben Straße. Mit dem Mittagessen in der schönen Villa aus dem 14. Jh. lässt sich schön eine Führung durch die prächtigen Gärten, den Bio-Weingarten und den historischen Weinkeller kombinieren. Neugierige Köche können auch einen Kochkurs buchen.

❹ Badia a Passignano

Der Nachmittag gehört Badia a Passignano, einer Vallombrosaner-Abtei aus dem 11. Jh., in der noch immer Mönche leben. Umgeben ist das Kloster von den Reben eines Antinori-Weinguts. Nach einer Weinprobe in der *enoteca* (Weinlokal) bietet sich ein frühes Pizza-Abendessen in **L'Antica Scuderia** (S. 154) gegenüber der Abtei an – von hier aus kann man die Sonne über den Weinreben untergehen sehen.

❺ Radda in Chianti

Am dritten Tag führt die Tour weiter Richtung Süden ins kleine Volpaia bei Radda in Chianti zu einer Führung durch die Weinkeller des **Castello di Volpaia** (S. 160). Anschließend geht's wieder 9 km zurück gen Norden zu einem faulen Mittagessen und einem Glas Chianti Classico oder Riserva aus Volpaia in der **Bar Ucci** (S. 160) im historischen Weinort Radda in Chianti.

4 Tage, 150 km

Toll für ... Essen & Trinken, Landschaft

Beste Reisezeit: Mai bis Oktober

6 Castello di Brolio

Am letzten Tag geht's Richtung Süden zum **Castello di Brolio** (S. 160), dem Stammsitz der Adelsfamilie Ricasoli. Deren Weingut stammt aus dem 11. Jh. und ist somit das älteste in ganz Italien. Nach einem Besuch im Burgmuseum und einem Bummel durch die formellen Gärten kann man in der *cantina* (Weinkeller) des Gutes oder bei einem phan-tastischen Mittagessen mit moderner toska-nischer Küche in der **Osteria** (S. 161) einen Baron Ricasoli Chianti Classico probieren.

7 Castello di Ama

Der Nachmittag ist dann schließlich preisge-krönten Weinen und zeitgenössischer Kunst im nahen **Castello di Ama** (S. 161) gewidmet, nur 12 km entfernt auf der SP484.

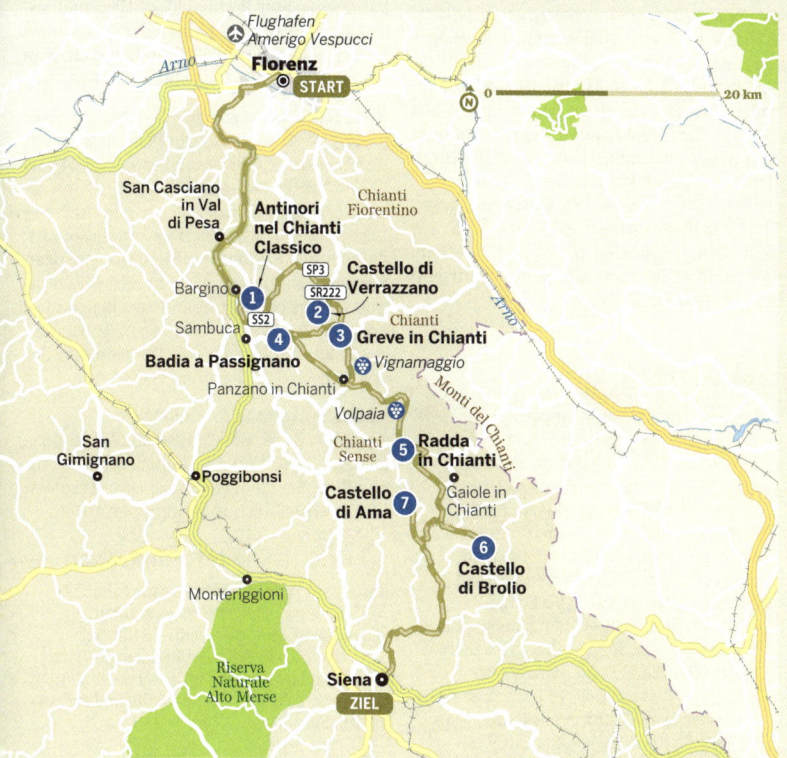

Castellina in Chianti

2859 EW.

Von den Etruskern gegründet und im 15. Jh. von den Florentinern als Verteidigungsposten gegen die Sienesen befestigt, ist Castellina in Chianti heute eines der wichtigsten Zentren der Weinindustrie. Unverkennbares Merkmal sind die riesigen Tanks, randvoll mit Chianti Classico, an den Zufahrtsstraßen des Ortes. Durch seine Lage an der SR222 bietet sich Castellina zwischen Florenz und Siena als praktischer Zwischenstopp für eine Übernachtung oder eine Mahlzeit an.

◉ Sehenswertes & Aktivitäten

Museo Archeologico del Chianti Senese
MUSEUM

(☑ 0577 74 20 90; www.museoarcheologicochianti.it; Piazza del Comune 17; Erw./erm. 5/3 €; ⊘ April, Mai, Sept. & Okt. tgl. 10–18 Uhr, Juni–Aug. 11–19 Uhr, Nov.–März Sa & So 10–17 Uhr) Im archäologischen Museum sind regionale Funde aus der Zeit der Etrusker ausgestellt; es befindet sich in der mittelalterlichen *rocca* (Festung) der Stadt. Artefakte aus den **etruskischen Grabstätten am Monte Calvario** (Ipogeo Etrusco di Monte Calvario; ⊘ 24 Std.) GRATIS aus dem 7. Jh. v. Chr. sind in Raum 4 zu sehen. Der Fundort liegt am nördlichen Stadtrand abseits der SR222.

ℹ OUTLETS

Italienische Schnäppchenjäger lieben die Gegend um das Val d'Arno im Nordosten des Chianti, wo auch ausländische Fashionistas ihre Kreditkarte zum Glühen bringen können. In mehreren Outlets werden Teile aus den letzten Kollektionen zu günstigen Preisen angeboten. Zu den beliebtesten gehören die **Mall** (www.themall.it; Via Europa 8, Leccio Reggello; ⊘ 10–19 Uhr, Juni–Aug. bis 20 Uhr) in Leccio Reggello, **Dolce & Gabbana** (☑ 055 833 13 00; www.dolcegabbana.it; Via Pian dell'Isola 49, Località Santa Maria Maddalena, Incisa in Valdarno; ⊘ Mo–Sa 9–19, So 10–19 Uhr) an der SR69 bei Incisa Val d'Arno und **Prada** (☑ 0552 8 34 39; Space Factory Outlets, Via Levanella Becorpi, Località Levanella; ⊘ Mo–Fr & So 10.30–19.30, Sa 9.30–19.30 Uhr) nicht weit von der SR69 am südlichen Ende von Montevarchi.

Via delle Volte
SPAZIERGANG

Von Castellinas Parkplatz im Süden führt die Via Ferrucio an den östlichen Befestigungsmauern entlang. Zur Befestigungsanlage des Orts gehört auch die stimmungsvolle Via delle Volte, ein Tunnelgang, in dem im Mittelalter heilige Riten gefeiert wurden und der später von den Florentinern überdacht und zu Verteidigungszwecken umgebaut wurde.

✗ Essen & Ausgehen

Ristorante Taverna Squarcialupi
TOSKANISCH €€

(☑ 0577 74 14 05; www.tavernasquarcialupi.it; Via Ferruccio 26; Mahlzeiten 38 €; ⊘ Do–Mo 12–15 & 19–22, Di 12–15 Uhr) Interessante und sehr erfolgreiche Geschmackskombinationen prägen die Karte dieser riesigen *taverna* im Zentrum von Castellina. Die Gerichte mit handgemachter Pasta sind köstlich und lassen sich auf der Panoramaterrasse hinterm Haus bestens mit einem Gläschen Wein vom nahen Weingut La Castellina genießen.

Ristorante Albergaccio
TOSKANISCH €€€

(☑ 0577 74 10 42; www.ristorantealbergaccio.com; Via Fiorentina 63; Mahlzeiten 50 €; ⊘ 12.30–14.30 & 19.30–21.30 Uhr, Dez.–März teils geschl.; ☑) Im Albergaccio kommt laut eigener Beschreibung „das Land auf den Tisch" – mit saisonalen Zutaten der Region. Der Stern des einstigen Sternerestaurants ist zwar in letzter Zeit etwas verblichen, doch man kann hier immer noch gut, wenn auch teuer essen. Es befindet sich 1 km nordöstlich von Castellina an der Straße nach San Donato in Poggio.

Antica Fattoria la Castellina
WEIN

(☑ 0577 74 04 59; www.lacastellina.it; Via Ferruccio 28; ⊘ 10–19.30 Uhr) Die bekannteste Weinhandlung der Stadt bietet Weine vom eigenen Gut La Castellina und Weinproben ab 5 €.

ℹ Praktische Informationen

Castellinas **Touristeninformation** (☑ 0577 74 13 92; www.amocastellinainchianti.it; Via Ferruccio 40; ⊘ April–Juni 10–13 Uhr, Juli–Sept. Di–Fr 10–13 & 16–19 Uhr) kann Besuche auf Weingütern buchen und bietet außerdem Karten, Vorschläge für Unterkünfte und andere Informationen.

ℹ An- & Weiterreise

AUTO & MOTORRAD

Castellina befindet sich an der Via Chiantigiana (SR222). Besonders günstig liegt der Parkplatz im Süden des Ortes, erreichbar über die Via IV Novembre (1/5 € pro Std./Tag).

① UNTERWEGS IN DER ZENTRALTOSKANA

Auto & Motorrad Siena ist der Verkehrsknotenpunkt der Zentraltoskana, mit dem Raccordo Autostradale nach Florenz und anderen Fernstraßen in weitere wichtige Städte Italiens. Für das legendäre Chianti ist das Auto das bei Weitem beste Verkehrsmittel: Die Region wird von einem Netz malerischer *strade provinciale* (Bundesstraßen) und *strade secondarie* (Landstraßen) durchzogen, von denen einige unbefestigt, schmal und entsprechend schwierig zu befahren sind. Die meisten Kommunen haben im Zentrum eine streng überwachte verkehrsberuhigte Zone (ZTL).

Bus Zwischen Siena und kleineren Orten der gesamten Region verkehren Busse, doch die Verbindungen sind teilweise sehr unregelmäßig und umständlich.

BUS

Bus 125 von **Tiemme** (S. 150) verbindet Castellina in Chianti mit Radda in Chianti (1,60 €, 10 Min., Mo–Sa 3- bis 5-mal tgl.) und Siena (3,40 €, 40 Min., Mo–Sa 7-mal tgl.). Die praktischsten Bushaltestellen sind an der Hauptstraße bei der Via delle Mura.

Radda in Chianti

1613 EW.

Die alten Straßen im hübschen Radda in Chianti gehen strahlenförmig vom Hauptplatz ab, wo die Schilde und Wappen des Palazzo del Podestà aus dem 16. Jh. der ganzen Szenerie ein wenig Drama verleihen. In dem alten Winzerort ist das Consorzio di Chianti Classico ansässig und von hier aus lassen sich schön ein paar klassische toskanische Weingüter erkunden.

◉ Sehenswertes & Aktivitäten

Casa Chianti Classico　　　　MUSEUM
(✆ 0577 73 81 87; www.chianticlassico.com; Kloster Santa Maria al Prato, Circonvallazione Santa Maria 18; ⊙ Museum April–Okt. Mo–Sa 11.30–13 & 15–18 Uhr) GRATIS Diese Einrichtung residiert in einem Klosterkomplex des 18. Jhs. neben einer Kirche des 10. Jhs. Sie wird vom Consorzio di Chianti Classico betrieben und

widmet sich dem beliebtesten Produkt der Region. Im **Weinmuseum** im ersten Stock erfährt man alles über die Geschichte des Chianti-Weins. Wer möchte, kann sich anschließend ein Glas Wein (5 €) besorgen und seine Verkostungsnotizen in einem cleveren Multimediaquiz mit denen eines Experten vergleichen. Oder man meldet sich für ein 90-minütiges **Weinseminar** (auf Italienisch oder Englisch; 35 €) an.

Der Komplex verfügt außerdem über ein **Restaurant** (Mahlzeiten 35 €; ⊙ März–Dez. Di–Sa 12.30–14.30 & 19.30–21.30, So 12.30–14.30 Uhr) und eine gute sortierte **Enoteca** (Antipasti 8–16 €, Pasta 10–13 €; ⊙ März–Dez. Di–Sa 11.30–18, So 11.30–14.30 Uhr). Letztere hat eine hübsche Terrasse mit Blick auf die Weinberge – perfekt für ein geruhsames Mittagsmahl oder ein Glas Wein am späten Nachmittag. Die Casa liegt bergab vom Hauptplatz von Radda in Chianti.

Essen

La Botte di Bacco　　　TOSKANISCH €€€
(✆ 0577 73 90 08; www.ristorantelabottedibacco.it; Viale XX Settembre 23; Mahlzeiten 50 €; ⊙ Fr–Mi 12.30–14.30 & 19.30–22.30 Uhr, im Nov. 2 Wochen geschl.; ❄) Der alteingesessene, romantische Klassiker an der Hauptstraße von Radda wartet mit einer traditionellen Einrichtung auf, doch die Karte hat einen modernen Einschlag – wahrscheinlich, weil Küchenchef Flavio D'Auria aus Neapel kommt und keine Scheu hat, die toskanischen Klassiker leicht anders zu interpretieren. Auf der eindrucksvollen Weinkarte stehen vor allem heimische Tröpfchen.

① Praktische Informationen

Touristeninformation (✆ 0577 73 84 94; www.chiantiradda.it; Piazza del Castello 2; ⊙ Sommer 10–13 & 15–18.30 Uhr, Winter 10.30–12.30 Uhr) Die Touristeninformation von Radda bucht Unterkünfte und Ausflüge in diesem Teil des Chianti. Zudem gibt's hier Infos über Wanderungen in der Region.

① An- & Weiterreise

Radda ist von Siena über die SP102 und von Castellina in Chianti über die SR429 zu erreichen. Busse von **Tiemme** (S. 150) fahren nach Castellina (1,60 €, 10 Min., Mo–Sa 3- bis 5-mal tgl.) und Siena (4,20 €, 1 Std., Mo–Sa 4-mal tgl.). Außerdem gibt's Verbindungen nach Florenz (4 €, 95 Min., Mo–Sa 2- bis 4-mal tgl.), teils mit Umsteigen in Lucarelli. Die Busse halten an der Via XX Settembre (SR429) bei der Bank Monte dei Paschi di Siena.

ABSTECHER

VOLPAIA

Wein, Olivenöl und Essig werden auf dem Weingut **Castello di Volpaia** (☎0577 73 80 66; www.volpaia.it; Località Volpaia), 7 km nördlich von Radda in Chianti im mittelalterlichen Weiler Volpaia, schon seit Jahrhunderten produziert. (Übrigens führt der Name in die Irre, denn eine Burg gibt's hier nicht.) Wer die Weinkeller besichtigen und an einer Weinprobe teilnehmen will (Preise auf Anfrage), muss sich vorher anmelden. Eine Stippvisite in der *enoteca* im größten Turm Volpaias ist täglich außer mittwochs von 12 bis 19 Uhr möglich.

Nach dem Besuch auf dem Weingut bietet sich ein Mittagessen an, z. B. mit Salami vom Vater des Eigentümers und einem Glas Chianti Classico oder Riserva aus Volpaia in der **Bar Ucci** (☎0577 73 80 42; www.bar-ucci.it; Piazza Della Torre 9, Volpaia; Snacks 4–8 €, Mahlzeiten 18 €; ⊙Di–So 8–21 Uhr), mit moderner toskanischer Kost mit Kräutern und Gemüse aus dem Biogarten des Guts in der renommierten **Osteria Volpaia** (☎0577 73 80 66; www.osteriavolpaia.com; Vicolo della Torre 2, Volpaia; Mahlzeiten 36 €; ⊙Do–Di 12.30–15 & 19.30–21.30 Uhr) 🌱 oder mit *cucina contadina* (Bauernküche) des familiengeführten **Ristorante La Bottega** (☎0577 73 80 01; www.labottegadivolpaia.it; Piazza della Torre 1, Volpaia; Mahlzeiten 28 €; ⊙Ostern–Jan. Mi–Mo 12–14.30 & 19.30–21.30 Uhr), wo man sein Essen auf der von Bäumen beschatteten Terrasse mit umwerfendem Blick über die Hügel des Chianti genießt.

Gaiole in Chianti

2758 EW.

Der von majestätischen mittelalterlichen Burgen und stimmungsvollen *pievi* (Landkirchen) umgebene kleine Ort wartet nur mit wenigen Sehenswürdigkeiten auf, liegt aber an der Strecke zum Castello di Brolio (S. 160) bzw. Castello di Ama.

⊙ Sehenswertes & Aktivitäten

⭐ **Castello di Ama**   SKULPTUREN, WEIN

(☎0577 74 60 69; www.castellodiama.com; Località Ama; Führungen Erw./Kind unter 16 J. 15 €/ frei; ⊙nach Vereinbarung) Im Castello di Ama treffen auf einem *borgo* (Landgut) aus dem 12. Jh. jahrhundertealte Keltertraditionen und brandaktuelle moderne Kunst aufeinander. Auf dem Weingut werden international berühmte Weine wie der Merlot „L'Apparita" produziert, doch das Anwesen verfügt außerdem über ein Boutiquehotel, ein Restaurant und einen Skulpturenpark mit 14 eigens für dieses Gelände geschaffenen Werken von Künstlern wie Louise Bourgeois, Chen Zhen, Anish Kapoor, Kendell Geers und Daniel Buren. Der Skulpturenpark kann im Rahmen einer Führung, die man am besten vorausbucht, besichtigt werden.

Castello di Brolio   BURG

(☎0577 73 02 80; www.ricasoli.it; Località Madonna a Brolio; Garten, Kapelle & Krypta 5 €, Führungen 8 €; ⊙Mitte März–Nov. 10–17.30 Uhr, Führungen Di–So 10.30–12.30 & 14.30–17 Uhr) Der Stammsitz der Adelsfamilie Ricasoli wurde im 11. Jh. gebaut und ist Italiens ältestes Weingut. Der mittlerweile 32. Baron öffnet sein Haus mit Gartenanlage, Panoramaterrasse und Museum interessierten Tagesausflüglern, die nach der hochinteressanten Museumsführung meist in der hervorragenden hauseigenen Osteria zu Mittag essen.

Drei Räume im Burgturm dokumentieren das Leben des Barons Bettino Ricasoli (1809–1880), seines Zeichens zweiter Ministerpräsident der Republik Italien und Besitzer eines außerordentlichen Schnurrbarts, aber eigentlich als Wissenschaftler, Landwirt, Winzer, Politiker und Geschäftsmann ein echtes Allroundtalent. Er war eine der Schlüsselfiguren bei der Einigung Italiens („Il Risorgimento") und hat mit der Erstellung des Regelwerks für den Chianti Classico weitere wichtige Lorbeeren geerntet.

Die Kapelle des *castello* stammt aus dem frühen 14. Jh.; in der Krypta darunter wurden Generationen von Ricasolis zur ewigen Ruhe gebettet. Auf dem Anwesen werden Wein und Olivenöl produziert. Von der riesigen Terrasse aus bietet sich ein Panoramablick auf die Anbauflächen.

Die „Classic Tour" (28 €, 2 Std.) schließt den Besuch der Weinproduktionsstätten und eine Weinprobe ein; sie wird freitags bis mittwochs angeboten (online buchen). Auf der „Vineyard Tour" (45 €, 2 Std., Do

15.30 Uhr) geht es zu drei verschiedenen Weinbergen und die Produkte werden gleich neben den Reben verkostet – eine Vorausbuchung ist dringend zu empfehlen.

Die Burg wird von einem *bosco inglese* (Englischer Garten) umrahmt. Darin befindet sich, nicht weit vom Parkplatz entfernt, die hauseigene **Osteria del Castello** (☎0577 73 02 90; osteria@ricasoli.it; Mahlzeiten 40 €; ⊙ April–Okt. Fr–Mi 12–14.30 & 19–21.30 Uhr, 2. Märzhälfte, Nov. & Dez. So–Mi 12–14.30, Fr & Sa 19–21.30 Uhr). Auf der anderen Seite des Eingangstors an der SP484 ist eine moderne *cantina* (Weinkeller; S. 161), in der der renommierte Chianti Classico des Castello di Brolio probiert werden kann.

Barone Ricasoli Cantina   WEIN
(Località Madonna a Brolio; ⊙April–Okt. 10–19 Uhr) In dieser *cantina* unmittelbar vor den Toren des Castello di Brolio (S. 160) können die Weine des Guts verkostet und erworben werden. Im Eintritt zur Burg ist die Verkostung eines eher einfachen Weins inbegriffen; drei weitere können für 5 € probiert werden. Und vielleicht möchte man sich ja ein Fläschchen

---

CHIANTI: DIE WEINE

Die rubinroten DOCG-Weine Chianti und Chianti Classico müssen mindestens zu 75 % (Chianti) bzw. 80 % (Chianti Classico) aus Sangiovesetrauben bestehen. Sie sind zweifellos die Spitzenweine der Region, aber sie sind nicht die einzigen Qualitätsmarken, die hier gekeltert werden. Auch der Colli dell'Etruria Centrale, Pomino, Vin Santo del Chianti und Vin Santo del Chianti Classico DOC sind erste Güte.

Die größten Weingüter haben *cantine* (Keller), in denen Weinproben stattfinden und Wein direkt verkauft wird, doch nur wenige Güter – ob groß oder klein – können ohne Voranmeldung besucht werden. Eine umfassende Übersicht und Karte der Weingüter bietet *Le strade del Gallo Nero* (2,50 €), erhältlich in den Touristeninformationen in Greve in Chianti, Radda in Chianti und Castellina in Chianti.

Die Website des bekannten Konsortiums regionaler Weinproduzenten, des **Consorzio Vino Chianti Classico** (www.chianticlassico.com), informiert über seine Mitglieder (96 % der regionalen Winzer), Weine, Weinfestivals u. Ä.

---

des Vorzeigeweins des Guts mitnehmen, des Chianti Classico DOCG Gran Selezione, um es später in aller Ruhe zu genießen.

Parco Sculture del Chianti   SKULPTUREN
(Chianti Sculpture Park; ☎0577 357151; www.chianti sculpturepark.it; Località La Fornace; Erw./Kind 10/5 €; ⊙10 Uhr bis Abenddämmerung;) In einem 7 ha großen Wald stehen Kunstwerke, die von Künstlern aus 24 Ländern speziell für diese Anlage geschaffen wurden, darunter ein Glaslabyrinth, das besonders bei Kindern bestens ankommt. Von Juni bis August finden jede Woche bei Sonnenuntergang im Amphitheater aus Marmor und Granit Jazz- und Opernkonzerte statt.

Der Park befindet sich 11 km südwestlich von Gaiole in Chianti. Wer schon mal hier ist, sollte sich auch das Dorf **Pievasciata** mit allerlei Freiluftkunst anschauen.

✕ Essen

Das Restaurant **Il Pievano** im edlen Hotel Castello di Spaltenna (www.spaltenna.it) am Ortsrand von Gaiole ist eines der sehr wenigen Restaurants im Chianti mit einem Michelin-Stern. Außerhalb des Orts sind die besten Verpflegungsmöglichkeiten die Osteria des Castello di Brolio (S. 161) und das Restaurant des **Castello di Ama** (☎0577 74 61 91; www.castellodiama.com; Castello di Ama, Località Ama; Mahlzeiten 30 €; ⊙Mi–Mo 12–15 & 19–21 Uhr).

❶ An- & Weiterreise

Gaiole liegt zwischen Siena und Montevarchi an der SP408. Bus 127 von **Tiemme** (S. 150) verkehrt zwischen Gaiole und der Via Lombardi hinter dem Bahnhof von Siena (1,60 €, 40 Min., Mo–Sa 9-mal tgl.). Die Bushaltestelle in Gaiole befindet sich gegenüber der Grundschule an der Hauptstraße.

SAN GIMIGNANO

7820 E.W.

Von den nahen Hügeln aus betrachtet, erscheint das von einer Stadtmauer umgebene San Gimignano mit seinen 14 Türmen wie ein mittelalterliches Manhattan. Die Stadt, ursprünglich ein etruskisches Dorf, wurde nach dem Bischof von Modena, dem hl. Gimignano, benannt, der sie vor dem Hunnenkönig Attila gerettet haben soll. 1199 wurde sie zu einer unabhängigen *comune* und kam u. a. wegen der Lage an der Via Francigena

San Gimignano

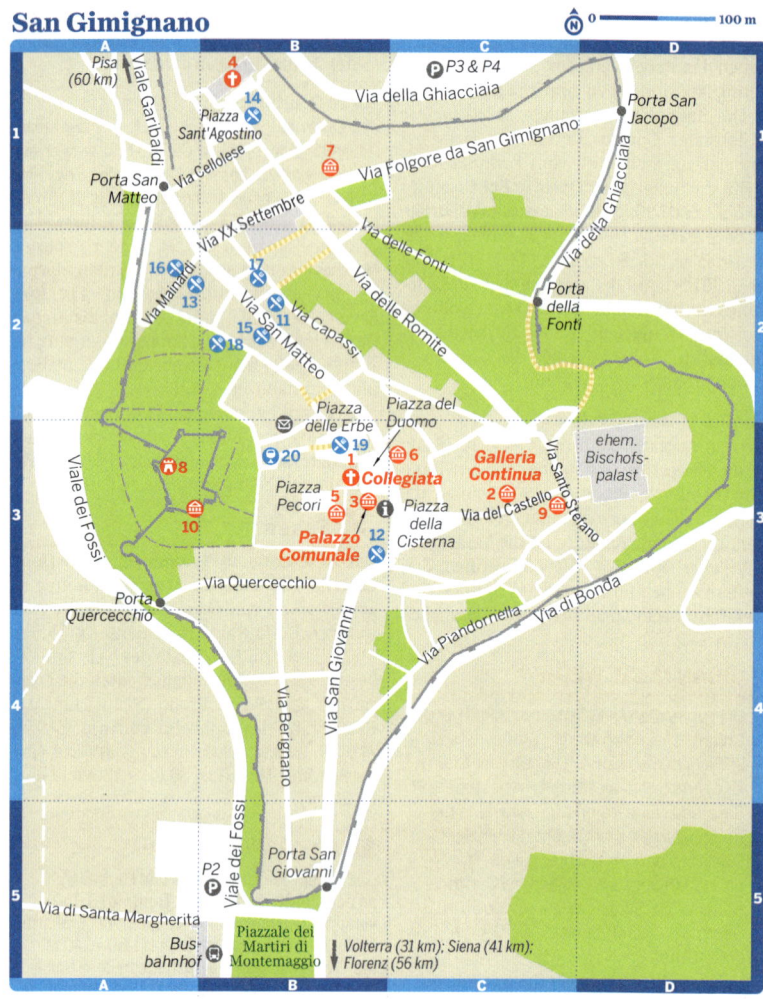

zu Wohlstand. Um ihren Reichtum und ihre Macht zu zeigen, wetteiferten die adeligen Familien der Stadt im Bau möglichst hoher „Geschlechtertürme" (ursprünglich waren es 72). Im Jahr 1348 raffte die Pest einen Großteil der Bevölkerung dahin und schwächte die örtliche Wirtschaft so stark, dass sich die Stadt 1353 Florenz unterwarf. Heute würde wohl nicht einmal die Pest die Massen sommerlicher Tagesbesucher abschrecken, die hierherkommen, um sich von der Geschichte, den mittelalterlichen Straßen und der zauberhaften Landschaft drum herum verführen zu lassen.

◉ Sehenswertes

Die dreieckige **Piazza della Cisterna** ist nach dem Brunnen aus dem 13. Jh. in ihrer Mitte benannt. An der Piazza del Duomo stehen gegenüber dem Dom auch der **Palazzo Vecchio del Podestà** (Piazza del Duomo) aus dem späten 13. Jh. samt **Torre della Rognosa**.

★ **Collegiata**   KIRCHE

(Duomo; Basilica di Santa Maria Assunta; ☎ 0577 94 01 52; www.duomosangimignano.it; Piazza del Duomo; Erw./erm. 4/2 €; ⊙ Sommer Mo–Sa 10–19, So 12.30–19 Uhr, Winter Mo–Sa 10–16.30, So 12.30–

San Gimignano

16.30 Uhr) Teile der romanischen Kathedrale von San Gimignano stammen aus der zweiten Hälfte des 11. Jhs., die bemerkenswert lebendigen Fresken (sie zeigen Szenen aus dem Alten und Neuen Testament) wurden jedoch im 14. Jh. gestaltet. Sehr sehenswert ist auch die Cappella di Santa Fina in der Nähe des Hauptaltars. Die Renaissancekapelle ist mit naiven, anrührenden Fresken von Domenico Ghirlandaio ausgeschmückt, die Stationen aus dem Leben eines Schutzpatrons der Stadt zeigen. Szenen aus Franco Zeffirellis Film *Tee mit Mussolini* von 1999 wurden hier gedreht.

Der Zugang erfolgt über eine Seitentreppe durch eine Loggia, die ursprünglich überdacht war und für Taufen genutzt wurde. In Blickrichtung zum Altar an der linken Wand sind Bartolo di Fredis Szenen aus der Genesis und Motive aus dem Alten Testament (um 1367) zu sehen. Die obere Freskenfolge erzählt die Geschichte von der Erschaffung der Welt bis zum Sündenfall. Weiter geht's in der mittleren Reihe mit einem Fresko, das die Vertreibung Adams und Evas aus dem Paradies darstellt (und im Krieg beschädigt wurde). Weitere Bilder zeigen die Geschichten von Kain und Abel, der Arche Noah und von Josefs Mantel. In den unteren Szenenfolgen sind u. a. der Auszug der Juden aus Ägypten und die Geschichte von Hiob zu sehen.

Auf der rechten (nördlichen) Wand befinden sich Szenen aus dem Neuen Testament von Künstlern aus der Werkstatt von Simone Martini (vermutlich geleitet von Lippo Memmi, dem Schwager von Martini), die 1336 fertiggestellt wurden. Die Fresken verteilen sich ebenfalls auf drei Reihen. Die

sechs oberen Lünetten zeigen u. a. die Verkündigung der Geburt Christi, Epiphanias (Erscheinung des Herrn), der kleine Jesus im Tempel und das Massaker des Herodes an den unschuldigen Kindern. Auf den Fresken in den unteren Reihen ist das Leben und Leiden Christi mit Wiederauferstehung usw. dargestellt. Einige der Fresken haben Schäden davongetragen, aber die meisten sind in gutem Zustand.

Über die gesamte Innenwandbreite der vorderen Fassade erstreckt sich eine beachtliche Darstellung des Jüngsten Gerichts von Taddeo di Bartolo. Oben links ist das Paradies dargestellt, oben rechts die Hölle. Das Fresko darunter zeigt den hl. Sebastian und stammt von Benozzo Gozzoli.

Die Kirche ist gemeinhin als Collegiata bekannt, nach dem einst hier ansässigen Priesterkolleg, von dem sie ursprünglich verwaltet wurde.

★ Palazzo Comunale   MUSEUM

(✆ 0577 99 03 12; www.sangimignanomusei.it; Piazza del Duomo 2; Kombiticket Städtische Museen Erw./erm. 9/7 €; ☺ Sommer 10–19.30 Uhr, Winter 11–17.30 Uhr) Der Palazzo Comunale aus dem 13. Jh. war schon immer der Sitz der Stadtregierung von San Gimignano. In der prächtig ausgemalten **Sala di Dante** sprach der große Dichter 1299 zum Rat der Stadt; die **Camera del Podestà** und die **Pinacoteca** (Kunstgalerie) beherbergten einst Amtsstuben – heute ist hier wundervolle Kunst zu Hause. Besucher sollten auch unbedingt die 218 Stufen der 54 m hohen **Torre Grossa** hinaufsteigen: Der Blick über die Stadt und die Landschaft ringsum ist atemberaubend schön.

Die Sala di Dante (auch Sala del Consiglio genannt) beherbergt eine *Maestà* von Lippo Memmi aus dem frühen 14. Jh. Die thronende Jungfrau mit Kind ist umringt von Engeln, Heiligen und örtlichen Würdenträgern – der kniende Herr in Rot-Schwarz ist der *podestà* (Ratspräsident). Die übrigen Fresken zeigen Turnier- und Jagdszenen sowie Burgen. Wer sich für technischen Schnickschnack interessiert, der sollte sich eine Augmented-Reality-Brille (zur Wahrnehmungserweiterung) im Souvenirladen leihen, die digitale mittelalterliche Figuren über den Fresken einblendet (5 €).

Oben befindet sich die Camera del Podestà mit ihrem bis ins kleinste Detail restaurierten und etwas frechen Freskenzyklus von Memmo di Filippuccio, der eine moralische Botschaft bereithält: Der Lohn der Ehe wird in Szenen dargestellt, in denen Ehemann und Weib nackt im Badezuber und im Bett zu sehen sind. Die kleine, aber reizende *pinacoteca* auf der anderen Seite der Treppe beherbergt Glanzstücke wie zwei *Mariä Verkündigungen* (1482) von Filippino Lippi, ein großes Altarbild (1511) von Pinturicchio, *Gnadenreiche Madonna, angebetet von zwei Heiligen* (1466) und *Madonna mit Kind und Heiligen* (1466) von Benozzo Gozzoli und ein Altarbild von Taddeo di Bartolo (1401), auf dem das Leben in San Gimignano dargestellt ist.

★ **Galleria Continua**   GALERIE
(☎0577 94 31 34; www.galleriacontinua.com; Via del Castello 11; ⏱10–13 & 14–19 Uhr) GRATIS Es erscheint etwas merkwürdig, in der mittel-

> ⓘ **FÜR SPARFÜCHSE**
>
> In San Gimignano lässt sich mit drei Kombitickets Geld sparen:
>
> **Musei Civici di San Gimignano** (Erw./erm. 9/7 €) Für den Palazzo Comunale (S. 163) und seine Attraktionen, den Polo Museale Santa Chiara (S. 164) und San Lorenzo in Ponte (S. 164). 48 Stunden gültig; ein Besuch pro Sehenswürdigkeit.
>
> **San Gimignano Pass** (Erw./Kind 13/10 €) Wie oben plus Collegiata und Museo d'Arte Sacra (S. 164). 48 Stunden gültig; ein Besuch pro Sehenswürdigkeit.
>
> **Collegiata & Museo d'Arte Sacra** (Erw./Kind 6/3 €)

alterlichen Zeitkapsel San Gimignano ausgerechnet auf einen Hort moderner Kunst hinzuweisen. Aber dafür gibt es einen guten Grund: Die Galleria Continua gehört zu den besten kommerziellen Kunstgalerien Europas. Hier werden Arbeiten von weltbekannten Künstlern ausgestellt, darunter Ai Weiwei, Daniel Buren, Antony Gormley und Mona Hatoum. Die Galerie verteilt sich auf vier Orte (ein altes Kino, einen mittelalterlichen Turm, ein Kellergewölbe und eine Wohnung an der Piazza della Cisterna) und ist eine der spannendsten Attraktionen von San Gimignano.

San Lorenzo in Ponte   MUSEUM
(☎0577 28 63 00; www.sangimignanomusei.it; Via del Castello; Kombiticket Städtische Museen Erw./erm. 9/7 €; ⏱Sommer 10–19.30 Uhr, Winter 11–17.30 Uhr) Der Name dieser Kirche aus dem 13. Jh. bezieht sich auf ihre ursprüngliche Lage an einer Zugbrücke der Bischofsburg. Die Zugbrücke ist schon lange verschwunden, doch die Burg steht noch – heute ist sie zwar leer, doch in früherer Zeit diente sie als Kloster und Gefängnis. In der Kirche beschreibt ein kürzlich restaurierter Freskenzyklus Szenen aus dem Leben des hl. Benedikt und ein großes Fresko aus dem 15. Jh. von Cenni di Francesco di Ser Cenni zeigt den thronenden Christus mit Maria und den zwölf Aposteln.

Chiesa di Sant'Agostino   KIRCHE
(Piazza Sant'Agostino; ⏱Sommer 10–12 & 15–19 Uhr, im Winter bis 18 Uhr & Mo Vormittag geschl.) GRATIS Die Kirche aus dem späten 13. Jh. ist vor allem wegen eines besonders schönen Freskenzyklus (1464–1465) über das Leben des hl. Augustinus von Benozzo Gozzoli im Chor bekannt. Von Gozzoli stammt auch das Fresko mit dem hl. Sebastian an der Nordwand. Der Heilige beschützt die Bürger von San Gimignano vor der Pest im Jahre 1464. Das Ungewöhnliche an der Darstellung ist, dass ihm dabei eine barbusige Jungfrau Maria zur Seite steht – ein Symbol für ihre mütterliche Liebe zur Menschheit.

Polo Museale Santa Chiara   MUSEUM
(Museumszentrum Santa Chiara; ☎0577 94 03 48; www.sangimignanomusei.it; Via Folgore da San Gimignano 11; Kombiticket Städtische Museen Erw./erm. 9/7 €; ⏱Sommer 10–19.30 Uhr, Winter 11–17.30 Uhr) In diesem Komplex befinden sich drei Museen. Das Erdgeschoss beherbergt eine teilweise rekonstruierte Apotheke aus dem 15. bis 18. Jh., die **Speziera**

di Santa Fina, mit Regalen voller bunter Keramikgefäße und halbleerer Flaschen mit geheimnisvollen Tinkturen. Daneben ist ein **Archäologisches Museum** mit römischen Fundstücken wie winzigen Bronzefigürchen, geätzten Spiegeln und stapelweise farbigen Mosaikkacheln. Treppauf befindet sich die moderne Kunstgalerie, die **Galleria d'Arte Moderne e Contemporanea**, mit Werken italienischer Künstler.

Vernaccia Wine Experience   MUSEUM
(☑0577 94 12 67; www.sangimignanomuseovernaccia.com; Via della Rocca 1; ☉April–Okt. 11.30–18.30 Uhr) `GRATIS` Das Museum neben der **Rocca** (Festung; Via della Rocca; ☉24 Std.) `GRATIS` ist eine einzige Hommage an den Vernaccia, San Gimignanos berühmten Weißwein. Die interaktiven Exponate im ersten Stock zeichnen die Geschichte des Weins und des Landes nach, auf dem er angebaut wird. In der *enoteca* im Erdgeschoss kann man den Vernaccia und andere Weine der Region verkosten (1–6 € pro Probe) oder sich ein Gläschen bestellen und auf einer Terrasse mit Panoramablick zu Gemüte führen.

Museo d'Arte Sacra   MUSEUM
(☑0577 94 01 52; www.duomosangimignano.it; Piazza Pecori 1; Erw./Kind 3,50/2 €; ☉Sommer Mo–Sa 10–19, So 12.30–19 Uhr, Winter Mo–Sa 10–16.30, So 12.30–16.30 Uhr) In diesem schlichten Museum werden Werke religiöser Kunst aus den wichtigsten Kirchen der Stadt gezeigt. Besonders schön sind die Kelche und Weihrauchfässer aus Gold und Silber und die exquisit bestickten Textilien.

🏃 Aktivitäten

In der Touristeninformation kann man verschiedene Wanderungen mit englischsprachigem Guide in den umliegenden Hügeln, auf 6 bis 9 km langen Abschnitten der Via Francigena oder durch die Riserva Naturale di Castelvecchio südwestlich von San Gimignano buchen. Die Führungen finden je nach Nachfrage statt und kosten zwischen 15 und 25 €.

⭐**Vernaccia Master Class**   WEIN
(Via della Rocca 1; 25 €; ☉12, 16 & 18 Uhr) Die täglich stattfindenden Meisterklassen werden von der Vernaccia Wine Experience organisiert. Sie umfassen eine Führung durch die Vernaccia-Ausstellung im ersten Stock und eine Probe von vier Weinen, begleitet von regionaltypischen Speisen. Buchung über die Touristeninformation.

DIE VIA FRANCIGENA

Wer im Urlaub nicht nur faulenzen will, kann zur Abwechslung ein Stück auf der **Via Francigena** fahren oder wandern. Die mittelalterliche Pilgerstrecke vom südenglischen Canterbury nach Rom führt durch viele interessante toskanische Orte, darunter San Gimignano, Monteriggioni, San Quirico d'Orcia und Radicòfani. Der Touring Club Italiano gibt die Karte Via Francigena Toscana (8 €) heraus, einen englischsprachigen Führer mit Wanderkarte (1:175 000), erhältlich in Touristeninformationen und Buchhandlungen in der ganzen Region. Infos bieten außerdem www.viafrancigenatoscana.org (auf Italienisch) und www.viefrancigene.org/en/. Letztere Seite wartet mit jeder Menge Infos sowie einer interaktiven Karte auf.

☞ Geführte Touren

⭐**Vernaccia di San Gimignano Vineyard Visit**   WEIN
(20 €; ☉April–Okt. Di & Do 17–19 Uhr) Die Weinproben und Verköstigungen regionaler Spezialitäten in Begleitung eines englischsprachigen Guides sind Genuss pur. Wenigstens einen Tag vorab bei der Touristeninformation (S. 149) buchen.

⚑ Festivals & Events

Ferie delle Messi   KULTUR
(www.cavalieridisantafina.it; ☉3. Juniwochenende) Mit nachgespielten Schlachten, Bogenschießen und Gauklerspielen wird San Gimignano zurück ins Mittelalter versetzt.

Festival Barocco di San Gimignano   MUSIK
(www.sangimignano.com; ☉Sept.–Okt.) Barockmusik mit renommierten Künstlern im historischen Teatro Leggieri.

✕ Essen & Ausgehen

Viele der Restaurants von San Gimignano sind allein auf Touristen ausgerichtet und servieren mittelprächtiges Essen zu überhöhten Preisen. Die besseren verarbeiten meist frische regionale Zutaten, u. a. den berühmten *zafferano* (Safran) der Stadt. Auf dem **Donnerstagsmarkt** (Piazza delle Erbe; ☉8–13.30 Uhr) rund um die Piazze Cisterna, Duomo und Erbe gibt's außer Fleisch, Gemüse und Fisch auch viele Leckereien zum Mitnehmen.

LIELO/SHUTTERSTOCK ©

1. Collegiata (S. 162), San Gimignano **2.** Detail der *Maestà*
3. In der Abbazia di Sant'Antimo **4.** Torre del Mangia und
Palazzo Pubblico (S. 132), Siena

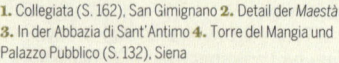

Mittelalterliche Meisterwerke

In den Geschichtsbüchern kommt das Mittelalter meist eher schlecht weg. Zwar gab's natürlich Hungersnöte, die Pest und Kriege, doch es erblühten auch Kunst und Architektur. Städte wie Siena, San Gimignano und Volterra strotzen vor Meisterwerken aus dieser Zeit.

Palazzo Pubblico, Siena

Sienas am Übergang von der Gotik zur Renaissance erbautes Rathaus (S. 132) ist ein wahrer Triumph säkularer mittelalterlicher Baukunst. Drinnen beherbergt das Museo Civico (S. 138) eine dem Umfang nach bescheidene, aber der Qualität nach monumentale Sammlung.

Abbazia di Sant'Antimo

In dieser romanischen Abtei (S. 175) bei Montalcino stimmen Benediktinermönche schon seit dem Mittelalter gregorianische Choräle an. Mit seiner schlichten Schönheit und idyllischen Lage stellt das auf die Zeit Karls des Großen zurückgehende Kloster ein wichtiges Ziel auf jeder Toskana-Rundreise dar.

Collegiata, San Gimignano

Von den schlichten Fassade sollte man sich nicht täuschen lassen: Die Wände des romanischen Doms (S. 162) sind drinnen mit bunten Fresken verziert, die wie ein riesiger mittelalterlicher Comicstrip wirken.

Duccio di Buoninsegnas *Maestà*, Siena

Duccios Altarbild, einst im Dom zu Siena zu sehen und heute das Glanzstück des Museo dell'Opera (S. 137), zeigt die Gottesmutter umgeben von Engeln, Heiligen und prominenten Sienesen der Zeit.

★ Gelateria Dondoli · GELATO €

(☎ 0577 94 22 44; www.gelateriadipiazza.com; Piazza della Cisterna 4; Gelato 2,20–6 €; ☺ Sommer 9–23 Uhr, Winter bis 19.30 Uhr, Mitte Dez.–Mitte Feb. geschl.) Was hier kredenzt wird, hat weniger mit Eiscreme zu tun als mit Kunst. Der frühere „Gelato-Weltmeister" Sergio Dondoli ist Mitglied der italienischen Eiscreme-Nationalmannschaft. Zu seinen berühmtesten Kreationen zählen die *Crema di Santa Fina* (mit Safran) und das Vernaccia-Sorbet. Seine Schöpfungen sind so köstlich, dass sich einige seiner Jünger sogar zu einem zweistündigen **Gelato-Seminar** für 400 € anmelden!

Dal Bertelli · SANDWICHES €

(☎ 348 3181907; Via Capassi 30; Panini 4–6 €, Glas Wein 3 €; ☺ April–Dez. 13–19 Uhr) Die Bertelli-Familie ist seit 1779 in San Gimignano ansässig und der derzeitige Patriarch ist genauso stolz auf seine Herkunft wie auf seine Panini. Er erwirbt Salami, Käse, Brot und Wein ausschließlich von örtlichen Produzenten und zaubert daraus opulente belegte Brote, die in wunderbar authentischem Ambiente mit marmornen Arbeitsflächen, Holzregalen und seltsamen landwirtschaftlichen Gerätschaften an den Steinwänden über die Theke gehen.

D!Vineria · WEINBAR

(☎ 0577 94 30 41; www.divineria.it; Via della Rocca 2c; ☺ Mitte März–Okt. 10–22 Uhr) Massimo Delli, der Eigentümer dieser winzigen Weinbar an der Straße, die zur *rocca* (S. 165) führt, schlägt seinen Gästen mit großer Freude örtliche Weine vor, die sie probieren können – vielleicht einen Fiore von Montenidoli oder einen Etherea von Rubicini, beides exzellente Vernaccias. Außerdem hat er eine gute Auswahl von Salami und Käse aus der Region (*taglieri* 18 €) vorrätig.

★ Ristorante La Mandragola · TOSKANISCH €€

(☎ 348 3023766; www.locandalamandragola.it; Via Diaccetto 26; Mahlzeiten 35 €; ☺ 12–15 & 19–22 Uhr; ☎) Das La Mandragola unterhalb der zerbröselnden Mauern der *rocca* (S. 165) ist zurecht beliebt – vor allem wer im reizenden Innenhof speisen möchte, sollte unbedingt vorausbuchen. Auch hier gibt's natürlich Touristen, doch der Empfang ist unverfälscht herzlich und das Essen ist köstlich, besonders die Gerichte mit handgemachter Pasta mit ihren ungewöhnlichen Saucen und Füllungen. Besonders preisgünstig sind die Menüs (15–25 €).

Locanda Sant'Agostino · TOSKANISCH €€

(☎ 0577 94 31 41; Piazza Sant'Agostino 15; Mahlzeiten 35 €, Pizza 8–10 €; ☺ Do–Di 12–15 & 19–22 Uhr) Hier einzukehren fühlt sich ein bisschen an wie eine Mahlzeit bei der italienischen Oma. Es herrscht ein familiäres Flair, auf den Regalen tummelt sich allerlei Krimskrams und das Essen ist köstlich. Beliebt sind die hausgemachten *pici* (dicke, von Hand gerollte Nudeln) und die sehr tomatigen Pizzas. Im Sommer möchten alle ein Plätzchen draußen auf der Piazza ergattern.

Olivieri Bistrot · MODERN ITALIENISCH €€

(☎ 0577 94 07 90; Via San Matteo 55; Mahlzeiten 30 €; ☺ Di–So 11–22 Uhr, im Winter Di geschl.) Dieser Neuling in der Gastroszene von San Gimignano hat nichts Traditionelles an sich. Das Lokal an der Fußgängerzone wartet mit einer schönen modernen Einrichtung, freundlichem Personal und einer Karte auf, die toskanische Klassiker vielfach neu interpretiert. Zum hausgemachten Brot wird gutes Olivenöl gereicht und zwischen den Essenszeiten sind *merende* (Nachmittagssnacks) erhältlich.

Osteria delle Catene · TOSKANISCH €€

(☎ 0577 94 19 66; www.osteriadellecatene.it; Via Mainardi 18; Menüs 21–29 €; ☺ Mo, Di & Do–Sa 12–14 & 19–22, So 12–15 Uhr) „Das Gefängnis" ist bei den Einheimischen von San Gimignano genauso beliebt wie bei Besuchern, was nicht für viele Restaurants in diesem Touristenort gilt. Die Speisekarte birgt jede Menge Überraschungen: Die Gerichte sind saisonal ausgerichtet und in vielen findet man Safran und Vernaccia-Wein.

La Mangiatoia · TOSKANISCH €€

(☎ 0577 94 10 94; Via Mainardi 5; Mahlzeiten 36 €; ☺ Mi–Mo 12.30–14.30 & 19.30–21.30 Uhr) Die Köche im La Mangiatoia wissen, was sie können. Bei den Antipasti, *primi* und *secondi piatti* stehen den Gästen immer nur jeweils fünf Gerichte zur Auswahl. Die sind aber tatsächlich alle prima, denn traditionell toskanische Zutaten wie Rindfleisch, Wild und Wildschwein werden mit geübter Hand zubereitet.

Perucà · TOSKANISCH €€

(☎ 0577 94 31 36; www.peruca.eu; Via Capassi 16; Mahlzeiten 35 €; ☺ Fr–Mi 12–14.30 & 19–22.30 Uhr) Die Besitzerin kennt und liebt das Essen und die Weine der Region, was sich in ihrer Küche bemerkbar macht. Empfehlenswert sind etwa die Entenbrust mit San-Gimignano-Bier-Pflaumen-Sauce und das Kaninchen mit Safran und Vernaccia.

❶ Praktische Informationen

San Gimignanos **Touristeninformation** (📞 0577 94 00 08; www.sangimignano.com; Piazza del Duomo 1; ☺ Sommer 10–13 & 15–19 Uhr, Winter 10–13 & 14–18 Uhr) organisiert Ausflüge, hält Kartenmaterial bereit und organisiert Touren. Sie bietet auch Infos zur Strada del Vino Vernaccia di San Gimignano (Weinstraße des Vernaccia di San Gimignano).

❶ An- & Weiterreise

AUTO & MOTORRAD

Autofahrer nehmen in Florenz oder Siena die *autostrada*, dann die SR2 und in Poggibonsi-Nord schließlich die SP1. Ab Volterra geht es auf der SR68 ostwärts und dann auf der SP47 nordwärts nach San Gimignano.

Parken ist teuer! Am billigsten (1,50 €/6 für 1/24 Std.) am Parcheggio Giubileo (P1) am südlichen Ortsrand, am bequemsten der Parcheggio Montemaggio (P2) an der Porta San Giovanni (2/20 € für 1/24 Std.).

BUS

San Gimignanos **Busbahnhof** (Piazzale dei Martiri di Montemaggio) liegt direkt neben den Carabinieri (Polizeistation) an der Porta San Giovanni. Tickets verkauft die Touristeninformation (S. 149).
Florenz (6,80 €, 1¼–2 Std., 14-mal tgl.) Umsteigen in Poggibonsi.
Siena (6 €, 1–1½ Std., Mo–Sa 10-mal tgl.)
Monteriggioni (4,20 €, 55 Min., Mo–Sa 8-mal tgl.)

Ab Colle di Val d'Elsa (3,40 €, 35 Min.) fahren Busse nach Volterra (2,75 €, 50 Min., Mo–Sa 4-mal tgl.).

ZUG

Der nächste Bahnhof ist Poggibonsi (Bus 2,50 €, 30 Min., häufig).

Monteriggioni
9810 EW.

Die örtliche Touristeninformation vermarktet Monteriggioni als „Tor zum Mittelalter", und obwohl das abgedroschen klingt, passt die Beschreibung. Das Aussehen des befestigten Dorfs, das von einer monumentalen Stadtmauer mit 14 Wachtürmen umgeben ist, hat sich seit seiner Gründung im 13. Jh. kaum verändert – damals entwickelte es sich zu einer beliebten Zwischenstation auf dem Pilgerweg Via Francigena. Sehenswert sind hier neben der Stadtmauer ein kleines Waffenmuseum und die Kirche Santa Maria Assunta aus dem 13. Jh. Außerdem kann man durch zahlreiche touristische Läden stöbern. Im Juni und Juli findet hier ein buntes Mittelalterfest statt, eines der ältesten Italiens.

◉ Sehenswertes

Wehrmauern   BURG
(Erw./Kind unter 8 J. 3 €/frei; ☺ Sommer 9.30–13.30 & 14–19.30 Uhr, Mitte Sept.–Okt. bis 18 Uhr, im Winter Di geschl.) Die Burg von Monteriggioni wurde von der Republik Siena im 13. Jh. als

SIENA & ZENTRALTOSKANA MONTERIGGIONI

ABSTECHER

ABBAZIA DI SAN GALGANO

45 km südwestlich von Siena erreicht die SS73 die beeindruckenden Ruinen eines Zisterzienserklosters aus dem 13. Jh., der **Abbazia di San Galgano** (www.sangalgano.info; San Galgano; Erw./erm. 2/1 €; ☺ Sommer 9–19 Uhr, Winter 9.30–17.30 Uhr), die in ihrer Zeit eines der schönsten Gotikbauwerke des Landes war. Noch heute bietet das dachlose Kloster mit seinen hoch aufragenden Steinbogen und runden, gähnenden Löchern (dort befanden sich einst die Fenster) in den erstaunlich gut erhaltenen Wänden einen faszinierenden Anblick.

Auf einem Hügel oberhalb der Abtei steht der romanische Rundbau der kleinen **Cappella di Monte Siepi**, in der schlecht erhaltene Fresken von Ambrogio Lorenzetti ihr Dasein fristen. Sie zeigen Episoden aus dem Leben von San Galgano, Soldat und Heiliger, der hier seine letzten Lebensjahre als Eremit verbrachte.

Kurz vor der Klosterzufahrt steht eine *fattoria* (Bauernhof) mit **Café** (Panino 4–5 €) und **Restaurant** (Mahlzeiten 24 €).

Wer anschließend nach Siena, Montalcino, Pienza oder Montepulciano weiterfahren will, sollte unbedingt die SS73 südwärts nehmen und dann nach Osten auf die SP delle Pinete (Richtung San Lorenzo a Merse) abbiegen, die durch malerische, unter Naturschutz stehende Wälder führt.

Verteidigungsposten gegen Florenz errichtet. Sie überstand mehrere Belagerungen und Angriffe, verfiel jedoch, nachdem sich Siena seiner Rivalin im 16. Jh. ergeben musste. Die im 19. Jh. rekonstruierten Befestigungsmauern sind an zwei Stellen im Ort begehbar – von oben bieten sich tolle Ausblicke aufs Umland.

Inbegriffen in der Karte für die Stadtmauer ist auch der Eintritt zum **Waffenmuseum** im Gebäude der Touristeninformation mit seinen vier Räumen.

Abbadia a Isola

ABTEI

(☑ 335 6651581; www.badiaisola.it; SP74; ☺ Sommer Mo–Fr 9–13, Sa & So 9–13 & 15–18 Uhr) GRATIS
Der Name – *isola* bedeutet „Insel" – zeugt davon, dass diese Abtei aus dem 11. Jh. bis zum 18. Jh. von Sumpfgebieten umgeben war. Im Laufe der Jahrhunderte kehrten hier zahlreiche Pilger auf der Via Francigena ein und heute führt eine moderne Herberge diese Tradition fort. Die **Chiesa di San Salvatore** beherbergt ein Fresko aus dem 14. Jh. von Taddeo di Bartolo und ein Polyptychon des 15. Jhs. des Malers Sano di Pietro. In einem etruskischen Sarkophag rechts vom Altar befinden sich die Gebeine des hl. Chirino, des Schutzheiligen der Kirche.

Die Abtei liegt 4 km von der Festung von Monteriggioni entfernt und ist von dort zu Fuß auf einem Originalabschnitt der Via Francigena zu erreichen.

Festivals & Events

Mittelalterfest

FEST

(Festa Medievale; ☑ 0577 30 48 34; www.monterig gionimedievale.com; Tageskarte Erw./erm. 12/10 €; ☺ Juni & Juli) Das beliebte Fest umfasst Ritterturniere, einen Markt, Musikdarbietungen, Falknereivorführungen und nachgestellte Schlachten.

Essen

⭐ Bar dell'Orso

TOSKANISCH €

(☑ 0577 30 50 74; www.bardellorso.it; Via Cassia Nord 23, La Colonna di Monteriggioni; Mahlzeiten 24 €, Panino 4 €; ☺ 5–24 Uhr) Die „Bar zum Bären" ist in der gesamten Region für ihr erschwingliches, aber ausgezeichnetes Essen bekannt, sodass hier den ganzen Tag lang viel los ist. Hier kann man sich ein schnelles Panino auf die Hand besorgen oder sich mittags mit hausgemachter Pasta und herzhaftem Eintopf stärken. Später lassen sich die *merende* (Nachmittagsimbisse) mit Wurst, Käse und sauer eingelegtem Gemüse bestens mit einem Glas Wein genießen.

Antico Travaglio

TOSKANISCH €€

(☑ 0577 30 47 18; www.anticotravaglio-monteriggi oni.com; Piazza Roma 6a; Mahlzeiten 39 €; ☺ Nov.– März geschl.) Das weitläufige Lokal mit Tischen draußen auf dem Hauptplatz, auf einer Terrasse hinterm Haus und drinnen in einer ehemaligen Schmiede samt Stall ist alles Mögliche: Restaurant, Eisdiele, Bar, Café und zentraler Treff. Hausgemachte Pasta und Eiscreme genießen einen guten Ruf und der Service ist freundlich und effizient.

ⓘ Praktische Informationen

Die **Touristeninformation** (☑ 0577 30 48 34; www.monteriggioniturismo.it; Piazza Roma 23; ☺ Sommer tgl. 9.30–13.30 & 14–19.30 Uhr, Winter Mi–Mo 10–13.30 & 14–16 Uhr) innerhalb der Stadtmauern von Monteriggioni bietet jede Menge Infos zum Ort und dessen Umland.

ⓘ An- & Weiterreise

BUS

Busse von **Tiemme** (S. 150) fahren von Monteriggioni nach Florenz (6,10 €, 75 Min., Mo–Sa häufig, So 2-mal tgl.), San Gimignano (4,20 €, 55 Min., Mo–Sa 8-mal tgl.) und Siena (2,50 €, 25 Min., Mo–Sa häufig). Sie halten am Kreisverkehr an der Colonna di Monteriggioni.

ZUG

Die Züge zwischen Monteriggioni und Siena (2,60 €, 15 Min., stündl.) halten in Castellina Scalo an der SR2, 2,6 km von der Burg. Nach Florenz muss man in Empoli umsteigen.

VOLTERRA

10 519 EW.

Die gut erhaltenen Stadtmauern von Volterra verleihen der windumtosten Stadt einen abweisenden, stolzen Charakter. Wohl deshalb wählte sie die Autorin Stephenie Meyer für ihre megapopuläre *Twilight*-Serie als Hauptsitz der Vampire. Glücklicherweise sieht die Wirklichkeit bei einem Gang durch die gewundenen Kopfsteinpflastergassen viel freundlicher aus.

Geschichte

Die etruskische Siedlung Velathri war ein wichtiges Handelszentrum und ranghohes Mitglied der zwölf Bundesstädte Etruriens. Während der Blütezeit der Etrusker sollen hier 25 000 Menschen gelebt haben. Auch aufgrund ihrer unwirtlichen Umgebung war die Stadt eine der letzten, die sich Rom

Volterra

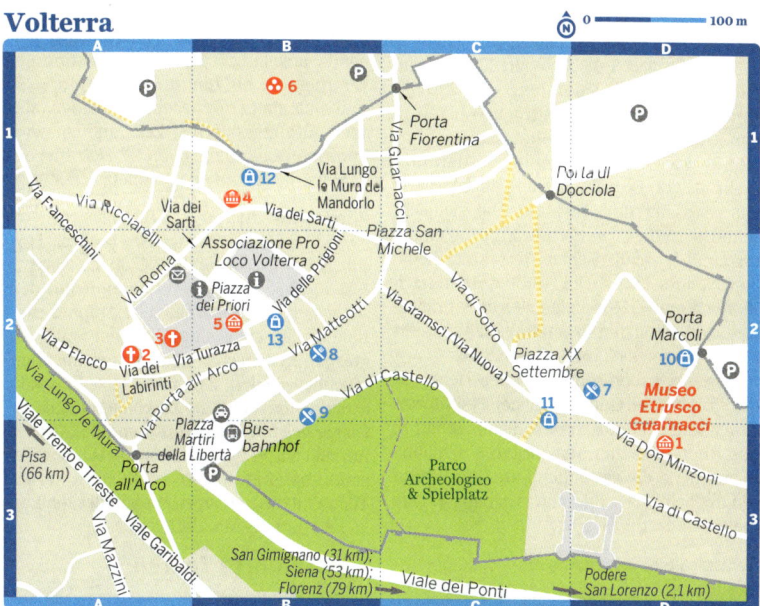

unterwerfen mussten – sie wurde erst um 260 v. Chr. ins Römische Reich integriert und erhielt den Namen Volaterrae. Im 12. und 13. Jh. entstand der Großteil der Altstadt. Volterra war zu dieser Zeit eine freie Gemeinde, die ihre Unabhängigkeit zu verteidigen wusste. Erst 1361 gelangte die Stadt unter den Machteinfluss von Florenz, widersetzte sich aber weiter tapfer der Herrschaft der Medici. Ihr Widerstand wurde von den Soldaten Lorenzos I. de' Medici gebrochen, die die Stadt 1472 einnahmen. 1530 rebellierten die Einwohner von Volterra erneut und wurden wieder brutal von den Florentinern niedergeschlagen. Volterra erhielt seine Unabhängigkeit nie zurück, denn von den Florentinern ging die Herrschaft direkt auf das Großherzogtum Toskana über, das die Stadt bis zur Einigung Italiens 1860 regierte.

Schon die Etrusker fertigten wunderbare Waren aus Alabaster, der in nahegelegenen Steinbrüchen abgebaut wurde. Für dieses Kunsthandwerk sind die Bewohner Volterras noch heute bekannt.

◉ Sehenswertes & Aktivitäten

Mit der **Volterra Card** (Erw./erm./Fam. 14/12/22 €, 72 Std. gültig) hat man Zutritt zum Museo Etrusco Guarnacci, zur Pina-

Volterra

◉ Highlights

◉ Sehenswertes

◉ Essen

◉ Shoppen

coteca Comunale (S. 172), zum Ecomuseo dell'Alabastro (S. 172), zum **Palazzo dei Priori** (Piazza dei Priori; Erw./erm. 5/3 €; ☉ Sommer 10.30–17.30 Uhr, Winter Sa & So 10–16.30 Uhr), zur Acropoli und zum Teatro Romano. Erhältlich ist die Karte in sämtlichen Museen.

★ Museo Etrusco Guarnacci MUSEUM
(☎0588 8 63 47; Via Don Minzoni 15; Erw./erm. 8/6 €; ☺ Sommer 9–19 Uhr, Winter 10–16.30 Uhr) Die hier gezeigte Sammlung etruskischer Kunst gehört zu den eindrucksvollsten in ganz Italien. Alle Ausstellungsstücke wurden in der Umgebung gefunden, darunter mehr als 600 Begräbnisurnen, überwiegend aus Alabaster und Tuffstein. Die vielleicht schönste ist die *Urne der Eheleute* mit einem erstaunlich realistischen Terrakotta-Relief eines älteren Paars. Die Funde werden nach Motiven und Zeitperioden geordnet präsentiert. Die schönsten Exemplare (aus späterer Zeit) befinden sich im 2. und 3. Stock.

Gesehen haben sollte man den Helm aus der Tomba del Guerruccia bei Poggio alle Croci und *L'Ombra della Sera* (Schatten des Abends), eine lang gestreckte nackte Bronzefigur, die verblüffend an die Skulpturen des Schweizer Bildhauers Alberto Giacometti erinnert.

Cattedrale di Santa Maria Assunta KATHEDRALE
(Duomo di Volterra; Piazza San Giovanni; ☺ Sommer 8–12 & 14–18 Uhr, im Winter bis 17 Uhr) Der Dom stammt aus dem 12. und 13. Jh., wurde aber im 16. Jh. umgestaltet. Er verfügt über eine hübsche Kassettendecke. Die **Kapelle der Mater Dolorosa**, die erste Kapelle links vom Eingang an der Piazza San Giovanni, birgt zwei Skulpturen von Andrea della Robbia und das kleine Fresko *Zug der Könige* von Benozzo Gozzoli. Vor dem Dom steht das **Baptisterium** (☺ Sommer 8–12 & 14–18 Uhr, im Winter bis 17 Uhr) aus dem 13. Jh. mit einem Taufbecken (1502) von Andrea Sansovino.

Pinacoteca Comunale GALERIE
(☎0588 8 75 80; Via dei Sarti 1; Erw./erm. 8/6 €; ☺ Sommer 9–19 Uhr, Winter 10–16.30 Uhr) Eine kleine Sammlung von Kunstwerken aus Volterra, Siena und Florenz ist in den Räumen des Palazzo Minucci Solaini zu sehen, u. a. eine liebliche *Madonna mit Kind* (1411) von Taddeo di Bartolo und eine modern wirkende *Kreuzabnahme* (1521) von Rosso Fiorentino. Das Museum teilt sich den Eingang mit dem Ecomuseo dell'Alabastro.

Ecomuseo dell'Alabastro MUSEUM
(☎0588 8 63 47; Via dei Sarti 1; Erw./erm. 8/6 €; ☺ Sommer 9–19 Uhr, Winter 10–16.30 Uhr) Wie es sich für eine Stadt gehört, die den wertvollen Werkstoff Alabaster seit etruskischer Zeit aus den benachbarten Steinbrüchen holt, verfügt Volterra über ein Alabastermuseum. Es beleuchtet alle Aspekte des Minerals, angefangen bei der Produktion und Verarbeitung bis hin zur Vermarktung. Es sind viele moderne Arbeiten zu sehen, aber auch aus etruskischer Zeit und späteren Epochen; außerdem befindet sich hier die Rekonstruktion einer Steinmetzwerkstatt.

Römisches Theater ARCHÄOLOGISCHE STÄTTE
(☎0588 8 63 47; Via Francesco Ferrucci; Erw./erm. 5/3 €; ☺ Sommer 10.30–17.30 Uhr, Winter Sa & So 10–16.30 Uhr) Volterra trumpft mit dem schönsten und besterhaltenen Amphitheater Italiens auf, einer stimmträchtigen Stätte mit grasbewachsenen Sitzrängen und hoch aufragenden Säulen. Es wurde im 1. Jh. v. Chr. errichtet und bot 2000 Zuschauern Platz. Die Ränge des Sitzbereichs *(cavea)*, der Orchestergraben und die Bühne sind noch deutlich erkennbar. Einen kostenlosen Blick auf das Theater kann man übrigens von der Via Lungo Le Mura del Mandorlo erhaschen.

☞ Geführte Touren

Volterra Walking Tour RUNDGANG
(☎347 1435004; www.volterrawalkingtour.com; 10 €; ☺ April–Juli & Sept.–Okt. Mo & Mi 12.30, Do–So 18 Uhr) Diese nette, einstündige Führung in englischer Sprache zollt Volterras etruskischer, römischer und mittelalterlicher Vergangenheit Tribut. Los geht's an der Piazza Martiri della Libertà. Eine vorherige Reservierung ist nicht nötig, doch die Führungen finden nur mit mindestens drei Personen (also für mind. 30 €) statt; nur Barzahlung.

✺ Festivals & Events

Volterra AD 1398 KULTUR
(www.volterra1398.it; Tageskarte Erw./erm. 10/6 €; ☺ 3. & 4. So im Aug.) Die Einwohner von Volterra drehen die Zeit um gut 600 Jahre zurück und ziehen in historischen Kostümen durch die Straßen und über den mittelalterlichen Jahrmarkt.

✗ Essen & Ausgehen

Die Speisemöglichkeiten sind in Volterra etwas begrenzt. Die hier empfohlenen Restaurants servieren meist heimische Spezialitäten wie Marzuolo-Trüffeln, Pilze (Steinpilze und Kaiserlinge), *zuppa volterrana* (dicke Gemüse-Brot-Suppe), *pappardelle* mit Hasen- oder Wildschweinsauce, *trippa alla volterrana* (Kutteln mit Tomaten, Wurst und Kräutern) und die Mandelkekse *ossi di morto* (Totenknochen).

⭐ L'Incontro CAFÉ €

(☏ 0588 8 05 00; Via Matteotti 18; Panini 1,80–3,50 €, Kekse 1,50–2,50 €; ⊘ 6–24 Uhr, im Winter Mi geschl.; 📶) Hinten im *salone* gibt's eine schnelle Antipastiplatte oder ein Panino in der Mittagspause, vorn an der Bar tummeln sich ganztägig die Einheimischen, sei es bei Espresso oder *aperitivo*. Die selbstgebackenen Kekse sind göttlich, vor allem die nussigen, weichen *brutti ma buoni* („hässlich, aber gut") und ihre helle Variante, die *ossi di morto* (Totenknochen).

La Carabaccia TOSKANISCH €€

(☏ 0588 8 62 39; www.lacarabacciavolterra.it; Piazza XX Settembre 4–5; Mahlzeiten 25 €; ⊘ Sommer Di–Sa 12.30–14.30 & 19–22 Uhr, Winter Di–Do & So 12.30–14.30, Fr & Sa 12.30–14.30 & 19.30–21 Uhr; 📶🅿) Eine Mutter und ihre Töchter – Sara, Ilaria und Patrizia – sind Herz und Seele der charmanten Trattoria mit rustikalem Speisesaal und schöner Terrasse vorn. Das beste Mittagslokal der Stadt ist nach einer einfachen toskanischen Gemüsesuppe benannt – selbige ist denn auch eine der Spezialitäten des Hauses! Die übersichtliche saisonale Karte wechselt täglich und freitags gibt's immer Fisch.

Ristorante-Enoteca del Duca TOSKANISCH €€€

(☏ 0588 8 15 10; www.enoteca-delduca-ristorante.it; Via di Castello 2; Mahlzeiten 45 €; ⊘ Mi–Mo 12.30–15 & 19.30–22 Uhr, Jan.–Anfang März geschl.; 🅿) Auf dem Speiseplan des einzigen Edelrestaurants in Volterra steht traditionelle toskanische Küche, die an großzügig gestellten Tischen in Kellergewölben aus dem 15. Jh. und einem herrlichen Garten hinter dem Haus serviert wird. Auf der Weinkarte stehen vor allem Weine vom Gut Marcampo des Eigentümers, aber auch einige teure IGT-Weine. Mittags bietet die angeschlossene *enoteca* einfache Gerichte (8–15 €) zu vernünftigen Preisen.

Shoppen

Die jahrhundertealte Tradition der Alabasterproduktion ist noch heute spürbar: Viele Geschäfte verkaufen handgefertigte Gegenstände aus dieser Gipsart. Die **Società Cooperativa Artieri Alabastro** (☏ 0588 8 61 35; www.artierialabastro.it; Piazza dei Priori 4–5; ⊘ 10–19 Uhr) präsentiert in einem großen Laden im Stadtkern die beeindruckenden Arbeiten von 23 hiesigen Kunsthandwerkern. Bei **Alab'Arte** (☏ 340 7187189, 340 9816908; www.alabarte.com; Via Orti di San Agostino 28; ⊘ Mo–Sa

10–12.30 & 15–18 Uhr) kann man zuschauen, wie Alabaster bearbeitet wird.

Infos über Kunsthandwerk in Volterra stehen auf www.arteinbottegavolterra.it.

Boutique del Tartufo LEBENSMITTEL

(☏ 348 7121883; www.boutiquedeltartufo.it; Vicolo Ormanni 1; ⊘ Sommer Mi–Mo 10.30–19.30 Uhr, Winter 10.30–12.30 & 14.30–18.30 Uhr) Stefania Socchis Ehemann ist ein professioneller Trüffelsammler und stöbert die schmackhaften Pilze auf, die in ihren Erzeugnissen zum Einsatz kommen. In ihrem Laden gleich bei der Piazza XX Settembre gibt's ganze Trüffeln oder auch Trüffel-Honig, -Polenta, -Pasta, -Öl und -Pasten. Wer möchte, kann auch ein Panino mit Trüffelpaste oder -käse bekommen.

Wer mit Stefanias Mann und seinem Hund gern auf Trüffelsuche gehen möchte, was manchmal möglich ist, schreibe eine Mail an trufflehunting@boutiquedeltartufo.it.

Fabula Etrusca SCHMUCK

(☏ 0588 8 74 01; www.fabulaetrusca.it; Via Lungo Le Mura del Mandorlo 10; ⊘ Ostern–Weihnachten 10–19 Uhr) Die Werkstatt auf den nördlichen Stadtmauern verkauft handgearbeitete Unikate aus 18-karätigem Gold, oft von etruskischen Motiven inspiriert.

ℹ Praktische Informationen

Volterras extrem effiziente **Touristeninformation** (☏ 0588 8 60 99; www.volterratur.it; Piazza dei Priori 19; ⊘ 9.30–13 & 14–18 Uhr) versorgt Besucher mit kostenlosem Kartenmaterial, bucht Unterkünfte und vermietet Audioguides für einen Stadtrundgang (5 €).

Die gleichermaßen hilfsbereite, von Freiwilligen geleitete **Associazione Pro Loco Volterra** (☏ 0588 8 61 50; www.provolterra.it; Piazza dei Priori 10, ⊘ Mo–Sa 9–12.30 & 15–18, So 9–12.30 Uhr) hält Infos für Touristen bereit, verkauft Busfahrkarten und bietet eine Gepäckaufbewahrung (2 Std./zusätzl. Std./Tag 3/1/6 €).

ℹ Anreise & Unterwegs vor Ort

AUTO & MOTORRAD

Mit dem Auto ist Volterra über die SR68 erreichbar, die nicht weit von der Autobahn Siena–Florenz entfernt vom Küstenort Cecina nach Colle di Val d'Elsa führt.

Im historischen Zentrum herrscht Parkverbot. Am günstigsten liegt der Parkplatz hinter der Piazza Martiri della Libertà (1,80/15 € pro Std./Tag). Ob die anderen Parkplätze rund um die Stadt etwas kosten, hängt von der Jahreszeit ab und die Tarife verändern sich regelmäßig. Am besten bringt man sich in der Touristeninformation auf den aktuellen Stand.

BUS

Volterras **Busbahnhof** (Piazza Martiri della Libertà) ist an der Piazza Martiri della Libertà. Fahrkarten bekommt man in *tabacchi* oder im Büro der von Freiwilligen geleiteten Associazione Pro Loco Volterra (S. 173). Achtung: Sonntags fahren nur sehr wenige Busse.

Busse von **CTT** (☑ 800 570530; www.pisa.cttnord.it) verkehren über Pontedera (3,85 €) zwischen Volterra und Pisa (5,50 €, 2 Std., Mo–Sa bis 10-mal tgl.).

In Colle di Val d'Elsa (2,75 €, 50 Min., Mo–Sa 4-mal tgl.) bestehen vier Anschlussverbindungen (Mo–Sa) der Busgesellschaft Tiemme (S. 150) nach San Gimignano (3,40 €, 35 Min.), Siena (3,40 €, 2 Std.) und Florenz (5,60 €, 2 Std.).

TAXI

Taxistand (Piazza Martiri della Libertà)

VAL D'ORCIA

Das malerische, landwirtschaftlich geprägte Val d'Orcia wurde zusammen mit dem Ort Pienza am Nordostrand von der Unesco zum Weltkulturerbe erklärt. Seine besondere Landschaft ist durchzogen von flachen Kalkebenen, aus denen sich beinahe kegelförmige Hügel mit befestigten Siedlungen und prächtigen Klöstern erheben – Letztere waren einst Pilgerstationen auf der Via Francigena.

Montalcino

5093 EW.

Der schöne Hügelort Montalcino ist international als die Heimat eines der besten Weine überhaupt bekannt, des Brunello di Montalcino. Eine bemerkenswerte Anzahl von *enoteche* säumt die mittelalterlichen Straßen und die gesamte Stadt ist von malerischen Weinbergen umgeben. Auch geschichtlich hat der Ort einiges zu bieten: Montalcino konnte sich dem mächtigen Florenz lange widersetzen, auch nach dem Fall von Siena. Aus dieser Zeit stammt der Name „Republik von Siena in Montalcino". Innerhalb der alten Stadtmauern finden sich zahlreiche gut erhaltene mittelalterliche Gebäude.

⦿ Sehenswertes & Aktivitäten

Wer ein paar Euro für die „Weinkasse" sparen möchte, sollte sich in der Touristeninformation (S. 149) ein Kombiticket (Erw./erm. 6/4,50 €) zulegen, mit dem man die Wehr-mauern der *fortezza* und das Museo Civico e Diocesano d'Arte Sacra besichtigen kann.

Fortezza   HISTORISCHES GEBÄUDE
(Piazzale Fortezza; Hof frei, Wehrmauern Erw./erm. 4/2 €; ⊙ April–Okt. 9–20 Uhr, Nov.–März 10–18 Uhr) Die beeindruckende Festung aus dem 14. Jh., die später unter den Medici-Herzögen erweitert wurde, dominiert die Silhouette von Montalcino. In der **Enoteca** (☑ 0577 84 92 11; www.enotecalafortezza.com; ⊙ 9–20 Uhr, im Winter kürzer) der Festung kann man Weine aus der Gegend kaufen. Wer möchte, kann die Festungsmauern besteigen – Tickets dafür gibt's an der Theke.

**Museo Civico e
Diocesano d'Arte Sacra**   MUSEUM
(☑ 0577 84 60 14; Via Ricasoli 31; Erw./erm. 4,50/3 €; ⊙ Di–So 10–13 & 14–17.30 Uhr) Das Museum im ehemaligen Konvent der benachbarten **Chiesa di Sant'Agostino** zeigt eine Sammlung religiöser Kunst aus dem Ort und der Umgebung. Dazu gehören ein Triptychon von Duccio, eine *Madonna mit Kind* von Simone Martini sowie Werke von den Gebrüdern Lorenzetti, Giovanni di Paolo und Sano di Pietro.

★ Poggio Antico   WEIN
(☑ Restaurant 0577 84 92 00, 0577 84 80 44; www.poggioantico.com; Località Poggio Antico, abseits der SP14; ⊙ Cantina 10–18 Uhr, Restaurant Di–So 12–14.30 & 19–21.30 Uhr, im Winter So abends geschl.) Fünf Kilometer außerhalb von Montalcino liegt an der Straße nach Grosseto das Weingut Poggio Antico, eine tolle Adresse für Feinschmecker. Hier werden preisgekrönte Weine gekeltert – unbedingt den Brunello Altero oder Riserva probieren! Die Kellerführung auf Deutsch, Englisch oder Italienisch ist kostenlos, die Weinproben liegen je nach Wein bei etwa 25 € und im hauseigenen Restaurant werden Probiermenüs angeboten (S. 175). Die Führung muss vorab gebucht werden.

✖ Essen & Ausgehen

★ Trattoria L'Angelo   TOSKANISCH €
(☑ 0577 84 80 17; Via Ricasoli 9; Mahlzeiten 20 €; ⊙ Sept.–Juni Mi–Mo 12–15 Uhr, Juli & Aug. Mi–Mo 12–15 & 19–23 Uhr) Vielleicht sollte man diese Trattoria lieber als kleines Geheimnis für sich behalten? Aber nein: Die handgemachten *primi* hier, ob vegetarisch (mit Ricotta und Trüffeln gefüllte Ravioli) oder mit Fleisch (*pappardelle* mit Wildschwein-

ABBAZIA DI SANT'ANTIMO

Die wunderschöne romanische **Abtei** (☑0577 28 63 00; www.antimo.it; Castelnuovo dell' Abate; ⊙Sommer 10–13 & 15–19 Uhr, im Winter bis 17 Uhr) `GRATIS` liegt in einem abgelegenen Tal direkt unterhalb des Dorfes Castelnuovo dell'Abate, 11 km von Montalcino entfernt.

Der Überlieferung nach soll Karl der Große 781 das zugehörige Kloster gestiftet haben. Abgesehen von den in Stein gemeißelten Fabeltieren präsentiert sich das Äußere der Kirche aus blassem Travertin sehr schlicht. Im Innern sollte man sich die Säulenkapitelle im Langhaus genauer ansehen, besonders das mit Daniel in der Löwengrube (vom Eingang gesehen die zweite Säule rechts). Weitere Highlights sind eine besonders ausdrucksstarke mehrfarbige Madonna mit Kind (13. Jh.) sowie über dem Altar eine bewegende Kreuzigung (12. Jh.).

Von Montalcino fahren täglich drei bis vier Busse (1,50 €, 15 Min., Mo–Sa) in das Dorf Castelnuovo dell'Abate.

Zu Fuß braucht man zwei bis drei Stunden von Montalcino zum Kloster. Der Weg beginnt neben der Polizeistation in der Nähe des zentralen Kreisverkehrs. Viele Besucher wandern zum Kloster und fahren mit dem Bus zurück. Die Abfahrtszeiten hängen in der Touristeninformation aus (S. 149).

sauce), sind durchgehend ausgezeichnet. Die *secondi* dagegen sind nicht so eindrucksvoll.

⭐**Enoteca Osteria Osticcio**   WEINBAR
(☑0577 84 82 71; www.osticcio.it; Via Giacomo Matteotti 23; Antipasto- & Käseteller 7–17 €, Mahlzeiten 40 €; ⊙Fr–Mi 12–16 & 19–23 Uhr, im Sommer außerdem Do 12–19 Uhr) Montalcino bietet *enoteche* en masse, aber diese hier ist eine der besten. Zu einer Mahlzeit passt bestens ein Fläschchen aus der riesigen Auswahl an Brunellos oder auch eine Flasche seines bescheideneren Bruders, des Rosso di Montalcino. Oder man verkostet einfach nur drei Brunellos (16 €) oder einen Brunello und einen Rosso (9 €). Fast noch besser als all das ist aber der Panoramablick.

Drogheria Franci   MODERN ITALIENISCH €€
(☑0577 84 81 91; www.locandafranci.com; Piazzale Fortezza 6; Mahlzeiten 42 €; ⊙12.30–15 & 19.30–22 Uhr, Juli & Aug. längere Öffnungszeiten; 🔊) Das Franci ist ein perfektes Beispiel für die schick gestylten Weinbars, die in der Toskana derzeit so angesagt sind, und wartet mit einer Karte auf, die sich bei den traditionellen Gerichten einige Freiheiten herausnimmt – mit spannenden Geschmackskombinationen, raffinierter Präsentation und eher bescheidenen Portionen. Das Lokal befindet sich in einer alten, modernisierten *drogheria* (Drogerie) – oder man sitzt auf einer der beiden Terrassen.

Ristorante di
Poggio Antico   MODERN ITALIENISCH €€€
(☑0577 84 92 00; www.poggioantico.com; Località Poggio Antico, abseits der SP14; Mahlzeiten 50 €, Probiermenüs 50–80 €; ⊙Di–So 12–14.30 &

19–21.30 Uhr, im Winter So abends geschl.; 🖋) Das edle Restaurant auf einem renommierten Weingut (S. 174) ist eins der besten der Gegend: Es serviert kreative moderne italienische Küche. Gäste können zwischen à la carte und Probiermenüs wählen – es werden vier angeboten, eins davon vegetarisch. Gegessen wird in einer umgebauten Scheune oder auf einer Terrasse mit schöner Aussicht.

Caffè Fiaschetteria Italiana 1888   CAFÉ
(☑0577 84 90 43; Piazza del Popolo 6; ⊙7.30–23 Uhr, im Winter Do geschl.) Die Gäste können auf dem schmalen Platz vor diesem stimmungsvollen *enoteca*-Café Platz nehmen, verpassen dann jedoch die tolle Einrichtung aus dem 19. Jh. mit viel Messing, Spiegeln und hübscher Beleuchtung. Seit 1888 servieren die Kellner Kaffee und Brunello. In puncto unwiderstehlichem Charme hat der Laden seither nichts eingebüßt.

ℹ Praktische Informationen

Montalcinos **Touristeninformation** (☑0577 84 93 31; www.prolocomontalcino.com; Costa del Municipio 1; ⊙10–13 & 14–17.50 Uhr, im Winter Mo geschl.) liegt beim Hauptplatz. Sie hat kostenlose Weingut-Karten des Consorzio del Vino Brunello di Montalcino vorrätig und bucht Kellerbesichtigungen sowie Unterkünfte auf Weingütern.

ℹ An- & Weiterreise

AUTO & MOTORRAD
Ab Siena folgt man der SS2 (Via Cassia); hinter Buonconvento biegt man auf die SP45 ab. Rund um die *fortezza* und in der Via Pietro Strozzi

AUTOTOUR > DAS VAL D'ORCIA ERKUNDEN

Nur wenige Täler sind so prachtvoll wie dieses – kein Wunder, dass es von der Unesco als Welterbe geführt wird. Mit seinen sanft gewellten Weinbergen, mittelalterlichen Abteien und berühmten Weinorten zählt das Val d'Orcia zu den schönsten Zielen der Toskana für eine Autotour. Im Mittelalter folgten die Pilger auf der Via Francigena nach Rom derselben Strecke, und auch die Attraktionen sind immer noch dieselben: Friede, Stille, erhebende Ausblicke, sensationelles Essen, toller Wein …

1 Abbazia di Sant'Antimo

Vom mittelalterlichen Städtchen Montalcino führt die SP55 an einem Weingut nach dem anderen vorbei, bepflanzt mit den Reben für den berühmtesten Wein der Toskana, den Brunello. Im 11 km entfernten

Castelnuovo dell'Abata bietet sich dann ein umwerfender Ausblick auf die betörend schöne romanische **Abbazia di Sant'Antimo** (S. 175). Die aus blassem Travertin errichtete Abteikirche glitzert förmlich im Sonnenlicht. Wer Glück hat, ist gerade zugegen, wenn die Mönche gregorianische Gesänge anstimmen.

❷ Rocca d'Orcia

Weiter geht's auf der SP55 Richtung Süden und dann auf der SP323 gen Norden Richtung Castiglione d'Orcia. Die beiden Straßen verlaufen auf einem Kamm mit weitem Blick auf das Tal, bevor es erst in Serpentinen bergab geht und dann wieder hinauf, durch eine typisch toskanische Landschaft mit honiggelben Bauernhäusern zwischen Zypressenalleen und Weinstöcken. Nahe Castiglione d'Orcia schiebt sich dann die kantige Rocca d'Orcia (auch Rocca di Tentennano) ins Blickfeld. Die Festung aus dem 13. Jh. krallt sich in einen Kalksteinfelsen. Unterhalb befindet sich ein Parkplatz; den Schildern folgen. Hochzukraxeln lohnt sich – zum einen wegen der Burg selbst, aber auch wegen der Landschaft, die sich weiter unterhalb ausbreitet wie eine lebendige Karte.

❸ Bagno Vignoni

Fährt man danach weiter auf der SP323, bleibt das Panorama überwältigend. Bei einem Abstecher bietet sich in Bagno Vignoni ein Spaziergang über den hübschen Platz im Zentrum und zu dem großen, mit Thermalwasser gefüllten Bassin an.

❹ Monticchiello

Zurück auf der SP323 geht's rechts ab Richtung Monticchiello (SP53) und in das Tal hinein, das man zuvor von oben gesehen hat. Hier führen mehrere pfeilgerade Nebenstraßen an Zypressenbäumen und Bauerngehöften vorüber. Das winzige Monticchiello zeichnet sich durch seine schmalen Gassen, malerischen Plätze und Panoramaaussichten auf das Val d'Orcia aus; die kann man z. B. auf der Terrasse der **Osteria La Porta** (☎ 0578 75 51 63; www.osterialaporta.it/en/osteria-la-porta-restaurant; Via del Piano 3; Mahlzeiten 40 €; ☺ Café 9–12.30 & 15–19 Uhr, Restaurant Fr–Mi 12.30–15 & 19.30–22 Uhr, im Winter Jan. & Do geschl.) genießen – reservieren!

❺ Pienza

Anschließend folgt man den Schildern nach Pienza. Nach einer angenehmen Fahrt wirkt die mit Türmchen gespickte Skyline Pienzas umso beeindruckender, je näher die Stadt rückt. Highlight ist die zum Unesco-Welterbe gehörende Piazza Pio II, wo sich in der **Bar Il Casello** (S. 180) oder im **La Terrazza del Chiostro** (S. 180) ein Kaffee oder Aperitif genießt lässt.

❻ Montepulciano

Das Ziel der Fahrt, das zauberhafte mittelalterliche Städtchen Montepulciano, klammert sich auf einen schmalen Kamm aus Vulkangestein und lockt mit tollen Unterkünften, Restaurants und Möglichkeiten zu Weinproben – zumeist mit spektakulärem Ausblick auf das Val di Chiana und Val d'Orcia – wahre Besuchermassen an.

NICHT VERSÄUMEN

DIE PERFEKTE TRATTORIA

Ein einfaches Gericht perfekt hinzubekommen, kann eine schwierige Aufgabe sein. Der Koch der Trattoria **Il Leccio** (☏ 0577 84 41 75; www.illeccio.net; Via Costa Castellare 1/3, Sant'Angelo in Colle; Mahlzeiten 30 €, 4-Gänge-Menü 36 €; ☺ Do–Di 12–14.30 & 19–21 Uhr; ☏) im Herzen der Toskana meistert sie mit Bravour. Wer ihm zusieht, wie er für jede Bestellung zwischen Herd und Garten herumwuselt, wird „frisch" ganz neu definieren. Das Resultat seiner Bemühungen – wie auch der Brunello des Hauses – ist jedenfalls göttlich!

Auf jeden Fall sollte man die *grande antipasti* bestellen – die reichen für zwei Personen – und sich auch nach den Tagesgerichten erkundigen.

Sant'Angelo in Colle liegt 10 km südwestlich von Montalcino (Anfahrt über die Via del Sole) bzw. 10 km westlich der Abbazia di Sant'Antimo, zu erreichen über eine unbefestigte, aber ausgeschilderte Straße durch die Weinberge.

gibt's jede Menge Parkplätze (1,50 € pro Std.; 8–20 Uhr).

BUS

Busse von **Tiemme** (S. 150) verkehren zwischen Montalcino und Siena (4,50 €, 75 Min., Mo–Sa 6-mal tgl.). Die Bushaltestelle befindet sich in der Nähe des **Hotel Vecchia Oliviera** (☏ 0577 84 60 28; www.vecchiaoliviera. com; Via Landi 1; EZ 85 €, DZ 150–170 €; ⓟ ✳ ☎ ✉).

Pienza

2107 EW.

Das hübsche Pienza, einst ein verschlafenes Nest, erlebte seine wundersame Verwandlung 1459, als Papst Pius II. begann, aus seinem Heimatort eine perfekte Renaissancestadt zu machen. Das Resultat ist erstaunlich. Die Kirche, der päpstliche Palast, das Rathaus und die dazu gehörenden Bauten an der und rund um die Piazza Pio II schossen innerhalb von nur drei Jahren aus dem Boden und sind seither nicht mehr umgebaut worden. 1996 setzte die Unesco Pienza wegen der revolutionären Städtebauvision auf die Liste der Welterbestätten. Am Wochenende zieht es Besucher in rauen Mengen hierher – falls möglich, sollte man unter der Woche kommen.

◉ Sehenswertes

Piazza Pio II
PIAZZA

Wer sich auf diesem prächtigen Platz einmal um die eigene Achse dreht, hat alle wichtigen Sehenswürdigkeiten von Pienza gesehen. Sämtliche Gebäude wurden innerhalb von nur drei Jahren zwischen 1459 und 1462 errichtet – getreu dem Entwurf von Bernado Rossellino und streng nach den Renaissancevorstellungen von einer idealen Stadt, die ihm sein Lehrer Leon Battista Alberti vermittelt hatte.

Da der Platz, der Rossellino zur Verfügung stand, begrenzt war, setzte er die Gebäude schräg zum Dom und um eine kunstvoll gepflasterte Piazza. Dadurch wurden die perspektivische Wirkung und die erhabene Anmutung der großartigen Gebäude noch verstärkt.

★ Duomo
DOM

(Piazza Pio II; ☺ 8.30–13 & 14.15–18.30 Uhr) Wo sich heute der Dom von Pienza erhebt, stand einst die romanische Chiesa di Santa Maria, von der nur noch wenig erhalten ist. Die Renaissancekirche mit ihrer hübschen Fassade aus Travertin wurde von Pius II. in Auftrag gegeben – er war so stolz auf dieses Gebäude, dass er durch eine päpstliche Bulle von 1462 jegliche Veränderungen an der Kirche untersagte. Das Kircheninnere ist eine merkwürdige Mischung aus Gotik und Renaissance und beherbergt einen prächtigen Marmortabernakel von Rossellino, in dem eine Reliquie des Apostels Andreas, des Schutzpatrons von Pienza, aufbewahrt wird.

In der **Krypta** (2 €) befindet sich ein kleines Museum. Neben dem Dom steht die **Casa dei Canonici** (Haus der Kanoniker).

★ Palazzo Piccolomini
PALAST

(☏ 0577 28 63 00; www.palazzopiccolominipien za.it; Piazza Pio II; Erw./erm. mit Führung 7/ 5 €; ☺ Sommer Di–So 10–18.30 Uhr, Winter bis 16.30 Uhr, Anfang Jan.–Mitte Feb. & 2. Novemberhälfte geschl.) Der Palazzo, seinerzeit als Residenz Pius' II. errichtet, gilt als Bernardo Rossellinos Meisterwerk. Vor dem Bau standen auf dem Grundstück Häuser der päpstlichen Familie. Über eine Treppe im schönen Innenhof gelangt man in die päpstlichen Gemächer, die mit Möbeln aus der Zeit und unbedeutenden Kunstwerken bestückt sind. Hinten gewährt eine dreistöckige Loggia einen spektakulären Ausblick auf die Val d'Orcia. Führungen starten außer zwischen 12.30 und 14 Uhr alle 30 Minuten; ein Blick in den Hof ist kostenlos.

Palazzo Borgia   PALAST

(Palazzo Vescovile; Piazza Pio II) Papst Pius II. schenkte Kardinal Roderigo Borgia, dem späteren Papst Alexander VI., diesen Palazzo, der ihn 1492 umbauen und vergrößern ließ. Er beherbergt das **Museo Diocesano** (☏ 0578 74 99 05; http://palazzoborgia.it; Corso il Rossellino 30; Erw./erm. 4,50/3 €; ☺ Sommer Mi–Mo 10.30–13.30 & 14.30–18 Uhr, Winter Sa & So 10–16 Uhr) und die Touristeninformation.

Zugang über den Hof auf dem Corso Rossellino.

Pieve di Corsignano   KIRCHE

(abseits der SP18; ☺ Sommer 9–18 Uhr, im Winter ab 10 Uhr) Die romanische Kirche am westlichen Stadtrand von Pienza stammt aus dem 10. Jh., als die Stadt noch Corsignano hieß, und hat einen merkwürdigen runden Glockenturm mit acht Bogenfenstern. Bei

---

ABSTECHER

IRIS ORIGO & DIE GÄRTEN VON LA FOCE

Von den vielen Ausländern, die sich in der ersten Hälfte des 20. Jhs. in der Toskana niederließen, zählt Iris Origo zu denjenigen, die die größte Wirkung entfalteten. Der reiche amerikanische Vater der 1902 geborenen Iris starb, als sie sieben Jahre alt war, und so wurde sie von ihrer neurotischen anglo-irischen Mutter Sybil großgezogen. Diese entschied sich für Fiesole als Wohnsitz, mietete eine Medici-Villa an und stürzte sich in die Kreise der englischen Intellektuellen und Künstler in Florenz, über die der charismatische Kunsthistoriker Bernard Berenson herrschte. So wuchs Iris in einem privilegierten Künstlermilieu voller Expats, Extrovertierter und Exzentriker auf. Nachdem sie 21 geworden war, heiratete sie den Florentiner Antonio Origo und ließ sich mit ihm dauerhaft auf dem Land nieder, um ein sinnvolleres Leben zu führen.

1924 erwarben Iris und Antonio im Val d'Orcia ein heruntergekommenes Anwesen mit dem Namen **La Foce** (☏ 0578 6 91 01; www.lafoce.com; Strada della Vittoria 61, abseits der SP40; Erw./Kind unter 12 J. 10 €/frei; ☺ Führungen & Zutritt letztes Märzwochenende–1. Nov. Mi 15, 16, 17 & 18, Sa & So 11.30, 15 & 16.30 Uhr). Sie ließen das Hauptgebäude aus dem 16. Jh. restaurieren und begaben sich daran, den lange vernachlässigten Bauernhof wieder in Schuss zu bringen. Da Iris in einer der schönsten Villen vor Fiesole aufgewachsen war, wollte sie ihr neues Haus verschönern – ursprünglich hatte es als Gasthaus für Pilger auf der Via Francigena von Canterbury nach Rom gedient. Sie beauftragte einen ihrer ältesten Freunde, den angesagten englischen Architekten Cecil Pinsent (1884–1963), mit der Renovierung des Hauses und anschließend – über einen Zeitraum von 15 Jahren – mit der Schaffung einer Reihe wundervoller Landschaftsgärten, die liebevoll gepflegt wurden und jetzt im Rahmen von Führungen zu besichtigen sind. Auf diesen Führungen gelangt man u. a. zur eleganten *limonaia* (einem Gewächshaus, in dem Zitronenbäume überwintern), zum Brunnengarten mit Travertinbrunnen, beschnittenen Hecken und Blumenbeeten, zu einem Laubengang mit duftenden Glyzinien und zu einem atemberaubenden unteren Garten mit geometrisch gepflanzten Zypressen, doppelten Buchsbaumhecken und einem Ausblick auf den Monte Amiata in der Ferne.

Bei den Führungen beschreiben die Guides das Leben von Iris und Antonio, ihre Zusammenarbeit mit Pinsent, ihre Erlebnisse auf La Foce im Zweiten Weltkrieg, als hier Partisanen, Flüchtlinge und alliierte Soldaten Schutz fanden – von Iris in ihrem bekannten *Toskanischen Tagebuch 1943/44* (Original 1947) beschrieben –, und ihren Einsatz für die Bildung und Gesundheit ihrer Arbeiter und Angestellten, der für ihre Zeit sehr fortschrittlich war. Und Iris schaffte all das und zog dazu noch zwei Kinder auf (ein weiteres starb früh), bereiste die Welt, hatte zwei leidenschaftliche Affären und schrieb zwölf Bücher zu allen möglichen Themen, darunter die Autobiografie *Goldene Schatten: Aus meinem Leben* (Original 1970). Ihr letztes Werk, ein Essayband mit dem Titel *A Need to Testify*, erschien 1984, nur ein paar Jahre vor ihrem Tod 1988 im Alter von 86 Jahren.

Nach der Führung hat man sich ein langes und gemächliches Mittagessen unter freiem Himmel im **Dopolavoro La Foce** (☏ 0578 75 40 25; www.dopolavorolafoce.it; Strada della Vittoria (SP40) 90; Mahlzeiten 28 €, Sandwiches 4–5 €; ☺ 8–23 Uhr; Ⓟ 🅿 🄿) verdient, einem Bilderbuchbeispiel für toskanischen Schick mit idyllischem Garten hinterm Haus für den Sommer und einer trendigen Karte mit vegetarischen Pastagerichten, Burgern, Fladenbroten, Craft-Bieren und Biosäften.

genauem Hinsehen erkennt man in der Steinmetzarbeit über dem Haupteingang eine zweiköpfige Sirene und am rechten Seiteneingang Szenen von Christi Geburt und der Anbetung der Heiligen Drei Könige. Am Taufbecken im Innenraum wurde Papst Pius II. nass gemacht.

Essen & Ausgehen

Ein Kaffeepäuschen legt man in Pienza am besten in einem der Cafés an der Piazza Pio II ein. Für einen Drink zum Sonnenuntergang ist die lockere **Bar Il Casello** (☎0578 74 91 05; Via del Casello 3; ⏰ Mi, Do & So 12–20, Fr 18–24, Sa 12–24 Uhr) oder das schicke **La Terrazza del Chiostro** (☎349 5676148, 0578 74 81 83; www.laterrazzadelchiostro.it; Via del Balzello; ⏰ Do–Di 15.30–18.30 Uhr, Mitte Nov.–Mitte März geschl., im Hochsommer auch Mi geöffnet) nur schwer zu toppen.

Osteria Sette di Vino   TOSKANISCH €
(☎0578 74 90 92; Piazza di Spagna 1; Mahlzeiten 16 €; ⏰ Do–Di 12–14.30 & 19.30–22 Uhr) Die einfache Osteria ist berühmt für ihre *zuppa di pane e fagioli* (Suppe aus Brot und weißen Bohnen), *bruschette* und verschiedene Pecorino-Sorten. Geführt wird sie von dem temperamentvollen Luciano, der über dem Tresen auf einer Kopie von Caravaggios berühmtem Bild als Bacchus verewigt wurde. Es gibt nur eine Handvoll Tische drinnen und draußen – reservieren!

Pummarò   PIZZA €
(☎0578 74 85 68; www.pummaropizzeria.it; Piazza Martiri della Llbertà 2–3; Stück 2–2,50 €, ganze Pizza 7–9 €; ⏰11.30–15 & 18–22 Uhr, Jan.–März geschl.; 🐾📶) Die Terrasse dieser Pizzeria an der quirligen Piazza Martiri della Libertà an der Stadtmauer ist immer voll, sodass man vielleicht auf einen Tisch warten muss. Geboten werden einfallsreiche Pizzas und *calzoni*, darunter rein vegetarische. Unser Tipp: die *pizza pummarò* mit Kirschtomaten, Büffelmozzarella und Basilikum.

★**Townhouse Caffè**   MODERN ITALIENISCH €€
(☎0578 74 90 05; www.la-bandita.com/townhouse/the-restaurant; Via San Andrea 8; Mahlzeiten 40 €; ⏰ Anfang April–Anfang Jan. Di–So 12–14.30, tgl. 19–22 Uhr) Dieses schicke Esslokal präsentiert sich recht zurückhaltend: Pro Gang gibt's nur etwa vier Gerichte, die Darbietung ist minimalistisch und der Schwerpunkt liegt auf der Qualität der Zutaten statt auf cleveren kulinarischen Tricks – bravo! Im Sommer speisen die Gäste in einem stimmungsvollen mittelalterlichen Innenhof, im Winter in den beiden Innenräumen mit offener Küche.

Trattoria Latte di Luna   TOSKANISCH €€
(☎333 8467808; Via San Carlo 2–4; Mahlzeiten 30 €; ⏰ Do–Di 12–14 & 19–22 Uhr) Diese beliebte Trattoria ist für ihren saftigen *maialino da latte arrosto* (Spanferkel) bekannt und stellt eine ausgezeichnete Verpflegungsmöglichkeit dar, besonders wenn man einen Tisch auf der Terrasse an der Straße ergattern kann.

★**La Terrazza del Chiostro**   MODERN ITALIENISCH €€€
(☎0578 74 81 83, 349 5676148; www.laterrazzadelchiostro.it; Via del Balzello; Mahlzeiten 50 €; ⏰ Do–Di 12.30–14.30 & 19.30–22 Uhr, Mitte Nov.–Mitte März geschl., im Hochsommer auch Mi geöffnet) Alessandro Rossi war einer der jüngsten Köche, die in Italien je einen Michelin-Stern absahnen konnten, und hegt ganz eindeutig Ambitionen, diesen Erfolg hier zu wiederholen. Ein Mahl auf der wundervollen Panoramaterrasse wird einem lange in Erinnerung bleiben und das Essen wartet mit jeder Menge Pep auf – am besten bestellt man ein Menü (4/6/9 Gänge 50/75/125 €).

Praktische Informationen

Touristeninformation (☎0578 74 99 05; info.turismo@comune.pienza.si.it; Corso il Rossellino 30; ⏰ Sommer Mi–Mo 10.30–13.30 &

14.30–18 Uhr, Winter Sa & So 10–16 Uhr) Am Hof im Erdgeschoss des Palazzo Borgia. Hat außer einem Stadtplan aber wenig zu bieten.

 An- & Weiterreise

AUTO & MOTORRAD

An Wochenenden im Sommer kann die Parkplatzsuche in Pienza zur Geduldsprobe werden, denn der Parkplatz in Zentrumsnähe (1,50/5 € für 1/4 Std.) ist schnell voll. An der Via Circonvallazione unterhalb des Doms gibt's einige wenige kostenlose Parkplätze, die jedoch heiß umkämpft sind.

BUS

Zwei Busse von **Tiemme** (S. 150) verkehren montags bis samstags zwischen Siena und Pienza (5,50 €, 70 Min.) und neun Busse fahren ab/nach Montepulciano (2,50 €, 20 Min.). Die Bushaltestellen liegen bei der Piazza Dante Alighieri. Fahrscheine gibt's in den Bars der Umgebung.

MONTEPULCIANO

14 097 EW.

Der schmale, steile vulkanische Bergrücken, auf dem sich das mittelalterliche Montepulciano erstreckt, strapaziert die Beinmuskeln der Besucher bis aufs Äußerste. Bei der Erholung helfen ein ordentlicher Schluck vom renommierten Vino Nobile und ein spektakulärer Blick über die Täler Val di Chiana und Val d'Orcia.

Sehenswertes

Il Corso
STRASSE

Die Hauptstraße klettert von der Porta al Prato am Ostrand des Städtchens hoch und am Westrand wieder hinunter zur Via di Collazi. Unterwegs ändert sie ihren Namen von Via di Gracciano in Via di Voltaia und Via dell'Opio. Zur Piazza Grande im Zentrum geht's rechts ab in die Via del Teatro.

Oberhalb der Porta al Prato steht auf der Piazza Savonarola die **Colonna del Marzocca** (Piazza Savonarola), die 1511 zum Zeichen der florentinischen Herrschaft über Montepulciano errichtet wurde. Beachtenswert unter den vielen schmucken Gebäuden sind der **Palazzo Avignonesi** (Via di Gracciano nel Corso 91) aus der Spätrenaissance, der **Palazzo Cocconi** (Via di Gracciano nel Corso 70) und der **Palazzo di Bucelli** (Via di Gracciano nel Corso 73), in dessen Sockel etruskische und lateinische Inschriften und Reliefs eingelassen sind.

Weiter oben steht Michelozzos **Chiesa di Sant'Agostino** (www.montepulcianochiusipienza.it; Piazza Michelozzo; ⊙9–12 & 15–18 Uhr). Die Terrakotta-Gruppe im Bogenfeld über dem Portal zeigt eine Madonna mit Kind, Johannes den Täufer und den hl. Augustinus. Auf der gegenüberliegenden **Torre di Pulcinella** (Piazza Michelozzo), einem mittelalterlichen Turmhaus mit Stadtuhr, schlägt Pulcinella, der Hanswurst des italienischen Volkstheaters, Einheimischen und Besuchern die Stunde. Hinter dem schönen alten **Caffè Poliziano** (☏0578 75 86 15; www.caffepoliziano.it; Via di Voltaia 27; ⊙Mo–Fr 7–20, Sa bis 23, So bis 21 Uhr; ☎) geht der Corso geradeaus weiter, die Via del Teatro biegt scharf rechts davon ab.

Piazza Grande
PIAZZA

Die elegante Piazza Grande ist der höchste Punkt und der wichtigste Treffpunkt der Stadt. Sollte einem dieser Platz irgendwie bekannt vorkommen, hat man wahrscheinlich den zweiten Film der *Twilight*-Reihe gesehen, *New Moon – Bis(s) zur Mittagsstunde*. Die große Massenszene wurde hier gedreht, obwohl das Buch eigentlich in Volterra spielt. In jüngerer Zeit hatte die Piazza diverse Auftritte in der Fernsehserie *Die Medici – Herrscher von Florenz*.

Palazzo Comunale
PALAST

(Piazza Grande; Terrasse & Turm Erw./erm. 5/2,50 €, nur Terrasse 2,50 €; ⊙10–18 Uhr) Der Palazzo Comunale wurde im 14. Jh. im gotischen Stil erbaut und im 15. Jh. von Michelozzo umgestaltet. An seiner Funktion hat sich nichts geändert: Er dient noch heute als Rathaus. Auf den Turm führen 67 steile Stufen hinauf: Von oben eröffnen sich tolle Ausblicke – man erspäht Pienza, Montalcino und bei gutem Wetter sogar Siena in der Ferne.

Duomo
DOM

(www.montepulcianochiusipienza.it; Piazza Grande; ⊙8–19 Uhr) Der Anblick auf Montepulcianos Kathedrale, ein Bauwerk aus dem 16. Jh., fesselt jeden – insbesondere, weil die unfertige Fassade dem Gebäude eine eigentümlich organische, stark verwitterte Qualität verleiht. Drinnen sollte man sich auf die Suche nach Taddeo di Bartolos wunderbarem Triptychon *Himmelfahrt* (1401) hinter dem Hochaltar begeben.

★ Museo Civico & Pinacoteca Crociani
KUNSTGALERIE, MUSEUM

(☏0578 71 73 00; www.museocivicomontepulciano.it; Via Ricci 10; Erw./erm. 5/3 €; ⊙Sommer Mi–Mo 10.30–18.30 Uhr, im Winter kürzer) Dem

Montepulciano

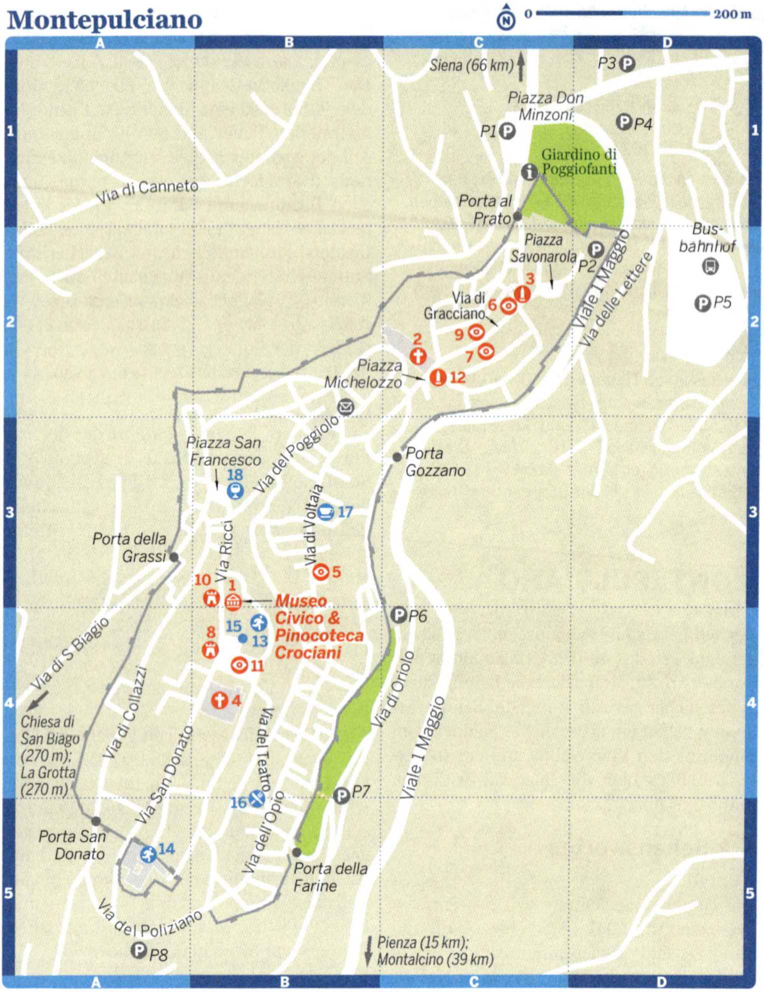

N · 0 ━━━━━━ 200 m

Siena (66 km)

Piazza Don Minzoni

P3 P

P1 P

P4 P

Giardino di Poggiofanti

Via di Canneto

Porta al Prato

Piazza Savonarola

Busbahnhof

P2

P5 P

Via di Gracciano

6 · 3

Via delle Lettere

Viale I Maggio

5 · 9

2

7

12

Piazza Michelozzo

Piazza San Francesco

18

Via del Poggiolo

Porta Gozzano

17

Via di Voltaia

Porta della Grassi

Via Ricci

5

10 · 1

Museo Civico & Pinacoteca Crociani

Via di Oriolo

P6 P

8

15 · 13

11

Via di S Biago

Via di Collazzi

4

Via del Teatro

Chiesa di San Biago (270 m); La Grotta (270 m)

Via San Donato

Viale I Maggio

16

Via dell'Opio

P7 P

Porta San Donato

14

Porta della Farine

Via del Poliziano

P8 P

Pienza (15 km); Montalcino (39 km)

bescheidenen Museum von Montepulciano ist etwas Wunderbares widerfahren: Eines der Gemälde aus der Sammlung wurde 2011 Caravaggio zugesprochen – das ist der Stoff, aus dem Kuratorenträume gemacht sind. Bei dem Werk handelt es sich um das *Bildnis eines Mannes*; es soll Kardinal Scipione Borghese zeigen, den Mäzen des Malers. Einem Touchscreen kann man Infos zu Details des Bildes, seiner Restaurierung und Zuordnung entlocken. Weitere interessante Werke sind hier zwei Terrakotten von Andrea della Robbia sowie Domenico Beccafumis Gemälde der Schutzheiligen der Stadt, der hl. Agnes.

🏃 Aktivitäten

★ Cantina de' Ricci

WEIN

(☎ 0578 75 71 66; www.cantinadericci.it; Via Ricci 11; 3 € pro Glas; ⏰ Mitte März–Anfang Jan. 10.30–19 Uhr, Anfang Jan.–Mitte März nur Sa & So) **GRATIS** Der wohl stimmungsvollste Weinkeller der Stadt liegt am Fuß einer steilen, gewundenen Treppe im aus der Renaissance stammenden **Palazzo Ricci** (www.palazzoricci.com; Via Ricci 9–11). Unter den steinernen Gewölben ragen zwei Etagen hohe Weinfässer auf. Das Ambiente ist schummerig beleuchtet und ruhig, das Ganze wirkt wie eine Kathe-

Montepulciano

drale des Weins. Der Eintritt ist frei; nur wer Wein probiert, muss etwas zahlen.

★ **Enoliteca Consortile** WEIN
(www.consorziovinonobile.it; Fortezza di Montepulciano, Via San Donato 21; ⊙Mo–Do 11–17, Fr & Sa 12–19 Uhr) Der kürzlich eröffnete Vino-Nobile-Präsentationsraum im Erdgeschoss der Medici-Festung wird von der Winzergenossenschaft von Montepulciano betrieben. In einer modernen Probierstube können über 70 Weine verkostet und erworben werden. Mit einer Prepaid-Karte für 10 der 15 € kann man Weine nach eigener Wahl probieren.

Cantina Storica Talosa WEIN
(☎0578 75 79 29; www.talosa.it; Via Talosa 8; ⊙April–Dez. 10–19.30 Uhr, Jan.–März Sa & So 10–19 Uhr) GRATIS Die unterirdischen Gewölbe dieser *cantina* wurden von den Etruskern auf dem Tuffstein geschlagen – heute lagern hier riesige Eichenfässer. Im Tuffstein sind noch Meeresfossilien zu entdecken, die 5 Mio. Jahre alt sind. Außerdem kann man hier ein etruskisches Grab aus dem 6. Jh. v. Chr. besichtigen. Die Weinproben sind kostenlos, aber es wird erwartet, dass man am Ende mindestens ein Fläschchen kauft.

★ **Palazzo Vecchio Winery** WEIN
(☎0578 72 41 70; palazzovecchio@vinonobile. it; Via Terra Rossa 5, Valiano) Wenn man dieses Weingut beschreibt, fällt einem sofort das Wort „idyllisch" ein. Das große steinerne Bauernhaus aus dem 14. Jh. ist umgeben von Obstbäumen, die Kelteranlagen befinden sich in umgebauten Nebengebäuden und 25 ha Weinstöcke mit Sangiovese-, Canaiolo- und Mammolo-Trauben ziehen sich die

Hänge hinab. Besichtigungen sind nur nach Vereinbarung möglich. Weinproben kosten 20 €, ein Fünf-Gänge-Mittagessen mit Wein schlägt mit 80 € zu Buche.

Das Weingut liegt auf einem Hügel außerhalb von Valiano, 15 km nordöstlich von Montepulciano. Ganz in der Nähe befindet sich die ausgezeichnete *enoteca* La Dogana, die auch zum Gut gehört.

Fattoria Le Capezzine WEIN
(☎0578 72 43 04; www.avignonesi.it; Via Colonica 1, Valiano; ⊙Mo–Sa 10–19, So 12–18 Uhr, Mai & Okt. bis 18 Uhr, März–April Mo–Fr 10–18 Uhr, Nov. & Dez. Mo–Fr 10–17 Uhr, Jan. & Feb. geschl.) Das 19 ha große Weingut gehört zum legendären Unternehmen Avignonesi. Es hat sich mit seinem „runden Weinberg" einen Namen gemacht: Das Projekt untersucht, inwiefern die Weinqualität von der Rebdichte und der Rebunterlage abhängt. Wer am Ende eine Flasche Wein kauft, kann in der *cantinu* kostenlos Nobile, Rosso, Vin Santo und Grappa verkosten.

Wer vorab bucht, kann eine zweistündige Führung durch Weinberge, Reifekeller und *vinsantaia* (wo der Vin Santo schlummert) mitmachen, gefolgt von einer Verkostung von Avignonesi-Weinen. Das Gut liegt 15 km nordöstlich von Montepulciano.

🎓 Kurse & Geführte Touren

Strada del Vino Nobile di Montepulciano e dei Sapori della Valdichianna Senese TOUREN
(☎0578 75 78 12; www.stradavinonobile.it; Piazza Grande 7; ⊙Mo–Fr 9.30–13.30 & 14.30–18, Sa 10–13 & 14–17, So 10–13 Uhr) Die Vereinigung veranstaltet verschiedenste Führungen und Kurse, darunter Kochkurse (59–90 €), Füh-

HEILIGE EINSAMKEIT

Die **Abbazia di Monte Oliveto Maggiore** (📞0577 70 76 11; www.monteolivetomaggiore.
it; Monte Oliveto Maggiore; ⏱Mo–Sa 9.15–12 & 15.15–17 Uhr, im Sommer bis 18 Uhr) `GRATIS` aus
dem 14. Jh. liegt verborgen in dichten Wäldern am Rand der Region Castelnuovo Berardenga. Sie wurde von Giovanni Tolomei gegründet, dem späteren hl. Bernardo Tolomei,
und ist noch immer ein Refugium für Benediktinermönche. Der Kreuzgang des Klosters
wartet mit einem Freskenzyklus von Luca Signorelli und Giovanni Antonio Bazzi (Il Sodoma) auf: Dargestellt sind Szenen aus dem Leben des Ordensgründers, des hl. Benedikt.
Außerdem gibt's hier eine Kirche mit einem prächtigen Chorgestühl mit Einlegearbeiten
aus Holz und ein Refektorium mit Fresken von Fra Paolo Novelli.

Wer die Bibliothek, das Museum und die Apotheke der Abtei besuchen möchte, wird
um eine Spende gebeten. Die historische **Cantina** (Historischer Weinkeller; www.agricola
monteoliveto.com; Monte Oliveto Maggiore; ⏱Sommer 10–13 & 14.30–18.30 Uhr), wo auch
Wein verkostet werden kann, ist kostenlos zugänglich. Parken kostet 1 €.

rungen auf Weingütern (49–115 €) und Spa-
ziergänge durch Weingüter mit abschließen-
der Weinprobe (29–49 €). Buchung übers
Internet oder im Informationsbüro an der
Piazza Grande.

 ### Festivals & Events

Bravio delle Botti KULTUR
(www.braviodellebotti.com; ⏱Aug.) Am letzten
Augustsonntag liefern sich die Einwohner
der acht *contrade* von Montepulciano einen
Wettstreit: Sie rollen 80 kg schwere Weinfässer den Berg hinauf. In der Woche davor
steigt ein buntes Renaissancefest.

 ### Essen & Ausgehen

In Montepulciano essen zu gehen ist ein
Hochgenuss, besonders wenn man sich für
das Chianina-Rindfleisch aus der Region
entscheidet und mit dem einen oder anderen Gläschen des berühmten Vino Nobile
nachspült.

⭐**La Dogana** MODERN ITALIENISCH €€
(📞339 5405196; Strada Lauretana Sud 75, Valiano;
Mahlzeiten 32 €, Käse- & Salumi-Teller 9 €; ⏱Mi–So
10–22.30 Uhr, Jan. geschl.) Koch und Kochbuch-
autor Sunshine Manitto herrscht in der Küche dieser superschicken *enoteca* auf dem
Weingut Palazzo Vecchio. Durch die Fenster
blicken die Gäste auf Weinreben und Zypressen, doch die besten Tische des Hauses
stehen auf der Rasenterrasse hinterm Haus.
Die Karte steht ganz im Zeichen saisonaler
Produkte – ein Großteil stammt aus dem eigenen Küchengarten – und es sind sowohl
kleine Imbisse als auch vollständige Mahlzeiten erhältlich.

Dienstags bietet Sunshine außerdem
Kochunterricht (150 € inkl. Abendessen).
Wer schon mal hier ist, sollte auch einen
Palazzo-Vecchio-Wein probieren, vielleicht
einen Terra Rossa.

Osteria Acquacheta TOSKANISCH €€
(📞0578 71 70 86; www.acquacheta.eu; Via del
Teatro 22; Mahlzeiten 25–30 €; ⏱Mitte April–Dez.
Mi–Mo 12.30–15 & 19.30–22.30 Uhr) Der Laden
brummt: Er ist bei Einheimischen und Besuchern gleichermaßen beliebt. Die Spezialität
ist *bistecca alla fiorentina* (über Holzkohle gegrilltes T-Bone-Steak), das in riesigen
Scheiben, kurz gebraten und unglaublich
schmackhaft daherkommt (bloß nicht fragen, ob man es durchgebraten bekommen
kann!). Unbedingt reservieren.

⭐**La Grotta** RISTORANTE €€€
(📞0578 75 74 79; www.lagrottamontepulciano.it;
Via di San Biagio 15; Mahlzeiten 40 €; ⏱Do–Di 12.30–
14 & 19.30–22 Uhr, Mitte Jan.–Mitte März geschl.)
Die Gerichte hier mögen traditionell sein,
doch ihre Aromen sind exquisit und sie werden extravagant arrangiert. Kunstvoll ge-
schichtete Parmesan-Späne und Kräuter-
zweige zieren feine „Türme" aus Pasta,
Gemüse und Fleisch. Der Service ist vor-
bildlich und der Garten im Hof bildschön.
La Grotta befindet sich gleich unterhalb
der Stadt nicht weit von einer prachtvollen Renaissancekirche, der **Chiesa di San
Biago** (📞0578 75 72 90; www.parrocchiemonte
pulciano.org; Via di San Biago; mit Audioguide
3,50 €; ⏱7–20 Uhr).

⭐**E Lucevan Le Stelle** WEINBAR
(📞0578 75 87 25; www.lucevanlestelle.it; Piazza San Francesco 5; ⏱Mitte März–Dez. 11.30–

23.30 Uhr; 🕿) Die Terrasse dieser äußerst freundlichen Osteria ist die beste Adresse in ganz Montepulciano, um den Sonnenuntergang zu beobachten. Drinnen sorgen durchgesessene Sofas, moderne Kunst und Jazzmusik für eine relaxte Atmosphäre. Das Essen – Antipastiteller (4,50–8 €), *piadinas* (Fladenbrote; 6 €) und Pastagerichte (6,50–9 €) – ist nicht unbedingt die Stärke der Bar: Am besten begnügt man sich mit dem einen oder anderen Glas Nobile (5–7 €).

❶ Praktische Informationen

Informationsbüro Strada del Vino Nobile di Montepulciano (S. 183) Bucht Unterkünfte in Montepulciano sowie verschiedenste Kurse und Führungen.

Touristeninformation (☑0578 75 73 41; www.prolocomontepulciano.it; Piazza Don Minzoni 1; ☺9–13 Uhr) Bucht Last-Minute-Unterkünfte (persönlich im Büro vorbeischauen), hat Stadtpläne und verkauft Busfahrkarten.

❶ An- & Weiterreise

AUTO & MOTORRAD

Von Florenz geht es über die A1 (Richtung Bettolle-Sinalunga) bis zur Ausfahrt Valdichiana. Dann den Schildern folgen. Von Siena aus nimmt man die *superstrada* Siena–Bettolle–Perugia.

Von Mai bis September ist das historische Stadtzentrum durchgehend verkehrsberuhigt (ZTL); von Oktober bis April gilt das Fahrverbot von 8 bis 20 Uhr, von November bis März von 8 bis 17 Uhr. Hotels können meist eine Fahrerlaubnis besorgen. Ansonsten gibt's rund um das historische Zentrum jede Menge kostenpflichtige Parkplätze.

BUS

Der **Busbahnhof** (Piazzo Pietro Nenni) liegt neben dem Parkplatz P5. **Tiemme** (S. 150) verkehrt viermal täglich zwischen Montepulciano und dem Bahnhof von Siena (6,60 €, 1½ Std.) mit Zwischenstopp in Pienza (2,50 €, 20 Min.).

SIENA & ZENTRALTOSKANA MONTEPULCIANO

Südliche Toskana

Gut essen

➡ Taverna del Vecchio Borgo
(S. 190)

➡ Antica Trattoria Aurora
(S. 204)

➡ Il Tufo Allegro (S. 195)

Etruskische Sehenswürdigkeiten

➡ Parco Archeologico Città
del Tufo (S. 198)

➡ Museo Civico Archeologico
Isidoro Falchi (S. 192)

➡ Scavi di Città (S. 192)

➡ Museo Civico Archeologico
di Pitigliano (S. 194)

➡ Museo Archeologico
all'Aperto Alberto Manzi
(S. 195)

Auf in die südliche Toskana

Vielen Italientouristen begegnet die südliche Toskana nur als Randnotiz, aber für Italienkenner ist sie ein Muss. Denn hier befindet sich die stimmungsvolle Città del Tufo, ein Ensemble aus drei von den Etruskern direkt ins Vulkangestein gehauenen Bergortschaften, die noch heute bewohnt sind. Nördlich davon warten Roselle und Vetulonia mit weiteren etruskischen Schätzen auf, und Massa Marittima ist eines der charmantesten Bergstädtchen der Toskana. All diese Orte sind umgeben von eindrucksvollen Ausgrabungsstätten, Renaissancesiedlungen, Kirchen und Museen, die auf Entdeckung warten.

Dank der riesigen Vielfalt an Naturreichtümern genügt eine Fahrt von nur wenigen Stunden, um eine ganze Palette von Attraktionen zu entdecken – vom Sandstrand über artenreiche Feuchtgebiete und mit Wein bewachsene Berge bis zu schneebedeckten Gipfeln. Genauso verlockend sind die vielen Aktivitäten: Schwimmen, Wandern, Reiten und Mountainbiken bieten für jeden etwas, bevor man seine Batterien abends bei aromatischen Speisen und Weinen der Maremma in einem abgeschiedenen *agriturismo* wieder aufladen kann.

Entfernungen (km)

	Vetulonia	Massa Marittima	Grosseto	Pitigliano
Massa Marittima	38			
Grosseto	52	48		
Pitigliano	129	120	75	
Parco Regionale della Maremma	28	67	20	56

DIE ALTA MAREMMA

Die Alta (Obere) Maremma beginnt südlich von Livorno und erstreckt sich bis hinunter nach Grosseto. Sie umfasst Massa Marittima und die umliegenden Colline Metallifere (Erzberge). Die Unesco trug der weit zurückreichenden Bergbaugeschichte und einzigartigen Landschaft dieses Gebirgszugs Rechnung und wies ihn als europäischen Geopark aus. Auch das Umland ist reich an etruskischer Geschichte. Zur Alta Maremma gehören außerdem die Bergorte im Landesinneren südlich der Crete Senesi und die Gebirgsregion um den Monte Amiata, die sich als tolle Zwischenstopps auf dem Weg von der südlichen in die Zentraltoskana anbieten.

Massa Marittima

8380 EW.

Zu den Anziehungspunkten des stillen Bergstädtchens zählen ausgefallene Museen, eine bezaubernde zentrale Piazza und größtenteils intakte mittelalterliche Straßen, durch die sich glücklicherweise keine Busladungen mit Touristen schieben.

Massa Marittima stand für kurze Zeit unter pisanischer Herrschaft und errang 1225 sogar den Status einer unabhängigen *comune* (Stadtstaat), wurde aber ein Jahrhundert später von Siena vereinnahmt. Die Pest von 1348 und der Niedergang der profitablen Metallgewinnung brachten die Stadt an den Rand des Ruins. Die weite Verbreitung der Malaria aufgrund der umliegenden Sümpfe tat ein Übriges. Erst nach der Trockenlegung der Sümpfe im 18. Jh. und der Wiederaufnahme der Metallgewinnung erblühte die Stadt zu neuem Leben.

Die Stadt ist in drei Bezirke unterteilt: die Città Vecchia (Altstadt), die Città Nuova (Neustadt) und den Borgo. In die Città Vecchia gelangt man durch den massiven Arco Senese.

🧭 Sehenswertes

Mit einem Kombiticket (10 €) kann man sämtliche Museen und Wahrzeichen von Massa Marittima besuchen.

⭐ Cattedrale di San Cerbone   DOM
(Piazza Garibaldi; ⊙ im Sommer 8–12 & 15–19 Uhr, im Winter bis 18 Uhr) Über der pittoresken Piazza Garibaldi (auch Piazza Duomo genannt) thront der im 13. Jh. schräg zum Platz erbaute *duomo* von Massa Marittima. Er ist dem hl. Cerbonius geweiht, dem Schutzpatron der Stadt, der immer mit einer Schar von Gänsen dargestellt wird. Besondere Betrachtung im Kirchenschiff verdient die freistehende *Maestà* (Jungfrau mit Kind auf dem Thron; 1316). Manche Experten schreiben die Skulptur Duccio di Buoninsegna zu.

⭐ Museo di Arte Sacra   MUSEUM
(Complesso Museale di San Pietro all'Orto; ☎ 0566 90 22 89; www.museiartesacra.net; Corso Diaz 36; Erw./erm. 5/3 €; ⊙ im Sommer Di–So 10–13 & 16–19 Uhr, im Winter Di–So 11–13 & 15–17 Uhr) Das Museum befindet sich im ehemaligen Kloster San Pietro all'Orto. Die Ausstellungsstücke umfassen eine großartige *Maestà* (um 1335–1337) von Ambrogio Lorenzetti sowie Skulpturen aus der Werkstatt von Giovanni Pisano, die ursprünglich die Domfassade zierten. Auch die schlichten Flachreliefs aus grauem Alabaster waren einst Teil des *duomo*, stammen jedoch aus einer früheren Zeit.

Museo Archeologico   MUSEUM
(Piazza Garibaldi 1; Erw./erm. 3/1,50 €; ⊙ im Sommer Di–So 10–13 & 16–19 Uhr, im Winter Di–So 11–13 & 15–17 Uhr) Das etwas angestaubte Archäologische Museum residiert im **Palazzo del Podestà** aus dem 13. Jh., dem einstigen Sitz des Stadtgouverneurs. Das Paradestück der Sammlung ist *La Stele del Vado all'Arancio*, eine einfache, aber beeindruckende Steinstele aus dem 3. Jahrtausend v. Chr.

Albero della Fecondità   DENKMAL
(Via Ximenes, unterhalb der Piazza Garibaldi) `GRATIS` Unterhalb eines ehemaligen Kornspeichers aus dem 13. Jh. versteckt sich eine frivole Überraschung. Im Schutz der Loggia befindet sich die Fonte dell'Abbondanza (Brunnen des Überflusses), ein inzwischen stillgelegter, früher öffentlicher Trinkbrunnen. Außergewöhnlich ist daran vor allem das Fresko des *Albero della Fecondità* (Fruchtbarkeitsbaum), das einem zarten Gemüt wohl die Schamesröte ins Gesicht treibt. Wer genau hinschaut, sieht, was für Früchte vom Baum hängen!

⭐ Torre del Candeliere   TURM
(Kerzenleuchterturm; Piazza Matteotti; Erw./erm. 3/2 €; ⊙ im Sommer Di–So 10.30–13.30 & 15–18 Uhr, im Winter Di–So 11–13 & 14.30–16.30 Uhr) Wer den 74 m hohen Turm aus dem 13. Jh. erklimmt, wird mit einem sagenhaften Ausblick über die Altstadt belohnt.

Arco Senese   ARCHITEKTUR
(Piazza Matteotti) Der riesige Sieneser Torbogen aus dem Mittelalter beginnt an der alten Stadtmauer und spannt sich zwischen Città Vecchia and Città Nuova.

Highlights

❶ Parco Regionale della Maremma (S. 202) In dem paradiesisch wildwüchsigen Regionalpark wandern, radfahren, reiten und schwimmen.

❷ Massa Marittima (S. 187) Einen Abendbummel über eine der schönsten Piazze der Toskana machen.

❸ Parco Archeologico Città del Tufo (S. 198) Auf den Spuren der Etrusker über die mysteriösen, durch Felsen geschlagenen *vie cave* (versunkene Straßen) wandeln.

❹ Pitigliano (S. 194) Von der aus Vulkangestein gehauenen Hügelfestung die spektakuläre Aussicht über das Umland bewundern.

❺ Monte Amiata (S. 193) Inmitten von Buchen- und Kastanienwäldern kleine Städtchen und einen Skulpturengarten entdecken.

❻ Riserva Naturale Provinciale Diaccia Botrona (S. 201) Zehntausenden Zugvögeln in dieses stimmungsvolle Marschland folgen.

❼ Vetulonia (S. 192) Das etruskische Erbe in den Ausgrabungsstätten erkunden.

Festivals & Events

Balestro del Girifalco   KULTUR

(Falkenherzwettstreit; www.societaterzierimasseta ni.it) Der Wettbewerb im Armbrustschießen findet zweimal jährlich statt, und zwar am ersten Sonntag nach dem 20. Mai sowie an einem Sonntag im Juli oder August (gewöhnlich zweiter Sonntag im August). 24 Schützen aus den drei *terzieri* (Stadtbezirke) konkurrieren in mittelalterlicher Kleidung um einen goldenen Pfeil.

Lirica in Piazza   MUSIK

(www.liricainpiazza.it; ⊙Aug.) Dieses alljährliche Festival auf der Piazza Garibaldi bringt drei Opern unterm Sternenhimmel auf die Bühne.

 Essen

Die drei Restaurants der Stadt haben sich der Slow-Food-Küche verschrieben und beglücken ihre Kundschaft mit lokalen Spezialitäten wie *tortelli alla maremma* (mit Ricotta und Spinat gefüllte Nudeltaschen).

★**Taverna del Vecchio Borgo**   TOSKANISCH €€

(☑0566 90 21 67; taverna.vecchioborgo@libero.it; Via Norma Parenti 12; Mahlzeiten 32 €; ⊙im Sommer Di–So 19.30–22 Uhr, im Winter Di–Sa 19.30–22, So 12.30–14.30 Uhr) Das beste Restaurant von Massa ist genauso stimmungsvoll wie das Essen köstlich. In einem schummrig be-

leuchteten Gewölbe-Weinkeller werden ausgefallene Speisen wie *testaroli* (Nudelteigfladen) mit Pistaziensauce und erstklassiges gegrilltes Rindfleisch aus dem Holzofen serviert. Ein echtes Schnäppchen ist das Viergängemenü (30 €).

La Tana dei Brilli   TOSKANISCH €€

(☑0566 90 12 74; www.latanadeibrilli.it; Vicolo del Ciambellano 4; Mahlzeiten 26 €; ⊙Dez.–Okt. Do–Di 12–14.30 & 19–22 Uhr) „Italiens kleinste Osteria“ hat ganze zehn Sitzplätze an vier Tischen (weitere sechs Gäste können sich vor der Tür an die Tische quetschen). Das sympathische Restaurant wird allen Slow-Food-Ansprüchen gerecht, die Küche verwendet regionale Zutaten und überzeugt mit authentischen Maremma-Spezialitäten. Außerdem ist der *vino de casa* nicht nur sensationell gut, sondern auch spottbillig (4 € pro Liter).

L'Osteria da Tronca   TOSKANISCH €€

(☑0566 90 19 91; Vicolo Porte 5; Mahlzeiten 28 €; ⊙März–Mitte Dez. Do–Di 18–21.45 Uhr; 🖉) Das in einer Nebenstraße hinter dem Hotel Il Sole liegende Restaurant mit Steinwänden ist auf die rustikalen Gerichte der Maremma spezialisiert. Dazu zählen *acquacotta* (eine herzhafte Gemüsesuppe mit Brot und Ei), *tortelli alla maremma* (Teigtaschen mit Ricotta-Spinat-Füllung) und *coniglio in porchetta* (gebratenes gefülltes Kaninchen).

DREI PERFEKTE TAGE

1. Tag

Nach der Erkundung der etruskischen Nekropolen und mysteriösen *vie cave* (versunkene Straßen) im **Parco Archeologico Città del Tufo** (S. 198) geht es zur Besichtigung des Doms und ins Museum nach **Sovana** (S. 198). Anschließend laden in **Pitigliano** (S. 194) jahrhundertealte Gassen sowie ein altes jüdisches Viertel zum Flanieren ein. Die exzellenten Restaurants des Ortes sind perfekt für ein abschließendes Abendessen.

2. Tag

Heute steht der **Parco Regionale della Maremma** (S. 202) auf dem Programm. In dem urwüchsigen Naturschutzgebiet kann man wandern, Rad oder Kanu fahren und am Strand Marina di Alberese baden gehen. Abends lockt zur Entspannung eine Flasche Morellino di Scansano in dem einladenden *agriturismo* des Weinguts **Terenzi** (S. 200).

3. Tag

Der Weg führt weiter ins nördlich gelegene **Massa Marittima** (S. 187), das sich mit pittoresken Piazze und der **Cattedrale di San Cerbone** (S. 187) schmückt. Nach einer Mittagspause in einem der drei Slow-Food-Restaurants kann man in den geologischen Stätten rund um den **Parco Naturalistico Geotermico delle Biancane** (S. 192) wieder Kalorien verbrennen. Eine wunderbare Nachtruhe verspricht das **Montebelli Agriturismo & Country Hotel** (S. 192), eines der besten *agriturismi* der Region.

Massa Marittima

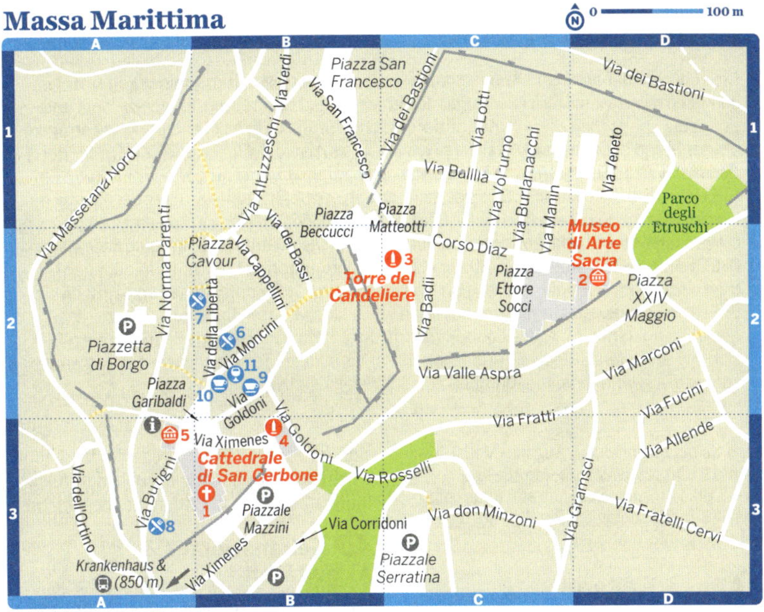

Ausgehen & Nachtleben

Die Kaffeekultur wird hier großgeschrieben und es gibt eine ganze Auswahl guter Cafés. Für einen *aperitivo* empfehlen sich die Tische unter den Arkaden im **Caffè Le Logge** (☎ 0566 91 43 45; Piazza Garibaldi 11–13; ⏲ Fr–Mi 7–24 Uhr; 📶).

★ Il Bacchino WEINBAR

(☎ 0566 94 02 29; Via Moncini 8; ⏲ 10–13 & 16–19.30 Uhr, Nov.–Feb. Mo geschl.) Magdy Lamei, der Eigentümer von Il Bacchino, ist zwar kein waschechter Einheimischer (er stammt aus Kairo), aber kaum jemand kann mit so viel Fachkenntnis und Begeisterung für die regionalen Lebensmittel punkten wie er. Diese klassische *enoteca* (Weinbar) betreibt er zusammen mit seiner Frau Monica. Eine ausgezeichnete Adresse, um toskanische Weine zu probieren (3,50–25 € pro Glas) oder sich mit Picknickzutaten wie Marmelade, Käse und Salami einzudecken.

Bar Torrefazione CAFÉ

(Via Goldoni 17; ⏲ Mo–Fr 7.30–12.30 & 17–19.30, Sa 7.30–12.30 Uhr) Gloria Dina macht den besten Kaffee der Stadt, deshalb geht es in ihrem winzigen Café auch zu wie in einem Taubenschlag. Nicht ganz unschuldig daran ist wohl auch die Tatsache, dass sie zugleich den günstigsten Kaffee der Stadt verkauft. Es gibt keinen offiziellen Geschäftsnamen, einfach nach dem Schild mit der Aufschrift „Bar Torrefazione" (Bar & Rösterei) Ausschau halten.

Massa Marittima

Highlights

1	Cattedrale di San Cerbone	B3
2	Museo di Arte Sacra	D2
3	Torre del Candeliere	C2

Sehenswertes

4	Albero della Fecondità	B3
	Arco Senese	(s. 3)
5	Museo Archeologico	A3

Essen

6	La Tana dei Brilli	B2
7	L'Osteria da Tronca	B2
8	Taverna del Vecchio Borgo	A3

Ausgehen & Nachtleben

9	Bar Torrefazione	B2
10	Caffè Le Logge	B2
11	Il Bacchino	B2

Praktische Informationen

Touristeninformation (☎ 0566 90 65 54; www.turismomassamarittima.it; Via Todini 3; ⏲ April–Juni & Okt. Mi–Fr 10–13 & 15–17,

COLLINE METALLIFERE

Die schönen Gebäude und Kunstschätze verdankt Massa Marittima seiner Lage im Herzen der Colline Metallifere (Erzberge). Bergbau gab es hier drei Jahrtausende lang, und er hat die Landschaft und die Kultur der Region geprägt. Dem wurde Rechnung getragen, als der Parco delle Colline Metallifere (www.parks.it/parco.colline.metallifere) unter der Schirmherrschaft der Unesco in das Europäische Geoparknetz aufgenommen wurde.

Zu dem Landschaftsschutzgebiet gehören zahlreiche Stätten, darunter der **Parco Naturalistico Geotermico delle Biancane** (☑ 0566 91 70 39; www.parks.it/parco.colline.metallifere; Strada Provinciale Bagnolo, Monterotondo Marittimo; ☉ Infobüro Ende März–Okt. Di–Fr 9.30–12.30 & 14.30–16.30 Uhr) GRATIS in Monterotondo Marittimo. In dem geothermischen Park 21 km nördlich von Massa verwandeln Dampfturbinen seit 1916 die Erdwärme in Energie. Damit werden rund 1 Mio. Haushalte der Toskana versorgt – insgesamt sind damit 25 % des Energiebedarfs der Toskana abgedeckt. Besucher begeben sich auf einen zweistündigen Rundgang durch bewaldetes Terrain vorbei an dampfenden Löchern und wundervollen Klumpen aus Schwefelkristallen.

Sa & So bis 18 Uhr, Juli & Aug. Mi–Mo 10–13 & 16–19 Uhr, Nov.–März Fr–Mo 10–13 & 15–17 Uhr) An einer Seitenstraße unterhalb des Museo Archeologico. Die Website bietet zahlreiche Informationen.

ⓘ An- & Weiterreise

AUTO & MOTORRAD

Ein günstig gelegener Parkplatz (tagsüber 1 € pro Stunde, nachts kostenlos) befindet sich in der Nähe der Piazza Garibaldi: den Hang hoch auf der linken Seite.

BUS

Der Busbahnhof befindet sich in der Nähe des Krankenhauses an der Piazza del Risorgimento, 1 km von der Piazza Garibaldi den Hügel hinab. Von Montag bis Samstag fahren die Busse von Tiemme (www.tiemmespa.it) zweimal täglich nach Grosseto (5,20 €, 80 Min.) und einmal täglich nach Siena (6 €, 2 Std., 7.10 Uhr). Um nach Volterra zu kommen, muss man in Monterotondo Marittimo umsteigen. Bus- und Zugfahrkarten verkauft **Massa Veternensis** (Piazza Garibaldi 18).

ZUG

Der nächstgelegene Bahnhof ist Massa-Follonica in Follonica, 22 km südwestlich von Massa; dorthin verkehrt ein Pendelbus (2,60 €, 25 Min., 10-mal tgl.).

Vetulonia

500 EW.

Das windgepeitschte Bergdorf 23 km nordwestlich von Grosseto war ursprünglich eine wichtige Niederlassung der Etrusker. Sie wurde 224 v. Chr. von den Römern in Beschlag genommen und weist bedeutsame Spuren beider Kulturen auf. Diese lassen

sich im Museo Civico Archeologico Isidoro Falchi und bei einem Besuch der Ausgrabungsstätte Scavi di Città näher begutachten.

◉ Sehenswertes & Aktivitäten

Pferdefreunde können beim 7 km weiter nördlich gelegenen **Montebelli Agriturismo & Country Hotel** (☑ 334 2206929; www.montebelli.com; Località Molinetto, Caldana) durch Weinberge und Olivenbaumwäldchen reiten. Das Landhotel auf einem biodynamischen Wein- und Olivenölgut trumpft mit einer phantastischen Ausstattung auf.

★ Museo Civico Archeologico Isidoro Falchi   MUSEUM

(☑ 0564 94 80 58; museo-vetulonia@libero.it; Piazza Vatluna; Erw./erm. 5/2,50 €; ☉ Juni–Sept. Di–So 10–14 & 16–20 Uhr, Okt.–Feb. Di–So 10–16 Uhr, März–Mai Di–So 10–18 Uhr) Von der Hauptpiazza des Ortes bieten sich atemberaubende Ausblicke auf das umliegende Land. Am Platz residiert auch dieses kleine, aber trotzdem sehr eindrucksvolle Museum mit einer großen Zahl an Exponaten. Sie wurden aus etruskischen Gräbern und Siedlungen der Gegend zutage gefördert. Zu den Highlights zählen die Fundstücke aus der Grabstätte *Fibula d'Oro* (Goldene Brosche).

Scavi di Città   AUSGRABUNGSSTÄTTE

(☉ März–Mai Di–So 10–18 Uhr) GRATIS 2009 begann ein kleines Archäologenteam mit der Ausgrabung dieser Fundamente eines 2300 Jahre alten etruskischen *domus* (Haus). Die Grabungsstätte liegt an der Hauptstraße gleich unterhalb von Vetulonia. Dabei wurden Bruchsteinmauern freigelegt, außerdem ein Ziegelsteinfußboden, ein kleiner Terrakotta-Altar, jede Menge Amphoren und das Fragment eines Wandfreskos. Man hält dies für die besterhaltene Villa aus etruskisch-römischer Zeit und vermutet in der Nähe noch weitere unentdeckte Häuser, Läden und Tempel.

 **Essen**

Das **Il Baciarino** (☑ 347 9344943; www.bacia rino.com; Via della Fonte), ein stilvoll designtes *agriturismo* am Rande von Vetulonia, verwöhnt seine Gäste mit vorzüglichen Biomahlzeiten. Besonders beliebt ist der Hof bei Stadtflüchtigen aus Florenz und Livor-

ABSEITS DER ÜBLICHEN PFADE

MONTE AMIATA

Die dicht bewaldete Region um den erloschenen Vulkan Monte Amiata (1738 m) verbindet die Maremma mit dem Val d'Orcia und ist ein wunderbar abgelegenes Reiseziel auf dem Weg von der südlichen in die Zentraltoskana.

Sehenswertes & Aktivitäten

Skulpturengarten von Daniel Spoerri (Il Giardino di Daniel Spoerri; ☑ 0564 95 08 05; www.danielspoerri.org; Strada Provinciale Pescina, Seggiano; Erw./erm. 10/8 €; ⊘ Ostern–Nov. 10.30–19 Uhr, Ostern–Mitte Juni & Mitte Sept.–Nov. Mo geschl.) Der 1997 eröffnete Skulpturengarten ist ein leidenschaftliches Projekt des rumänisch-schweizerischen Künstlers Daniel Spoerri (geb. 1930). Viele der 112 Kunstwerke, die sich über das 16 ha große Gelände verteilen, stammen von ihm. Die Landschaft ist malerisch – das Anwesen ist von Feldern mit Wildblumenteppichen und Olivenhainen umgeben – und die ortsbezogenen Arbeiten befassen sich mit der Frage, wie Kunst die Natur ergänzen kann, anstatt sie einzuvernehmen. Ein unbedingt sehenswertes Glanzstück ist Olivier Estoppeys *Dies Irae* (der Tag des Jüngsten Gerichts) von 2001.

Bergbaumuseum (Parco Museo Minerario di Abbadia San Salvatore; ☑ 0577 77 83 24; www.museominerario.it; Piazzale Renato Rossaro 6, Abbadia San Salvatore; Erw./erm. 12/10 €; ⊘ Mitte Juni–Okt. 9.30–12.30 & 15.30–18.30 Uhr) In den Hügeln rund um Abbadia San Salvatore wurde seit den Etruskern und noch bis vor Kurzem das rötliche Mineral Zinnober zur Quecksilbergewinnung abgebaut. Die stillgelegte Mine war einst der größte Arbeitgeber in Monte Amiata und wurde zu einem faszinierenden Museum umfunktioniert. Anhand von Schautafeln, Kunstwerken und audiovisuellen Präsentationen dokumentiert es die Bedeutung des Bergwerks für die Wirtschaft und das gesellschaftliche Leben in der Region und veranstaltet sogar Bahnfahrten durch die Minentunnel.

Abbadia San Salvatore (☑ 0577 77 73 52; www.abbaziasansalvatore.it; Via del Monastero; Spendeneintritt für die Krypta 2 €; ⊘ 7–13 & 15–18 Uhr) Das von den Lombarden im 8. Jh. gegründete Kloster war anfangs dem Benediktinerorden überlassen worden, wurde aber später von Zisterziensern übernommen. Die Abtei war ein wichtiger Zwischenstopp an der Via Francigena und ist vor allem wegen ihrer ungemein stimmungsvollen Krypta bemerkenswert. Sie beherbergt einen Wald aus 44 Säulen, deren obere Abschlüsse jeweils individuelle Ornamente aufweisen.

Gemeinschafts- und Kulturzentrum Dzogchen (☑ 0564 96 68 37; www.dzogchen.it; Merigar West; Preis auf Anfrage) Eine Gemeinschaft tibetischer Buddhisten mitten auf dem Land in der Toskana? Ja, richtig gelesen. Dieses buddhistische Zentrum in der Nähe von Archidosso wurde 1981 eingeweiht und bietet Workshops in Yantra-Yoga, Meditation und tibetischem Vajra-Tanz. Eingeladen sind alle, die sich für Methoden und Hilfestellungen für eine achtsamere Lebensweise interessieren. Die Kurse finden in dem reich verzierten Tempel des Zentrums statt.

Die Gemeinschaft hat zudem das äußerst beeindruckende, multimediale **Museum of Asian Art and Culture** (www.dzogchen.it/museo-di-arte-contemporanea-orientale; Fortezza, Archidosso; Kombiticket inkl. Burg in Archidosso Erw./erm. 7/5 €; ⊘ im Sommer Di–So 10–13 & 16–19 Uhr, im Winter nur Sa & So) eröffnet, das sich etwa 5 km entfernt in der Nähe der mittelalterlichen Burg in Archidosso befindet.

An- & Weiterreise

Die örtlichen Busse fahren sehr selten. Um die Gegend zu erkunden, benötigt man ein Auto.

no, die sich für die friedliche Umgebung, die traumhafte Aussicht und das minimalistische Dekor begeistern. Obendrein werden hier Kochkurse angeboten.

La Vecchia Osteria TOSKANISCH €€

(0566 84 49 80; Viale Marconi 249, Bagno di Gavorrano; Mahlzeiten 31 €; ⊘ Fr–Mi 12–14.30 & 19–22 Uhr, im Juli & Aug. tgl. geöffnet) Das unscheinbare Äußere des Lokals an der Hauptstraße von Bagno di Gavorrano verrät nichts über die außergewöhnliche Qualität seiner Küche. Die hausgemachte Pasta ist großartig (vor allem die *tortelli di ricotta*), und die rustikalen Hauptgerichte sind ebenfalls unglaublich gut. Das Städtchen liegt 22 km südlich von Massa Marittima und 18 km nordwestlich von Vetulonia.

❶ An- & Weiterreise

Um nach Vetulonia zu gelangen, biegen Autofahrer bei der Ausfahrt Montepescali/Braccagni Richtung Braccagni von der SS1 ab und folgen dann der SP152 und SP72 bergan zum Dorf.

CITTÀ DEL TUFO

Die malerischen Orte Pitigliano, Sovana und Sorano bilden ein Dreieck um eine spektakuläre Landschaft, in der die Häuser seit den Zeiten der Etrusker aus vulkanischem Tuffstein gebaut werden. Die Region wird Città del Tufo (Tuffsteinstadt) genannt, manchmal auch Paese del Tufo (Tuffsteinland).

Pitigliano

3820 EW.

Der imposant auf einem Felsen thronende Ort scheint wie verwachsen mit dem Berg. Die Abhänge, die Pitigliano auf drei Seiten umgeben, bilden eine natürliche Abwehr vor

❶ UNTERWEGS VOR ORT

Auto & Motorrad Zweifelsohne die beste Art, um die Gegend zu erkunden.

Bus Die Busse von Tiemme (www.tiemmespa.it) fahren viele Städtchen und Dörfer an, allerdings verkehren sie recht selten.

Zug Grosseto ist durch eine stark frequentierte Bahnstrecke mit Rom, Livorno und Pisa verbunden.

Feinden, und im Osten wehrte eine Festung Eindringlinge ab. Im Ort selbst verschwinden gewundene Steintreppen geheimnisvoll hinter Häuserecken und grazile Bögen spannen sich über Kopfsteinpflastergassen. Eine Synagoge aus dem 16. Jh. und die einzigartige jüdisch beeinflusste regionale Küche erinnern an die einst beachtliche jüdische Gemeinde des Ortes.

⊙ Sehenswertes

Wer bei den Etruskerstätten sparen will, kauft das Kombiticket (Erw./erm. 6/3 €) für das Museo Civico Archeologico di Pitigliano und das außerhalb der Stadt gelegene Museo Archeologico all'Aperto Alberto Manzi.

La Piccola Gerusalemme MUSEUM

(Klein-Jerusalem; 0564 61 42 30; www.lapiccolagerusalemme.it; Vicolo Manin 30; Erw./erm. 5/4 €; ⊘ im Sommer So–Fr 10–13 & 14.30–18 Uhr, im Winter So–Fr 10–12 & 15–17 Uhr) Wer die Via Zuccarelli entlanggeht und beim Wegweiser „La Piccola Gerusalemme" links abbiegt, begibt sich auf eine faszinierende Zeitreise in die reiche, aber leider fast ausgestorbene jüdische Kultur Pitiglianos. Zu sehen sind eine winzige, reich geschmückte Synagoge (nur eine von fünf in der Toskana, 1598 begründet), ein rituelles Bad, eine koschere Metzgerei, eine Bäckerei, ein Weinkeller und Färbereien.

Museo di Palazzo Orsini MUSEUM

(0564 61 60 74; www.palazzo-orsini-pitigliano.it; Piazza della Fortezza 25; Erw./Kind 4/3 €; ⊘ im Sommer Di–So 10–13 & 15–19 Uhr, im Winter bis 17 Uhr) Diese Burg aus dem 13. Jh. wurde im 16. Jh. von den Orsini erweitert, diente später als Bischofsresidenz und ist heute ein Museum. Die Räume sind gefüllt mit Kunstwerken und diversen religiösen Gegenständen aus der Umgebung. Besonders beachtenswert ist die bemalte Holzskulptur aus dem 15. Jh. von Jacopo della Quercia, die Maria mit dem Jesuskind darstellt.

Museo Civico Archeologico di Pitigliano MUSEUM

(0564 61 40 67; Piazza della Fortezza; Erw./erm. 3/2 €; ⊘ Juni–Aug. Mo, Do & Fr 10–19, Sa & So bis 18 Uhr, Ostern–Mai Sa & So 10–17 Uhr) Eine Steintreppe führt zu dem kleinen, gut geführten Museum, das eine reiche Sammlung an etruskischen Funden von örtlichen Ausgrabungen beherbergt. Zu den Highlights zählen große intakte *bucchero*-Urnen (aus

VIE CAVE

In den Tälern unterhalb von Pitigliano gibt es mindestens 15 in den Tuffstein gehauene *vie cave* (Hohlwege). Diese gewaltigen Durchgänge – bis zu 20 m tief und 3 m breit – gelten im Volksglauben als heilige Wege, welche die Nekropolen und andere Kultstätten miteinander verbanden. Einer anderen, simpleren Erklärung zufolge wurden durch die uralten Korridore – unsichtbar für den Feind – Tiere und Gerätschaften für Verteidigungszwecke von einem Dorf zum nächsten transportiert. Jedes Jahr wird mit dem Fackelzug **Torciata di San Giuseppe** (☉ 19. März) auf der Via Cava di San Giuseppe das Ende des Winters gefeiert.

Zwei besonders sehenswerte *vie cave* – die **Via Cava di Fratenuti** und die **Via Cava di San Giuseppe** – befinden sich 500 m westlich von Pitigliano an der Straße nach Sovana. Die Fratenuti weist hohe senkrechte Wände und etruskische Zeichen auf. Die San Giuseppe führt an der **Fontana dell'Olmo** vorbei, einem in den Fels gehauenen Brunnen. Dem Betrachter blickt an dieser Quelle Bacchus, der römische Gott des Weines und der Fruchtbarkeit, entgegen.

Von Pitigliano nach Sovana (8 km) verläuft ein herrlicher Wanderweg, der teilweise auch *vie cave* mit einschließt. Eine Beschreibung und eine Karte der Strecke finden sich auf www.trekking.it; hier kann man unter dem Abschnitt „Maremma" eine PDF-Datei herunterladen. Ein schöner, 2 km langer **Spazierweg** führt von der kleinen Steinbrücke in der Schlucht unterhalb von Sorano durch die **Via Cava San Rocco** zu den **Necropoli di San Rocco**, einer weiteren etruskischen Begräbnisstätte.

Das **Museo Archeologico all'Aperto Alberto Manzi** (Archäologisches Freiluftmuseum Alberto Manzi; ☎ 0564 61 40 67; Strada Provinciale 127 Pantano, abseits der SS74; Erw./erm. 4/2 €; ☉ April–Okt. Di–So 10–19 Uhr), ein Freiluftmuseum südlich von Pitigliano an der Straße nach Saturnia, umfasst Abschnitte von *vie cave* sowie mehrere Nekropolen.

schwarzem Ton) aus dem 6. Jh. v. Chr. und reizende rosafarbene Ölgefäße aus Ton in der Form kleiner Rehe.

 ## Essen & Ausgehen

La Rocca TOSKANISCH, PIZZA €
(Piazza della Repubblica 12; Mahlzeiten 28 €, Pizzas 4–8,50 €; ☉ Di–Sa 9.30–22 Uhr, im Sommer längere Öffnungszeiten) Regionale Weine in großzügiger Dosis sind die Spezialität dieses höhlenartigen Restaurants mit Weinbar an einem der Panorama-Aussichtspunkte auf der Piazza della Repubblica. Betrieben wird es von einer örtlichen landwirtschaftlichen Kooperative. Dementsprechend kann sich die Auswahl an *prodotti tipici* (typischen Regionalprodukten) sehen lassen. Wenn an Wochenenden zu späterer Stunde alle Teller abgeräumt sind, verwandelt sich das Restaurant manchmal in einen Club.

★ **Il Tufo Allegro** TOSKANISCH €€
(☎ 0564 61 61 92; www.iltufoallegro.com; Vicolo della Costituzione 5; Mahlzeiten 42 €; ☉ Mi–So 12–14.30 & 19.30–21.30 Uhr) Die Düfte, die aus der Küchentür an der Via Zuccarelli entweichen, reichen eigentlich schon aus, um jeden Vorbeigehenden die Treppe hinab an die gemütlichen Tische zu locken. Küchenchef Domenico Pichini stellt Menüs zusammen, die ein breites Spektrum von traditionell bis modern abdecken und in erster Linie aus regionalen Produkten bestehen. Das Lokal liegt in der Nähe von La Piccola Gerusalemme.

Hostaria del Ceccottino ITALIENISCH €€
(☎ 0564 61 42 73; www.ceccottino.com; Piazza San Gregorio VII 64; Mahlzeiten 45 €; ☉ Mitte März–Mitte Jan. Fr–Mi 12.30–15 & 19–22 Uhr) Die auf *piatti tipici* (regionaltypische Gerichte) spezialisierte Hostaria serviert köstliche Variationen toskanischer Klassiker wie *spezzatino di cinghiale* (Wildschweinschmortopf), aber auch ungewöhnlichere Gerichte, für die sich die Küche von regionalen Zutaten inspirieren lässt. Dazu zählen z. B. Tagliatelle mit *bottarga* (gesalzene, getrocknete Kabeljaurogen) aus Orbatello oder mit frischem Ricotta und *ortica* (Brennnesseln) gefüllte *tortelli*.

★ **Angiolina Vineria** WEINBAR
(☎ 0564 61 52 91; angiolina.pitigliano@libero.it; Piazza della Repubblica 209; Bruschetta 12 €, Käse- & Wurstteller 15 €; ☉ Mo–Fr 12–20.30 Uhr, März–Dez. Fr & Sa bis 24 Uhr) Diese Weinbar mag zwar

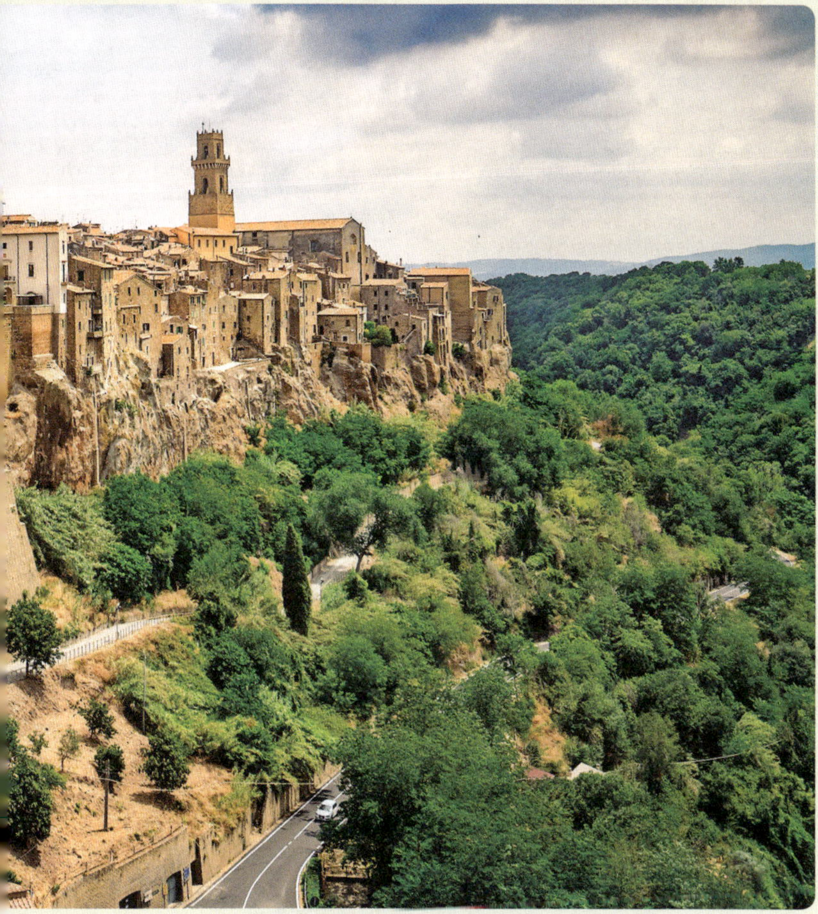

1. Pitigliano (S. 194)
Das Bergdorf thront spektakulär auf einem schroffen Vulkanfelsen.

2. Cattedrale di San Cerbone (S. 187), Massa Marittima
Nicht die *Maestà* im Dom von Massa Marittima verpassen – manche schreiben die Skulptur Duccio di Buoninsegna zu.

3. Scavi di Città (S. 192), Vetulonia
Die Fundamente eines 2300 Jahre alten etruskischen Hauses wurden 2009 ausgegraben.

NICHT VERSÄUMEN

TERME DI SATURNIA

Die **Terme di Saturnia** (☎ 0564 60 01 11; www.termedisaturnia.it; Tageskarte 25 €, nach 14 Uhr 20 €; ☉ im Sommer 9.30–19 Uhr, im Winter bis 17 Uhr) liegen etwa 2,5 km südlich des Dorfs Saturnia. Man kann den ganzen Tag in den heißen Pools abtauchen und sich obendrein für zusätzliche Anwendungen wie die verlockende vierhändige Massagedusche oder die etwas unheimlich klingende „Sauerstoffzufuhr zur Reduzierung von überschüssigem Fett" anmelden.

von bescheidener Größe sein, in puncto Qualität stellt sie jedoch höchste Ansprüche an sich selbst. Es gibt eine überschaubare, aber exquisite Liste offener Weine (unbedingt den Roccapesta Morellino di Scansano probieren, falls er angeboten wird) und eine ähnlich erlesene Speisekarte. Sehr empfehlenswert ist die *merenda Toscana*, ein gemischter Teller mit regionalen Delikatessen (18 €).

ℹ Praktische Informationen

Die **Touristeninformation** (☎ 0564 61 71 11; www.comune.pitigliano.gr.it; Piazza Garibaldi 12; ☉ im Sommer Di–Sa 10–12.30 & 15–17.30, So 10–12.30 Uhr, im Winter Sa 10–12.30 & 15–17.30, So 10–12.30 Uhr) befindet sich auf der Piazza gleich innerhalb des Haupttors zur Altstadt.

ℹ An- & Weiterreise

Die Busse des Unternehmens **Tiemme** (www. tiemmespa.it) fahren an der Via Santa Chiara ab, gleich abseits der Piazza Petruccioli. Meist fahren sie nur montags bis samstags, Fahrkarten gibt's in der Bar Guastini an der Piazza Petruccioli. Zu den Reisezielen gehören:

Grosseto (7,90 €, 2 Std., 3-mal tgl.)
Siena (10,10 €, 3 Std., 1-mal tgl.)
Sorano (1,50 €, 10–20 Min., 1- bis 3-mal tgl.)
Sovana (1,50 €, 10–20 Min., 2-mal tgl.)

Sovana

150 EW.

Die Hauptattraktionen des bildhübschen Städtchens sind die kopfsteingepflasterte Hauptstraße aus der Römerzeit, zwei wunderbar schlichte romanische Kirchen und ein Museum.

◉ Sehenswertes & Aktivitäten

Duomo   DOM

(Antica Cattedrale di San Pietro; Via del Duomo; Erw./Kind 2/1 €; ☉ im Sommer 10–13 & 15–19 Uhr, im Winter 11–13 & 14.30–17.30 Uhr, Mitte Jan.–Mitte Feb. nur am Wochenende) Der romanisch-gotische Dom, der ab dem 12. Jh. über einen Zeitraum von 200 Jahren entstand, geht zurück auf Papst Gregor VII. (Hildebrand von Sovana, um 1015–1085). Das eigenartig positionierte Portal ist mit Darstellungen von Menschen, Tieren und Pflanzen geschmückt, das Innere verdankt seine Schönheit weniger irgendwelchen Kunstwerken als vor allem der genialen Architektur.

Museo di San Mamiliano   MUSEUM

(Piazza del Pretorio; Erw./Kind 2 €/frei; ☉ März–Okt. Do–Di 10–13 & 15–19 Uhr, Nov. & Dez. Sa & So 10–13 & 14–17 Uhr) 2004 machten Archäologen unter den Ruinen der aus dem 9. Jh. stammenden Kirche des hl. Mamiliano die Entdeckung ihres Lebens: Sie fanden 498 Goldmünzen in einer Vase, die im 5. Jh. n. Chr. unter dem Kirchenboden vergraben wurde. Fast alle Münzen sind in diesem kleinen Römerzeit-Museum in der restaurierten Kirche ausgestellt.

Santa Maria Maggiore   KIRCHE

(Piazza del Pretorio; ☉ 9–17 Uhr) Die Fresken in der Apsis dieser Kirche im romanisch-gotischen Übergangsstil aus dem 16. Jh. sind wohl der Hauptgrund für einen Besuch in dieser Kirche. Ungewöhnlich ist aber auch das steinerne *ciborium* (Gewölbedecke über dem Altar) aus dem 9. Jh.

★ Parco Archeologico
Città del Tufo   ARCHÄOLOGISCHE STÄTTE

(Necropoli di Sovana; www.leviecave.it; Eintritt 5 €; ☉ im Sommer 10–19 Uhr, Okt. bis 18 Uhr, Nov.–März Sa & So bis 17 Uhr) Die bedeutendsten etruskischen Gräber liegen 1,5 km östlich der Stadt. Italienische und englische Infotafeln lotsen Besucher durch die vier komplexen Grabanlagen. Hauptattraktion ist die nach Gregor VII. benannte **Tomba Ildebranda**, an der noch Spuren der in den Stein gemeißelten Säulen und Treppen zu sehen sind. Die **Tomba dei Demoni Alati** (Grab der geflügelten Dämonen) ziert eine liegende, kopflose Terrakottafigur.

La Biagiola   WEIN

(☎ 366 676 64 00; www.labiagiola.it; Località Pianetti; ☉ nach Vereinbarung) Wer sich für Wein und Archäologie interessiert, kann beides mit einem Abstecher zu diesem Weingut 7 km nördlich von Sovana verbinden. Vor Kurzem wurden hier zwischen den Reben die Überreste einer Villa aus der römischen Kaiserzeit entdeckt. Die an der Ausgrabung beteiligten Archäologen bieten eine einstündige Führung, bei der die Teilnehmer selber Hand anlegen dürfen. Anschließend werden die Weine des Guts verkostet. Preis auf Anfrage.

Essen & Ausgehen

⭐ Vino al Vino
TOSKANISCH €

(☏0564 61 71 08; vinoalvino@virgilio.it; Via del Duomo 10; Käse- & Wurstplatten 14 €; ⏱Mitte März–Dez. Mi–Mo 10.30–21 Uhr, Jan.–Mitte März Sa & So 10.30–21 Uhr) Diese Mischung aus Café und *enoteca* (Weinbar) in Sovanas Hauptstraße punktet mit entspanntem Jazz und kunstgeschmückten Wänden. Die Stimmung ist einladend, der speziell geröstete Kaffee ist gut und die Kuchen (aus Pitigliano) sind sogar noch besser. Mittags und abends werden offene Weine im Glas zu Probiertellern mit regionalen Leckereien kredenzt.

ℹ Praktische Informationen

Die äußerst hilfsbereite **Touristeninformation** (☏ 0564 61 40 74; ⏱ Mitte März–Okt. Mi–Mo 10–13 & 15–19 Uhr, Nov. & Dez. Sa & So 10–13 & 14–17 Uhr) befindet sich im Palazzo Pretorio am Hauptplatz.

ℹ An- & Weiterreise

Von Montag bis Samstag bietet das Busunternehmen Tiemme (S. 198) Verbindungen nach/von Pitigliano (1,50 €, 10–20 Min., 2-mal tgl.) und Sorano (1,50 €, 15 Min., 1- bis 2-mal tgl.).

Sorano

3430 EW.

Wahrhaft dramatisch sitzen die vom Wetter gezeichneten Steinhäuser entlang eines Felsrückens oberhalb der Schlucht des Flusses Lente. Unterhalb des Kammes sind in den Tuffstein *cantine* (Keller) sowie terrassierte Gärten gehauen – viele davon vor neugierigen Blicken versteckt.

◎ Sehenswertes

Fortezza Orsini
FESTUNG

(☏0564 63 34 24; Erw./erm. 4/2 €; ⏱im Sommer Di–So 10–13 & 15–19 Uhr, Nov. & Dez. Sa & So 10–13 & 14–17 Uhr) Die Bauarbeiten an dieser riesigen Festung begannen bereits im 11. Jh. Heute wacht sie noch immer über die Stadt und verbindet mit kräftigen Mauern zwei Bastionen, die von einem trockenen Burggraben umgeben sind. Der Höhepunkt eines Besuchs ist zweifellos eine Führung durch die geheimnisvollen **unterirdischen Gänge** (im Sommer 11, 15.30, 16.30 und 17.30 Uhr, Nov. & Dez. 11 & 15 Uhr), die selbst im toskanischen Hochsommer bemerkenswert kühl sind.

Area Archeologica di Vitozza
AUSGRABUNGSSTÄTTE

(⏱10 Uhr–Sonnenuntergang) GRATIS Die gut 200 Höhlen in diesem hohen Felsrücken sind der Überrest einer der größten Höhlensiedlungen Italiens, die erstmals in prähistorischer Zeit bewohnt war. Wer die Stätte besichtigen will, sollte feste Schuhe und zwei Stunden Zeit mitbringen. Sie liegt 4 km östlich von Sorano. Vom Ort führt ein ausgeschilderter Wanderweg zur Ausgrabungsstätte.

Essen & Ausgehen

Ristorante Fidalma
TOSKANISCH €€

(☏0564 63 30 56; www.ristorantefidalma.com; Piazza Busatti 5; Mahlzeiten 26 €; ⏱Do–Di 12.30–15.30 & 19.30–22.30 Uhr; ✲) Dieses scheunenähnliche Restaurant abseits der zentralen *piazza* von Sorana winkt mit vielen liebenswerten Pluspunkten. Auf der Speisekarte dominieren gutbürgerliche Gerichte aus der Maremma (mit jeder Menge Fleisch), die Pasta wird von der *nonna* handgemacht und die Familienmitglieder, die die Tische bedienen, sind unglaublich freundlich. Es gibt sogar ein preisgünstiges Zweigängemenü inklusive *contorno* (Beilage) und Kaffee für 20 €.

Cantina L'Ottava Rima
WEINBAR

(☏349 8024196; www.cantinaottavarima.com; Via del Borgo 25; ⏱im Sommer Do–So 12–15 & 18–24 Uhr, im Winter kürzere Öffnungszeiten) Die entspannte *cantina* ist direkt in den Tuffstein gebaut und serviert ihre Weine an wackligen Tischen zwischen den Felswän-

ℹ KOMBITICKET

Wer sowohl das Museo di San Mamiliano als auch den Parco Archeologico Città del Tufo in Sovana sowie die Fortezza Orsini in Sorano besuchen will, kann mit einem Kombiticket (Erw./Kind 8/5 €) Geld sparen.

TERENZI

Das 2013 im Gambero-Rosso-Weinführer *Vini d'Italia* (italienische Weine) als „Aufsteiger des Jahres" ausgezeichnete Weingut **Terenzi** (☎ 0564 59 96 41; www.terenzi.eu; Località Montedonico, Scansano; ⊙ Mai–Okt. 9.30–19.30 Uhr, Nov.–April Mo, Di, Do & Fr 9.30–17.30, Mi 9.30–13 & 14–17.30, Sa & So 10–18 Uhr) zählt inzwischen zu den etablierten Topproduzenten des Morellino di Scansano. Nach telefonischer Anmeldung kann man an einer Führung über das Weingut (kostenlos) oder in der *cantina* an einer Weinprobe (*gran selezione*, d. h. ausgewählte Jahrgangsweine, 2–3 € pro 150 ml, andere Weine gratis) teilnehmen.

Das Weingut liegt an einem landschaftlich reizvollen Straßenabschnitt unweit der Ortschaft Scansano, 50 Minuten Autofahrt von Pitigliano über eine Landstraße Richtung Grosseto.

den. Ein stimmungsvoller Ort, um Weine und schlichte Gerichte zu probieren, die die hochwertigen Produkte der Region gekonnt in Szene setzen. Der Eingang liegt an einem Terrassenweg am unteren Ende der Stadt.

ⓘ Praktische Informationen

Soranos **Touristeninformation** (☎ 0564 63 30 99; Fortezza; ⊙ Mitte März–Okt. Do–So 10–13 & 15–19 Uhr, Nov.–Dez. Sa & So 10–13 & 14–17 Uhr) befindet sich in der *fortezza*.

ⓘ An- & Weiterreise

Tiemme (www.tiemmespa.it) bietet von montags bis samstags Busverbindungen von/nach Pitigliano (1,50 €, 10–20 Min., 1- bis 3-mal tgl.) und Sovana (1,50 €, 15 Min., 2-mal tgl.).

BASSA MAREMMA

Die Bassa (Untere) Maremma zieht sich von Grosseto an der Küste entlang. Sie umfasst die Halbinsel Monte Argentario sowie die Berge und Sumpfgebiete des Parco Regionale della Maremma. Mit ihren unberührten Landschaften und der üppigen Flora und Fauna ist die Bassa Maremma ein wahres Wunderland für Naturliebhaber und eine beliebte Gegend für Outdooraktivitäten wie Wandern, Reiten und Vogelbeobachtung.

Grosseto

82 100 EW.

Grosseto wird touristisch kaum beachtet. Es liegt nicht sehr schön und kann nur wenige Sehenswürdigkeiten vorweisen. Praktisch ist es vor allem als Orientierungsmarke für Reisende auf der Küstenschnellstraße hinunter nach Rom. Aber auf alle, die hier trotzdem haltmachen, warten in der leicht alternativ angehauchten Stadt ein paar lebhafte Lokale und Bars.

Grosseto war eine der letzten von Siena beherrschten Städte, die in die Hände der Medici fielen. Als die Florentiner 1559 die Macht übernahmen, machten sie sich gleich daran, Wehranlagen und 2,5 km lange Mauern im Sechseck um die Stadt zu bauen, um das für das Großherzogtum wichtige Getreide- und Salzdepot zu schützen. Heute ist Grosseto Provinzhauptstadt der Maremma. Außerdem bietet die Altstadt ideale Bedingungen für einen gemütlichen Stadtbummel und eine *passeggiata* (Spaziergang) über den Corso Carducci.

Die Stadt ist im Winter für ihre heftigen Regenfälle berüchtigt. Diese haben in der Vergangenheit schon zu katastrophalen Überschwemmungen geführt.

◉ Sehenswertes

Roselle   AUSGRABUNGSSTÄTTE

(☎ 0564 40 24 03; SS223; Erw./erm. 4/2 €; ⊙ Mai–Aug. 8.30–19 Uhr, März, April, Sept. & Okt. bis 18.30 Uhr, Nov.–Feb. bis 17.30 Uhr) Bereits im 7. Jh. v. Chr. gab es hier eine etruskische Stadt namens Rusellae, die im 3. Jh. v. Chr. unter die Herrschaft der Römer fiel. Großartige Denkmäler gibt es zwar keine, aber römische Befestigungsmauern, Amphitheater, Überreste von Häusern, Bädern, dem Forum, Werkstätten und Straßen vermitteln auch heute noch ein Bild der damaligen Stadt. Sehr lohnend ist ein Spaziergang entlang der immer noch intakten, massiven, 8000 Jahre alten Stadtmauer. Roselle liegt rund 11 km nordöstlich von Grosseto abseits der E78.

★ Museo Archeologico e d'Arte della Maremma   MUSEUM

(☎ 0564 48 87 50; http://maam.comune.grosseto.it; Piazza Baccarini 3; Erw./erm. 5/2,50 €; ⊙ Juni–Sept. Di–Fr 10–18, Sa & So 10–13 & 17–20 Uhr, April–Mai Di–Fr 9.30–16, Sa & So 10–13 & 16–19 Uhr, Okt.–März Di–Fr 9–14, Sa & So 10–13 & 16–19 Uhr) Grossetos größte Touristenattraktion hat im Erdgeschoss ein archäologisches Museum und im Obergeschoss ein Museum für sakrale Kunst. Unten sind vor allem Artefakte aus den Ausgrabungen in Roselle zu bewundern. Unbedingt sehenswert sind die Statuen der Familie von Kaiser Augustus sowie eine imposante Sammlung etruskischer Graburnen. Oben warten Kunstwerke aus dem 13. bis 19. Jh., darunter Stefano di Giovannis *Madonna delle ciliege* (Madonna mit Kirschen; um 1445), die zuvor im *duomo* der Stadt hing.

Cattedrale di San Lorenzo DOM
(www.diocesidigrosseto.it; Piazza del Duomo; ⊙Mo–Sa 10–18, So 9.30–11 & 12.15–18 Uhr) Der auf das 13. Jh. zurückgehende Dom verströmt sienesisches Flair und beeindruckt mit einer besonders schönen Fensterrose. Ein großer Teil der Fassade wurde im 19. Jh. im neoromanischen Stil erneuert. Drinnen lohnt ein Blick auf die *Madonna delle grazie* (Madonna der Gnaden) im linken Querschiff; ebenfalls bemerkenswert sind das Taufbecken von 1470 und die beiden Buntglasfenster aus dem 15. Jh. mit Heiligendarstellungen.

 Festivals & Events

Festa di San Lorenzo KULTUR
(⊙9. & 10. Aug.) Dieses Fest ist Grossetos Schutzpatron St. Lorenz gewidmet. Die meisten Veranstaltungen finden in und rund um den *duomo* statt.

Essen & Ausgehen
Die größte Dichte an Bars und Cafés gibt es in der Via San Martino, Via Ricasoli und Via degli Aldobrandeschi im *centro storico*.

⭐ Gelateria Key West EIS €
(Via San Martino 25; Eis 2–5,50 €; ⊙So–Fr 8.30–22.30, Sa bis 24 Uhr) Grossetos Einwohner scheinen ein zufriedenes Völkchen zu sein und die Existenz dieser sensationellen *gelateria* im Stadtzentrum ist daran vermutlich nicht ganz unschuldig. Mit frischen Zutaten werden hier einige der besten Eiskreationen der Toskana gezaubert, die es wirklich zu probieren lohnt. Das Angebot umfasst außer Eis auch gefrorenen Joghurt und Crêpes (2,50 €).

Al Numero Nove TOSKANISCH €
(☑0564 42 76 98; Via degli Aldobrandeschi 9; Mahlzeiten 24 €; ⊙Di–So 12–15 & 18–22 Uhr; ☑) Angezogen vom künstlerischen Flair der Einrichtung, der entspannten Atmosphäre und den günstigen Speisen und Getränken versammelt sich die Boheme Grossetos in dieser Mischung aus Restaurant und Weinbar in der Nähe des *duomo*. Die Pastagerichte sind vorwiegend vegetarisch und für den kleinen Hunger gibt's *spuntini* (Snacks).

L'Uva e il Malto MODERN ITALIENISCH €€
(☑0564 41 12 11; www.luvaeilmalto.it; Via Mazzini 165; Mahlzeiten 42 €; ⊙Mo–Sa 12.30–14.30 & 19.30–24 Uhr) Mit Stolz und hochwertigen regionalen Produkten kreiert Chefkoch Moreno Cardone köstliche und ansprechend angerichtete Kompositionen. Auf der Speisekarte überwiegen Fisch- und Fleischgerichte, vegetarische Optionen sind rar gesät. Morenos Frau Samantha managt den Service und hilft gerne bei der Auswahl der Weine, die größtenteils aus der Umgebung stammen.

SÜDLICHE TOSKANA GROSSETO

ABSTECHER

NATURSCHUTZGEBIET DIACCIA BOTRONA

Die Feuchtgebiete um die Küstenstadt Castiglione della Pescaia bieten Zugvögeln einen wichtigen Schutz. Das 12,7 km² große Naturschutzgebiet **Riserva Naturale Provinciale Diaccia Botrona** (☑348 774 32 01, 389 003 13 69; www.maremma-online.it) abseits der SS322 ist eine einmalige Gelegenheit, die flache, aber faszinierende Landschaft zu erkunden. Bootsausflüge (Erw./erm. 12/6 €; hMitte Juni–Mitte Sept. Di–So 17 & 18.30 Uhr) bieten Gelegenheit, Wasservögel, Reiher, Flamingos und andere Vogelarten zu sehen. Im Voraus buchen.

Die Bootsausflüge legen am **Besucherzentrum** (Riserva Naturale Provinciale Diaccia Botrona; Eintritt 2,50 €; ⊙ Mitte Sept.–März Do–So 15 Uhr–Sonnenuntergang, April–Mitte Juni Do–So 15.30–19 Uhr, Mitte Juni–Mitte Sept. Di–So 16–20.30 Uhr) in der **Casa Rossa Ximenes** ab. Das hübsche Schleusenhaus wurde Mitte des 18. Jhs. vom Großherzog Peter Leopold I. von Lothringen in Auftrag gegeben, mit dem Ziel, die Sumpfgebiete landwirtschaftlich nutzbar zu machen und die schrecklich hohen Malariazahlen der Region zu senken. Im Besucherzentrum gibt es eine Multimediaausstellung (nur auf Italienisch) über die Fauna des Schutzgebiets, das Gebäude und die Trockenlegung der Sümpfe.

Vineria da Romolo
TOSKANISCH €

(☑ 0564 2 75 51; Via Vinzaglio 3; Mahlzeiten 25 €; ☉ Do–Mo 10–15 & 18–24, Mi 18–24 Uhr) Diese Trattoria besticht durch ihr zwangloses Ambiente. Vorne stehen Tische und Stühle aus alten Weinfässern, innen prägen leere Flaschen, Plastiktrauben und der eine oder andere ausgestopfte Papagei das Bild. Das Essen ist lecker und traditionell: rustikale Pasta und sehr großzügige Fleisch- und Käseplatten. Die Besitzer betreiben gegenüber auch die beliebte **Pizzeria da Romolo** (Via Vinzaglio 18; Pizzas 5–9 €; ☉ Mi–Mo 19–24 Uhr).

★ Caffè Ricasoli
BAR

(☑ 0564 2 62 20; Strada Ricasoli 20; ☉ Di–Sa 7–24 Uhr; 🛜) Zwar hängen alte Vinylplatten von der Decke, aber die Musik in dieser Beatnik-Café-Bar ist alles andere als angestaubt. Gegen Ende der Woche legen DJs italienische Popmusik auf die Platte und hin und wieder gibt's auch Livemusik. Hinten ist ein Internetcafé und das kostenlose WLAN ist ebenso stark wie der Kaffee.

❶ Praktische Informationen

Die **Touristeninformation** (☑ 0564 42 79 18; www.turismoinmaremma.it; Corso Carducci 5; ☉ unterschiedliche Öffnungszeiten) befindet sich in dem zur Fußgängerzone umgestalteten Corso Carducci.

❶ An- & Weiterreise

AUTO & MOTORRAD

Im *centro storico* gibt es eine *Zona a Traffico Limitato* (ZTL, Zone mit eingeschränktem Verkehr). Um die Stadtmauern herum finden sich jede Menge kostenpflichtige Parkplätze; am praktischsten ist der beim Stadttor Porta Corsica am Viale Zimenes (0,70 € pro Std.).

BUS

Busse fahren meist vom Bahnhof ab. Fahrkarten sind im **Tiemme-Büro** (Bahnhof Grosseto; ☉ Mo–Sa 7.30–18.45 Uhr) nebenan erhältlich. Montags bis samstags gibt es die folgenden Busverbindungen:

Florenz (11,70 €, 2 Std., 6-mal tgl.)
Massa Marittima (5,20 €, 1 Std., 4-mal tgl.)
Pitigliano (7,90 €, 2 Std., 3-mal tgl.)
Porto Santo Stefano (5,80 €, 1 Std., 1-mal tgl.)
Rom Flughafen (17 €, 2 Std., 2-mal tgl.)
Siena (7,80 €, 80 Min., 10-mal tgl.)

ZUG

Die wichtigste Küstenstrecke verläuft zwischen Pisa, Livorno und Rom über Grosseto. Hier fährt u. a. auch der Hochgeschwindigkeitszug (Alta Velocità) Frecciabianca. Regelmäßig (etwa stündlich) fahren von Grosseto Züge nach:

Genua (Intercity 36 €, 4 Std.)
Livorno (*Regionale* 11,50 €, 1¾ Std.)
Pisa (*Regionale* 12,70 €, 2 Std.)
Rom (Intercity 24 €, 1¾ Std.)

Parco Regionale della Maremma

Dieser wilde und wunderschöne Regionalpark bietet Hunderte Hektar Wälder, eine unberührte Küste, zahllose Aktivitäten sowie die Chance, Cowboy zu spielen. Badefreuden verspricht zudem der 8 km lange und sichere Badesandstrand **Marina di Albarese**.

◉ Sehenswertes & Aktivitäten

★ Parco Regionale della Maremma
NATURSCHUTZGEBIET

(☑ 0564 39 32 38; www.parco-maremma.it; Erw./erm. ab 6/4 €; ☉ April–Mai 8.30–16 Uhr, Juni–Okt. bis 18 Uhr, Nov.–März bis 14 Uhr) Der spektakuläre Regionalpark umfasst das Uccellina-Gebirge, einen 600 ha großen Pinienwald, sumpfige Ebenen und einen 20 km langen, ursprünglichen Küstenabschnitt. Der Parkzugang beschränkt sich auf 13 beschilderte Wanderwege mit jeweils 2,5 bis 13 km Länge. Beliebt ist die 5,8 km lange Wanderung A2 („Le Torri"), die zum Strand führt. Ende Juni bis Ende September ist der Parkbesuch wegen der Waldbrandgefahr nur im Rahmen einer Führung möglich. Zeiten können telefonisch erfragt werden. Eintritt wird an der Haupt-Touristeninformation in Alberese kassiert.

Terre Regionali Toscani
REITEN

(☑ 0564 40 71 80; www.alberese.com; Strada del Mare 25, Spergolaia, Alberese; ☉ Juli & Aug. Do 10–13 Uhr, sonst nach Reservierung) Teile des Parks werden landwirtschaftlich genutzt, hauptsächlich als Weideland für die berühmten Maremma-Rinder. Auf diesem 400 ha großen Biobauernhof kann man einen tollen Einblick in die Arbeit der einheimischen *butteri* (traditionelle Cowboys) gewinnen, die die Kühe des Guts hüten. Erfahrene Reiter dürfen sich bei einem vierstündigen Erlebnisangebot (60 €) sogar selbst im Kühehüten üben. Der Hof ist außerdem der regionale Hauptsitz der Organisation **Slow Food** und bietet im Sommer Verkostungen seiner Erzeugnisse an. Besucher sollten mindestens 24 Stunden im Voraus buchen.

Il Gelsomino REITEN
(☎ 0564 40 51 33; www.ilgelsomino.com; Via Strada del Barbicato 4, Alberese; Treks ab 40 €) Die Pferdetreks durch den Park eignen sich für jede Könnensstufe – Anfänger willkommen!

 **Essen**

La Bottega Maremmana FEINKOST €
(Alberese; ☺ April–Okt. Mo–Sa 7–20, So bis 19 Uhr, Nov.–März Mo–Fr 8–16, Sa & So 8.30–12.30 Uhr) Dieser Laden gegenüber der Touristeninformation in Alberese bietet eine große Auswahl an Regionalprodukten an und bereitet auf Wunsch Panini zu.

Osteria Il Mangiapane TOSKANISCH €€
(☎ 0564 40 72 63; Strada Cerretale 9, Alberese; Mahlzeiten 28 €; ☺ Ostern–Sept. 12–14.30 & 19–22 Uhr) Mehr Maremma geht nicht. Der Chefkoch hat sich auf die Fahnen geschrieben, „mit der Natur verbunden zu bleiben und authentische, altmodische Gerichte zuzubereiten". Diesem Anspruch wird er erfolgreich gerecht. Man kann zwar auch drinnen essen, aber die meisten Gäste bevorzugen die Tische im Garten, der von Bäumen beschattet ist und mit einem Kinderspielbereich punktet. Besonders lecker ist das Rindfleisch vom Biohof Terre Regionali Toscani.

 Shoppen

⭐Bottega Terre Regionali Toscani ESSEN & TRINKEN
(Via dell'Artigliere 4, Alberese; ☺ Juni–Sept. 7–19 Uhr, Okt.–Mai Mi & So geschl.) Dieser Laden verkauft Produkte von dem gleichnamigen Biohof (S. 202) und ist ein Schlaraffenland für Selbstversorger. Die Qualität ist erstklassig und das Sortiment beinhaltet Maremma-Rindfleisch, Honig, Pasta aus hofeigenem Mehl, Olivenöle, *pecorini* (Schafskäsesorten), *salumi* (Wurstwaren), Biobrote und DOCG-Weine. Eine Variante des kräftigen Morellino di Scansano kostet lächerliche 1,80 € pro Liter – es lohnt sich, leere Flaschen zum Abfüllen mitzubringen!

ℹ Praktische Informationen
Die **Haupt-Touristeninformation** (☎ 0564 39 32 38; Via del Bersagliere 7–9, Alberese; ☺ Mitte Juni–Mitte Sept. 8–18 Uhr, Mitte Sept.–Mitte Nov. bis 16 Uhr, Mitte Nov.–Mitte Juni bis 14 Uhr) befindet sich in Alberese.

Die nur im Sommer geöffnete **saisonale Touristeninformation** (☎ 0564 88 71 73; Via Nizza 12, Talamone; ☺ Juli & Aug. 9–12 & 15–17 Uhr) ist direkt neben dem Talamone-Aquarium am südlichen Rand des Parks (das Aquarium widmet sich hauptsächlich der heimischen Ökologie der Lagune und engagiert sich für den Schutz der dortigen Schildkröten).

ℹ An- & Weiterreise
Zwischen Alberese und Grosseto verkehren Busse von Tiemme (1,80 €, 8-mal tgl.). Tickets verkauft das Caffè Hawaii neben der Bushaltestelle.

Orbetello
14 900 EW.

Orbetello sitzt auf einer Landenge, die sich durch eine Lagune südlich des Parco Regionale della Maremma zieht. Der Ort ist ein recht entspanntes Reiseziel mit hübschen, wenn auch unauffälligen historischen Bauten und einem vogelreichen Naturschutzgebiet.

 ABSEITS DER ÜBLICHEN PFADE

GIARDINO DEI TAROCCHI
Der im wahrsten Sinne des Wortes phantastische Skulpturengarten **Giardino dei Tarocchi Scultura** (http://ilgiardinodeitarocchi.it/en; Località Garavicchio-Capalbio; Erw./erm. 12/7 €; ☺ im Sommer 14.30–19.30 Uhr) zieht sich über eine Bergflanke. Die franko-amerikanische Künstlerin Niki de Saint Phalle (1930–2002) hat hier 22 übergroße, von Gaudí beeinflusste Skulpturen geschaffen, die mit Mosaiken überzogen sind und sich perfekt in die Landschaft einfügen. Das Ergebnis ist – mit den Worten der Künstlerin – ein „Garten der Freude". Das kolossale Projekt spielt mit Tarotkartenmotiven wie Mond, Narr und Gerechtigkeit. In einer der Skulpturen lebte die Künstlerin sogar während der Bauzeit.

Der Schweizer Bildhauer Jean Tinguely steuerte zu vielen der Figuren bewegliche Elemente bei; das Besucherzentrum entwarf der Schweizer Architekt Mario Botta. Der Skulpturengarten befindet sich 15 km östlich von Orbetello; von der SS1 die Ausfahrt Pescia Fiorentina nehmen.

⊙ Sehenswertes

L'Oasi WWF di Orbetello NATURSCHUTZGEBIET
(☑ 0564 89 88 29; www.wwf.it; SS Aurelia, Località Ceriolo; ☺ Führungen Sept.–April Sa & So 9.30 & 13.30 Uhr) GRATIS Unglaubliche 140 Vogelarten wurden schon auf der Lagune von Orbetello gesichtet. Der beste Ort, um sie zu beobachten, ist die nördlich der Stadt gelegene L'Oasi WWF di Orbetello. Neben den Wochenenden im Winter sind Besuche des Naturschutzgebiets auch nach Vereinbarung im Juli und August dienstags und samstags um 17.30 Uhr möglich.

❶ Praktische Informationen

Touristeninformation (☑ 0564 86 04 47; www.proloco-orbetello.it; Piazza della Repubblica 1; ☺ 10–13 & 16–18 Uhr) Gegenüber vom Dom.

❶ An- & Weiterreise

BUS
Von Montag bis Samstag fahren ab und zu Busse von Orbetello und dem Bahnhof Orbetello-Monte Argenteria nach Porto Santo Stefano und Porto Ercole auf der Halbinsel Monte Argentario (2,50 €).

ZUG
Züge verkehren regelmäßig zwischen Grosseto und Orbetello-Monte Argenteria (4,40 €, 25 Min.).

ABSEITS DER ÜBLICHEN PFADE

MAGLIANO IN TOSCANA

Dieser Bergort liegt 23 km von Orbetello entfernt im Landesinnern. Er ist mit monumentalen Mauern befestigt, die zwischen dem 14. und 16. Jh. errichtet wurden. Die Sehenswürdigkeiten beschränken sich auf die romanischen Kirchen **San Martino** und **San Giovanni Battista** (Letztere mit umgestalteter Renaissance-Fassade). Die Fahrt hierher lohnt sich dennoch allein für ein Mittagessen im hübschen geschützten Garten der **Antica Trattoria Aurora** (☑ 0564 59 27 74; Via Chiasso Lavagnini 12, Magliano in Toscana; Mahlzeiten 45 €; ☺ März–Dez. Do–Di 12–14.30 & 19.30–22 Uhr). Hier wird ausgezeichnete moderne toskanische Küche serviert. Nach Magliano gelangt man, indem man die SS1 bei der Ausfahrt Albinia verlässt und dann nach links auf die SS323 abbiegt.

Monte Argentario

12 700 EW.

Die schroffe Landzunge war ursprünglich eine Insel, die aber inzwischen durch drei 6 km lange Sandbänke mit dem Festland verbunden ist; eine davon bildet heute den Isthmus von Orbetello. Leider hat übermäßige Bebauung die Nordseite verdorben, vor allem um den überlaufenen Hafenort **Porto Santo Stefano**. Auf der weniger überlaufenen Südseite der Landzunge liegt der kleinere, hübschere Hafen **Porto Ercole** samt drei historischen Festungen und dem langen Sandstrand Feniglia. In der Hauptsaison sollte man jedoch wegen des absurden Verkehrsandrangs und der astronomischen Übernachtungspreise lieber einen Bogen um die Halbinsel machen.

⊙ Sehenswertes & Aktivitäten

Altstadt HISTORISCHE STÄTTE
(Porto Ercole) Das *centro storico* erstreckt sich den ganzen Hügel hinauf, vorbei an der eingequetschten Chiesa di Sant'Erasmo bis zu der größten der drei spanischen Festungen, die die Stadt einrahmen.

Forte Stella FESTUNG
(Porto Ercole; 2 €; ☺ Juli–Aug. 10–13 & 18–21 Uhr, Juni nur Sa & So) Das im 16. Jh. von den Spaniern erbaute Fort mit der ungewöhnlichen Sternform (daher der Name) ist die einzige öffentlich zugängliche Festung in Porto Ercole.

Via Panoramica AUTOTOUR
Die schmale Straße, die um die gesamte Landzunge des Monte Argentario führt, ist gut beschildert. Hier hat man einen weiten Blick über das Meer zum Inselrücken der Isola de Giglio. Die Straße kann im Sommer gefährlich voll werden.

Caravaggios Grab GRAB
(Via Caravaggio, Porto Ercole) Nach einem kurzen, stürmischen Leben starb am 18. Juli 1610 einer der bedeutendsten Maler der Renaissance, Michelangelo Merisi Caravaggio, in Porto Ercole. Im Jahr 2014 „fanden" die Behörden seine Knochen in der örtlichen Krypta und ein DNA-Test bestätigte deren Echtheit. Daraufhin wurde dieses äußerst seltsame Grab im Stadtzentrum gebaut. Das stieß aber nicht unbedingt auf allgemeine Zustimmung. Viele Einheimische waren schockiert angesichts des altarähnlich gestalteten Grabmals, das ihrer Mei-

nung nach eher einem Heiligen gebühre als einem Sünder, wie Caravaggio zweifelsohne einer gewesen sei.

 ## Essen & Ausgehen

Von den Restaurants hier sollte man sich nicht zu viel versprechen, die Qualität ist meist eher mittelmäßig.

★ **Baretto** BAR, CAFÉ
(☑ 0564 83 26 54; Lungomare Andrea Doria 39, Porto Ercole; ◷ 8–3 Uhr, im Winter kürzere Öffnungszeiten) Das Baretto ist eine der wenigen Bars in Porto Ercole, die das ganze Jahr über geöffnet sind. Die beschauliche Terrasse überblickt den Jachthafen und im Sommer sind die Tische hier die begehrtesten der ganzen Stadt. Die netten Barkeeper sind multitalentiert und machen ebenso guten Kaffee wie exquisite Cocktails.

Bar Giulia CAFÉ
(Via del Molo 16, Porto Santo Stefano; ◷ im Sommer tgl., sonst Di–So 7–2 Uhr) Die Terrasse der Bar Giulia ist vor allem bei den Einheimischen beliebt – kein Wunder bei der Aussicht auf den Hafen und die umliegenden Berge. Alles in allem ein sehr malerischer Ort für einen Frühstückskaffee, ein Panino oder einen spätnachmittäglichen *aperitivo*. Die Bar liegt ganz am westlichen Ende der *lungomare* (Hafenpromenade).

❶ Praktische Informationen

Sowohl in Porto Santo Stefano als auch in Porto Ercole gibt es eine Touristeninformation. In beiden ist die praktische Karte *Fare Trekking all'Argentario* erhältlich, die 27 Wanderwege auf Monte Argentario verzeichnet.

Die **Touristeninformation von Porto Santo Stefano** (☑ 0564 81 19 79; www.proloco monteargentario.com; Piazzale Sant'Andrea 1, Porto Santo Stefano; ◷ Ostern–Mitte Juni & Okt. Fr 15–18, Sa 9–12.30 & 15–18, So 9–12.30 Uhr, Juni–Sept. tgl. 9.30–13 & 16.30–19 Uhr) liegt am östlichen Ende des Hafens.

Die **Touristeninformation von Porto Ercole** (☑ 0564 81 19 79; www.prolocomonte argentario.com; Piazza Roma, Porto Ercole; ◷ Ostern–Mitte Juni & Okt. Fr 15–18, Sa 9–12.30 & 15–18, So 9–12.30 Uhr, Mitte Juni–Sept. tgl. 9.30–13 & 16.30–19 Uhr) befindet sich an der Piazza Roma in der Nähe des Hafens.

❶ An- & Weiterreise

BUS

Von Montag bis Samstag fahren ab und zu Busse der Gesellschaft Tiemme von Porto Santo Stefano und Porto Ercole ins Zentrum und zum Bahnhof von Orbetello (2,50 €) sowie nach Grosseto (5,80 €).

SCHIFF/FÄHRE

Die Unternehmen Maregiglio (www.maregiglio. it) und Toremar (www.toremar.it) betreiben ganzjährig eine Fährverbindung zwischen Porto Santo Stefano und der Insel Giglio. Die Überfahrt dauert eine Stunde und kostet hin und zurück pro Passagier 26 € und pro Auto 90 €.

Etruskische Riviera & Elba

Gut essen

➜ Vetto alle Vaglie (S. 212)
➜ La Barrocciaia (S. 212)
➜ Enoteca Tognoni (S. 216)
➜ Osteria di Suvereto da l'Ciocio (S. 221)
➜ Ristoro Agricolo Montefabbrello (S. 227)
➜ Enoteca de Centro (S. 216)

Weinproben

➜ Petra Wine (S. 220)
➜ Tenuta Argentiera (S. 217)
➜ Tenuta La Chiusa (S. 227)
➜ La Regola (S. 216)

Auf an die Etruskische Riviera & nach Elba

Trotz traumhafter Landschaft ist dieser Teil der Toskana nur mäßig besucht. Die Hafenstadt Livorno fasziniert mit ihrer multikulturellen Vergangenheit und außergewöhnlichen Küche. Von hier kann man der Strada del Vino e dell'Olio Costa degli Etruschi nach Süden folgen. Unterwegs warten Weinberge, Olivenhaine, mittelalterliche Dörfer und reizvoll gelegene archäologische Stätten auf einen Besuch.

Direkt vor der toskanischen Küste liegt Elba. Die mit Orangenbäumen, Palmen und Weinbergen gespickte Mittelmeerinsel ist ein Paradies für Outdoorfans und ihre sandigen Buchten locken zum Sonnenbaden. Ein perfekter Ort, um eine Pause vom Reisen einzulegen und sich zu entspannen.

Entfernungen (km)

	Suvereto	Livorno	Piombino	Bogheri
Livorno	79			
Piombino	24	86		
Bolgheri	39	50	38	
Portoferrario	24 + 1 Std.	86 + 1 Std.	1 Std.	38 + 1 Std.

LIVORNO

159 219 EW.

Die drittgrößte Stadt der Toskana ist eine typische Hafenstadt mit kosmopolitischem Erbe und einer facettenreichen Geschichte. Im 17. Jh. wurde Livorno zum Freihafen erklärt und zog Händler aus aller Welt an, die neue Gewohnheiten und Bräuche, exotische Waren, Sklaven und fremde Religionen und Kulte mit sich brachten. Infolgedessen war die Stadt bald in ganz Europa für ihr multikulturelles Pflaster berühmt. Heute gibt es hier das beste Seafood der Tyrrhenischen Küste. Die baufällige, charmante Altstadt ist von schönen Kanälen im venezianischen Stil durchzogen und die eleganten Villen der Belle Époque sind Zeugen einer reichen Vergangenheit. Livorno ist von Florenz, Pisa und Rom leicht mit dem Zug zu erreichen und eignet sich als unterschätzter, aber lohnender Zwischenstopp für jede Reiseroute.

Geschichte

Hinweise auf eine Besiedlung Livornos reichen bis ins Jahr 1017 zurück. Jahrhundertelang stand der Hafen unter der Herrschaft von Pisa und Genua, bevor er 1421 von Florenz übernommen wurde. In der damals noch winzigen Hafenstadt lebten um 1550 gerade einmal 480 Menschen. Das änderte sich grundlegend unter dem Medici-Fürsten Cosimo I., der das Dorf in eine wehrhafte Festung verwandelte. Bis heute ist Livorno in ganz Italien als „Medici-Stadt" bekannt.

Als die Stadt im 17. Jh. zum Freihafen erklärt wurde, begann ein rasanter Aufschwung, der sich im 19. Jh. noch steigerte. Aber während ein Teil der Bevölkerung immer wohlhabender wurde, führte die wachsende soziale Ungerechtigkeit dazu, dass sich 1921 in Livorno die Kommunistische Partei Italiens gründete.

Als einer der wichtigsten Marinestützpunkte des faschistischen Italiens wurde die Stadt im Zweiten Weltkrieg stark bombardiert, wobei viele historische Gebäude zerstört wurden.

⊙ Sehenswertes

Wer Geld sparen möchte, besorgt sich die Livorno Card (1/2/3 Tage für 3/4/5 €), mit der man in der Stadt gratis Bus fahren kann. Außerdem gewährt die Karte freien Eintritt ins Museo Civico Giovanni Fattori und Ermäßigungen für das Museo di Storia Naturale del Mediterraneo, das Acquario di Livorno sowie Bootsfahrten. Pro Erwachse-

ner erhält ein begleitendes Kind bis elf Jahre die gleichen Vergünstigungen. Verkauft wird die Karte in den *tabacchi,* einigen Hotels, am Bahnhof und in der Touristeninformation (S. 214).

★ Santuario della Madonna di Montenero
WALLFAHRTSSTÄTTE

(✆ 0586 57 96 27; www.santuariomontenero.org; Piazza di Montenero 9; ⊙ Sommer 8.30–12.30 & 14.30–18 Uhr, Winter Mo–Fr 8.30–17, Sa & So 7.30–17.30 Uhr) Der Legende zufolge erschien die Jungfrau Maria 1345 einem Schafhirten, der sie zum schwarzen Berg *(monte nero)* führte, einem damaligen Banditenversteck. Natürlich bereuten die Gesetzesbrecher unverzüglich ihre Missetaten und errichteten auf dem Berg eine Kapelle. Schon bald kamen die ersten Pilger und die Kapelle wurde nach und nach erweitert. In der heutigen Form besteht sie seit 1774. Die Räume und Flure rund um die Kirche beherbergen eine faszinierende Sammlung mit etwa 20 000 historischen Votivgaben, mit denen die Gläubigen sich für die Wundertaten der Jungfrau Maria bedankten.

Die beste Zeit für einen Besuch ist die Festa del Madonna am 8. September. Wer auf öffentliche Verkehrsmittel angewiesen ist, nimmt den Bus LAM Rosso (Richtung Montenero) bis zur letzten Haltestelle, der Piazza delle Carrozze in Montenero Basso. Von dort fährt eine altehrwürdige Seilbahn (2 €, alle 10–20 Min.) zur Wallfahrtsstätte hinauf.

Terrazza Mascagni
PROMENADE

(Viale Italia; ⊙ 24 Std.) GRATIS Man hat Livorno nicht wirklich gesehen, ohne einmal über diese Uferpromenade mit ihrem effektvollen, schwarz-weißen Schachbrettpflaster spaziert zu sein. Als die Straße in den 1920er-Jahren angelegt wurde, hieß sie noch Terrazza Ciano nach dem Führer der Faschisten in Livorno. Den heutigen Namen erhielt sie zu Ehren des in der Stadt geborenen Opernkomponisten Pietro Mascagni (1863–1945).

Acquario di Livorno
AQUARIUM

(✆ 0586 26 91 11; www.acquariodilivorno.com; Piazzale Mascagni 1; Erw./Kind 14/8 €; ⊙ April–Juni & Sept. 10–18 Uhr, Juli & Aug. bis 19.30 Uhr, Führung 16 Uhr) Die Hauptattraktion ist die 45-minütige Führung, die einen Blick hinter die Kulissen wirft und die Küche, das Labor und die Wasserbecken des Aquariums besichtigt. Die täglich angebotene Tour ist überraschend spannend (wer hätte gedacht, dass eine Meeresschildkröte jeden Tag mehrere Kilo Salat verspeist?). Die absoluten Stars im

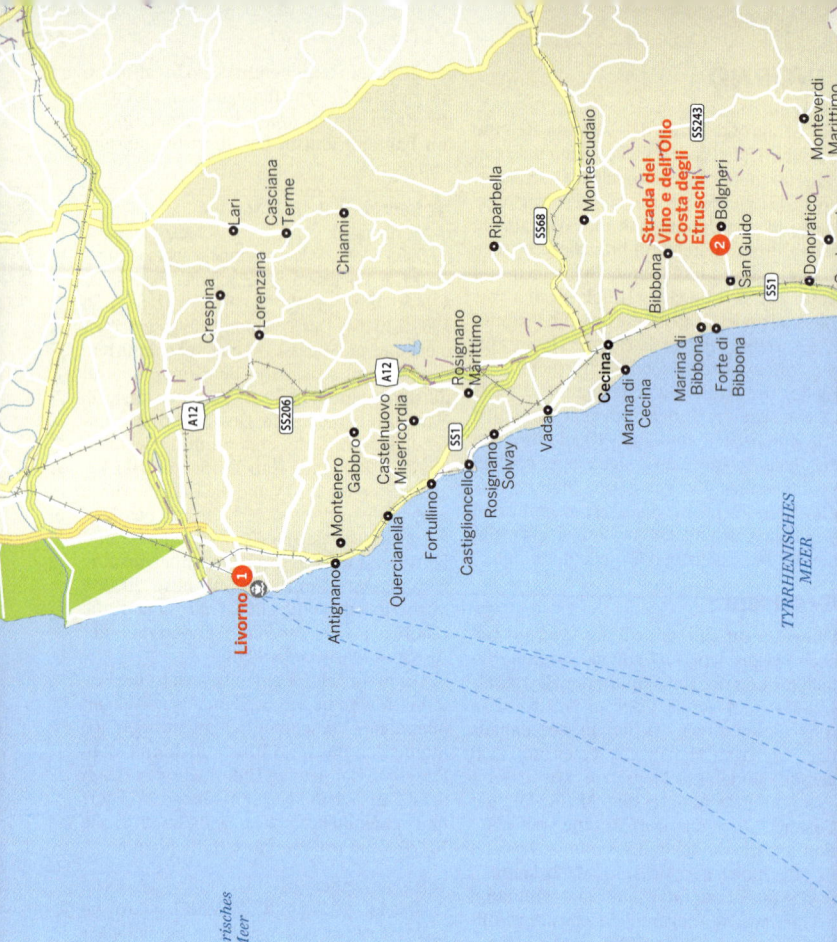

Ligurisches Meer

Livorno ①

Antignano
Montenero
Gabbro
Castelnuovo
Misericordia
Quercianella
Fortullino
Castiglioncello
Rosignano
Solvay
Vadaa
Marina di
Cecina
Cecina
Marina di
Bibbona
Forte di
Bibbona
Bibbona
San Guido
Bolgheri ②
Donoratico
Castagneto

Crespina
Lari
Lorenzana
Casciana
Terme
Chianni
Riparbella
Montescudaio
Monteverdi
Marittimo

Rosignano
Marittimo

A12
SS206
A12
SS68
SS1
SS1
SS243

Strada del Vino e dell'Olio Costa degli Etruschi ②

Tyrrhenisches Meer

Gorgona

Highlights

① **Livorno** (S. 207)
In der historischen Hafenstadt exquisites Seafood probieren und die multikulturelle Vergangenheit der Toskana erforschen.

② **Strada del Vino e dell'Olio Costa degli Etruschi** (S. 218)
Auf den Weingütern und in den enoteche (Weinbars) an der reizvollen Weinstraße entlang der Etruskischen Riviera lokale Tropfen kosten.

③ **Parco Archeologico di Baratti e Populonia** (S. 221)
Zwischen etruskischen Gräbern picknicken und dabei den grandiosen Blick aufs Meer genießen.

④ **Elba** (S. 222)
Wie Napoleon einen viel zu kurzen Aufenthalt auf der magischsten Insel des Toskanischen Archipels einlegen.

5 Suvereto

Follonica

Cafaggio

Venturina

SS398

SS1

Campiglia
Marittima

SP23

Baratti

Golfo di
Follonica

Fähre nach Giglio

Populonia

Parco Archeologico di
Baratti e Populonia 3

Piombino

Fähre nach Giglio

20 km

0

N

Rio Marina

Cavo

Porto
Azzurro

Le Grotte

Capoliveri

Portoferraio

Porto
Azzurro

Lacona

La
Biodola

4 Elba

Marina
di Campo

La Pila

Marciana
Marina

Cavoli

Monte
Capanne
(1018 m)

Fetovaia

Chiessi

Pianosa

Punta
Brigantina

Fähre nach Olbia (Sardinien)

Fähre nach Korsika

Fähre nach Korsika

Capraia

San
Stéfanc

Capraia

Monte
Castello
(447 m)

Monte
Arpagna
(415 m)

5 Suvereto (S. 217)
Auf Zeitreise gehen
und die gewundenen
Gassen und Treppen
des mittelalterlichen
Dorfs erkunden.

**6 Terme di Sas-
setta** (S. 220) In-
mitten eines dichten
Kastanienwalds in
mineralhaltigen Ther-
malquellen baden.

Besucherbereich sind die Riffhaie, Seepferd-chen und die beiden riesigen Suppenschild-kröten Ari und Cuba. Für gute Unterhaltung sorgen auch die Napoleonfische mit ihrem markanten menschenähnlichen Profil. Im Obergeschoss gibt's eine Reptilienabteilung samt Chamäleon und einem leuchtend grü-nen Leguan.

Piccola Venezia
HISTORISCHES VIERTEL

(Klein-Venedig) Das Viertel ist von schmalen Kanälen durchzogen, die im 17. Jh. nach dem Vorbild der venezianischen Land-gewinnung angelegt wurden. Mittendrin stehen die Überreste der **Fortezza Nuova** (Neue Festung; ⊙ 24 Std.) `GRATIS` aus der Medici-Zeit. Von dort gelangt man auf den Kanälen zur etwas älteren **Fortezza Vecchia** (Alte Festung; infofortezzavecchia@portolivorno.it; ⊙ Di-So 9–19 Uhr) `GRATIS` am Hafen. Die Gegend lässt sich auf Fußwegen entlang der Kanäle erkunden, aber die schönsten Shabby-Chic-Aussichten bietet eine Bootsfahrt: Zwischen den alten Wohnhäusern, von denen der Putz abbröckelt, hängt farbenfrohe Wäsche zum Trocknen und mittendrin beleben immer wieder Cafés und Bars das Ufer.

Chiesa di Santa Caterina
KIRCHE

(☏ 0586 89 40 90; www.chiesadisantacaterina.it; Piazza dei Domenicani; ⊙ Mo–Sa 9–12.30 & 15–18.30, So 9–12.30 Uhr) Die Dominikanerkirche aus dem frühen 18. Jh. erhebt sich mit ihren dicken Steinmauern und einer extravagan-ten Kuppel an der Westseite der Piazza dei Domenicani. Ihr Bau wurde von den Medi-cis in Auftrag gegeben. Leider ging ihnen das Geld aus, bevor die Fassade in Marmor gekleidet werden konnte. Den Hochaltar schmückt das Gemälde *Die Krönung der Jungfrau* von Giorgio Vasari, rechts davon sind in einer Galerie Votivgaben ausgestellt.

Chiesa di San Ferdinando Re
KIRCHE

(☏ 0586 88 85 41; Piazza Anita Garibaldi 1) Diese zwischen 1704 und 1714 erbaute und nach dem König von Kastilien benannte Kirche wurde im Zweiten Weltkrieg schwer beschä-digt. Im reich verzierten Inneren finden sich kunstvolle Stuck- und Marmorornamente sowie Statuen von Giovanni Baratta. Eine davon ist in den marmornen Hochaltar in-tegriert. Sie zeigt einen Engel, der zwei Skla-ven befreit, und erinnert daran, dass diese Kirchengemeinde im 17. Jh. Lösegelder zum Freikauf christlicher Sklaven in Nordafrika bereitstellte.

Museo Civico Giovanni Fattori
KUNSTMUSEUM

(☏ 0586 82 46 20; museofattori@comune.livorno. it; Via San Jacopo in Acquaviva 65; Erw./erm 6/4 €;

DREI PERFEKTE TAGE

1. Tag
Livorno (S. 207) ist das Seafood-Schlaraffenland der Toskana. Der Tag beginnt früh-morgens mit einem Besuch des **Mercato Centrale** (S. 214), wo verschiedenste Fische und Meeresfrüchte fangfrisch angeboten werden. Ein köstliches Mittagessen servieren **Vetto alle Vaglie** (S. 212) oder **La Barrocciaia** (S. 212). Danach lockt die Uferprome-nade zur *passeggiata* (Abendbummel) über das schwarz-weiße Pflaster der **Terrazza Mascagni** (S. 207), bevor der Tag mit einem Abendessen und ein oder zwei Gläsern Wein in der sympathischen **Cantina Nardi** (S. 212) ausklingt.

2. Tag
Von Livorno geht's in Richtung Süden durch sanftes Hügelland, mittelalterliche Dörfer und grüne Weinberge. Ein klassischer Zwischenstopp für Feinschmecker ist **Bolgheri** (S. 215). Zum Einkehren lohnen sich besonders die **Enoteca Tognoni** (S. 216) und **Eno-teca de Centro** (S. 216). Anschließend kann man auf den Weingütern **Tenuta Argen-tiera** (S. 217) und **Petra Wine** (S. 220) die DOC-Weine des Val di Cornia probieren und sich auf die Übernachtung in dem Bilderbuchdorf **Suvereto** (S. 217) freuen.

3. Tag
Am dritten Tag schippert man zu der paradiesischen Insel Elba. Die Fähre setzt von Piombino nach Portoferraio über. Nach einem Spaziergang auf der Uferpromenade und dem Besuch der napoleonischen Villen winkt ein Mittagessen in der Altstadt. Danach kann man auf den **Monte Capanne** (S. 228) wandern, zum Abendessen auf einem Landgut im **Ristoro Agricolo Montefabbrello** (S. 227) einkehren und sich zum Ab-schluss in einem Hotel in der Nachbarschaft einquartieren.

DIE STADT DER NATIONEN

Als Livorno im 17. Jh. zum Freihafen erklärt wurde, lockte das scharenweise britische, holländische und andere Kaufleute in die Stadt, die zwischen Europa und dem Nahen Osten Handel trieben. Von der langjährigen und erfolgreichen Integration der Kaufleute zeugen die Kirchen, die noch heute im Stadtzentrum stehen: die **Chiesa dei Greci Uniti** (Chiesa della Santissima Annunziata; Via della Madonna) der griechischen Gemeinde, die **Chiesa di San Gregorio Armeno** (San Gregorio Illuminatore; Via della Madonna) der armenischen Gemeinde, die **Chiesa Olandese-Alemanna** (Scali degli Olandesi 20) der deutsch-holländischen Gemeinde und die multinationale **Chiesa della Madonna** (Via della Madonna 22). Leider wurde die ursprüngliche Synagoge aus dem 17. Jh., in der sich die damals 300-köpfige jüdische Gemeinde der Stadt versammelte, im Zweiten Weltkrieg zerstört. Nach dem Krieg wurde sie durch eine moderne **Synagoge** (Piazza Elijah Benamozegh) aus Beton ersetzt.

Die Kaufleute waren nicht die einzigen Ausländer, die in Livorno lebten: Die Medicis waren am Sklavenhandel beteiligt und ein Teil der Arbeitskräfte, die das Kanalsystem von Piccola Venezia bauten, bestand aus afrikanischen Sklaven. Deren Schicksal thematisiert auch das **Monumento dei Quattro Mori** (Denkmal der vier Mohren; Karte S. 213; Piazza Giuseppe Micheli) gegenüber dem Hafen. Eigentlich war es zu Ehren der Siege von Ferdinand I., dem Großherzog der Toskana, über die Osmanen in Auftrag gegeben worden. Die Darstellung des Großherzogs, der hocherhoben über den angeketteten, unterworfenen afrikanischen Sklaven steht, erinnert jedoch auf verstörende Weise an dieses dunkle Kapitel der Stadtgeschichte.

⊙ Di–So 10–13 & 16–19 Uhr) Das Highlight des Museumsbesuchs ist das aus dem 19. Jh. stammende und als Villa Mimbelli bekannte Gebäude selbst. In den prunkvollen Innenräumen gibt es u. a. eine imposante Treppe zu bestaunen, deren Geländer von nackten Engeln gestützt wird. Die Sammlung umfasst einige Arbeiten aus dem Mittelalter und der Renaissance, aber im Mittelpunkt stehen die Werke der italienischen Impressionistengruppe Macchiaioli um den in Livorno geborenen Giovanni Fattori (1825–1908). Die Künstler dieser Gruppe arbeiteten im Freien, um die Natur unmittelbar abzubilden. Charakteristisch für ihre Werke sind die Farbflecken (ital. *macchia:* Fleck), die diese Natürlichkeit betonen.

Aktivitäten

Die Strandclubs der Stadt sind von Mai bis September geöffnet.

Bagni Pancaldi SCHWIMMEN
(☑ 0586 80 55 66; www.pancaldiacquaviva.it; Viale Italia 56, Terrazza Mascagni; Erw./erm. 6/5 €; ⊙ Mai–Sept. 8–20 Uhr, im Hochsommer längere Öffnungszeiten) Hinter der eleganten, apricotfarbenen Fassade verbirgt sich ein herrlich altmodisches Schwimmbad, in dem man nicht nur baden, sondern auch Kanus leihen, unter Mietschirmen entspannen und in der Sonne liegen kann. Bei seiner Eröffnung 1840 galt das Bad als Gipfel der Kultiviertheit, wo sich die Gesellschaft zum Tanztee und zu Soirées mit Musik traf. Auch heute noch ist das Pancaldi ein beliebter Ort zum Sehen und Gesehenwerden.

Geführte Touren

Livorno in Battello BOOTSFAHRTEN
(☑ 333 1573372; www.livornoinbattello.it; Erw./Kind 12/5 €) Drei lokale Anbieter offerieren täglich einstündige Bootstouren auf den alten Kanälen der Medici, aber nur dieser Veranstalter lichtet das ganze Jahr über die Anker (im Sommer bis zu vier Fahrten täglich, von Dezember bis Februar eingeschränkter Fahrplan). Die Boote legen im Sommer an der Scali Finocchietti ab, im Winter von der Piazza Giuseppe Micheli. Tickets und Fahrpläne gibt es in der Touristeninformation (S. 214).

Essen

Die livornesische Küche – insbesondere das traditionell zubereitete Seafood – genießt in ganz Italien einen ausgezeichneten Ruf. Allein schon die hiesige Spezialität *cacciucco* (sprich ka-*tschu*-ko), ein Eintopf mit Meeresfrüchten und Fisch, ist Grund genug für einen Besuch der Stadt. Bevorzugt werden hierfür die regionalen Tomaten aus San Vincenzo verwendet, die jedem Slow-Food-Anspruch gerecht werden – das Ergebnis ist ein wahres Aromenfeuerwerk.

★ Antica Torteria
Al Mercato Da Gagarin
SANDWICHES €

(☎ 0586 88 40 86; Via del Cardinale 24; ⊗ Mo–Sa 8–14 & 16.30–20.30 Uhr) Hier beschränkt sich das Angebot auf ein einfach sensationelles Sandwich namens *cinque e cinque* (fünf und fünf), das mit einer himmlischen *torta di ceci* (Kichererbsenpfannkuchen) gefüllt ist. Zubereitet wird es wahlweise mit Brot oder Focaccia, dazu passt ein Glas der Traditionslimo *spuma bionda*.

★ Antica Friggitoria
SÜSSE SPEZIALITÄTEN €

(☎ 0586 88 45 71; www.anticafriggitoria.it; Piazza Cavalotti 9; ⊗ Mo–Sa 8.30–12.30 & 16–19.30 Uhr) Es passiert selten, dass man einem Livornesen begegnet, der kein Fan der *frati* (Donut) und *scagliozzi* (gebratene Polenta) ist, die seit 1920 in dieser einfachen Bratstube am zentralen Marktplatz der Stadt gebacken werden. Im Vorfeld der Feierlichkeiten zu Ehren von San Guiseppe (Josefstag) im März pilgern die Kunden in Scharen hierher, um *frittelle di riso* (süße gebratene Reisbällchen) zu kaufen.

★ Gelateria Populare 2
EIS €

(☎ 0586 26 03 54; www.gelateriapopolare2.it; Via Carlo Meyer 11; Eis 2,20–3,70 €; ⊗ Sommer Di–So 8–1 Uhr, Winter bis 20 Uhr; 🐾) Viele Einheimische legen in dieser Eisdiele nach einer spätnachmittäglichen *passeggiata* (Bummel) auf der Terrazza Mascagni ein süßes Päuschen ein – sehr zum Nachahmen empfohlen! Das Eis wird täglich frisch gemacht und ist zweifellos das beste der Stadt. Serviert werden außerdem Crêpes, Frappés und heiße Schokolade (Letztere nur im Winter).

★ Vetto alle Vaglie
TOSKANISCH €

(☎ 347 7487020; www.allevettovaglie.com; Counter 111, Mercato Centrale; Hauptgerichte 5–15 €; ⊗ Mo–Do & Sa 8–15, Fr 8–19 Uhr) Diese von drei Sommeliers betriebene Weinbar im historischen Mercato Centrale richtet ihre Speisekarte danach aus, was an dem jeweiligen Tag frisch und reichlich verfügbar ist. Die Palette reicht von *triglie alla Livornese* (Meeräsche in Tomatensauce) bis zu Pasta mit aromatischem Pesto. Zudem gibt es natürlich eine beeindruckende Weinauswahl.

★ La Barrocciaia
OSTERIA €

(☎ 0586 88 26 37; www.labarrocciaia.it; Piazza Cavallotti 13; Mahlzeiten 24 €, Panini 5–7 €; ⊗ Di–Sa 11–15 & 18–23, So 18–23 Uhr) Die Livornesen loben das Lokal in den höchsten Tönen: zum

einen wegen der gemütlichen Einrichtung und guten Stimmung, zum anderen natürlich wegen des einfachen, aber erstklassigen Essens. Die Karte bietet wechselnde Eintöpfe wie Wildschweinschmortopf oder *cacciucco* (Fischsuppe) und bei den Antipasti hat man immer die Wahl zwischen *mare* (Meer) und *terra* (Land). Es spricht auch nichts dagegen, einfach nur auf ein Panino und ein Glas Wein vorbeizukommen.

★ Cantina Nardi
TOSKANISCH €

(☎ 0586 80 80 06; Via Cambini 6–8; Snacks ab 1 €, Mahlzeiten 22 €; ⊗ Mo–Do 10–15.30 & 16.45–21.30, Fr & Sa bis 23 Uhr) Die freundlichen Nardis sind seit 1965 im Geschäft und wissen daher, wie sie ihre Kundschaft bei Laune halten. Die Cantina ist eine Mischung aus *enoteca* und Slow-Food-Restaurant und einer der besten Orte der Stadt für einen *aperitivo*. Auf der Weinliste finden sich 400 Flaschenweine (und ganze 100 Weine werden offen im Glas ausgeschenkt). Drinnen stehen die Tische zwischen gefüllten Weinregalen, draußen auf dem Gehsteig.

Surfer Joe's Diner
AMERIKANISCH €

(☎ 0586 80 92 18; www.surferjoe.it; Terrazza Mascagni; Mahlzeiten 20 €; ⊗ So–Do 11–24, Fr & Sa 11–1 Uhr, im Winter kürzer) Die lebhafte, an das Aquarium angeschlossene Surfbar bringt ordentlichen Schwung in die Restaurant- und Kneipenszene Livornos. Auf der Karte stehen typisch amerikanische Burger mit Zwiebelringen sowie Pfannkuchen und Smoothies. Die Einrichtung ist ganz im Stil eines US-Diners der 1950er-Jahre gehalten und aus den Lautsprechern erschallt Surfmusik. Das Sahnehäubchen ist die riesige Terrasse, auf der man die frische Meeresbrise genießen und im Schatten kleiner Bambushütten sitzen kann.

L'Ancora
FISCH & MEERESFRÜCHTE €€

(☎ 0586 88 14 01; www.ristoranteancoralivorno.com; Scali delle Ancore 10; Mahlzeiten 35 €; ⊗ 12–14.30 & 19–22.30 Uhr, im Winter Di geschl.) Im 17. Jh. diente das Gebäude als Schiffsbauwerkstatt, darum der Anker im Namen. Das Mauergewölbe im Innern ist stimmungsvoll, aber noch schöner sitzt es sich im Sommer auf der Terrasse am Kanal. Neben dem obligatorischen *cacciucco* stehen etliche andere Fischgerichte auf der Karte.

Cantina Senese
OSTERIA €€

(☎ 0586 89 02 39; Borgo dei Cappuccini 95; Mahlzeiten 30 €; ⊗ Mo–Sa 12–14.30 & 19.30–22 Uhr) Hafenarbeiter sind immer die Ersten an den

Livorno Zentrum

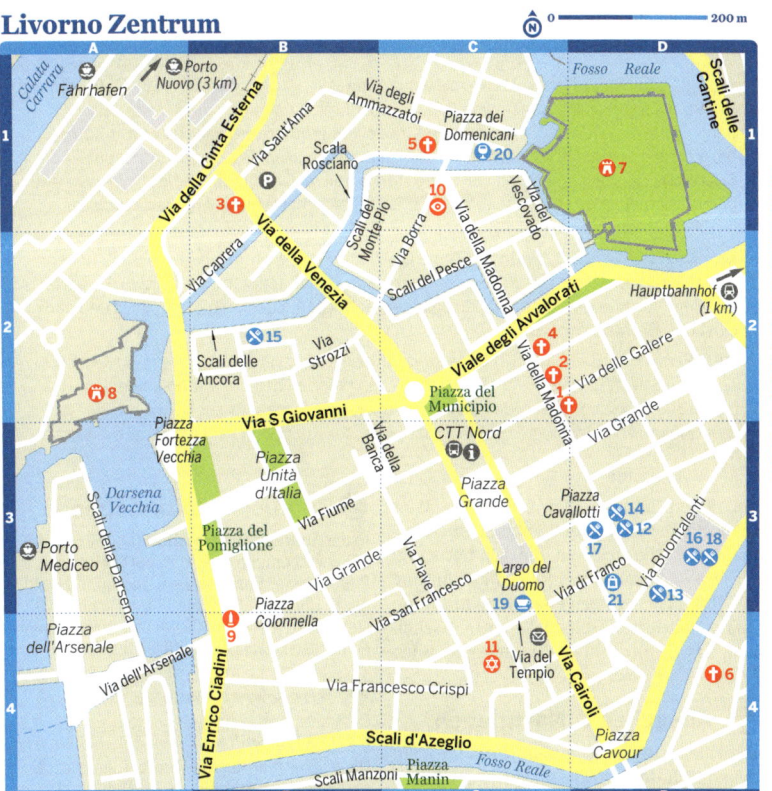

N 0 ———— 200 m

Livorno Zentrum

langen Holztischen dieses wunderbar einfachen Lokals. Später gesellen sich andere Einheimische dazu. Statt die Karte zu bemühen, verlassen sich die Gäste beim Bestellen auf die Empfehlungen der Bedienung. Die Muscheln sind ebenso vorzüglich wie der *cacciucco* (nur freitags) und zu beidem wird würziges Knoblauchbrot gereicht.

Osteria del Mare   FISCH & MEERESFRÜCHTE €€
(☏ 0586 88 10 27; Borgo dei Cappuccini 5; Mahlzeiten 30 €; ⊙ Fr–Mi 12.30–14.30 & 19.30–22 Uhr) In

NICHT VERSÄUMEN

MARKTVERGNÜGEN

Mercato Centrale (Mercato Centrale detto Vettovaglie; Via Buontalenti; ⊙ Mo–Sa 6–14 Uhr) Der 95 m lange neoklassizistische Bau hat wie durch ein Wunder die alliierten Bombenangriffe im Zweiten Weltkrieg überstanden. Als größter überdachter Markt Italiens beeindruckt er sowohl kulinarisch als auch architektonisch. Besonders imposant ist die Fischhalle, die vor Kurzem mit viel Liebe zum Detail restauriert wurde. Im Obergeschoss befand sich einst das Atelier des berühmten italienischen Malers Amedeo Modigliani (1184–1920), heute sind dort Büros.

Mercato di Piazza Cavallotti (Piazza Cavallotti; ⊙ Mo–Sa 6–13 Uhr) Frühaufsteher können sich hier morgens mit den Einheimischen ins Einkaufsgetümmel stürzen. Es wartet ein Meer aus bunten Marktständen voller Artischocken, Zucchiniblüten, Chilis und dem Obst und Gemüse der Saison.

VAD Formaggi (☎ 0586 88 41 06; www.vadformaggi.com; Via di Franco 36; ⊙ Mo & Mi 7.45–12.45, Do–Sa 7.45–12.45 & 16.45–19.45 Uhr) An den Wänden des ungewöhnlichen Käseladens, den es schon seit 1955 gibt, stapeln sich vom Boden bis zur Decke riesige Parmesanlaibe. An Markttagen reicht die Schlange der Kunden bis auf die Straße hinaus.

---

der netten, altmodischen Osteria am Wasser lockt die traditionell zubereitete Hausmannskost die Gäste an, die sich bevorzugt für *riso nero* (schwarzer Reis) mit dem Fang des Tages oder einfach eine Platte mit *fritto misto* (frittierte Fischstückchen) entscheiden. Als *secondi* gibt's fast ausschließlich Fisch.

🍷 Ausgehen & Nachtleben

Die Piazza Grande ist gesäumt von Cafés, in denen sich die Livornesen auf einen Kaffee oder *aperitivo* treffen. Auch in der Nähe der Terrazza Mascagni (S. 207) und entlang der Kanäle in Piccola Venezia (S. 210) versammeln sich viele Cafés und Terrassenbars.

Caffè Duomo　　　　　　　　　　　CAFÉ
(☎ 0586 89 11 13; Via Cairoli 6; ⊙ Mo–Sa 6.30–20.30 Uhr) Seit 1945 lassen sich die Einheimischen den gut gemachten Kaffee in diesem sympathischen Café hinter dem *duomo* (Dom) schmecken. Im Sommer sind die Tische unter den Arkaden angenehm schattig.

La Bodeguita　　　　　　　　　　　BAR
(☎ 346 6100832; Piazza dei Domenicani 20; ⊙ Mi–Sa & Mo 18.30–1.30, So 12.30–15 & 18.30–1.30 Uhr) Zu der roten Backsteinbar im Keller gehört auch eine sonnige Holzterrasse am großen Kanal in Klein-Venedig. Gäste können bei einem Cocktail und üppig belegter Bruschetta den Mitgliedern des örtlichen Rudervereins beim Training zusehen. Freitags und samstags abends trifft sich hier ein jüngeres, feierfreudiges Publikum.

ℹ️ Praktische Informationen

In der **Touristeninformation** (☎ 0586 89 42 36; www.comune.livorno.it/portaleturismo; Via Pieroni 18; ⊙ Sommer 9–16 Uhr, April & Okt. bis 15 Uhr, Jan.–März bis 13 Uhr) kann man sich mit kostenlosen Karten und Stadtplänen eindecken sowie Bootsfahrten buchen.

ℹ️ An- & Weiterreise

AUTO & MOTORRAD

Die A12 führt an der Stadt vorbei, und die SS1 verbindet Livorno mit Rom. Am Hafen gibt's mehrere Parkplätze. Die Kosten betragen zwischen 0,30 € (Nuovo Mercatale Americano) und 1 € (Piazza Mazzini) pro Stunde.

SCHIFF/FÄHRE

Livorno ist ein wichtiger Hafen. Die Linienfähren nach Sardinien und Korsika legen im **Fährhafen** (Karte S. 213; Calata Carrara) ab. Die Fähren nach Capraia nutzen den kleinen Hafen **Porto Mediceo** (Karte S. 213; Via del Molo Mediceo) in der Nähe der Piazza dell'Arsenale. Die Fähren nach Spanien legen im Porto Nuovo ab, 3 km nördlich der Stadt.

Corsica Ferries (☎ 825 095095 Anruf 0,15 €/Min.; www.corsica-ferries.de) Es gibt zwei bis sieben Verbindungen pro Woche nach Bastia auf Korsika (ab 33 €, 4 Std.) und Golfo Aranci auf Sardinien (ab 61 €, 9½ Std.).

Grimaldi Lines (☎ 081 49 64 44; www.grimaldi-lines.com/de) Die Fähren verkehren täglich von/nach Olbia auf Sardinien (ab 25 €, 9 Std.) und Palermo auf Sizilien (ab 43 €, 18 Std.).

Moby (www.mobylines.de) Das ganze Jahr über schippern die Fähren mindestens zweimal täglich nach Olbia auf Sardinien (ab 48 €, 7–10 Std.). Im Sommer gibt's auch einige Verbindungen pro Woche nach Bastia auf Korsika (ab 30 €, 4 Std.).

Toremar (www.toremar.it) Die Fähren setzen das ganze Jahr mehrmals in der Woche nach Capraia (17 €, 2¾ Std.) über.

ZUG

Fußgänger gelangen vom **Hauptbahnhof** (Piazza Dante) geradeaus in Richtung Westen über die Viale Carducci, Via de Larderel und Via Grande zur Piazza Grande, dem zentralen Hauptplatz von Livorno.

Zugverbindungen gibt es u. a. nach:

Florenz (*regionale veloce* ab 9,60 €, 1¼ Std., stündl.)

Pisa (2,60 €, 15 Min., mehrmals stündl.)

Rom (*regionale veloce* ab 22,75 €, 3–4 Std., mind. 7-mal tgl.)

Eine Taxifahrt vom Bahnhof ins Stadtzentrum kostet 16 €.

Unterwegs vor Ort

BUS

Die LAM Blu Busse von **CTT Nord** (Karte S. 213; www.livorno.cttnord.it; Via Bellatalla 1) fahren vom Hauptbahnhof über die Piazza Grande ins Stadtzentrum und weiter über den Porto Mediceo an der Küste entlang (1,20 €, im Bus 1,70 €, gilt für 75 Min.). Wer mit der Fähre nach Sardinien oder Korsika fahren möchte, nimmt Bus 1 bis zur Piazza Grande und steigt in der Via Cogorano, die von der Piazza Grande abgeht, in Bus 5 um.

ETRUSKISCHE RIVIERA

Die Küste südlich von Livorno bis kurz hinter Piombino wird ihrem geschichtsträchtigen Namen voll und ganz gerecht. Denn entlang der *Costa degli Etruschi* (Küste der Etrusker) wurden unzählige etruskische Gräber gefunden. Die einfachen Sandstrände sind eher unspektakulär, doch wer sich ins Landesinnere aufmacht, wird viele malerische Bergdörfer und weniger bekannte, aber umso bessere Weine entdecken.

Castiglioncello

3900 EW.

Das winzige Städtchen 30 km südlich von Livorno ist ein angenehm zurückhaltendes Seebad, in dem Ende des 19. Jhs. der italienische Kunstkritiker Diego Martelli Hof hielt. Indem er die bedeutendsten Florentiner Impressionisten um sich versammelte, begründete er die sogenannte *Scuola di*

Castiglioncello (Schule von Castiglioncello). Heute erfreut sich die Stadt mit ihren Sandstränden – die schönsten befinden sich am nördlichen Stadtrand – insbesondere bei Sommergästen großer Beliebtheit.

 Sehenswertes & Aktivitäten

Castello Pasquini   SCHLOSS

(Piazza della Vittoria; ⊙ 24 Std.) **GRATIS** Das reich mit Zinnen versehene Schloss wurde Ende des 19. Jhs. errichtet. Heute ist es von einer beschaulichen Anlage mit einem tollen Spielplatz und schattigem Baumbestand umgeben.

✖ Essen & Ausgehen

Fisch und Meeresfrüchte sind in diesem Ort natürlich allgegenwärtig. In der Via Aurelia und am Ufer an der Punta Righini gibt es eine große Auswahl an Restaurants.

Caffè Ginori   CAFÉ

(☎ 0586 75 90 55; www.caffeginori.it; Via Aurelia 947; ⊙ 6.30–1 Uhr, Winter kürzere Öffnungszeiten) Diese Café-Bar aus den 1940er-Jahren war das Lieblingslokal des Schauspielers und Herzensbrechers Marcello Mastroianni, der ein Sommerhaus in der Stadt hatte. Auch heute noch ist sie *der* Treffpunkt in Castiglioncello. Hier kann man mit den Einheimischen auf der von Bäumen beschatteten Terrasse mit Blick auf die Piazza Vittoria entspannen und plaudern, zum Kaffee einen der köstlichen Kuchen bestellen und in vollen Zügen *la dolce vita* genießen.

❶ Praktische Informationen

In der **Touristeninformation** (☎ 0586 75 32 41; www.castiglioncello.it; Via Aurelia 632; ⊙ Mo–Fr 9–10 & 15–20, Sa 9–20 Uhr, im Winter kürzere Öffnungszeiten) beim Bahnhof sind kostenlose Stadtpläne erhältlich.

❶ An- & Weiterreise

Es verkehren stündlich Züge von/nach Livorno (3,50 €, 20 Min.).

Bolgheri

Jeder passionierte Weinliebhaber kennt den Namen Bolgheri. Das liegt vor allem daran, dass hier mit dem Sassicaia der erste der weltberühmten „Supertoskaner" gekeltert wurde. Die kleine Stadt erreicht man über eine imposante Zypressenallee, über dem Ort thront ein Bilderbuchschloss, zu dem

NICHT VERSÄUMEN

MITTAGSPAUSE

Auf der Strecke von Castiglioncello Richtung Bolgheri entlang der SS1 lohnt sich ein Zwischenstopp mit Weinprobe und Mittagessen bei einem der innovativsten Bioweingüter der Region. Etwa 16 km südlich von Castiglioncello geht es links ab (nach Osten) auf die SR68 nach Riparbella.

Die Brüder Flavio und Luca Nuti füllten 1997 ihren ersten Jahrgangswein in Flaschen ab. Heute produziert das Bioweingut **La Regola** (☑ 0586 69 81 45; www.laregola.com; Località Altagrada, bei Riparbella; ☉ Mai–Okt. Mo–Fr 10–13 & 15–19, Sa 10–13 Uhr, Juni–Aug. Sa längere Öffnungszeiten) im Cecina Tal mehr als 1000 Flaschen Wein pro Jahr. Die Lage in Meeresnähe und der mineralstoffreiche Boden verleihen den Weinen eine ganz eigene Note, probieren lassen sie sich bei einer Führung und Weinverkostung (10 €) im modernen Kellereigebäude.

Ein Highlight der Tour ist Stefano Tonellis Multimedia-Installation *Somnium* (2016) im Reifungskeller, die nur eines von mehreren Kunstwerken auf dem Anwesen ist.

das Stadttor und die teilweise romanische Chiesa dei Santi Giacomo e Cristoro gehören. Der hauptsächliche – und eigentlich einzige – Grund für einen Besuch sind aber die lokalen Weine und saisonalen Speisen in den exzellenten *enoteche* (Weinbars) der Stadt.

⊙ Sehenswertes

Zypressenallee   WAHRZEICHEN
Die schnurgerade, von 2540 Bäumen gesäumte und 5 km lange Allee sorgt für eine überwältigende Einfahrt in den Ort. Bekanntheit erlangte sie 1874 durch das Gedicht *Davanti a San Guido* des toskanischen Poeten Giosuè Carducci.

✕ Essen & Ausgehen

★ Enoteca Tognoni   TOSKANISCH €
(☑ 0565 76 20 01; www.enotecatognoni.it; Via Lauretta 5; Pasta 11–14 €, Weinkostprobe 4,50–14 €, Glas Wein 9–28 €; ☉ Do–Di 12–14.30 & 19–22 Uhr) In diesem Tempel des guten Geschmacks ist das Essen ebenso hervorragend wie der Wein. An den Wänden reihen sich die Weinflaschen bis zur Decke und zum Probieren steht neben Dutzenden lokaler und erschwinglicherer Weine auch ein Sassicaia (0,1 l 28 €) zur Verfügung. Die Karte ist übersichtlich, bietet jedoch erlesene Speisen und wechselt täglich zugunsten marktfrischer Zutaten. Das Angebot umfasst immer ein paar Pastagerichte sowie exquisite Wurstwaren und Käse.

★ Enoteca de Centro   TOSKANISCH €€
(☑ 0565 76 21 78; Via Giulia 3; Mahlzeiten 30 €) Wenn eine Weinbar so nett ist wie diese, dann ist es eine schöne Überraschung, wenn sie obendrein auch noch leckeres Essen serviert. Michele Innocenti ist ein grandioser Gastgeber, kennt sich bestens mit lokalen Weinen aus und berät einen gerne beim Verkosten derselben (ab 4 €). Man kann sich auch gleich für eine ganze Flasche entscheiden, dazu ein saftiges *bistecca alla Fiorentina* bestellen und das Ensemble auf der einladenden Straßenterrasse genießen.

La Taverna del Pittore   TOSKANISCH €€
(☑ 0565 76 21 84; www.latavernadelpittore.it; Largo Nonna Lucia 4; Mahlzeiten 40 €; ☉ 12–14.30 & 19.30–22.30 Uhr, Mo geschl.) Der rustikale Wirtsraum hat sehr viel Charme, aber am lauschigsten sitzt man draußen unter den Orangenbäumen. Die Küche ist auf Wildfleisch aus der Region spezialisiert. Auf den Tisch kommen gekonnt und aromatisch zubereitete Enten, Tauben, Fasane und Wildschweine. Besitzer Goffredo ist ein eingefleischter Jazzfan und es ist Verlass darauf, dass hier immer erstklassige Musik läuft.

❶ Praktische Informationen

Informationszentrum La Strada del Vino e dell'Olio (☑ 0565 74 97 68; www.lastradadelvino.com; Castegneto Carducci 45, San Guido; ☉ Sommer Mo–Sa 10–13 & 14–17 Uhr, Winter Mo–Fr 10–17 Uhr) Das Informationszentrum händigt eine kostenlose Karte aus, die Weingüter verzeichnet, bei denen man Wein probieren und kaufen kann. Außerdem organisiert das an der SS1 gelegene Büro auf Anfrage Besichtigungen von Weingütern, Olivenfarmen und Imkereien. Die Touren sollten ein paar Tage im Voraus gebucht werden.

❶ An- & Weiterreise

Montags bis samstags fährt täglich ein Bus von Tiemme (www.tiemmespa.it) von Castagneto Carduci über Bolgheri (2,10 €,

30 Min.) nach San Guido. An der Via degli Orti, unterhalb des Haupttors, gibt's einen Parkplatz.

San Vincenzo

6911 EW.

Der mäßig ansprechende Küstenort ist wegen seiner Sandstrände vor dem Hintergrund duftender *macchia* (immergrünes Gestrüpp) und Pinienwälder ein Lieblingsziel italienischer Sommerurlauber. In der schicken, hochmodernen Marina di San Vincenzo liegen noble Jachten vor Anker. Das flache Landesinnere ist reich an alten Industriedenkmälern und wohltuenden Thermalquellen.

Sehenswertes & Aktivitäten

Parco Archeominerario di San Silvestro   ARCHÄOLOGISCHE STÄTTE
(www.parchivaldicornia.it; Via di San Silvestro 34b, Campiglia Marittima; Erw./erm. 16/12 €; ☉ Juni & Sept. Di–So 10–19 Uhr, Juli & Aug. tgl. 9.30–19.30 Uhr, Okt.–Mai kürzere Öffnungszeiten) Die 3000 Jahre alte Geschichte des Bergbaus in dieser Gegend wird in dem faszinierenden Industriepark anschaulich dargestellt. Er befindet sich in Campiglia Marittima, etwa 10 km von San Vincenzo entfernt im Landesinneren. Mit einer Grubenbahn fahren die Besucher durch die alten Kupfer- und Bleiminen von Temperino zu den Ruinen der Bergarbeiterstadt Rocca di San Silvestro aus dem 14. Jh. Die Besichtigungen beginnen etwa jede Stunde.

Calidario Terme Etrusche   THERMALQUELLE
(☎ 0565 85 15 04; www.calidario.it; Via del Bottaccio 40, Venturina; Tageseintritt Schwimmbad Erw./Kind 20/10 €, Wellnesspaket pro Pers. 29–55 €; ☉ Mo–Fr 13–16 & 16.30–19.30, Sa & So 9.30–12.30, 13–16 & 16.30–19.30 Uhr, Anfang Jan.–Anfang März & an Wochenenden im Juli & Aug. geschl.) Was für eine Wohltat: In dem Thermalbad können Gäste schwimmen und sich mit einem Wellnesspaket inklusive Sauna, Hamam und Erlebnisdusche verwöhnen. Das magnesium- und kalziumreiche Quellwasser ist angenehme 36 °C warm und ergießt sich in einen kleinen See, in dem die Besucher therapeutische und entspannende Bäder nehmen. In einem umgebauten Nebengebäude warten zudem komfortable Übernachtungszimmer (DZ ab 89 €).

Die Therme liegt 15 km südlich von San Vincenzo.

Tenuta Argentiera   WEINGUT
(☎ 0565 77 31 76; www.argentaria.eu; Via Aurelia 412, Località Pianali; ☉ Mo–Sa 9–19 Uhr, Nov.–März bis 17 Uhr) Dieses weitläufige Weingut an der Küstenstraße 6,5 km nördlich von San Vincenzo ist einer der größten Weinproduzenten der Region und bekannt für seine Cabernet Sauvignons, Cabernet Francs und Merlots im Bordeaux-Stil. Die 75 ha große Anbaufläche erstreckt sich von bewaldeten Hügeln bis hinunter zum Meer. Besichtigungen können per E-Mail gebucht werden. In der dazugehörigen, abseits der Straße gelegenen *enoteca* kann man eine Auswahl von drei Rotweinen probieren (10 €), darunter auch den Bolgheri Superiore, den Vorzeigetropfen des Guts.

Essen & Ausgehen

In der Hauptsaison sind die Restaurants teuer und schnell ausgebucht. Viele haben im Winter geschlossen.

Zanzi Bar   BAR
(☎ 0565 179 43 53; zanzibar.sanvincenzo@gmail.com; Piazza del Porto 2; ☉ 17.30–2 Uhr) Die treue Stammkundschaft weiß genau, was sie an der Shabby-Chic-Bar mit nostalgischer Einrichtung, Designeressen und DJ-Musik hat. Die Bar befindet sich in einer ehemaligen Fischerhütte am nördlichen Ende des Jachthafens.

An- & Weiterreise

Von San Vincenzo verkehren regelmäßig Züge nach Livorno (6,10 €, 40–60 Min.).

Suvereto

3072 EW.

An Wochenenden und im Sommer strömen hordenweise Tagestouristen in dieses märchenhaft erhaltene mittelalterliche Dorf, um hier durch die engen Kopfsteinpflastergassen zu flanieren und die steilen, sandfarbenen Steintreppen unter blumengeschmückten Balkonen zu erklimmen. Suvereto ist umgeben von Olivenhainen, Weinbergen und jenen *suvere* (Korkeichen), denen das Dorf seinen Namen verdankt, und ist einer der bezauberndsten Orte an der Etruskischen Riviera.

Sehenswertes & Aktivitäten

Rund um Suvereto gibt es 80 km ausgeschilderte Wander-, Reit- und Fahrradwege. Die Website www.suveretotrekking.com verzeichnet 18 ausgewiesene Routen.

AUTOTOUR > DIE WEIN- UND OLIVENÖLSTRASSE

Weinproben auf Landgütern am Meer und Alleen, die von Olivenbäumen und Zypressen gerahmt sind – die Strada del Vino e dell'Olio Costa degli Etruschi (www.lastradadelvino. com) steht für genussvolle Spritztouren. Die 150 km lange Touristenroute beginnt südlich von Livorno und führt über Piombino bis nach Elba. Sie ist gesäumt von Kellereien, Weingütern und Bauernhöfen, die Wein- und Olivenölproben anbieten. Zudem ist die Strecke mit verführerischen Restaurants gespickt. Verkostungen sollten im Voraus gebucht werden.

❶ Bolgheri

Versorgt mit einer Weinkarte und anderem Infomaterial aus dem **Besucherzentrum** (S. 216) geht's von San Guido entlang der berühmten 5 km langen **Zypressenallee** (S. 216) ins pittoreske Bolgheri. Das Auto lässt man auf dem Parkplatz in der Via degli Orti stehen und schlendert durch den befestigten Torbogen, um das historische Städtchen zu erkunden, in der der erste der legendären „Supertoskaner", der Sassicaia, produziert wurde. Wer zum Mittagessen und einer Weinprobe bleiben will, sollte in die **Enoteca de Centro** (S. 216) oder **Enoteca Tognoni** (S. 216) einkehren und unbedingt ein paar der lokalen als IGT *(Indicazione Geografica Tipica)* klassifizierten Tropfen kosten. Es stehen wortwörtlich Hunderte von Jahrgangsweinen zur Auswahl.

❷ Castagneto Carducci

Danach fährt man die Zypressenallee zurück, biegt aber nach 1 km auf die SP16B ab und fährt in südlicher Richtung an adrett angelegten Weinbergen und vereinzelten Olivenhainen vorbei, bis die hellgelben Gebäude von Castagneto Carducci hoch über der Straße auftauchen. Vom Parkplatz am Ortsrand geht man eine der kleinen Straßen den Berg hinauf. Die meisten führen zur **Propositura di San Lorenzo** aus dem 13. Jh. Die spärlich beleuchtete Kirche hat neben verblassten Wandmalereien und geschnitzten Deckenbalken auch eine Terrasse mit tollem Blick auf die sonnenverwöhnte Etruskische Küste.

❸ Tenuta Argentiera

Weiter geht's gen Westen Richtung Küste. Nach einem Linksabzweig folgt man der SP39 5 km hinunter bis zur **Tenuta Argentiera** (S. 217). Das Weingut ist nicht nur eines der größten und bekanntesten der Region, sondern trumpft obendrein mit einer sensationellen Lage auf – die imposante 75 ha umfassende Anbaufläche erstreckt sich von bewaldeten Hügeln bis hinab ans Meer. Weinproben werden in der *cantina* oder in der burgähnlichen Kellerei auf der Bergkuppe mit Blick aufs Meer angeboten, für Letztere sollte man im Voraus buchen.

❹ Petra Wine

Anschließend führt der Weg in südlicher Richtung nach Venturina und von dort zum architektonisch markanten Weingut **Petra Wine** (S. 220) in San Lorenzo Alto. Der tempelähnliche moderne Bau wurde vom Schweizer Stararchitekten Mario Botta entworfen und seitlich in einen Hügel hineingebaut. Das beeindruckende, ökologisch nachhaltige Gut keltert komplett biodynamische Weine. Bei einer Führung, die mit einer Weinprobe endet, lernt man alles

Ein Tag, 60 km

Toll für ... Essen & Trinken, Landschaft

Beste Reisezeit Frühling, Sommer oder Herbst

Wissenswerte über den Hightech-Weinbaubetrieb und seine außergewöhnlichen Jahrgangsweine. Auch hier muss vorab gebucht werden.

⑤ Suvereto

Das letzte Ziel der Tour ist das wie durch Zauberhand erhaltene mittelalterliche Dorf Suvereto. Durch Kopfsteinpflastergassen wandert man hinauf zur **Rocca Aldobrandesca** (S. 220) aus dem 15. Jh. Die Burg belohnt den Anstieg mit einem umwerfenden Blick auf den mittelalterlichen Ort und die umliegenden Weingüter. Angesichts der Auszeichnung als „Stadt des Slow Food", „Weindorf" und „Olivenölstadt" ist es nicht verwunderlich, dass in Suvereto phantastische lokale DOC-Weine aus dem Val di Cornia und hervorragende Restaurants locken. Wenn die Sonne untergeht, bietet sich zum krönenden Abschluss ein entspanntes Abendessen in der **Osteria di Suvereto da l'Ciocio** (S. 221) oder im **Ristorante dal Cacini** (S. 220) an: Beide punkten mit modernen toskanischen Slow-Food-Köstlichkeiten.

ABSEITS DER ÜBLICHEN PFADE

TERME DI SASSETTA

Ein paar Stunden Tiefenentspannung versprechen die **Terme di Sassetta** (✆ 0565 79 43 52; https://lacerreta.it/le-terme; Via Campagna Sud 143, Pian delle Vigne; 4 Std. Mo–Fr oder 3 Std. Sa & So Erw./Kind 30/20 €; ☉ Mo–Fr 10–19.30, Sa & So 9.30–20 Uhr; ♿) in einem Kastanienwald nahe der winzigen Siedlung Sassetta. Das beliebte Thermalbad verwöhnt drinnen und draußen mit zahlreichen Badebecken aus Felsstein. Gefüllt sind diese mit hyperthermalem Wasser, das mit einer konstanten Temperatur von 51 °C aus dem Boden sprudelt. Kindern ist der Besuch erst ab fünf Jahren gestattet.

Rocca Aldobrandesca   BURG
(Via Corta; ☉ 9 Uhr–Sonnenuntergang) Hoch über der Stadt thront die alte *rocca* (Burg), die teilweise noch aus dem 15. Jh. stammt, Anfang des 17. Jhs. aufgegeben wurde und nun langsam wieder restauriert wird. Der steile Anstieg durch die gewundenen Gassen der Stadt ist anstrengend, wird aber mit einem tollen Blick auf Felder und Olivenhaine belohnt. Besonders hinreißend ist die Aussicht bei Sonnenuntergang an einem schönen Sommerabend.

★ Petra Wine   WEINGUT
(✆ 0565 84 53 08; www.petrawine.it; Località San Lorenzo Alto 131; ☉ tgl. nach Vereinbarung) Auf den ersten Blick wirkt Petra wie ein riesiger rosafarbener Maya-Tempel, der auf mysteriöse Weise in dieser ländlichen Ecke der Toskana gelandet ist. Das Gebäude ist ein Entwurf des gefeierten Schweizer Architekten Mario Botta. Es ist in den Hügel eingelassen und beherbergt ein umweltverträgliches Weingut, das komplett biodynamische Weine keltert, die unter den Labels Petra und Belvento vertrieben werden.

Eine Führung durch das Gebäude – wahlweise auf Englisch, Italienisch oder Russisch – kann man per E-Mail buchen. Die Besucher besichtigen dabei u. a. einen außergewöhnlichen, violett erleuchteten unterirdischen Tunnel für die Reifelagerung und andere modernste Raffinessen. Anschließend werden die Weine des Guts verkostet. Es stehen drei Besichtigungspakete zur Auswahl: eine Führung samt der Verkostung von drei Weinen in der *cantina* (35 €, 90 Min.), das Ganze inklusive einer

Kostprobe lokaler landwirtschaftlicher Erzeugnisse (45 €, 2 Std.) und eine Führung samt Weinverkostung und Mittagessen (80–100 €, 2 Std.).

🎊 Festivals & Events

Le Serate Medievali   KULTUR
(Mittelalterabende; http://suvereto.net/serate-medievali; ☉ Mitte Juli) Mitte Juli verwandeln die Serate Medievali das romanische Kloster Convento di San Francesco zwei Abende lang in einen mittelalterlichen Marktplatz. Die Einheimischen tragen die Kleidung der damaligen Zeit, es gibt ein Bankett mit Speisen des Mittelalters, Feuerschlucker, Minnesänger und zig Stände mit Kunst, Kunsthandwerk und Essen.

🍴 Essen & Ausgehen

Angesichts der Auszeichnungen als „Stadt des Slow Food", „Weindorf" und „Olivenölstadt" ist Suvereto der ideale Ort, um die DOC-Weine des Val di Cornia zu probieren und fürstlich zu speisen. Die meisten Restaurants sind im Januar und Februar geschlossen.

Il Gallo Golosone   EIS €
(Via Roma 4; Eis 1,50–3 €) An trubeligen Wochenenden haben die Angestellten alle Hände voll zu tun. Das exzellente hausgemachte Eis wandert in Bechern und Waffeln über den Tresen und draußen auf der kleinen Straßenterrasse wird auch Kaffee serviert.

Enoteca dei Difficili   TOSKANISCH €
(✆ 0565 82 70 87; Via San Leonardo 2; Panini 4 €, Bruschette 4–5 €; ☉ Mo–Mi 18–2, Fr–So bis 3 Uhr; 🔊) Die jüngeren Bewohner von Suvereto lieben diese muntere Osteria. Kein Wunder: Die Einrichtung mit Ziegelsteindecken und nostalgischen Stühlen ist urig gemütlich, am Wochenende steht Livemusik auf dem Programm und zu den Gaumenfreuden zählen leckere Suppen (7,50 €) und *taglieri* (Platten mit Wildschweinfleisch, Salami und Käse; 12 €). Auf der Weinliste finden sich zahlreiche lokale Tropfen.

Ristorante dal Cacini   TOSKANISCH €€
(✆ 0565 82 83 13; www.ilcacini.it; Via del Crocifisso 3; Menü 30–55 €; ☉ 12.30–14.30 & 19–21.30 Uhr, Di geschl.) Der Koch kauft jeden Tag fangfrischen Fisch und bereitet ihn dann nach Lust und Laune zu – daher gibt es hier auch kein Essen à la carte, sondern nur ein Menü. Die Tische sind mit feinem Leinen gedeckt und mit Treibholz dekoriert. Von der weinumrankten Terrasse und dem schattigen Garten

sieht man das Meer – ein perfekter Ort, um das Mittagessen in die Länge zu ziehen.

⭐ Osteria di Suvereto da l'Ciocio
TOSKANISCH €€€

(☎ 0565 82 99 47; www.osteriadisuvereto.it; Piazza dei Giudici 1; Mahlzeiten 45 €; ☺ Di–So 12.30–14.30 & 19.30–22.30 Uhr) Die (als einziges Restaurant Suveretos) mit dem Slow-Food-Ritterschlag geadelte Osteria gegenüber dem hübschen Palazzo Comunale (Rathaus) aus dem 13. Jh. verfügt über eine idyllische Terrasse mit honigfarbenen Seitenmauern und einen stilvollen Speiseraum, der sich mit moderner Kunst schmückt. Das kulinarische Angebot ist auf Gourmets zugeschnitten und punktet mit modernen Gerichten, die gleichzeitig den jahrhundertealten Traditionen der lokalen Kochkunst Respekt zollen.

ℹ️ Praktische Informationen

Es gibt eine kleine **Touristeninformation** (☎ 0565 82 93 04; www.commune.suvereto.li.it; Via Magenta 14; ☺ Ostern–1. Jan., unterschiedliche Öffnungszeiten), die im selben Gebäude wie das Museo Artistico della Bambola (Puppenmuseum) untergebracht ist.

ℹ️ An- & Weiterreise

Von Suvereto fahren regelmäßig Busse von Tiemme zum Bahnhof Campiglia Marittima in Venturina (2,10 €, 20 Min.). Von dort verkehren Züge von/nach Livorno.

Golfo di Baratti

Der sichelförmige Golf von Baratti liegt vor dem südlichsten Zipfel der Etruskischen Riviera am Ende einer schnurgeraden, 12 km langen Straße, die an Sandstränden und meterhohen Schirmkiefern entlangführt. Die Hauptattraktionen sind die Strände, die im Sommer brechend voll sind, und der weitläufige Parco Archeologico di Baratti e Populoni, der sich auf einem Kap über dem Meer erstreckt.

🅾 Sehenswertes & Aktivitäten

⭐ Parco Archeologico di Baratti e Populonia
ARCHÄOLOGISCHE STÄTTE

(Archäologiepark von Baratti & Populonia; ☎ 0565 22 64 45; www.parchivaldicornia.it; Baratti; Akropolis Erw./erm. 9/7 €, Nekropole Erw./erm. 9/7 €, Akropolis & Nekropole Erw./erm. 14/10 €, gesamter Park Erw./erm. 16/12 €; ☺ Juli & Aug. 9.30–19.30 Uhr, Juni & Anfang Sept. 10–19 Uhr, Ende Sept.–Mai kürzere

Öffnungszeiten) Diese etruskischen Ausgrabungsstätten gehören zu den schönsten und besterhaltenen der Toskana. Vier beschilderte Wege führen durch den riesigen begrünten Park zu den Überresten einer Etruskerstadt und gut erhaltenen, prähistorischen Gräbern. Besonders beeindruckend sind die gigantischen Hügelgräber der **Necropoli di San Cerbone**. Besichtigen kann man sie im Rahmen einer einstündigen Führung auf Italienisch, die auch zur **Tomba dei Carri** mit ihrem Durchmesser von unglaublichen 28 m besucht. Die **Akropolis** lässt sich auf einem 90-minütigen Rundgang in Eigenregie erkunden.

Ein 90-minütiger Spaziergang auf der **Via del Ferro** führt an Hügelgräbern und den Ruinen alter Gebäude vorbei.

Auf der **Via delle Cave** wandert man zwei Stunden lang durch den schattigen Wald zu einer Reihe von Kammergräbern, die in den weichen, ockerfarbenen Sandstein der Gegend geschlagen wurden. Vereinzelt sind auch noch die alten Steinbrüche zu sehen. Die landschaftlich reizvolle **Via del Monastero** (2½ Std.) zweigt von der Via della Cave ab und führt zum **Benediktinerkloster San Quirico** und weiter zur Acropoli di Populoni.

Die **Via della Romanella** (Weg der Metallverarbeitung, 2½ Std.) führt zur etruskischen **Acropoli di Populonia** (altes Populonia). Bei den Ausgrabungen wurden die Fundamente eines etruskischen Tempels aus dem 2. Jh. v. Chr. entdeckt. Daneben sind auch die Überreste römischer Tempel, der zentrale Platz der alten Stadt, meterhohe Hangterrassen und die grob gepflasterte Hauptstraße zu erkennen.

🍴 Essen & Ausgehen

Strandbars und Restaurants gruppieren sich sowohl entlang der Zufahrtsstraße nach Porto di Baratti als auch am Hafen und in Baratti selbst. Außerdem beherbergt das Besucherzentrum des Archäologieparks ein Restaurant.

Canessa
FISCH & MEERESFRÜCHTE €€

(☎ 0565 2 95 30, 320 9328353; www.ristorante canessa.com; Località Baratti 43; Mahlzeiten 40 €; ☺ 12.30–14.30 & 19.30–22 Uhr, Mitte Okt.–Anfang April geschl.) Das Restaurant in Porta di Baratti logiert in einem einzigartigen modernen Gebäude, das rund um einen Wachturm aus dem 15. Jh. gebaut wurde. Die frische Pasta ist genauso köstlich wie die vielen Fischgerichte, aber das Beste ist die Aussicht: Durch die riesigen Fenster blickt man direkt aufs Meer. Im Obergeschoss gibt es vier Gästezimmer (http://canessacamere.it; DZ 80–100 €), allerdings wird kein Frühstück serviert.

 An- & Weiterreise

Zwischen Piombino und Baratti verkehren täglich außer sonntags vier Busse (2,10 €, 30 Min.).

TOSKANISCHER ARCHIPEL

34 389 EW.

Einer Legende zufolge fielen der Göttin Venus, als sie aus den Wellen stieg, sieben Edelsteine aus ihrem Diadem. Aus diesen sollen die sieben Inseln des Toskanischen Archipels entstanden sein. Die Größe dieser kleinen Schmuckstücke reicht von gerade einmal 2,23 km² der winzigen Insel Gorgona bis zu den imposanten 224 km² der größten und bedeutendsten Insel Elba, deren bekanntester Bewohner Napoleon eher unfreiwillig hier lebte.

Elba

Napoleon würde es sich heute wohl zweimal überlegen, sein Exil auf Elba zu verlassen. Denn die Insel ist bei Weitem nicht mehr so einsam und abgelegen wie bei seiner Landung 1814 (und der Flucht ein knappes Jahr später). Heutige Besucher kommen wegen der beschaulichen Strandbuchten mit azurblauem Wasser, der vom Weinanbau geprägten Landschaft, der Straßen voller atemberaubender Haarnadelkurven, des mit 1018 m höchsten Berges Monte Capanne und der überwältigenden Ausblicke. Nicht zu vergessen die feine Meeresküche und die herrlichen Weine sowie die unzähligen Möglichkeiten zum Wandern, Radfahren und Paddeln mit dem Seekajak.

Abgesehen von der Hochsaison im August, wenn Strände und Straßen der Insel rappelvoll sind, ist Elba ein wahres Paradies à la Robinson Crusoe. Im Frühjahr, Frühsommer und zur Trauben- und Olivenernte im Herbst lässt sich das malerische, 28 km lange und 19 km breite Eiland in aller Ruhe genießen.

Jede Menge Informationen zu Elba finden sich auf der Website www.infoelba.com.

Geschichte

Elba war schon in der Eisenzeit besiedelt. Der Abbau von Eisenerz und die Metallverarbeitung waren auch bis weit in die zweite Hälfte des 20. Jhs. die Haupteinnahmequellen der Insel. 1917 wurden noch jährlich gut 840 000 t Eisen produziert, doch im Zweiten Weltkrieg legten die alliierten Bombenangriffe die Industrie in Schutt und Asche.

Ligurische Stämme waren die ersten Bewohner Elbas, gefolgt von Etruskern und Griechen. Nach einigen friedlichen Jahrhunderten unter den Römern folgten mit dem Einfall der Langobarden unruhige Zeiten. Elba wurde auch zum Zufluchtsort der Menschen vom Festland. Im 11. Jh. stand die Insel unter der Herrschaft Pisas (und später Piombinos). Festungen wurden errichtet,

---

NATIONALPARK TOSKANISCHER ARCHIPEL

Im **Parco Nazionale dell'Arcipelago Toscano** (Nationalpark Toskanischer Archipel; www.islepark.it) wird das empfindliche Ökosystem der sieben Inseln rund um Elba sowie das 600 km² große Meeresgebiet der Umgebung geschützt. Damit ist der Nationalpark das größte Meeresschutzgebiet Europas. Hier kommen eine ganze Reihe seltener Arten vor wie das nur hier vorkommende Neptungras.

In den tiefen Meeresschluchten vor Montecristo tummeln sich noch Mönchsrobben, die der Mensch von den anderen Inseln schon längst vertrieben hat. Die Inselwelt ist auch eine wichtige Zwischenstation der Zugvögel auf ihrem Weg von Europa nach Afrika und zurück. Auf Elba und Pianosa hat auch das scheue Rothuhn Zuflucht gefunden. Im gesamten Nationalpark lebt mehr als ein Drittel des weltweiten Bestands der korsischen Seemöwe, die auch das Wappentier des Parks ist.

Auf Elba betreibt der Park ein Besucherzentrum (S. 226) in Portoferraio.

Jährlich in zwei Etappen (April und Ende September bis Anfang Oktober) organisiert der Parco Nazionale dell'Arcipelago Toscano das **Isole de Toscana Walking Festival** (☎ 0565 90 82 31; www.tuscanywalkingfestival.it) mit zahlreichen geführten Wanderungen über die Inseln. Die Touren dauern zwei bis fünf Stunden und sind in verschiedene Schwierigkeitsgrade (einfach, moderat und herausfordernd) unterteilt.

RADFAHREN & WANDERN AUF ELBA

Ein weitverzweigtes Netz von Wanderwegen und Mountainbike-Strecken durchzieht Elba. Die meisten Wege beginnen in Portoferraio, doch einige der besten und ursprünglichsten haben ihren Ausgangspunkt oft an weit abgelegenen Orten.

Rund um den Monte Capanne Auf dem 20 km langen Rundweg radelt man drei Stunden lang auf befestigten und unbefestigten Wegen an den Hängen des höchsten Berges auf Elba entlang, immer begleitet vom Duft der *macchia* und der Pinienwälder. Insgesamt werden 540 Höhenmeter bewältigt.

Von Marciana nach Chiessi Der 12 km lange Wanderweg beginnt hoch oben in Marciana und schlängelt sich vorbei an alten Kirchen, Felsblöcken aus Granit und schönen Aussichtspunkten hinunter an die Küste, wo er nach sechs Stunden in Chiessi endet.

Einmal quer durch Elba Für diesen 60 km langen Weg, der von Ost nach West über die Insel führt, sollte man drei bis vier Tage einplanen. Unterwegs wandert man auch auf den 1018 m hohen Monte Capanne, den höchsten Berg auf Elba, und übernachtet danach an der Küste (wildes Campen abseits des Weges ist nicht erlaubt). Höhepunkt der Wanderung ist die 19 km lange Schlussetappe von Poggio nach Pomonte, die an der Pilgerstätte Santuario della Madonna del Monte (S. 228) und der Felsenformation des **Masso dell' Aquila** vorbeiführt.

um muslimische Plünderer und Piraten aus Nordafrika abzuwehren.

Im 16. Jh. besetzte der Medici-Fürst Cosimo I. den Norden Elbas und gründete die Hafenstadt Cosmopolis, das heutige Portoferraio.

Aktivitäten

Das Informationsbüro des Parco Nazionale dell'Archipelago Toscana (S. 226) in Portoferraio hält ausführliches Material über die zahlreichen **Wander- und Radwege** der Insel sowie Outdooraktivitäten bereit. Der Park unterhält weitere Besucherzentren in Marciana und Rio d'Elba.

Von Juni bis September kann man im glasklaren Wasser rund um Elba hervorragend **tauchen** und **schnorcheln**. Ausrüstungen, Kurse und erfahrene Begleiter bieten die Tauchschulen **Diving in Elba** (☏347 3715788; www.divinginelba.com; Hotel Club Airone, Località San Giovanni), mit Ablegern in Portoferraio, La Biodola und Procchio, und **Enfola Diving Center** (☏338 6893949, 347 2713187; www.enfoladivingcenter.it; Enfola; ☺Juni–Sept. 9–19 Uhr) am Strand von Enfola, 6 km westlich von Portoferraio. Oder man erkundet die vielen Strände und Buchten mit einem Motorboot, Kajak oder Segelboot.

ℹ An- & Weiterreise

FLUGZEUG

Elbas Flugplatz **Aeroporto Isola d'Elba** (www.elbaisland-airport.it) liegt in La Pila, 2 km nördlich von Marina di Campo.

Die tschechische Fluggesellschaft Silver Air (www.silverairitalia.it) hat hier ein Büro vor Ort und es starten u. a. Flüge nach Pisa, Mailand, Lugano und Florenz.

SCHIFF/FÄHRE

Die Fähren vom Festland nach Elba legen in Piombino oder San Vincenzo ab. Verbindungen betreiben die Fährgesellschaften **Moby** (☏199 303040; www.mobylines.com), **Toremar** (☏199 117733; www.toremar.it), **Blu Navy** (☏0565 22 58 33, 0565 26 97 10; www.blunavytraghetti.com) und **Aquavision** (☏0565 97 60 22; www.aquavision.it). Die meisten Passagiere setzen von Piombino nach Portoferraio über (mind. stündl., einfache Fahrt Fußpassagier/Auto mit Fahrer 17/50 €). Es gibt auch Fähren von/nach Cavo und Rio Marina.

Unterwegs vor Ort

AUTO

Das Auto ist das bequemste Verkehrsmittel auf der Insel, allerdings nicht im August, wenn die Straßen hoffnungslos überlastet sind. Die spektakulärsten Straßen findet man an der Südwestküste. Wenn nichts los ist, dauert die 35 km lange Strecke von Procchio nach Cavoli eine Stunde. Das Parken in den blauen Buchten kostet auf der Insel 1–1,50 € pro Stunde. Die Gebühren dafür werden in der Regel nur zwischen Juni und September erhoben.

BUS

Die Busse von CTT Nord (www.livorno.cttnord.it) fahren relativ regelmäßig in alle größeren Orte auf Elba (1,20–2,50 €). In Portoferraio starten die Busse am Busbahnhof, gegenüber dem Hauptanleger der Fähren aus Piombino.

5 km

0

Elba

Piombino

Piombino

Piombino

Piombino

Capraia

Tyrrhenisches Meer

Cavo

Rio Marina

Museo dei Minerali e dell'Arte Mineraria

Rio dell'Elba

Ortano

Ortano

Spiaggia dello Stagnone

Nisporto

Rio nell'Elba

Cima del Monte (516 m)

Spiaggia di Naregno

Punta della Calamita

Nisportino

Bagnaia

Magazzini

Porto Azzurro

Capoliveri

Calamita: Miniere di Capoliveri

Monte Calamita (413 m)

Ottone

Schiopparello

Portoferraio

San Giovanni Le Grotte

Via Colle Reciso

Spiaggia la Padulella

Spiaggia di Capo Bianco

Spiaggia di Zuccale

Spiaggia di Barabarca

Spiaggia di Morcone

Spiaggia di Pareti

Spiaggia dell'Immamorata

Spiaggia di Sorgente

Spiaggia di Sansone

Capo d'Enfola

Enfola

Viticcio

La Biodola

San Martino

Laconia

Golfo della Lacona

Golfo di Campo

Montecristo (35 km)

Spiaggia di Scaglieri

Spiaggia di Spartaia

Procchio

Museo Villa Napoleonica di San Martino

Acquario dell'Elba

Aeroporto Isola d'Elba

Marmi

La Pila

Marina di Campo

Golfo della Biodola

Spiaggia della Paolina

Monte Perone (630 m)

Sant'Ilario in Campo

Monte Maolo (749 m)

Cavoli

Tyrrhenisches Meer

Marciana Marina

Poggio

SP37

San Piero in Campo

Le Piscine

Marciana

Monte Capanne (1018 m)

Seccheto

Punta di Fetovia

Capo Sant'Andrea

Santuario della Madonna del Monte

Fetovia

Chiessi

Pomonte

Spiaggia delle Tombe

Colle d'Orano

Portoferraio

11 992 EW.

Bei den Römern hieß sie Fabricia und später dann Ferraia, was ihrer wichtigen Rolle für die Verschiffung von Eisenerz Ausdruck verlieh. Mitte des 16. Jhs. eroberte Medici-Fürst Cosimo I. die kleine Hafenstadt und ließ sie befestigen.

Im Hauptort Elbas kann es recht voll werden, vor allem im August, wenn etwa alle 20 Minuten eine Fähre mit neuen Urlaubern anlegt. Dennoch ist es sehr reizvoll, durch die schöne Altstadt mit ihren Gassen und Treppen zu spazieren, in den netten Lokalen zu essen und mit den Fischern um den Preis für Sardinen zu feilschen.

Sehenswertes

Das Labyrinth aus schmalen Straßen und kleinen Gassen zieht sich vom alten Hafen den Hügel hinauf zu den beiden Festungen hoch über der Stadt. Auf den Festungsmauern des **Forte Falcone** und des **Forte Stella** (☑ 0565 91 69 89; Via della Stella; Erw./erm. 2/1,50 €; ⏱ Ostern–Sept. 9–19 Uhr) aus dem 16. Jh. kann man entlanglaufen und die kreischenden Möwen beobachten.

Von der **Piazza Cavour** am Wasser geht es durch die Via Garibaldi steil bergauf zur monumentalen Treppe **Scalinata Medici**. Das Wunderwerk besteht aus 140 ausgetretenen Stufen, die im Sonnenlicht wie Bernstein schimmern und zur spärlich beleuchteten **Chiesa della Misericordia** (Via della Misericordia; ⏱ 8–17 Uhr) hinaufführen. Im Inneren der Kirche ist Napoleons Totenmaske ausgestellt. Am oberen Ende der Treppe befinden sich die beiden Festungen und die **Villa dei Mulini**, in der Napoleon einst residierte.

Museo Nazionale della Residenze Napoleoniche MUSEUM

(Villa dei Mulini, ☑ 0565 91 58 46; Piazzale Napoleone; Erw./erm. 5/2,50 €; ⏱ Mo & Mi–Sa 8.30–19, So 8.30–13 Uhr) Während seines Exils auf Elba wohnte Napoleon in der Villa dei Mulini, die von einem herrlichen mediterranen Garten mit Feigenbäumen umgeben ist und eine tolle Aussicht aufs Meer bietet. In der mit Möbeln im eleganten Empire-Stil und einer umfangreichen Bibliothek ausgestatteten Villa fehlte es dem Kaiser wirklich an nichts. Ganz im Gegensatz dazu stehen das einfache Feldbett und der schlichte Schrankkoffer, die er auf seinen Feldzügen nutzte. Eine unterhaltsame Geschichtsstunde, aber der Mangel an authentischen napoleonischen Artefakten ist ein wenig enttäuschend.

Area Museale della Linguelle ARCHÄOLOGISCHE STÄTTE & MUSEUM

(Torre della Linguella; Calata Buccari; Erw./erm. 4/3 €; ⏱ April–Okt. Fr–Mi 10–16.40 Uhr, Juni–Mitte Sept. bis 24 Uhr) Nach seiner Ankunft auf Elba 1814 wurde Napoleon zunächst in der **Torre del Martello** aus dem 16. Jh. „eingekerkert". Der rotbraune, sechseckige Turm diente noch bis 1877 als Gefängnis. Der Turm und die Ruinen nebenan (Überreste der römischen Luxusvilla La Linguella, die zwischen dem 1. und 5. Jh. n. Chr. erbaut wurde) sind heute Teil des kleinen archäologischen Museums. Interessant sind auch die Terracottafriese der Villa de Romana delle Grotte im Hauptgebäude des Museums.

⭐ Museo Villa Napoleonica di San Martino MUSEUM

(☑ 0565 91 58 46; San Martino; Erw./erm. 5/2,50 €; ⏱ Sommer Di–Sa 8.30–19, So 9–13 Uhr, Winter Di–Sa 9–15, So 9–13 Uhr) Napoleon höchstpersönlich überwachte den Umbau dieses einst riesigen Bauernhauses in eine vornehme Villa, die ihm in den Hügeln 5 km südwestlich von Portoferraio Schutz vor der sommerlichen Hitze bot. Sein Bestreben, der neuen Residenz Pariser Glanz zu verleihen, war von Größenwahn und dem Stil der Romantik geprägt. Besonders triumphal sind das hübsche **Zimmer des Liebesknotens** und das große **Ägyptische Zimmer**. In den 1850er-Jahren erwarb ein russischer Adliger die Villa und ließ zu ihren Füßen eine imposante Kunstgalerie errichten.

Essen

Die Restaurants der Stadt gehören nicht zu den besten der Insel. Dennoch sind sie im August immer gerammelt voll – einen Tisch sollte man weit im Voraus reservieren.

Il Castagnacciao
PIZZA €

(☎ 0565 91 58 45; www.ilcastagnacciaio.com; Via del Mercato Vecchio 5; Pizza 5–8 €; ⊙ 10.30–14.30 & 16.30–22.30 Uhr) Der rauchige Geruch des ständig auf Hochtouren laufenden Holzofens dringt bis in den Speiseraum. Wer es den Einheimischen gleichtun möchte, bestellt als Vorspeise *torta di ceci* (Kichererbsenpizza) und danach eine rechteckige Holzofenpizza mit knusprig dünnem Boden. Und zum Nachtisch dann den berühmten *castagnaccio* (Kastanienkuchen), der ebenfalls im Holzofen gebacken wird.

Osteria Libertaria
TOSKANISCH €€

(☎ 0565 91 49 78; Calata Giacomo Matteotti 12; Mahlzeiten 35 €; ⊙ Sommer 12–14.30 & 19–22.30 Uhr) Die Fischlastigkeit der Speisekarte dieser traditionellen Osteria ist kein Wunder, denn die Boote legen praktisch direkt vor dem Lokal an. Die klassischen Gerichte wie gebratene Calamares oder *tonno in crosta di pistacchi* (Thunfischfilets im Pistazienmantel) sind immer superfrisch und lecker. Einige der gefliesten Tische stehen an der lauten Straße, schöner und ruhiger sitzt man auf der Terrasse in einer Seitengasse.

Trattoria e Pizzeria Da Zucchetta
TRATTORIA €€

(☎ 0565 91 53 31; Piazza della Repubblica 40; Mahlzeiten 35 €; ⊙ Mi–Mo 11.30–15 & 18–23.30 Uhr) Dieses Lokal ist eher einfach als schick (gleich auf mehreren Fernsehern kann man die Abendnachrichten verfolgen), aber die Meeresfrüchtegerichte sind erstklassig. Die Gnocchi oder *pappardelle* verschwinden unter einem Berg von Meeresfrüchten und Fischstückchen, und der mit viel Knoblauch gewürzte Fang des Tages wird auf Holzkohle gegrillt, mit Zitrone und Olivenöl besprenkelt und mit Rucola serviert – ein Hochgenuss!

Bitta 20
FISCH & MEERESFRÜCHTE €€€

(☎ 0565 93 02 70; ristorantebitta20@gmail.com; Calata Mazzini 20; Mahlzeiten 50 €; ⊙ Ostern–Mitte Okt. Di–So 12–14.30 & 19–23 Uhr) Dieses Restaurant am Hafen ist eines der beliebtesten Lokale in Portoferraio. Die lange Terrasse überblickt eine Reihe auf dem Wasser schaukelnder Jachten. Die weiße Tischwäsche und der effiziente Service setzen die frischen Seafood-Speisen gut in Szene und ein Besuch lohnt sich sowohl mittags als auch abends – dann allerdings besser mit Reservierung.

ℹ Praktische Informationen

Informationsbüro Parco Nazionale dell'Archipelago Toscana (☎ 0565 90 82 31; www. parcoarcipelago.info; Calata Italia 4; ⊙ April–Okt. 9–19 Uhr, Aug. Di & Do bis 22 Uhr, Nov.–März Mo–Sa 9–16, So bis 15 Uhr) Das hilfsbereite Personal hat jede Menge Infos zum Wandern und Radfahren auf der Insel. Das Büro befindet sich direkt am Wasser in der Nähe der Fähranleger.

ℹ Anreise & Unterwegs vor Ort

AUTO & MOTORRAD

TWN Rent (☎ 0565 91 46 66; www.twn-rent. it; Viale Elba 32) betreibt ein Büro neben dem Hafen in Portoferraio und vermietet Autos, Motorroller, Elektroräder, Mountainbikes und Stadträder. Weitere Filialen gibt es in Marina di Campo, Lacona und Porto Azzurro.

FRISCHE FISCHE

Mit den Einheimischen auf das Einlaufen der Fischerboote zu warten, ist eine der Hauptbeschäftigungen in Portoferraio. Gegen 9.30 Uhr strömen die Massen zum Kai, und wenn um 10 Uhr die ersten Boote anlegen, warten die Kunden in einer langen Schlange darauf, ihre zerknitterten Geldscheine gegen fangfrischen Fisch einzutauschen.

Die großen Industrieboote legen an der **Banchina d'Alto Fondale** auf halbem Weg zwischen dem Fährhafen und dem Hafen der Altstadt an. Gelegentlich haben die Boote einen riesigen Thunfisch an Bord, der dann auch jede Menge Schaulustiger anzieht. In erster Linie werden hier aber Sardinen, Makrelen und Anchovis in Holzkisten direkt ab Boot verkauft (zu 5 € für eine Plastiktüte voll Fisch).

Die kleinen Boote mit nur einem oder zwei Fischern an Bord legen jeden Morgen ab 8 Uhr an der **Calata Giacomo Matteotti** im alten Hafen an. Bei ihnen gibt's die echten Schätze wie Tintenfisch, Hummer, Aal und an guten Tagen sogar Schwertfisch.

Wer um den Preis für den Fisch nicht feilschen will, geht ins Fischgeschäft **Pescheria del Porto** (☎ 0565 91 87 29; www.pescheriadelporto.it; Via Delle Galeazze 20; ⊙ Mo–Sa 8–12.30 Uhr).

BUS

Busse verkehren innerhalb von Portoferraio und fahren von Hafen zu diversen Orten auf der Insel. Für Fahrten bis zu 10 km kosten die Tickets 1,40 €, längere Fahrten kosten 2,50 €.

SCHIFF/FÄHRE

Das ganze Jahr über verkehren regelmäßig Auto- und Passagierfähren mindestens einmal pro Stunde zwischen dem Fährhafen Stazione Marittima in Piombino und Portoferraio auf Elba. Abgesehen von August oder den Wochenenden im Sommer muss man die Fähre nicht im Voraus buchen. Es genügt, das Ticket vor der Abfahrt im Hafen zu kaufen. Die Preise (einfache Fahrt um die 17/50 € pro Pers./Auto mit Fahrer) schwanken je nach Saison. Die Überfahrt dauert eine Stunde.

Aquavision (www.aquavision.it) Fährt nur saisonal.

Blunavy (www.blunavytraghetti.com) Fährt nur saisonal.

Moby (www.mobylines.com)

Toremar (www.toremar.it)

Schiopparello, Magazzini & Otone

Diese Häuseransammlungen liegen so nah an Portoferraio, dass sie eigentlich zum Stadtrandgebiet zählen. Sie scharen sich östlich der Fähranleger auf fruchtbaren Böden um Kiesbuchten und gehen auf die Römerzeit zurück. Damals bauten sich die einflussreichen Besitzer der Eisenerzminen der Insel hier schmuckvolle Villen am Meer. Heute finden sich in den Buchten Hotels und im Landesinneren werden Oliven, Trauben, Zitrusfrüchte und Weizen angebaut. Zum Übernachten sind Schiopparello, Magazzini und Otone wesentlich ruhiger und ansprechender als Portoferraio selbst.

 Aktivitäten

Tenuta La Chiusa WEINGUT
(☑ 0565 93 30 46; www.tenutalachiusa.it; Località Magazzini 93, Magazzini; ⊙ Sommer Mo–Sa 8.30–14.30 & 16–20 Uhr, Winter bis 17 Uhr) Das idyllisch direkt am Wasser gelegene Landgut in Magazzini befindet sich etwa 8 km östlich von Portoferraio. Es ging in die Geschichtsbücher ein, weil Napoleon hier eine Nacht verbrachte, als er 1814 auf Elba an Land ging. Mit seiner 11,5 ha großen Weinanbaufläche und 700 Olivenbäumen ist La Chiusa das älteste und vermutlich größte Wein- und Olivenölgut der Insel.

Montefabbrello ESSEN & TRINKEN
(339 8296298; www.montefabbrello.it; Località Schiopparello 30; ⊙tgl.) Der Hofladen dieses familiengeführten Landguts verkauft Wein (Trebbiano Toscano, Ansonica, Passito und Vermentino) und natives Olivenöl aus eigenem Anbau sowie getrocknete „Pasta dell' Elba" aus Weizen von benachbarten Feldern.

 Essen & Ausgehen

⭐**Ristoro Agricolo Montefabbrello** TOSKANISCH €€
(☑ 339 8296298; www.montefabbrello.it; Località Schiopparello 30; Mahlzeiten 38 €; ⊙ Juni–Sept. 19.30–22.30 Uhr, Okt.–Mai Fr & Sa 19.30–22.30, So 12–15 Uhr) Dieses rustikale Restaurant auf dem Landgut Montefabbrello ist ein Musterbeispiel für nachhaltige Slow-Food-Kochkunst. Der Weizen für die Pasta, die Trauben für den Wein und die Oliven für das Öl wachsen auf dem Hof selbst. Auch das Obst und Gemüse stammen aus eigenem Anbau. Die köstlichen Pastakreationen, das selbst gebackene Brot und die (für Elba unüblich) große Auswahl an Fleisch- und Wildfleischgerichten sollte sich kein Feinschmecker entgehen lassen.

ℹ️ **An- & Weiterreise**

Zwischen Portoferraio und Bagnaia (2,50 €, 25 Min.) verkehrt Bus 118 mit Halt in Schiopparello und Magazzini (1,40 €), allerdings fährt er nur sehr selten.

Marciana Marina, Marciana & Poggio

1977 EW.

Im Gegensatz zu vielen modernen Jachthäfen, die alle gleich aussehen, hat die hübsche Marina von Marciana echten Charme, eine lange Geschichte und zudem noch schöne Kieselstrände. Der Hafen ist 18 km westlich von Portoferraio. Von dort windet sich eine 9 km lange Bergstraße durchs Landesinnere hinauf nach Marciana, dem ältesten und höchsten Bergdorf (375 m) der Insel.

Marciana ist mit seinen alten gepflasterten Straßen, Torbögen und steinernen Häusern mit üppigen Blumenkästen und winzigen Balkonen ein wahres Postkartenidyll und eine Erkundungstour wert, bevor man weiter bergauf Elbas bedeutendste Pilgerstätte, den Santuario della Madonna del Monte, besichtigt.

Zwischen den beiden Marcianas liegt an der steilen, kurvigen SP25 das Bergdorf

ETRUSKISCHE RIVIERA & ELBA ELBA

MARCIANA MARINA: EINE TRADITIONELLE PASSEGGIATA

Der schönste Moment des Tages im entspannten Örtchen Marciana Marina ist am frühen Abend, wenn die ganze Stadt am Wasser entlang zu spazieren scheint und sich der typisch toskanischen *passeggiata* hingibt.

Los geht's am östlichen Ende der Uferpromenade, wo man unter den riesigen Palmen oder in einer Bar der **Piazza della Vittoria** auch erst einmal das Treiben beobachten kann. Am besten nimmt man sich ein Beispiel an den Einheimischen und besorgt sich ein *gelato* für unterwegs, das leckerste Eis der Insel verkauft **La Svolta** (☑ 0565 9 94 79; www.gelaterialasvolta.it; Via Cairoli 6, Marciana Marina; ⊙ April–Okt. Di–So 10.30 Uhr–spät).

Nach ein paar Minuten auf der Viale Margherita am Wasser entlang nach Westen führt ein kurzer Abstecher landeinwärts zur **Piazza Vittorio Emanuele** mit dem urigen Kopfsteinpflaster und der pfirsichfarbenen Kirche. Hier gibt es viele Bars, Cafés und Restaurants, für die es sich später am Abend wiederzukommen lohnt.

Zurück am Wasser schlängelt sich der Weg weiter in Richtung Westen, vorbei an Boutiquen und dem winzigen Jachthafen, bis man pünktlich zum Sonnenuntergang die **Spiaggia di Capo Nord** erreicht. Der hübsche Strand mit groben Kieseln wird von einem Turm der Sarazenen aus dem 12. Jh. bewacht – der perfekte Ort, um die Sonne im Tyrrhenischen Meer versinken zu sehen.

Poggio. Der von abschüssigen, kopfsteingepflasterten Gassen geprägte Ort wartet mit atemberaubenden Ausblicken auf die Küste auf und ist vor allem für sein Quellwasser bekannt.

⊙ Sehenswertes & Aktivitäten

★ Cabinovia Monte Capanne SEILBAHN
(Seilbahn; ☑ 0565 90 10 20; www.cabinovia-isoladelba.it; Località Pozzatello; hin & zurück Erw./erm./Kind 18/13/9 €; ⊙ Mitte April–Mitte Okt. 10–13 & 14.20–17 Uhr) In offenen Drahtkörben, die wie gelbe Vogelkäfige aussehen, gondelt Elbas berühmte Seilbahn ihre Passagiere in 20 Minuten auf den Monte Capanne (1018 m), den höchsten Berg der Insel. Oben lädt der felsige Gipfel zum Kraxeln ein und bietet einen phänomenalen Rundumblick auf ganz Elba, den Toskanischen Archipel, die Etruskische Riviera und die nur 50 km entfernte Nachbarinsel Korsika. Ambitionierte Wanderer können sich mit einem günstigeren Ticket die Rückfahrt sparen und den steinigen Abstieg in 1½ Stunden zu Fuß bewältigen.

Santuario della Madonna del Monte KAPELLE
(⊙ 24 Std.) GRATIS Eine belebende 40-minütige Wanderung führt durch Marciana die Via della Madonna hinauf zu dieser Bergkapelle, die mehrfach umgebaut wurde und sich mit einem Fresko der Jungfrau Maria aus dem 13. Jh. auf einer Granitplatte schmückt. Auf dem Weg vorbei an Schirmkiefern, Kasta-

nienbäumen, wildem Salbei und Thymian eröffnet sich ein beeindruckendes Küstenpanorama. An der Kapelle auf dem Berg (627 m) angekommen, sollte man Napoleon nacheifern und erst einmal einen Schluck aus dem alten Steinbrunnen gegenüber der Kirche trinken. Eine Tafel erinnert an seinen Besuch 1814.

Monte Perone BERG
Südlich von Poggio windet sich die SP37 zu einem gut ausgeschilderten Picknickplatz am Fuße des Monte Perone (630 m). Wer nach links (Osten) geht, kann den Berg hinaufsteigen und die überwältigende Aussicht über fast die ganze Insel genießen. Der Weg nach rechts (Westen) hingegen führt recht schnell zu einer kleinen Anhöhe, von der man auf Poggio, Marciana und Marciana Marina blickt.

✗ Essen

In Marciana Marina gibt es zahlreiche Restaurants, aber in Poggio und Marciana ist die Auswahl eher dünn. Im Sommer (v. a. im August) empfiehlt es sich, überall zu reservieren.

★ Ristorante Salegrosso FISCH & MEERESFRÜCHTE €€
(☑ 0565 99 68 62; salegrossoristo@hotmail.com; Piazza della Vittoria 14, Marciana Marina; Mahlzeiten 40 €; ⊙ März–Dez. Di–So 12.30–14.30 & 19.30–22 Uhr) Wer auf der Suche nach Elbas bestem Fischgericht ist, wird hier fündig: Der erlesene Fischeintopf kommt mit einem

Berg Krustentiere, Tomaten, Safran und gekrönt von einer knoblauchverwöhnten Scheibe Bruschetta auf den Tisch – einfach himmlisch! Neben diversen anderen Seafood-Spezialitäten serviert das Salegrosso auch exzellente hausgemachte Pasta und beim Dinieren kann man den Einheimischen bei ihrer abendlichen *passeggiata* am Ufer zuschauen.

⭐ **Osteria del Noce** FISCH & MEERESFRÜCHTE €€
(☑ 0565 90 12 84; www.osteriadelnoce.it; Via della Madonna 19, Marciana; Mahlzeiten 30 €; ⊘Ende März–Sept. 12–14 & 19.30–21.30 Uhr) In dem Familienbetrieb im Bergdorf Marciana wird das Brot mit Fenchel, Kastanienmehl und anderen saisonalen Zutaten noch selbst gebacken. Die Pasta- und Seafood-Optionen sind ebenso umwerfend wie die Aussicht von der Terrasse. Um zur Osteria zu gelangen, folgt man den Wegweisern zur Kapelle Madonna del Monte bis zum oberen Dorfrand.

Publius TOSKANISCH €€€
(☑0565 9 92 08; www.ristorantepublius.it; Piazza del Castagneto 11, Poggio; Mahlzeiten 46 €; ⊘Ende April–Okt. Mo 19.30–22.30, Di–So 12–14 & 19.30–22.30 Uhr) Wer durch die raumhohen Fenster des vornehmen Bergrestaurants am unteren Ende von Poggio blickt, hat das Gefühl, in einem schicken Baumhaus zu sitzen. Auf der eleganten Dachterrasse meint man dagegen, über dem Meer zu schweben. Auf der feinen Speisekarte stehen toskanische Gerichte mit Fisch und Produkten der heimischen Berge.

ℹ **Praktische Informationen**

Am Piazza della Vittoria in Marciana Marina gibt es eine winzige Touristeninformation, die nur im Sommer geöffnet ist.

ℹ **An- & Weiterreise**

Bus 116 verbindet Marciana Marina und Marciana mit Portoferraio und fährt mindestens achtmal pro Tag (2,50 €).

Marina di Campo
4805 EW.

Der Ort mit dem kleinen Fischerhafen im Süden der Insel ist die zweitgrößte Stadt Elbas. Einzig die malerische Bucht mit den kleinen Booten sorgt für etwas Flair in der ansonsten sehr touristischen Stadt. Während die Sommerurlauber in Scharen zum strahlend weißen Sandstrand der Stadt strömen, ist es in den weniger spektakulären Buchten im Westen wesentlich ruhiger.

◉ **Sehenswertes & Aktivitäten**

Cavoli STRAND
Der feine Kiesstrand von Cavoli, 6 km westlich von Marina di Campo, ist besonders familienfreundlich, da es hier ein Strandcafé, Liegen, Tretboote und einen Spielplatz gibt.

Acquario dell'Elba AQUARIUM
(☑0565 97 78 85; www.acquarioelba.com; Traversa di Via Segagnan 245; Erw./erm. 8/7 €; ⊘April–Mitte Okt. 9–19 Uhr, Juni–Mitte Sept. 9–23.30 Uhr) Mehr als 150 Arten von Mittelmeerbewohnern tummeln sich in dem überschaubaren Aquarium, das ein nettes Ausflugsziel bei schlechtem Wetter ist. Es befindet sich 2 km nordöstlich der Stadt und ist von der SP30 nach Lacona gut ausgeschildert.

Il Viottolo TREKKING & RADFAHREN
(☑329 7367100; www.ilviottolo.com; Via Albarelli 60) Der etablierte Veranstalter organisiert verschiedenste Outdooraktivitäten: Wanderungen, Mountainbike-Touren, Walbeobachtungstrips, Segeltörns und Seekajakfahrten. Auf Anfrage erstellt der Anbieter ein individuelles Programm. Die Website informiert über Daten und Preise für die Touren.

✕ **Essen & Ausgehen**

Il Cantuccio TRATTORIA €
(☑0565 97 67 75; Largo Garibaldi 6; Pizza 6–9 €, Mahlzeiten 25 €; ⊘12–13 & 19–23 Uhr) Es lohnt sich, den mit der Speisekarte wedelnden Kellnern der Uferpromenade den Rücken zu kehren und dieses schlichte Restaurant in der Largo Garibaldi aufzusuchen. Das Lokal ist seit 1930 im Geschäft, überzeugt mit einem erstklassigen Preis-Leistungs-Verhältnis (eine Seltenheit auf Elba) und bewirtet seine Gäste mit Seafood, hausgemachten Nudeln, Pizza aus dem Holzofen sowie 18 verschiedenen Sorten Olivenöl.

Da Mario BAR
(Lungomare Generale Fabio Miribelli 29; ⊘8–23 Uhr) Diese ansprechende Bar schenkt seit 1952 Drinks und Kaffee aus. Von der Holzterrasse blickt man auf Fischerboote und den langen Sandstrand. Eigentlich heißt sie Yacht Club Da Mario, aber alle nennen sie nur Da Mario – und genauso einfach und persönlich ist sie auch.

KLEINE AUSZEIT

Nach erlebnisreichen Tagen voller Erkundungstouren gibt's keinen schöneren Ort zum Entspannen als die Insel Elba, ein mediterranes Paradies.

STILLE FÜR GOURMETS

Zwar ist er nur ein paar Minuten von der Straße von Portoferraio nach Magazzini entfernt, doch der **Agriturismo Due Palme** (☎0565 93 30 17, 338 7433736; www.agriturismoelba.it; Via Schiopparello 28, Schiopparello) ist wirklich friedvoll – und gehört zur einzigen Olivenölplantage auf Elba, die IGP-Öl produziert. Inmitten von Blumenbeeten, Zitronenbäumen und hundert Jahre alten Olivenhainen befinden sich hier einfache, gepflegte Häuschen für Selbstversorger. Und das Olivenöl muss man natürlich auch probieren!

STRANDPARADIES

Elba ist ein Strandparadies: In kristallklarem Wasser tummeln sich Schnorchler und badende Kids, weiter draußen paddeln Kajakpärchen auf der Suche nach dem romantischsten Garten Eden von einer einsamen Bucht zur nächsten. Geduldige Taucher freuen sich über Mondfische, Barrakudas und Adlerrochen. Strand-Hotspots: Spaggia di Spartaia, Innamorata und Sorgente.

SONNENUNTERGÄNGE

Mit einem Glas samtig-rotem Aleatico DOCG, einem Elba-Grappa oder einem würzigen Limoncino kann der Tag auf einer Terrasse mit Blick aufs Meer toll ausklingen. Oder man schaut sich den Sonnenuntergang von einem der Restaurants der schicksten Adresse der Insel an, des **Hotel Hermitage** (☎0565 97 40; www.hotelhermitage.it; La Biodola; ☉Ende April–Anfang Okt.) am Strand in La Procchio.

1. Strand von Cavoli (S. 229), Marina di Campo
2. Meeresfrüchtegericht, Elba
3. Speisen unter freiem Himmel, Capoliveri (S. 232)

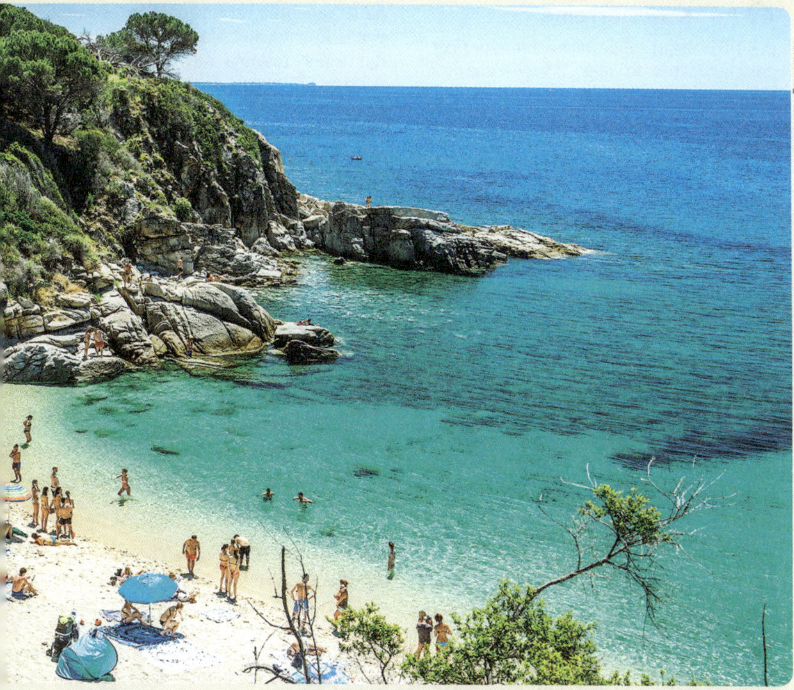

STEFANO_VALERI/SHUTTERSTOCK ©

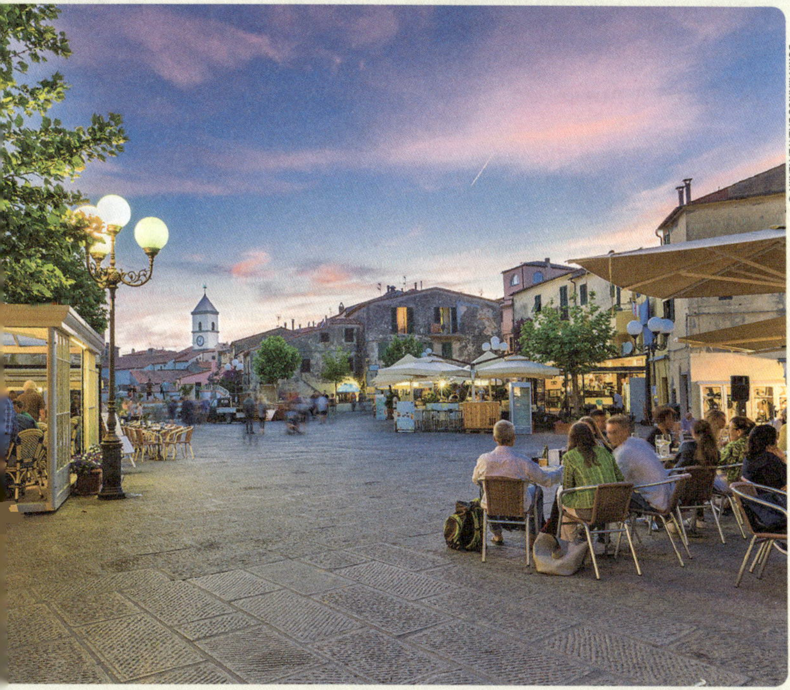

DORIN MARIUS BALATE/ALAMY ©

❶ An- & Weiterreise

Bus 116 verkehrt mindestens achtmal pro Tag zwischen Marina di Campo, Procchio und Portoferraio (2,50 €).

Capoliveri

4033 EW

Der pittoreske Ort liegt hoch oben in den Bergen im südöstlichen Zipfel Elbas. In den steilen Gassen drängen sich die schmalen Häuser dicht an dicht. Von der alten Steinterrasse der zentralen **Piazza Matteotti** hat man einen tollen Blick auf die Dächer der Stadt und das Meer.

◎ Sehenswertes

Calamita: Miniere di Capoliveri EISENERZMINE (☑0565 93 54 92; www.minieredicalamita.it; Museum Erw./erm. 2,50/1,50 €, Führung Erw./erm. 18–24/12–18 €; ◷Ende Mai–Aug. 10–16.30 Uhr mit stündl. Führungen, Ende April & Sept.–Nov. kürzere Öffnungszeiten und seltenere Führungen) Besucher können im Rahmen einer Führung die Eisenerzmine Genevro erkunden. Bis zur Schließung der Mine im Jahr 1981 wurde hier Magneteisenstein gefördert. Durch dunkle unterirdische Tunnel geht es in riesige kathedralenartige Höhlen, in denen das Metallgestein abgebaut wurde. Ausgangspunkt der Touren ist das kleine Museum auf dem Gelände in Vallone, 11 km südlich von Capoliveri.

✕ Essen & Ausgehen

★Fandango WEINBAR (☑389 8407711; Via Cardenti 1; ◷Ostern–Okt. Di–So) Von der Aussichtsterrasse am äußersten Ende der zentralen Piazza Matteotti führt eine Treppe zu dieser quirligen *enoteca* hinab. Die Gäste sitzen lauschig unter einer weinumrankten Pergola. Für den kulinarischen und akustischen Genuss sorgen gut gemixte Cocktails, exzellente lokale Weine, Livemusik und *piccolo cucina* (kleine Snacks) aus regionalen Zutaten.

Lo Sgarbo FISCH & MEERESFRÜCHTE € (☑348 2987970; Via Silvio Pellico 3; Mahlzeiten 22 €; ◷19.30–22.30 Uhr) Abseits vom Urlaubsort-Glamour bietet diese beliebte, bodenständige *spaghetteria* außergewöhnlich leckere Seafood-Pasta, die drinnen oder an den Tischen draußen verspeist wird.

La Taverna dei Poeti TOSKANISCH €€€ (☑0565 96 83 06; www.latavernadeipoeti.com; Via Roma 14; Mahlzeiten 46 €; ◷ Sommer tgl. 19.30–23.30 Uhr) In dem von den Einheimischen

heiß geliebten, traditionellen Restaurant würzt Küchenchef Massimo die besten Produkte der Toskana mit einer ordentlichen Prise geradliniger Kochkunst. Die Speisekarte ist in *mare* (Meer) und *terre* (eigentlich „Erde", also Fleisch) unterteilt. Beim Verkostungsmenü für 70 € gibt's zu jedem der vier Gänge den passenden Wein.

❶ Praktische Informationen

Die **Touristeninformation Visit Elba** (☑0565 96 76 50; www.infoelba.it; Viale Australia 1; ◷Juni–Okt. 9–13.30 Uhr) ist die zentrale Touristeninformation der Insel.

❶ An- & Weiterreise

Bus 117 fährt mindestens achtmal täglich von Capoliveri nach Portoferraio, Porto Azzurro, Rio Elba, Rio Marina und Cavo (2,50 €).

Porto Azzurro

3751 EW.

Passend zum Namen des Örtchens glitzert das Meer im Hafen von Porto Azzurro tatsächlich azurblau. Direkt am Ufer lädt ein verkehrsberuhigter Platz mit Palmen zum Verweilen ein. Dahinter erstreckt sich ein Gewirr blumengesäumter Gassen mit Restaurants und Straßencafés. Der ideale Ort, um in stimmungsvoller Atmosphäre Fisch und Wein aus der Region zu genießen und danach einen der schönen benachbarten Strände anzusteuern.

✕ Essen

L'Osteria dei Quattro Gatti FISCH & MEERESFRÜCHTE €€ (☑0565 9 52 40; Piazza del Mercato 4; Mahlzeiten 40 €; ◷Di–So 19.30–22 Uhr, Mitte Sept.–Mai Mo geschl.) Diese Osteria befindet sich im Gewirr der Gassen, die vom Hauptplatz (Piazza Matteotti) wegführen. Auf der blumengerahmten Terrasse werden ausgezeichnete Fischgerichte aufgetragen, die oft Spezialitäten wie *bottarga* (gesalzene Fischrogen) beinhalten. Da es nur wenige Tische gibt, lohnt sich eine Reservierung.

Tamata MODERN ITALIENISCH €€€ (☑0565 94 00 48; www.tamataristorante.it; Ecke Via Cesare Battisti/Via Cavalloti; Mahlzeiten 55 €; ◷März–Mitte Mai & Mitte Okt.–Nov. 12.30–14 & 19.30–22 Uhr, Mitte Mai–Mitte Okt. 19.30–22 Uhr) Von allen Restaurants auf Elba kommt dieses der Kategorie Gourmettempel am nächsten. Die spannenden modernen Kreationen, die die Küche zaubert, sind nicht nur kunstvoll

INSIDERWISSEN

DIE SCHÖNSTEN STRÄNDE AUF ELBA

Angesichts der vielen Buchten an der 147 km langen Küste Elbas lohnt es sich, etwas mehr über die diversen *spiagge* (Strände) zu erfahren. Sandstrände gibt es an der Südküste und am Golfo della Biodola sowie im Westen des Capo d'Enfola. Die Portoferraio nächstgelegenen Sandstrände befinden sich 10 km weiter westlich beim Strandort **Procchio** und dem angrenzenden Feriengebiet **La Biodola**. Die beiden Buchten ziehen im Sommer mit ihren langen, goldenen Badestränden massenweise Besucher an. Westlich von Procchio schmiegt sich die Straße an die Klippen über der **Spiaggia di Spartaia** und der **Spiaggia della Paolina**. Diese beiden beschaulichen kleinen Strände sind – wie die meisten der schönsten Strände Elbas – nur über einen steilen Trampelpfad zu erreichen. Die wenigen Parkplätze liegen ausnahmslos direkt an der Straße.

Colle d'Orano & Fetovaia

Das Beste an den beiden herrlichen, goldgelben Sandstränden an der Westküste ist die spektakuläre Verbindungsstraße dazwischen. Napoleon soll oft an den Colle d'Orano gekommen sein, um hier von seiner Heimatinsel Korsika zu träumen, die am Horizont zu sehen ist. Eine mit duftender *macchia* (immergrünes Gebüsch) bedeckte Landzunge schützt den Sandstrand von Fetovaia, wo sich Nudisten auf den Granitfelsen von Le Piscine sonnen.

Enfola

Das winzige Fischerdorf 6 km westlich von Portoferraio lockt weniger mit seinem grauen Kieselstrand als vielmehr mit zahllosen Outdooraktivitäten. Hier kann man mit dem Tretboot fahren, tauchen (lernen) und auf dem familienfreundlichen, 2,5 km langen **Rundwanderweg** um das grüne Kap spazieren.

Morcone, Pareti & Innamorata

Die drei bezaubernden Sand- und Kieselbuchten vor duftenden Pinien liegen rund 3 km südlich von Capoliveri im Südosten der Insel. Am Strand von Innamorata, dem wildesten der drei, kann man **Seekajaks** mieten und aufs offene Meer hinauspaddeln. Im **Hotel Stella Maris** (☎ 0565 96 84 25; www.albergostellamaris.it; Località Pareti; DZ 145–190 €; P✳☎) am Strand von Pareti können Gäste fein speisen und schön übernachten. Es ist eines der wenigen Drei-Sterne-Hotels direkt am Strand.

Sansone & Sorgente

Die beiden von hohen Klippen umgebenen Kies- bzw. Kieselstrände zeichnen sich durch glasklares, türkisblaues Wasser aus, das ideal zum **Schnorcheln** ist. Mit dem Auto fährt man von Portoferraio auf der SP27 in Richtung Enfola. Parken ist schwierig.

fürs Auge angerichtet, sondern schmecken auch erstklassig. Wer den Einfallsreichtum des Chefkochs näher kennenlernen möchte, sollte das Degustationsmenü (90 €) wählen. Hervorragend ist auch die Weinkarte.

ℹ️ An- & Weiterreise

Bus 117 fährt mindestens achtmal täglich von Porto Azzurro nach Capoliveri, Portoferraio, Rio Elba, Rio Marina und Cavo (2,50 €).

Giglio, Gorgona & Pianosa

Giglio (1442 Einwohner) ist mit 21 km² die zweitgrößte der sieben Inseln des Toskanischen Archipels. Die südlich von Elba gelegene Insel ist vorwiegend hügelig und ein beliebtes Wanderrevier. Zudem locken eine Reihe geschützter Buchten zum Schwimmen. Heute verbinden die meisten Leute den Namen Giglio mit der tragischen Havarie des Kreuzfahrtschiffs *Costa Concordia* Anfang 2012, aber die Insel ist ein attraktives Ziel für eine Tagestour und lässt sich einfach per Fähre von Porto Santo Stefano auf Monte Argentario erreichen. Die Fährunternehmen Maregiglio (www.maregiglio. it) und Toremar (www.toremar.it) betreiben das ganze Jahr über Verbindungen (hin & zurück pro Pers./Auto 26/90 €). Von Porta Azzurro auf Elba fahren außerdem wöchentlich Fähren von Aquavision nach Giglio (www.aquavision.it; hin & zurück Erw./Kind 35/20 €, 2 Std.).

234

RIO DELL'ELBA & RIO MARINA

Der bergige und recht abgelegene Nordosten Elbas war das Zentrum des Bergbaus auf der Insel. Diese Vergangenheit wird in vielen Industriedenkmälern wieder lebendig. Die beiden bedeutendsten Bergbaustädte waren **Rio dell'Elba** (1212 Einwohner) in den Bergen und **Rio Marina** (2233 Einwohner) an der Küste. Beide sind über ein Gewirr von steilen, kurvenreichen Straßen zu erreichen, die gute Nerven und noch bessere Fahrkünste erfordern.

Schon die Etrusker betrieben Bergbau in Rio und die ganze Gegend lebte vom Tagebau, bis die letzten Minen 1982 geschlossen wurden. Das **Museo dei Minerali e dell' Arte Mineraria** (☎ 0565 96 20 88; www.parcominelba.it; Via Magenta 26, Rio Marina; Erw./erm. 2,50/1,50 €; ☉ April–Juni, Sept. & Okt. 9.30–12.30 & 15.30–18.30 Uhr, Juli & Aug. 9.30–12.30 & 16.30–19.30 Uhr) dokumentiert nicht nur diese lange Geschichte, sondern organisiert auch Führungen mit einer Elektrobahn in die Abbaugebiete (Erw./erm. 12/7,50 €). Dabei dürfen die Besucher auch selber nach Mineralien schürfen – Werkzeug und Plastiktüten werden gestellt. Die Führungen müssen einige Tage im Voraus gebucht werden.

Das Mini-Inselchen Pianosa (zehn Einwohner) südwestlich von Elba war bis 1997 eine Gefängnisinsel. Die Insel ist nicht auf Tourismus ausgerichtet und es gibt keinen zwingenden Grund, sie zu besuchen.

Nördlich von Elba befindet sich auf Gorgona (220 Einwohner) ein Hochsicherheitsgefängnis, Tagesausflügler haben dort keinen Zutritt.

Capraia

415 EW.

Diese winzige Insel im Tyrrhenischen Meer ist gerade mal 31 km von Korsika entfernt. Sie ist nur 8 km lang und 4 km breit, die höchste Erhebung ist der 447 m hohe Monte Castello. Im Sommer ist Capraia ein angesagtes Tagesausflugsziel, dann sind die wenigen Hotels und Restaurants der Insel geöffnet, aber zu anderen Jahreszeiten ist es hier unheimlich still.

Die Insel verfügt über großartige Wanderwege, wie etwa zum See Stagnone. Bei der **Touristeninformation** (☎ 338 1509312, 0586 90 52 35; www.prolococapraiaisola.it; Via Assunzione 42; ☉ Juli & Aug. 9.30–12.30 & 18.30–19.30 Uhr, Juni & Sept. kürzere Öffnungszeiten) sind Wander- und Radkarten mit Tourenvorschlägen für die ganze Insel erhältlich. Im Laufe ihrer wechselvollen Geschichte stand Capraia unter der Herrschaft der Genueser, Sardiniens, der Sarazenen aus Nordafrika und Napoleons.

ℹ An- & Weiterreise

Aquavision (S. 227) bietet einmal wöchentlich eine Tagestour (hin & zurück Erw./Kind 30/15 €, 2½ Std. pro Überfahrt, 5 Std. Aufenthalt) zur Erkundung der Insel an. Abfahrt ist in Portoferraio und Marciana Marina auf Elba. Das Unternehmen veranstaltet auch eine Tagestour von San Vincenzo auf dem Festland nach Capraia (hin & zurück Erw./Kind 35/20 €, 2 Std. pro Überfahrt, 7 Std. Aufenthalt). Die Fähren von **Toremar** (☎ 0586 90 50 69; www.toremar.it) fahren von Livorno nach Capraia (hin & zurück 40 €, 2¾ Std. pro Überfahrt; im Sommer 1- bis 2-mal tgl., im Winter weniger häufig). In der Hochsaison ist es teilweise möglich, an einem Tag hin- und zurückzufahren, doch sollte man dies vor der Abfahrt ganz genau abklären.

Nordwestliche Toskana

Gut essen

➡ Filippo Mud Bar (S. 279)
➡ Pepenero (S. 268)
➡ Osteria Il Papero (S. 266)
➡ Magno Gaudio (S. 265)
➡ Sergio Falaschi (S. 268)
➡ Locanda di Mezzo (S. 272)

Abseits der Massen

➡ Barbialla Nuova (S. 267)
➡ Osteria Il Papero (S. 266)
➡ Museo di Palazzo Pretorio (S. 262)
➡ Al Benefizio (S. 273)
➡ Villa Bongi (S. 254)
➡ Palazzo Pfanner (S. 252)

Auf in die nordwestliche Toskana

Der berühmte Schiefe Turm ist nur eines der vielen High-lights in dieser grünen Ecke der Toskana. Dennoch düsen die meisten Urlauber hindurch, um schnell nach Florenz und Siena zu kommen. Dabei bieten sich hier tolle Gelegen-heiten zu entschleunigen und aufs Fahrrad bzw. die eigenen zwei Beine umzusteigen. Warum nicht erstmal ausgiebig all die regionalen Schlemmereien probieren, bevor eine Wan-derung rund um mittelalterliche Dörfer oder auf uralten Pilgerwegen lockt?

Pisa ist eine lebendige Studentenstadt und Lucca mit sei-ner Stadtmauer aus dem 16. Jh., dem Gassenlabyrinth, den Plätzen und romanischen Prachtbauten ist einfach char-mant. Die weniger bekannten, alle abseits der Touristenpfa-de gelegenen Städte Pistoia, Prato und Pietrasanta sind in der Hochsaison wunderbare Rückzugsorte von den Massen (und nur einen schlappen Halbtags- oder Tagesausflug per Bahn von Florenz entfernt). Hier zeigt sich das bunte italie-nische Leben jenseits aller Hektik.

Entfernungen (km)

	Pistoia	Pisa	Lucca	San Miniato
Pisa	55			
Lucca	40	23		
San Miniato	64	47	70	
Pietrasanta	68	31	30	77

Highlights

1 **Lucca** (S. 249)
Auf der malerischen Renaissance-Stadtmauer entlangradeln und mit köstlichen regionalen Zutaten picknicken.

2 **Schiefer Turm** (S. 240) Durchs mittelalterliche Pisa bummeln und bei Sonnenuntergang den berühmten Turm besteigen.

3 **Trüffelsuche** (S. 267) Mit einem Trüffelhund in den Herbstwäldern unweit der Foodie-Adresse San Miniato weiße Trüffeln aufstöbern.

4 **Pistoia** (S. 259) In der Europäischen Kulturhauptstadt den Massen entfliehen und die Schätze verschiedener Museen erkunden.

5 **Pietrasanta** (S. 278) In dieser Kleinstadtperle spannende zeitgenössische Kunst, kulinarische Köstlichkeiten und großartige Shops genießen.

6 **Garfagnana** (S. 269) Einen Streifzug durch die ländliche Toskana mit ihren kastanienreichen Wäldern unternehmen.

7 **Carrara** (S. 276) Die einzigartigen Marmorsteinbrüche besichtigen, die einst Michelangelo das Rohmaterial lieferten.

EMILIA-ROMAGNA

Lunigiana

Pontremoli

Pieve di Sorano

Apuanische Alpen

Licciana

Fivizzano

Casola

Pizzo d'Uccello (1781 m)

Fosdinovo

Monte Sagro (1749 m)

Colonnata

7 **Carrara**

Massa

Marina di Carrara

Versilia

Forte de Marmi

Pietrasanta **5**

Marina di Pietrasanta

Viareggio

LIGURIEN

Vara

Ligurisches Meer

PISA

89 200 EW.

Kaum zu glauben, dass Pisa einmal eine wichtige Hafenstadt war, die Genua und Venedig Konkurrenz machte. Heute denken jedenfalls die meisten bei Pisa an ein Bauprojekt, das im wahrsten Sinne des Wortes gründlich schiefgegangen ist. Dabei ist der berühmte Turm nur eine der zahllosen Attraktionen der faszinierenden Stadt. Seit dem 15. Jh. ist Bildung hier der Wirtschaftsmotor Nummer eins; bis heute sind Studenten aus ganz Italien scharf auf einen Studienplatz an der Elite-Uni Pisas. Davon profitiert auch das Stadtzentrum, denn die relaxten Kneipen und Cafés sorgen für Abwechslung zwischen all den romanischen Prestigebauten, gotischen Kirchen und Renaissanceplätzen. Wer sich ein paar Schritte von der Piazza dei Miracoli entfernt, kann ins Studentengewusel mit eintauchen.

Geschichte

Für das alte Rom war Pisa ein bedeutender Handels- und Marinestützpunkt und auch in späteren Jahrhunderten blieb der Hafen eine wichtige Anlaufstelle. Die goldene Ära der Stadt begann im 10. Jh., als sie eine unabhängige Seerepublik wurde und ihren Rivalen Genua und Venedig durchaus Paroli bieten konnte. In den folgenden hundert Jahren segelte Pisas Flotte weit über die Grenzen des Mittelmeers hinaus, trieb erfolgreich Handel mit dem Orient und brachte neue Ideen für Kunst, Architektur und Wissenschaft mit nach Hause. Auf dem Höhepunkt seiner Glanzzeit im 12. und 13. Jh. beherrschte Pisa Korsika, Sardinien und die toskanische Küste. Die meisten Prachtbauten stammen aus dieser Periode, als der typisch pisanisch-romanische Architekturstil mit farbigem Marmor und maurisch-andalusischen Einflüssen florierte. Viele dieser Gebäude erhielten ihren letzten Schliff durch das berühmte Vater-Sohn-Gespann Nicola und Giovanni Pisano.

Während der Konkurrenzkämpfe zwischen dem Papst und dem Kaiser des Heiligen Römischen Reiches schlug sich Pisa auf die Seite der kaisertreuen Ghibellinen und bekam daher Schwierigkeiten mit sei-

DREI PERFEKTE TAGE

1. Tag

Einfach ein Fahrrad mieten, sich mit den leckersten Picknickzutaten der Stadt eindecken und ab geht's durch die mittelalterlichen Straßen von **Lucca** (S. 249). Das Picknick kann man auf der imposanten **Stadtmauer** (S. 249) abhalten oder man radelt weiter nach Osten und genießt es in der **Parkanlage einer Renaissancevilla** (S. 258) im Osten von Lucca. Als stilvoller Abschluss lockt abends ein **Kirchenkonzert** (S. 251) mit Puccini-Arien.

2. Tag

Pisabesucher nehmen sich am besten erstmal Zeit, sich in die abgeschiedenen Gassen von Pisa zu verlieben, und heben sich die **Piazza dei Miracoli** (S. 240) bis zum Schluss auf. Die besten Fotos vom Schiefen Turm lassen sich im Klostergarten des **Museo dell' Opera del Duomo** schießen, sobald es nach der Renovierung wieder geöffnet ist. Am Spätnachmittag fährt man aus Pisa hinaus ins Slow-Food-Städtchen **San Miniato** (S. 267), schlürft bei wunderschönem Talblick einen *aperitivo* in einem entzückenden traditionellen Café und geht zum Abendessen ins **Pepenero** (S. 268) oder in die außerhalb gelegene **Osteria Il Papero** (S. 266). Übernachtet wird auf der Trüffelfarm **Barbi alla Nuova** (S. 267).

3. Tag

Der Tag beginnt in **Castelnuovo di Garfagnana** (S. 269) mit Markteinkäufen fürs Picknick, dann geht die Fahrt über die **Apuanischen Alpen** (S. 269). Es lohnen sich Zwischenstopps, um zuzuschauen, wie gigantische Marmorblöcke aus den Bergflanken gebrochen werden. Der **Passo del Vestito** (S. 269) ist ideal für das mitgebrachte Mittagessen unter freiem Himmel mit anschließendem Besuch des botanischen Gartens. Unten an der Küste warten Massa und weiter nördlich **Carrara** (S. 276) mit seinen Marmorsteinbrüchen; im Süden liegt **Pietrasanta** (S. 278) mit faszinierender Kunst und der spannenden **Filippo Mud Bar** (S. 279).

nen papsttreuen guelfischen Nachbarn
Siena, Lucca und Florenz. Aber den här-
testen Schlag steckte Pisa ein, als ihm die
genuesische Flotte 1284 in der Schlacht von
Meloria eine vernichtende Niederlage bescherte. Nachdem die Stadt 1406 unter die
Herrschaft von Florenz gefallen war, brachten die Medici Kunst, Literatur und Wissenschaft zu neuer Blüte. Sie bauten auch die
Universität wieder auf, wo Ende des 16. Jhs.
der berühmteste Sohn der Stadt lehrte: Galileo Galilei. Leider wurden im Zweiten Weltkrieg 40 % der Altstadt zerstört.

⊙ Sehenswertes & Aktivitäten

Viele Besucher kommen am Bahnhof Pisa
San Rossore an, gehen die paar Schritte
bis zur Piazza dei Miracoli und haben Pisa
damit abgehakt. Viel schlauer ist es, bis zur
Stazione Pisa Centrale zu fahren, um dann
gemütlich durch das *centro storico* (Altstadt) zu schlendern.

Ein paar Schritte von den übervölkerten
Besuchermagneten der Piazza dei Miracoli
entfernt zeigt Pisa links und rechts des Arno
sein wahres Gesicht. Prächtige Palazzi präsentieren sich in allen Farbschattierungen
entlang des südlichen *lungarno* (Flussufer),
von wo die Einkaufsstraße **Corso Italia** in
Richtung Hauptbahnhof abzweigt. Ein Hingucker ist die mit drei Spitztürmen gekrönte
Chiesa di Santa Maria della Spina (S. 246),
die zwischen 1230 und 1323 als Reliquienschrein für eine *spina* (Dorn) aus der Dor-
nenkrone Christi gebaut wurde. Das mit
Tabernakeln und Statuen überhäufte Meisterwerk der Pisaner Gotik ist zwecks Renovierung geschlossen.

Pisas mittelalterliches Herz pocht nördlich des Flusses. Das ist an der **Piazza
Cairoli** mit ihren Bars und *gelaterie* besonders deutlich zu spüren. Es setzt sich
in der **Via Cavour** fort und verebbt in den
umliegenden Gassen. Täglich frische Waren
machen einem auf dem Markt der **Piazza
delle Vettovaglie** den Mund wässrig; unter
den Arkaden aus dem 15. Jh. verstecken sich
Straßencafés und Bars.

Museo Nazionale di San Matteo MUSEUM
(☏ 050 54 18 65; Piazza San Matteo in Soarta 1;
Erw./erm. 5/2,50 €; ⊙Di–Sa 8.30–19.30, So bis
13.30 Uhr) Die sehenswerte Sammlung mittelalterlicher Meisterwerke ist in einem ehemaligen Benediktinerkloster aus dem 13. Jh.
am Nordufer des Arno untergebracht. Das
Museum fasziniert mit Gemälden der toska-

INSIDERWISSEN

DEN MASSEN ENTFLIEHEN

Um den Massen auf der Piazza dei
Miracoli zu entfliehen, bietet sich ein
Bummel durch den **Orto e Museo
Botanico** (Botanischer Garten & Museum;
☏ 050 221 13 10; Via Roma 56; Erw./erm./
Fam. 4/2/6 €; ⊙ April–Sept. 8.30–20 Uhr,
Okt.–März Mo–Sa 9–17, So bis 13 Uhr) an,
einen stillen ummauerten Garten mit
Palmen, für die Apuanischen Alpen
typischer Flora, einem duftenden Kräu-
tergarten, alten Gewächshäusern und
35 Orchideenarten. Der Garten beherbergt die botanische Sammlung der
Universität Pisa. Er stammt von 1543
und war Europas erster universitärer
botanischer Garten. Um ihn kümmerte
sich einst der berühmte Botaniker Luca
Ghini (1490–1556). Im Museum im **Palazzo della Conchiglie** wird anhand
von feinen botanischen Zeichnungen,
Katalogen und Maketten die Geschichte
des Gartens erzählt.

nischen Schule (ca. 12.–14. Jh.) von Meistern
wie Lippo Memmi, Taddeo Gaddi, Gentile
da Fabriano und Ghirlandaio. Spezielle Aufmerksamkeit verdienen Masaccios *Hl. Pau-
lus,* Fra Angelicos *Madonna mit Kind* und
Simone Martinis *Katharina-Polyptychon.*

Palazzo Blu GALERIE
(www.palazzoblu.it; Lungarno Gambacorti 9; ⊙Di–Fr
10–19, Sa & So bis 20 Uhr) GRATIS Das dem Fluss
zugewandte, perfekt restaurierte Gebäude
aus dem 14. Jh. überrascht mit seiner blauen
Fassade. In den prächtigen Innenräumen aus
dem 19. Jh. kommt die Sammlung der Kunst-
stiftung Pisa besonders gut zur Geltung. Den
größten Raum nehmen die Werke Pisaner
Künstler aus dem 14. bis 20. Jh. in der zweiten
Etage ein; dazu kommen wechselnde Ausstellungen (Erw./erm. 6/4 €) im Erdgeschoss. Im
Eintritt inbegriffen ist eine **archäologische
Stätte** im Untergeschoss und die noble **Residenz** des Adelspalasts im ersten Stock, die
so eingerichtet ist wie im 19. Jh.

Festivals & Events

**Palio delle Quattro Antiche
Repubbliche Marinare** KULTUR
(Regatta der vier alten Seerepubliken; ⊙Anfang Juni)
Die vier historischen Seerepubliken Pisa, Ve-
nedig, Amalfi und Genua wechseln sich jedes
Jahr als Veranstaltungsort dieser histori-

Keine toskanische Sehenswürdigkeit wird so gnadenlos als Motiv für Kitschsouvenirs ausgeschlachtet wie der berühmte Turm an dem großen grünen Platz, auch Piazza Duomo (Domplatz) genannt. Dessen Rasenflächen säumt eine einzigartige Konzentration an romanischen Meisterwerken: der Dom, das Baptisterium und der Campanile, der Schiefe Turm.

Schiefer Turm

Die **Torre Pendente** (18 €; ⊘ April–Sept. 8–20 Uhr, Okt. 9–19 Uhr, Nov.–Feb. 10–17 Uhr, März 9–18 Uhr), ein Wahrzeichen Italiens, macht mit einer Schräge von erschreckenden 3,9 Grad ihrem Namen alle Ehre. Beinahe 200 Jahre dauerte es, bis der 56 m hohe Turm, eigentlich der Campanile (Glockenturm) des Doms, fertig war. Er hatte aber schon bei seiner Einweihung im Jahr 1372 Schlagseite.

Maximal 45 Besucher dürfen gleichzeitig den Turm besteigen; Kinder unter acht Jahren haben keinen Zutritt, Acht- bis Zehnjährige nur, wenn ein Erwachsener sie an die Hand nimmt. Besucher haben 35 Minuten Zeit, um die 251 zum Teil glatten Stufen zu bewältigen und die Aussicht zu genießen. Jegliches Gepäck, auch Handtaschen, muss vorher an der kostenlosen Gepäckaufbewahrung neben der Hauptticketverkaufsstelle abgegeben werden. Immerhin ist es erlaubt, die Kamera mitzunehmen.

Duomo

Pisas gewaltiger **Duomo** (Duomo di Santa Maria Assunta; ⊘ April–Sept. 10–20 Uhr, Okt. bis 19 Uhr, Nov.–März bis 18 Uhr) GRATIS aus dem 11. Jh. mit seinem auffälligen Streifenmuster aus grünem und cremefarbenem Marmor – die Verkleidung wurde im 13. Jh. angebracht – diente romanischen Kirchen in der gesamten Toskana als Vorbild. Die ovale Kuppel, die 1380 aufgesetzt wurde, war ein europäisches Novum. Die mit 24-karätigem Gold verzierte Holzdecke ist eine Hinterlassenschaft der Medici.

NICHT VERSÄUMEN

➡ Schiefer Turm
➡ Camposanto
➡ Battistero
➡ Duomo

PRAKTISCH & KONKRET

➡ Campo dei Miracoli
➡ ☎ 050 83 50 11
➡ www.opapisa.it

San Ranieri

Bei den **Portale di San Ranieri** gegenüber dem Schiefen Turm handelt es sich um Kopien der Original-Bronzetüren aus dem 12. Jh., auf denen das Leben Christi dargestellt ist. San Ranieri, der hl. Rainer, ist Pisas Schutzpatron. Das mumifizierte Skelett des Schutzheiligen ruht in einem marmornen Sarg mit verglasten Seitenwänden in der **Cappella di San Ranieri**. Arabische Schmuckelemente demonstrieren den damals starken Einfluss der islamischen Welt; der Bronzegreif (11. Jh.), der bis 1828 auf dem Domfirst thronte, war Kriegsbeute und stammt wahrscheinlich aus Ägypten.

Giovanni Pisanos Kanzel

Die außergewöhnliche achteckige Kanzel im nördlichen Seitenschiff schuf Pisano zwischen 1302 und 1310 aus Carrara-Marmor. Als Vorbild diente ihm die Kanzel seines Vaters im Baptisterium. Dargestellt sind u. a. nackte und heroische Figuren.

Battistero

Mit dem Bau des Cupcake-artigen **Battistero** (Battistero di San Giovanni; 5 €, Kombiticket mit Camposanto oder Museo delle Sinopie 7 €, Camposanto & Museo 8 €; ☉April–Sept. 8–20 Uhr, Okt. 9–19 Uhr, März bis 18 Uhr, Nov.–Feb. 10–17 Uhr) wurde 1152 begonnen, aber ein gutes Jahrhundert später nahmen Nicola und Giovanni Pisano wichtige Änderungen vor. Vollendet wurde der Bau erst im 14. Jh. Als Banause outet sich, wer das Baptisterium verlässt, ohne von der oberen Galerie aus die außergewöhnliche Akustik und die Echoeffekte der Doppelkuppel bewundert zu haben, die ein Angestellter demonstriert.

Camposanto

Von Kreuzrittern mitgebrachte Erde vom Kalvarienberg füllt angeblich das von weißen Mauern eingefasste Areal dieses berückend schönen **Friedhofs** (5 €, Kombiticket mit Battistero oder Museo delle Sinopie 7 €, Battistero & Museo 8 €; ☉ April–Sept. 8–20 Uhr, Okt. 9–19 Uhr, Nov.–Feb. 10–17 Uhr, März 9–18 Uhr). Hier haben viele prominente Pisaner ihre letzte Ruhestätte gefunden. Einige der Sarkophage hier sind griechisch-römischen Ursprungs, die dann im Mittelalter wiederverwendet wurden. Viele der Fresken an den Wänden des Kreuzgangs wurden leider während des Zweiten Weltkriegs durch alliierten Beschuss zerstört.

Museo delle Sinopie

Dieses **Museum** (5 €, Kombiticket mit Battistero oder Camposanto 7 €, Battistero & Camposanto 8 €; ☉ April–Sept. 8–20 Uhr, Okt. 9–19 Uhr, Nov.–Feb. 10–17 Uhr, März 9–18 Uhr) beherbergt diverse Sinopien (Entwürfe), die die Künstler im 14. und 15. Jh. mit roten Erdpigmenten auf den Mauern des Camposanto skizziert hatten, bevor die eigentlichen Fresken darüber gepinselt wurden. Mit Kurzfilmen und maßstabsgetreuen Modellen wird die hohe Kunst der Wandmalerei veranschaulicht.

NORDWESTLICHE TOSKANA PIAZZA DEI MIRACOLI

TOP-TIPPS

Der Schiefe Turm ist nur begrenzt zugänglich. Am besten reserviert man sein Ticket vorab oder sichert sich sofort nach der Ankunft in Pisa ein Ticket für den nächsten verfügbaren Termin. Ticketschalter befinden sich hinter dem Turm und im Museo delle Sinopie. Der Eintritt zum Dom ist frei, aber zum Betreten des Gotteshauses benötigt man einen Coupon von den Ticketschaltern oder eine Eintrittskarte einer der anderen Sehenswürdigkeiten an der Piazza dei Miracoli.

Im Baptisterium ist Nicola Pisanos sechseckige Marmorkanzel (1260) die Hauptattraktion. Pisano nahm sich die römischen Sarkophage im Camposanto zum Vorbild und schuf auf der Grundlage der klassischen Modelle Szenen aus der Bibel. Besonders herausragend ist sein Daniel, der eine der Ecken der Kanzel auf seinen Schultern trägt.

DER TRIUMPH DES TODES

Eine der wenigen erhaltenen Camposanto-Fresken ist diese Darstellung der Hölle (1333–1341), die Buonamico Buffalmacco zugeschrieben wird. Zum Glück wurden die Spiegel entfernt, die offenbar früher neben den mit sadistischer Detailtreue gemalten Verdammten, die lebend am Spieß über dem Höllenfeuer schmoren, hingen – so bleibt es dem Betrachter erspart, in dem martialischen Gemälde das eigene Gesicht zu entdecken.

Warum Pisa schief liegt

Im Jahr 1160 hatte Pisa über 10 000 Türme vorzuweisen, nur dem Dom fehlte ein Campanile (Glockenturm). Diesen Missstand behob die aufrechte Pisanerin Berta di Bernardo. Als sie 1172 starb, vermachte sie der Stadt 60 Silberstücke, damit die sich daran machte, einen Campanile zu errichten.

Als Bonnano Pisano 1173 mit dem Bau des berühmtesten Campanile (Glockenturm) der Welt begann, übersah er leider, dass er sich dabei auf ziemlich unsicheres Terrain begab: Unter der Piazza dei Miracoli verbarg sich eine 40 m dicke tückische Schicht aus Sand und Lehm. Als die Arbeiten fünf Jahre und drei Stockwerke später zum Stillstand kamen, hatte der Stummel von Italiens künftiger Ikone bereits Schlagseite. Bei Wiederaufnahme der Arbeiten 1272 versuchten Bauarbeiter, die Neigung durch eine leichte Bananenform auszugleichen. Im 19. Jh. waren viele überzeugt, dass der Turm schlicht eine schrullige Idee seiner Erfinder und absichtlich schief gebaut worden war.

Als 1838 Schlamm entfernt wurde, der durch den Sockel des Turms quoll, war ein für alle Mal klar, dass das Bauwerk auf unsicherem Fundament ruhte. In den 1950er-Jahren legte man die sieben Glocken im Turm still, die seit 1370 von 14 Männern vom Boden aus geläutet wurden und alle in einem unterschiedlichen Ton erklangen, aus Angst, der Turm könne kollabieren. 1990 wurde der Turm für die Öffentlichkeit gesperrt. Als Gegengewicht zum Überhang auf der Südseite ließen Ingenieure auf der Nordseite Bleiblöcke anbringen, die insgesamt

1. Schiefer Turm
(Torre Pendente)
2. Battistero di San
Giovanni und *duomo*
3. Der Campanile der
Chiesa di San Nicolas

1000 t wogen. Um das zweite Stockwerk wurden Stahlbänder gelegt.

1995 kippte der Turm um 2,5 mm. Nun wurde das dritte Stockwerk mit Klammern gesichert, die über Stahlseile mit schweren, Zugankern verbunden waren. Später wurden die Anker entfernt und der Schiefe Turm mit den Nachbargebäuden vertäut. Dann wurde unterhalb der Fundamente vorsichtig Erde abgetragen – insgesamt 70 t. Dadurch sank der Turm wieder zurück und richtete sich bis 2011 um 43,8 cm auf: Operation geglückt! Jedes Jahr führen Wissenschaftler Untersuchungen an Pisas strahlend weißem Schiefen Turm durch, um seine Neigung zu messen und seine Stabilität zu prüfen. Die Ergebnisse von 2013 zeigten nun, dass der berühmteste schiefe Turm der Welt 2,5 cm seiner namengebenden Neigung verloren hatte. Einige Forscher prognostizieren sogar eine vollständige Aufrichtung bis zum Jahr 2300. Was bedauerlich wäre.

GANZ SCHÖN SCHRÄG

Duomo & Battistero (S. 240 & S. 241) Die Nachbarn des Schiefen Turms neigen sich um 25 bzw. 51 cm.

Chiesa di San Nicola (Via Santa Maria) Auch Nicola Pisanos achteckiger Glockenturm kämpft mit der Erdanziehung.

Chiesa di San Michele degli Scalzi (Via San Michele degli Scalzi) Der quadratische rote Backsteinturm hat ebenso deutlich Schlagseite.

Pisa

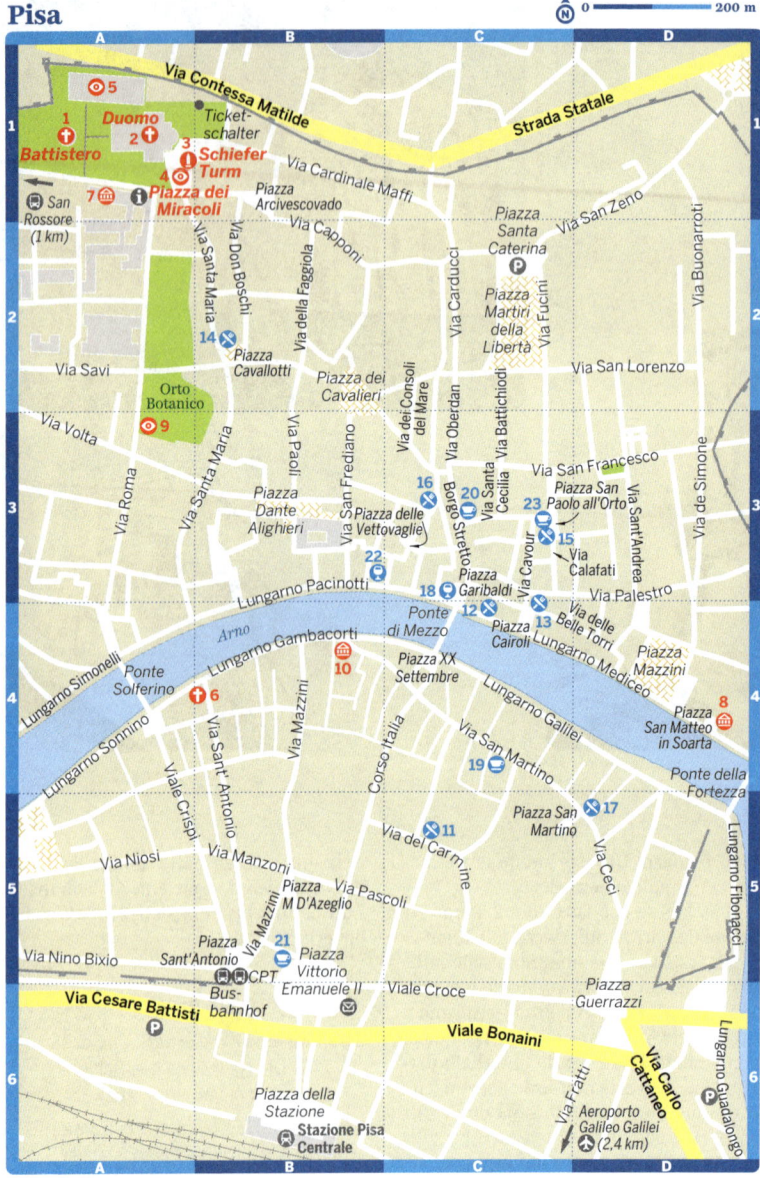

schen Regatta ab. Pisa war 2017 Austragungsort und wird also wieder 2021 dran sein.

Luminaria di San Ranieri
LICHTSCHAU

(16. Juni) In der Nacht vor dem Gedenktag des pisanischen Schutzpatrons flackern auf dem und am Arno Tausende von Kerzen und Fackeln; ein Feuerwerk macht die magische Stimmung komplett.

Gioco del Ponte
KULTUR

(letzter So im Juni) Beim Gioco del Ponte (Brückenspiel) kämpfen zwei Teams in mittelalterlichen Kostümen um den Ponte di Mezzo.

Pisa

 **Essen**

Pisa hat ein breites Angebot an Lokalen, vor allem im Borgo Stretto, an der von Cafés umringten Piazza Dante Alighieri in Uni-Nähe und im trendigen Viertel San Martino südlich des Arno. Um die touristische Fressmeile an der Via Santa Maria macht man besser einen großen Bogen.

Herausragende lokale Spezialitäten sind frischer Pecorino (Schafskäse) aus San Rossore, *zuppe di cavolo* (Kohlsuppen), *pan fi cato* (Kuchen mit Feigen) und *castagnaccio* (Kuchen aus Kastanienmehl mit Walnüssen).

★ **Gelateria De' Coltelli**   GELATO €
(☑ 345 481 19 03; www.decoltelli.it; Lungarno Pacinotti 23; Waffeln/Becher 2,30–4,50 €; ⊙ So–Do 11.30–22.30, Fr & Sa bis 23.30 Uhr) Die phantastische Eisdiele auf der anderen Seite des Arno ist berühmt für ihr handwerklich hergestelltes, 100 % natürliches Bioeis. Die Aromen sind hier genauso peppig und ansprechend wie die hellorange Einrichtung. Das größte Problem ist, sich zu entscheiden: Ingwer, Ri-

cotta mit Pinienkernen und Honig, kandierte Kastanien, Mandel mit kandierter Zitronenschale, Cashew mit Maldon-Salz, Kiwi oder lieber Ricotta mit kandierter Orangenschale und Schokoladenstückchen?

L'Ostellino   SANDWICHES €
(Piazza Cavallotti 1; Panini 3,50–7 €; ⊙ Mo–Fr 12–16.30, Sa & So bis 18 Uhr) In diesem Mini-Feinkostladen und *panineria* gibt's mächtige, in Wachspapier eingewickelte Gourmet-Panini. Wer sich aus den Dutzenden von Kombinationen, die von Hand auf der Tafel angeschrieben stehen, das Passende ausgesucht (begehrte süße Varianten sind *lardo di colonnata* mit Feigen oder höhlengereiftem Pecorino mit Honig und Walnüssen) und die Zubereitung abgewartet hat, kann sich auf dem grünen Rasen der Piazza dei Miracoli zu all den anderen gesellen, die gerade ihr Picknick genießen.

Pizzeria Il Montino   PIZZA €
(☑ 050 59 86 95; www.pizzeriailmontino.com; Vicolo del Monte 1; Pizza 6–8,50 €, Foccacine 2,50–5 €; ⊙ Mo–Sa 10.30–15 & 17–22 Uhr) Von schick und hip ist Il Montino weit entfernt; trotzdem ist die einfache Pizzeria in Pisa eine Institution, zu der Studenten wie Krawattenträger pilgern. Für alle, die an den meist besetzten Tischen drinnen und draußen keinen Platz mehr finden, gibt's die Spezialitäten des Hauses auch zum Mitnehmen: *cecina* (Pizza mit Kichererbsen), *castagnacci* (Kastanienkuchen), *spuma* (süßer Softdrink), *foccacine* (Fladen) mit Salami, *pancetta* (Bauchspeck) oder *porchetta* (Spanferkel).

Capodimonte   PIZZA €
(☑ 334 949 72 24, 050 87 06 90; www.facebook.com/capodimontepisa; Via del Carmine 14; Pizza 4–12 €, Mahlzeiten 30 €; ⊙ Di–So 12–15 & 19–1.30 Uhr) Für eine großzügig bemessene *pizza forna a legna* (aus dem Holzofen) und dazu ein heimisches Craft-Bier gibt's in Pisa kaum eine bessere Adresse als diese stylische Pizzeria mit Backsteindecke, Kissen mit Zebramuster und funkiger Musik. Hier herrscht eine lockere Kneipenstimmung und das Essen – neben einem großen Pizza-Angebot gibt's auch Steaks und Pasta – überzeugt auch kritische Geister.

Green & Go   NATURKOST €
(☑ 050 893 21 50; www.facebook.com/Greenand GoPisa; Lungarno Mediceo 46; Mahlzeiten 4–10 €; ⊙ Mo–Sa 10.30–15.30 Uhr) In diesem grünen Schnellrestaurant kann man sich seine eigenen Salate und Sandwiches zusammenbas-

teln. Frische Zutaten aus einer langen Liste können ihren Weg auf Brote oder auf Blattsalate oder Couscous und andere Getreidespeisen finden. Außerdem werden hausgemachte Suppen, Fruchtsäfte und Smoothies geboten.

Ir Tegame
ITALIENISCH €

(☎ 050 57 28 01; www.facebook.com/irtegamepisa; Piazza Cairoli 9; Mahlzeiten 10–20 €; ⏰ 12–14.30 & 19.45–23.15 Uhr) Wer Hunger auf eine schnelle Schüssel Pasta verspürt, kann diesen in dieser stylischen *spaghetteria* an einem der quirligsten Plätze Pisas stillen. Von der niedrigen Decke hängen zahllose Kunstblumen und auf der Karte stehen nur *primi* (erste Gänge) mit Nudeln, alles frisch und handgemacht. Die *taglioni* mit schwarzen Trüffelraspeln treffen genau ins Schwarze.

Das Menü „Giro Pasta" (20 €) umfasst vier verschiedene Pastagerichte, die in Pfannen an den Tisch gebracht werden, sowie Nachtisch, Wasser und Hauswein – unschlagbar preisgünstig!

Ristorante Galileo
TOSKANISCH €€

(☎ 050 2 82 87; www.ristorantegalileo.com; Via San Martino 6–8; Mahlzeiten 25 €; ⏰ Mi–Mo 12.30–14.30 & 19.30–22.30 Uhr) Für gute, ehrliche, schnörkellose toskanische Küche gibt's keine bessere Adresse als diesen alteingesessenen Klassiker. Von der in Kork gebundenen Weinkarte bis zur warmen, hausgemachten Focaccia, die gratis serviert wird, und den großen Platten mit verführerischen *cantuccini* (Mandelkekse) – das Galileo sorgt dafür, dass sich die Gäste gleich wie zu Hause

fühlen. Die frische Pasta ist hand- und hausgemacht und das meiste Gemüse stammt frisch aus dem Garten des Restaurants.

Osteria Bernardo
TOSKANISCH €€

(☎ 050 57 52 16; Piazza San Paolo all'Orto 1; Mahlzeiten 40 €; ⏰ Di–Sa 20–23, So 12.30–14.30 & 20–23 Uhr) Die kleine Osteria an einem reizenden Platz mit Sicherheitsabstand zu den Touristenmassen am Schiefen Turm ist eine perfekte Mischung aus einfacher und Gourmetküche. Auf der Karte stehen nur vier, fünf Gerichte pro Gang, aber diese erweisen sich als sehr kreativ: Lamm mit Pistazienkruste, Rindfleisch in Biersauce oder köstliches Risotto mit Stilton-Käse, Blattsalat und knackigem Lauch. Reservierung empfohlen.

Ausgehen & Nachtleben

Die meisten Kneipen liegen an und im Umkreis der Piazza delle Vettovaglie. Auch die Cafés der Piazza Dante Alighieri sind aufgrund der Uni-Nähe immer brechend voll.

Interessante Tröpfchen aus den umliegenden Bergen sind der DOCG-Wein Chianti delle Colline Pisane und der Bianco Pisano di San Torpè, ein subtiler trockener Weißwein auf Trebbiano-Basis.

Keith
CAFÉ

(☎ 050 50 31 35; www.facebook.com/keithcafe; Via Zandonai 4; ⏰ Sommer 7–23 Uhr, im Winter bis 21 Uhr; 🛜) Von diesem trendigen Café fällt der Blick direkt auf *Tuttomondo* (1989), ein Wandbild an der Fassade einer Kirche – das letzte Wandgemälde des Popkünstlers

---

ℹ PISA LIEBEN LERNEN

Natürlich steht und fällt Pisa mit dem Schiefen Turm, zu dem alle pilgern. Wer das Chaos der Piazza dei Miracoli mit den vermüllten Rasenflächen, Fußball spielenden Schulklassen, fürs Fotoalbum posierenden Familien und ähnlichen Stressfaktoren überstanden hat, will meist nur noch weg.

Kein Wunder, dass viele nach der Besichtigung eines der berühmtesten Wahrzeichen Europas etwas ernüchtert sind. Wer das vermeiden will, hebt sich den Schiefen Turm und seinen riesigen Platz für den frühen Abend oder (von Mitte Juni bis Ende August/Anfang September) für den späten Abend auf. Dann sind die Touristenbusse weg und die weißen Bauwerke schimmern geheimnisvoll in der Dunkelheit.

Das Alternativprogramm direkt nach der Ankunft ist also ein gemütlicher Bummel am Arno entlang. Brücken führen hinüber ins historische Zentrum der Stadt. Dort warten Keith Harings letztes monumentales Wandgemälde und weniger bekannte architektonische Perlen wie die **Chiesa di Santa Maria della Spina** (Lungarno Gambacorti) und der Palazzo Blu (S. 239). Im Sottobosco oder der Osteria Bernardo (S. 246) schmeckt's unter lauter Einheimischen gleich doppelt gut.

Erst wer das „andere" Pisa lieben gelernt hat, ist innerlich stark genug, um den Schiefen Turm anzugehen.

REISEZIEL SPAGHETTI: LARI

Für Gourmets, die zwischen Pisa und Livorno die ausgetretenen Pfade verlassen möchten, gibt's kein besseres Ziel als das mittelalterliche Lari, ein Wehrdorf mit einer Burg aus dem 11. Jh. und einer Pastafabrik, die sich kein Feinschmecker entgehen lassen sollte.

Die Firma Barilla produziert in 20 Minuten genauso viele Teigwaren wie die **Nudelfabrik Martelli** (☑ 0587 68 42 38; www.famigliamartelli.it; Via dei Pastifici 3; ⊘ Mo, Di & Do–Sa 9–13 & 15–17 Uhr, im Aug. 2 Wochen geschl.) GRATIS in einem ganzen Jahr – dies ist also eine echte Manufaktur. Der 1926 gegründete Familienbetrieb, der sich selbst als kleinste Nudelfabrik der Welt betrachtet, exportiert seine Erzeugnisse weltweit – die größten Abnehmer sind Deutschland und Australien. Seiner treuen Kundschaft bietet die Firma gerne eine kostenlose zehnminütige Führung durch die handwerkliche Produktion.

Auf der Führung sehen die Teilnehmer, wie langsam gekneteter Teig durch traditionelle Bronzeformen zu Spaghetti und Spaghettini, Penne, Makkaroni und Fusilli geformt werden. Die besten Besuchstage sind Dienstag und Freitag: Dann werden Spaghetti gemacht. Die Pasta trocknet anschließend 50 Stunden lang an der Luft – bei der industriellen Fertigung sind dies nur drei Stunden – und wird dann von Hand geschnitten und in den für Martelli typischen kanariengelben Papiertüten verpackt. Das Papier soll an das der Zeit vor den 1960er-Jahren erinnern, in dem auf den Märkten lose verkaufte Nudeln verpackt wurden.

Die Nudeln von Martelli sind zäher und grober als viele andere und passen besonders gut zu Fleischsaucen und Wild. In Lari selbst sind die Nudeln für 4,50 € pro Kilo im Dorfcafé und Tabakladen **La Bottega delle Specialità** (☑ 0587 68 71 12; Via Diaz 12–14; ⊘ Mo–Sa 7.30–20 Uhr; ☎) erhältlich oder man speist sie zum Mittagessen in der **Antica Osteria al Castello** (☑ 329 2088155; Piazza Giacomo Matteotti 13; Pasta 10–20 €, Mahlzeiten 36 €; ⊘ Mi–So 12.30–14 & 19.30–22 Uhr, Juni–Aug. auch Mo) am Hauptplatz.

An- & Weiterreise

Von Livorno oder Pisa verkehren keine öffentlichen Verkehrsmittel nach Lari, sodass man ein eigenes Fahrzeug benötigt.

Keith Haring, das er nur wenige Monate vor seinem Tod anfertigte. Bei einem Kaffee oder Cocktail auf der Terrasse lässt sich das Kunstwerk betrachten; ein Jammer, dass die Farben der 30 tanzenden Haring-Männchen vom Wetter schon so ausgebleicht sind.

La Stafetta
CRAFT-BIER

(www.lastaffetta.com; Lungarno Pacinotti 24; ⊘ 17–1, Fr & Sa bis 2 Uhr) Die abgefahrene Kneipe am Arno ist eine Schöpfung von drei Pisaner Studenten und Bierfreunden: Matteo, Davide und Francesco. Die Gäste können draußen auf Bänken oder drinnen auf Kirchenbänken Platz nehmen und eins der Biere der eigenen Minibrauerei bestellen: Das Wilson, ein dunkelrotes Bitter mit Kaffee-, Schoko- und Lakritzaromen, schmeckt nach englischem Hopfen, oder man nimmt einfach ein leichtes, goldenes May Ale.

Bazeel
BAR

(☑ 349 088 06 88; www.bazeel.it; Lungarno Pacinotti 1; ⊘ So–Do 7–1, Fr & Sa bis 2 Uhr) Im Bazeel ist von früh bis spät richtig was los. Es ist prima für ein ausgedehntes Frühstück, ein leichtes Mittagsbuffet oder zum Abhängen mit der Schickeria bei einem großzügigen *aperitivo* (Aperitif mit Knabbereien), Livemusik und DJs. Das Lokal hat etwas von einer Kapelle und ist genauso phantastisch wie seine Straßenterrasse. Über Twitter wird mitgeteilt, was gerade auf dem Programm steht.

Sottobosco
CAFÉ

(☑ 050 314 20 84; www.facebook.com/sottobosco.libricafe; Piazza San Paolo all'Orto 3; ⊘ Sommer Di–Fr 12–15 & 18–24, Sa 18–1, So bis 24 Uhr, im Winter kürzer) Das kreative Café mit Buchsortimen bringt frischen Wind in die Szene. Hi schmeckt ein Doughnut zum Cappucci oder ein Aperitif am frühen Abend. Ur den Glasplatten der Tische präsentiert eine Auswahl von Künstlerkreiden eine Knopfsammlung. Die Salate, P und Salami- und Käse-*taglieri* wie au überbackene Käse sind einfach und h macht. Abends sorgen oft Jazzband DJs für Stimmung.

Im Sommer ist die Terrasse e schönsten der Stadt.

Caffè Letteraria
Volta Pagina CAFÉ
(☎050 520 27 16; http://caffeletterariovoltapagina.
it; Via San Martino 71; ☺Di–So 12–18 Uhr) In diesem trendigen Literaturcafé mit Backsteingewölbedecke, cooler Retro-Einrichtung und lockerer Loungestimmung lässt es sich wunderbar bei einem Smoothie, Saft oder auch etwas Stärkerem entspannen. Zum Frühstück und Brunch werden auch glutenfreie Speisen angeboten, und wenn Lesungen, Konzerte oder andere Events stattfinden, ist immer jede Menge los – Infos auf der Facebook-Seite.

Caffè Pasticceria Salza CAFÉ
(☎050 58 01 44; Borgo Stretto 44; ☺Di–So 8–20.30 Uhr) Seit 1898 verführt dieser Kuchentempel Passanten zu süßen Sünden oder einem Cocktail, egal zu welcher Tageszeit. Auf der Facebook-Seite sind Veranstaltungen für Feinschmecker und andere Events angekündigt.

❶ Praktische Informationen

Touristeninformation (☎050 55 01 00; www.turismo.pisa.it/en; Piazza dei Miracoli 7; ☺9.30–17.30 Uhr) Bietet Infos über die Stadt, kostenlose Pläne und verschiedene Dienstleistungen wie Führungen, Gepäckaufbewahrung (kleines/großes Gepäckstück 3/4 € pro Tag), Leihfahrräder (3/15 € pro Std./Tag) und ein Computerterminal, an dem man z. B. Bahnfahrpläne nachschauen und sich für das städtische Leihsystem Ciclopi anmelden kann. Außerdem sind hier Fahrscheine für die öffentlichen Verkehrsmittel erhältlich.

An- & Weiterreise

Bahnhof (Piazza Sant'Antonio 1) halten von **CPT** (☎050 50 55 02; www.cpt. Piazza Sant'Antonio 1; ☺Ticketschalter 15, Sa & So bis 20 Uhr) von/nach €, 2 Std., bis zu 10-mal tgl. mit Pontedera).

Airport (Flughafen Galileo 3 00; www.pisa-airport. Internationale Flughafen der minuten südlich von Pisa. eisten europäischen sge- oder

(Deposito Bagagli; bagaglipisa.it; o Tag; ☺6–21 Uhr)

gibt es im Hauptbahnhof **Pisa Centrale** (Piazza della Stazione) – nicht zu verwechseln mit dem am Nordrand der Stadt gelegenen Bahnhof **Pisa San Rossore** (Via Giunta). Ab Pisa Centrale gibt es folgende Regionalverbindungen:

Florenz (8,40 €, 1¼ Std., häufig)
Livorno (2,60 €, 15 Min., häufig)
Lucca (3,50 €, 30 Min., alle 30 Min.)
Viareggio (3,50 €, 15 Min., alle 20 Min.)

❶ Unterwegs vor Ort

AUTO & MOTORRAD
Parkplätze kosten in Pisa rund 2 € pro Stunde – nicht in der Sperrzone in der Altstadt parken! Ein kostenloser Parkplatz außerhalb der Sperrzone befindet sich am Lungarno Guadalongo in der Nähe der Fortezza di San Gallo am Südufer des Arno.

FAHRRAD
Einige Hotels verleihen Fahrräder an ihre Gäste. Ansonsten lässt sich die Stadt auch mit einem silbernen Drahtesel des Leihsystems **Cicopli** erkunden: Ein **Infopoint** (☎800 005 640; www. ciclopi.eu; Piazza Vittorio Emanuele II; 1. Std. frei, 2./3./4. halbe Std. 0,90/1,50/2,50 €; ☺9.30–13 Uhr) befindet sich an der Piazza Vittorio Emanuele II. Über die ganze Stadt verteilt sind 14 Leihstationen, z. B. an den Bahnhöfen Pisa Centrale und Pisa San Rossore, am Flughafen Pisa und an der Piazza Manin bei der Piazza dei Miracoli.

Toscana In Tour (☎333 260 21 52; www. toscanaintour.it; Via della Faggiola 41) verleiht recht gute Fahrräder (16–20 € pro Tag), Motorroller und stilvolle Vespas. Ansonsten gibt es Stände am Nordende der Via Santa Maria und in weiteren Straßen rund um die Piazza dei Miracoli, wo man Fahrräder für 3,50 bis 5 € pro Stunde und Touristen-Rikschas für bis zu drei/sechs Personen für 10/15 € pro Stunde mieten kann.

VOM/ZUM FLUGHAFEN
Die vollautomatische, superschnelle Bahn **Pisa-Mover** (http://pisa-mover.com) verbindet den **Pisa International Airport** (S. 248) mit dem Bahnhof Pisa Centrale (2,70 €, 5 Min., 6–24 Uhr alle 5 Min.).

Die (rote) Buslinie LAM Rossa (1,20 €, 10 Min., alle 10–20 Min.) der Firma CPT bedient das Stadtzentrum und den Hauptbahnhof auf dem Weg zum/vom Flughafen. Tickets gibt's an den blauen Automaten neben den Bushaltestellen rechts vom Bahnhofsausgang.

Ein Taxi vom Flughafen zum Stadtzentrum (und umgekehrt) sollte nicht mehr als 10 € kosten und kann bei **Radio Taxi Pisa** (☎050 54 16 00; www.cotapi.it) bestellt werden.

LUCCA

89 000 EW.

Lucca ist eine wunderschöne Stadt, in die sich viele auf Anhieb verlieben. Hinter den imposanten Wehrmauern aus der Renaissance verstecken sich gepflasterte Straßen, hübsche Piazze und schattige Promenaden. Lucca lässt sich am besten zu Fuß erkunden auf einem Tagesausflug von Florenz aus oder während eines längeren Aufenthalts. Wenn die Sonne untergeht, locken historische Cafés und Restaurants mit einem (oder mehreren) Gläschen Wein aus den lucchesischen Hügeln. Und wer will, lässt sich bei der Gelegenheit auch mit rustikalen Gerichten verwöhnen, zubereitet aus den Produkten der Garfagnana.

Mit einem Auto bietet sich die Erkundung des Berglands östlich der Stadt an; historische Villen und der Jugendstilbadeort Montecatini Terme, wo sich schon Puccini im warmen Heilwasser aalte, sind leicht realisierbare Tagesausflugsziele von Lucca aus.

Geschichte

Lucca wurde von den Etruskern gegründet und 180 v. Chr. von den Römern übernommen. Es entwickelte sich im 12. Jh. zur freien *comune* (Stadtstaat) und erlebte dank des Seidenhandels eine Phase des Wohlstands. 1314 fiel Lucca kurzzeitig an Pisa, erkämpfte sich aber unter der Führung des aus Lucca stammenden Abenteurers Castruccio Castracani degli Anterminelli seine Eigenständigkeit zurück. Er erschloss weitere Territorien in der Westtoskana, darunter Carrara mit seinen lukrativen Marmorvorkommen. Castruccio starb 1328, doch Lucca konnte sich seine Unabhängigkeit für weitere knapp 500 Jahre bewahren.

Erst mit Napoleon brachen 1805 neue Zeiten an. Er gründete das Fürstentum Lucca und übertrug einem seiner schier unzähligen Familienmitglieder (in diesem Fall seiner Schwester Elisa) die Herrschaft über die gesamte Toskana. Zehn Jahre später wurde aus Lucca ein Herzogtum der Bourbonen,

bevor es dann dem Königreich Italien angegliedert wurde. Wie durch ein Wunder blieb Lucca von den Bomben des Zweiten Weltkriegs verschont. Die Innenstadt präsentiert sich heute noch wie vor vielen hundert Jahren.

⊙ Sehenswertes & Aktivitäten

Die kopfsteingepflasterte, von schicken Boutiquen gesäumte Fußgängerzone **Via Fillungo** schlängelt sich durch das mittelalterliche Herz Luccas. Östlich der Via Fillungo liegt eine der schönsten Piazze der Toskana: die ovale, von Cafés gesäumte **Piazza Anfiteatro**. Sie verdankt ihren Namen dem Amphitheater, das die Römer hier einst errichtet hatten. Wer genau hinschaut, kann an den Außenwänden der mittelalterlichen Häuser noch Reste der gemauerten römischen Torbögen und andere Überbleibsel des Amphitheaters entdecken.

★ **Stadtmauer**　　HISTORISCHE STÄTTE
Luccas beeindruckende *mura* (Stadtmauer) entstand im 16. und 17. Jh. rund um die historische Innenstadt und ist noch fast unverändert erhalten. Vor ihr gab es schon zwei andere Mauern; die erste wurde bereits im 2. Jh. v. Chr. aus Kalksteinblöcken erbaut. Die heutige Mauer ist 4,2 km lang, 12 m hoch und wird von einem breiten, von Bäumen gesäumten Fußweg gekrönt. Von oben eröffnen sich schöne Ausblicke auf die Altstadt und – beim **Baluardo San Regolo** (San-Regolo-Bastion) – die alten **botanischen Gärten** (☎0583 44 21 61; Casermetta San Regolo; Erw./erm. 4/3 €; ⊙ Juli–Sept. 10–19 Uhr, Mai & Juni bis 18 Uhr, März, April & Okt. bis 17 Uhr) der Stadt mit ihren wundervollen Zedern.

Auf dem Mauerweg absolvieren die Anwohner gern ihre abendliche *passeggiata* (Spaziergang). Kinderspielplätze mit Klettergerüsten und Schaukeln sowie Picknickbänke unter schattigen Platanen sorgen für Leben an drei der insgesamt elf Bastionen: dem **Baluardo San Regolo, Baluardo San Salvatore** und **Baluardo Santa Croce**. Auf den Wiesen am **Baluardo San Donato** wird gern Fußball gespielt.

★ **Cattedrale di San Martino**　KATHEDRALE
(☎0583 49 05 30; www.museocattedralelucca. it; Piazza San Martino; Erw./erm. 3/2 €, mit Museo della Cattedrale & Chiesa e Battistero dei SS Giovanni & Reparata 9/5 €; ⊙ Sommer Mo–Fr 9.30–18, Sa bis 18.45, So 12–18 Uhr, Winter Mo–Fr 9.30–17, Sa bis 18.45, So 12–18 Uhr) Der größtenteils

NORDWESTLICHE TOSKANA LUCCA

ⓘ GELD SPAREN

Wer das Museo della Cattedrale, die Chiesa Santi Giovanni e Reparata und die Sakristei in der Cattedrale di San Martino anschauen will, fährt mit einem Kombiticket günstiger (Erw./erm. 9/5 €; an allen Kartenschaltern).

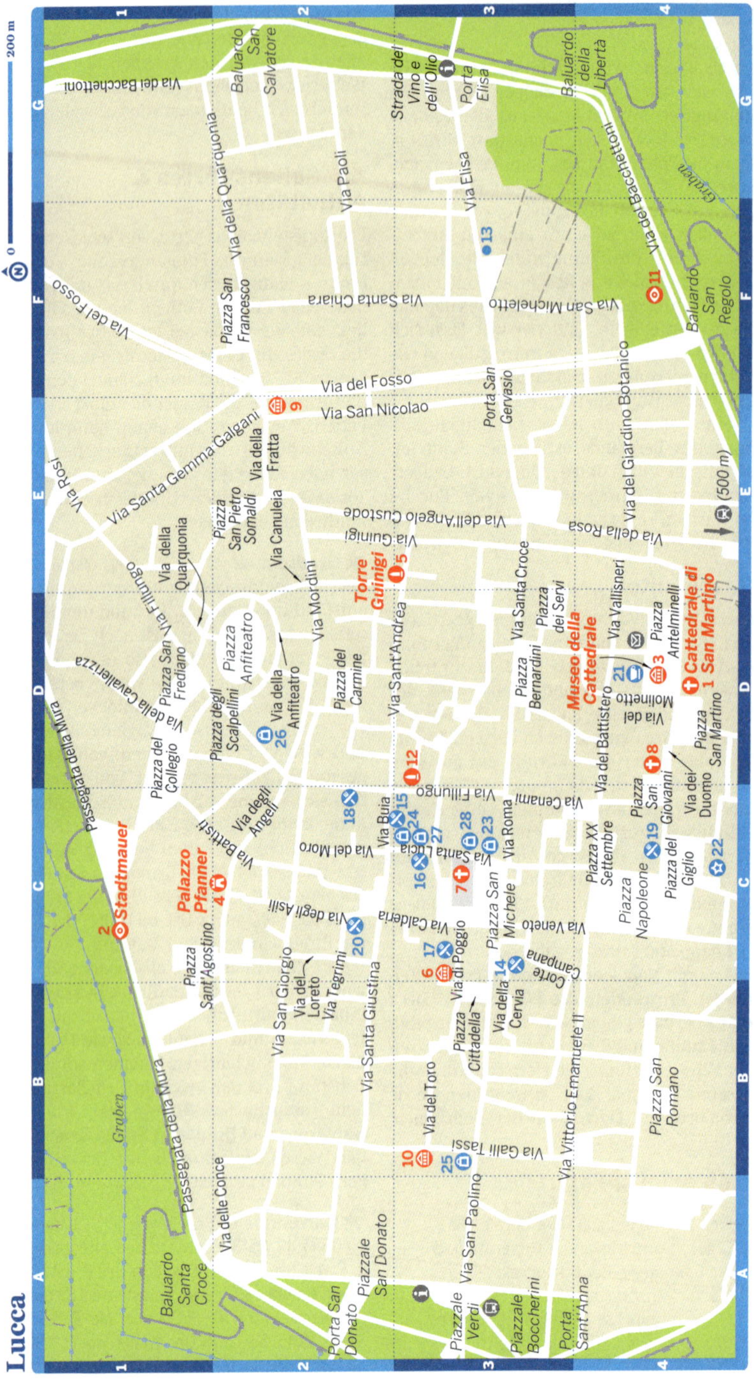

200 m

0

N

Street and place labels:

Via del Bacchettoni

Baluardo San Salvatore

Strada del Vino e dell'Olio

Porta Elisa

Baluardo della Libertà

Via del Bacchettoni

Via della Quarquonia

Via Paoli

Via Elisa

Piazza San Francesco

Via Santa Chiara

Via San Michele tto

Porta San Gervasio

Via del Giardino Botanico

Baluardo San Regolo

Graben

Via del Fosso

Via del Fosso

Via San Nicolao

Via Rosi

Via Santa Gemma Galgani

Via della Fratta

Piazza San Pietro Somaldi

Via Canuleia

Via dell'Angelo Custode

Via della Rosa

(500 m)

Via della Quarquonia

Via della Quarquonia

Via Guinigi

Torre Guinigi

Via Santa Croce

Via Vallisneri

Passeggiata delle Mura

Via del Fossato

Via Fillungo

Piazza Anfiteatro

Via della Anfiteatro

Piazza Scalpellini

Piazza degli Scalpellini

Piazza San Frediano

Via Sant'Andrea

Via del Carmine

Piazza del Carmine

Museo della Cattedrale

Piazza Bernardini

Piazza dei Servi

Piazza Antelminelli

Cattedrale di San Martino

Piazza San Martino

Via del Battistero

Via del Molinetto

Piazza del Collegio

Piazza del Collegio

Palazzo Pfanner

Via Battisti

Via degli Angeli

Via Buia

Via del Moro

Via Santa Lucia

Via Roma

Via Fillungo

Via San Giovanni

Piazza San Giovanni

Via Cenami

Via del Duomo

Piazza XX Settembre

Stadtmauer

Passeggiata della Mura

Piazza Sant'Agostino

Via degli Asili

Via Santa Giustina

Via del Loreto

Via San Giorgio

Via Tegrimi

Via Calderia

Via di Poggio

Piazza San Michele

Corte Campana

Via Veneto

Piazza del Giglio

Piazza Napoleone

Piazza San Romano

Piazza Cittadella

Via della Cervia

Via del Toro

Via Galli Tassi

Via Vittorio Emanuele II

Piazza San Donato

Piazzale San Donato

Via delle Conce

Via San Paolino

Piazzale Verdi

Piazzale Boccherini

Porta Sant'Anna

Porta San Donato

Baluardo Santa Croce

Passeggiata delle Mura

Lucca

romanische Dom stammt aus dem 11. Jh. Die prächtige Fassade im typisch lucchesisch-pisanischen Stil wurde dem existierenden Campanile angepasst. Die Reliefs über dem linken Eingang in der Säulenvorhalle werden Nicola Pisano zugeschrieben. Zu den Highlights im Inneren zählen das geschnitzte Holzkreuz **Volto Santo** (wörtlich „heiliges Antlitz") und ein wunderschönes Grabmal aus dem 15. Jh. in der **Sakristei**. Das Innenleben des Doms wurde im 14. und 15. Jh. erneuert und mit gotischem Zierrat ausstaffiert.

Das Volto Santo, das archaische Kruzifix eines dunkelhäutigen, lebensgroßen Jesus am Kreuz, wurde der Legende nach von Nikodemus angefertigt, der der Kreuzigung Jesu beiwohnte. Zwar hat man das Alter des Kreuzes eindeutig auf das 13. Jh. datiert, trotzdem bleibt es ein beliebtes Pilgerziel. Jedes Jahr am 13. September wird das Volto Santo im Rahmen der **Luminaria di Santa Croce** in der Abenddämmerung durch die Straßen getragen, begleitet von einem Fackelzug. Die feierliche Prozession soll an seine wundersame Ankunft in Lucca erinnern.

Unter den zahlreichen weiteren Kunstwerken ist besonders Tintorettos wunderschönes *Abendmahl* über dem dritten Altar des südlichen Seitenschiffs hervorzuheben sowie Domenico Ghirlandaios *Thronende Madonna mit Heiligen* von 1479. Das beeindruckende Gemälde von Michelangelos Lehrmeister hängt momentan in der Sakristei gegenüber dem bewegenden Marmorgrabmal von Ilaria del Carretto, das Jacopo della Quercia 1407 schuf. Ilaria war die zweite Frau des lucchesischen Herrschers Paolo Guinigi (15. Jh.) und starb mit nur 24 Jahren im Kindbett. Zu ihren Füßen hält ihr treuer Hund Totenwache.

★ Museo della Cattedrale   MUSEUM

(Dommuseum; ☏0583 49 05 30; www.museo cattedralelucca.it; Piazza San Martino; Erw./erm. 4/3 €, mit Domsakristei & Chiesa e Battistero dei SS Giovanni e Reparata 9/5 €; ☉ Sommer 10–18 Uhr, Winter Mo–Fr bis 17, Sa & So bis 18 Uhr) Im Dommuseum sind u. a. Gold- und Silberschmuck für das Volto Santo ausgestellt, darunter eine Krone aus dem 17. Jh. und ein Zepter aus dem 19. Jh.

Chiesa e Battistero dei SS Giovanni e Reparata   KIRCHE

(☏0583 49 05 30; www.museocattedralelucca.it; Piazza San Giovanni; Erw./erm. 4/3 €, mit Domsakristei & Museo della Cattedrale 9/5 €; ☉ Sommer 10–18 Uhr, Winter Mo–Fr bis 17, Sa & So bis 18 Uhr) Die aus dem 12. Jh. stammende Einrichtung der säkularisierten Kirche bietet einen stimmungsvollen Rahmen für die Opernabende und **Konzerte** (www.puccinielasualucca.com), die hier im Sommer ab 19 Uhr stattfinden. Karten (Erw./erm. 20/16 €) dafür gibt's (auch vorab) im Kircheninnenraum. Im nördlichen Querschiff ruht das gotische Baptisterium auf einer **archäologischen**

INSIDERWISSEN

AUF PUCCINIS SPUREN

Wenn Opernfreunde den Namen Lucca hören, bekommen sie eine Gänsehaut: Hier erblickte der geniale Giacomo Puccini 1858 das Licht der Welt. Er wurde am Tag nach seiner Geburt in der Chiesa e Battistero dei SS Giovanni e Reparata getauft. Der Komponist, der in einer langen Reihe lucchesischer Musikgrößen steht, wuchs im Haus am Corte San Lorenzo Nr. 9 auf, dem heutigen Museum **Casa Puccini** (☏ 0583 58 40 28; www.puccinimuseum.org; Corte San Lorenzo 9; Erw./erm./Fam. 7/5/13 €; ⊙ Mai–Sept. 10–19 Uhr, März, April & Okt. bis 18 Uhr, Nov.–Feb. Mi–Mo bis 13 & 15–17 Uhr), vor dem eine imposante Puccini-Statue aufgestellt wurde. Als Teenager spielte Puccini die Orgel in der Cattedrale di San Martino (S. 249) und hämmerte als Begleitmusiker im **Teatro del Giglio** (www.teatrodelgiglio.it; Piazza del Giglio 13–15) in die Pianotasten. In dem Theater aus dem 17. Jh. wurden später auch seine berühmtesten Opern aufgeführt: *La Bohème* (1896), *Tosca* (1900) und *Madame Butterfly* (1907).

1880 verließ Puccini Lucca, um am Mailänder Konservatorium Musik zu studieren. Nach Beendigung des Studiums kehrte er in die Toskana zurück und mietete sich ein Haus in **Torre del Lago** am Lago di Massaciuccoli, 15 km westlich von Lucca. Nachdem er mit *Manon Lescaut* (1893) und *La Bohème* große Erfolge gefeiert hatte, ließ er sich neun Jahre später am Ufer des Sees eine Villa erbauen und kümmerte sich höchstpersönlich um deren Jugendstileinrichtung. 24 Jahre lang wohnte er darin zusammen mit seiner Frau Elvira, tüftelte an seinen Opern, ging auf die Jagd oder zum Angeln und pflegte einen sehr gemischten Freundeskreis aus Jagdkumpanen, Fischern und Lebenskünstlern. *Madame Butterfly, La fanciulla del West* (1910), *La Rondine* (1917) und *Il Trittico* (1918) entstanden am Forster-Flügel in seinem Arbeitszimmer, die Partituren notierte er am maßangefertigten Schreibtisch aus Walnussholz.

Die Villa blieb seit Puccinis Zeiten praktisch unverändert und beherbergt heute das faszinierende und absolut sehenswerte **Museo Villa Puccini** (☏ 0584 34 14 45; www. giacomopuccini.it; Viale Puccini 266, Torre del Lago; Erw./erm. 7/3 €; ⊙ Mo 14.30–17.50, Di–So 10–12.40 & 15–18.20 Uhr), durch das Besucher im 40-Minuten-Takt geführt werden. Im Sommer wimmelt es auf dem Anwesen und am Seeufer von Besuchern des weltberühmten **Puccini Festival** (www.puccinifestival.it; Torre del Lago). Drei oder vier Puccini-Opern werden in einem extra dafür errichteten Open-Air-Theater aufgeführt. Die Tickets dafür gehen weg wie warme Semmeln und sind schon Monate im Voraus ausverkauft.

Von Torre del Lago aus fuhr Puccini regelmäßig nach **Montecatini Terme**, einem hübschen Kurort 56 km weiter östlich. Er ist für seine Mineralquellen berühmt und auch Verdi kam öfter hierher. Bis heute herrscht von Mai bis Oktober Hochbetrieb: Kurgäste lassen sich mit Bädern, Anwendungen und Schönheitsbehandlungen verwöhnen. Unter den prächtigen alten Badehäusern, die von einem wunderschönen Park umschlossen werden, ist das Leopoldine (1773) am beeindruckendsten. Weitere Infos dazu gibt die **Touristeninformation** (☏ 05 7377 22 44; www.montecatiniturismo.it; Viale Verdi 66–68, Montecatini Terme; ⊙ Mo–Sa 9–12.30 & 15–18 Uhr, im Sommer auch So 9–12 Uhr) in der Hauptstraße.

1921 zog das Ehepaar Puccini in eine Villa im nahe gelegenen Küstenstädtchen **Viareggio**. Hier war Giacomo Stammkunde im Gran Caffè Margherita (S. 280). Und hier bastelte er auch an seiner letzten (unvollendeten) Oper *Turandot*. Nach Puccinis Tod 1924 ließen Gattin Elvira und Sohn Antonio an die Villa in Torre del Lago eine Kapelle anbauen, in der 1926 Puccinis sterbliche Überreste bestattet wurden.

Grabungsstätte mit fünf übereinanderliegenden Ebenen, die bis in die römische Antike zurückreichen. Der Aufstieg auf den **Glockenturm** aus rotem Backstein lohnt sich!

⭐ **Palazzo Pfanner**   PALAZZO
(☏ 0583 95 21 55; www.palazzopfanner.it; Via degli Asili 33; Palazzo oder Garten Erw./erm. 4,50/4 €,

beide 6/5 €; ⊙ April–Nov. 10–18 Uhr) Romantiker werden das private Anwesen mit Palazzo aus dem 17. Jh. lieben. Hier wurden Teile des Films *Portrait of a Lady* (1996) mit Nicole Kidman und John Malkovich gedreht. Der Barockgarten (der einzige nennenswerte Garten innerhalb der Stadtmauern) ist mit seinem Zierteich, der Jugendstil-Orangerie, den griechischen Götterstatuen aus dem 18. Jh. und den Zitronenbäumen in Kübeln ein echtes Prachtstück. Im Sommer finden hier zauberhafte Kammerkonzerte statt.

Die prunkvolle Außentreppe führt zum *piano nobile*, dem großen, reich möblierten und mit Fresken verzierten Empfangssaal. Hier lagen einst die Gemächer von Felix Pfanner, einem Österreicher, der von 1846 bis 1929 in den Kellergewölben Bier braute und den Gerstensaft in Italien einführte. Die Einrichtung der Wohnräume, von den Kupferkesseln über dem Küchenherd bis zum gedeckten Mittagstisch im Speisesaal, veranschaulicht das Alltagsleben zu Beginn des 18. Jhs. in einem Lucheser Palazzo.

Chiesa di San Michele in Foro
KIRCHE

(Piazza San Michele; ⊙Sommer 7.40–12 & 15–18 Uhr, Winter 9–12 & 15–17 Uhr) Wo sich einst ein römisches Forum befand, erhebt sich heute eine wunderbare romanische Kirche aus dem 11. Jh. Die lucchesische Perle der Architektur mit einer Fassade im Hochzeitstortenstil wurde auf den Resten der Vorgängerkirche aus dem 8. Jh. errichtet. Der Bau dauerte 300 Jahre. Auf dem Dach prangt eine Figur des Erzengels Michael, der einen Drachen tötet. Im spärlich beleuchteten südlichen Querschiff hat Filippino Lippi 1479 die Heiligen Helena, Hieronymus, Sebastian und Rochus (mit Pestbeulen) auf einem Gemälde verewigt.

★ Torre Guinigi
TURM

(Via Sant'Andrea 45; Erw./erm. 4/3 €; ⊙ Juni–Sept. 9.30–19.30 Uhr, April & Mai bis 18.30 Uhr, Okt. & März bis 17.30 Uhr) Der Ausblick von der Spitze des 45 m hohen mittelalterlichen Backsteinturms am **Palazzo Guinigi** aus dem 14. Jh. ist natürlich atemberaubend. Noch sensationeller aber sind die sieben Eichen, die oben auf dem Turm U-förmig angepflanzt wurden. Beim Tod des mächtigen Lucheser Herrschers Paolo Guinigi (1372–1432) sollen die Bäume der Legende nach alle Blätter abgeworfen haben. Nach oben sind es genau 230 Stufen.

Ein Kombiticket für die Torre Guinigi, die Torre del'Ore und den Orto Botanico (S. 269) kostet 9/6 €.

Torre del'Ore
TURM

(Via Fillungo; Erw./erm. 4/3 €; ⊙ Juni–Sept. 9.30–19.30 Uhr, April & Mai bis 18.30 Uhr, Okt. & März bis 17.30 Uhr) Mit 50 m ist der Uhrturm aus dem 13. Jh. unter den 130 mittelalterlichen

Türmen der Stadt der höchste, und angeblich soll darin der Geist von Lucida Mansi hausen, einer Lucheser Maid, die ihre Seele dem Teufel verkaufte, um dafür 30 Jahre lang jung und schön zu bleiben. Am 14. August 1623 forderte der Teufel seinen Tribut, und Lucida stürmte den Uhrturm hinauf, um die Zeit anzuhalten – vergeblich, der Unhold erwischte sie vorher und nahm sich ihre Seele.

Lucca Center of Contemporary Art
MUSEUM

(☑0583 49 21 80; www.luccamuseum.com; Via della Fratta 36; Erw./erm. 9/7 €; ⊙Di–So 10–19 Uhr) GRATIS Luccas Museum für zeitgenössische Kunst zeigt spannende Wechselausstellungen; Genaueres dazu steht auf der Website.

Museo Nazionale di Palazzo Mansi
MUSEUM

(☑0583 5 55 70; www.luccamuseinazionali.it/en; Via Galli Tassi 43; Erw./erm. 4/2 €; ⊙Di–Sa 8.30–19.30 Uhr) Der aus dem 16. Jh. stammende Palazzo eines reichen Lucheser Händlers ist ein Paradebeispiel für den Dekorationswahn des Rokoko. Wandteppiche, Gemälde und schwere Chintzstoffe füllen die Privatgemächer bis zum Bersten. Die prächtig ausgestattete, goldglänzende Hochzeitssuite muss wohl inspirierend gewirkt haben.

👉 Geführte Touren

Tuscany Ride A Bike
RADFAHREN

(☑0583 47 17 79; www.tuscanbike.it; Via Elisa 28; ⊙9.30–19.30 Uhr) Lucca und sein Umland lassen sich bestens per Fahrrad erkunden, z. B. auf einer Tagestour von Lucca am Fluss Serchio entlang nach Pisa (34 km; ab 55 € pro Pers.), einer Stadttour durch Lucca, ge-

---

ℹ WEIN UND OLIVEN

Im Informationsbüro der **Strada del Vino e dell'Olio** (☑0583 49 51 69; www.stradavinoeoliolucca.it; Porta Elisa; ⊙9.30–19 Uhr) gibt's Karten und Informationen zu Verkostungs-, Speise- und Übernachtungsmöglichkeiten auf Weingütern und Olivenhöfen an der idyllischen Wein- und Ölstraße zwischen Lucca, den Weinbergen der Colline Lucchesi (Norden), dem schicken Hügeldorf Montecarlo (Osten) mit Blick auf Weinberge und Olivenhaine und Viareggio (Westen) an der Küste.

folgt an einer Fahrt am Fluss entlang zum Mittagessen mit dem Bauern Paolo auf einem Biohof (20 km; ab 65 €) oder auf einer anregenden Fahrt auf Nebenstraßen zur Versilia-Küste (45 km; ab 98 €).

Es werden auch Weintouren per Drahtesel sowie Leihräder (5/15 € pro Std./Tag) angeboten.

Festivals & Events

Lucca Summer Festival MUSIK
(www.summer-festival.com; ⊙ Juli) Das einmonatige Festival bringt internationale Rock- und Popstars nach Lucca.

 Essen

Lucca ist bekannt für seine traditionsreiche Küche und feinstes Olivenöl. Aus der nahen Garfagnana kommen Kastanien, Steinpilze, *farro* (Dinkel), Honig, Schafskäse und *formenton* (Maismehl); getrunken wird der leichte Weißwein Colline Lucchesi oder der Rotwein Montecarlo di Lucca.

★ Gustevole GELATO €
(✆ 366 896 03 46; www.facebook.com/gelateria gustevolelucca; Via di Poggio Seconda 26; Waffeln & Becher 2,30–3 €; ⊙ Di–Do 13.30–19, Fr 12–19, Sa bis 20 Uhr) Mit verlockenden Aromen wie Lakritz und Minze, Ricotta mit Feige und Walnuss oder Pisaner Pinienkernen in knusprigen Karamellstückchen ist der Neuling in der Gelato-Szene der Stadt ein echter Hit. Das Eis hier ist bio, natürlich und glutenfrei. Und das Tor zum Eiscremehimmel wird mit einem Schlag dicker Sahne oben auf dem Eis ganz weit aufgestoßen.

Da Felice PIZZA €
(✆ 0583 49 49 86; www.pizzeriadafelice.it; Via Buia 12; Focaccia 1–3 €, Pizzastücke 1,30 €; ⊙ Mo 11–20.30, Di–Sa 10–20.30 Uhr) Die Einheimischen frequentieren mit Vorliebe dieses quirlige Lokal hinter der Piazza San Michele, wenn sie Appetit auf Holzofenpizza, *cecina* (salzige Kichererbsenpizza) und *castagnacci* (Kastanienkuchen) haben. Der in weißes Frischhaltepapier eingeschlagene *castagnaccio* (auch zum Mitnehmen) schmeckt mit einem kühlen Maretti-Bier besonders lecker.

L'Hamburgheria di Eataly BURGER €
(✆ 0583 42 92 16; www.facebook.com/hambur gheriadieatalylucca; Via Fillungo 91a; Burger 9,80–13,80 €; ⊙ Mo 11–24, Di–Sa 8.30–24, So 9.30–24 Uhr; ✆) Die moderne Burgerschmiede ist ein cleverer Mix aus Fast- und Slowfood: Hier werden Feinschmecker-Burger aus toskanischem Chianina-Rindfleisch gebrutzelt. Dazu kommen Hotdogs, Fleisch vom Grill und *taglieri* (Brettchen) mit Salami, Aufschnitt und Käse. Eine Focaccia (9,50–19,50 €) zur Einstimmung kann man drinnen im Backsteingewölbe oder draußen im Hof inmitten von Kübeln mit Zitronenbäumen genießen.

Trattoria da Leo TRATTORIA €
(✆ 0583 49 22 36; http://trattoriadaleo.it/; Via Tegrimi 1; Mahlzeiten 25 €; ⊙ Mo–Sa 12.30–14 & 19.30–22.30 Uhr) Die Trattoria Leo ist eine Institution – berühmt für ein angenehmes Flair und preiswerte Gerichte, auch wenn deren Qualität zwischen nullachtfünfzehn

PICKNICK AUF DER STADTMAUER

Eine der nettesten Lokalitäten, um in Lucca zu essen, ist zweifellos die Stadtmauer. Ob im Gras oder an einem der aufgestellten Holztische – ein Picknick hier macht einfach Laune (und das sehen die Einheimischen auch so).

Dazu gehören ofenfrische Pizza und Focaccia in verschiedenen Varianten aus der berühmten Bäckerei **Forno Amedeo Giusti** (☑ 0583 49 62 85; www.facebook.com/Pani ficioGiusti; Via Santa Lucia 20; Pizza & gefüllte Focaccias 10–15 € pro kg; ⊙ Mo–Sa 7–19.30, So 16–19.30 Uhr) sowie eine Flasche Luccheser Wein und *biscotti al farro* (Dinkelkekse) von der **Bodega di Prospero** (Via Santa Lucia 13; ⊙ 9–19 Uhr) schräg gegenüber; schon die Auslagen des nostalgischen Ladens – Säcke über Säcke mit Bohnen, Linsen und anderen regionalen Hülsenfrüchten – sind eine Augenweide.

Süßer Abschluss der Schlemmerei ist ein *buccellato*, ein Hefekuchen mit Rosinen und Anissamen, der in Lucca seit 1881 Tradition hat. Reste davon schmecken zu Hause mit Butter, als „Armer Ritter" mit Ei in der Pfanne aufgebraten oder in Vin Santo getunkt. Verkauft wird die Spezialität bei **Taddeucci** (☑ 0583 49 49 33; www.buccellatotaddeucci. com; Piazza San Michele 34; buccellato-Laib à 300/600 g 4,50/9 €; ⊙ 8.30–19.45 Uhr, im Winter Do geschl.). Noch süßer sind Trüffeln, Creme aus weißer Schokolade und andere himmlische Schokokreationen (zum Essen fast zu schade!) von **Caniparoli** (www.caniparoli cioccolateria.it; Via San Paolino 96; ⊙ 9.30–13 & 15.30–19.30 Uhr), der besten *cioccolateria* (Pralinengeschäft) von Lucca.

Zum Picknick passt hervorragend ein italienisches Craft-Bier der Mikrobrauerei **De Cervesia** (☑ 0583 49 30 81; www.decervesia.it; Via Fillungo 90; ⊙ Di–Sa 10.30–13 & 15.30–19.30 Uhr). Sie hat einen kleinen Laden in der Haupteinkaufsstraße von Lucca und ein paar Straßen weiter, in der Via Michele Rosi 20, eine Zapfstube für ausgedehnte Kostproben (geöffnet Di–So 17–22 Uhr). Wer als Verdauungshilfe ein stärkeres Gebräu braucht, holt in der altehrwürdigen Apotheke **Antica Farmacia Massagli** (☑ 0583 49 60 67; Piazza San Michele 36; ⊙ Mo–Sa 9–19.30 Uhr) eine Flasche China-Elixier, einen gehaltvollen Likör aus aromatischen Gewürzen und Kräutern, der erstmals 1855 als Präventivmaßnahme gegen die Pest angesetzt wurde. Die Luccheser kippen das naturbelassene alkoholische Getränk (ohne Farb- und Konservierungsstoffe) normalerweise am Ende einer Mahlzeit.

und wie bei Großmuttern schwankt. Im Sommer sind die zehn Tische unter den Sonnenschirmen auf der engen Straße heiß umkämpft, denn der Gastraum ist mit seinem 1970er-Jahre-Dekor ziemlich langweilig und auch laut. Keine Kreditkarten.

⭐ **Ristorante Giglio**   TOSKANISCH €€
(☑ 0583 49 40 58; www.ristorantegiglio.com; Piazza del Giglio 2; Mahlzeiten 40 €; ⊙ Do–Mo 12–14.30 & 19.30–22, Mi 19.30–22 Uhr) Das im wunderschönen, freskengeschmückten Palazzo Arnolfini aus dem 18. Jh. beheimatete Giglio ist ganz bezaubernd: weiße Tischdecken, Marmorkamin mit knisterndem Feuer und ein Glas Prosecco zur Begrüßung. Die toskanische Traditionsküche wird modern aufgepeppt; es gibt beispielsweise Artischockensalat in einem (essbaren) Körbchen aus geschmolzenem Parmesan oder Chianti-Risotto und als süßen Abschluss *buccellato* (Luccheser Hefekuchen), gefüllt mit Eiscreme und Beeren.

Das beste Preis-Leistungs-Verhältnis bieten die Probiermenüs (40–60 €).

Buca di Sant'Antonio   TOSKANISCH €€€
(☑ 0583 5 58 81; www.bucadisantantonio.com; Via della Cervia 3; Mahlzeiten 45 €; ⊙ Di–Sa 12.30–15 & 19.30–22, So 12.30–15 Uhr) Wow, was für eine prächtige Sammlung von Kupfertöpfen hier an den Deckenbalken baumelt! Seit 1782 ist das stimmungsvolle Lokal ein Treffpunkt verliebter Paare für ein romantisches Dinner. Die Weinkarte ist so genial, dass die Küche daneben etwas abfällt, sich aber keinesfalls verstecken muss. Recht steife Kellner (älteres Semester, schwarzer Anzug und Krawatte) empfangen die Gäste mit einem Glas Prosecco auf Kosten des Hauses.

⭐ **Bistrot Undici Undici**   CAFÉ
(☑ 0583 189 27 01; www.facebook.com/und1c1 und1c1; Piazza Antelminelli 2; ⊙ Di–Do 10–20, Fr–So bis 1 Uhr) Ein großer cremefarbener Sonnenschirm bietet Schatten und ein plät-

NICO BERNIERI/SHUTTERSTOCK ©

1. Apuanische Alpen (S. 268)

Einsame Bauernhöfe, mittelalterliche Einsiedeleien und Hügeldörfer laden zu Wanderungen ein.

2. Castelnuovo di Garfagnana (S. 269)

Frische Steinpilze, Kastanien und Säcke voller *farro* (Dinkel) füllen die Herbstmärkte dieses Städtchens.

3. Piazza Anfiteatro (S. 249), Lucca

An der von Cafés gesäumten Piazza Anfiteatro befand sich in römischer Zeit ein Amphitheater.

4. Basilica della Madonna dell'Umiltà (S. 263), Pistoia

Giorgio Vasari entwarf die Kuppel nach dem Vorbild der berühmten Kuppel des Doms zu Florenz.

ABSTECHER

VILLENTOUR

Zwischen dem 15. und 19. Jh. war es unter lucchesischen Emporkömmlingen Mode, seinen Reichtum mit dem Bau einer feudalen Sommerresidenz zur Schau zu stellen. Von den unzähligen Villen in den Hügeln rund um die Stadt sind einige zwar mittlerweile verfallen oder verwaist, aber viele werden nach wie vor bewohnt.

Villa Reale (☏ 0583 3 01 08; www.parcovillareale.it; Via Fraga Alta 2, Marlia, Capannori; Erw./erm. 9/7 €; ⊙ März–Okt. 10–18 Uhr, Nov.–Feb. nur nach Vereinbarung) Elisa Bonaparte, Napoleons Schwester und kurzzeitige Regentin der Toskana, residierte einst in der Villa Reale in Marlia, 7 km nördlich von Lucca. Das Gebäude selbst ist nicht öffentlich zugänglich, aber der reich mit Statuen versehene Garten kann besichtigt werden – Zutaten für ein Picknick mitnehmen!

Villa Grabau (☏ 0583 40 60 98; www.villagrabau.it; Via di Matraia 269, San Pancrazio; Führung Erw./Kind 7 €/frei; ⊙ April–Juni, Sept. & Okt. Di–So 10–13 & 14–18 Uhr, Juli & Aug. Di–So 10–13 & 15–19 Uhr, Nov.–März So 11–13 & 14.30–17.30 Uhr) Die klassizistische Villa Grabau gleich nördlich von Lucca in San Pancrazio thront inmitten einer ausgedehnten Parklandschaft mit prächtigen Gärten im englischen und italienischen Stil. Hier plätschern Brunnen, es duften über 100 Zitronenbäume in Terrakottakübeln und in der entzückenden Orangerie aus dem 17. Jh. finden oft Konzerte und andere Aufführungen statt. Falls sich jemand in die Villa Grabau verliebt, kann er sich dort sogar in eine der Ferienwohnungen einmieten. Führungen durch Villa und Garten dauern 45 Minuten.

Villa Oliva (☏ 330 44 62 52, 0583 40 64 62; www.villaoliva.it; Via delle Ville, San Pancrazio; ⊙ Mitte März–Mitte Nov. 9.30–12.30 & 14–18 Uhr) In San Pancrazio 11 km nördlich von Lucca liegt die Villa Oliva. Der Landsitz aus dem 15. Jh. wurde von dem Luccheser Architekten Matteo Civitali entworfen. Die Anlage des von diversen Brunnen und Gewässern aufgelockerten und auf drei Ebenen verteilten Parks blieb bis heute unverändert; besonders hübsch ist ein Spaziergang hier im Frühling. Die Zypressenallee ist sehr romantisch, und die Stallungen, heißt es, seien noch schöner als die von Versailles. Im Sommer werden oft Konzerte gegeben.

An- & Weiterreise

Alle drei Villen sind über die SS12 nordöstlich von Lucca (Richtung Abetone) erreichbar. Die davon abzweigende SP29 führt nach Marlia, von wo es nur 1,2 km (in nördlicher Richtung) bis San Pancrazio sind.

---

schernder Brunnen sorgt für stimmungsvolle Hintergrundgeräusche – schöner kann eine Caféterrasse kaum sein! Und dann blickt man von diesem idyllischen Café, dem einzigen an der Piazza San Miniato, auch noch auf die mächtige Fassade von Luccas reizendem Dom. Am Abend sorgt Livemusik für Stimmung.

Shoppen

★ **Benheart**　　　SCHUHE
(☏ 0583 152 43 85; www.benheart.it; Via Santa Lucia 5; ⊙ Mo–Fr 10.30–18.30, Sa & So bis 20 Uhr) Wer auf der Suche nach einem feinen Paar handgemachter Lederschuhe ist, wird in diesem angesagten Laden des Florentiner Designers Ben, dessen Stern im rasanten Aufstieg begriffen ist, garantiert fündig. Der junge Modeschöpfer gründete zusammen mit seinem Freund und Geschäfts-

partner Matteo sein Unternehmen, nachdem er eine Herztransplantation überstanden hatte.

ℹ Praktische Informationen

Touristeninformation (☏ 0583 58 31 50; www.turismo.lucca.it; Piazzale Verdi; ⊙ April–Sept. 9–19 Uhr, März–Okt. bis 17 Uhr) Kostenlose Zimmerreservierung, Gepäckaufbewahrung (zwei Stücke 1,50/4,50/7 € pro Std./halber Tag/Tag) und zweistündige Stadtführungen (Erw./Kind unter 15 J. 10 €/frei) auf Englisch, im Sommer täglich um 14 Uhr, im Winter nur samstags und sonntags.

ℹ An- & Weiterreise

AUTO & MOTORRAD

Die A11 führt westwärts nach Pisa und Viareggio, ostwärts nach Florenz. Die Garfagnana ist via SS12 und SS445 erreichbar.

Die einfachste Parkmöglichkeit in Lucca ist der Parcheggio Carducci direkt vor dem Porta Sant'Anna. Innerhalb der Stadtmauer sind die meisten Parkplätze Anliegern vorbehalten (gelb markiert). Blau markierte Parkplätze sind für jedermann (auch Touristen) und kosten 2 € pro Stunde. Wer eine Unterkunft innerhalb der Stadtmauer gebucht hat, sollte vorher dort anrufen und fragen, ob er für die Dauer des Aufenthalts einen Anliegerausweis bekommen kann.

BUS

Von den **Bushaltestellen** rund um den Piazzale Verdi bietet **Vaibus Lucca** (www.lucca.cttnord. it) Verbindungen ins Umland und zu folgenden Zielen:

Bagni di Lucca (3,40 €, 50 Min., 8-mal tgl.)
Castelnuovo di Garfagnana (4,20 €, 1½ Std., 8-mal tgl.)
Pisa Flughafen (3,40 €, 45–60 Min., 30-mal tgl.)

ZUG

Der Bahnhof liegt südlich der Stadtmauer; ein Fußweg führt über den Wallgraben und durch einen dunklen Tunnel unter dem Baluardo San Colombano in die Innenstadt. Es gibt folgende Regionalverbindungen:

Florenz (7,50–9,60 €, 1¼–1¾ Std., stündl.)
Pietrasanta (4,40–6,10 €, 50 Min., stündl.)
Pisa (3,50 €, 30 Min., halbstündl.)
Pistoia (5,50 €, 45–60 Min., halbstündl.)
Viareggio (3,50 €, 25 Min., stündl.)

ⓘ Unterwegs vor Ort

Zum Umrunden der romantischen, 4,2 km langen Stadtmauer von Lucca leiht man sich am besten ein Fahrrad (gegen Vorlage eines Ausweises):

Biciclette Poli (☑ 0583 49 37 87; www. biciclettepoli.com; Piazza Santa Maria 42; 3/15 € pro Std./Tag; ☺ Sommer 9–19 Uhr) Der saisonal geöffnete Fahrradverleih gleich gegenüber der Stadtmauer bietet neben normalen Stadträdern auch Mountainbikes (4/20 € pro Std./Tag), Rennräder (7/35 € pro Std./Tag) und Tandems (6,50/32,50 € pro Std./Tag) sowie Kinderräder.

Cicli Bizzarri (☑ 0583 49 66 82; www.cicli bizzarri.net; Piazza Santa Maria 32; 3/15 € pro Std./Tag; ☺ Sommer 8.30–19.30 Uhr, Winter bis 12.30 & 14–19.30 Uhr) Verleiht alle möglichen Fahrräder, auch Tandems und E-Bikes.

Tourist Center Lucca (☑ 338 821 39 52 0583 49 44 01; www.touristcenterlucca.com; Piazzale Ricasoli 203; Fahrrad für 3 Std./Tag 8/12 €; ☺ 9–19 Uhr) Der günstig gelegene Radverleih befindet sich links hinter dem Bahn-

hofsausgang. Er hat Kinderräder, Tandems, Anhänger und anderes Zubehör sowie eine Gepäckaufbewahrung (3/5 € pro Gepäckstück für bis zu 3 Std./pro Tag).

PISTOIA

90 300 EW.

Das hübsche Pistoia kuschelt sich an den Fuß des Apennin. Viele kommen nur für einen Tagesausflug von Pisa, Lucca oder Florenz her, doch dass die Stadt 2017 Europäische Kulturhauptstadt war, hat sie sich mehr als verdient. Pistoia ist inzwischen weit über seine mittelalterlichen Befestigungsmauern hinausgewachsen. Das gut erhaltene *centro storico* beherbergt neben ehrwürdigen Gemäuern auch spannende zeitgenössische Kunst.

Mittwochs und samstags verwandelt der Markt die großzügige Piazza del Duomo und ihre umliegenden Straßen in ein bewegtes Meer aus blauen Markisen, zwischen denen geschäftiges Treiben herrscht. An allen Werktagen locken Berge von Obst und Gemüse der Saison an den Ständen auf der kleinen Piazza della Sala.

◉ Sehenswertes

Die Hauptsehenswürdigkeiten von Pistoia drängen sich rund um die wunderschöne Piazza del Duomo. Sie wird von einem dichten Netz schmaler Straßen umschlossen, die für Autos tabu sind und deshalb zum Herumschlendern perfekt sind. Montags sind viele der wichtigsten Sehenswürdigkeiten übrigens geschlossen.

★ Cattedrale di San Zeno KATHEDRALE
(☑ 0573 2 50 95; Piazza del Duomo; Kathedrale frei, Kapelle Erw./erm. 4/2 €; ☺ 8.30–12.30 & 15–19 Uhr, Kapelle 10.30–12 & 15–17.30 Uhr) Ein beachtenswertes Beispiel für die Pisaner Romanik ist die Fassade mit einer Lünette von Andrea della Robbia: Sie zeigt die Jungfrau mit Kind, flankiert von zwei Engeln. Das zweite Highlight des Doms befindet sich in der vergitterten **Cappella di San Jacopo** am nördlichen Seitenschiff (rechts vom Haupteingang): der silberne **Dossale di San Giacomo** (Altaraufsatz des hl. Jakobus), 1287 von Silberschmieden begonnen und zwei Jahrhunderte später von Brunelleschi vollendet wurde. Eintrittskarten für die Kapelle gibt's im Battistero di San Giovanni.

Wenn das Baptisterium geschlossen ist, kann man eine Karte für die Kapelle beim

Domkustos erhalten – neben der **Capella di Sant' Atto** am Ende des nördlichen Seitenschiffs durch die Tür schauen. Die Capella di San Jacopo beherbergt außerdem ein hochverehrtes Silberreliquiar mit einem Teil des Kieferknochens des hl. Jakob.

Campanile della Cattedrale TURM
(Glockenturm der Kathedrale; ☎0573 2 50 95; Piazza del Duomo; Erw./erm. 7/5 €; ⏱Führungen Di–Fr 12–15.30, Sa & So 11–17 Uhr stündl.) Vom Backstein-Glockenturm der Cattedrale di San Zeno bieten sich wunderbare Ausblicke auf den Domplatz von Pistoia. Tickets sind im Baptisterium auf der anderen Seite des Platzes erhältlich.

⭐ **Museo dell'Antico Palazzo dei Vescovi** MUSEUM
(☎0573 36 92 75; Piazza del Duomo; Erw./erm. 5/3 €; ⏱Di, Do & Fr 10.15–16, Sa & So bis 18 Uhr) Die Bischofsresidenz zwängt sich neben den Dom. Das hier untergebrachte Museum erzählt auf faszinierende Weise die Geschichte der Stadt, angefangen bei den maßstabsgerechten Modellen architektonischer Schmuckstücke wie der Kathedrale und dem Baptisterium im Erdgeschoss (Anfassen erlaubt) bis zu den im Kellergeschoss versteckten archäologischen Schätzen. Das unbestrittene Glanzstück ist *L'Arazzo Mille Fiori* (Wandteppich der tausend Blumen, 1530), ein seltener spätgotischer Wandteppich, der am Karfreitag vor dem Hauptaltar des Doms ausgebreitet wurde: Auf ihn wurde dann zur Anbetung ein Kruzifix mit dem gekreuzigten Christus gebettet.

Auf der reizenden, später auch als „Wandteppich der Anbetung" bekannten Tapisserie tummeln sich auf Blumenwiesen mythische Einhörner, Hunde und Vögel.

Der Bischofspalast ist nur im Rahmen von Führungen zugänglich: Mo–Fr 10.15, 11.45, 13.15 & 14.45, Sa & So 10.15, 11.45, 13.15, 15 & 16.30 Uhr.

Battistero di San Giovanni CHRISTLICHE STÄTTE
(Baptisterium; ☎0573 2 50 95; Piazza del Duomo; ⏱Di–So 10–13 & 15–18 Uhr) GRATIS Gegenüber der Cattedrale di San Zeno steht das achteckige Baptisterium aus dem 14. Jh. Die elegante, weiß-grüne Marmorfassade hat Andrea Pisano entworfen. Das rechteckige Taufbecken und die kühne Kuppel sind die einzigen Hingucker im schlichten Innenraum aus rotem Backstein. Hier sind auch Tickets für die Capella di San Jacopo und den Glockenturm der Cattedrale di San Zeno erhältlich.

Museo Civico GALERIE
(☎0573 37 12 96; www.comune.pistoia.it/museocivico; Piazza del Duomo 1; Erw./erm. 3,50/2 €; ⏱Di–Fr 10–16, Sa & So bis 18 Uhr) Der gotische **Palazzo Comunale** steckt voll von Werken toskanischer Künstler des 13. bis 20. Jhs. Sehenswert ist die *Madonna della Pergola* (1498) von Bernardino di Antonio Detti, dessen hl. Jakobus, Maria und Kind erstaunlich modern wirken. Ob die Fliege auf Jesus' Arm nicht kribbelt?

Chiesa di San Salvatore HISTORISCHES GEBÄUDE
(Via San Tomba di Catilina) Die schöne romanische Perle einen Katzensprung von der Piazza del Duomo soll ursprünglich aus dem 8. bis 10. Jh. stammen und wurde 1270 umgebaut, wodurch sie ihr jetziges Aussehen erlangte. 1784 wurde die Kirche aufgegeben und diente dann als Lagerhaus und Künstleratelier. Nach einer Komplettsanierung 2017/2018 wird sie demnächst als Kulturzentrum wiedereröffnet.

⭐ **Chiesa di Sant'Andrea** KIRCHE
(Via Sant'Andrea 21; ⏱8.30–17.30 Uhr) GRATIS Aus Sicherheitsgründen besitzt diese aus dem 12. Jh. stammende Kirche keine Fenster, denn sie wurde außerhalb der Stadtmauern

ABSTECHER

ABSTECHER FÜR KUNSTFREUNDE

Ein Teehaus, eine Voliere und weitere romantische Relikte aus dem 19. Jh. bilden einen interessanten Kontrast zu den avantgardistischen Installationen weltberühmter zeitgenössischer Künstler in der **Fattoria di Celle** (☎0573 47 99 07; www.goricoll.it; Via Montalese 7, Santomato di Pistoia; ⏱Mai–Sept. nur nach Vereinbarung) GRATIS, 5 km westlich von Pistoia. Dank der Kunst- und Sammelleidenschaft des Geschäftsmanns Giuliano Gori entstand auf seinem weitläufigen Familienanwesen ein einzigartiger privater Skulpturenpark mit 70 Installationen, die speziell für diesen Ort geschaffen wurden. Die geführte vier- bis fünfstündige Besichtigungstour (ohne Pausen!) ist für echte Kunstliebhaber gedacht und muss mindestens einen Monat im Voraus per E-Mail reserviert werden.

Pistoia

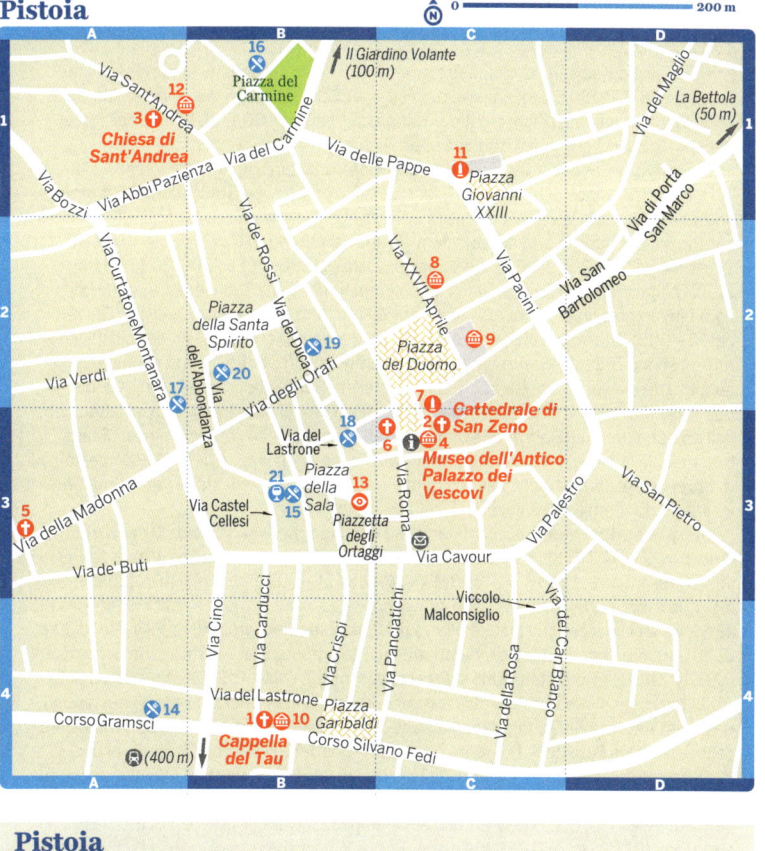

Pistoia

⊚ Highlights

1 Cappella del Tau B4
2 Cattedrale di San Zeno C3
3 Chiesa di Sant'Andrea A1
4 Museo dell'Antico Palazzo dei
 Vescovi C3

⊚ Sehenswertes

5 Basilica della Madonna
 dell'Umiltà A3
6 Battistero di San Giovanni C3
7 Campanile della Cattedrale C2
8 Chiesa di San Salvatore C2
 Giro di Sole .... (s. 13)
9 Museo Civico C2
10 Museo Marino Marini B4
11 Ospedale del Ceppo C1

12 Palazzo Fabroni A1
13 Piazzetta degli Ortaggi B3

⊗ Essen

14 Carmine A4
15 I Salaioli B3
16 Il Carbonile B1
17 Magno Gaudio A2
18 Osteria La BotteGaia B3
19 Osteria Pizzeria Apicio B2
20 Trattoria dell'Abbondanza B2

⊙ Ausgehen & Nachtleben

 Caffètteria Museo Marino
 Marini .... (s. 10)
21 Fiaschetteria La Pace B3

erbaut. Ihre teilweise mit weißen und grünen Marmorstreifen versehene Fassade ziert das Relief *Zug der Heiligen Drei Könige und Anbetung des Kindes* (1166) von Gruamonte

und Adeodato. Das Highlight jedoch – das kostbarste Kunstwerk von Pistoia – befindet sich im schwach beleuchteten Inneren: eine spektakuläre, von Giovanni Pisano (1298–

PRATO

Stimmt, sie liegt abseits der eingetretenen Touri-Pfade. Trotzdem ist die historische Stadt Prato (191 150 Ew.) keineswegs „weit vom Schuss", denn das von den Massen unberührte Prato lässt sich leicht per Bahn von Pistoia (2,60 €, 15 Min.) oder Florenz (2,60 €, 30 Min.) erreichen und genießen.

Die zweitgrößte Stadt der Toskana nach Florenz ist ein traditionelles Zentrum der Textilindustrie. Innerhalb einer noch fast gänzlich erhaltenen Stadtmauer liegt eine kompakte Altstadt. Von Pratos Stazione Porta al Serraglio sind es fünf Minuten zu Fuß zur Piazza del Duomo und der aus dem 12. Jh. stammenden **Cattedrale di Santo Stefano** (☎0574 2 62 34; Piazza del Duomo; ⊙Mo–Sa 7.30–19, So 7.30–12 & 13–19 Uhr) GRATIS mit großartigen Fresken von Filippo Lippi hinter dem Altar. In der Kapelle links vom Eingang fasziniert Agnolos Freskenzirkel mit der *Legende vom Heiligen Gürtel* (1392–1395). Die ungewöhnlich weit herausragende Kanzel (1428) an der pisanisch-romanischen Domwand wurde nach einem Entwurf von Donatello und Michelozzo gebaut, um die *sacra cintola* zur Schau zu stellen. Bei der hoch verehrten Reliquie handelt es sich um einen Gürtel, den der hl. Thomas von der Jungfrau Maria erhalten haben soll und den die Kreuzfahrer aus dem Zweiten Kreuzzug von Jerusalem nach Prato brachten. Das feine, mit Goldfäden durchwirkte Wolltuch wird in der Kapelle in einem mit drei Schlössern verschlossenen goldenen Reliquienschrein aufbewahrt und fünfmal im Jahr der Öffentlichkeit gezeigt.

Genaueres über den Gürtel der Jungfrau erzählen das **Museo dell'Opera del Duomo** (☎0574 2 93 39; www.diocesiprato.it/museo-dellopera-del-duomo; Piazza del Duomo 49; Erw./erm. 5/4 €; ⊙Mo & Mi–Sa 10–13 & 14–17, So 14–17 Uhr), zugänglich durch den Glockenturm des Doms, und das nahe gelegene **Museo di Palazzo Pretorio** (☎0574 193 49 96; www.palazzopretorio.prato.it; Piazza del Commune; Erw./erm. 8/6 €; ⊙Mi–Mo 10.30–18.30 Uhr), ein imposanter Geschichtsmuseumskomplex. Die **Touristeninformation** (☎0574 2 41 12; www.pratoturismo.it; Piazza Buonamici 7; ⊙Mo–Fr 9–13 & 15–18, Sa & So 10–13 Uhr) liegt direkt um die Ecke. Ausgesprochene Museumsfans können auch noch das heimatkundliche Textilmuseum **Museo del Tessuto** (☎0574 61 15 03; www.museo deltessuto.it; Via Puccetti 3; Erw./erm. 7/5 €; ⊙Di–Do 10–15, Fr & Sa bis 19, So 15–19 Uhr) in der ehemaligen Textilmühle Campolmi besuchen. Wer sich eher für Gegenwartskunst interessiert, sollte 3 km außerhalb der Stadt das spannende **Centro Per l'Arte Contemporanea Pecci** (☎0574 53 17; www.centropucci.it; Viale della Repubblica 277; Erw./erm./Fam. 10/7/28 €; ⊙Di & Mi 12–20, Do–So bis 24 Uhr) ansteuern, einen geschwungenen Goldbau des in Holland ansässigen indonesischen Architekten Maurice Nio mit spannenden Ausstellungen.

Nach dem Sightseeing sind die Geschmacksknospen dran – es steht ein Süßwareneinkauf bei **Antonio Mattei** (☎0574 2 57 56; www.biscottimatteideseo.it; Via Ricasoli 20; ⊙Di–Fr 8–19.30, Sa bis 13 & 15.30–19.30, So bis 13 Uhr, 2. So des Monats & Juli geschl.) an, Pratos berühmtem *biscottificio*. Die Keksfabrik, in der seit 1858 die *biscotti di Prato* (zweifach gebackene Mandelkekse zum Eintunken in süßen Wein) hergestellt werden, ist ein Markenzeichen der Stadt. Wer vormittags herkommt, kann den Bäckern bei der Arbeit zuschauen. Das Gebäck (16,50 € pro kg), das nicht luftdicht verpackt, sondern nur in königsblaues Wachspapier eingeschlagen und mit einem Band zugebunden wird, sollte am besten innerhalb von fünf Tagen verzehrt werden.

Zur Abrundung des Pratobesuchs empfiehlt sich ein heimisches Craft-Bier der kleinen Brauerei **Mostodolce** (☎0574 06 36 52; www.facebook.com/mostodolcepo; Via dell'Arco 6; ⊙Mo–Mi 19.30–2, Do–Sa bis 2.30 Uhr) oder ein gepflegtes Glas Wein plus Mittagessen, ab 18 Uhr eine *apericena* (üppiges Snackbüfett) oder ein Abendessen im **Le Barrique** (☎0574 3 01 51; www.lebarriquewinebar.it; Corso Mazzoni 19; ⊙12–0.30 Uhr; ☎). Die angesagte Weinbar mit ihrem stylischen Inneren aus rotem Backstein und der exzellenten toskanischen Küche ist eines der wenigen Lokale der Stadt, die *mortadella di Prato* anbieten, eine kräftig gewürzte, rosafarbene Wurst, die mit Alchermes-Likör aufgepeppt und heutzutage nur noch von zwei Fleischereien in Prato hergestellt wird.

1301) geschnitzte Marmorkanzel. Zwei Löwen und eine gebeugte menschliche Figur tragen das schwere Gewicht des auf sieben Säulen ruhenden Meisterwerks und Statuen der Seherinnen und Propheten zieren die Kapitelle der Säulen.

Palazzo Fabroni · MUSEUM

(☎0573 37 18 17; Via Sant'Andrea 18; Erw./erm. 3,50/2 €; ◷Di–Fr 10–14, Sa & So bis 18 Uhr) Das luftige Museum für zeitgenössische Kunst bietet mal eine Abwechslung inmitten all der jahrhundertealten Sehenswürdigkeiten. Es beherbergt Wechselausstellungen und eine feste Sammlung mit Kunstwerken, Geschenke von Künstlern, die hier ausgestellt haben. Zu den Highlights zählen das Schattenwandgemälde *Scultura d'Ombra* (2007) des avantgardistischen italienischen Künstlers Claudio Parmigiani (geb. 1943) sowie die Säle mit Arbeiten der aus Pistoia stammenden Künstler Mario Nigro (1917–1992) und Fernando Melani (1907–1985). Besondere Beachtung verdient das 1973 aufgenommene Foto, das den Bildhauer Marino Marini mit seinem Pferd am Strand bei Forte dei Marmi zeigt.

Wer hier seine Faszination für zeitgenössische italienische Kunst entdeckt, kann nach vorheriger Absprache das benachbarte **Casa-Studio** (☎800 01 21 46, 0573 37 18 17; Corso Gramsci 159; ◷letzter Sa des Monats 10.30–11.15 & 11.30–12.15 Uhr, nur nach Vereinbarung) GRATIS besuchen, das Haus und Atelier, in dem der abstrakte Künstler Fernando Melani lebte und arbeitete.

Piazzetta degli Ortaggi · PIAZZA

Das hübsche, kleine Juwel von einer Piazza mit einladenden Straßencafés ist ein absolutes Muss. Hier steht die lebensgroße Skulpturengruppe **Giro di Sole** (Sonnenbahn; Piazzetta degli Ortaggi) (1996) des Pistoier Künstlers Roberto Barni (geb. 1939). Der kleine Platz liegt neben der Piazza della Sala, fungierte im 18. Jh. als Marktplatz der Stadt, beherbergte ein Bordell und war zugleich der Eingang zum jüdischen Ghetto.

Basilica della Madonna dell'Umiltà · KIRCHE

(☎0573 2 20 45; Via della Madonna; ◷8–13 & 16–18 Uhr) GRATIS Allen, die Florenz kennen, fällt sicher die rot gedeckte Kuppel dieser in einer Seitenstraße gelegenen Kirche aus dem 15. Jh. ins Auge. Sie wurde von Ventura Vitoni für die **Madonna der Demut** (1350) erbaut, ein Fresko, das 1498 echte Tränen geweint haben soll und sich danach zu einem Gegenstand frommer Anbetung entwickelte.

1563 erhielt Giorgio Vasari den Auftrag, für die Kirche eine Kuppel zu errichten – und das tat er auch, und zwar in Form einer exakten, wenn auch kleineren Kopie der großartigen Kuppel des Florentiner Doms.

Ospedale del Ceppo · MONUMENT

(☎0573 36 80 23; www.irsapt.it; Piazza Giovanni XXIII; unterirdische Führung Erw./erm. 9/7 €; ◷April–Sept. 10–18 Uhr, Okt.–März bis 17 Uhr) Die schön restaurierte Fassade dieses ehemaligen Hospitals mit Giovanni della Robbias faszinierenden bunten Terrakottafriesen aus dem 16. Jh. erstrahlt wieder im alten Glanz. Die Friese illustrieren die *Sette Opere di Misericordia* (sieben Werke der Barmherzigkeit), während fünf Medaillons die *Virtù Teologali* (theologischen Tugenden) zeigen. Das aus dem 13. Jh. stammende Hospital kann nicht besichtigt werden, wohl aber sein unterirdisches Innenleben aus Korridoren und unterirdischen Wasserläufen. Bei der spannenden einstündigen Führung unter dem Motto **Pistoia Sotteranea** sind alte Sezierwerkzeuge, Skalpelle und Ähnliches zu sehen.

Museo Marino Marini · MUSEUM

(☎0573 3 02 85; www.fondazionemarinomarini.it; Corso Silvano Fedi 30; Erw./erm. 3,50/2 €; ◷April–

ⓘ UNTERWEGS IN DER NORDWESTLICHEN TOSKANA

Auto & Motorrad In dieser ländlichen Region ist ein eigener fahrbarer Untersatz unerlässlich. Das hiesige Straßennetz ist hervorragend und vielfältig: Die mautfreie FI-PI-LI (SS67) bietet eine schnelle Verbindung zwischen Pisa, Livorno und Florenz und die Nord-Süd-Strecken A12, A11 und SS1 durchqueren allesamt die Region. Durch die Apuanischen Alpen, die Garfagnana und die Lunigiana führen landschaftlich sehr reizvolle Strecken, über grandiose Bergpässe, die im Winter manchmal wegen Schnee gesperrt sind, und über kurvenreiche Landstraßchen.

Bus Mit Ausnahme einiger weniger Busse pro Tag von Lucca nach Bagni di Lucca und Castelnuovo di Garfagnana existieren in der Region so wie keine Busverbindungen.

Zug Zwischen den Städten Pisa, Lucca, Pietrasanta und Viareggio bestehen ausgezeichnete Bahnverbindungen.

NORDWESTLICHE TOSKANA PISTOIA

Sept. Mo–Sa 10–18, So 14.30–19.30 Uhr, Okt.–März 10–17 Uhr) Das Museum im **Palazzo del Tau** zeigt Werke seines Namensgebers, des aus Pistoia stammenden Malers und Bildhauers Marino Marini (1901–1980). Hier hängen Dutzende seiner Zeichnungen und Gemälde, überwiegend weibliche Akte (birnenförmige Figuren, die an die Fruchtbarkeitsgöttin Pomona erinnern) und Pferde.

★ Cappella del Tau   KAPELLE
(Tau-Kapelle; ☎0573 3 22 04; Corso Silvano Fedi 70; ◷Mo–Sa 8.15–13.30 Uhr) GRATIS Neben dem Museo Marino Marini (S. 263) befindet sich diese winzige, im gotischen Stil komplett mit Fresken der Schule Giottos ausgemalte Kapelle aus dem 14. Jh. Sie bildet eine spektakuläre Kulisse für die wuchtige Bronzeskulptur *Das Wunder* (1952) von Marini. Auf den Fresken sind Szenen aus dem Alten und Neuen Testament zu sehen wie die Geschichte des hl. Antonius, dargestellt als alter Mann mit weißem Bart, Stab und Schwein an seiner Seite. An seinem Festtag, dem 17. Januar, brachten früher die Bauern der Umgebung ihre Tiere zur Kapelle, um sie sich von ihrem Schutzheiligen segnen zu lassen.

Il Giardino Volante   GÄRTEN
(Der Fliegende Garten; ☎0573 37 18 19; www.il giardinovolante.it; Via degli Armeni 5a; ◷ Juli & Aug. 9–12.30 & 15.30–19 Uhr, Mai & Juni Mi–So 9–12.30 & 15–19 Uhr, im Winter kürzer) GRATIS Als Erholung zwischen all den Sehenswürdigkeiten bietet sich ein Bummel durch diesen urigen, von einheimischen Künstlern entworfenen Stadtpark an. Neben zeitgenössischer Kunst

gibt's hier u. a. verspielte Rutschen, Klettergerüste, Mini-Holzhütten und einen Sandkasten. Den Eingang markiert ein schwarzer Stahlkubus.

Festivals & Events

Pistoia Blues   MUSIK
(www.pistoiablues.com; ◷ Juli) Seit mindestens drei Jahrzehnten zieht das jährliche Bluesfestival von Pistoia die ganz Großen der Bluesszene an. Auf der Freilichtbühne vor dem Menschenmeer, das die Piazza del Duomo überschwemmt, standen zum Beispiel schon BB King, Miles Davis, Sting und Santana. Eintrittskarten kosten 25 bis 75 €.

Giostra dell'Orso   KULTUR
(◷25. Juli) Beim „Bärenturnier" handelt es sich um ein Mittelalterfest, u. a. mit Kämpfen zu Pferd. Es wird auf der Piazza del Duomo zu Ehren des Schutzpatrons von Pistoia veranstaltet, des hl. Jakobus.

✕ Essen

Die Fressmeile von Pistoia liegt in der Fußgängerzone und heißt **Via del Lastrone**. Dort drängen sich Cafés, Weinlokale und Traditionsrestaurants, die heimische Spezialitäten servieren wie *carcerato* (Eintopf mit Innereien), *frittata con rigatino* (Omelett mit gepökeltem Bauchspeck), *farinata con cavalo* (Kichererbsenpfannkuchen mit Kohl) oder *migliacci* (Crêpes mit Schweineblut). Als Abschluss eines Essens ist *berlingozzo* beliebt, ein Gebäck, zu dem traditionell ein Glas Vin Santo aus lokaler Produktion getrunken wird.

VESPA-TOUR

Gibt's etwas Romantischeres, als auf einer Vespa durch die Toskana zu kurven? Der Motorroller, der zu einer italienischen Ikone wurde, erblickte 1946 in der Piaggio-Fabrik in Pontedera, 25 km südöstlich von Pisa, das Licht der Welt. Er hat das Reisen revolutioniert. Seitdem bekam das Aussehen des liebevoll „Wespe" genannten Zweirads schon 120 Liftings verpasst. Die neuesten Modelle, GTV und LXV, zeigen deutliche Retro-Einschläge – gutes Design ist eben zeitlos.

Wie die genuesische Firma 1921 in die Toskana kam, warum sie auch viermotorige Flugzeuge und Hydroplane-Rennboote baute, wie sie im Zweiten Weltkrieg zerstört wurde und als Europas Motorrollerfabrikant Nr. 1 wieder auferstand – die komplette Vespa-Story wird spannend und unterhaltsam im **Museo Piaggio** (☎0587 2 71 71; www.museopiaggio.it; Viale Rinaldo Piaggio 7; ◷Di–Fr 10–18, Sa bis 13 & 14–18 Uhr, Aug. & 2. & 4. So anderer Monate bis 20 Uhr) GRATIS in einem ehemaligen Fabrikgebäude in Pontedera erzählt.

Wer dieses Feeling von „Was kostet die Welt?" spüren will, macht mit **Tuscany by Vespa** (www.tuscanybyvespa.com) – veranstaltet von Florence Town (S. 103) in Florenz – einen ganz persönlichen Ausflug in die wilden Fünfziger.

ABSTECHER FÜR OPERNFREUNDE

Rund 35 km westlich von Barbialla Nuova und San Gimignano bilden die Hügel ein beeindruckendes natürliches Amphitheater und mittendrin liegt **Lajatico** (1336 Ew.). Das winzige Dorf ist der Geburtsort des Opernsängers Andrea Bocelli (geb. 1958), der jedes Jahr im Juli oder August für einen einzigen Auftritt in seine Heimat zurückkehrt.

Als Bühne dient ihm das **Teatro del Silenzio** (www.teatrodelsilenzio.it), ein eigens zu diesem Zweck konstruiertes Open-Air-Theater auf einer grünen Wiese am Dorfrand. Das ganze Jahr über herrscht dort Stille – bis auf den Abend, an dem der Tenor mit seinen Freunden auftritt (Placido Domingo, José Carreras, Sarah Brightman und der chinesische Pianist Lang Lang waren schon hier). Zu diesem Anlass werden auch Skulpturen zeitgenössischer Künstler aufgestellt, was das zauberhafte Ambiente noch verstärkt. Es ist ein unvergleichliches Erlebnis – die wunderbare Stimme, rund 10 000 Zuhörer und rundherum sanfte, sattgrüne Hügel, soweit das Auge reicht. Tickets gibt's normalerweise ab März bei **Vivaticket** (www.vivaticket.it) und kosten zwischen 80 und 400 €.

Opernfans mit einer Vorliebe für gut gereifte Tropfen können 5 km weiter nach **La Sterza** fahren, um Wein und Olivenöl zu kaufen, die auf dem Gut der Familie Bocelli produziert und in der **Cantina Bocelli** (⏺0587 64 30 27; www.bocellifamilywines.com; Via Volterrana 57, La Sterza; ⏱Mo–Fr 10–12.30 & 16–19 Uhr) verkauft werden, einem Keller mit rotem Backsteingewölbe am südlichen Ortsausgang an der SR439.

Carmine
ITALIENISCH €

(⏺0573 2 26 00; www.bio-barpasticceriacarmine.it; Corso Gramsci 4; Mahlzeiten 15 €; ⏱Mo–Fr 6–20, Sa 4–20, So bis 13.30 & 15–20 Uhr) Die aufgereiht in Vitrinen ausgestellten edlen Leckereien in dieser verführerischen Konditorei sind 100 % glutenfrei. Auf einer Tafel sind die Tagesgerichte angeschrieben, herzhafte *primi* und *secondi*, darunter auch Pizza, sodass der Laden zu einer Top-Adresse für ein glutenfreies Frühstück und Mittagessen und einen glutenfreien Brunch wird.

Osteria Pizzeria Apicio
PIZZA €

(⏺334 758 19 91; Via del Duca 8; Mahlzeiten 20 €; ⏱Di–So 19–0.30 Uhr) Auch diese Pizzeria-Osteria ist in einem wunderschönen alten Gebäude in einer kleinen Seitenstraße untergebracht und ein toskanisches Lokal, wie es im Buche steht. Sein höhlenartiges, an eine Kapelle erinnerndes Inneres ist eine bezaubernde Collage aus Originalbauteilen: eine turmhohe Gewölbedecke, freiliegende rote Backsteine und ein Wasserbrunnen. Die Holzofenpizzas sind die besten der Stadt und als Krönung des Ganzen gibt's eine erstklassige Auswahl an Craft-Bieren.

La Bettola
TRATTORIA €

(⏺0573 296 62; www.facebook.com/la.bettola.79; Via Porta San Marco 69; Mahlzeiten 20 €; ⏱Di–So 12.30–14.30 & 19–23 Uhr) Dieses in einer Seitenstraße versteckte Juwel findet nur, wer gezielt danach sucht. Die altbewährte

schnörkellose Trattoria serviert unter alten Backsteingewölben die vielleicht traditionellste und köstlichste toskanische Küche der Stadt. Und genauso bemerkenswert sind die niedrigen Preise. Unbedingt die grandiose *zuppa del carcerato* (Innereiensuppe) probieren; darauf könnte der *collo di pollo ripieno* (gefüllter Hühnchenhals) oder vielleicht der *lampredotto con salse* (Kutteln mit Salsa) folgen.

★ I Salaioli
FEINKOST €€

(⏺0573 2 02 25; www.isalaioli.it; Piazza della Sala 20–22; Mahlzeiten 30 €; ⏱Mo–Sa 6.30–24, So 8–24 Uhr) Beim Blick auf die einladenden Salamis und Käselaibe hinter der Theke, die geradezu darum betteln, gegessen zu werden, läuft einem unweigerlich das Wasser im Mund zusammen. Beim I Salaioli handelt es sich um eins jener phantastischen Feinkostladen-Restaurants, in denen die köstlichen Naturprodukte der Toskana entweder mitgenommen oder im stilvollen Zwischengeschoss bzw. auf der Straßenterrasse (toll zum Leutebeobachten) gegessen werden können. Sämtliche Produkte sind frisch, regional und der Saison entsprechend.

★ Magno Gaudio
ITALIENISCH €€

(⏺0573 2 69 05; Via Curtatone Montanoro 12; Mahlzeiten 30 €; ⏱Mo–Sa 7–23 Uhr; 🐾) Wer sich unter die Pistoianer mischen möchte, sichert sich einen Tisch in diesem erstklassigen Allround-Lokal. Ob zum Frühstück,

ABSEITS DER ÜBLICHEN PFADE

ABSTECHER

In den Hügeln über San Miniato beeindruckt die familiengeführte **Osteria Il Papero** (☑ 338 4302267; www.osteriail papero.com; Piazza 1 Maggio 1, Balconevisi; Mahlzeiten 30 €; ⊙ Mi–Sa 20–23, So 12–15 Uhr) mit ihrer unerwartet kreativen, vorzüglichen toskanischen Kost. In der Küche, wo der junge Küchenautodidakt Leandro Gaccione, eigentlich ein Fotograf und Musiker, mit erstaunlichem Ergebnis seine Talente entfaltet, geben Produkte von Bauernhöfen der Region den Ton an. Ein absolutes Highlight sind die fabelhaften kulinarischen Themenabende mit Livemusik an jedem ersten Donnerstag im Monat – unbedingt reservieren!

Brunch oder Abendessen oder zu einem Aperitif auf der Straßenterrasse – dieses Café besticht jederzeit durch Gratis-WLAN, innovative Speisen – eine Riesenauswahl an Fisch, kreative Nudelgerichte sowie Thunfischcarpaccio mit Sesamkruste zum Niederknien – und die freundliche, unprätentiöse Bedienung.

Interessante Wand- und Deckenleuchten und Töpfe und Pfannen verleihen dem Ganzen einen originellen Touch.

Osteria La BotteGaia
OSTERIA €€

(☑ 0573 36 56 02; www.labottegaia.it; Via del Lastrone 17; Mahlzeiten 30 €; ⊙ Di–Sa 12–15 & 19–23, So 19–23 Uhr) Die Bandbreite der Gerichte in dieser für ihre vorzügliche Räucherfleischauswahl und spannende Weinkarte berühmten Slow-Food-Osteria reicht von streng traditionell bis zu experimentell. Auf der Karte stehen auch ein paar vegetarische Gerichte, darunter Auberginen- und Ricotta-Strudel in Tomatensauce. Wer nicht reservieren möchte und dann keinen Tisch bekommt, kann auf ein Glas Wein und einen Imbiss in die *vineria* (Weinbar) der La BotteGaia ausweichen, die sich ebenfalls in der Via del Lastrone befindet.

Trattoria dell'Abbondanza
TRATTORIA €€

(☑ 0573 36 80 37; Via dell'Abbondanza 10; Mahlzeiten 25 €; ⊙ Do–Di 12–14.30 & 19–22.30 Uhr) Draußen in einer malerischen Gasse unter bunten Sonnenschirmen oder drinnen inmitten von Türglocken, Nudelschüsseln und anderen Sammlerstücken wird einfache, aber schmackhafte toskanische Küche serviert – was genau, ist auf der handgeschriebenen Speisekarte nur schwer zu entziffern.

Il Carbonile
FISCH & MEERESFRÜCHTE €€

(☑ 331 843 49 15, 347 043 51 53; www.ilcarbonile ristorante.com; Piazza del Carmine 6b; Mahlzeiten 30 €; ⊙ Di–Sa 19.30–22.30, So 12.30–14.30 & 19.30–22.30 Uhr) Wem der Sinn nach einem modernen kulinarischen Erlebnis steht, der sollte dieses zauberhafte Fischrestaurant ansteuern, das sich in einem ummauerten Hof abseits der Piazza del Carmine versteckt. Sowohl drinnen als auch draußen ist das Lokal intim und schick gestaltet. Ein Großteil der saisonalen Zutaten hat nur eine sehr kurze Reise hinter sich. Neben einigen Fleisch- und vegetarischen Gerichten gibt's auch ein verlockendes Meeresmenü.

🍷 Ausgehen & Nachtleben

Der Hotspot für ein gepflegtes Getränk in einer trendigen Bar sind der autofreie Marktplatz Piazza della Sala und die schmalen Straßen ringsum – wunderbar, wenn man im Sommer draußen sitzen kann.

★ Caffètteria Museo Marino Marini
CAFÉ

(www.fondazionemarinomarini.it; Corso Silvano Fedi 32; ⊙ Mo–Do 7–21, Fr & Sa bis 23 Uhr) In dem einladenden Café mit eigener Bäckerei (köstliches Brot) und blumigem Garten ist immer etwas los. Einheimische schlürfen an der Bar einen Espresso oder gönnen sich an einem der vier Tische einen Cappuccino und plaudern dabei mit Freunden. Draußen unter dem Vordach stehen Sofas, von denen aus der Blick über die blühenden Hortensien des wunderschönen Gartens schweift – im Sommer ein Traum!

Fiaschetteria La Pace
WEINBAR

(☑ 0573 2 31 39; www.fiaschetteriapistoia.com; Via dei Fabbri 7–9; Mahlzeiten 25 €; ⊙ 17.30–23 Uhr) „Alles wird gut" ist das Motto dieser hippen Kombi aus Bar und Bistro. Und in diesem trendigen Lokal ist tatsächlich alles gut, sei es an einem Holztisch im Retro-Inneren (Erdnüsse kostenlos) oder auf einem Stück steinerner Fensterbank draußen. Die kreative Toskanaküche und die traditionellen Salami- und Käseteller sorgen bei jedem Gast jederzeit für Wohlbefinden.

ℹ Praktische Informationen

Touristeninformation (☑ 0573 2 16 22; www. pistoia.turismo.toscana.it; Piazza del Duomo 4; ⊙ 9–13 & 15–18 Uhr) Hier gibt's Stadtpläne und Infos zum Radeln und Wandern in der Umgebung von Pistoia. Zweistündige Stadtführungen (10 €) beginnen im Juli und August täglich um 10.30 und 15.30 Uhr, sonst freitags um 15.30 Uhr und am Wochenende um 10.30 und 15.30 Uhr.

ℹ️ Anreise & Unterwegs vor Ort

Vom Bahnhof in die Altstadt geht es direkt auf der Viale XX Settembre geradeaus, über den Kreisverkehr und dahinter weiter auf der Via Atto Vannucci, die dann zur Via Cino wird. Es gibt Regionalzüge nach:

Florenz (4,40 €, 45 Min., alle 20 Min.)
Lucca (5,50 €, 45–60 Min., halbstündl.)
Pisa (6,80–9,60 €, 2 Std., 1-mal tgl. oder in Lucca umsteigen)
Prato (2,60 €, 15 Min., alle 20 Min.)
Viareggio (6,80 €, 1 Std., stündl.)

SAN MINIATO

27 900 EW.

Schon aus kulinarischen Gründen ist das bezaubernde, verschlafene Mittelalterstädtchen auf halber Strecke zu je 50 km zwischen Pisa und Florenz einen Besuch wert: Hier dreht sich alles um den *Tuber magnatum pico*, die weiße Trüffel.

Die alten Kopfsteinpflasterstraßen von San Miniato, die in der heißen Sommersonne kupfer- bis ingwerfarben leuchten, machen Lust auf einen gemütlichen Bummel. Sie führen durch das harmonische Stadtbild mit prächtigen Fassaden und Kirchen aus dem 14. bis 18. Jh., passieren den imposanten romanischen Dom mit einem **Glockenturm** (Piazza del Duomo; Erw./Kind 3 €/frei; ☺April–Sept. Mo–Fr 11–14, Sa & So bis 14 & 15–18 Uhr, Okt.–März Sa 10–13 & 14–17, So 14–17 Uhr) aus dem 12. Jh. und steigen steil bergan zum rekonstruierten mittelalterlichen Wehrturm **Torre di Frederico II** (Turm Friedrichs II.; Via di Rocca; 3,50 €; ☺Di–So 11–17 Uhr), von dem sich herrliche Ausblicke bieten. Am günstigsten ist es, sich vor dem Stadtbummel in der Touristeninformation (S. 266) ein Kombiticket (Erw./erm. 5/4 €) für die Hauptsehenswürdigkeiten zu kaufen.

NICHT VERSÄUMEN

JAGD AUF WEISSE TRÜFFELN

Seit dem Mittelalter sind Trüffel aus der Kulturgeschichte der Gegend nicht wegzudenken. Rund 400 *tartufai* (Trüffelsucher) grasen die drei kleinen Täler bei San Miniato nach der kostbaren hellbraunen bis beigen Knolle ab, die dort von Mitte Oktober bis Mitte Dezember wächst. Welchen Pfaden sie dabei folgen, sind streng gehütete Familiengeheimnisse, die von Generation zu Generation weitergegeben werden. Denn was ihre speziell ausgebildeten Hunde da erschnüffeln, ist ein kleines Vermögen wert. In der Toskana liegt der Kilopreis für weiße Trüffel bei 1500 bis 3000 €, in Berlin und anderen europäischen Hauptstädten kosten sie ein Vielfaches davon.

Um den Mythos um diese in Nacht- und Nebelaktionen geborgenen Aromaschätze hautnah mitzuerleben, gibt's keine bessere Gelegenheit als die **Mostra Mercato Nazionale del Tartufo Bianco** (Nationale Verkaufsmesse für weiße Trüffel). Sie findet an den letzten drei Novemberwochenenden in San Miniato statt. Dorthin pilgern Profi- wie Hobbyköche aus aller Welt, um einzukaufen, aus Trüffeln hergestellte Spezialitäten zu probieren und sich von dem einzigartigen Geschmack verzücken zu lassen. Die Touristeninformation von San Miniato hält eine Liste von Trüffelhändlern bereit und ist allen behilflich, die einen Trüffelsucher in Aktion erleben wollen.

Sehr empfehlenswert sind die frühmorgendlichen Trüffelausflüge von **Barbialla Nuova** (☎0571 67 70 04; www.barbialla.it; Via Casastada 49, Montaione; 2-/4-/6-/8-Pers.-Apt. 110/175/240/350 €, Winter/Sommer mind. 2/7 Nächte; ☺März–Dez., P 🛜 ≋) 🅿. Das wunderschöne Landgut besitzt 500 ha Gelände bei Montaione 20 km südlich von San Miniato. Mit Guido Manfredi hat hier die jüngere Generation das Zepter übernommen. Eine Trüffelsuche (60–80 € pro Pers., 2½ Std., Okt.–Mitte Dez.) auf dem Anwesen mit Trüffeljäger Giovanni endet bei einem Glas Chianti und Kostproben von Käse und Salami aus lokaler biologischer Herstellung. Erfolgreiche Trüffelsucher können auch in ein Restaurant der Gegend gehen, wo das mitgebrachte „Nugget" dann über Pasta und eine *bistecca alla fiorentina* (T-Bone-Steak vom Holzkohlegrill) geraspelt wird. Weit und breit gibt's keine erfolgreicheren „Weißgoldjäger" als den *tartufaio* von Barbialla Nuova und seine Hunde; ihr Saisonergebnis liegt bei rund 20 kg.

✗ Essen & Ausgehen

Dank dem Füllhorn an tollen örtlichen Erzeugnissen kann man in San Miniato ganz unabhängig davon, wie gut die Reisekasse gefüllt ist, wunderbar essen gehen. Heimische Produkte auf den Speisekarten sind *carciofi samminiatese* (eine Artischockensorte) im April und Mai, Kastanien und Waldpilze im Herbst, *formaggio di capra delle colline di San Miniato* (Ziegenkäse) und Fleisch von Chianina-Rindern das ganze Jahr über.

Mercato della Terra di San Miniato MARKT
(www.mercatidellaterra.it; Piazzale Dante Alighieri; ☺3. So des Monats 9–14 Uhr) Auf diesem bunten Bauernmarkt auf dem Piazzale Dante Alighieri bieten Landwirte und Kleinbetriebe der Region frisches Obst und Gemüse, Fleisch, Rohmilch und andere handwerklich hergestellte Produkte an.

Birra e Acciughe CRAFT-BIER
(☑329 0026905; www.facebook.com/birraeacciughe; Via Augusto Conti 29; ☺Mo–Sa 17–0.30, So bis 24 Uhr) „Bier & Anchovis" lautet der Name dieses winzigen supercoolen Craft-Bier-Ladens, der von oben bis unten mit Gerstensäften aus der Toskana und anderen Teilen Italiens vollgestopft ist. Zum Bier gibt's Gourmet-Panini (3–5 €) z. B. mit Sardellen und Butter, in Bier marinierte Sardellen oder Chili-Sardellen. Beliebt ist auch die Füllung Brie, Honig und Trüffelbutter.

★Sergio Falaschi TOSKANISCH €
(☑0571 4 31 90; www.sergiofalaschi.it; Via Augusto Conti 18–20; Mahlzeiten 25 €; ☺Mo–Di & Do–Sa 7.30–15 & 16–20, So 9–15 Uhr; 🕿) Die berühmteste *macelleria* (Metzgerei) der Stadt wird schon in dritter Generation von derselben Familie betrieben. Hier decken sich die meisten Restaurants der Stadt mit hervorragendem Fleisch ein. Vorbei am Tresen kann man sich im hinteren Bereich des mit Keramikfliesen gekachelten Ladens deftige Tagesgerichte mit Fleisch vom Chianina-Rind und toskanischen *cinta-senese*-Schwein einverleiben.

San Miniato Prosciutteria TOSKANISCH €
(☑0571 41 91 95; www.prosciutteriasanminiato.it; Via Ser Ridolfo 8; Mahlzeiten 15 €; ☺Di–So 12–15 & 19–22 Uhr) Dank der modisch spartanischen Retro-Einrichtung lenkt in der *bottega con cucina* (Geschäft mit Küche) nichts vom eigentlichen Zwecks des Besuchs ab: Denn hier möchte man Käse, Salami, traditionelle Innereiengerichte wie *lampredotto* und *trippa* (Kutteln) sowie saisonale Speisen aus heimischen Zutaten probieren. Wer sich nicht sicher ist, was er bestellen soll, kann sich von Marco beraten lassen.

Pepenero TOSKANISCH €€€
(☑0571 41 95 23; www.pepenerocucina.it; Via IV Novembre 13; Mahlzeiten 50 €, Menüs 30–50 €; ☺Sa 19.30–22, So & Mi–Fr 12.30–14 & 19.30–22 Uhr) Der TV-Starkoch Gilberto Rossi gehört zu der neuen Generation toskanischer Kochkünstler, die aus traditionellen Zutaten der Region moderne, saisonal geprägte Gerichte zaubern. Seine Geheimnisse verrät er in halbtägigen Kochkursen und beim anschließenden lockeren Essen auf der Terrasse seines hochgelobten Restaurants. Voranmeldung erforderlich.

Peperino TOSKANISCH €€€
(☑0571 41 95 23; Via IV Novembre 1; Menü mit Flasche Champagner & Wein 246 €; ☺nur nach Vereinbarung) Das Peperino, direkt neben seinem großen Bruder Pepenero, ist das kleinste Restaurant der Welt. Es liegt mitten in dem Dorf, das als kulinarischer Nabel der Toskana gilt, und besitzt nur einen einzigen Tisch für zwei Personen. Stilmöbel und rosa Seidenstoffe sorgen für Kuschelatmosphäre, der Kellner kommt nur, wenn die Gäste klingeln. Es ist oft auf Monate ausgebucht.

✦ Praktische Informationen

Touristeninformation (☑0571 4 27 45; www.sanminiatopromozione.it; Piazza del Popolo 1; ☺Mo 9–13, Di–So bis 13 & 14–17 Uhr)

✦ An- & Weiterreise

Am Bahnhof San Miniato-Fuecchio wartet ein Shuttlebus (1 €, alle 20 Min.), der in die Altstadt fährt.

Regionalzüge fahren nach:

Florenz (5,50 €, 45 Min., stündl.)
Pisa (4,40 €, 30 Min., stündl.)

APUANISCHE ALPEN & GARFAGNANA

Landeinwärts geht die Versilia ziemlich abrupt in die Apuanischen Alpen über, eine zerklüftete Bergkette, die als Parco Regionale delle Alpi Apuane (Regionalpark Apuanische Alpen; www.parcapuane.it) unter Naturschutz steht. Wanderwege führen zu einer Reihe abgelegener Bauernhöfe, Einsiedeleien aus dem Mittelalter und verschlafener Bergdörfer.

Fährt man über die östlichen Höhenrücken der Alpen weiter ins Landesinnere, beherrschen drei bezaubernde, vom Serchio und seinen Nebenflüssen gebildete Täler die Szenerie: die beiden tiefer gelegenen Valle del Serchio und Valle Lima sowie das Valle Garfagnana etwas weiter oben. Das Trio wird unter dem Namen **Garfagnana** zusammengefasst. Dichte Kastanien- und Akazienwälder bedecken das Gebiet, eine Naturlandschaft, deren Erzeugnisse (Kastanien, Steinpilze, Honig) in der sehr ländlich-rustikalen, unglaublich geschmackvollen Küche die Hauptrolle spielen.

Das Tor zu diesem stark bäuerlich geprägten Landstrich der Toskana ist Castelnuovo di Garfagnana, wo sich das Besucherzentrum des Regionalparks befindet.

Castelnuovo di Garfagnana

5950 EW.

Wie ein Adlerhorst hängt das mittelalterliche Castelnuovo über dem Zusammenfluss von Serchio und dem etwas kleineren Turrite. Als rostrotes Herz thront in seiner Mitte die **Rocca Ariostesca** (Ariosts Burg) aus dem 12. Jh. Sie ist nach dem italienischen

---

ABSEITS DER ÜBLICHEN PFADE

DREI UNVERGESSLICHE AUTOTOUREN

Unzählige Sträßchen schlängeln sich von Castelnuovo aus in das Hinterland der Garfagnana und der Apuanischen Alpen – für Magen und Nerven eine echte Herausforderung!

Über den Bergpass

Nördlich von Castelnuovo führt ein mit Haarnadelkurven gespicktes Sträßchen (SS324) hinauf nach **Castiglione di Garfagnana** und über den malerischen **Passo di Radici** hinüber in die Emilia-Romagna. Eine kleinere Parallelstraße führt südwärts nach **San Pellegrino in Alpe** (www.sanpellegrino.org). Das Bergdorf (1525 m) hat ein Kloster und ein Krankenhaus, das nun als **Museo Etnografico** (Ethnografisches Museum; ☑ 0583 64 90 72; www.sanpellegrinoinalpe.it; Via del Voltone 14, San Pellegrino in Alpe; Erw./erm. 2,50/1,50 €; ⊗ Sommer 10–13 & 14–18.30 Uhr, im Winter kürzer & Mo geschl.) das Leben in den Bergen zeigt, welches sich seit Jahrhunderten kaum verändert hat.

Alpenflora & Marmorsteinbrüche

Die Route geht westwärts in Richtung Mittelmeer. Die ersten 17 km auf der SP13 sind noch harmlos, aber 2 km südlich von Arni, wenn es rechts abgeht auf die SP4 in Richtung Massa, warten Haarnadelkurven und unbeleuchtete Tunnel. Belohnung für die Tort(o)ur sind atemberaubende Ausblicke auf die Marmorsteinbrüche von Carrara, vor allem am **Passo del Vestito** (1151 m). Freizeitbotaniker halten in **Pian della Fioba** beim **Orto Botanico delle Alpi Apuane „Pietro Pellegrini"** (Botanischer Garten der Apuanischen Alpen; ☑ 0585 49 03 49, 340 466 02 71; www.parcapuane.toscana.it/orto; Pian della Fioba; ⊗ Ende Mai–Mitte Sept. 9–12 & 15–19 Uhr) GRATIS. Anschließend geht's steil bergab durch die Bilderbuchdörfer **Antona** und **Altagnana** bis nach **Massa** an der Küste. Die Fahrt ist 42 km lang.

Unterirdische Flüsse & Seen

Die kurvige Strecke auf der SS445 führt über saftig grüne Hügel, die von Höhlen durchlöchert sind – die Landschaft allein ist die Fahrt schon wert, vielleicht unterbrochen durch ein Picknick am Straßenrand und Fotostopps. Einen Besuch lohnt auf jeden Fall die spektakuläre **Grotta del Vento** (☑ 05 8372 20 24; www.grottadelvento.com; Grotta del Vento 1, Vergemoli; Erw./erm. Führung 1 Std. 9/7 €, 2 Std. 14/11 €, 3 Std. 20/16 €; ⊗ 10–12 & 14–18 Uhr) 9 km westlich der SS445 an einer höllisch schmalen Straße. In der Höhle tut sich eine andere Welt aus unterirdischen Felsspalten, Flüssen und Seen auf. Von April bis Oktober werden ein-, zwei- und dreistündige Führungen angeboten – wer sich den 800 bzw. 1200 Felsstufen gewachsen fühlt, sollte eine der längeren Touren machen. Von November bis März gibt es nur die einstündige Tour (300 Stufen).

Apuanische Alpen & Garfagnana

NORDWESTLICHE TOSKANA CASTELNUOVO DI GARFAGNANA

EMILIA-ROMAGNA

Apuanische Alpen

SS63

Fivizzano

Monte Vecchio (1982 m)

Giuncugnano

Casola

SS445

Serchio

Monte Frignone (1331 m)

Monte Bocca di Scala (1846 m)

Pania di Corfino (1602 m)

Monte Alto (1538 m)

San Romano in Garfagnana

Corfino

Piazza al Serchio

Villa Collemandina

SS324

Pizzo d'Uccello (1781 m)

Monte Pisanino (1945 m)

Monte Umbriano (1229 m)

Poggio

Castiglione di Garfagnana

Monte Sagro (1749 m)

Lago di Vagli

Lago di Pontecosi

Pontecosi

Sillico

Pieve Fosciana

Gragnana

Monte Crondilice (1805 m)

Monte Tambura (1890 m)

Vagli di Sotto

Castelnuovo di Garfagnana

Carrara

Colonnata

Monte Sella (1839 m)

Monte Sumbra (1764 m)

SP13

Cascio

Antona

Pian della Fioba

Passo del Vestito (1151 m)

Isola Santa

Gallicano

Altagnana

SP4

Vergemoli

Massa

Monte Altissimo (1589 m)

Monte Corchia (1677 m)

Grotta del Vento

Marina di Massa

Levigliani

Pania della Croce (1858 m)

Fornovolasco

SS1

Azzano

Monte Croce (1314 m)

A12

Seravezza

Stazzema

Parco Regionale delle Alpi Apuane

Forte dei Marmi

Santa Anna

Monte Matanna (1317 m)

Pietrasanta

Monte Piglione (1232 m)

Ligurisches Meer

Versilia

Marina di Pietrasanta

Monte Prano (1220 m)

Camaiore

Dichter Ariost (Ludovico Ariosto) benannt, der hier von 1522 bis 1525 als Verwalter des Adelsgeschlechts Este residierte. Die stillen Gassen des Städtchens, die sich um den kleinen **Dom** (Piazza del Duomo; ⏲ unterschiedlich) schmiegen, laden zu einem netten Bummel ein; außerdem kann man hier wunderbar nach Slow-Food-Prinzipien speisen. Am Donnerstagmorgen ist Markt.

 Essen & Ausgehen

Die Auswahl an Restaurants ist begrenzt, doch in ein paar herausragenden Speiselo-

So 11–20 Uhr) Nachdem wir in der Toskana Dutzende von Eisdielen getestet haben, kommen wir zu dem Ergebnis: Diese moderne *gelateria* ist die beste! Die regional inspirierten Aromen sind großartig, z. B. Kastanie, Feige und Honig, Pinienkerne, Zimt und Lunigiana-Honig, Baiser (wirklich göttlich!) oder – sehr ungewöhnlich – *crema di farro* mit Dinkel.

★ Osteria Vecchia
Mulino
OSTERIA €

(☏ 0583 6 21 92; www.vecchiomulino.info; Via Vittorio Emanuele 12; Probiermenü 18 €; ☺ Di–So 11–21 Uhr) In der mit Leidenschaft und Humor vom leutseligen Andrea Bertucci geführten, 160 Jahren alten Osteria gibt es keine Karte, sondern eine überwältigende Auswahl kalter Speisen aus regionalen Produkten, die eine nach der anderen an Gemeinschaftstischen serviert werden. Die Wände sind vom Boden bis zur Decke mit Weinflaschen vollgestellt, und wer möchte, kann auch abgepackte regionale Spezialitäten mit nach Hause nehmen.

Antica Pasticceria
Fronte delle Rocca
CAFÉ

(☏ 0583 6 21 90; Piazzetta Ariosto 1; ☺ Di–So 9–13 & 15.30–19.30 Uhr) Schon seit 1885 steht diese alte Konditorei im Mittelpunkt des geselligen Lebens der Stadt. Die stimmungsvolle Straßenterrasse lädt bei einem mit einem Schokolöffel umgerührten Cappuccino geradezu zum Entschleunigen ein oder man lässt sich eine andere süße Leckerei aus dem Haus schmecken.

Shoppen

Alimentari Poli Roberto
LEBENSMITTEL

(Via Olinto Dini 6; ☺ 8.30–13 & 15.30–20.30 Uhr) Gegenüber dem alten Stadttor zieht einen das Stillleben aus Säcken mit Bohnen, Kichererbsen, Steinpilzen und Walnüssen förmlich hinein in den Lebensmittelladen. Das Kastanien- und Dinkelbier sowie der in Dinkel gewälzte Pecorino, der *castagnaccio* (Kastanienkuchen) und die *biroldo* (Schweineblutwurst mit wildem Fenchel) dürfen bei keinem zünftigen Picknick in der Garfagnana fehlen.

Praktische Informationen

Turismo Garfagnana (☏ 0583 6 51 69, 0583 64 84 35; www.turismo.garfagnana.eu; Piazza delle Erbe 1; ☺ Sommer 9–13 & 15–19 Uhr, im Winter bis 17.30 Uhr; ☎) Die Mitarbeiter des Besucherzentrums wissen alles über *agriturismi*, Wandern, Mountainbiken, Klettern,

kalen können die erstklassigen heimischen Erzeugnisse glänzen. Außerdem ist hier einer der besten Eismacher der Toskana ansässig.

Fuori dal Centro
GELATO €

(☏ 347 5971100; www.fuoridalcentro.com; Piazza Olinto Dini 1f; Waffeln 2,30–4,30 €; ☺ Di–Sa 13–20,

Reiten und andere Outdoor-Aktivitäten in den Apuanischen Alpen; sie verkaufen Regionalpark-Kartenmaterial und haben Adressen von Guides und Berghütten. Auf ein paar Sofas kann man bequem herumlümmeln, dazu gibt's kostenloses WLAN. Außerdem werden E-Bikes (Std./halber Tag/Tag 4/10/15 €) verliehen.

ⓘ An- & Weiterreise

Es gibt Regionalzüge nach:
Lucca (5,50 €, 1 Std., 9-mal tgl.)
Pisa (6,80 €, 1½ Std., 4-mal tgl.)

Barga

10 030 EW.

Der schicke Ort 12 km südlich von Castelnuovo di Garfagnana ist ein altes, unwiderstehlich entspanntes toskanisches Städtchen, in dem sich viele Englisch sprechende Toskanafans niedergelassen haben. Kirchen, Werkstätten, hübsche Natursteinhäuser und Palazzi reicher Händler aus dem 15. bis 17. Jh. säumen die steilen, malerischen Straßen hinauf zu Bargas elegantem romanischem **Dom** (☏0583 72 30 31; Piazza Beato Michele 1; ⊙8.30–18.30 Uhr) GRATIS. Hier sollte man sich viel Zeit für das Herumbummeln zwischen den Caféterrassen nehmen.

✕ Essen & Ausgehen

Barga ist ein weiterer Hotspot für die Erzeugnisse der Garfagnana wie *necci* (Kastanien-Crêpes) und verschiedene Nudeln aus süßem Kastanienmehl aus den geräucherten Carpinese-Kastanien der Region.

In der Altstadt von Barga verstecken sich ein paar zauberhafte Caféterrassen. An einem Freitagabend ist Bargas **Jazzclub** (☏0583 72 38 60; www.bargajazzclub.com; Via del Pretorio 23; Jahresmitgliedschaft 8 €; ⊙Fr 21.30–1 Uhr) das munterste Plätzchen für einen Drink.

Sosta dei Diavoli　　　　TOSKANISCH €
(☏348 3643550; Via G Pascoli 140, Ponte di Catagnana; Mahlzeiten 20 €) Die „Teufelsrast" wirkt vielleicht nur wie all die anderen bescheidenen, familienbetriebenen Café-Bars in der ländlichen Toskana, ist aber wirklich klasse. Um 19.30 Uhr schnürt sich Eigentümer Lorenzo Giuliani seine Kochschürze um, um eine kleine, aber sensationelle Auswahl an Antipasti und Pasta-*primi* zu zaubern: Sein Pecorino mit frischen erbsengrünen Saubohnen und einem Töpfchen Lunigiana-Honig ist wirklich super!

Das Lokal liegt von Barga aus gesehen unten am Fuß des Bergs, 4 km nördlich im am Fluss gelegenen Ponte di Catagnana.

★**Locanda di Mezzo**　　　TOSKANISCH €€
(☏0583 171 75 25; www.facebook.com/locandadimezzobarga; Piazza Santissima Annunziata 7; Mahlzeiten 25 €; ⊙tgl. 12.30–14.30, Di–So 19.45–22.30 Uhr; 🎧) Giulio und Francesco, beide aus Barga, sind die treibenden kreativen Kräfte hinter Bargas Top-Restaurant, dessen Tische im Sommer beneidenswerterweise auf der malerischen Piazza Santissima Annunziata aufgestellt sind. Traditionelle toskanische Gerichte bekommen hier einen exquisiten innovativen Touch verpasst, der wunderbar

---

ⓘ GUT ORGANISIERT: WANDERN, RADFAHREN, RAFTING UND MEHR

Nicola Born & Christoph Hennig (www.italienwandern.com) Von Deutschland aus organisieren die beiden Italienfans Touren inklusive Übernachtung, die dann in Eigenregie erwandert werden.

Ecoguide (☏340 6778356; www.eco-guide.it) Die kreative Agentur aus Lucca hat geführte Naturexkursionen zu Fuß und per Rad im Programm, darunter stimmungsvolle Nachtwanderungen in der Garfagnana, Touren für Familien mit Kindern und Fotoexkursionen.

Garfagnana Rafting (☏336 666795, 333 5282913; www.garfagnanarafting.com) Canyoning, Kajakfahren, Aqua-Trekking und Wildwasser-Rafting auf den Flüssen Lima und Serchio, außerdem Wanderungen in kleinen Gruppen in den Apuanischen Alpen.

Sapori e Saperi (☏339 7636321; www.sapori-e-saperi.com) Die fachkundige Feinschmeckerin Erica und die passionierte Köchin, Imkerin und Olivenbäuerin Francesca nehmen Gourmets mit auf eine kulinarische Tour durch die Garfagnana und zeigt ihnen, wie hier seit Generationen Brot gebacken, Wurst hergestellt oder der berühmte Pecorino produziert wird. Die Teilnehmer besuchen Olivenplantagen, helfen bei der Kastanienernte, suchen Trüffeln, lernen Kleinkäsereien kennen und kosten nach uralten Rezepten zubereitete Gerichte in traditionellen, von Einheimischen empfohlenen Lokalen.

TREFFEN MIT EINER IMKERIN

Ein schmales Sträßchen quält sich hoch zum Bauernhof **Al Benefizio** (☎347 2703624; www.albenefizio.it; Via Ronchi 4, Ponte di Catagnana), der sich an einen steil terrassierten Hügel bei Barga oberhalb von Ponte di Catagnana schmiegt und von Feigen, Olivenhainen, Weinstöcken und Akazien- und Kastanienwäldern eingerahmt wird. In den Ferienwohnungen für Selbstversorger mit Holzöfen und spektakulären Ausblicken, aber ohne Fernseher, haben jeweils vier Personen Platz, und der Bäcker des Orts, Maurizio, kommt jeden Morgen mit frischem Brot, köstlicher Focaccia und anderen Backwaren vorbeigefahren.

Doch der eigentliche Grund für einen Aufenthalt hier ist die Begegnung mit der charismatischen Eigentümerin Francesca, einer talentierten Köchin und Imkerin. Mit ihr kann man sich die 100 unter Kirschbäumen stehenden Bienenstöcke anschauen, dabei zusehen, wie Honig gewonnen wird (Ostern–Sept.), an einem Kochkurs oder Olivenölseminar teilnehmen oder Ende November bei der Olivenernte helfen. Im Sommer kann man schwimmen, Mountainbike fahren, grillen, Tennis spielen, im Gemüsegarten Gemüse und Kräuter ernten, den Hofesel Geubi streicheln und frische Eier einsammeln – oder bei Francescas wunderbar lockeren „Pizzapartys" rund um den alten steinernen Brotofen andere Gäste kennenlernen. Keine Kreditkarten.

auf die ausschließlich verwendeten erstklassigen Produkte aus der Region abgestimmt ist. Zum Beispiel gibt's *farro*-Ravioli in Salbeibutter oder *maltagliati* (unregelmäßig geschnittene Nudeln) mit Calamaretti in Kichererbsenpüree.

ⓘ Praktische Informationen

Touristeninformation (☎ 0583 72 47 45; Via di Mezzo 47; ⊙Mo–Sa 9.30–12.30 Uhr)

ⓘ An- & Weiterreise

Autofahrer nehmen die SS12 ab Lucca (Richtung Abetone), biegen links auf die SS445 ab und in Fornaci di Barga rechts auf die SP7, von wo aus es noch 5 km bis Barga sind.

Bagni di Lucca

6160 EW.

Bagni di Lucca, 28 km südlich von Castelnuovo di Garfagnana am Fluss Lima gelegen, ist *wirklich* klein. Wegen der Thermalquellen stand der Ort Anfang des 19. Jhs. bei der Oberschicht von Lucca hoch im Kurs und hatte auch viele internationale Gäste (darunter Heinrich Heine, Lord Byron, Percy Shelley und Giacomo Puccini). Heute ist vom klassizistischen Glanz kaum noch etwas übrig; im hübschen **Kasino** (1837) standen einstmals Strauss, Puccini und Liszt am Dirigentenpult. Neben einem Theater gab es eine überraschend reich verzierte anglikanische Kirche, in der sich mittlerweile die Stadtbibliothek eingerichtet hat (über jedem Fenster der tief rostroten Fassade grüßen ein Löwe und ein

Einhorn aus Stuck). Die barocken Grabmäler auf dem kleinen britischen Friedhof erzählen Geschichten vergangener Zeiten.

⊙ Sehenswertes & Aktivitäten

Der Ort ist klar zweigeteilt: Das kleinere **Ponte a Serraglio** mit Kasino gruppiert sich um eine Brücke über den Lima, während das Zentrum mit den meisten Läden, Restaurants und Hotels 2 km weiter östlich liegt. In Ponte a Serraglio sprudelt aus einer alten Steinmauer am Straßenrand die **Sorgente La Cova** (Viale Casino Municipale 84), eine natürliche Quelle.

In dem winzigen, am Flussufer liegenden Dörfchen **Borgo a Mozzano**, 2 km südwestlich der Stadt, steht der mittelalterliche steinerne **Ponte del Diarolo** – die alten Pflastersteine der sogenannten „Teufelsbrücke" stammen aus dem 14. Jh.

Essen

Circolo dei Forestieri   TOSKANISCH €
(☎0583 80 55 58; www.ristorantecircolodeifores tieri.it; Piazza Jean Varraud 10; Mahlzeiten 20 €; ⊙Di–So 12–15 & 19.30–22 Uhr) Früher war die elegante Jugendstilvilla auf der Flussseite der Viale Umberto I südöstlich des Kasinos der Sitz des Ausländerclubs. Heute kann hier jedermann im prächtigen Speisesaal mit Kronleuchtern seinen knurrenden Magen mit guten toskanischen Gerichten besänftigen. Ein echtes Schnäppchen ist das Mittagsmenü für 11 € inklusive Wasser, einem Glas Wein und Kaffee.

AUTO-/RADTOUR >
DIE VIA FRANCIGENA

Die Via Francigena vom englischen Canterbury über die ländliche Region Lunigiana in der nordwestlichen Toskana nach Rom war einst so stark von Pilgern frequentiert, dass die lombardischen Könige im 8. Jh. auf der ganzen Strecke durch die Lunigiana Hospize und Klöster für sie errichten ließen. Diese per Auto wie per Fahrrad gut machbare Tour führt an einigen davon vorbei.

❶ Pieve di Soprano

Von Pontremoli geht's auf der SS62 8 km nach Filattiera. Unterwegs zeigt sich auf einer Wiese die romanische, nach traditioneller Art mit Steinplatten gedeckte Pieve di Sorano (1148). Der Wachturm daneben wies darauf hin, dass es sich um einen befestigten Pilgerposten handelte. Hinter der Kirche liegt auf der Hügelkuppe das Dorf.

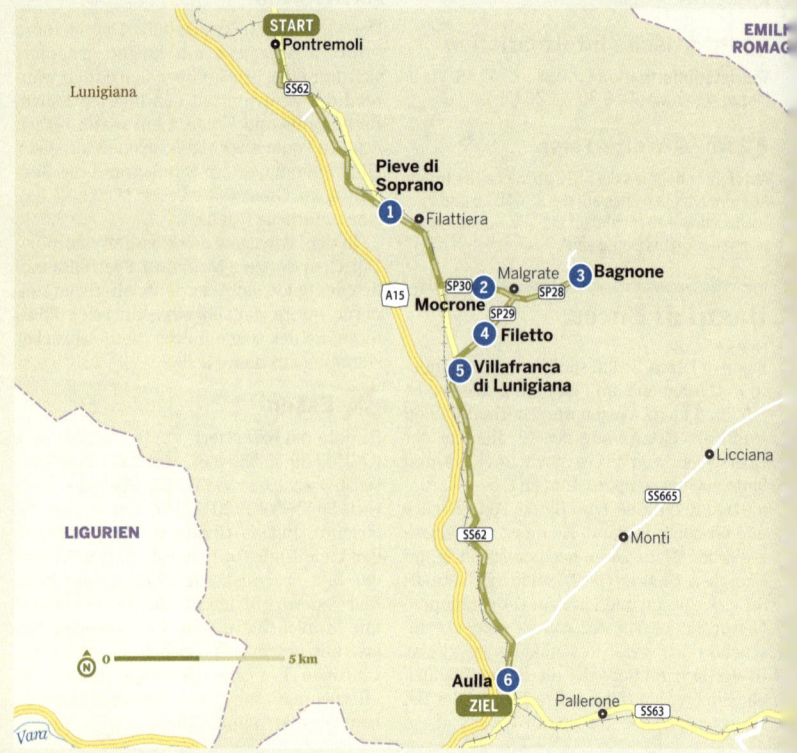

Zwei bis drei Stunden, 32 km

Toll für ... Landschaft, Geschichte & Kultur

Beste Reisezeit Frühling, Sommer oder Frühherbst

● ●

❷ Mocrone

Nun geht es 2,5 km auf der SS62 weiter und dann links ab auf die SP30 Richtung Bagnone. Nach 2,3 km bietet Mocrone eine tolle Aussicht auf das befestigte Malgrate auf dem Hügel links. Für die Mittagspause empfiehlt sich die **Locanda Gavarini** (☎ 0187 49 55 04; www.locandagavarini.it; Via Benedicenti 50, Mocrone; EZ/DZ/3BZ/4BZ 70/90/95/120 €; ☾ März–Dez.; Ⓟ ⓧ), ein Dorfgasthaus am Ende einer bedenklich schmalen Straße und eine idyllische Oase der Ruhe, die nur durch Vogelgezwitscher und den bei Sonnenaufgang krähenden Hahn gestört wird. Die Küche (Mahlzeiten 25 €) ist eine Hommage an die Lunigiana.

❸ Bagnone

Etwa 4 km nach Mocrone erreicht man Bagnone, einen wichtigen Handelsposten an der Via Francigena und interessant wegen seiner Burg, der Kirche und den Restaurants. Landschaftlich reizvoll ist der leichte 15- oder 30-minütige Wanderweg über den Fluss und seine dramatischen Schluchten. Die Route beginnt an der Piazza Roma und endet an der Hauptstraße Via della Republica. Der letzte Abschnitt über den gepflasterten mittelalterlichen Ponte Vecchio ist schlicht märchenhaft.

❹ Filetto

Von Bagnone geht's zurück nach Mocrone und weiter nach Villafranca; zuvor führt noch ein Schlenker nach links auf der SP29 nach Filetto. Der ummauerte mittelalterliche Weiler verdankt seinen Namen dem griechischen Wort „filakterion". Jedes Jahr im August begibt sich der Ort beim fabelhaften Mercato Medioevale (Mittelaltermarkt) auf eine Zeitreise: Dann kleiden sich die Bewohner mittelalterlich und verkaufen an Ständen örtliche Erzeugnisse und führen alte Handwerke vor. Am besten parkt man vor dem monumentalen Tor, um dann gemütlich über winzige Plätze und durch schmale Gassen zu schlendern.

❺ Villafranca di Lunigiana

Villafranca di Lunigiana, 1,5 km südlich, war eine weitere Station entlang der Pilgerroute. Malerisch am Flussufer gelegen, hat der Ort ein kleines volkskundliches Museum und eine Getreidemühle aus dem 15. Jh.

❻ Aulla

Der Ausflug endet 12 km weiter südlich in Aulla, das für seine imposante Fortezza della Brunella und seine Abtei von 884 bekannt ist. Die Abtei gehörte einst zu einem Benediktinerkloster und bot jahrhundertelang Pilgern auf der Via Francigena Schutz auf dem Weg nach Rom. Noch immer beherbergt sie die sterblichen Überreste des hl. Caprasius von Lérins, eines Eremitenmönchs, der im 5. Jh. die Ausbreitung des klösterlichen Lebens in der Provence förderte und später daher zum Schutzheiligen der Pilger avancierte.

Buca di Baldabò
TOSKANISCH €

(☑ 0583 8 90 62; www.labucadibaldabo.it; Via Prati 11, Vico Pancellorum; Mahlzeiten 20 €; ⊙ Juni–Aug. 12–15 & 19–22 Uhr, Sept.–Mai mittags nach Vereinbarung & Mi–So 19–22 Uhr) Alle Feinschmecker der Gegend kennen die Adresse dieses Lokals auf einem Hügel über Kastanien- und Walnusshainen auswendig. Es versteckt sich hinter der Dorfkneipe und hat keine gedruckte Speisekarte. Zuerst machen sich die Gäste schlau darüber, was heute auf dem Speiseplan steht, dann treffen sie ihre Wahl unter der hausgemachten Pasta und den Saucen, die Küchenchef Giovanni jeden Tag aufs Neue zaubert. Eine Spezialität des Hauses ist Wild und die Beilagen zeichnen sich durch ihre kreative Gestaltung aus.

Die Anfahrt von Bagni di Lucca erfolgt Richtung Nordosten über die landschaftlich schöne SS12 in Richtung Abetone. Nach 9 km geht's am Nordende von Ponte Coccia am Wegweiser „Vico Pancellorum" scharf links ab. Bis zum Restaurant sind es noch 3 km; es liegt am Fuß des Weilers an einer steilen, schmalen, kurvenreichen Straße. Nur mit Reservierung.

ⓘ Praktische Informationen

Touristeninformation (☑ 05 8380 5745; www.bagnidiluccaterme.info/en; Viale Umberto I 93; ⊙ Mo & Mi–Sa 10–13 Uhr)

ⓘ An- & Weiterreise

Der Bahnhof von Bagni di Lucca ist in Fornoli, 4 km südwestlich der Bagni di Lucca Terme. Man kann darauf hoffen, dass bald nach der Ankunft hier ein Nahverkehrsbus vorbeikommt, oder man lässt sich von seinem Hotel ein Taxi bestellen. Regionalzüge fahren nach:

Lucca (3,50 €, 30 Min., 7-mal tgl.)
Pisa (5,50 €, 1¼ Std., 5 mal tgl.)

Carrara

63 100 EW.

Viele, die zum ersten Mal hier unterwegs sind, halten das leuchtende Weiß auf den Bergen rund um Carrara für Schnee. Doch das ist nur eine Illusion, denn tatsächlich handelt es sich um freigelegten Marmor, der seit den Zeiten der Römer in den Ausläufern der Apuanischen Alpen 5 km von der Stadt entfernt auf einer Fläche von insgesamt 2000 ha abgebaut wird.

Der Begriff „Marmor" entstammt dem griechischen *marmaros,* was „leuchtender Stein" bedeutet. Die Beschaffenheit und Reinheit des weißen Carrara-Marmors ist weltweit einzigartig und entsprechend begehrt. Hier suchte sich Michelangelo das Material für seine Meisterwerke wie seine *Pietà* aus – allerdings musste er ausgerechnet den *David* aus einem minderwertigen Block mit schlechter Maserung aus dem benachbarten Pietrasanta meißeln. Aus Carrara-Marmor bestehen auch der Londoner Marble Arch und Rodins Skulptur *Der Kuss.*

Abgesehen von den Gehwegen, den Bänken, dem Postamt und allem, was sonst noch aus Marmor gefertigt werden kann, bietet Carraras Altstadt nichts Prickelndes.

◉ Sehenswertes & Aktivitäten

Bei der Touristeninformation gibt's Infos zu Wanderwegen mit atemberaubender Aussicht auf die Steinbrüche sowie zu der dreistündigen Radtour „Michelangelo in Weiß", einer 24 km langen Strecke, die vom Bahnhof Carrara-Avenza 550 m hoch zu den Steinbrüchen und anschließend hinab nach Colonnata führt.

Museo del Marmo
MUSEUM

(Marmormuseum; ☑ 0585 84 57 46; www.museo delmarmo.com; Viale XX Settembre 85; Erw./erm. 4,50/2,50 €; ⊙ Mo–Sa 9–12.30 & 14.30–17 Uhr) Im Marmormuseum wird erklärt, wie sich der Marmorabbau mit Hammer und Meißel allmählich zur Hightech-Industrie des 21. Jhs. entwickelte. Eine beeindruckende Multimedia-Präsentation dokumentiert das Leben der Bergarbeiter im 20. Jh.

Cava di Fantiscritti
HISTORISCHE STÄTTE

(Fantiscritti-Steinbruch; Via Miseglia Fantiscritti) Durch eine Reihe spektakulärer Tunnel voller Lastwagen geht es den Berg hoch zu dieser staubigen *cava de marmo* (Marmorsteinbruch). Bis in die 1960er-Jahre, als sie durch Lkw abgelöst wurden, transportierten Züge ab 1890 auf diesem Weg den Marmor ab. Am Eingang zum Fantiscritti schließen sich die Besucher entweder einer 40-minütigen Führung per Minibus und zu Fuß durch den Stollen **Ravaccione 84** an, veranstaltet von **Marmotour** (☑ 339 7657470; www.marmotour.com; Erw./Kind 10/5 €; ⊙ Juli & Aug. 10–18 Uhr, Sept. & Okt. 11–17 Uhr, April–Juni Mo–Fr 11–17, Sa & So 10–17 Uhr, März & Nov. Sa & So 10–17 Uhr), oder einer Tour im Allradfahrzeug à la James Bond durch die Steinbrüche oberhalb im Freien, die von mehreren inoffiziellen Anbietern durchgeführt werden, die rund um den Steinbruch herumhängen. Oder man bucht im Voraus bei **Cave di**

DER MARMORBERG

Der staubige, weiße Minibus rumpelt durch einen feuchten, unbeleuchteten Tunnel, das trübe Scheinwerferlicht tastet sich über die Felswände, der Fahrer in seinem knallrosa glänzenden Blouson duckt sich über das Lenkrad – die Szene hat etwas Unwirkliches. Nach fünf Minuten Fahrt im schwarzen Loch werden wir angewiesen auszusteigen.

Es herrschen 16 °C, Nebel wabern und der Untergrund ist schlammig und verdammt rutschig. Anstatt des erwarteten weiß schimmernden Marmors empfängt uns nur klammes, düsteres Grau. Mehrere Meter lange und breite Blöcke mit rauen Bruchkanten liegen wie Bauklötze herum. Die Decke ruht auf 15 m hohen Marmorsäulen; darüber befindet sich eine weitere, 17 m hohe Galerie. In das Areal, in dem gearbeitet wird, würden locker mehrere Fußballfelder hineinpassen. Trotzdem bleibt noch genug von dem Marmorberg übrig, um die fünf Arbeiter der Cava di Fantiscritti (S. 276) 5 km nördlich von Carrara zu beschäftigen. Mit Hilfe von Wasser und Diamantkettensägen, die das Gestein wie Butter durchschneiden, fördern sie pro Monat 10 000 t weißen Marmor.

Wie das die alten Römer nur mit Hammer und Meißel geschafft haben, lässt sich im Freiluftmuseum **Cava Museo** (☑ 393 3575925, 334 7870741; www.cavamuseo.com; Cava di Fantiscritti; ⊙ 11–18 Uhr) GRATIS neben dem Souvenirladen gegenüber dem Stolleneingang nachvollziehen. Besonders interessant sind die Schwarzweißfotos, auf denen riesige Marmorblöcke auf der *lizza* (Schneise) talwärts schlittern. Unten werden sie von 18-paarigen Ochsengespannen zum Hafen von Carrara geschleppt. In den 1850er-Jahren wurden dann 24 Tunnel gebohrt und sieben Brücken gebaut, um den Transport per Schiene zu ermöglichen. Nach der Stilllegung der Bahnlinie in den 1960er-Jahren werden nun Besucher im Minibus durch die Tunnel gekarrt.

Um Carrara herum wird heute in 188 Steinbrüchen Marmor abgebaut: Die Apuanischen Alpen beherbergen das weltweit größte Marmorfeld. Der beste Carrara-Marmor bringt pro Tonne 4000 € ein – allein mit den Exporten werden jedes Jahr 360 Mio. € erwirtschaftet. In den Marmorbrüchen von Carrara arbeiten rund 1200 Männer; dazu kommen noch 700 Lkw-Fahrer, die jeden Tag gewaltige Marmorblöcke furchtbar steile Bergpisten hinunterbefördern. Die Arbeit ist hart und gefährlich – ein Denkmal auf der Piazza XXVII Aprile in Carrara erinnert an die Todesopfer, die der Marmorabbau gefordert hat.

Marmo Tours (☑ 328 0993322, 0585 181 00 37; www.cavedimarmotours.com; Viale G Galilei 122e; Erw./Kind 40/20 €; ⊙ Führungen 9.20 & 14 Uhr).

✕ Essen

Um zu Mittag zu essen, kommt nur *ein* Ort infrage: der Weiler Colonnata, 2 km von den Fantiscritti-Steinbrüchen entfernt. Denn dort wird eine der leckersten Spezialitäten der Toskana hergestellt – der im Marmorbecken gereifte *lardo di colonnata* (fetter Schweinespeck, hauchdünn aufgeschnitten). Wer einmal probiert hat, wird an den vielen *larderias* (Läden, die den Speck verkaufen) nicht mehr vorbeikommen. Vakuumverpackte Stücke kosten 15 € pro Kilo.

Osteria nella Pia' · OSTERIA €
(☑ 338 8408173, 0585 75 80 97; www.osterianella pia.it; Via Fossa Cava 3, Colonnata; Mahlzeiten 20 €; ⊙ Di–Do & So 12–15, Fr & Sa 12–15 & 19.30–22 Uhr) Es lohnt sich, auf der Suche nach dieser familienbetriebenen Osteria in den engen Gassen von Colonnata herumzuirren: Für

ihre köstlichen *lardo*-Platten und kreativen Pastagerichte erfreut sie sich großer Beliebtheit. Herausragend sind auch die *penne con lardo e pesto d'ortica* (Penne mit *lardo* und Nesselpesto). Extrapunkte gibt's auch für die Sommerterrasse, die sich vor der Kulisse des Marmorberges zwischen die alten Steinhäuser des Dorfes schmiegt.

❶ Praktische Informationen

Touristeninformation (☑ 0585 84 41 36; www.aptmassacarrara.it; Viale XX Settembre; ⊙ Sommer 8.30–16.30 Uhr, Winter Do–So 9–16 Uhr) Gegenüber dem Stadion; u. a. Stadtpläne, auf denen Marmorwerkstätten und Steinbrüche eingezeichnet sind.

❶ Anreise & Unterwegs vor Ort

AUTO & MOTORRAD

Am praktischsten ist hier ein eigener fahrbarer Untersatz, da die Steinbrüche und anderen Sehenswürdigkeiten in der Nähe sonst nicht zu erreichen sind.

ZUG

Der nächste Bahnhof ist in Carrara-Avenza zwischen Carrara und Marina di Carrara. Regionalzüge fahren nach:

Pietrasanta (2,60 €, 15 Min., mind. 2-mal stündl.)

Viareggio (3,50 €, 25 Min., 2-mal stündl.)

VERSILIA

Die Strände nördlich von Viareggio in Richtung Ligurien stehen vor allem bei italienischen Urlaubern hoch im Kurs. Leider werden sie mit den üblichen Betonburgen verschandelt und im Sommer von riesigen Sonnenanbeterhorden heimgesucht. Wer dem Halligalli entgehen will, macht sich auf ins Hinterland und fährt z. B. nach Pietrasanta, dessen historischer Stadtkern von einer aktiven Kunstszene bevölkert wird.

Die Versilia ist gewissermaßen das Hauptportal zur Lunigiana, Garfagnana und zu den Apuanischen Alpen. Hinter den Küstenstädten beginnen die Landstraßen ihren mühevollen Aufstieg in die Berge mit ihren versteckten Dörfern und zahllosen Wanderwegen.

Pietrasanta

24 000 EW.

Das elegante Städtchen wird oft ignoriert, entpuppt sich aber bei näherem Hinsehen als eine kleine Kunstmetropole. Das schmucke historische Zentrum, früher von einer Stadtmauer umgeben, steckt voller kleiner Kunstgalerien, Ateliers und Modeboutiquen. Wer einmal einen Tag ausgiebig bummeln und lecker essen gehen will, hat hier die Gelegenheit dazu.

Nachdem der Ort 1255 von Guiscardo da Pietrasanta, dem *podestà* (Statthalter) von Lucca, aus dem Boden gestampft worden war, stritten sich Genua, Lucca, Pisa und Florenz um dieses kleine Juwel mit seinen Marmorsteinbrüchen und Bronzegießereien. Florenz war der Sieger und Papst Leo X. (Giovanni de' Medici) hatte ab 1513 das Sagen. Großzügig stellte er die Marmorsteinbrüche Michelangelo zur Verfügung, der sich hier 1518 nach Material für die Fassade der Kirche San Lorenzo in Florenz umschaute. Bis heute tummeln sich hier Künstler, darunter der berühmte, aus Kolumbien stammende Fernando Botero (geb. 1932). Viele seiner Werke sind hier ausgestellt.

Pietrasanta bietet sich als Standort für Ausflüge in die Apuanischen Alpen an, ist aber auch ein schönes Tagesziel von Pisa oder Viareggio aus.

⊙ Sehenswertes & Aktivitäten

Wer in Pietrasanta am Bahnhof an der Piazza della Stazione ankommt, überquert die Piazza Carducci und gelangt durch das Tor zur Altstadt auf die zentrale **Piazza del Duomo**. Sie wird als Open-Air-Galerie für Skulpturen und andere XXL-Kunstwerke genutzt.

Duomo di San Martino · DOM

(Piazza del Duomo; ⊙ unterschiedlich) Der imposante Dom (Baujahr 1256) auf dem zentralen Platz von Pietrasanta ist nicht zu übersehen. Sein 36 m hoher roter Backsteinturm ist eigentlich noch gar nicht fertig, denn sein Mauerwerk sollte ursprünglich mit Marmor verkleidet werden.

Chiesa di Sant'Agostino · KIRCHE

(Piazza del Duomo; ⊙ unterschiedlich) Der wuchtige Steinbau dieser entwidmeten Kirche aus dem 13. Jh. beherrscht das ein Stück weiter gelegene Ende der Piazza del Duomo. Früher war das romanische Gebäude dem hl. Augustin geweiht, heute finden hier wechselnde Kunstausstellungen statt.

Museo dei Bozzetti · MUSEUM

(☎ 0584 79 55 00; www.museodeibozzetti.it; Sant'Agostino 1; ⊙ Di–Fr 9–13 & 14–19, Sa 14–19, So 16–19 Uhr) GRATIS In dem Kloster neben der Chiesa di Sant'Agostino befindet sich dieses kleine Museum, in dem Dutzende von Gussformen berühmter Skulpturen, die in Pietrasanta entstanden, gezeigt werden.

Via della Rocca · AUSSICHTSPUNKT

(Piazza del Duomo) Bei der Chiesa di Sant'Agostino führt ein steiler Weg, die sogenannte Via della Rocca, zu den Überresten der alten Festungsanlagen von Pietrasanta hoch. Die zinnenbewehrte Stadtmauer datiert aus dem frühen 14. Jh., und das, was vom **Palazzo Guinigi** noch erhalten ist, wurde 1408 als Residenz für Paolo Guinigi erbaut, den *signore* von Lucca. Wie nicht anders zu erwarten, lohnen die Aussicht auf die Stadt und das dunkelblaue Mittelmeer den kurzen Anstieg unbedingt.

Battistero di Pietrasanta · CHRISTLICHE STÄTTE

(Baptisterium; Via Garibaldi 12; ⊙ unterschiedlich) In der autofreien Via Garibaldi, um die Ecke von der Kathedrale, steht das an längst vergangene Zeiten erinnernde Baptisterium. Die beiden Taufbecken wirken in dem kleinen, von Kerzen beleuchteten Raum sehr beeindruckend – eins stand bis zum 16. Jh. in der Kirche, das andere, sechseckige von 1389 wurde in den zwei Jahrhunderten davor genutzt, als Taufen noch ein Vollbad bedeuteten.

Via Garibaldi
STRASSE

Schicke Modeboutiquen und stylische Kunstgalerien säumen diese malerische Fußgängerzone. Zu den Läden, die garantiert zum Reinschauen verlocken, zählen Modedesigner **Paolo Milani** (☑0584 79 07 29; Via Garibaldi 11; ☺unterschiedlich), in dessen Studio wild bedruckte Stoffe und unterschiedlichste Materialien zu Klamotten von Grunge bis Glamour verarbeitet werden, Multilabel-Fashionqueen und Trendsetter **Zoe** (☑0424 52 21 25; www.zoe company.eu; Via Garibaldi 29–33 & 44–46; ☺10–13 & 16–20 Uhr), die Vintagemöbel- und Designboutique Lei und der Conceptstore **Dada** (☑0584 7 04 37; www.dadaconcept.it; Via Garibaldi 39; ☺Di–So 10–13 & 15.30–19.30 Uhr).

Chiesa della Misericordia
KIRCHE

(☑0584 7 00 55; Via Mazzini 103; ☺unterschiedlich) Diese bezaubernde kleine Kirche verbirgt sich in der Via Mazzini. Die Fresken der faszinierenden Chiesa della Misericordia *Tor zum Paradies* und *Tor zur Hölle* stammen von Fernando Botero (geb. 1932). Der kolumbianische Künstler (der in Pietrasanta lebt) hat sich selbst übrigens in der Hölle verewigt.

✗ Essen & Ausgehen

⭐ Filippo Mud Bar
TOSKANISCH €€

(☑0584 7 00 10; www.facebook.com/filippomud; Via Barsanti 45; 3-/5-Gänge-Menü 35/55 €; ☺Mi–So 12.30–14.15 & 19–1, Di 19–1 Uhr) Der schicke offene Trendschuppen ist teils Lounge, teils Cocktailbar (mit tollen in Paprika gerösteten Mandeln) und teils formelles Restaurant mit einer sensationellen Einrichtung im Industrieschick samt limonengrünem Velours. Gleichermaßen fabelhaft ist seine Karte, eine Ode an die Fusionsküche: Neben drei- und fünfgängigen Menüs wird auch ein „sinnliches Erlebnis für provokante Seelen" geboten (25 €) – ein Cocktail, zu dem perfekt ein Überraschungsgericht passt. Ohne Reservierung geht nichts.

⭐ L'Enoteca Marcucci
WEINBAR

(☑0584 79 19 62; www.enotecamarcucci.it; Via Garibaldi 40; ☺Di–So 10–13 & 17–1 Uhr) An hohen Holztischen mit Barhockern oder draußen unter ausladenden Sonnenschirmen funkeln wunderbare toskanische Tropfen in den Gläsern. Dass sich alle Gäste von dem inspirierenden, künstlerischen Flair der beliebten *enoteca* anstecken lassen, liegt aber nicht nur am Wein.

Osteria Barsanti 54
TOSKANISCH €€

(☑0584 7 15 14; www.osteriabarsanti54.com; Via Barsanti 54; Mahlzeiten 35 €; ☺12–14.30 & 19–22.30 Uhr) Diese Osteria verbirgt sich in einer stillen Gasse fünf Fußminuten von der Piazza del Duomo entfernt: ein Gourmettempel für gutes Slow Food und Wein. „Mit Liebe kochen" lautet das Motto von Alessandro und Marco, Vertreter kreativer Esskultur. Ihre erstklassigen saisonalen Gerichte mit Sardellen, Sardinen, roten Kartoffeln, Kohl und Ähnlichem verführen jederzeit dazu, ordentlich hinzulangen. Donnerstags gibt's zum Mittagessen ein piekfeines *lampredotto* (Kuttel-Brötchen) mit einem Glas Rotwein und Bohnensalat.

La Brigata di Filippo
TOSKANISCH €€

(☑0584 7 00 10; http://ristorantefilippo.com; Via Stagio Stagi 22; Mahlzeiten 40 €; ☺12.30–14.30 & 19.30–2 Uhr, im Winter Mo geschl.) 🍴 Für Foodies ist das eine tolle Adresse: Vom selbst gebackenen Brot und der ofenfrischen Focaccia, die das ganze Menü begleiten, über die modern gestalteten Wände und Designmöblierung bis hin zur offenen Küche macht das Konzept dieses Lokals Laune. Geboten wird eine saisonale, moderne toskanische Küche, perfekt für ein geruhsames Mittagessen (2-/3-/4-Gänge-Menüs 25/35/45 €) drinnen oder draußen.

ℹ An- & Weiterreise

Regionalzüge fahren nach:

Pisa (4,40 €, 30 Min., alle 30 Min.)
Viareggio (2,60 €, 10 Min., alle 10 Min.)
Lucca (mit Umsteigen in Pisa oder Viareggio; 6,10 €, 1 Std., alle 30 Min.)

Viareggio

62 500 EW.

Das beliebte Sand-und-Sonne-Paradies ist bekannt für seinen Carnevale, der hier fast so heftig tobt wie in Venedig. Die einstmals prächtigen, mittlerweile aber ziemlich heruntergekommenen Jugendstilfassaden der Häuser an der Strandpromenade strahlen eine morbide Faszination aus. Sie erinnern an die Blütezeit der Stadt in den 1920er- und 1930er-Jahren.

Cafés, Klettergerüste und andere Vergnügungen für Kinder säumen den breiten, goldenen Strand von Viareggio. Doch nur das kurze Stück gegenüber der Piazza Mazzini mit ihrem Brunnen ist öffentlich zugänglich; der rest wurde in *stabilimenti* aufgeteilt, also Parzellen, auf denen Strandhütten, Sonnenschirme, Liegen usw. nur gegen Bares zu haben sind. Eine Handvoll Häuser an der Promenade hat sich etwas vom Glanz der alten Zeit erhalten, allen voran das **Gran Caffè Margherita** (☎ 0584 58 11 43; www.ristorantemargherita.info; Viale Regina Margherita 30; ◷ 7–24 Uhr) von 1929, wo Puccini gern eine schöpferische Pause einlegte. Atmosphäre schafft auch das benachbarte Holzhaus Chalet Martini (1899).

Sehenswertes & Aktivitäten

Literaturfreunde werden es sich nicht nehmen lassen, an der **Piazza Shelley** vorbeizuschauen. Dieser Platz ist das einzige sichtbare Andenken an den romantischen Schriftsteller, der in den Wellen vor Viareggio ertrank. Sein Freund Lord Byron übergab den am Strand angespülten Leichnam den Flammen.

La Citadella di Carnevale   MONUMENT
(☎ 0584 5 30 48; Via Santa Maria Goretti; ◷ Sa & So 16–19 Uhr) GRATIS Nur ein paar Kilometer landeinwärts liegt die „Karnevalsburg", wo 16 riesige Hallen als Werkstätten und Stellplätze für die phantastischen Festwagen dienen, die die berühmten *carristi* (Wagenbauer) von Viareggio für den jährlichen Karneval herausputzen. Im **Museo del Carnevale** (Karnevalsmuseum) wird die Geschichte des Karnevals erklärt und z. B. gezeigt, wie die *teste in capo* (riesige Köpfe, die beim Umzug übergestülpt werden) und *mascheroni a piedi* (Riesenpuppen) fabriziert werden. Wer gern selbst künstlerisch tätig werden möchte, erkundigt sich nach den Pappmaschee-Workshops, die hier angeboten werden.

✨ Festivals & Events

Carnevale di Viareggio   KULTUR
(http://viareggio.ilcarnevale.com; ◷ Feb. & März) Viareggios Höhepunkt des Jahres dauert vier Wochen (Februar bis Anfang März). Da stürzt sich die ganze Stadt in den Karneval, als ob es kein Morgen gäbe. Auf Umzügen werden Festwagen bejubelt, die mit ihren Aufbauten oft Politiker oder andere Prominente durch den Kakao ziehen, Feuerwerke werden gezündet, und überall ist bis zum Morgengrauen die Hölle los.

Essen & Ausgehen

La Barchina   FISH & CHIPS €
(☎ 347 7212848; Lungomolo Corraldo del Greco; Mahlzeiten 8–10 €; ◷ Di–Fr 12–15, Sa & So bis 23 Uhr) Nicht umsonst stehen die Einheimischen hier Schlange: Auf dem kleinen weißen Boot, das da an der Mole festgemacht hat, wird der Tagesfang zu Mittagsgerichten verarbeitet. Beispielsweise zu *fritto misto* (8 €, unser Tipp!), für das Tintenfisch, Krabben und Oktopus in Teig getaucht, frittiert und mit einem strahlenden Lächeln in Plastikschälchen serviert werden. Freitags gibt's *baccalà* (Stockfisch) und für Vegetarier gebratene Pilze.

Lettera 22   CAFÉ
(☎ 0584 58 27 55; Via Mazzini 84; ◷ Di–Sa 9–20, So & Mo 15–20 Uhr; ☎) Wer sich unter die hippen Einheimischen mischen möchte, besucht nachmittags das Lettera 22, ein wunderbar stilvolles, supermodernes Literaturcafé auf halber Strecke zwischen dem Strand und dem Bahnhof mit Gratis-WLAN, bequemen Sesseln, Büchern zum Schmökern, Kinderspielecke, Kuchen und leckeren Kräuter- und anderen Tees.

ⓘ Praktische Informationen

Touristeninformation (☎ 0584 96 22 33; www.aptversilia.it; Viale Carducci 10; ◷ Mo–Sa 9–13 & 15–18 Uhr) Gegenüber der Uhr am Ufer.

ⓘ An- & Weiterreise

Gegenüber dem Ausgang des **Bahnhofs** (Piazza Dante Alighieri) führt die Via Guiseppe Mazzini geradeaus in 10 Gehminuten zur Piazza Giuseppe Mazzini und der Promenade am Sandstrand dahinter. Regionalzüge fahren nach:
Florenz (9,60 €, 1½ Std., mind. stündl.)
Livorno (5,50 €, 45 Min., 16-mal tgl.)
Lucca (3,50 €, 17 Min., alle 20 Min.)
Pietrasanta (2,60 €, 10 Min., alle 10 Min.)
Pisa (3,50 €, 18 Min., alle 20 Min.)
Pontremoli (7,50 €, 1¼ Std., stündl.)

LUNIGIANA

Die von gewaltigen Landmassen umschlossene Enklave wird im Norden und Osten vom Apennin begrenzt, im Westen von Ligurien und im Süden von den Apuanischen Alpen und der Garfagnana. Die wenigen Besucher, die sich hierher verirren, folgen meist der Via Francigena, einer Pilgerstraße aus dem Mittelalter, oder fahren gezielt zum Mittagessen nach Pontremoli, einer versteckten Perle der Gastronomie.

Wer im Herbst hier unterwegs ist, kann sich über intensiv duftende Steinpilze freuen, die in saftig grünen Wäldern und Hügeln unter Kastanienbäumen wachsen. Wildkräuter wuchern auf Wiesen und an Feldrändern, und 5000 auf das gesamte Gebiet verstreute Bienenstöcke liefern den berühmten Kastanien- und Akazienhonig der Lunigiana. Neben diesen Gaben der Natur locken weitere Spezialitäten wie Zeri-Lamm, gekochte Schweineschulter, ofenfrische *focaccette* (kleine Fladen aus Weizen- und Maismehl), knackig-süße *mele rotella* (eine Apfelsorte), *caciotta* (ein fein aromatischer Kuhmilchkäse), Bohnen der Sorte *bigliolo,* wunderbares Olivenöl und die Weine der Colli di Luni.

Pontremoli

7360 EW.

Der abgelegene Ort liegt im Schatten des trutzigen Castello del Piagnaro. Er ist zwar klein, hat aber dank der strategisch günstigen Position an der alten Pilger- und Handelsroute Via Francigena viel Charme. Im Mittelalter verdienten sich die Geschäftsleute hier eine goldene Nase und staffierten den Ort mit Palazzi, Piazze und eleganten Steinbrücken aus.

Die Altstadt erstreckt sich wie ein langer Splitter von Norden nach Süden zwischen den Flüssen Magra und Verde, die einst als natürliche Barriere vor feindlichen Angriffen schützten. Die verschlungenen, gepflasterten Gassen werden von Torbögen überspannt, führen durch ehemalige Festungsanlagen der verfeindeten Guelfen und Ghibellinen und zu einer Kirche aus dem 1⅟. Jh. sowie einem Theater aus dem 18. Jh.

◉ Sehenswertes

Castello del Piagnaro   BURG
(Museo delle Statue Stele Lunigianesi; ☑0187 83 14 39; www.statuestele.org; Erw./erm. 5/3 €; ☉Aug. 10–19.30 Uhr, Juni & Sept. bis 18.30 Uhr, Okt.–Mai Di–So kürzer) Hinter der zentralen Piazza della Repubblica und der benachbarten Piazza del Duomo geht es nach einem Stück auf der Via Garibaldi links ab. Die steile, hübsche Gasse Sdrucciolo del Castello kämpft sich über Treppenstufen hinauf zur baufälligen Burg, die auch als Militärbaracke herhalten musste. Ihren Namen verdankt sie dem *piagnaro* (Steinplatte), der in der Lunigiana anstelle von Ziegeln für die Dacheindeckung verwendet wird. Die Burg hat neben einem herrlichen

Ausblick das kleine Museo delle Statue Stele Lunigianesi mit einer Sammlung primitiver Stelen zu bieten, die in der Nähe gefunden wurden.

✗ Essen & Ausgehen

Im Sommer scheint gegen 17 Uhr die gesamte Bevölkerung von Pontremoli die zentrale Piazza della Repubblica anzusteuern, um sich auf der Terrasse des Caffè degli Svizzeri (☑0187 83 01 60; Piazza della Repubblica 22; ☉Sommer Di–So 7–20 Uhr, im Winter kürzer) zu versammeln, Eis zu essen und einfach den Charme zu genießen, den das kleine, ungeniert ländliche Städtchen verströmt. Besuchern kann man nur empfehlen, es den Einheimischen gleichzutun.

Trattoria Da Bussè   TRATTORIA €
(☑0187 83 13 71; Piazza del Duomo 31; Mahlzeiten 25 €; ☉Mo–Do 19.45–21.45, Sa & So 12.30–14.30 & 19.45–21.45 Uhr) Seit 1930 wird das von Slow Food hochgelobte Restaurant von derselben Familie geführt und auch die Einrichtung hat sich offensichtlich seitdem nicht geändert. Es gibt fast nur Regionales wie *torta d'erbe della Lunigiana* (Kräutertarte, in einer mit Kastanienblättern ausgelegten, gusseisernen Form über Holzkohle gebacken) und *testaroli* (dicke Pfannkuchen, in Rauten geschnitten, gekocht und oft mit Pesto serviert). Keine Kreditkarten!

Trattoria Pelliccia   TRATTORIA €€
(☑0187 83 05 77; Via Garibaldi 137; Mahlzeiten 30 €; ☉12–14 & 19.30–22 Uhr) In einer holprigen alten Straße am Rand der Altstadt versteckt sich diese stur traditionelle Trattoria mit regionaler Küche. Als *primo* sind die *testaroli della Lunigiana al pesto* (eine Art würzige Pfannkuchen, in Rauten geschnitten, wie Pasta gekocht und mit Pesto serviert) zu empfehlen, gefolgt von einem *agnello di Zeri* (Lamm) aus dem Holzofen. Und zum Abschluss gibt es eines der leckeren Sorbets (Zitrone und Salbei, Pistazie und Pfeffer, Erdbeere und Portwein …).

❶ Praktische Informationen

Touristeninformation (☑0187 83 33 09; www. prolocopontremoli.it; Piazzetta della Pace; ☉Sa & So 10–12 & 15.30–18 Uhr, Juli & Aug. tgl.)

❶ An- & Weiterreise

Regionalzüge fahren nach:
La Spezia (5,50 €, 50 Min., häufig)
Pisa (9,10 €, 90 Min., stündl.)

Östliche Toskana

Gut essen

➡ Le Chiavi d'Oro (S. 289)

➡ Il Cedro (S. 298)

➡ Ristorante Da Muzzicone (S. 301)

➡ Mest Osteria (S. 291)

➡ Beerbone Artburger (S. 303)

➡ Cremì (S. 288)

Abseits der üblichen Pfade

➡ Santuario della Verna (S. 298)

➡ Museo Michelangeliolesco (S. 299)

➡ Sacro Eremo e Monastero di Camaldoli (S. 299)

➡ Museo Madonna del Parto (S. 293)

➡ Il Cedro (S. 298)

➡ Osteria dell'Acquolina (S. 289)

Auf in die östliche Toskana

Filmregisseure lieben den Osten der Toskana: Mit den unvergesslichen Bildern berühmter Filmklassiker haben sie seine Landschaft und die mittelalterlichen Bergdörfer unsterblich gemacht. Dennoch ist diese Gegend alles andere als touristisch überlaufen und wer sich vielleicht auf der Suche nach Stille und natürlicher Schönheit hierherwagt, findet viele einsame Pfade. Attraktionen gibt es in Hülle und Fülle, ob eine spektakuläre Berglandschaft und wunderbare Wanderwege im Casentino, interessante Kunst und Architektur des Mittelalters in Arezzo, Sansepolcro und Cortona, eine der bedeutendsten Pilgerstätten Italiens, Assisi, oder das beste *bistecca alla fiorentina* (auf Holzkohle gegrilltes T-Bone-Steak) der Toskana im Val di Chiana. Das Reisen kann hier recht einsam sein und in die meisten Gegenden kommt man nur mit einem eigenen Fahrzeug – doch die Mühe lohnt sich!

Entfernungen (km)

	Assisi	Arezzo	Cortona	Sansepolcro
Arezzo	94			
Cortona	65	29		
Sansepolcro	76	38	52	
Poppi	132	36	62	71

AREZZO

99 540 EW.

Arezzo gehört zwar nicht zu den schönsten Städten der Toskana, doch der Teil der Altstadt, der die Bombenangriffe des Zweiten Weltkriegs überlebt hat, kann mit den anderen Städten der Region durchaus mithalten. Und der zentrale Platz ist wirklich so bezaubernd, wie ihn Roberto Benigni in seinem Filmklassiker *Das Leben ist schön* zeigt.

Der ehemals bedeutende Handelsposten der Etrusker wurde später dem Römischen Reich einverleibt. Doch schon im 10. Jh. war Arezzo eine freie Republik und unterstützte die kaisertreuen Ghibellinen im Krieg zwischen Kaiser und Papst. 1384 wurde die Stadt von Florenz erobert.

Heute ist die Stadt vor allem bekannt für ihre Kirchen, Museen und die phantastische, schräg abfallende Piazza Grande (S. 287), auf der jeden Monat ein riesiger Antiquitätenmarkt (S. 288) stattfindet. Wenn es Abend wird, treffen sich die Arentiner auf dem von Geschäften gesäumten Corso Italia zur traditionellen *passeggiata* (Spaziergang).

◉ Sehenswertes

★ Cappella Bacci   KIRCHE

(☎0575 35 27 27; www.pierodellafrancesca.it; Piazza San Francesco; Erw./erm. 8/5 €; ⊙Mo–Fr 9–18, Sa 9–17.30, So 13–17.30 Uhr) Die kleine Kapelle im Hauptchor der **Basilica di San Francesco** aus dem 14. Jh. beherbergt mit dem Freskenzyklus *Die Legende vom wahren Kreuz* von Piero della Francesca eines der großartigsten Kunstwerke Italiens. Die zwischen 1452 und 1466 entstandenen Wandmalereien erzählen die als *Legenda aurea* überlieferte Geschichte des Kreuzes, an dem Jesus Christus starb. Da immer nur 25 Besucher für jeweils 30 Minuten in die Kapelle dürfen, sollte man in der Hochsaison die Karten für die Besichtigung unbedingt (telefonisch oder per E-Mail) vorbestellen. Das Kartenbüro befindet sich unterhalb des Eingangs zur Kirche.

Die mittelalterliche Legende ist ebenso unterhaltsam wie unglaublich. Der Zyklus beginnt mit der Darstellung, wie Seth den Baum, der später zum Kreuz Christi wird, auf dem Grab seines Vaters Adam pflanzt. In einer anderen Szene findet Helena, die Mutter von Kaiser Konstantin, das lang verschollene Kreuz. Im Hintergrund ist Jerusalem als mittelalterliches Arezzo zu sehen. Eine andere Szene zeigt den Sieg von Kaiser Herakleios über den Perserkönig Chosroe, der das Kreuz gestohlen haben soll. In einer meisterhaften Nachtszene schläft Konstantin vor der Schlacht gegen Maxentius in einem Zelt und träumt vom Heiligen Kreuz, mit dem er am nächsten Tag in die Schlacht ziehen wird.

ÖSTLICHE TOSKANA AREZZO

DREI PERFEKTE TAGE

1. Tag

In den alten Straßen und auf den schönen Plätzen von **Arezzo** wurden zwei weltbekannte Filme gedreht. In Roberto Benignis *Das Leben ist schön* sind auch der **Duomo** (S. 287) und die **Chiesa di Santa Maria della Pieve** (S. 287) zu sehen. Ein paar Schritte weiter lebte und arbeitete der in Arezzo geborene Maler, Architekt und Kunsthistoriker Giorgio Vasari. Danach geht es zum Meisterwerk des genialen Piero della Francesca in der **Cappella Bacci** der Basilica di San Francesco, wo Anthony Minghella eine der Schlüsselszenen des Films *Der englische Patient* drehte.

2. Tag

Die berühmteste Bildhauerfamilie der Toskana, die Della Robbias, formte im 15. Jh. aus Keramik weit mehr als nur Geschirr: Ihre wunderbaren Reliefs und Medaillons aus glasierter Terrakotta sind in den Kirchen der gesamten Toskana zu bewundern. Die Meisterwerke des berühmtesten Familienmitglieds Andrea (1435–1525) befinden sich im mittelalterlichen Kloster von **Camaldoli** (S. 299) und im **Santuario della Verna** (S. 299) im **Parco Nazionale delle Foreste Casentinesi, Monte Falterona e Campigna** (S. 298).

3. Tag

Am dritten Tag ist es Zeit, das **Val di Chiana** (S. 300) zu erkunden, das zwischen Arezzo und **Cortona** (S. 301) und auch auf dem Weg in die Zentraltoskana liegt. Mit seinen Obstgärten, Olivenhainen und grünen Wiesen, auf denen die milchweißen Chianina-Rinder grasen, lädt das Tal zu Erkundungen abseits der üblichen Pfade ein, etwa zu einem Abstecher ins Bergdorf **Castiglion Fiorentino** (S. 300), wo man sich Zeit für ein Mittagessen mit viel Fleisch im **Ristorante Da Muzzicone** (S. 301) nehmen sollte.

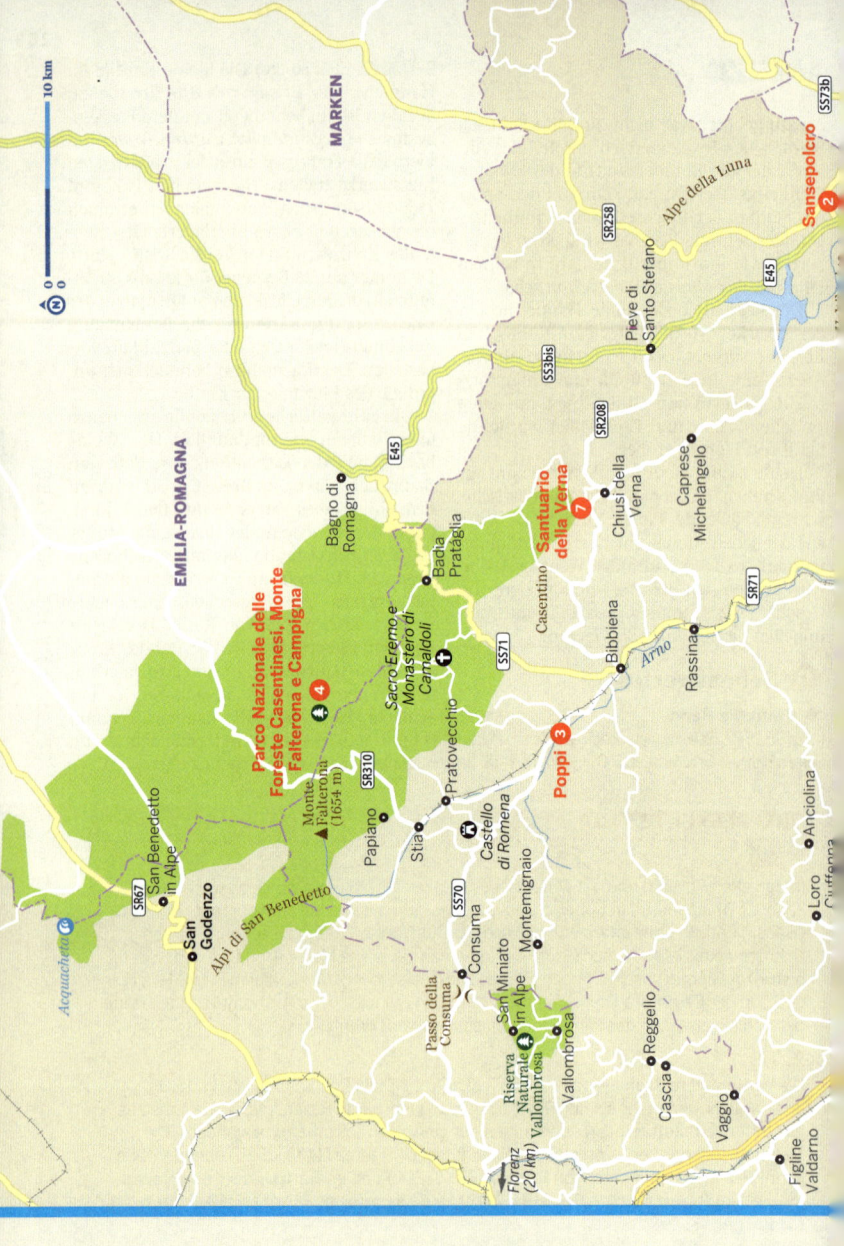

Highlights

1 Arezzo (S. 283)
Die Fresken der Cappella Bacci und die Piazza Grande, einen der schönsten Plätze der Toskana, bewundern.

2 Sansepolcro (S. 292) Im Museo Civico die Werke des Renaissance-Künstlers Piero della Francesca bestaunen.

3 Poppi (S. 295) Die gut erhaltene mittelalterliche Burg des wehrhaften Dorfes erkunden.

4 Parco Nazionale delle Foreste Casentinesi, Monte Falterona e Campigna (S. 298) Im Einklang mit der Natur zu den mittelalterlichen Klöstern in diesem abgeschiedenen Nationalpark pilgern.

Map labels

SS3bis

Città di Castello

Tevere

UMBRIEN

Monterchi

Perugia (15 km)
Assisi (40 km)

SS73

Lago Trasimeno

Ossaia

Terontola

Borghetto

5 Cortona

6 Castiglion Fiorentino

Castello di Montecchio

SS71

Camucia

SP10

1 Arezzo

SS575

Val di Chiana

SS73

Rom (185 km)

Foiano della Chiana

Bettolle

A1

Lucignano

Borro

Arno

Monte San Savino

SS73

SS554

SS326

Montevarchi

A1

Pestello

SS569

Monti del Chianti

Chianti

Siena (15 km)

---

5 Cortona (S. 301) In diesem spektakulären Bergdorf die Kirchen und sensationellen religiösen Kunstwerke des Museo Diocesano besichtigen.

6 Ristorante da Muzzicone (S. 301) In Castiglion Fiorentino im Val di Chiana das weltbeste *bistecca alla fiorentina* (T-Bone-Steak) von den berühmten toskanischen Chianina-Rindern genießen.

7 Santuario della Verna (S. 298) In dem wunderbar abgeschiedenen Kloster etwas über den hl. Franziskus aus dem umbrischen Assisi erfahren.

Arezzo

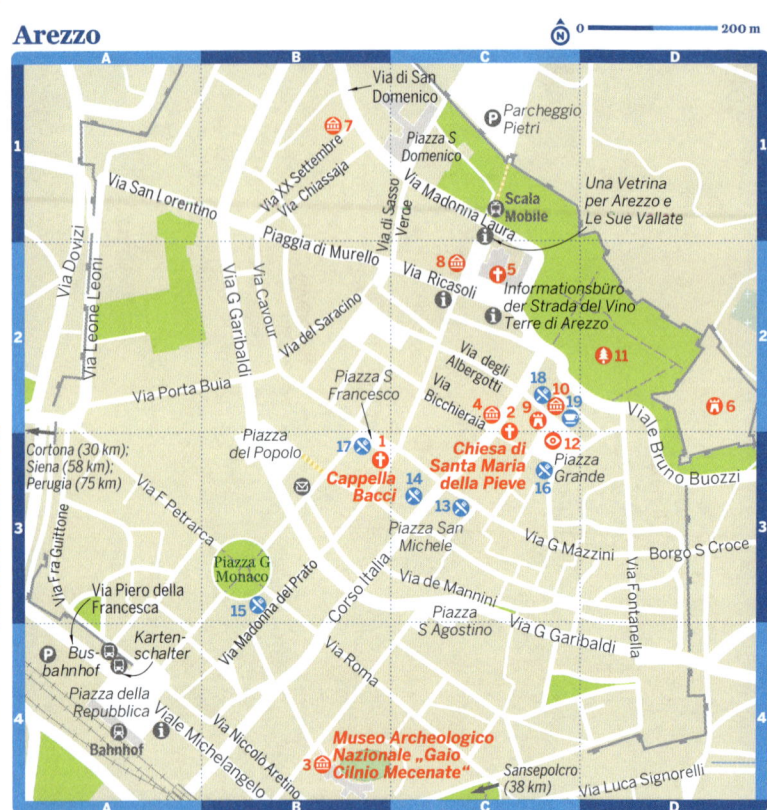

Arezzo

In zwei der eindrucksvollsten Szenen treffen die Königin von Saba und König Salomon aufeinander. In der ersten Szene kniet die Königin auf einer Brücke über dem Fluss Siloah, wo sie auf Salomon trifft. Dabei tragen die Königin und ihr Gefolge prächtige Gewänder im Stil der Renaissance. Der Palast von König Salomon in der zweiten Szene sieht aus wie ein Gebäude des berühmten Renaissance-Architekten Leon Battista Alberti.

⭐ Chiesa di Santa Maria della Pieve KIRCHE

(Corso Italia 7; ⊘ 8–12.30 & 15–18.30 Uhr) GRATIS
Die älteste Kirche Arezzos wurde im 12. Jh. errichtet. Die außergewöhnliche romanische Bogenfassade ist mit Säulen geschmückt, deren Kapitelle immer anders verziert sind. Über dem Hauptportal befindet sich das Steinrelief *Cyclo dei Mesi*, das die zwölf Monate des Jahres darstellt. Glanzstück des schlichten Innenraums ist das Polyptychon *Maria mit Kind und Heiligen* von Pietro Lorenzetti (1320–1324) unter der Kuppel der Apsis, das aber zur Zeit der Recherche für Restaurationszwecke entfernt worden war. Unter dem Hochaltar steht eine silberne Büste des Stadtheiligen Donatus, ebenfalls aus dem 14. Jh.

Weitere bemerkenswerte Kunstwerke sind das von Margarito di Arezzo geschaffene Kruzifix aus dem 13. Jh. (links vom Altar, neben der Tür zur Sakristei) und das Säulenfresko (gegenüber der Tür zur Sakristei) von Andrea di Nerio (1331–1369), das Franz von Assisi neben dem hl. Dominikus zeigt.

Piazza Grande PIAZZA

Am oberen Ende des stark abschüssigen Platzes steht der mit einem Säulengang geschmückte **Palazzo delle Logge Vasariane** (Piazza Grande), der 1573 fertiggestellt wurde. Der an eine Kirche erinnernde **Palazzo della Fraternità dei Laici** (☑ 0575 2 46 94; www.fraternitadeilaici.it; Piazza Grande; Erw./Kind 3 €/frei; ⊘ Do–Mo 10–18, Di & Mi 11.30–17.30 Uhr) am nordwestlichen Rand des Platzes wurde 1375 im gotischen Stil begonnen und mit Beginn der Renaissance vollendet; heute beherbergt er ein kleines Museum.

Duomo di Arezzo DOM

(Cattedrale di SS Donato e Pietro; Piazza del Duomo; ⊘ 7–12.30 & 15.30–18.30 Uhr) GRATIS Mit dem Bau des Doms wurde bereits im 13. Jh. begonnen, doch vollendet wurde er erst im 15. Jh. In der nordöstlichen Ecke befindet sich neben der Tür zur Sakristei links neben dem reich verzierten Hochaltar das wunderbare Fresko *Maria Magdalena* von Piero della Francesca (um 1459) – leider wird es von dem 13 m hohen Kenotaph des Bischofs Guido Tarlati von Arezzo, das 1783 an diese Stelle kam, etwas in den Schatten gestellt. Ebenso bemerkenswert sind die fünf glasierten Terrakotta-Figuren aus der Werkstatt des Andrea della Robbia in der **Cappella della Madonna del Conforto**.

Museo Diocesano di Arte Sacra MUSEUM

(MuDAS; ☑ 0575 402 72 68; Piazza del Duomo 1; Erw./erm. 5/3 €; ⊘ Sommer 10–18.30 Uhr, im Winter bis 17 Uhr) In dem atemberaubenden Palazzo aus dem 13. Jh. gegenüber vom Duomo di Arezzo (S. 287) lebte ab 1256 der damalige Bischof von Arezzo, Guglielmino Ubertini. Heute befindet sich hier das Diözesanmuseum für sakrale Kunst, das sogenannte MuDAS. Im Erdgeschoss ist sakrale Kunst aus dem 12. bis 16. Jh. zu sehen, die sich einst in mittlerweile zerstörten oder geschlossenen Kirchen befand. Am Ende der herrlichen Treppe sind im ersten Stock in einigen schön ausgemalten Sälen die Kunstsammlungen verschiedener Bischöfe zu bewundern.

Fortezza Medicea FESTUNG

(Viale Bruno Buozzi; ⊘ Di–Fr 10–18, Sa & So 10–12.30 & 14–19.30 Uhr) Südöstlich des Doms erhebt sich auf der anderen Seite der stillen Gärten des **Passeggio del Prato** (⊘ 24 Std.) die zwischen 1538 und 1560 erbaute Fortezza Medicea. Vom Park rund um die Festung bieten sich schöne Ausblicke auf die Stadt und ihr Umland.

⭐ Museo Archeologico Nazionale „Gaio Cilnio Mecenate" MUSEUM

(Archäologisches Museum Gaius Cilnius Maecenas; ☑ 0575 2 08 82; www.facebook.com/archeologico arezzo; Via Margaritone 10; Erw./erm. 6/3 €, 1. So des Monats frei; ⊘ 8.30–19.30 Uhr, Nov. bis 13.30 Uhr) Das Museum neben den Überresten eines römischen Amphitheaters mit mehr als 10 000 Sitzplätzen ist nach Gaius Maecenas (68–8 v. Chr.) benannt, einem Kunstmäzen und treuen Berater von Kaiser Augustus, und befindet sich in einem Kloster aus dem 14. Jh. Zu sehen sind Gegenstände und Kunstwerke der Etrusker und Römer. Glanzstück der Ausstellung ist die *Cratere di Euphronios*, eine etruskische Vase aus dem 6. Jh. v. Chr., die mit äußerst lebendigen Schlachtszenen des Herkules geschmückt ist.

Ebenfalls sehenswert ist das winzige Porträt eines bärtigen Mannes aus der zweiten Hälfte des 3. Jhs. Es wurde mit der Technik

ÖSTLICHE TOSKANA AREZZO

---

❶ SPARTICKET

Im günstigen Kombiticket (Erw./erm. 15/12 €) ist der Eintritt zur Cappella Bacci, zum Museo Archeologico Nazionale und Museo di Casa Vasari enthalten.

der Chrysographie hergestellt, also in eine dünne Goldschicht eingraviert und dann zwischen zwei Glasplatten gepresst.

Casa Museo di Ivan Bruschi MUSEUM

(☏0575 35 41 26; www.fondazionebruschi.it; Corso Italia 14; Erw./erm. 8/6 €; ⏱Sommer Di–So 10–19 Uhr, Winter Di–So 10–13 & 14–18 Uhr) Das Museum befindet sich im **Palazzo del Capitano del Popolo** aus dem 13. Jh., der in den 1960er-Jahren von dem wohlhabenden Antiquitätensammler Ivan Bruschi schön restauriert wurde. Nach seinem Tod wurde der Palazzo zum Museumshaus, in dem nun Bruschis kunterbunte Sammlung von Möbeln, Kunstwerken, Münzen, Schmuck, Kleidung und Keramik von der prähistorischen Zeit über die Etrusker, Griechen, Römer und das Mittelalter bis hin in die Renaissance zu sehen ist.

Museo di Casa Vasari MUSEUM

(Vasari-Hausmuseum; ☏0575 29 90 71; www.museistataliarezzo.it/museo-casa-vasari; Via XX Settembre 55; Erw./erm. 4/2 €; ⏱Mo & Mi–Sa 8.30–19.30, So bis 13.30 Uhr) In dem nach seinen Entwürfen gebauten und überbordend ausgeschmückten Palast lebte und arbeitete der in Arezzo geborene Maler, Architekt und Kunsthistoriker Giorgio Vasari (1511–1574). In dem heutigen Museum wird auch das Originalmanuskript seines Werkes *Leben*

ℹ️ TERRE DI AREZZO

Aus der Region um Arezzo kommen ein Wein mit der Klassifizierung DOCG (Denominazione di Origine Controllata e Garantita) und fünf Weine mit dem Siegel DOC (Denominazione di Origine Controllata): Chianti Colli Arentini DOCG, Vinsanto del Chianti Colli Arentini DOC, Vinsanto del Chianti Colli Arentini Occhio di Pernice DOC, Valdichiana DOC, Cortona DOC und Pietraviva DOC. Um sie alle kennenzulernen, folgt man entweder der Weinstraße **Strada del Vino Terre di Arezzo** (www.stradadel vino.arezzo.it) oder probiert sie in den Restaurants und Lokalen der Region. Ausführliche Infos und eine Karte zur Weinstraße gibt's beim **Informationsbüro der Strada del Vino Terre di Arezzo** (☏0575 29 40 66; www.stradadel vino.arezzo.it; Via Ricasoli 38–40; ⏱Mo–Fr 9.30–15 Uhr) in Arezzo.

---

der ausgezeichnetsten Maler, Bildhauer und Baumeister von 1550 gezeigt, das bis heute unter dem Titel *Künstler der Renaissance* erhältlich ist. Die Besichtigung endet im wunderbaren Dachgarten, der mit Blumenbeeten, Buchsbaumhecken und einem Springbrunnen ganz im Stil der Renaissance gestaltet ist. Um ins Museum zu gelangen, muss man an der Tür läuten.

Festivals & Events

Fiera Antiquaria di Arezzo MESSE

(Antiquitätenmesse von Arezzo; www.fieraantiqua ria.org) Der berühmteste Antiquitätenmarkt der Toskana findet an jedem ersten Wochenende im Monat auf der Piazza Grande (S. 287) statt.

Giostra del Saracino KULTUR

(Tjost des Sarazenen; www.giostradelsaracino arezzo.it; ⏱Juni & Sept.) Das mittelalterliche Turnierspektakel auf der Piazza Grande (S. 287) findet am dritten Samstag im Juni und ersten Sonntag im September statt. Dabei treten die „Ritter" der vier *quartieri* (Stadtviertel) gegeneinander an.

🍴 Essen & Ausgehen

In Arezzo essen zu gehen ist dank einer phantastischen Auswahl an Restaurants mit erstklassiger traditioneller und moderner toskanischer Küche ein echter Genuss. Bei warmem Wetter spielt sich alles draußen ab.

⭐ Cremì GELATO €

(☏333 976 63 36; www.facebook.com/gelateria artigianalecremi; Corso Italia 100; Waffeln & Becher 1,80–5 €; ⏱Di–So 10–19.30 Uhr) Die helle, moderne *gelateria artigianale* (handwerkliche Eisdiele) liegt an Arezzos wichtigster Bummelmeile. Zu den verlockenden saisonalen Aromen zählen Pfirsich und Vanille, Erdbeer-Cheesecake, Erdnuss sowie Walnuss und Feige. Oder man entscheidet sich für die herrliche und äußerst beliebte Spezialität des Hauses: *mousse di nutella*, eine sahnige, luftige Mischung aus Mousse und Eiscreme mit Schoko- und Haselnussgeschmack.

La Bottega di Gnicche SANDWICHES €

(☏0575 182 29 26; www.bottegadignicche.com; Piazza Grande 4; Panini 3,50–7 €; ⏱Do–Di 11–20 Uhr) In dem altmodischen *alimentari* (Lebensmittelladen) am Hauptplatz von Arezzo werden die Panini mit verschiedenen hausgemachten Wurst- und Käsesorten belegt. Auf einer handgeschriebenen

MITTAGESSEN AUF DEM WEG NACH FLORENZ

An der Strecke zwischen Arezzo und Florenz bietet sich die leuchtend pinkfarbene **Osteria dell'Acquolina** (☏ 055 97 74 97; www.acquolina.it; Via Setteponti Levante 26, Terranuova Bracciolini; Gerichte 30 €; ⊙ Di–So 12–16 & 19–23 Uhr) als Zwischenstopp für ein Mittagessen an. Besonders schön ist die Restaurant-Villa im Sommer, wenn man auf der Terrakotta-Terrasse sitzen und den Panoramablick auf Olivenbäume, Weinreben und grüne Hügel genießen kann. Für das toskanische Essen gibt es keine Speisekarte – der Koch lässt sich jeden Tag ein paar Gerichte einfallen.

Eine Platte mit gemischten Antipasti (und köstlicher Brot-Tomaten-Suppe) ist immer zu haben, ebenso wie Risotto mit grünem Pfeffer und Minze als *primo* und das toskanische T-Bone-Steak *bistecca alla fiorentina* (45 €/kg) als Hauptgericht. Reservierung empfohlen, insbesondere am Wochenende, wenn die Florentiner das toskanische Landleben genießen.

Nach Acquolina, 34 km westlich von Arezzo, fährt man in Valdarno von der A1 ab und folgt der Beschilderung nach Terranuova Bracciolini und Arezzo, bis der Hinweis auf die Osteria dell'Acquolina auftaucht.

Karte sind die warmen Tagesgerichte wie z. B. *ribollita* (traditionelle toskanische Gemüse-Brot-Suppe) verzeichnet. Essen kann man entweder drinnen neben Regalen voller gelber Packungen mit Martelli-Nudeln oder auf der Terrasse mit schönem Blick auf die Piazza.

Antica Osteria Agania
TOSKANISCH €

(☏ 0575 29 53 81; www.agania.com; Via G Mazzini 10; Mahlzeiten 20 €; ⊙ Di–So 12–15 & 18–22.30 Uhr) Das Essen des alteingesessenen Lokals ist durch und durch traditionell – wie Kutteln oder *grifi con polenta* (Lammbäckchen mit Polenta) – und sensationell gut. Es ist eines dieser zeitlosen, einladenden Restaurants mit frischen Topfkräutern am Eingang, die das feste Fundament der feinen Esskultur in der Toskana bilden. Am besten beginnt man mit *antipasto misto* (gemischten Vorspeisen) und kombiniert dann als *primo* (erster Kurs) eine von sechs Nudelsorten mit einer von acht Saucen.

Besonders zu empfehlen sind *pici* (dicke toskanische Spaghetti) mit Wildschweinsauce. Will man die Warteschlange vermeiden, darf man erst gegen 13 Uhr kommen.

★ Mest Osteria
TOSKANISCH €€

(☏ 0575 08 08 61; www.osteriamest.it; Via Giorgio Vasari 11; Mahlzeiten 35 €; ⊙ Mi 19–23.45, Do–So 12–15 & 19–23.45 Uhr) Wer in dieser angesagten Osteria mit phantastischen alten Holzfensterläden und einer funkelnden Küche aus rostfreiem Stahl einen Tisch ergattert, darf sich auf ein durch und durch modernes toskanisches Speiseerlebnis freuen. Auf der Mittagskarte stehen leichte Häppchen wie Club-Sandwiches aus regionalen Zutaten, üppig belegte *bruschette,* Lachsburger und kreative Pastagerichte. Abends dreht sich alles um kreative Hauptgerichte wie Spanferkel mit karamellisiertem Lauch und Senfkartoffeln.

★ Le Chiavi d'Oro
ITALIENISCH €€

(☏ 0575 40 33 13; www.ristorantelechiavidoro.it; Piazza San Francesco 7; Mahlzeiten 45 €; ⊙ Di–So 12.30–14.30 & 19.30–22.30 Uhr) In diesem wegweisenden Restaurant im Zentrum von Arezzo steht zeitgenössische italienische Küche auf dem Programm. Freunde des schicken Designs freuen sich sicher über die minimalistische Ausstattung mit Harz-Parkett-Boden und stilvollen dänischen Stühlen aus den 1960er-Jahren, während die Feinschmecker sich schnell durch eine einfache Karte überzeugen lassen, die sich wie eine Einkaufsliste für Zutaten liest. Wie wär's mit Brasse mit Artischocken, Safran, Semmelbröseln und Limone?

Il Cantuccio
TOSKANISCH €€

(☏ 0575 2 68 30; www.il-cantuccio.it; Via Madonna del Prato 76; Mahlzeiten 25 €; ⊙ Do–Di 12–15 & 19–23.30 Uhr) Die kleine *trattoria* abseits von Kirchen und Museen der Stadt ist vor allem im Winter sehr beliebt, wenn das Kellergewölbe aus rotem Backstein besonders gemütlich ist. Das Essen ist toskanisch, saisonal und mit viel Liebe und Stolz zubereitet. Im Frühjahr empfiehlt sich frischer Artischockensalat als Vorspeise, gefolgt von einer großen Auswahl an Nudelsorten und Saucen von einfacher Tomaten- bis zur erlesenen Trüffelsauce, die jeweils nach Belieben kombiniert werden können.

1. Santuario della Verna 2. Fresken im Kreuzgang der Abbazia di Monte Oliveto Maggiore 3. Basilica di San Francesco 4. Eremo Francescano Le Celle

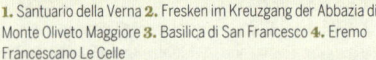

INU/SHUTTERSTOCK ©

Paradiesische Klöster

Nach dem Besuch dieser mittelalterlichen Klöster in der Toskana und in Umbrien spielt man vielleicht mit dem Gedanken, das Dasein als gehetzter Stadtmensch aufzugeben und sich einem Leben der Stille hinzugeben – dies als Warnung!

Basilica di San Francesco, Assisi

Jedes Jahr strömen mehr als 5. Mio. Pilger in den Geburtsort des hl. Franz in Umbrien, um die gewaltige Basilika (S. 303) und das Kloster hier zu besuchen. In der Krypta der Basilika befindet sich das Grabmal des Heiligen.

Santuario della Verna

In diesem spektakulär gelegenen Kloster (S. 298) am Südostrand des Casentino soll Franz von Assisi die Wundmale Christi empfangen haben. Die Gläubigen beten in der Cappella delle Stimmate und bestaunen in der Kirche Andrea della Robbias Kunstwerke.

Sacro Eremo e Monastero di Camaldoli

Tief in den Wäldern des Casentino liegt dieses Benediktinerkloster (S. 299) in einer seit Jahrhunderten fast unveränderten Landschaft. Zu den Schätzen hier zählen Gemälde von Vasari und Bronzino sowie eine der schönsten Terrakottaarbeiten von Andrea della Robbia.

Abbazia di Monte Oliveto Maggiore

Die Mönche dieser Abtei (S. 184) südöstlich von Siena bauen Wein und Oliven an, bilden sich in einer der bedeutendsten alten Bibliotheken Italiens und wandeln durch einen Kreuzgang mit Fresken von Luca Signorelli und Il Sodoma.

Eremo Francescano Le Celle

Ein plätschernder Bach, eine alte Steinbrücke und Terrassen voller Olivenbäume tragen zum märchenhaften Flair dieser malerischen Franziskaner-Einsiedelei (S. 302) vor den Toren von Cortona bei.

Caffè Vasari
CAFÉ

(☎ 0575 04 36 97; Piazza Grande 15; ⊙ Sommer 7.30–21 Uhr, Winter 8.30–18 Uhr) Das traditionelle Café wird den ganzen Tag von der toskanischen Sonne verwöhnt und ist der ideale Ort, um die altehrwürdige Eleganz und Schönheit der Piazza Grande (S. 287) bei einem Kaffee oder *aperitivo* zu genießen. Zu finden ist es in beneidenswerter Lage unter den fotogenen Arkaden des Palazzo delle Logge Vasariane (S. 287).

❶ Praktische Informationen

Touristeninformation (☎ 0575 40 19 45; Piazza della Libertà; ⊙ 14–16 Uhr) Ein zweites Büro der **Touristeninformation** (☎ 0575 2 68 50; Piazza della Repubblica 22–23; ⊙ 10.30–12.30 Uhr) ist rechts neben dem Ausgang des Bahnhofs.
Una Vetrina per Arezzo e Le Sue Vallate (☎ 0575 182 27 70; www.arezzoturismo. it; Emiciclo Giovanni Paolo II, Scale Mobili di Arezzo; ⊙ Mo–Fr 9–18, Sa & So bis 19 Uhr) Die private Touristeninformation befindet sich an der Rolltreppe, die zur Piazza del Duomo hinaufführt. Hier gibt es auch eine öffentliche Toilette (0,50 €).

❶ An- & Weiterreise

AUTO & MOTORRAD
Von Florenz nach Arezzo fährt man auf der A1. Die SS73 führt in Richtung Westen nach Siena. Parken am Bahnhof kostet 2 € pro Stunde.

BUS
Die Busse von Siena Mobilità (www.siena mobilita.it) verkehren zwischen Arezzo und Siena (7 €, 1½ Std., 7-mal tgl.). Die Busse von **Etruria Mobilità** (www.etruriamobilita.it) fahren nach Sansepolcro (4,40 €, 1 Std., stündl.) und Cortona (3,50 €, 1 Std., häufig). Fahrscheine gibt's im **Kartenhäuschen** (Via Piero della Francesca 1; ⊙ ganzjährig Mo–Sa 6.10–20 Uhr, Sommer So 6.30–12 Uhr, Winter So 8–12.30 Uhr) links neben dem Ausgang des Bahnhofs. An der **Haltestelle** (Via Piero della Francesca) direkt gegenüber fahren die Busse ab.

ZUG
Da Arezzo an der Bahnstrecke von Florenz nach Rom liegt, gibt es häufige Verbindungen sowohl nach Florenz (*Regionale* 8,50 €, 1–1½ Std.) als auch nach Rom (Intercity 27,50 €, 2¼ Std.; *Regionale* 14,50 €, 2¾ Std.). Außerdem fährt zweimal pro Stunde ein Zug nach Camucia-Cortona (3,50 €, 20 Min.).

SANSEPOLCRO

15 900 EW.

Dieses Schmuckstück ist noch ein echter Geheimtipp. Die von den Einheimischen einfach nur „Borgo" genannte Stadt wurde bereits im Jahr 1000 gegründet und hatte schon im 15. Jh. ihre heutige Größe erreicht. Im 16. Jh. wurde die Stadtmauer errichtet. Die historische Altstadt ist voller Palazzi und Kirchen der Renaissance, die mit großartigen Kunstwerken oder den einzigartigen Terrakotta-Medaillons des Andrea della Robbia geschmückt sind. Auf den Spuren des Renaissance-Künstlers Piero della Francesca, des bedeutendsten Sohnes der Stadt, kann man einen ganzen Tag lang von einer spärlich beleuchteten Kirche zur nächsten spazieren.

◉ Sehenswertes

★ Museo Civico Piero della Francesca
MUSEUM

(☎ 0575 73 22 18; www.museocivicosansepolcro. it; Via Niccolò Aggiunti 65; Erw./erm. 10/8,50 €, mit Casa di Piero della Francesca 11/9 €; ⊙ Mitte Juni–Mitte Sept. 10–13.30 & 14.30–19 Uhr, Mitte Sept.–Mitte Juni bis 18 Uhr) Das größte Museum der Stadt zeigt eine kleine, aber feine Sammlung von Kunstwerken, darunter drei Meisterwerke von Piero della Francesca: die *Auferstehung* (1458–1474), das Polyptychon der *Madonna della Misericordia* (1445–1456) und der *Heilige Julianus* (1455–1458). Mindestens ebenso beeindruckend sind die Arbeiten aus der Werkstatt des Andrea della Robbia: das farbige Terrakotta-Relief mit

❶ UNTERWEGS IN DER ÖSTLICHEN TOSKANA

Auto & Motorrad Für die Erkundung des Casentino und des Val di Chiana benötigt man ein eigenes Fahrzeug.

Bus In dieser Region verkehren nur wenige Busse: Man kann von Arezzo über Anghiari nach Sansepolcro und von Arezzo über Castiglion Fiorentino nach Cortona fahren, aber das ist schon alles.

Zug Arezzo liegt an der Bahnstrecke Florenz–Rom, genauso wie Camucia, 15 Minuten per Shuttlebus vom Zentrum von Cortona entfernt. Regionalzüge fahren von Arezzo ins Casentino und von Sansepolcro nach Perugia.

PIERO DELLA FRANCESCA

Auch wenn viele Daten seines Lebens nicht belegt sind, geht man davon aus, dass der große Renaissance-Künstler Piero della Francesca um 1420 in Sansepolcro geboren wurde und 1492 dort starb. Mit 15 Jahren begann er seine Ausbildung zum Maler und hob sich mit seiner perspektivischen Malerei, der meisterhaften Beherrschung des Lichts und der einzigartigen Synthese von Form und Farbe schon bald von den Künstlern seiner Zeit ab. Die heitere Anmut seiner Figuren ist bis heute unübertroffen. In seinem Buch *Leben der ausgezeichnetsten Maler, Bildhauer und Architekten* bezeichnet ihn der ebenfalls aus der Toskana stammende Giorgio Vasari auch als „besten Geometer seiner Zeit" und beklagt, dass nur wenige seiner Arbeiten der Nachwelt erhalten blieben, was ihn „der Ehre beraubte, die seinen Werken zusteht".

Die berühmtesten Werke von Piero della Francesca sind die *Legende des wahren Kreuzes* in der Cappella Bacci (S. 283) in Arezzo, die *Auferstehung* im Museo Civico in Sansepolcro und das Doppelbildnis *Federico da Montefeltro mit seiner Gattin Battista Sforza, der Herzog und die Herzogin von Urbino* in den Uffizien (S. 68) von Florenz. Sein vermutlich bekanntestes und schönstes Fresko ist jedoch die geniale *Madonna del Parto* (Die schwangere Madonna), die sich mittlerweile im **Museo Madonna del Parto** (☑ 0575 7 07 13; www.madonnadelparto.it; Via della Reglia 1, Monterchi; Erw./erm. 6,50/5 €; ☉ Sommer 9–13 & 14–19 Uhr, Winter Mi–Mo bis 17 Uhr) in **Monterchi** befindet, einem Dorf im abgelegenen Tibertal zwischen Sansepolcro (15 km nördlich) und Arezzo (28 km westlich). Als Piero in Sansepolcro lebte, hatte er in der Via Niccolò Aggiunti 71 ein Atelier – dies ist heute das kleine Museum Casa di Piero della Francesca.

In der Broschüre **Terre di Piero** sind alle Orte mit Werken des Künstlers verzeichnet. Sie ist bei den Touristeninformationen und im Internet unter http://terredipiero.it erhältlich.

dem Titel *Die Geburt Christi und Anbetung durch die Hirten* (1485) und ein herrliches Tondorelief, das als *Madonna mit Kind und Wappen der Manetti* (1503) bekannt ist.

Casa di Piero della Francesca MUSEUM

(☑ 0575 74 04 11; Via Niccolò Aggiunti 71; Erw./Kind 5/3 €, mit Museo Civico 11/9 €; ☉ 10–12.30 & 14.30–17.30 Uhr) Sansepolcros berühmtester Sohn, der Renaissancemaler Piero della Francesca, lebte und arbeitete in diesem bescheidenen Haus aus dem 15. Jh. im Zentrum des Städtchens. Zwischen seinen ausgedehnten Aufenthalten an italienischen Höfen restaurierte er das Haus langsam im Stil der Renaissance und schuf einige wunderbare Fresken wie das lebensgroße Porträt eines jugendlichen Herkules – auf einer Wand im ersten Stock, doch wurde es in den 1860er-Jahren leider abgenommen und 1908 in die USA transportiert. Heute ist es im Isabella Stewart Gardner Museum in Boston zu sehen.

Cattedrale di San Giovanni
Evangelista DOM

(Duomo di Sansepolcro; Via Giacomo Matteotti 4; ☉ 10–12 & 16–19 Uhr) Im *duomo* aus dem 14. Jh. befinden sich so exquisite Werke wie Peruginos *Christi Himmelfahrt*, die

Auferstehung von Raffaellino del Colle und ein Polyptychon von Niccolò di Segna, das vermutlich als Vorlage für Piero della Francescas *Auferstehung* diente. Links vom Hochaltar befindet sich das bemerkenswerte *Volto Santo* (Heiliges Gesicht), ein Holzkruzifix aus dem 9. Jh., von dem Jesus Christus im blauen Gewand mit weit geöffneten Augen auf den Betrachter herunterschaut. Direkt daneben steht ein wunderbares Keramiktabernakel von Andrea della Robbia, das leider schon sehr angeschlagen ist.

Aboca Museum MUSEUM

(☑ 0575 73 35 89; www.abocamuseum.it; Via Niccolò Aggiunti 75; Erw./erm. 8/4 €; ☉ April–Sept. 10–13 & 15–19 Uhr, Okt.–März Di–So 10–13 & 14.30–18 Uhr) Wer genug von großartigen Kunstwerken und Kirchen hat, besucht zur Abwechslung dieses medizinische Museum im **Palazzo Bourbon del Monte** aus dem 18. Jh. Die Ausstellung gewährt einen faszinierenden Einblick in die Nutzung von Kräutern und Heilpflanzen in prähistorischen Zeiten bis heute. In mehreren Räumen sind pharmazeutische Gerätschaften wie Mörser, Waagen und Glaskolben sowie uralte Bücher mit Rezepturen zu sehen. Im „Giftkeller" wurden tödliche Substanzen zu hochwirksamen Arzneien verarbeitet.

Festivals & Events

Palio della Balestra KULTUR
(www.balestrierisansepolcro.it; ⊘ 2. So im Sept.)
Bei dem Wettbewerb im Armbrustschießen
zwischen den Bewohnern der Stadt und
ihren Konkurrenten aus Gubbio tragen sowohl die Teilnehmer als auch die Zuschauer
mittelalterliche Kostüme.

✖ **Essen**

Sansepolcro wartet mit einigen zauberhaften Restaurants auf. Die Küche ist stur
toskanisch und ihren Wurzeln treu – in dieser traditionellen Kleinstadt haben Omas
Rezepte nach wie vor Gültigkeit. Ein guter
Startpunkt ist die Fressmeile **Via Lucca Pacioli**.

⭐ **Il Giardino di Piero** TOSKANISCH €€
(☎0575 73 31 19; www.osteriailgiardinodipiero.it;
Via Niccolò Aggiunti 98b; Mahlzeiten 30 €; ⊘Di–So
12.30–14 & 19.30–22 Uhr; 📞📄) Ob Fleisch vom
cinta-senese-Schwein oder vom Chianina-
Rind, Pecorino oder frische Pasta: In diesem
einladenden Restaurant ist alles 100 % bio.
Im Sommer sitzen die Gäste auf einer schattigen Terrasse mit Lichterketten. Serviert
wird moderne toskanische Küche wie Chia-
nina-Kutteln mit Zimt, Rindfleisch-*tagliata*
(dünne Scheiben) mit Chilipfeffer und Minze sowie jede Menge vegetarische Gerichte.

⭐ **Ristorante da
Ventura** TOSKANISCH €€
(☎0575 74 25 60; www.albergodaventura.it; Via
Niccolò Aggiunti 30; Mahlzeiten 30 €; ⊘Di–Sa
12.30–14.15 & 19.30–21.45, So 12.30–14.15 Uhr)
Das traditionelle Restaurant ist ein kulinarischer Hochgenuss. Zwischen den Tischen schieben Kellner in Frack und Fliege
Servierwagen hindurch, die üppig beladen
sind mit saftigem Schweinefleisch, in Chianti Classico geschmortem Rindfleisch und
gebratener Kalbshaxe. Unbedingt probieren
sollte man das Kalbsfilet unter hauchdün-
nen Scheiben *lardo di colonnata* (Schweinespeck) und das Kalbscarpaccio mit
schwarzen Trüffeln.

Ristorante Fiorentino ITALIENISCH €€
(☎0575 74 20 33; www.ristorantefiorentino.it; Via
Luca Pacioli 60; Mahlzeiten 35 €; ⊘Do–Di 12–15
& 19.30–22.30 Uhr) Das prachtvolle Gebäude
stammt von 1807. Über eine Marmortreppe
gelangt man in eine Welt aus Kristalllüstern,
Kassettenholzdecken der Renaissance und
schönen Kaminen. Die traditionellen Gerichte werden teilweise etwas modernisiert.

 Ausgehen & Nachtleben

In diesem hübschen, altmodischen Ort flä-
zen sich die Caféterrassen im Schatten alter
Palazzi und öffentlicher Gebäude, die mit
Medaillons des 15. Jhs. geschmückt sind.
Mehrere Cafés und Kneipen säumen die
wichtigste Bummelmeile, die Via XX Settembre.

Enoteca Guidi WEINBAR
(☎0575 74 19 07; www.locandaguidi.it; Via Luca Pacioli 44–46; Mahlzeiten 20 €; ⊘Do–Di 11–24 Uhr)
Hinter der klitzekleinen *enoteca* (Weinstube) befindet sich ein Speiseraum, in dem
einfache Gerichte serviert werden. Neben
sämtlichen Weinen aus der Umgebung und
einigen der edelsten Tropfen der Toskana
wird auch Craft-Bier aus der Region ausgeschenkt. Wer sich am Ende nicht losreißen
kann, kann in einem der einfachen Zimmer
(EZ 45 €, DZ 90 €) oben nächtigen.

Caffè degli Appennini BAR
(☎0575 74 17 55; Via XX Settembre 48; ⊘So–Do
17–1, Fr & Sa bis 2 Uhr; 📞) In dieser jungen
Mischung aus Gastropub und Pizzeria tummeln sich am Wochenende die vergnügungs-
süchtigen Einheimischen, um recht gutes
Bier zu schlürfen und jede nur erdenkliche
Art Pizza (6,50–9 €) aus dem traditionellen
Holzofen zu genießen. Bei warmem Wetter
treibt es alle hinaus auf die schöne Straßenterrasse an der Haupt-Fußgängerzone.

ℹ **Praktische Informationen**

Touristeninformation (☎0575 74 05 36; www.
valtiberinaintoscana.it; Via Giacomo Matteotti
8; ⊘Sommer 9.30–13 & 14.30–18.30 Uhr, im
Winter kürzer; 📞)

ℹ **An- & Weiterreise**

Etruria Mobilità (www.etruriamobilita.it) bietet
regelmäßige Busverbindungen über Anghiari
(1,60 €, 10 Min.) nach Arezzo (4,40 €, 1 Std.).
Die Busse von **Sulga** (www.sulga.it) fahren
täglich nach Rom und zum Flughafen Leonardo
da Vinci (25 €, 3½–4¼ Std.). Fahrpläne und
Fahrscheine gibt's im Internet. Der Busbahnhof
befindet sich bei der Porta Fiorentina in der
Nähe der Via G. Marconi.

VALLE DEL CASENTINO

Die nordöstlichste Ecke der Toskana lockt
mit spektakulären Berglandschaften, historischen Klöstern und winzigen Dörfern, in
denen alte Traditionen ebenso stolz ge-

pflegt werden wie die regionale Küche. Auf der Website **The Casentino** (www.casentino. net) findet man jede Menge nützlicher Infos, auch zum Wandern und Mountainbiken.

Poppi
6160 E W.

Die historische Altstadt Poppi Alta scheint in den Wolken hoch über dem Arno-Tal zu schweben. Beherrscht und bewacht wird sie vom Castello dei Conti Guidi. In den Sommermonaten wird der Kiosk auf dem Platz vor der Burg zum Treffpunkt des Dorfs. Im übrigen Jahr bleiben die Einheimischen lieber in der Unterstadt Ponte a Poppi.

 Sehenswertes

Castello dei Conti Guidi
BURG

(0575 52 05 16; www.buonconte.com; Piazza della Repubblica 1; Erw./erm. 6/4 €; Sommer 10–18 Uhr, Winter Do–So bis 17 Uhr) Das Kastell der Grafen wurde im 13. Jh. von Graf Simone da Battifolle erbaut, dem damaligen Oberhaupt der Familie Guidi. Vom märchenhaften Innenhof gelangt man über ein schönes Treppenhaus in die Bibliothek voller mittelalterlicher Manuskripte und in die Kapelle mit Fresken von Taddeo Gaddi. Beim *Gastmahl des Herodes* scheint sich Salome die Finger zu lecken, während sie nach der Musik des Lautenspielers tanzt. Derweil liegt der kopflose Leichnam von Johannes dem Täufer wie achtlos weggeworfen in einer Ecke.

 Essen

Die Küche in diesem ländlichen Teil der Toskana ist traditionell und regional. Poppi Alta wartet mit ein paar Restaurants auf – oder man steuert zu einem unvergesslichen Festschmaus ein zeitloses, von einer Familie betriebenes Gasthaus auf dem Land an.

Osteria Il Porto
TOSKANISCH €

(0575 52 92 33; www.osteriailporto.it; Via Roma 226; Mahlzeiten 20 €; Mo–Fr 19–23.30, Sa & So 12.30–15 & 19–23.30 Uhr;) Der große Sommergarten des sehr beliebten Lokals erinnert mit seinen Tischen und Bänken und seiner lockeren Stimmung fast an einen deutschen Biergarten. Zu essen wird toskanische Kost geboten, darunter viel Regionales wie *tortelli di patate* (Teigtaschen mit Kartoffelfüllung) aus heimischen roten Cetica-Kartoffeln, Wildschweinragout und Kaninchen mit Kräutern – alles deftig und köstlich!

Und hier trinkt man am besten Craft-Bier. In früherer Zeit war das stattliche Gebäude mit seinen grünen Fensterläden das Flusshafengebäude von Poppi: Von hier wurde über den Arno Holz aus den Wäldern des Casentino nach Florenz und Pisa transportiert.

La Vite
TOSKANISCH €€

(0575 56 09 62; www.ristorantelavite.net; Piazza della Repubblica, Soci; Mahlzeiten 25 €; Mi–Mo 12–14.30 & 18.30–22.30, Sa bis 23 Uhr) Das gemütliche Restaurant in Soci, 5 km östlich von Poppi, wird von der jungen, dynami-

ÖSTLICHE TOSKANA POPPI

INSIDERWISSEN

FEINSCHMECKERPARADIES PRATOVECCHIO

Die Stadt selbst ist nicht weiter bemerkenswert, doch es gibt zwei sehr leckere Gründe, den 8 km langen Weg von Poppi nach Pratovecchio auf sich zu nehmen:

La Tana degli Orsi (0575 58 33 77; Via Roma 1, Pratovecchio; Mahlzeiten 40 €; Do–Di 19.30–1, Fr & Sa bis 2 Uhr) Die zwölf Tische der „Bärenhöhle" sind jeden Abend schnell besetzt. Deshalb unbedingt reservieren! Die Inneneinrichtung des außergewöhnlichen Hauses im Stil eines Chalets schwankt zwischen elegant und kitschig, doch das Essen ist erstklassig. Die toskanischen und teilweise typischen Casentino-Gerichte werden aus Zutaten der Region zubereitet. Ebenso hervorragend ist die Weinkarte.

Toscana Twist (0575 58 21 20; Via della Libertà 3, Pratovecchio; Mahlzeiten 30 €; Di–Do 6–19.30, Fr bis 22, Sa bis 21 Uhr) Schon der Name deutet darauf hin, dass es sich hierbei nicht um eines der üblichen Landgasthäuser der Toskana handelt. Das äußerst moderne Restaurant neben dem Bahnhof ist ein außergewöhnlicher Allrounder: Es startet morgens zum Frühstück, reicht köstliche Kuchen, Kekse und Gebäck und endet freitags mit einem feinen Abendessen bzw. samstags (ab 18.30 Uhr) mit einem Festessen mit *aperitivo*. Kein Wunder, dass es an beiden Abenden voll mit Einheimischen aus den Dörfern der Umgebung ist.

AUTOTOUR > IM CASENTINO ENTSCHLEUNIGEN

· ·

Im einsamen Valle del Casentino steht die Zeit still. Die alten etruskischen Bollwerke, romanischen Kirchen und abgelegenen Bauernhöfe haben sich im Lauf der Jahrhunderte kaum verändert; der Alltag richtet sich hier nach dem gemächlichen Rhythmus der Jahreszeiten und der Natur. Wenn der Ruf der toskanischen Wildnis ertönt, dann ist es Zeit für diese Autotour, die von Florenz aus leicht an einem Tag zu schaffen ist.

❶ Castello di Romena

Der Ausflug startet von Florenz aus in Richtung Südosten (Firenze Sud) am Arno ent-

lang. Es geht durch Pontassieve und über den **Passo della Consuma** (SS70), einen herrlichen Gebirgspass im toskanischen Teil des

Apennin (den Wegweisern nach Consuma und Bibbiena folgen). Etwa auf halber Strecke zwischen dem Pass und Poppi zweigt links die Straße zum Castello di Romena ab. Bei einer Besichtigung der Burgruine aus dem 11. Jh. die auch schon Dante Alighieri regelmäßig von Florenz aus besuchte, kann man seiner verrückten Phantasiewelt nachspüren.

❷ Pieve di Romena

Anschließend fährt oder geht man die 1,5 km den Berg hinunter zur Pieve di Romena, einer exquisiten romanischen Kirche von der Mitte des 12. Jhs. Die Säulenkapitelle im Inneren sind mit einfachen Mensch- und Tier-

darstellungen verziert. Beim Nachbarhaus klopfen, um in die Kirche zu kommen.

❸ Stia

Dann fährt man auf der kleinen Straße weiter nach Stia. Dort mündet der Staggia als erster Nebenfluss in den Arno und so war die Stadt lange ein Zentrum der Wollindustrie. Heute befindet sich dort in der hübschen alten Wollspinnerei, die vom 19. Jh. bis zu ihrer Schließung im Jahr 2000 der Hauptarbeitgeber des Casentino war, das eindrucksvolle **Museo dell'Arte della Lana – Lanificio di Stia** (☑ 0575 58 22 16; www.museo dellalana.it; Via Sartori 2; Erw./erm. 5/3 €; ⊙ Aug. Di–So 10–13 & 16–19 Uhr, sonst kürzer). Neben dem Eingang zum Museum werden bei Tessilnova nicht nur die groben Wolldecken und dicken Kleidungsstücke in leuchtenden Farben verkauft, für die das Casentino berühmt ist, sondern auch hochwertige handgefertigte Wollbekleidung aus ganz Italien.

❹ Santuario di Santa Maria delle Grazie

Von Stia führt die P556 nach Nordwesten (in Richtung Fornace und Londa), bis man nach 4 km den Santuario di Santa Maria delle Grazie erreicht, eine schöne Renaissancekirche von 1432 – nach örtlicher Überlieferung wurde sie erbaut, um daran zu erinnern, wie die Jungfrau Maria der hiesigen Bäuerin Giovanna erschien. Wenn die Kirche verschlossen ist, versucht man einen Einheimischen zu finden, der einen einlässt, damit man die Kunstschätze drinnen bewundern kann: ein Fresko von Ghirlandaio und zwei bunte Terrakotta-Lünetten von Benedetto Buglioni. Der Kreuzgang neben der Kirche ist der Überrest eines benachbarten Klosters.

❺ Poppi

Nun geht's zurück nach Stia und weiter in Richtung Süden nach Pratovecchio und ins regionale Zentrum **Poppi** (S. 295), wo man das prachtvolle **Castello dei Conti Guidi** (S. 295) aus dem 13. Jh. besichtigen und durch die malerischen Straßen der historischen Oberstadt bummeln kann, bevor es Zeit wird, sich ins Nachtquartier zu begeben.

ABSEITS DER ÜBLICHEN PFADE

CUCINA TIPICA CASENTINESE

Die Küche in diesem fruchtbaren Teil der Toskana ist tief in der Tradition verwurzelt und verarbeitet vor allem die saisonalen Früchte der Erde. Auch die Restaurants präsentieren sich fast allesamt gänzlich traditionell mit nur einem kleinen modernen Einschlag.

An der SP67, 9 km nördlich von Poppi Richtung Camaldoli, serviert das Landhotel **I Tre Baroni** (☑ 0575 55 62 04; www.itrebaroni.it; Via di Camaldoli 52, Moggiona; EZ/DZ/3BZ/4BZ 65/85/100/140 €; ⏰ Ostern–Okt., P @ 🛜 ♿) auf einer romantischen Sommerterrasse mit weitem Blick aufs Tal ausgezeichnete Feinschmeckerkost (Menüs ab 40 €).

Oder man genießt die absolut phantastische, zu 100 % hausgemachte *cucina tipica Casentinese* (Küche des Casentino) im familiengeführten Dorfbistro **Il Cedro** (☑ 0575 55 60 80; www.ristoranteilcedro.com; Via di Camaldoli 20, Moggiona; Mahlzeiten 25 €; ⏰ Di–So 12.30–14 Uhr), das sich im winzigen Weiler Moggiona versteckt, 1 km weiter nördlich an derselben kurvenreichen Straße nach Camaldoli. Es gibt keine Karte – stattdessen sind die saisonalen traditionellen Gerichte auf einer Tafel angeschrieben. Vielleicht gibt's gerade die für das Casentino typischen *tortelli di patate* (Teigtaschen mit Kartoffelfüllung) oder einen deftigen Teller *pappardelle* mit Hasen- oder Ziegen-*ragù* (Fleisch-Tomaten-Ragout), gefolgt von Chianina-Rind oder Herbstwild mit Steinpilzen aus den nahen Wäldern. Legendär sind der in Weißwein gekochte *capriolo* (Reh) des Bistros und der *cinghiale in umido* (in Rotwein mit Wacholderbeeren und roter Paprika langsam geschmortes Wildschwein).

schen Sommelière Barbara und Küchenchef Cesare geleitet. Es ist bei den Einheimischen ebenso beliebt wie bei Touristen, die erstklassiges toskanisches Essen und großartige Weine zu erschwinglichen Preisen genießen möchten. Auf keinen Fall verzichten sollte man auf den *dolce* (Dessert), denn der ist hier hausgemacht und absolut phantastisch. Extrapunkte gibt's für den hübschen Sommergarten.

ℹ Praktische Informationen

Touristeninformation (☑ 0575 52 05 11; www.casentino.ar.it; Via Roma 203, Ponte a Poppi; ⏰ Mo–Fr 8–18 Uhr)

ℹ An- & Weiterreise

Trasporto Ferroviario Toscano (TFT; www.trasportoferroviariotoscano.it) bietet regelmäßige Zugverbindungen von Poppi nach Arezzo (4 €, 1 Std.), Bibbiena (1,50 €, 10 Min.) und Stia (1,50 €, 15 Min.).

Parco Nazionale delle Foreste Casentinesi, Monte Falterona e Campigna

Einer der drei Nationalparks der Toskana, der Parco Nazionale delle Foreste Casentinesi, Monte Falterona e Campigna (www.parcoforestecasentinesi.it/de), erstreckt sich beiderseits der Grenze zur Emilia-Romagna

und umfasst einen landschaftlich äußerst reizvollen Teil des Apennin-Gebirges sowie die größten Wälder Italiens.

Der 1654 m hohe **Monte Falterona**, einer der höchsten Gipfel des Nationalparks, ist das Quellgebiet des Arno. Im Nationalpark sind eine Vielzahl von Tier- und Pflanzenarten heimisch, darunter fast 100 Vogelarten. Auf neun Wanderwegen kann man die Natur des Parks auf eigene Faust erkunden. Am beliebtesten ist der 4,5 km lange Anstieg (4½ Std. hin & zurück) von San Benedetto in Alpe zum spektakulären **Acquacheta-Wasserfall**, der durch Dantes *Göttliche Komödie* weltberühmt wurde.

Der größte Ort innerhalb des Parks ist **Badia Prataglia**, ein winziges Dorf in der Alpe di Serra unweit der Grenze zur Emilia-Romagna.

◉ Sehenswertes

⭐ **Santuario della Verna**　　　KLOSTER
(☑ 0575 53 41; www.laverna.it; Via del Santuario 45, Chiusi della Verna; ⏰ Kloster Sommer 6.30–22 Uhr, im Winter bis 19.30 Uhr, Cappella delle Stimmate Sommer 8–19 Uhr, im Winter bis 17 Uhr, Museo della Verna Juli & Aug. tgl., sonst Sa & So 10–12 & 13–16 Uhr) GRATIS In dem abgelegenen Franziskanerkloster soll Franz von Assisi das Wunder der Stigmatisation erfahren haben. Seitdem ist das Kloster eine bedeutende Pilgerstätte. Der mit modernen Fresken zum Leben des hl. Franziskus ausgemalte **Corridoio delle Stimmate** führt zur **Cappella delle Stim-**

mate. Diese wurde 1263 an dem Ort errichtet, wo der Heilige zwei Jahre vor seinem Tod im Alter von 44 Jahren die Wundmale Christi empfangen haben soll. In der Kapelle befindet sich eine wunderbare, riesige *Kreuzigung* von Andrea della Robbia.

Die Stufen gegenüber der Tür zur Kapelle führen zum **Precipizio**, dem Steilhang, von dem der Teufel den hl. Franziskus angeblich in den Abgrund (italienisch *precipizio*) stürzen wollte. Der schmale Pfad ist nur für Leute ohne Höhenangst geeignet.

In der **Klosterkirche** befinden sich einige bemerkenswerte, farbig glasierte Keramiken aus der Werkstatt von Andrea della Robbia: *Madonna mit Kind und Heiligen* rechts neben dem Eingang, *Geburt Christi* rechts vor dem Altar und *Anbetung des Kindes* in der kleinen Seitenkapelle rechts vom Altar. Die Retabeln beiderseits des Altars zeigen verschiedene Heilige, in der Kapelle links vom Altar befindet sich die riesige *Himmelfahrt Christi* (um 1480) und in der zweiten Seitenkapelle links die wunderbare *Verkündigung*.

Unbedingt sehenswert ist auch die **Cappella delle Reliquie**, eine kleine Kapelle im rechten Seitenschiff, in der das Gewand, in dem der hl. Franziskus 1224 die Stigmata empfangen hat, aufbewahrt wird. Weitere Relikte sind sein Gürtel, das blutbefleckte Tuch, mit dem die Wundmale gesäubert wurden, die Peitsche, mit der er sich geißelte, und der Stock, auf den er sich bei seinen Wanderungen in den Bergen stützte.

Das interessante **Museo della Verna** gewährt einen Einblick in das klösterliche Leben. Zu sehen sind alte Bibeln und Gesangbücher, religiöse Kunstwerke, der Nachbau einer alten Klosterapotheke, ein riesiger Kessel über der uralten Feuerstelle einer Küche und vieles mehr.

Wer mit dem Auto kommt, folgt der Beschilderung ab dem Ortsausgang des Dorfes Chiusi della Verna. Oder man steigt in 30 Minuten auf dem Pilgerweg von Chiusi della Verna zum Kloster hoch. Das Kloster ist 23 km östlich von Bibbiena und über die SP208 zu erreichen. Es gibt ein **Gästehaus** für Pilger (60 €/Pers.) mit **Refektorium** (Speiseraum, in dem zu festen Zeiten Frühstück/Mittagessen/Abendessen zum Preis von 5/16,50/16,50 € erhältlich sind) und einer **Kaffeebar**, in der auch die von den Mönchen hergestellten Produkte wie Schokolade, Honig, Likör, Marmelade und Obstkonserven verkauft werden. Parken kostet 1/7 € pro Stunde/Tag.

Sacro Eremo e Monastero di Camaldoli
KLOSTER

(Einsiedelei & Kloster Camaldoli; ☎0575 55 60 44, 0575 55 60 21; www.camaldoli.it; Località Camaldoli 14, Camaldoli; ☉Einsiedelei 6–11 & 15–18 Uhr, Kloster 8–13 & 15.30–18 Uhr, Apotheke 9–12.30 & 14–18 Uhr) GRATIS Mitten im dichten Wald des Nationalparks befinden sich das Benediktinerkloster und die Einsiedelei von Camaldoli, die 1024–25 vom hl. Romuald gegründet wurden. Heute leben hier noch etwa 20 Mönche. Von Poppi folgt man der

---

ABSEITS DER ÜBLICHEN PFADE

ZU HAUSE BEI MICHELANGELO

Auf den Spuren Michelangelos können Kunstliebhaber einen ganzen Tag im abgelegenen toskanischen Hinterland des Casentino verbringen. Der Schöpfer des *David* wurde in dem öden Dorf Caprese, dem heutigen **Caprese Michelangelo** (1500 Ew.), 17 km südlich von Chiusi della Verna, geboren. Das kleine Steinhaus, in dem der Künstler aufwuchs, kann besichtigt werden. Direkt neben dem mittelalterlichen Burg hoch über dem Dorf befindet sich das **Museo Michelangeliolesco** (☎0575 79 37 76; Via Capoluogo 1, Caprese Michelangelo; Erw./erm. 4/3 €; ☉ Aug. 9.30–19.30 Uhr, Juni, Juli & Sept. Mo–Fr 10–19, Sa & So 9.30–19.30 Uhr, im Winter kürzer), in dem mit Gipsmodellen Geschichten aus der Kindheit Michelangelos auf dem Land und Stationen seiner späteren Karriere erzählt werden.

Immerhin prägte sich diese Landschaft dem Künstler so stark ein, dass er den Blick von **Chiusi della Verna** auf den Berg Penna als Hintergrund für sein Gemälde *Tondo Doni* (in den Uffizien von Florenz; S. 68) und *Die Erschaffung Adams* (in der Sixtinischen Kapelle in Rom) verwendete. Auf dem Weg vom **Santuario della Verna** herunter in das Dorf Chiusi della Verna verweist ein braunes Schild auf der linken Seite auf *La Roccia di Adamia*. Von hier aus sieht man den Felsen so, wie ihn Michelangelo in die Decke der Sixtinischen Kapelle malte und darauf den halb liegenden Adam platzierte, der seinen linken Arm ausstreckt und mit den Fingern fast den Finger des bärtigen Gottes berührt.

Via Camaldoli (SR67) hoch durch den Wald; der *eremo* (Einsiedelei) – wo sich die Straße teilt, 6 km links den Berg hoch – und der *monastero* (Kloster) – 2 km geradeaus den Berg hinunter – sind klar ausgeschildert.

Bei der abgeschiedenen Einsiedelei, in der heute neun Mönche leben, kann man sich die barocke **Chiesa del Sacro Eremo** (1658) mit einem Altarbild der *Kreuzigung mit vier Heiligen* von Bronzino anschauen, außerdem die **Cappella di San Antonio Abate** links vom Haupteingang mit einem feinen Keramik-Altarbild der *Muttergottes mit Kind und Heiligen* von Andrea della Robbia. Im Hof befindet sich gegenüber der Kirche die **Cella di San Romualdo Abate** (Zelle) aus dem 11. Jh., in der hl. Romuald lebte, arbeitete und betete. Bevor man den Einsiedeleikomplex verlässt, sollte man sich noch die **Porta Speciosa** anschauen, schwarze Bronzetüren rechts vom Haupteingang, verziert mit einem Schädel, einem Grabstein, dem Schädel eines Ziegenbocks und einem Baum – alles repräsentiert den Tod. Eine Eule symbolisiert einen einsamen Mönch, der nachts betet, und die Glocke, die vom Baum hängt, ist ein Symbol des Lebens. Das ungewöhnliche Kunstwerk ist eine moderne Arbeit von Claudio Parmiggiani (geb. 1943).

Im Kloster, das man nach 3 km Fahrt durch dichten Wald erreicht, beherbergt die 1772 restaurierte **Chiesa dei Monastero di Camaldoli** (1501–1524) drei Gemälde von Vasari. Interessant ist auch die **Antica Farmacia** (1450), eine alte Apotheke mit schönen Schränken voller Seifen, Parfümen, Kosmetik und alten Naturheilmitteln, die die 20 im Kloster lebenden Mönche herstellen. In einem kleinen **Museum** sind hölzerne Handpressen, steinerne Fräsen, Ölgefäße aus Steingut, kupferne Schmelztiegel und andere Dinge zu sehen, die die Mönche seit dem 15. Jh. verwenden. Wer das Kloster verlässt, stößt rechts von der Tür auf einen gespenstischen Spiegel aus dem 17. Jh.: Darin sieht man sich selbst als Skelett.

ⓘ Praktische Informationen

Besucherzentrum in Badia Pratáglia
(☏ 0575 55 94 77; www.parcoforestecasentinesi.it; Via Nazionale 14a, Badia Pratáglia; ⏱ Sommer 9–12.30 & 15.30–18 Uhr, Winter Sa & So 9–12.30 Uhr)

Nationalparksinformation (☏ 0575 5 03 01; Via G Brocchi 7, Pratovecchio; ⏱ Mo–Do 8–13 & 15–17, Fr 8–13 Uhr)

ⓘ An- & Weiterreise

Für die Erkundung des dicht bewaldeten und bergigen Nationalparks ist ein eigenes Fahrzeug erforderlich. Die wichtigsten Zugangsstraßen sind die schmale und kurvenreiche SR71 von Bibbiena nach Badia Pratáglia und die mit Spitzkehren überfrachtete SP208, die von Bibbiena Richtung Osten nach Chiusi della Verna führt.

VAL DI CHIANA

Das weite grüne Tal südlich von Arezzo erstreckt sich bis in die Provinz Siena in der Zentraltoskana hinein und ist durchsetzt mit sanften Hügeln, auf denen mittelalterliche Dörfer thronen. Das fruchtbare Land ist reich an Obstgärten und Olivenhainen, doch in erster Linie für die toskanischen Chianina-Rinder bekannt. Diese gehören zu den ältesten Rinderrassen der Welt und ihr Fleisch ist der wichtigste Bestandteil des traditionellen toskanischen Gerichts *bistecca alla fiorentina*.

Das größte Fest im Tal ist der **Palio dei Rioni** (www.facebook.com/PaliodeiRioniCodroipo) am dritten Sonntag im Juni. Bei dem deutlich kleineren Bruder des berühmten *palio* von Siena jagen die Reiter über die Piazza Garibaldi in Castiglion Fiorentino.

Castiglion Fiorentino

13 250 EW.

An der Strecke zwischen Arezzo und Cortona thront das malerische, von einer Mauer umgebene Städtchen hoch über dem Tal. Vom schön restaurierten **Cassero**, einer imposanten mittelalterlichen Festung, hat man einen herrlichen Blick auf das Val di Chiana, und zwar sowohl vom grasbewachsenen Innenhof als auch von der halbverfallenen **Torre del Cassero** (☑ 0575 65 94 57; www.museicastiglionfiorentino.it; Via del Tribunale 8; ⏱ Fr–So 10–12.30 & 15.30–18 Uhr) GRATIS. Im gut gemachten **Museo Civico Archeologico** (☑ 0575 65 94 57; www.museicastiglionfiorentino.it; Via del Tribunale 8; ⏱ Fr–So 10–12.30 & 15.30–18 Uhr) GRATIS nebenan sind auch die Zellen des mittelalterlichen Kerkers und die unterirdischen Überreste eines etruskischen Tempels aus dem 6. Jh. v. Chr. sowie eines etruskischen Wohnhauses aus dem späten 4. Jh. v. Chr. zu sehen.

Der untere Teil der Festung von Castiglion Fiorentino beherbergt die kleine Kunstsammlung der **Pinacoteca Comunale** (☑ 0575 65

94 57; www.museicastiglionfiorentino.it; Via del Cassero 6; ⊙Fr & Sa 10–12.30 & 15.30–18 Uhr) **GRATIS**, deren Glanzstück Taddeo Gaddis *Madonna mit Kind* ist.

ℹ Praktische Informationen

Die kleine **Touristeninformation** (☎ 0575 65 82 78; www.prolococastiglionfiorentino.it; Piazza Risorgimento 19; ⊙Di–So 10–12, Mi & Fr 16–18 Uhr) befindet sich bei der Porta Fiorentina am Fuße des Hügels.

ℹ An- & Weiterreise

Die Straßen rund um die Torre del Cassero sind als *Zona a Traffico Limitato* (verkehrsberuhigte Zone) ausgewiesen. Es gibt jedoch kostenlose Parkplätze auf der Piazza Garibaldi.

Cortona

22 450 EW.

„Zimmer mit Aussicht" sind in dieser spektakulär auf einem Hügel gelegenen Stadt eher die Regel als die Ausnahme. Anfang des 15. Jhs. lebte und arbeitete hier Fra Angelico, der ebenso wie seine Künstlerkollegen Luca Signorelli und Pietro da Cortona in dieser Stadt geboren wurde. Alle drei sind in der kleinen, aber feinen Sammlung des Museo Diocesano vertreten. Große Teile des kitschigen Liebesfilms *Unter der Sonne der Toskana* nach dem Buch von Frances Mayes wurden in Cortona gedreht.

◉ Sehenswertes

★ Museo Diocesano   MUSEUM
(Piazza del Duomo 1; Erw./erm. 5/3 €; ⊙April–Okt. 10–19 Uhr, Nov.–März Di–So bis 17 Uhr) Nach mehreren wenig vorteilhaften Umbauten ist vom ursprünglich romanischen Baustil des **Doms** (⊙unterschiedlich) nicht mehr viel zu sehen. Zum Glück blieben zumindest die wunderbaren Kunstwerke aus dieser Zeit erhalten und sind nun im Museum zu bewundern. Zu den Glanzstücken zählen die ergreifende *Kreuzigung* von Pietro Lorenzetti (1320) und zwei herrliche Meisterwerke von Fra Angelico: die *Verkündigung* von 1436 und *Madonna mit Kind und Heiligen* von 1436/37.

★ Museo dell'Accademia Etrusca e della Città di Cortona   MUSEUM
(MAEC; www.cortonamaec.org; Piazza Signorelli 9; Erw./erm. 10/7 €; ⊙April–Okt. 10–19 Uhr, Nov.–März Di–So bis 17 Uhr) In dem faszinierenden Museum im **Palazzo Casali** aus dem 13. Jh.

sind bedeutende etruskische und römische Fundstücke aus der Umgebung sowie Globen aus der Renaissance, Kunsthandwerk des 18. Jhs. und zeitgenössische Gemälde zu sehen. Prachtstück der Ausstellung ist die etruskische Sammlung mit vielen schönen Stücken, die in den Gräbern von Sodo, direkt vor den Mauern von Cortona, gefunden wurden. Seine schlichte Fassade erhielt der Palazzo im 17. Jh.

Basilica di Santa Margherita   KIRCHE
(Piazza Santa Margherita; ⊙Sommer 8–12 & 15–19 Uhr, Winter 9–12 & 15–18 Uhr) Der Weg durch die steilen Gassen mit Kopfsteinpflaster zu der größtenteils aus dem 19. Jh. stammenden Kirche ist ein echtes Herz-Kreislauf-Training. Über dem Altar ruhen die sterblichen Überreste der hl. Margareta, der Schutzheiligen von Cortona, in einem gläsernen Schrein aus dem 14. Jh.

Fortezza del Girifalco   WAHRZEICHEN
(☎ 0575 164 53 07; www.fortezzadelgirifalco.it; Via di Fortezza; Erw./erm. 5/3 €; ⊙Mitte Juni–Aug. 10–20 Uhr, Mitte April–Mitte Juni & Sept. bis 19 Uhr, Okt., Nov. & März–Mitte April bis 18 Uhr, Dez.–Feb. Sa & So 10–18 Uhr) Von den Überresten der Medici-Festung auf dem höchsten Punkt der Stadt hat man einen traumhaften Blick über das gesamte Val di Chiana bis zum Lago Trasimeno in Umbrien – der steile Aufstieg dauert etwa eine Viertelstunde. Auf der Website

Cortona

Cortona

◉ Highlights

◎ Sehenswertes

✕ Essen

⊡ Shoppen

sind die tollen Veranstaltungen aufgeführt, die hier stattfinden, z. B. Yoga-Workshops, Falknereivorführungen, Theaterdarbietungen, Gemeinschaftspicknicks, Dinnerkonzerte, DJ-Abende und Tanz nach Einbruch der Dunkelheit.

Eremo Francescano Le Celle   KLOSTER
(☎ 0575 60 33 62; Strada dei Cappuccini 1; ⊙ 7–19 Uhr) Das winzige Franziskanerkloster liegt 3 km nördlich von Cortona abgeschieden im dichten Wald. Die Gebäude stehen an einem malerischen Flüsschen, über das eine Steinbrücke aus dem 18. Jh. führt. Die Stille wird nur durch das Läuten der Glocken unterbrochen, die die Mönche zur Vesper und zum Gottesdienst in der kleinen **Chiesa Cella di San Francesco** rufen.

✹ Festivals & Events

Giostra dell'Archidado   KULTUR
(www.giostraarchidado.com; ⊙ Mai oder Juni) Die Woche voller mittelalterlicher Vergnügungen endet mit einem Wettbewerb im Armbrustschießen. Das Fest findet immer rund um Christi Himmelfahrt statt.

Cortona on the Move   KUNST
(www.cortonaonthemove.com) Das internationale Festival zeitgenössischer Fotografie findet jedes Jahr von Mitte Juli bis Ende September statt.

Cortonantiquaria   MESSE
(☎ 0575 63 06 10; www.cortonantiquaria.it; Piazza G Franciolini; ⊙ Ende Aug. oder Anfang Sept.) Die bekannte Antiquitätenmesse findet seit 1963

statt, und zwar in den mit Stilmöbeln ausgestatteten Räumen des Palazzo Vagnotti aus dem 18. Jh.

 ## Essen

Pasticceria Banchelli BACKWAREN €
(☑ 0575 60 10 52; Via Nazionale 11; Kuchen & Backwaren ab 1,50 €; ⊙ Di–So 7.30–20 Uhr) Schon seit 1930 kann man in der Konditorei mit Café köstlichen Kaffee und sündhaft leckere Kuchen genießen. Nachdem man am Tresen bezahlt hat, kann man an einem der Tische draußen die Vormittagssonne genießen.

★ Beerbone Artburger BURGER €
(☑ 0575 60 17 90; www.facebook.com/cortona burger; Via Nazionale 55; Burger 9–14 €; ⊙ Mo & Do–So 11–24, Mi 9–17 & 18–24 Uhr; ☎) Bei den deftigen Burgern, die in diesem modernen Restaurant an der wichtigsten Fußgängerstraße Cortonas gebrutzelt werden, handelt es sich nicht um gewöhnliche Burger. Zu-

erst hat man die Wahl beim toskanischen Fleisch – Chianina-Rind oder *cinta-senese*-Schwein, über Apfelholz geräuchert –, dann aus den üppigen Belägen: vielleicht Trüffeln mit Trüffelsahne, Spiegelei und Blattsalat oder auch Pecorino mit hausgemachter Syrah-Mayonnaise. Und zum Geschmacksensemble passt bestens ein Craft-Bier.

La Fett'unta TOSKANISCH €
(☑ 0575 63 05 82; www.winebarcortona.com; Via Giuseppe Maffei 3; Mahlzeiten 15 €; ⊙ Do–Di 12.30–14.30 & 17.30–22 Uhr; ⊞) Die winzige *fiaschetteria* (Weinstube) erkennt man an den am Eingang hängenden Blumenampeln. Sie bietet kalte Platten und Fertiggerichte unter Glashauben im Stil eines Feinkostgeschäfts, serviert aber auch erstklassiges Restaurantessen für wenig Geld. Das Personal ist superfreundlich, es gibt eine Spielecke für Kinder und die traditionellen toskanischen Gerichte – die im „Mutterhaus" **Osteria del**

ABSTECHER

ASSISI

Dank dem hl. Franziskus, der hier 1182 geboren wurde, ist die mittelalterliche Bergstadt Assisi (28 130 Ew.) im benachbarten Umbrien eine der bedeutendsten Pilgerstätten der Christenheit. Millionen von Pilgern strömen in die **Basilica di San Francesco** (www.sanfrancescoassisi.org; Piazza di San Francesco; ⊙ Oberkirche 8.30–18.50 Uhr, Unterkirche & Krypta 6–18.50 Uhr) GRATIS, die aus zwei Kirchen voller wunderbarer Kunstwerke der Renaissance besteht. Die **Basilica Superiore** (Oberkirche) wurde von 1230 bis 1253 im Stil der italienischen Gotik errichtet und ist mit einem herrlichen Freskenzyklus von Giotto geschmückt. Die düstere **Basilica Inferiore** (Unterkirche) ist mit farbenfrohen Fresken von Simone Martini, Cimabue und Pietro Lorenzetti ausgemalt. Eine Treppe führt hinunter in die Krypta, wo sich das Grab des hl. Franziskus befindet.

Die Basilika hat gegenüber vom Eingang zur Unterkirche ihr eigenes **Informationsbüro** (☑ 075 819 00 84; www.sanfrancescoassisi.org; Piazza di San Francesco 2; ⊙ Mo–Sa 9–17.30 Uhr). Hier kann man sich einen Audioguide in zehn Sprachen (4 €) besorgen. Gruppen ab zehn Personen können einen Termin für eine einstündige Führung auf Englisch oder Italienisch mit einem der hiesigen Franziskanermönche ausmachen. In den Hauptreisezeiten ruft man besser vorher an oder schreibt eine Mail.

Da viele Besucher auch in Assisi übernachten, muss man insbesondere rund um Ostern, im August und September sowie um das Fest des hl. Franziskus am 4. Oktober unbedingt im Voraus buchen. Bei der **Touristeninformation** (☑ 075 813 86 80; www.visit-assisi.it; Piazza del Comune 22; ⊙ Mo–Fr 9–18, Sa bis 19, So bis 18 Uhr, im Winter kürzer) ist ein Verzeichnis der Unterkünfte erhältlich. Fürs Mittagessen bietet sich die **Osteria La Piazzetta dell'Erba** (☑ 075 81 53 52; www.osterialapiazzetta.it; Via San Gabriele dell'Addolorata 15a; Mahlzeiten 30–35 €; ⊙ Di–So 12.30–14.30 & 19.30–22.30 Uhr; ☎) mit saisonaler umbrischer Küche mit mediterran-asiatischen Anklängen an. Oder man speist in der rustikalen, aber ausgezeichneten **Bibenda Assisi** (☑ 339 861 51 52; www.bibendaassisi.it; Vicolo Nepis 9; Glas Wein 3,50–10 €; ⊙ Mi–Mo 11.30–23 Uhr; ☎) Käse und *salumi* (Wurstwaren), begleitet von sorgsam ausgewählten heimischen Weinen.

Regelmäßig fahren Züge von Arezzo (8,60 €, 1½ Std.) und Florenz (15,70 €, 2½ Std.) nach Assisi. Die Altstadt ist als *Zona a Traffico Limitato* (verkehrsberuhigte Zone) ausgewiesen, aber es gibt jede Menge kostenpflichtige Parkplätze vor der Stadtmauer.

Teatro (☑ 0575 63 05 56; www.osteria-del-teatro.
it; Via Giuseppe Maffei 2; Mahlzeiten 35 €; ◷ Do–
Di 12.30–14.30 & 19.30–21.30 Uhr) gegenüber
frisch zubereitet werden – sind erste Sahne.

★ La Bucaccia
TOSKANISCH €€

(☑ 0575 60 60 39; www.labucaccia.it; Via Ghibellina 17; Mahlzeiten 35 €; ◷ Di–So 12.45–15 & 19–
22.30 Uhr) Der Feinschmeckertempel im mittelalterlichen Stall eines Palazzo der Renaissance ist das beste Restaurant der Stadt. Es
gibt toskanisches und cortonesisches Essen – viel Fleisch und handgemachte Pasta
wie die Kastanien-Ravioli – und die feinen
Käse zum Nachtisch werden von Inhaber
Romano Magi selbst hergestellt. Absolut unwiderstehlich ist die Kombination der sechs
Sorten Pecorino mit Fruchtsauce, Salsa oder
Honig. Unbedingt reservieren!

Es werden auch Kochunterricht und Käse-
Workshops angeboten.

Taverna Pane e Vino
TOSKANISCH €€

(☑ 0575 63 10 10; www.pane-vino.it; Piazza Signorelli 27; Mahlzeiten 25 €; ◷ Di–Sa 12–23 Uhr) Die
Einheimischen lieben den Gewölbekeller
mit seinen einfachen saisonalen Gerichten
und genießen zu den herrlichen toskanischen und italienischen Weinen *bruschette*,
im Tontopf gebackene Gerichte mit Käse
und Speck sowie toskanische Suppen und
Fleischgerichte.

Shoppen

★ Falegnaneria
Rossi
KUNST & KUNSTHANDWERK

(☑ 0575 6 27 45; www.facebook.com/giancarlo
rossiwoodworker; Via Guelfa 28; ◷ unterschiedlich) Über dem Eingang der Werkstatt von
Giancarlo Rossi hängt ein fein gefertigtes
Ladenschild, auf dem ein Pferd dargestellt
ist. Der Tischler und Schreiner Rossi fertigt
in der Familienwerkstatt, die sein Großvater

Armando in den 1920er-Jahren gründete,
schöne funktionale und dekorative Gegenstände fürs Haus an. Um die Ecke in der Via
Roma 2 befindet sich ein kleiner Laden, der
nur auf Anfrage öffnet.

❶ Praktische Informationen

Touristeninformation (☑ 0575 63 72 21;
www.comunedicortona.it; Piazza Signorelli 9;
◷ Mo–Fr 9–13 & 14–18, Sa 9.30–13 Uhr)

❶ An- & Weiterreise

AUTO & MOTORRAD
Mit dem Auto ist die Bergstadt Cortona am
besten zu erreichen. Der Ort liegt an der
Nord-Süd-Straße SS71 nach Arezzo und
außerdem nicht weit von der Autobahn Siena–
Bettolle–Perugia, die auf die A1 stößt. Rund
um die Stadtmauer sind's gebührenpflichtige
Parkplätze. Kostenlos parkt man auf dem
Parcheggio dello Spirito Santo, von dem eine
scala mobile (Rolltreppe) in die Altstadt führt.
Das Gebiet innerhalb der Stadtmauern ist
eine *Zona a Traffico Limitato* (ZTL; verkehrsberuhigte Zone).

BUS
Von der Piazza del Mercato fahren Busse von
Etruria Mobilità (www.etruriamobilita.it) über
Castiglion Fiorentino (2,40 €) nach Arezzo
(3,50 €, 1 Std., häufig).

ZUG
Der nächste Bahnhof ist 6 km südwestlich in
Camucia. Ein Bus fährt dorthin (1,40 €, 15 Min.,
stündl.). Der Bahnhof in Camucia hat keinen
Fahrkartenschalter, sondern nur Automaten.
Der nächste Bahnhof mit Schalter ist
in Terontola, 6,7 km südlich von Camucia.
Die wichtigsten Zugverbindungen gehen
nach:
Arezzo (3,50 €, 25 Min., stündl.)
Florenz (10,70 €, 1¾ Std., stündl.)
Rom (11,55 €, 2¾ Std., 8-mal tgl.)

Die Toskana verstehen

Die Toskana aktuell

Nein, es ist keine reine Märchenidylle, dieses Land der Superweine und Feldsteinhäuser, eingebettet in eine filmreife Natur aus sanften Hügeln, Weinbergen und Zypressenalleen. Auch wenn das Leben in der Toskana so gemächlich voranzugehen scheint wie seit Jahrtausenden, muss sich die Region heutzutage doch mit staatlichen Sparzwängen, den Auswirkungen der Globalisierung und verschiedenen wirtschaftlichen Problemen herumschlagen.

Filmtipps

Das Leben ist schön (Roberto Benigni, 1998) Die Oscar-prämierte Holocaust-Tragikomödie spielt teils in Arezzo.

Zimmer mit Aussicht (James Ivory, 1985) Gelungene Umsetzung des Romans von E. M. Forster von 1908.

Tee mit Mussolini (Franco Zeffirelli, 1999) Halbautobiografischer Film, der 1935 in Florenz beginnt.

Der englische Patient (Anthony Minghella, 1996) Romantikdrama, in dem die Cappella Bacci von Arezzo eine wichtige Rolle spielt.

Buchtipps

Wir sind das Salz von Florenz (Tilman Röhrig, 2004) Florenz, die Renaissance, die Medici und Savonarola, spannend verpackt.

Siena – Eine literarische Einladung (hrsg. von Donatella Germanese, 2011) Alte und neue Einsichten von Besuchern und Bewohnern; hier kommen Stimmen vergangener Zeiten und der Gegenwart zu Wort: von der hl. Katharina bis zu Gianna Nannini.

Das Zeichen der Venus (Sarah Dunant, 2003) Florenz, 15. Jh.: Eine reiche Kaufmannstochter verliebt sich in einen Freskenmaler.

Das Dekameron (Giovanni Boccaccio, 1353) Ein pikantes Meisterwerk.

Das Geheimnis des Frühlings (Marina Fiorato, 2010) Spannender Roman rund um ein Botticelli-Bild.

Museen fürs 21. Jahrhundert

Der Staat muss sparen – das zieht auch die Museen in Mitleidenschaft. Sie können sich nicht mehr genügend Personal leisten und müssen deshalb die Öffnungszeiten für einzelne Säle oder ganze Etagen einschränken. Doch die Toskana bemüht sich weiter darum, all ihre Kunstschätze für die Zukunft zu bewahren.

Derweil geht das 65 Mio. € teure Umbauprojekt „Neue Uffizien" in Florenz Stück für Stück voran: 2016 wurden die berühmten Botticelli-Säle eröffnet und im zweiten Stock sind jetzt alle Säle fertig. Auch im ersten Stock wurden schon diverse Säle wiedereröffnet, sodass sich die ständige Sammlung nun über 101 statt 45 Säle erstreckt. Die topaktuellen Multimedia-, Ton- und Film-Präsentationen des neuen Museo degli Innocenti in Florenz sind eine lange überfällige Verbeugung vor der Museumspädagogik des 21. Jhs. Genauso innovativ soll die künftige Zeffirelli-Filmschule mit Museum werden, die im ehemaligen San-Firenze-Gericht in Santa Croce eröffnen soll. Der alteingesessene toskanische Kaffeemaschinenhersteller La Marzocco will 5 Mio. € in ein Kaffeemuseum und eine moderne Kaffee-Akademie in seiner alten Fabrik in Fiesole investieren.

In Prato sind die 9 Mio. € teuren Sanierungsarbeiten im Centro per l'Arte Contemporanea Luigi Pecci jetzt endlich abgeschlossen – mit umwerfendem Resultat! Das Ende 2016 eröffnete, glitzernd goldene Gebäude, das schon fast wie ein Raumschiff wirkt, ist ein neuer Meilenstein der zeitgenössischen Kunst in einer Region, die vor allem für ihre Meisterwerke der Renaissance bekannt ist.

Wirtschaftsprobleme

Auch die Toskana spürt die Auswirkungen der Finanzkrise. Italiens Schuldenlast (133 % des BIP im Jahr 2016) ist nach der griechischen die zweithöchste in der Eurozone. Und zum ersten Mal seit 1959 fielen 2016 die Verbraucherpreise in Italien. Doch nach wie vor ist die Toskana eine der wohlhabendsten Regionen des Landes: Hier fiel das BIP seit 2008 nur um 3,4 % (landesweit 6,4 %) und soll 2017 um 1 % steigen. Die Arbeitslosenquote lag Anfang 2017 in der Toskana bei 9,2 % (landesweit 11,9 %).

Das große Sorgenkind der Toskana ist ihr großer alter Mäzen, die Banca Monte dei Paschi di Siena – seit 1472 ansässig in einem herrlichen alten Palazzo in Siena und die älteste Bank der Welt. Sie ächzt jedoch unter zahlreichen faulen Krediten und wurde seit 2013 mehrmals umstrukturiert und mit Kapitelspritzen am Leben gehalten. Im Dezember 2016 verkündete das Bankhaus, dass es nur noch für vier Monate Reserven habe und weitere 5 Mrd. € zum Überleben brauche. Aus Angst davor, dass die Bank Pleite machen könnte, akzeptierte die EU im Juni 2017 den umfangreichen Rettungsplan der italienischen Regierung. Dafür musste die Bank den von der EU genehmigten harten Umbau akzeptieren, mit massenhaften Entlassungen und Gehaltskürzungen beim verbliebenen Personal.

Das Erbe der Toskana bewahren

Die Landwirtschaft hat die Toskana erst zu dem gemacht, was sie ist, und so sind Nachhaltigkeit und Slow Food von jeher hier verwurzelt. Und je schneller sich das Karussell des modernen Lebens dreht, desto hartnäckiger verteidigt die Toskana ihre angestammte Lebensart, die Besucher dazu einlädt, in einem alten Weinlokal *lardo* (Schweinespeck) oder Fenchelsalami zu kosten, in einer Metzgerei unter diversen von der Decke baumelnden Schinken zu speisen und schließlich auf einem benachbarten Bauernhof zu nächtigen.

Die toskanischen Stadtplaner begegnen der Globalisierung mit hartnäckigem Trotz. 2016 widersetzte sich der Bürgermeister von Florenz einem Antrag von McDonald's, in Sichtweite vom Dom, einem Unesco-Welterbe, eine Filiale zu eröffnen – angeblich forderte der Fastfood-Gigant daraufhin von der Stadt Schadenersatz in Höhe von 17,8 Mio. €. Zudem wurden weitere Maßnahmen ergriffen, um das Wesen und die Würde der größtenteils historischen Hauptstadt der Region zu wahren: So wurden etwa Kirchentreppen mit Wasser abgespritzt, um picknickende Touristen zu vertreiben; auf Plätzen, auf denen sich sonst illegale Straßenhändler ausbreiteten, wurden kostenlose Filmvorführungen veranstaltet; und an wichtigen Monumenten wie Brunelleschis Kuppel in Florenz wurden digitale Graffiti-Stationen eingerichtet, um Besucher davon abzuhalten, sich auf den alten Gemäuern zu verewigen.

Vom Hof auf den Tisch

Die aktuell so angesagte Küche aus farmfrischen Zutaten gehörte hier immer zum Alltag. Doch auch die Toskaner gehen nun noch einen Schritt weiter: Jetzt gibt es Sternerestaurants mit angeschlossenem Bio-Bauernhof, Foodtrucks und Burgerschmieden servieren Fleisch von Höfen der Region und Weingüter schmücken sich mit Gourmetbistros. Eine moderne toskanische Küche entsteht, indem junge Köche die alten Rezepte mit sensationellem Ergebnis neu interpretieren. Eigentlich ist das alles kein Wunder in einer Region, deren kulinarisches Erbe so tief verwurzelt ist, dass ihre Hauptstadt darauf bestehen kann, dass die Restaurants und Esslokale im historischen Zentrum in ihren Küchen zu 70 % regionale Erzeugnisse verarbeiten.

EINWOHNER: **3,74 MIO.**

FLÄCHE: **22 994 KM²**

BIP: **105,2 MRD. €**

INFLATIONSRATE: **0 %**

ARBEITSLOSENQUOTE: **9,2 %**

Von 100 Einwohnern der Toskana sind ...

89 Italiener
2 Albaner
Chinesen
6 Sonstige

Religionszugehörigkeit
(% der Bevölkerung)

85 Katholiken
15 Sonstige

Einwohner pro km²

FLORENZ   TOSKANA   ITALIEN

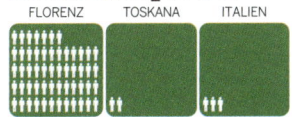

≈ 80 Personen

Geschichte

Man könnte die Geschichte der Toskana mit einer italienischen Oper vergleichen: Sie beginnt um das 9. Jh. v. Chr. recht besinnlich mit den Etruskern, wird im Mittelalter mit den Auseinandersetzungen der Stadtstaaten zunehmend turbulent und erreicht dann mit der mächtigen Dynastie der Medici und der Geburt der Renaissance ihren Höhepunkt. Bis heute ist Florenz, die größte Stadt der Region, entscheidend von der außergewöhnlichen Kunst und Architektur der Renaissance geprägt. In dieser bedeutsamen Epoche übernahm die Toskana eine historisch einmalige Vorreiterrolle.

Etrusker & Römer

Römische Ruinen

Area Archeologica, Fiesole

Römisches Theater, Volterra

Vetulonia

Etruskisch lernen mit www. etruskisch.de/ stn/wz.htm! Tolle Wörter: *netshvis* (Eingeweideleser) und *thuta* (züchtig, keusch, nur einmal verheiratet).

Es ist nicht genau bekannt, woher die alten Etrusker kamen und warum sie sich im 9. Jh. v. Chr. auf den Weg in die Toskana machten. Jedoch scheinen einige Funde zu belegen, warum sie blieben: wegen des Essens. Die Wildschweine, die die toskanischen Berge durchstreifen, bildeten einen Schwerpunkt auf dem Speisezettel. Wildschweinjagden sind ein häufiges Motiv auf etruskischen Keramiken und Grabmalereien. Falls einmal eine verirrte Wildschweinborste den Gaumen kitzelte, spülten die Etrusker mit Wein nach. Sie waren es, die den Weinbau nach Italien brachten.

Darf man den Grabmalereien Glauben schenken, hielten die etruskischen Frauen bei Gelagen, deren Dekadenz selbst die orgiengewohnten Römer schockierte, mit ihren Männern durchaus Schritt. Viele Frauen der Mittelschicht und der Aristokratie verfügten über die nötigen Mittel, um unabhängig zu sein. Zu ihrem Dasein gehörten Musik und Romanzen ebenso wie Politik und Sklavenhaltung. Die römischen Militärgeschichten prahlen mit der Eroberung etruskischer Frauen genauso wie mit der Eroberung etruskischen Territoriums (ab dem 3. Jh. v. Chr.). Neueren genetischen Untersuchungen zufolge haben sich die Etrusker kaum mit ihren Eroberern vermischt – ihr genetisches Material unterscheidet sich deutlich von dem der heutigen Italiener, die von den alten Römern abstammen.

Die Etrusker nahmen die Herrschaft der Römer nicht einfach so hin. Sie wollten sich nicht versklaven lassen und auf römischen Feldern ar-

ZEITACHSE	9. Jh. v. Chr.	265 v. Chr.	88 v. Chr.
	Die Etrusker bringen Wein, Weib und Gesang in die Hügel der Toskana, versäumen es aber, die Römer dazu einzuladen – deshalb gibt es Krieg.	Etrurien fällt an Rom, bleibt widerspenstig und verbündet sich während der Punischen Kriege mit Hannibal gegen die Römer.	Die Römer gründen die Provinz Tuscia (Toskana), gewähren den Etruskern die Bürgerrechte und lassen ihnen freie Hand, die Provinz nach ihrem Gutdünken zu verwalten.

beiten. Deshalb verbündeten sie sich mit Hannibal, dem karthagischen Feldherrn und Erzfeind der Römer. Gemeinsam fügten sie den Römern im Zweiten Punischen Krieg eine vernichtende Niederlage zu, bei der 16 000 römische Legionäre ihr Leben ließen – die Schlacht am Lago Trasimeno im benachbarten Umbrien zählte zu den katastrophalsten der gesamten römischen Geschichte.

Danach änderte sich die Einstellung der Römer gegenüber den Etruskern, und sie verliehen ihnen im Jahr 88 v. Chr. die Bürgerrechte; in der neuen Provinz Tuscia (Tuszien/Toskana) konnten diese fortan ihre Angelegenheiten mehr oder weniger selbst regeln. Im Gegenzug sicherten die Etrusker den wichtigsten Handelsweg der Römer in diesem Gebiet, die Via Flaminia. Bei der Anlage der Straße hatten die Römer keine Ahnung, dass sie damit auch ihrem eigenen Untergang ab dem 5. Jh. n. Chr. den Weg bahnen würden: Zuerst kam der ostgotische König Theoderich daher, dann der byzantinische Kaiser Justinian, dann fielen die Langobarden ein und schließlich im Jahr 800 Karl der Große.

Frauenpower in dunklen Zeiten

Im Mittelalter wechselte in der Toskana die politische Macht ständig von einer Hand in die nächste. Doch zwei Frauen gelang es über viele Jahre, hinter den Kulissen die Fäden zu ziehen, an denen Könige und Päpste hingen. Marozia (um 892–932) war Tochter eines römischen Senators. Sie wurde als berüchtigte Mätresse bekannt, die sich später selbst zur Senatorin ernannte. Mit ihrem Geliebten, Papst Sergius III., hatte sie schon einen unehelichen Sohn und war schwanger, als sie 909 den langobardischen Markgrafen von Spoleto, Alberich I., heiratete. Alberich hatte ebenso wenige Skrupel: Seine Position hatte er durch die Ermordung seines Vorgängers erreicht, und bald ließ er auch Papst Sergius III. absetzen. Als dann wiederum Alberich getötet wurde, heiratete Marozia Guido von Tuszien und bewirkte mit seiner Hilfe die Absetzung Papst Johannes X. sowie die Einsetzung (in schneller, tödlicher Folge) der Päpste Leo VI. und Stephan VII.

Nach Guidos Tod warb sie um dessen Halbbruder Hugo von Arles, den neuen König von Italien. Dabei machte es nichts, dass der schon verheiratet war: Seine bestehende Ehe wurde schnell annulliert. Bei der Hochzeit ließ Alberich II., Marozias Sohn aus erster Ehe und inzwischen Papst Johannes XI., das Paar verhaften. Marozia verbrachte den Rest ihres Lebens im Gefängnis, aber ihr Vermächtnis überdauerte: Fünf Päpste waren ihre direkten Nachkommen.

Eine weitere Powerfrau war die Markgräfin Mathilde von Tuszien (1046–1115). Es ging das Gerücht, dass sie für Papst Gregor VII. mehr als nur eine Verbündete war, und es gibt keinen Zweifel daran, dass sie eine eindrucksvolle Strategin war. Um die Besitztümer ihrer Familie in der

In der Toskana des Mittelalters war niemand vor Gewalt geschützt: Die Anführer mächtiger Familien wurden während des Gottesdienstes von Rivalen erstochen, Bauern von marodierenden Räuberbanden überfallen und Unbeteiligte in Auseinandersetzungen verwickelt, bei denen es schnell um Leben und Tod ging. Selbst kleinere Verbrechen wurden mit hohen Geldstrafen, körperlicher Züchtigung, öffentlicher Auspeitschung oder Verstümmelung bestraft.

59 v. Chr.	570–774	773–74	1080
Julius Cäsar erhält nach einer durch Korruption geprägten Wahlkampagne das Amt des römischen Konsuls und gründet einen Veteranen-Ruhesitz namens Florentia.	Die Langobarden beherrschen Italien bis hinunter nach Florenz und verwandeln das winzige Herzogtum Spoleto in eine blühende Handelsmacht.	Karl der Große überquert die Alpen und bekämpft die Langobarden; seine Herrschaft über die Toskana, die Emilia, Venedig und Korsika wird von Papst Hadrian I. bestätigt.	Kaiser Heinrich IV. setzt Papst Gregor VII. zum zweiten Mal ab, installiert Clemens III. und zieht gegen Mathilde von Tuszien zu Felde, die Gregor unterstützt.

Toskana zu sichern, heiratete sie ihren eigenen Stiefbruder, Gottfried den Buckligen. Bald arrangierte sie, dass dieser nach Deutschland geschickt wurde, ließ die Ehe annullieren und heiratete einen mächtigen Fürsten, der 26 Jahre jünger war als sie selbst.

1077 exkommunizierte Mathildes Verbündeter, Papst Gregor VII., den Kaiser des Heiligen Römischen Reiches, Heinrich IV. Dieser hatte gedroht, Gregor durch einen Gegenpapst zu ersetzen. Da tauchte der Kaiser barfuß vor Mathildes Burg in Canossa auf, kniete sich in den Schnee und bat um die Vergebung des Papstes. Gregor, der bei Mathilde zu Gast war, ließ ihn drei Tage warten, bevor er den Kirchenbann über Heinrich IV. aufhob. Heinrich revanchierte sich für die Erniedrigung, indem er sich mit Mathildes Nachbarn verbündete, um an ihren Besitz zu gelangen, und brachte sogar ihren Gatten gegen sie auf. Aber Mathilde untergrub ihrerseits Heinrichs Macht im Norden – mithilfe von dessen eigenem Sohn Konrad. Von der Familie verstoßen und auf dem Schlachtfeld von einer Frau erniedrigt, starb Heinrich 1106.

Eine neue Ordnung

Im 13. Jh. waren die Toskaner reif für Veränderungen. Bauern, die ihre Felder mühselig bestellt hatten, wollten ihre Ernte sicher auf den Markt bringen können, Kaufleute brauchten friedliche Plätze, auf denen sie ihren Geschäften nachgehen konnten, und in der Bevölkerung keimte die Hoffnung auf, dass es möglich sein könnte, älter als 40 Jahre zu werden.

Um das Zusammenleben in zivilisiertere Bahnen zu lenken, wurden *comuni* (Stadtstaaten) in Florenz, Siena und anderen Städten gegründet. Ihre Mitglieder stammten aus einflussreichen Familien, Handwerkergilden und der Händlerschaft. In der gesamten Region wurden ehrgeizige Bauprojekte in Angriff genommen, die den Bürgern eine neue gemeinschaftliche Identität stiften sollten. Krankenhäuser und öffentliche Wohlfahrtseinrichtungen nahmen sich der Bedürftigen an, und neue öffentliche Plätze, Märkte und Rathäuser wurden zu wichtigen Treffpunkten für die bürgerliche Gesellschaft.

Gesetz und Ordnung wurden durch den *podestà* garantiert, einen unabhängigen, juristisch bewanderten Stadtverwalter. Er wurde oft für eine begrenzte Zeit von außerhalb in die Stadt geholt, um möglicher Vetternwirtschaft einen Riegel vorzuschieben. Jede *comune* entwickelte ihre eigene Art der Selbstverwaltung. Die erfinderischste war Siena. Um die blutigen Rivalitäten zwischen den *contrade* (Vierteln) der Stadt zu unterbinden, lenkte man die Kampfeslust der Einwohner in organisierte Box- und Stierkämpfe um und in den Palio, das große jährliche Pferderennen. Wer den Frieden störte, wurde mit saftigen Geldstrafen belegt, und die städtischen Geldsäckel quollen über.

Das Museum Casa di Dante in Florenz gleicht einer Reise ins 14. Jh. Zum Komplex gehört neben einem Laden für Kutteln auch die Kapelle, in der Dante seine Muse Beatrice Portinari traf. Die US-Künstler Sandow Birk und Marcus Sanders haben Dantes Werk popkulturell verarbeitet: In der illustrierten Romantrilogie *The Divine Comedy* (2005) ist das Inferno im Verkehr von Los Angeles, das Purgatorio im nebligen San Francisco und das Paradiso in New York angesiedelt.

1082	**1136**	**1167**	**1296**
Florenz legt sich wegen der Region Chianti mit Siena an – der Beginn einer bitteren Rivalität, die die nächsten 400 Jahre andauern wird.	Die rauflustige Seemacht Pisa fügt Amalfi zur Liste ihrer Eroberungen hinzu, auf der u. a. schon Jerusalem, Valencia, Tripolis, Mallorca und Kolonien in Konstantinopel und Kairo stehen.	Sienas *comune* gibt sich eine schriftliche Verfassung, die erklärt, dass Amtsperioden kurz und Geld hübsch sein sollen; später wurden auch öffentliche Faustkämpfe garantiert.	Die Bauarbeiten am *duomo* von Florenz beginnen. Bis zu seiner Fertigstellung vergehen 150 Jahre. Italiens größte Kuppel seit der Antike macht ihn zum krönenden Symbol der Florentiner Renaissance.

DIE FLAGELLANTEN

Der erste bekannte Fall religiöser Selbstgeißelung wurde Mitte des 13. Jhs. aus Perugia im benachbarten Umbrien gemeldet: Eine merkwürdige, spontan gebildete Gruppe von Gläubigen peitschte sich selbst aus und stimmte dabei Gesänge an!

Um 1260 tauchten in größeren Städten der Toskana umherziehende Gruppen solcher „Flagellanten" auf. Sie waren vermummt und peitschten ihre bloßen Oberkörper ekstatisch, während sie *laudi* (Lieder über die Passion Christi) sangen. Die Flagellanten hinterließen in Florenz und Siena einen nachhaltigen Eindruck; hier bildeten sich *scuole di battuti* (Geißlerbruderschaften). Sie bauten *case di Dio* (Häuser Gottes), die als Wohlfahrtszentren und Hospize dienten und wo auch Massengeißelungen veranstaltet wurden.

Die Kirche verhielt sich gegenüber den Geißlern zunächst neutral, bis die Flagellanten behaupteten, dass ihre Selbstgeißelungen eine vorübergehende Vergebung der Sünden brächten. Das stand in direkter Konkurrenz zur Beichtpraxis der Kirche und dem gut gehenden Geschäft mit Ablässen, Vergebungen und dem Zehnten. 1262 wurde die Geißlerbewegung verboten. Ein Jahrhundert später kam sie vor dem Hintergrund der Pest erneut in Schwung und machte bis ins 15. Jh. hinein von Zeit zu Zeit von sich reden; dann schritt die Inquisition ein und strafte die Flagellanten mit dem Tod auf dem Scheiterhaufen.

Unter der Aufsicht der Kirche fanden in der Toskana bis Ende des 19. Jhs. Geißlerprozessionen statt.

Nachdem Florenz mal wieder einen Sieg über Siena verbuchen konnte, indem es die Stadt von der Wasserversorgung abgeschnitten hatte, stand man in Siena vor einer Grundsatzentscheidung: Entweder man finanzierte eine unterirdische Wasserleitung, um sich der Florentiner zu erwehren, oder man errichtete einen Dom, mit dem sich Siena als Hauptstadt der Künste etablieren würde. Der Rat der Stadt war einstimmig für den Dom.

Dantes Kreise der Hölle

In Dante Alighieris *Inferno* (Die Hölle) ist 1300 ein unheilvolles Jahr. Unser Held Dante (1265–1321) entkommt hier einem Höllenkreis, nur um gleich in den nächsten hineinzustolpern. Denn im gesamten 14. Jh. sahen sich Dante und seine toskanischen Landsleute einer grauenhaften Serie von Hungersnöten, wirtschaftlichem Niedergang, Pest, Krieg und Tyrannei ausgesetzt.

In den Städten der Toskana wurden etwa zwei Drittel der Bevölkerung von der Pest des Jahres 1348 dahingerafft. Da Flöhe und Ratten nicht als Überträger der Pest erkannt und bekämpft wurden, wütete der „Schwarze Tod" in der Region jahrzehntelang. Ganze Krankenhaus- und

1314–1321	1348–1350	1375–1406	1378
Dante schreibt seine *Göttliche Komödie*, erzählt in der ersten Person in formellem Latein im Dialekt der Toskana. Sie ist gewürzt mit politischer Satire, Pathos, Abenteuern und leichtem Humor.	Die Pest wütet in der Toskana: In den engen städtischen Zentren fallen ihr zwei Drittel der Bewohner zum Opfer. Bis 1500 bricht sie immer wieder neu aus.	Der Philosoph und Politiker Coluccio Salutati dient Florenz als Kanzler und fördert eine bürgerlich-weltliche Identität – ein mutiges Modell, das zuweilen sogar funktioniert.	Der Florentiner Stadtrat *(signoria)* ignoriert eine Petition der Wollweber, die ein Recht auf Vertretung als Gilde einfordern: Der Aufstand der Ciompi ist erfolglos.

Klosterbelegschaften wurden ausgelöscht, sodass die Behandlung der Infizierten Scharlatanen überlassen blieb, die Wunderheilung versprachen. Die verschriebenen Geißelungen, Alkohol, Zucker und Gewürze oder rieten zur Wasch-, Obst- und Olivenölabstinenz.

Obwohl es sicher schmerzlich war, die Ereignisse jener Tage festzuhalten, beschrieben Autoren wie Boccaccio, Dante und der Marchionne di Coppo Stefani (ca. 1336–1385) ihre Zeit hellsichtig und schonungslos – im Glauben, dass ihre Kritik eines Tages dem Allgemeinwohl dienen könnte. Mehr als alle Kniffe der Malerei von Perspektive bis Schattierung ist es dieser allumfassende Blick auf die Menschheit gewesen, der die Kunst der Renaissance so wahrhaftig machte.

Guelfen & Ghibellinen

Die Renaissance war eine Zeit der großen Kunst und der großen Tyrannen. Zwischen diesen beiden Polen herrschte eine unruhige Beziehung. Das sorgfältige Gleichgewicht der Kräfte der *comuni* fiel der Pest des 14. Jhs. zum Opfer; die politische Macht verblieb zumeist bei denjenigen, die stark oder skrupellos genug waren, um die Herrschaft an sich zu reißen. In freien Städten wie Florenz und Siena übernahmen mächtige Familien den Vorsitz in der *signoria*, der Ratsversammlung, die vordergründig von Zunftvertretern und Händlern geführt wurde.

Ganze Städte, Kaufmannsgilden und einzelne Familien schlugen sich entweder auf die Seite der papsttreuen Guelfen oder auf die Seite der kaisertreuen Ghibellinen. Da sich beide Parteien ein Denkmal setzen wollten, hätte diese Rivalität für Künstler und Architekten eigentlich ideal sein müssen. Aber das wechselnde Glück auf den Schlachtfeldern führte auch dazu, dass die Gelder für Kunstprojekte genauso schnell wieder verschwanden, wie sie aufgetaucht waren.

Die Medici haben nichts zu verbergen – zumindest jetzt nicht mehr. Wer möchte, kann auf www.medici.org auf den Spuren ihrer Machenschaften in den Archiven stöbern.

Die Toskana ähnelte bald einem Strategiespiel. Adelsburgen wurden gebaut und von neuen Herrschern eingenommen, mächtige Bischöfe verbündeten sich mit Adligen so lange, bis diese ihre Macht verloren, und Nebenfiguren hielten plötzlich die Macht in Händen, weil sie von Handelsinteressen gestützt wurden. Nirgendwo war dieses Spiel verwirrender als in der *comune* von Pistoia: Erst wurde sie von den Florentiner Guelfen eingenommen, dann wurde sie unter „weißen" und „schwarzen" Guelfen aufgeteilt, dann von Lucca (das zu dieser Zeit von den Ghibellinen dominiert wurde) erobert, um schließlich wieder in die Hände von Florenz zu fallen.

Die Medici

Unter den Tyrannen der Renaissance stellten die Medici keine Ausnahmeerscheinung dar. Allerdings ließ Cosimo der Ältere (Cosimo il Vecchio; 1389–1464) schon früh auf seinem Weg zur Macht ein überraschend

1469–1492	1478–1480	1494	1497
Lorenzo de' Medici regiert Florenz hinter den Kulissen, trotz der Verschwörung der Pazzi 1478; bei dem Umsturzversuch wird sein Bruder Giuliano im Dom erstochen.	Zwischen dem Papst, Siena, Florenz, Venedig, Mailand und Neapel bricht eine verwirrende Abfolge von Kriegen aus. Einzelne Familien handeln geheime Verträge aus.	Die Medici werden durch den französischen König Karl VIII. vertrieben; Savonarola ruft eine theokratische Republik aus und beherrscht diese mit seiner Consiglia di Cinquecento – einer Art religiöser Roter Garde.	Savonarola entfacht auf der Piazza della Signoria in Florenz einen „Scheiterhaufen der Eitelkeiten" und lässt Bücher, Gemälde, Musikinstrumente und andere Luxusgüter in Flammen aufgehen.

MACHIAVELLI

Nur wenige Namen haben einen solchen Klang wie der von Niccolò Machiavelli (1469–1527). Der Florentiner Gelehrte und politische Denker sagte einmal, die Zeiten seien mächtiger als unsere Hirne. Er wurde 1469 in einen armen Zweig einer der führenden Familien von Florenz geboren. Seine zentrale Prämisse – „der Zweck heiligt die Mittel" – erfreut sich auch nach fünf Jahrhunderten noch fragwürdiger Beliebtheit.

Machiavellis Vater besaß jede Menge Bücher, die der junge Machiavelli verschlang. Im Alter von 29 Jahren ergatterte der junge Machiavelli einen Posten in der zweiten Staatskanzlei. Im Jahr 1500 war er auf seiner ersten diplomatischen Mission in Frankreich unterwegs. Die militärischen Erfolge von Cesare Borgia und der zentralisierte französische Staat beeindruckten Machiavelli sehr und überzeugten ihn davon, dass Florenz ein stehendes Heer brauche. Er setzte seine Idee durch und baute ab 1506 eine Miliz auf, die sich drei Jahre später im Kampf gegen das aufständische Pisa erstmals bewähren durfte.

Die Rückkehr der Medici an die Macht im Jahr 1512 war ein schwerer Schlag für Machiavelli. Er wurde verdächtigt, gegen die Medici zu intrigieren, und 1513 im berüchtigten Le Stinche in Florenz – dem ersten bekannten Gefängnis der Toskana (von 1297) und einem der ersten in ganz Europa – eingekerkert und gefoltert. Machiavelli beharrte auf seiner Unschuld. Nach seiner Freilassung zog er sich als armer Mann in ein kleines Haus außerhalb von Florenz zurück.

In diesen Jahren entstanden seine bedeutendsten Schriften. *Il Principe* (Der Fürst) ist seine klassische Abhandlung über das Wesen der Macht und ihre Ausübung, ein Werk, das die verwirrenden und korrupten Zeiten widerspiegelte, in denen er lebte, wie auch seinen Wunsch nach starker und gerechter Herrschaft in Florenz und anderswo. Später schrieb er eine offizielle Chronik von Florenz, die *Istorie Fiorentine*.

1526 schloss sich Machiavelli der päpstlichen Armee bei ihrem aussichtslosen Kampf gegen die kaiserlichen Kräfte an. Als diese 1527 Rom einnahmen, hatte Florenz die Herrschaft der Medici schon wieder abgeschüttelt. Machiavelli hoffte vergeblich, noch einmal in Amt und Würden zurückkehren zu können. Er starb 1527 so arm, wie er zur Welt gekommen war.

aufgeklärtes Eigeninteresse und ein außergewöhnliches Auge für Kunst erkennen. Obwohl er in kein Amt gewählt worden war, diente er der Kirche als Botschafter. Er erwirkte für die Stadt Florenz eine 25-jährige Periode relativen Friedens, indem er hinter den Kulissen sein diplomatisches Geschick walten ließ. Als er 1433 infolge einer Verschwörung aus der Stadt verbannt wurde, begleiteten ihn einige seiner Lieblingskünstler, darunter Donatello und Fra Angelico.

Aber sie blieben nicht lange weg. Die Geschäftsverbindungen des Bankiers Cosimo waren für Florenz zu wichtig, und so kehrte er nach nur einem Jahr triumphal in die Stadt zurück, setzte seine Rivalen schachmatt

1498	1527–1530	1633	1656
Rivalisierende Franziskaner fordern Savonarola zur Feuerprobe auf. Er schickt einen Vertreter, der für ihn durchs Feuer gehen soll, wird aber schließlich doch als Ketzer gefoltert, gehängt und verbrannt.	Die Florentiner verbannen die Medici aus der Stadt. Die Republik hält drei Jahre durch, bis die geballte Feuerkraft von Kaiser und Papst die Medici wieder zurückbringt.	Galileo Galilei wird in Rom wegen Ketzerei verurteilt. Getreu dem von ihm beobachteten Pendelprinzip erzeugen die extremen Maßnahmen der Inquisition eine Gegenreaktion: die Aufklärung.	Schon wieder: Mindestens 300 000 Menschen fallen in Mittel- und Süditalien der Pest zum Opfer.

SAVONAROLAS ERBE

Savonarolas theokratische Herrschaft über Florenz dauerte nur vier Jahre (1494–1498). Sein Kampf gegen die Dekadenz führte dazu, dass Papst Alexander VI. ihn zuerst exkommunizierte und schließlich exekutieren ließ, weil er sich von Savonarola nicht wegen seiner exorbitanten Geldverschwendung, seiner unehelichen Kinder und seiner persönlichen Rachefeldzüge tadeln lassen mochte. Savonarolas kurze Herrschaft hatte jedoch nachhaltige Auswirkungen. Die Kirche sah sich nunmehr bemüßigt, eine direktere Kontrolle über die unbotmäßige Region Toskana auszuüben und sich gegen humanistische Philosophien zu schützen, die ihre göttliche Autorität untergraben könnten. Ergebnis war die Inquisition, die ketzerische Ideen mit dem Tode bestrafte, was den Intellektuellen und Neugierigen einen verständlichen Dämpfer versetzte. Die berühmten Universitäten von Pisa und Siena wurden strenger Überwachung unterworfen, und der Lehrbetrieb an der Universität Pisa lag etwa 50 Jahre lang so gut wie brach, bis Cosimo I. de' Medici (1519–1574) die Hochschule 1543 wieder eröffnete.

und übte im Hintergrund einen noch größeren Einfluss als vorher aus. Außerdem stiftete er Meisterwerke wie Brunelleschis legendäre Kuppel für den Florentiner Dom.

Die Patronage durch selbst die aufgeklärtesten und mächtigsten Mäzene hatte ihre Schattenseiten: Ihre Launen konnten einen Künstler etablieren oder vernichten. Mächtige Herrscher zogen mächtige Feinde an. Lorenzo I. de' Medici (genannt Il Magnifico – der Prächtige; 1449–1492) war ein legendärer Förderer der Künste und Geisteswissenschaften. Dass er schon früh Künstler wie Leonardo da Vinci, Sandro Botticelli und Michelangelo unterstützte, bescherte ihm wie diesen großen Ruhm.

Bei einer Verschwörung, an der die rivalisierende Florentiner Familie Pazzi, der König von Neapel und der Papst beteiligt waren, kam es zu einem Anschlag auf Lorenzos Leben, dem er entkommen konnte. So mussten sich die von ihm geförderten Künstler nach neuen Geldgebern umsehen, bis Lorenzo seine alte Machtposition wieder eingenommen hatte. Der Bußprediger Savonarola hatte ein ganz schlechtes Bild von Lorenzo und der klassisch inspirierten Kunst, die dieser förderte: Savonarola deutete sie als sündigen Luxus in einer Zeit großen Leidens. Als Savonarola die Medici 1494 von der Macht verdrängte, beschloss er, dass auch ihre dekadente Kunst verschwinden müsse. Werke von Botticelli, Michelangelo und anderen Meistern gingen auf dem gewaltigen „Scheiterhaufen der Eitelkeiten" auf der Piazza della Signoria in Florenz in Flammen auf.

Amerigo Vespucci war ein Florentiner Seefahrer, nach dem der Kontinent Amerika benannt wurde. Vespucci unternahm zwischen 1497 und 1504 mehrere Entdeckungsreisen in das Gebiet, das später Südamerika heißen sollte.

1737	1760er-Jahre	1765–1790	1796–1801
Die Habsburger Erzherzogin Maria Theresia beendet die Herrschaft der Medici und setzt ihren Mann als Großherzog der Toskana ein. Bei der Reformierung der Toskana zieht sie die Fäden.	Florenz wird neben Venedig, Mailand und Turin zu einer wichtigen Station auf den Reisen europäischer Aristokraten und Bildungsbürger.	Aufklärer Leopold I. setzt die Reformen seiner Mutter Maria Theresa fort und macht die Toskana zum ersten souveränen Staat, der die Todesstrafe abschafft.	Italien wird zum Schlachtfeld zwischen Napoleon, den Habsburgern und deren russischen Verbündeten; das toskanische Kulturerbe wird zum großen Teil als Beute verteilt.

Galileo

Eines der bedeutendsten Mitglieder des Lehrkörpers der Universität Pisa war der Mathematikprofessor Galileo Galilei (1564–1642). Mathematisch ausgedrückt: Galileo war ein logisches Paradoxon. Der Katholik zeugte drei uneheliche Kinder; er war ein Mann der Wissenschaft mit einem Hang zur Dichtung; er hielt Vorlesungen über die Dimensionen der Hölle auf der Grundlage von Dantes *Inferno;* gleichzeitig schwebte er mit dem Kopf buchstäblich über den Wolken und erfand das Teleskop. Viele seiner Freunde gehörten zu den führenden Intellektuellen der Zeit.

Galileos sorgfältige Beobachtungen des Universums zogen die Aufmerksamkeit der Kirche auf sich, die im 16. Jh. eine schwierige Beziehung zu den Sternen unterhielt. Papst Paul III. beschäftigte mehrere Astrologen. Keine größere päpstliche Initiative und kein größeres Bauprojekt konnte in Angriff genommen werden, ohne dass zuerst der Himmel mit einem Astrolabium nach Glück verheißenden Zeichen abgesucht worden wäre. Und doch wurde der Theologe (und zeitweilige Astrologe) Tommaso Campanella der Ketzerei für schuldig befunden, weil er auf Erkenntnis durch Beobachtung pochte. Paul III. vertraute die Erforschung der physikalischen Grundlagen des Universums seinen Theologen an, die durch genaues Studium der Heiligen Schrift zu dem Ergebnis kamen, dass sich die Sonne um die Erde drehen müsse.

Mithilfe von Teleskopen, die er angepasst und verbessert hatte, kam Galileo zu einem anderen Ergebnis. Seine Beobachtungen stützten Kopernikus' Theorie, dass sich die Planeten um die Sonne drehen. Eine Gruppe von Inquisitoren aus dem Vatikan erlaubte ihm anfänglich, seine Erkenntnisse zu veröffentlichen, wenn er auch der gegenteiligen Sichtweise Platz einräumte. Als sich aber Galileos Sicht als gefährlich überzeugend herausstellte, ruderte der Vatikan zurück und klagte auch ihn der Ketzerei an. Zu diesem Zeitpunkt war Galileo schon sehr krank, und vielleicht ist es neben der breiten Unterstützung, die er genoss, seinem schlechten Gesundheitszustand zu verdanken, dass er nicht mit der für Ketzerei üblichen Todesstrafe belegt wurde. Unter der offiziellen Androhung von Folter legte Galileo schriftlich nieder, dass er den Argumenten für eine kopernikanische Weltsicht vielleicht zu viel Glauben geschenkt habe. Seine Gefängnisstrafe konnte er in Form von Hausarrest verbüßen. Manchmal erlaubte ihm Papst Urban VIII., seine Studien fortzusetzen, manchmal versagte er ihm dann wieder ärztliche Hilfe. Galileo setzte seine wissenschaftlichen Untersuchungen noch fort, als er sein Augenlicht verloren hatte. In der Zwischenzeit wurde Tommaso Campanella aus dem Gefängnis entlassen und nach Rom gebracht, wo er 1629 Urbans persönlicher Astrologe wurde.

GESCHICHTE GALILEO

Galileos konservierter Mittelfinger und andere Körperteile sind neben den Uffizien im wunderbaren, vollständig interaktiven Museo Galileo in Florenz zu sehen. Online lassen sich Galileos Leben, seine Zeit, der religiöse Kontext und die Fortschritte in den Naturwissenschaften beim Galileo Project (http://galileo.rice.edu, auf Englisch) erkunden.

1805–1814	1840er-Jahre	1848/1849	1861
Napoleon ernennt sich zum König von Italien; als seine zwangsrekrutierten Soldaten desertieren, verliert Napoleon die Toskana 1814 an Großherzog Ferdinand III. und wird auf die Insel Elba verbannt.	Mit der 101 km langen Zugstrecke Ferrovia Leopolda, die Florenz, Pisa und Livorno verbindet, kommt der Tourismus in die Toskana.	Im Zuge der Revolution wird der Großherzog gestürzt und eine toskanische Republik ausgerufen.	Zwei unruhige Jahrzehnte führen zu einer neuen italienischen Staatsform mit Parlament und König. Florenz wird 1865 Hauptstadt Italiens.

Barock: Gold im Überfluss

Mit Hilfe seiner Hofastrologen hätte der Papst die Fremdherrschaft über Italien eigentlich vorhersehen müssen. Die Inquisition festigte die Macht der Kirche nicht, sondern schuf, während sich die päpstlichen Autoritäten mit abgehobenen theologischen Dingen beschäftigten, ein irdisches Machtvakuum. Während italienische Adlige und Großkaufleute oder Bankiers um Einfluss rangen, übernahm die spätere Kaiserin Maria Theresia 1737 die Initiative und machte ihren Ehemann Franz zum Großherzog der Toskana.

1799 eroberte Napoleon Bonaparte Teile der Toskana. Er war vom Kulturerbe der Region so angetan, dass er beschloss, so viel wie möglich davon mit nach Hause zu nehmen. Was er nicht mitnehmen konnte, verschenkte er an alle möglichen Verwandten – ohne sich darum zu scheren, dass die toskanischen Villen und Altaraufsätze eigentlich gar nicht ihm gehörten. Nach Napoleons Sturz 1814 wurde der Kaiser auf die Insel Elba im Toskanischen Archipel verbannt, und der Habsburger Ferdinand III. übernahm den Titel des Großherzogs der Toskana. Aber Napoleons Schwester Elisa Bonaparte und verschiedene andere Familienangehörige weigerten sich, ihre Luxusvillen in Lucca zu räumen. Es mussten Kompromisse gefunden werden, um alle zufrieden zu stellen.

Noch mehr Ausländer strömten in die Toskana, als ab 1840 die ersten Eisenbahnstrecken kreuz und quer durch Italien gebaut wurden. Bald galt eine große Italienrundreise als unerlässlich für die höhere Bildung, wobei die Wahrzeichen und Museen der Toskana zum Pflichtprogramm gehörten. Zugweise kamen Pensionatsabsolventinnen in Begleitung verkniffener Anstandsdamen sowie Berufsjunggesellen an und bereiteten den Boden für die Romane von E. M. Forster und für Ferienhausinvestoren.

Die Regionalregierung der Toskana wird von einem alle fünf Jahre gewählten Präsidenten geführt. Ihm stehen zehn Minister und der Regionalrat mit 65 Abgeordneten zur Seite, die nach dem Verhältniswahlrecht ebenfalls für fünf Jahre gewählt werden. Über Regionalregierung und Regionalrat informieren die Webseiten www.regione.toscana.it und www.consiglio.regione.toscana.it.

Rot & Schwarz: Eine bunte Vergangenheit

Während die wohlhabenden ausländischen Reisenden Italien romantisch verklärten, hatte das Land mit einer harten Realität zu kämpfen. Eine kommerziell geführte Landwirtschaft sorgte dafür, dass ferne königliche österreichische Landbesitzer satte Gewinne einfuhren, während die Bauern der Armut verfielen und zwischen den kleinen Familienhöfen eine harte Konkurrenz entstand. In ländlichen Gebieten fraßen Ausgaben für eine magere Ernährung, zumeist in Form von Getreide, drei Viertel des Familieneinkommens auf. Die Aussicht auf Arbeit in der wachsenden Industrie lockte viele Landbewohner in die Städte, wo lange Arbeitszeiten und gefährliche Arbeitsbedingungen in eine weitere Sackgasse mündeten und wiederum 70 % des Einkommens für Nahrung aufgewendet werden musste. Sozialer Aufstieg war selten, da der Zugang zu

1871	1915	1921	1940–1943
Nach dem Abzug französischer Truppen aus Rom besiegen die Streitkräfte des Königreichs Italien die Truppen des Vatikanstaats; Rom wird Hauptstadt.	Italien tritt in den Ersten Weltkrieg ein und bekämpft einen alten Feind: Österreich-Ungarn. Kriegsopfer und Hunger sind die Schattenseiten des Sieges.	Mussolini gründet die Faschistische Partei. Bei den Wahlen 1924, die von den *squadristi* (Paramilitärs) „überwacht" werden, gewinnen die Faschisten die Mehrheit im Parlament.	Das faschistische Italien schließt sich der deutschen Kriegserklärung an Großbritannien und Frankreich an. Die italienische Regierung kapituliert 1943, doch Mussolini führt den Krieg fort.

VERMÄCHTNISSE DER HABSBURGER & MEDICI

Die österreichische Herrscherin Maria Theresia (1717–1780; Mutter von 16 Kindern – darunter die spätere französische Königin Marie Antoinette) war eine autodidaktische Militärstrategin, die örtliche Potentaten in Schach hielt und Reformen vorantrieb. Sie dämmte die Hexenverbrennungen ein, verbot die Folter, führte die Schulpflicht ein und erlaubte den italienischen Bauern, einen bescheidenen Teil ihrer Ernte für sich zu behalten. Außerdem brachte sie den protzigen Stil der österreichischen Habsburger in die Toskana. Damit begann eine wahre Renovierungsorgie: Extravagante, mit Engelchen überladene Fresken, verschnörkelter Fassaden- und Wandschmuck (der das Staubwischen zum Albtraum machte) und Vergoldungen an allen Ecken und Enden waren der letzte Schrei.

Da die letzte Medici-Erbin Anna Maria Luisa de' Medici vielleicht fürchtete, dass die unbezahlbare Kunstsammlung ihrer Familie dem Umgestaltungswillen Maria Theresias zum Opfer fallen würde, vermachte sie bei ihrem Tod im Jahr 1743 all ihre Kunstschätze der Stadt Florenz – mit der Bedingung, dass das gesamte Erbe in der Stadt verbleiben müsse.

den Universitäten streng begrenzt war und die Habsburger nur ungern Einheimische in ihre Armee und Verwaltung aufnahmen. Immer mehr Toskaner wählten die Auswanderung nach Amerika als aussichtsreichste Möglichkeit, ihre Familien zu ernähren.

Die österreichische Herrschaft stellte einen gemeinsamen Feind dar, gegen den sich die Italiener aller Provinzen und Gesellschaftsschichten zusammenschlossen. Das Risorgimento, wörtlich „Wiedergeburt", war die Zeit der nationalstaatlichen Einigung Italiens. Die Geheimgesellschaften, die sich unter der französischen Fremdherrschaft als Gegengewicht gebildet hatten, stellten eine gute Grundlage für eine nationale Gesinnung zu bündeln. In den Jahren 1848/49 brach die Revolution aus, und in Florenz gewannen für kurze Zeit die Radikalen die Oberhand.

Konservative Florentiner, die Angst vor einem Einmarsch der Österreicher hatten, luden den Habsburger Leopold II. ein, als Großherzog der Toskana zurückzukehren. Als aber Unruhen auf dem Land die Rückkehr der Österreicher an die Macht erschwerten, heizten die österreichischen Vergeltungsmaßnahmen und die brutale Unterdrückung den Nationalismus in der Region stark an. Obwohl Italien 1861 unter einer Flagge vereint war, sollte der Graben zwischen Radikalen und Konservativen die politische Landschaft der Region lange prägen.

Die nationalstaatliche Einigung beendete weder die Arbeitslosigkeit noch die sozialen Unruhen. 1861 erhielten nur 2 % der Italiener das Wahlrecht. Wegen der schlechten Arbeitsbedingungen kam es zu Streiks, deren brutale Unterdrückung in der Gründung der Sozialistischen Partei

1943–1945	1946	1959–1963	1966
Der italienische Widerstand schließt sich dem Kampf der Alliierten gegen Mussolini an; die Toskana wird befreit. 1945 wird eine nationale Koalitionsregierung gebildet.	Umberto II. wird nach einer Volksabstimmung ins Exil geschickt und Italien zur Republik erklärt; 71,6 % der Toskaner stimmen für die Republik.	Die italienische Wirtschaft erholt sich dank Industrialisierung und Marshallplan, der die Italien vor sowjetischem Einfluss schützen soll.	Der Arno tritt über die Ufer und begräbt Florenz meterhoch unter Schlamm und Wasser. Rund 5000 Menschen werden obdachlos, Tausende Kunstwerke und Manuskripte zerstört.

im Jahr 1881 mündete. Was von der neuen italienischen Regierung als Geldbeschaffungsmaßnahme gedacht war, nämlich sich in Abessinien (heute Äthiopien und Eritrea) als Kolonialmacht zu etablieren, stellte sich als kostspieliger Fehlgriff heraus – 17 000 italienische Soldaten verloren 1896 bei Adowa ihr Leben. Als 1898 die Getreidepreise stiegen, konnten sich viele verarmte Italiener ihre Nahrung nicht mehr leisten. Unruhen brachen aus. Die Landarbeiter schlossen sich zu Gewerkschaften zusammen, und als 1902 ein Streik ausgerufen wurde, folgten dem Ruf 200 000 Landarbeiter.

Schließlich hatten die italienischen Politiker ein Einsehen und brachten Reformen auf den Weg. Die Kinderarbeit wurde verboten, die Arbeitszeit wurde begrenzt, und 1912 wurde das Wahlrecht auf alle Männer über 30 ausgedehnt (die Frauen mussten bis 1945 warten). Das Versprechen an die Sozialisten, ein Rentenprogramm aufzulegen, brach die Regierung schnell und marschierte stattdessen in Tunesien ein.

Als 1914 der Erste Weltkrieg ausbrach, sah sich Italien einem größeren Krieg gegenüber, als eigentlich geplant war. Ein prominenter junger sozialistischer Heißsporn namens Benito Mussolini (1883–1945) führte die Kampagne für einen Kriegseintritt Italiens auf Seiten der Alliierten an, obwohl die meisten Sozialisten dagegen waren. Infolgedessen wurde Mussolini aus der Sozialistischen Partei ausgeschlossen und trat in die Armee ein. Nach einer Kriegsverwundung wurde er aus der Armee entlassen und gründete 1919 die Italienischen Kampfbünde, Vorläufer der Nationalen Faschistischen Partei.

Schwierige Zwischenkriegszeit

Obwohl Italien am Ende des Ersten Weltkriegs auf der Siegerseite stand, waren die Toskaner nicht in Feierstimmung. Nicht nur gab es Gefallene zu beklagen, auch waren 600 000 ihrer Landsleute in Kriegsgefangenschaft geraten. 100 000 starben – hauptsächlich deshalb, weil die italienische Regierung ihre eigenen Soldaten nicht ausreichend mit Lebensmitteln, Kleidung und Medikamenten versorgte. Erlasse aus Kriegszeiten, die eine Verlängerung der Arbeitszeiten vorsahen und Streiks verboten, belasteten das Arbeitsklima in den Fabriken so stark, dass Frauen Massenstreiks anführten. Mit dem Brotmangel breiteten sich Unruhen aus, und 1919 kam es zu gewalttätigen Aufständen in den Industriestädten Viareggio und Piombino: Die Entlassung von 500 Arbeitern der Piombino-Stahlwerke reicht einen Generalstreik aus, der rasch zu Blutvergießen zwischen den Arbeitern und Armeeeinheiten ausartete.

Mussolini fand bei den vergrätzten Toskanern offensichtlich Unterstützung für seinen Ruf nach Ordnung. Ab 1922 marschierten seine Schwarzhemden, die Squadristen, durch Florenz und forderten die Absetzung der Landesregierung und die Vertreibung der Sozialisten und

---

1969	1970er- & 1980er-Jahre	1993	1995
Bei massiven Streiks und Studentenunruhen werden soziale Reformen gefordert: bei den Arbeits- und Wohnbedingungen, bei den Renten und bürgerlichen Rechten.	Die Bleiernen Jahre bringen extremistischen Terror und staatliche Repressalien: In Pisa tötet die Polizei den Anarchisten F. Serantini; die Roten Brigaden ermorden 1986 den Bürgermeister von Florenz.	Eine Autobombe explodiert neben den Uffizien, tötet sechs Menschen und verursacht Millionenschäden. Der Verdacht fällt auf die Mafia. Im selben Jahr demonstrieren 200 000 Menschen gegen die Mafia-Gewalt.	Maurizio Gucci, Erbe des Florentiner Mode-Imperiums, wird vor seinem Büro in Mailand erschossen. Drei Jahre später wird seine Exfrau wegen Anstiftung zum Mord verurteilt.

Kommunisten aus allen örtlichen Machtpositionen. Im Jahr 1922 folgten der sogenannte Marsch auf Rom und der Staatsstreich: Mussolini wurde Regierungschef.

Doch alle „Säuberungsaktionen" konnten den Absturz in die Rezession in den 1930er-Jahren nicht verhindern, nachdem Mussolini eine Neubewertung der italienischen Lira gefordert hatte. Der freie Fall der Löhne bescherte Mussolini zwar neue Freunde unter den Unternehmern, verschlimmerte aber die Misere der breiten Masse. Neue militärische Eroberungen in Libyen und Äthiopien führten zunächst zu einer leichten Erholung der schwächelnden Wirtschaft; als aber am Ende des Jahrzehnts die gewaltige Rechnung hierfür zu zahlen war, ließ sich Mussolini schnell auf eine Wirtschafts- und Militärallianz mit Nazi-Deutschland ein. Ungeachtet der kühnen Behauptungen der mussolinischen Propagandamaschinerie waren die Toskana und das übrige Italien auf den Krieg, in den das Land 1940 an der Seite von Hitler eintrat, schlecht vorbereitet.

Der Zweite Weltkrieg & der toskanische Widerstand

Zwar herrschte in Florenz die Überzeugung, dass eine derart mit wertvollster Kunst vollgestopfte Stadt niemals das Ziel von Angriffen werden würde – aus dem Ersten Weltkrieg war die Stadt vollständig intakt hervorgegangen, da sie wieder belagert noch angegriffen worden war –, doch im Zweiten Weltkrieg wurde Florenz stark beschädigt. Die ersten Bomben fielen allerdings erst gegen Ende des Kriegs nach der Besetzung der Stadt durch deutsche Truppen am 11. September 1943. Im Mai 1944 durchbrachen die Streitkräfte der Alliierten die deutschen Linien südlich von Rom und rückten rasch nach Norden vor, um Rom und das gesamte Territorium dazwischen zu befreien. Die Deutschen zogen sich zurück und ließen Zwangsarbeiter eine neue Verteidigungslinie weiter nördlich aufbauen: Die sogenannte Gotenstellung verlief von der pisanischen Küste nach Osten über Pisa, Lucca, Florenz und die östliche Toskana bis an die Adria. Die Alliierten bombardierten daraufhin den Bahnhof in Florenz und zerstörten so eine wichtige Nachschublinie der Deutschen; dabei starben allerdings auch mehrere Hundert Florentiner Zivilisten. Im benachbarten Pisa blieben der Dom und der Schiefe Turm verschont, doch der Camposanto und weite Teile der Altstadt wurden zerstört.

In der Toskana entstand während des Zweiten Weltkriegs eine starke Widerstandsbewegung, doch sie konnte den Tod Hunderttausender von Italienern nicht verhindern. Außerdem wurde eine immer noch ungeklärte Zahl von Italienern in die Vernichtungslager der Deutschen und 23 Konzentrationslager in Italien verschleppt. Eines davon befand sich

Villa Paradiso – Als der Krieg in die Toskana kam (2004) Christiane Kohl entwirft vor dem Hintergrund deutscher Kriegsverbrechen in Italien die Geschichte einer toskanischen Familie kurz vor Ende des Zweiten Weltkrieges.

2005	2008	2010	2012
Bei den toskanischen Regionalwahlen wird der Mitte-links-Präsident Claudio Martini im Amt bestätigt, die Toskana bleibt Bastion der Linken.	Berlusconi, im Amt seit 2001, gewinnt mit seinen rechten Bündnispartnern die italienischen Parlamentswahlen und erobert sich eine zweite siebenjährige Amtszeit.	Bei den Regionalwahlen zeigt die traditionell rote Toskana Berlusconis Mitte-rechts-Koalition die kalte Schulter: Der Mitte-links-Kandidat Enrico Rossi wird Präsident der Toskana.	Das Kreuzfahrtschiff *Costa Concordia* sinkt vor der toskanischen Küste; 32 Menschen sterben. Erst 2015 wird das Wrack vor der Insel Giglio entfernt; die Bergung ist die teuerste der Seefahrtsgeschichte.

bei Arezzo. In Florenz erinnert ein Stein vor der Synagoge an die 248 Juden aus Florenz, die in den Lagern ermordet wurden. Dasselbe Schicksal ereilte Juden aus Siena, Pisa und anderen toskanischen Städten.

Als Abschiedsgeschenk an Florenz zerstörten die Deutschen vor ihrem Abzug im August 1944 alle Brücken über den Arno, um den Vormarsch der Alliierten aufzuhalten. Sämtliche Brücken wurden gesprengt – mit Ausnahme des Ponte Vecchio. Die historische Brücke wurde auf Hitlers Anweisung hin verschont: Die überwältigende Aussicht auf den Arno durch das neue Fenster, das Mussolini vor Hitlers Florenzbesuch 1941 eigens in den Brückenabschnitt des Vasari-Korridors brechen ließ, hatte den Nazi-Diktator wohl nachhaltig beeindruckt.

Der Aufstieg der toskanischen Linken

Eine neue italienische Regierung ergab sich 1943 den Alliierten, aber Mussolini weigerte sich, die Kapitulation anzuerkennen. Die Folge waren zwei weitere Jahre Chaos: Bürgerkrieg, deutsche Besatzung und alliierte Feldzüge. Aus diesen schwarzen Jahren ging die Toskana roter hervor als je zuvor: Sie entwickelte sich in der Nachkriegszeit zu einem Bollwerk des Sozialisten.

Direkt nach dem Krieg folgten drei Koalitionsregierungen aufeinander. Italien wurde 1946 Republik, und die neu geformte rechtsgerichtete Democrazia Cristiana (Christdemokraten), angeführt von Alcide de Gasperi, der bis 1953 Premierminister blieb, gewann die ersten Wahlen unter der neuen Verfassung im Jahr 1948.

Bis in die 1980er-Jahren hinein spielte der Partito Comunista Italiano (Kommunistische Partei Italiens) eine wichtige Rolle für die gesellschaftliche und politische Entwicklung der Toskana, obwohl die Partei systematisch von der Regierungsgewalt ferngehalten wurde. Die Partei wurde 1921 in der toskanischen Hafenstadt Livorno gegründet, und ihre große Beliebtheit führte zu den sogenannten *anni di piombo* (bleierne Jahre) der 1970er, die von Terrorismus und sozialen Unruhen geprägt waren. 1978 forderten die Brigate Rosse (die Roten Brigaden, eine Gruppe junger linker Militanter, die für mehrere Bombenanschläge und Attentate verantwortlich war) ihr prominentestes Opfer: den ehemaligen christdemokratischen Premierminister Aldo Moro. Er wurde in Rom gekidnappt, 54 Tage in Geiselhaft gehalten und dann erschossen. Ein Mahnmal neben der Chiesa di San Francesco al Prato in Pistoia im Nordwesten der Toskana erinnert an Moro, seine beiden Leibwächter und drei Polizisten, die bei der Entführung ermordet wurden.

Trotz dieser Ereignisse waren in den 1970er-Jahren auch positive Veränderungen zu verzeichnen: Scheidung und Abtreibung wurden legalisiert und Frauen durften nun nach der Heirat ihren Geburtsnamen behalten. Die Regione Toscana wurde eine von 15 Regionen des Landes,

Das reiche Renaissance-Erbe der Toskana wäre 1966 beinahe der großen Flutkatastrophe von Florenz zum Opfer gefallen. Tausende Bewohner wurden obdachlos, und 3 Mio. seltene Handschriften und Tausende Kunstwerke wurden unter Schlamm, Schutt und Abwasser begraben. Die Helfer, die die Schätze aus dem Schlamm bargen, werden als *gli angeli del fango* (Engel des Schlamms) geehrt.

2013	2014	2015	2017
Der Skandal um die älteste Bank des Landes, die Banca Monte dei Paschi di Siena, erschüttert die Toskana.	Die toskanische Regionalregierung billigt einen Landschaftsschutzplan, um die Artenvielfalt zu erhöhen und Bodenerosion zu vermindern.	Bei den toskanischen Regionalwahlen triumphiert die Linke. Die Demokratische Partei des Mitte-links-Präsidenten Enrico Rossi bekommt über 48 % der Stimmen, was ihm die zweite Amtszeit sichert.	Das Florentiner Modehaus Salvatore Ferragamo zahlt 1,5 Mio. € für die Restaurierung des *Neptun* auf der Piazza della Signoria und Gucci verspricht 2 Mio. € für die Sanierung des Giardino di Boboli (Boboli-Garten).

die Regionalregierungen mit beschränkten Befugnissen erhielten. Und ganz nach toskanischer Tradition dominierte die Linke von nun an die politische Debatte in der Toskana.

Bankendrama

Als Europas angeschlagene Wirtschaft 2012 in die schlimmste Finanzkrise seit der Weltwirtschaftskrise der 1930er-Jahre schlitterte, riss sie auch die Toskana mit in die Misere. Für die Region kam die Stunde der Wahrheit mit dem Skandal um die Banca Monte dei Paschi di Siena. Diese drittgrößte Bank Italiens und älteste Bank der Welt, die seit 1472 in einem prächtigen Palazzo in Siena residiert, meldete 2013 Verluste in Höhe von 730 Mio. €. Sie stammten aus Derivatgeschäften, die die Bank zwischen 2007 und 2009 getätigt und den Aufsichtsbehörden verheimlicht hatte. Während sich frühere Führungskräfte des altehrwürdigen Kreditinstituts mit Korruptions-, Betrugs- und Bestechungsvorwürfen auseinandersetzen mussten, schnürte die Regierung ein 4,1 Mrd. € schweres Rettungspaket und zwölf Monate später wurden Aktien im Wert von 5 Mrd. € abgestoßen, um Kapital zu beschaffen. Doch im folgenden Jahr fiel das Haus beim europäischen Stresstest für Banken dennoch durch, sodass 2015 erneut Finanzspritzen seitens der Aktionäre notwendig wurden (3 Mrd. € mit einer versprochenen Kapitalrendite von 8 % bis 2018).

Bei der überlebensnotwendigen Umstrukturierung der Bank wurden Hunderte ihrer landesweit 1900 Filialen geschlossen. Aber die Auswirkungen des Skandals gehen weit über diese Arbeitsplatzverluste hinaus. Jahrzehntelang hatte „il Monte" (wie die Toskaner die Bank nennen) die lebendige Kulturszene von Siena gesponsert. Ihre Stiftung, die Fondazione Monte dei Paschi di Siena, hatte die Universität, die Klinik, die Fußballmannschaft und viele andere Einrichtungen der Stadt Siena bezuschusst und damit faktisch 10 % zum städtischen Haushalt beigesteuert. Durch den Ausfall dieses wichtigen Sponsors drohten Siena (und der Toskana) gravierende soziale und wirtschaftliche Folgen.

Toskanische Lebensart

Das romantisierte Bild der Toskana inspiriert weltweit Schriftsteller, Designer und Regisseure. Nur, was ist dran an der Geburtsstätte von Gucci, Cavalli und dem Vespa-Roller, was macht die Toskana so außerordentlich, so *dolce* (süß)? Maßgebend in Sachen Lebensart ist Florenz, mit seinem gewaltigen Kulturerbe, der handwerklichen Tradition und seinen Einwohnern, deren ausgeprägter Sinn für Stil, Eleganz und Schönheit sich in einer außergewöhnlichen Liebe zum Detail, im Streben nach Perfektion und im Stolz auf ihre Sprache und ihre Historie ausdrückt.

Il Campanilismo

Tief verwurzelt in ihrem Fleckchen Erde sind die Menschen in dieser vorwiegend ländlichen Region mit nur wenigen, verstreuten Städtchen nicht einfach Italiener oder Toskaner. Der wichtigste Identifikationspunkt ist der *paese* (Heimatort) oder, im Falle von Siena und anderen Städten, die *contrada* (das Stadtviertel), wo man geboren ist. Das erklärt sich aus der Geschichte, in deren Verlauf diese kleinen politischen Einheiten Rivalen waren und ausgeprägte Identitäten mit eigenen Baustilen, Malereitraditionen, Glockentürmen etc. entwickelten. Der Lokalpatriotismus, der sogenannte *campanilismo* (wörtlich die Loyalität gegenüber dem eigenen Glockenturm, sprich: der Scholle), ist für die meisten allumfassend. „Lieber einen Todesfall in der Familie als einen Pisaner an der Tür." So heißt es in einem alten florentinischen Sprichwort, das auf die Rivalitäten unter den toskanischen Städten anspielt.

Die Toskaner gelten als leidenschaftlich, stolz, reserviert, fleißig, familienorientiert, dem Essen und dem Wein zugeneigt, sparsam, äußerst selbstbewusst und eitel.

Auf ihre eigene Art zeigen die Florentiner gern ihren sozialen Status. Von übergroßen Türknäufen bis hin zu Steinmetzarbeiten, überall in dieser klassenbewussten Stadt sind Zeichen von Wohlstand und Macht sichtbar. Selbst die Sprache der Florentiner – so wie im 14. Jh. von literarischen Größen wie Dante, Boccaccio und Petrarca für die Welt verewigt – gilt als die reinste Form des Italienischen.

Auch das adelige Florenz ist immer noch munter und lebendig, auch wenn es nur einen winzigen Anteil der heutigen Florentiner Gesellschaft ausmacht. Vom 12. Jh. bis zur Renaissance, die Reichtum und Talent höher schätzte als aristokratische Rangordnungen, hatten adlige Titelträger – Fürsten, Herzöge, Markgrafen, Grafen, Barone, Patrizier usw. – das Sagen in der Stadt. Der florentinische Adel stammte vorwiegend von Bankiers und Kaufleuten ab, und viele der prächtigsten Stadtpaläste und Landgüter sind heute noch im Besitz von Grafen und Baronen. Ein herausragendes Beispiel ist der größte von Mauern umschlossene Privatgarten Europas, die Giardini di Torrigiani.

Immer noch versammeln sich die älteren Adligen einmal pro Woche zum exklusiven Circolo dell' Unione. Dieser Adelsclub residiert seit 1852 in einem Palazzo an der Via de' Tournabuoni, der vornehmsten Straße

Weltkulturerbestätten der Unesco

Altstadt von Florenz

Piazza dei Miracoli, Pisa

Altstadt von Siena

Val d'Orcia

Altstadt von San Gimignano

Altstadt von Pienza

Medici-Villen und -Gärten

von Florenz. Die Mitgliedschaft ist nicht erblich und sehr teuer. Etwa 60 % der rund 400 Mitglieder des Clubs (davon nur eine Handvoll Frauen) sind Titelträger – deren Titel allerdings vom italienischen Staat seit 1948, nach dem Sturz der italienischen Monarchie, nicht mehr anerkannt werden.

La Dolce Vita

In diesem privilegierten Teil Italiens, einem der reichsten Regionen des Landes, ist das Leben einfach *dolce* (süß). Hier steht die Familie über allem, und Tradition und Qualität sind wichtiger als Quantität. Ob im Weinbau, im Blumenhandel von Pescia oder auf den kleinen Bauernhöfen in der ländlichen Toskana: Die von Generation zu Generation vererbten Familienbetriebe bilden das Rückgrat der stolzen und starken Region.

In Florenz – der einzigen Stadt mit einem Hauch der großen weiten Welt – gehen die Uhren schneller. Die Florentiner stehen früh auf, bringen ihre Kinder vor 8 Uhr in die Schule und flitzen dann nach dem Espresso um 9 Uhr ins Büro. Das Mittagessen ist für diese essens- und weinverliebten Menschen eine längere Angelegenheit, genau wie der frühabendliche *aperitivo*, den man mit Freunden in einer Bar zu sich nimmt, um sich auf das Abendessen einzustimmen. Bei den jungen Florentinern, die am meisten unter den ständig steigenden Mieten und den kaum wachsenden Einkommen leiden, ist es üblich, den opulenten *aperitivo* zu einem Abendessen auszudehnen – zum *apericena*. Die im Aussterben begriffenen Raucher sind auf den Bürgersteig verbannt.

Die beste Zeit für eine *passeggiata* (Spaziergang) ist der Spätnachmittag am Sonntag. Es ist eine herrliche Tradition, bei der die Einwohner der toskanischen Städte sich fein machen und ausgehen – auf ein Eis, zum Reden, um Freunde zu treffen, zum Zeitvertreib, um den Sonnenuntergang zu bewundern oder ganz einfach den Tag in aller Ruhe ausklingen zu lassen.

Nach Feierabend bieten Theater, Konzerte, Ausstellungen (z.B. Donnerstagabend freier Eintritt im Palazzo Strozzi in Florenz) und *il calcio* (Fußball) Unterhaltung. Der erfolgreichste Fußballverein der Toskana, die ACF Fiorentina (AC Florenz), hat eine große Fangemeinde, man schaue sich nur in der Trattoria Mario um.

Am Wochenende fliehen viele Städter aufs Land. Hier gibt es nicht den abendlichen Krach der *motorini* (Motorroller), dafür Platz und Ruhe. In nur 15 Minuten sind die Florentiner im Grünen; ausgedehnte anonyme Vorstädte und Gewerbegebiete gibt es hier nicht.

Die besten Passeggiata-Meilen

....

Via de' Tornabuoni & Ponte Vecchio, Florenz

....

Via Fillungo, Lucca

....

Via Banchi di Sopra, Siena

....

Corso Italia (der „Corso"), Arezzo

....

Corso Carducci, Grosseto

TOSKANISCHE LEBENSART LA DOLCE VITA

Kein Buch fasst das toskanische Lebensgefühl besser zusammen als Ferenc Mátés *Leben wie in der Toskana. Wie man Einfachheit, Warmherzigkeit und Leichtigkeit für sich entdecken kann.*

DAS BAUERNLEBEN

Die *mezzadria* (Halbpacht), eine vom Mittelalter bis 1979 gebräuchliche Form der Bewirtschaftung, war das angestammte Erfolgsrezept der toskanischen Landwirtschaft. Die *contadini* (Bauern) lebten auf dem Land und bestellten es. Dafür erhielten sie ein Heim für ihre Großfamilien (normalerweise um die zehn Personen – je mehr Arbeitskräfte, desto besser) und 50 % der Ernte bzw. des Ertrags. Die andere Hälfte strich der *padrone* (Grundbesitzer) ein, der oft nicht auf seiner *fattoria* (Landgut), sondern in der Stadt wohnte.

Mit der Industrialisierung nach dem Zweiten Weltkrieg kamen die ersten Traktoren. Doch die Bauern hatten kein Geld, um sie zu erwerben. Also mussten die Grundbesitzer das Geld investieren, womit die hergebrachte Lastenverteilung aus dem Gleichgewicht geriet. Nach und nach wanderten immer mehr Landarbeiter auf der Suche nach besser bezahlter Arbeit in die Städte ab. Besonders ausgeprägt war die Landflucht in den 1960er-Jahren. Sie führte schließlich zum Zusammenbruch des Halbpacht-Systems und zur Aufgabe vieler toskanischer Bauernhöfe.

Casa Dolce Casa

Die familienorientierten Toskaner sind in der Regel nicht sehr mobil; viele wohnen ihr Leben lang in der Stadt ihrer Geburt. Das Prinzip *casa dolce casa* (trautes Heim, Glück allein) ist ihnen heilig. Da wundert es nicht, dass die Wohneigentumsrate der Toskana zu den höchsten Europas zählt.

Das Leben auf dem Land ist geprägt von alten, eingeschworenen Gemeinschaften. In den kleinen Städten und Dörfern sind die lokalen Angelegenheiten und Klatsch und Tratsch wichtiger als nationale oder gar internationale Nachrichten. Jeder kennt jeden und ist stolz auf seine Großfamilie, was es für Auswärtige schwierig macht, Anschluss zu finden. In einer Region, wo die Landwirtschaft so ausgeprägt ist wie hier, werden Selbstversorgung und Unabhängigkeit großgeschrieben, auch wenn es immer schwieriger wird, davon zu leben. Nicht umsonst breitet sich der *agriturismo* (Unterkunft auf dem Bauernhof) zunehmend aus, denn es gilt, alle Möglichkeiten auszuschöpfen.

Es gab Zeiten, da waren viele der stilvollen Villen und Bauernhäuser der Region – mit Terrakottaböden, Kaminen und Panoramaterrasse – im Besitz gut situierter Ausländer. Heute gelangen mehr und mehr zurück in die Hände der Einheimischen.

Ob in der Stadt oder auf dem Land, die Kinder bleiben normalerweise bis Anfang 30 zu Hause und verlassen das elterliche Nest oft erst, wenn sie heiraten. Dem nationalen Trend entsprechend sind toskanische Familien klein, mit einem oder zwei Kindern; etwa 20 % der Paare sind kinderlos, und Alleinlebende stellen 26 % aller Haushalte. Obwohl immer mehr Frauen arbeiten, sind in den ländlicheren Gebieten chauvinistische Einstellungen noch weit verbreitet.

Eine Hommage an die Schönheit der Toskana und ihrer Küche im Besonderen ist *Florenz: Das Kochbuch* (2017) von Emiko Davies, ein wundervolles Buch mit tollen Fotos, einem nostalgischen Flair und jeder Menge scharfsinnigen Betrachtungen zum Leben in der Stadt der Renaissance.

La Festa

Die Mentalität der Toskaner beherrscht ein Dreigestirn aus populärer Folklore, landwirtschaftlichen Traditionen und religiösen Ritualen – oder auch einfach nur *la festa* (Party!). Die regionale Kultur ist vollgepackt mit uralten Festen: Allein die Schutzpatrone sorgen für wochenlange Feiern, da jedes Dorf, jede Stadt, jede Berufs- und soziale Gruppe einen eigenen Heiligen verehrt.

Die Höhepunkte des toskanischen Festkalenders liefert zweimal im Jahr der Palio in Siena. Das waghalsige Pferderennen wurde im 12. Jh. zu Ehren der Jungfrau Maria aus der Taufe gehoben und sechs Jahrhunderte später neu aufgelegt, um das Wunder der Madonna di Provenzano

---

KAFFEE IST KULT

Kaffee ist nicht einfach ein Getränk, sondern gehört zur Lebensart der Toskaner, deren Tagesablauf nach Koffeindosierungen eingeteilt werden könnte – für jede Tageszeit und Gelegenheit gibt es den passenden „Schwarzen".

Die oberste Regel lautet: Cappuccino (Espresso mit heißer, geschäumter Milch), Caffè latte (die milchigere Version, weniger geschäumt) und Latte macchiato („gefleckte" Milch) werden nur zum Frühstück oder im Lauf des Vormittags getrunken. Die Toskaner trinken auf dem Weg zur Arbeit häufig auch nur einen schnellen Espresso (klein und stark) oder *caffè doppio* (doppelter Espresso) und zwar im Stehen, dicht gedrängt an der Bar ihres Lieblingscafés.

Mittag- und Abendessen werden ausschließlich mit *un caffè* (wörtlich: „ein Kaffee", bezeichnet aber einen Espresso und sonst nichts) abgeschlossen. Nach Sonnenuntergang ist aber auch ein *caffè corretto* erlaubt (Espresso mit einem Schuss Grappa oder einem anderen Schnaps).

Wer sich im Café zum Kaffeetrinken an einen Tisch setzt, muss bis zu viermal mehr Geld hinlegen als für eine Tasse im Stehen an der Bar.

(2. Juli) und Mariä Himmelfahrt (16. August) zu feiern. Wesentliche Elemente des Festes sind außer seinen religiösen Wurzeln die erbitterte Rivalität zwischen den *contrade* (Stadtviertel), aber auch der Spaß an der Verkleidung und ein weitverbreitetes Traditionsbewusstsein. Vor dem Rennen werden die Pferde gesegnet; das Seidenbanner für den Sieger des Augustrennens wird immer von sienesischen Künstlern entworfen, das für das Julirennen von nichtsienesischen. (Der Überlieferung zufolge nahm eine Braut aus Siena, die weit entfernt von zu Hause heiratete, Erde aus ihrer *contrada* mit, um sie unter ihrem Ehebett auszubreiten, damit ihr Nachwuchs auf heimatlichem Boden gezeugt werden würde.)

Auch wenn die Kirche heute nicht mehr die soziale Kraft ist, die sie einmal war, spielen der Katholizismus (die Konfession von 85 % der Bewohner der Region) und seine Rituale im Alltag noch immer eine wichtige Rolle: Erstkommunion, kirchliche Trauung und religiöse Festtage sind ein integraler Bestandteil des Lebens in der Toskana.

Bella Figura

Stilbewusstsein ist lebenswichtig für Italiener und besonders für Toskaner. Die meisten legen großen Wert auf Kleidung und Erscheinung, um ihre *bella figura* – den guten Eindruck – zu wahren. Und das ist vor allem in Florenz ganz selbstverständlich, in der wunderschönen Stadt, in der die italienische Modeindustrie ihren Ursprung hat.

In den 1920er-Jahren brachten Guccio Gucci und Salvatore Ferragamo mit Boutiquen in Florenz den Ball ins Rollen. 1951 erblickten die ersten Prêt-à-Porter-Modeschauen Italiens das Licht der Welt. Damals veranstaltete der betuchte Florentiner Adlige Giovanni Battista Giorgini in seinem Haus eine Modesoirée. Der Laufsteg wurde bald in den Palazzo Pitti verlegt, wo bis 1971 Europas angesehenste Modeschauen abgehalten wurden; dann zog die Damenmode nach Mailand um. Die Schauen für Herrenmode finden noch immer in Florenz statt, sodass sich die Top-Modeschöpfer zweimal im Jahr dorthin auf den Weg machen, um ihre Herrenkollektionen bei den Modeschauen Pitti Immagine Uomo zu präsentieren und ihre Schöpfungen für *bambini* (Kinder) bei Pitti Bimbo zu zeigen.

Toskanisches Design

Nie war italienisches Design so ausdrucksstark wie 1963, als Piaggio in Pontedera, 25 km östlich von Pisa, die Vespa 50 herausbrachte, einen Motorroller, den man ohne Führerschein fahren durfte. Über Nacht wurde sie zum Renner bei der italienischen Jugend, der sie Freiheit und Unabhängigkeit brachte. Alle in Europa verkauften Vespas werden heute noch in dem toskanischen Werk gefertigt, wo die erste „Wespe" 1946 das Licht der Welt erblickte.

Während sich Audrey Hepburn für Hollywood auf einer Vespa durch Rom kutschieren ließ, machte eine Gruppe gesellschaftskritischer Künstler und Architekten Florenz zum Zentrum des Avantgarde-Designs der 1960er-Jahre: Die Designer- und Architektengruppen Radical Design, Archizoom und Superstudio wurden allesamt 1966 in Florenz gegründet. Zu ihren Mitgliedern gehörten Florentiner Stardesigner wie Massimo Morozzi (geb. 1941), der u. a. für Alessi tätig war, und Andrea Branzi (geb. 1938) mit seinen zeitlosen Möbelentwürfen.

Doch wie die Modeszene wanderte auch die Designszene in den 1970er-Jahren nach Mailand ab, womit der Toskana einiges an innovativer Dynamik verloren ging.

Italians Dance and I'm a Wallflower von der Florentiner Autorin Linda Malcone bietet einen wundervollen Einblick in die Mentalität der Einheimischen. Herausgegeben hat es The Florentine Press (www.theflorentinepress.com), eine fabelhafte Quelle für Buch- und E-Book-Veröffentlichungen auf Englisch zu allem von Kunst und Kultur bis zu Politik, Reise und Humor.

TOSKANISCHE LEBENSART BELLA FIGURA

Typisch toskanisch

....
Vespa-Motorroller
....
Gucci
....
Chianti (Wein)
....
Michelangelos David
....
Renaissancekunst

Die toskanische Küche

Egal, ob man eine blutige *bistecca alla fiorentina* (T-Bone-Steak vom Holzkohlegrill) verputzt, im Chianti Wein probiert, in Livorno eine Fischsuppe schlürft oder in San Miniato bei Pisa nach Trüffeln schnüffelt – Gastronomie und Weinkeller machen die Toskanareise zum denkwürdigen Gourmettrip.

Ländliche Küche

Die toskanische Küche entstand über dem offenen Holzfeuer der *cucina contadina* (bäuerliche Küche). Das Grundprinzip: Nichts verschwenden!

Im 13. und 14. Jh. fingen die Wohlhabenden an, statt mit den Fingern mit Silberbesteck zu essen. Trotzdem blieben die Gerichte, die für die üppigen Bankette der rivalisierenden Familien als Zeichen ihres Wohlstands zubereitet wurden, in ihrem Wesen einfach. Die Medici – dafür bekannt, sich mit den feineren Dingen des Lebens zu schmücken – sorgten dann in der Renaissance dafür, dass die toskanische Küche einen phantasiereichen Anstrich bekam. Spanferkel und spektakuläre Zuckerskulpturen teilten sich die Tafel. Aber die einfachen Toskaner hielten sich an die *cucina povera* (Arme-Leute-Küche), die den Hunger stillte.

Die heutige toskanische Küche steht noch immer im Zeichen dieser Traditionen. Ihr Trumpf sind frische, heimische Produkte, ohne viel Schnickschnack zubereitet.

Eine blutige Angelegenheit: Fleisch & Wild

Das Flaggschiff der toskanischen Küche ist die *bistecca alla fiorentina*, ein mit Olivenöl eingeriebenes, auf dem Holzkohlegrill scharf angebratenes Steak, das mit Salz und Pfeffer gewürzt *al sangue* (blutig) serviert wird. Der Preis dieses Traums aller Fleischfanatiker wird auf den Speisekarten meist pro *etto* (100 g) Rohgewicht angegeben. Traditionell stammt das Fleisch von zarten Chianina-Rindern, die aus dem breiten, grünen Val de Chiana in der Osttoskana stammen und zu den ältesten Rinderrassen überhaupt zählen.

Auf toskanischen Märkten werden alle möglichen Fleischprodukte angeboten, bei deren Anblick manchen erst mal ein leichter Schauer über den Rücken läuft. Weil früher gutes Rindfleisch den Reichen vorbehalten war, blieben den Bauern vor allem die Innereien, die sie als Kutteln zusammen mit Zwiebeln, Möhren und Kräutern *(lampredotto)* oder mit Tomaten und Kräutern *(trippa alla fiorentina)* stundenlang kochten – zwei florentinische Klassiker, die noch heute gern gegessen werden.

Pasto, eine Mischung aus *picchiante* (Rinderlunge) und Kartoffelstücken, hat eine uralte Tradition, ist aber aufgrund mangelnder Nachfrage still und heimlich von den Speisekarten verschwunden. Geblieben sind die ebenso althergebrachten Gerichte *cibrèo* (ein Eintopf aus Hühnerniere, -leber, -herz und Hahnenkamm) und *colle ripieno* (gefüllter Hühnerhals). Ein weiterer Klassiker, der, wie viele Fresken belegen, von den Etruskern stammt und sich bis heute großer Beliebtheit erfreut, ist *pollo al mattone:* Hühnerfleisch ohne Knochen wird mit einem Backstein flach geklopft, mit Kräutern eingerieben und dann unter dem Backstein gebacken. Das Ergebnis ist wunderbar kross.

Im Herbst erlegtes Wildschwein *(cinghiale)* wird zu *salsicce di cinghiale* (Wildschweinwurst) verarbeitet oder mit Tomaten, Pfeffer und Kräutern langsam zu einem dicken Eintopf geköchelt.

Das Hausschwein landet auf dem Teller als salzige Scheibe *soprassata* (Kopf, Haut und Zunge gekocht, klein geschnitten und gewürzt mit Knoblauch, Rosmarin und anderen Kräutern und Gewürzen), *finocchiona* (mit Fenchel gewürzte Wurst), *prosciutto* (Schinken), fast schwarzem *mallegato* (mit Muskatnuss, Zimt, Rosinen und Pinienkernen aus San Miniato) oder als Mortadella (Fleischwurst mit weißen Fettstückchen) *Lardo di colonnata* (dünne Scheiben Schweinespeck, mindestens sechs Monate lang in Kräutern und Olivenöl eingelegt) ist eine Spezialität, die außerhalb der Toskana kaum einer kennt.

Am besten freitags: Fisch

Der alte Medici-Hafen Livorno ist das Meeresfrüchtezentrum der Region und *cacciucco* (ein „c" für jede verwendete Fischsorte) die herausragende Spezialität. Der Name stammt vom türkischen *kukut* (kleine Fische); es ist ein Eintopf aus fünf verschiedenen Fischen und Meeresfrüchten sowie Tomaten und Paprika, auf Weißbrot vom Vortag serviert. *Triglia alla livornese* ist eine rote oder weiße Meerbarbe, die mit Tomaten gekocht wird, und *baccalà alla livornese,* ebenfalls mit Tomaten, ist ein Gericht mit Kabeljau, der traditionell bereits auf den Fischerbooten auf dem Weg in den Hafen eingesalzen wurde. *Baccalà,* den viele mit *stoccofisso* (ungesalzener luftgetrockneter Stockfisch) verwechseln, ist ein Klassiker in toskanischen Trattorien, den es vor allem freitags gibt, wie es die Tradition und die Kirche verlangen.

Bistecca alla Fiorentina

Trattoria Mario, Florenz

Officina della Bistocca, Panzano in Chianti

Sergio Falaschi, San Miniato

Ristorante da Muzzicone, Castiglion Fiorentino

Osteria Acquacheta, Montepulciano

Dopolavoro, La Foce

DIE TOSKANISCHE KÜCHE LÄNDLICHE KÜCHE

SLOW FOOD IN DER TOSKANA

Die Menschen vor der globalisierten Fast-Food-Ernährung zu bewahren – mit diesem hehren Ziel vor Augen kümmert sich die Organisation Slow Food (www.fondazioneslow food.com) um den Erhalt lokaler Esstraditionen und sensibilisiert Verbraucher für das, was auf dem Teller liegt, wo es herkommt und wie es schmeckt. Die vom Weinkritiker Carlo Petrini gegründete Bewegung ist in über 130 Ländern aktiv und hat auch die Slow City (www.cittaslow.blogspot.com) ins Leben gerufen. Diesen Titel tragen die toskanischen Städte Anghiari, Barga, Castelnuovo Berardenga, Civitella in Val di Chiana, Greve in Chianti, Massa Marittima, Pratovecchio, San Miniato, San Vincenzo und Suvereto. Sie zeigen, worauf es bei der Idee ankommt: lokale Produkte statt industrieller Massenware, die Umweltverschmutzung reduzieren und nachhaltige Projekte fördern (z. B. Biobauernhöfe oder öffentliche Verkehrsmittel).

Industrieproduktion, Globalisierung und Umweltzerstörung drohen viele traditionelle, regionaltypische Nahrungsmittel auszumerzen. In Florenz entwickelte die Slow-Food-Stiftung die **Arche des Geschmacks**, ein Projekt, das Agrarerzeugnisse vor dem Aussterben bewahren will. Archepassagiere in der Toskana sind: das Chianina-Rind, *lardo di colonnata,* Zwiebeln aus Certaldo, Kastanienbrot aus Casola, rote Kartoffeln aus Cetica, Kartoffelbrot und Dinkel aus der Garfagnana, getrocknete Feigen aus Carmignano, *cinta senese* (toskanische Schweinerasse), *regina di Londa*-Pfirsiche, Pecorino (Schafskäse) aus den Bergen bei Pistoia, *bottarga* (gesalzener Fischrogen) aus Orbetello und Lamm aus Zeri. Auch viele Fleisch- und Wurstwaren haben es in die Arche geschafft, z. B. *mallegato* aus San Miniato, Mortadella aus Prato (mit Alkermes-Likör dunkelrosa gefärbt), *buristo* (Blutwurst) aus Siena, *tarese* aus dem Arno-Tal (50–80 cm langes Stück Bauchspeck, mit rotem Knoblauch und Orangenschale gewürzt und in Pfeffer gewälzt), Florentiner *bardiccio* (mit Fenchel aromatisierte Schweinswurst im Naturdarm, wird frisch gegessen) und *biroldo* (Blutwurst aus der Garfagnana, mit Stücken vom Schweinekopf). Wer die „echte" Toskana kennenlernen will, muss diese Produkte probieren!

Arme-Leute-Küche:
Gemüse, Getreide & Hülsenfrüchte

Vor ein paar Hundert Jahren galten Hülsenfrüchte in der Toskana als das „Fleisch der armen Leute". Hülsenfrüchte liefern jede Menge Protein, sind billig und das ganze Jahr über erhältlich (im Sommer frisch, im Winter getrocknet). So bilden sie den Grundstock vieler traditioneller Gerichte wie *minestra di fagioli* (Bohnensuppe), *pasta e ceci* (Pasta mit Kichererbsen), *minestra di pane* (Brotsuppe) oder *ribollita* (eine „wieder aufgekochte" Bohnen-, Gemüse- und Brotsuppe mit Schwarzkohl, die am Vortag zubereitet wird).

Von den Dutzenden Bohnensorten sind die *cannellini* und die gefleckten *borlotti* am häufigsten – mit Olivenöl beträufelt eine köstliche Beilage zu Fleischgerichten. Die runden, gelben *zolfino*-Bohnen aus Pratomagno und die seidig-glatten *sorano*-Bohnen aus Pescia sind am teuersten. Der ganze Stolz der Bauern ist *farro della Garfagnana,* eine Dinkelsorte, die schon 2500 v. Chr. in Mitteleuropa angebaut wurde.

Der toskanische Gemüsegarten ist üppig bestellt. Neben den üblichen Tomaten gedeihen dort auch mittelalterliche Gemüsearten: Wilder Fenchel, schwarzer Sellerie (geschmort als Beilage), süße rote Zwiebeln (köstlich im Ofen gebacken), Artischocken, Zucchiniblüten (gefüllt), Schwarzkohl, dicke Bohnen, Zichorie, Mangold, distelähnliche Karden und grüne Tomaten zählen zu den besonderen Genüssen.

Safran, auf der ganzen Welt begehrt als eines der teuersten Gewürze überhaupt, kommt als Anbauprodukt wieder in Mode, besonders in der Gegend um San Gimignano. Hier wurde er schon im Mittelalter eifrig gehandelt. Safranfäden sind Blütenstempel einer bestimmten Krokusart, die als staubfeines, feuerrotes Pulver im Gewürzregal der Küchen landen.

Italien ohne Pasta? Undenkbar, auch für die Toskaner. Kein Festessen wäre komplett ohne einen Teller hausgemachter *maccheroni* (kurze Röhrennudeln), *pappardelle* (breite Bandnudeln) oder *pici* aus Siena (dicke, von Hand gerollte Spaghetti), begleitet von einer Sauce mit Ente, Hase, Kaninchen oder Wildschwein.

Ohne Salz: Brot

Ein Bissen und der Unterschied ist klar: Toskanischer *pane* (Brot) ist ungesalzen und schmeckt mitteleuropäischen Brotfans daher oft ein wenig fade.

Brot ist in der Toskana ein Grundnahrungsmittel; es ist ungesalzen, damit es eine gute Woche hält und besser zu den salzigen Würsten passt. Und es bildet den Grundstock vieler bekannter toskanischer Gerichte: *pappa al pomodoro* (Brot-Tomaten-Suppe), *panzanella* (Tomaten-Basilikum-Salat, gemischt mit eingeweichtem Brot) und *ribollita*. Keines dieser Gerichte hört sich besonders appetitlich an und sieht auch nicht so aus, aber die Geschmacksintensität ist überraschend.

OLIVENÖL

Olivenöl bildet zusammen mit Brot und Wein das toskanische Dreigestirn am kulinarischen Himmel. Es verkörpert die erdverbundene Einfachheit der hiesigen Küche: Brot in dieses flüssige Gold zu stippen oder in eine Scheibe olivenölgetränkter *fettunta* (geröstetes Brot) zu beißen, gehört in der Toskana zu den Freuden des Daseins.

Die Etrusker waren die Ersten, die Olivenbäume kultivierten und aus den Früchten Öl pressten; der Herstellungsprozess wurde später von den Römern verfeinert. Wie beim Wein müssen auch beim Olivenöl strenge Vorschriften beachtet werden, z. B. wann geerntet wird (Oktober bis Dezember), welche Sorten verwendet werden usw.

Die besten toskanischen Öle tragen die Kennzeichnung Chianti Classico DOP oder Terre di Siena DOP und haben eine IGP-Klassifizierung des Toskanischen Olivenölkonsortiums. In Florenz sind die preisgekrönten Öle des dortigen Olivenölproduzenten Marchesi de' Frescobaldi sehr begehrt.

Pane toscana mit seiner dicken Kruste bildet die Grundlage zweier leckerer Vorspeisen: *crostini* (leicht geröstete Brotscheiben mit Leberpastete) und *fettunta* (auch *crogiantina* oder *bruschetta* genannt; geröstete Brotscheiben mit Knoblauch, Salz und Olivenöl).

Grund zum Heiraten: Käse

Die Herstellung von Käse war in der Vergangenheit so wichtig, dass junge Frauen sie beherrschen mussten, bevor sie heiraten durften. Der Schafsmilch-Hartkäse *pecorino* aus Pienza zählt zu den besten Italiens und wird bis heute hochgeschätzt. Jung und mild schmeckt er zu dicken Bohnen, Birnen oder Kastanien und Honig. Reifer und pikanter kommt er auch als *toscanello* (mit schwarzen Pfefferkörnern) oder als *pecorino di tartufo* (mit gehobelten schwarzen Trüffeln) in den Handel. Pecorino, der während des Reifeprozesses mit Olivenöl eingerieben wird, ist rot und heißt *rossellino*.

Festliche Leckereien:
Süßes, Schokolade & Eiscreme

Egal, ob einfache Süßigkeiten aus Honig, Mandeln und Rohrzucker, traditionell als Auftakt bei Banketten zu Beginn des 14. Jhs. serviert, oder Zuckerskulpturen, die die üppigen Feste der Medici im 16. und 17. Jh. schmückten: Italienische *dolci* (Süßspeisen) waren immer für festliche Anlässe reserviert. In ärmeren Vierteln verkauften Straßenhändler *bomboloni* (Krapfen) und *pan di ramerino* (Rosmarinbrötchen).

Schon im 13. Jh. erhielten die Nonnen der Abbazia di Montecelso bei Siena Abgaben in Form von *panpepato* (Früchtekuchen mit Pfeffer und Honig). Die Überlieferung erzählt diese Geschichte: Nach einer Belagerung Sienas backte die gutherzige Schwester Berta einen Gewürzkuchen aus Honig, Dörrobst, Mandeln und Pfeffer, um die geschwächten Bewohner der Stadt zu stärken; später wurde der Kuchen mit Gewürzen angereichert, mit Puderzucker bestreut und nur zu Weihnachten verzehrt. Heute wird das sienesische *panforte* (wörtlich „starkes Brot"), ein reichhaltiger Kuchen mit Nüssen und kandierten Früchten, das ganze Jahr über gegessen. Manche behaupten, *panforte* bringe streitende Eheleute zur Vernunft ...

Toskanische *biscotti* (Kekse) sind trocken, knusprig und oft zweimal gebacken. In der Renaissance wurden sie mit kandierten Früchten und gezuckerten Mandeln zu Beginn eines Banketts oder zwischen den Gängen gereicht. *Cantucci* sind harte, süße Kekse mit ganzen Mandeln, *brighidini di lamporecchio* stehen für kleine, runde Aniswaffeln, *ricciarelli* für Mandelkekse (z. T. mit Orangeat), und *pinocchiati* sind mit Pinienkernen gespickt. In Lucca isst man gern den süßen Hefekuchen *buccellato* mit Sultaninen und Anis; zur Erstkommunion ist er ein traditionelles Geschenk der Paten an das Patenkind.

Es überrascht eigentlich nicht, dass am florentinischen Hof der Katharina de' Medici das berühmteste Erzeugnis Italiens, nämlich *gelato* (Eiscreme), erstmals auftauchte. Bernardo Buontalenti (1536–1608), seines Zeichens Haushofmeister, entwickelte eine Methode, gesüßte Milch und Eigelb zu gefrieren. Jahrhundertelang waren Eiscreme und Sorbet nur auf den Tafeln der Reichen zu finden. Sorbet bezeichnet eine Mischung aus geschabtem Wassereis und Fruchtsaft, es wurde in der Renaissance als verdauungsfördernder Zwischengang serviert.

Festtagsküche

Ob Erntedank, Hochzeit, Taufe oder kirchlicher Feiertag – Feste sind tief in der toskanischen Esskultur verankert. Auch wenn heute keine Tiere mehr geopfert werden, sind die Schlemmereien immer noch fleischlastige Angelegenheiten.

Kreative Küche

Essenziale, Florenz

Filippo Mud Bar, Pietrasanta

La Terrazza del Chiostro, Pienza

Osteria di Passignano, Badia A Passignano

Le Chiavi d'Oro, Arezzo

La Dogana, Montepulciano

ETIKETTE IM RESTAURANT

Wer in der Toskana essen geht, sollte sich an ein paar ungeschriebene Regeln halten – für ein kulinarisches Erlebnis ohne Stolpersteine.

Kleidung Lässig-schick ist immer richtig, vor allem in Florenz und anderen größeren Städten, wo alle nach Job und *aperitivo* kurz nach Hause gehen, um sich fürs Abendessen aufzubrezeln.

Gänge Keiner muss sich verpflichtet fühlen, in die Vollen zu gehen; es ist absolut in Ordnung, nur zwei Gänge zu bestellen – etwa einen *antipasto* (Vorspeise) und einen *primo* (Pastagang) oder auch einfach nur einen *secondo* (Hauptgang).

Brot Ist ungesalzen und wird ohne Butter und Teller serviert. Einfach auf den Tisch legen.

Spaghetti Am besten man tut so, als hätte man sein Leben lang nichts anderes getan, als Spaghetti auf die Gabel zu wickeln – aber bitte ohne Löffel!

Kinderteller Es ist völlig okay, für Kinder nur einen Teller Pasta mit Butter und Parmesan zu bestellen.

Kaffee Kein Italiener trinkt nach 11 Uhr noch einen Cappuccino und schon gar nicht nach dem Essen. Um eine Mahlzeit abzurunden, kommt nur ein Espresso in Frage (vielleicht begleitet von einem Grappa oder einem anderen starken Magenputzer).

Il conto (die Rechnung) Wer einlädt, bezahlt.

Getrennt bezahlen Hat sich schon durchgesetzt.

Trinkgeld Wenn kein *servizio* (Bedienung) inbegriffen ist, sind 10 bis 15 % angemessen.

Die Toskaner backen seit Jahrhunderten einfache Brote und Kuchen wie z. B. zur Karnevalszeit den ringförmigen *berlingozzo* (süßes Hefebrot) und die *schiacciata alla fiorentina* (ein flacher luftiger Kuchen aus Eiern, Mehl, Zucker und Schmalz, mit Puderzucker bestäubt). Eine andere Spezialität in den wilden Tagen vor Aschermittwoch ist Fettgebackenes: *Cenci* (wörtlich „Lappen") sind einfache, frittierte Teigstücke, die mit Puderzucker bestäubt werden. *Castagnole* sind fettgebackene Bällchen und *fritelle di mele* im Teigmantel ausgebackene Apfelstücke, die warm mit Zucker gegessen werden.

Am Ostersonntag bringen die Familien Körbe mit hart gekochten weißen Eiern in weißen Stoffservietten zum Segnen in die Kirche und kehren dann nach Hause zurück, um bei einem mittäglichen Festmahl die Eier als Vorspeise aufzutischen; es folgt ein Lammbraten, der dezent nach Knoblauch und Rosmarin duftet.

Während der Weinlese im September wird die *schiacciata* mit Trauben belegt und heißt dann *schiacciata con l'uva* (Traubenkuchen). Im Herbst bringt die Kastanienernte eine Reihe von Kastanienfesten mit sich sowie den *castagnaccio* (Kuchen aus Kastanienmehl mit Rosinen, geschmückt mit einem Rosmarinzweig und serviert mit einer Scheibe Ricotta).

Zu *Natale* (Weihnachten) besteht das traditionelle Festessen vieler Familien aus *bollito misto* (gemischtes gekochtes Fleisch): Verschiedene Teile des Tieres, auch Füße usw., werden in den Kochtopf geworfen und in einer Gemüse-Kräuter-Brühe stundenlang auf kleiner Flamme gekocht. Das Fleisch wird dann mit Senf, *salsa verde* und anderen Saucen serviert. Manche essen auch am Spieß gebratenes Schwein, wobei mittlerweile wieder häufig die alte schwarz-weiße einheimische Rasse *cinta senese* gewählt wird.

Dem Wein auf der Spur

Billiger Chianti in Bastflaschen – dieses Klischee gehört in die 1970er-Jahre. Als Weinregion hat die Toskana heute viel zu bieten, und Kenner schwärmen von den körperreichen, samtigen Roten, die zur internationalen Elite gehören. Unzählige *enoteche* (Weinlokale) und *cantine* (Kellereien) laden zum Verkosten und Kaufen ein und machen die Reise durch diese Region zur nie enden wollenden Weinprobe.

Besonders viele Gelegenheiten zur Verkostung bieten sich entlang der diversen *strade del vino* (Weinstraßen). Schilder führen motorisierte Besucher auf landschaftlich wunderschönen Nebenstrecken mitten ins Herz der Weinregionen.

Unter den toskanischen Weißweinen punktet vor allem der aromatische Vernaccia di San Gimignano, der schon in der Renaissance Künstler wie Päpste berauschte. Am besten schmeckt er als Aperitif auf einer sonnigen Terrasse in und um San Gimignano.

Brunello di Montalcino

Der Brunello di Montalcino gehört zu den italienischen Spitzenweinen. Glasweise ausgeschenkt kostet er bis zu 15 €, der Flaschenpreis liegt im Schnitt zwischen 30 und 100 €, kann aber bei Superjahrgängen wie z. B. 1940 locker auf 5000 € klettern. Er wird aus Sangiovese-Trauben gekeltert, die südlich von Siena wachsen, und reift mindestens zwei Jahre lang in Eichenfässern. Mit seinem betörenden Duft und dem intensiven, komplexen Bukett passt er am besten zu Wild und Braten. Trauben, die die Qualitätsanforderungen für Brunello nicht erfüllen, enden als Rossi di Montalcino – er ist günstiger, aber durchaus gut trinkbar.

Vino Nobile di Montepulciano

Trauben der Rebsorte Prugnolo Gentile (ein Sangiovese-Klon) bilden das Rückgrat des begehrten Vino Nobile di Montepulciano (2006 war ein Superjahrgang). Subtil und doch kräftig in der Nase, trocken und etwas tanninlastig im Gaumen ist er der perfekte Begleiter für dunkles Fleisch und gereiften Käse.

Chianti

Der süffige, trockene Rote schmeckt fast jedem, passt zu allem und bleibt auch preislich im Rahmen. Das Image aus den 1970er-Jahren als billiges Massenprodukt hat er mittlerweile abgeschüttelt, und Kritiker geben ihm hohe Punktzahlen. Der aus Sangiovese und kleineren Mengen anderer Traubensorten hergestellte Wein wird in sieben Zonen produ-

DIE TOSKANISCHE KÜCHE DEM WEIN AUF DER SPUR

Weinbars
Le Volpi e l'Uva, Florenz

Il Santino, Florenz

L'Enoteca Marcucci, Pietrasanta

Enoteca Tognoni, Bolgheri

Enoteca Osteria Osticcio, Montalcino

Cantina Nardi, Livorno

DIE BESTEN WEIN- & OLIVENÖLSTRASSEN

Diverse *strade del vino e dell'olio* schlängeln sich durch Olivenhaine und Weinberge und werden von Bauernhöfen gesäumt, die ihre reiche Ernte am Straßenrand anbieten.

Strada del Vino e dei Sapori Colli di Maremma (www.stradavinimaremma.it) Auf der Route südöstlich von Grosseto stoßen Besucher auf mehrere DOC- und DOCG-Weine, natives Olivenöl Toscano IGP und eine in der Maremma heimische Rinderrasse.

Strada del Vino e dell'Olio Lucca Montecarlo e Versilia (www.stradavinoeoliolucca.it) Die Straße beginnt in Seravezza in den Apuanischen Alpen und führt über Lucca ostwärts nach Montecarlo und Pescia. Das berühmte DOP-Öl von Lucca und die DOCG-Weine Colline Lucchesi und Montecarlo di Lucca sind erstklassig.

Strada del Vino e dell'Olio Costa degli Etruschi (www.lastradadelvino.com) Die malerische Reiseroute führt 150 km an der etruskischen Küste von Livorno nach Piombino entlang und anschließend hinüber zur toskanischen Insel Elba. Das Probier-Highlight der Reise bietet das toskanische Sassicaia.

ziert. Die berühmteste davon ist Chianti Classico im Zentrum des traditionsreichen Weinanbaugebiets; diese Flaschen tragen zusätzlich einen schwarzen Hahn als Emblem (schon im Mittelalter war der „Gallo Nero" ein kontrolliertes Qualitätssiegel). Chianti Colli Senesi aus den Hügeln von Siena, der größten DOCG-Zone, ist spritzig, Chianti delle Colline Pisane leicht und geschmeidig, die Reben für Chianti Rùfina wachsen östlich von Florenz.

Supertoskaner

Eine Folge des üblen Images der 1970er-Jahre war, dass einige toskanische Winzerfamilien – allen voran die berühmte Weindynastie Antinori – erkannten, dass sich mit vollmundigen, auf den internationalen Geschmack getrimmten Cuvées viel mehr Geld verdienen ließ als mit den traditionellen Weinen. Also entwickelten sie innovative, spannende Tropfen. Und sie bewarben sie so clever, dass Käufer in Florenz wie in New York darauf ansprangen. Als dann ein britischer Weinkritiker die neuen Kreationen als „Supertoskaner" pries, hatten diese Weine ihren Namen weg (obwohl die Italiener selbst die Bezeichnung IGT – Indicazione Geografica Tipica – vorziehen). Besonders überzeugend sind die Supertoskaner von Sassicaia, Solaia, Bolgheri, Tignanello und Luce.

Internationale Produzenten machen sich zunehmend in der Toskana breit, um dort Supertoskaner und andere moderne Convenience-Weine zusammenzumischen. Das einem US-amerikanischen Unternehmen gehörende **Castello Banfi** (http://castellobanfi.com), welches seit über 30 Jahren gut im Geschäft ist, ist einer der modernsten Weinproduzenten Italiens und begeistert mit seiner wegweisenden Arbeit bis heute die internationale Weinszene. Ein Beweis dafür, dass nicht nur alteingesessene toskanische Winzerfamilien wissen, was aus dem Boden herauszuholen ist. Schon die Etrusker waren hier als Weinbauern tätig – heute steht der älteste Beruf der Toskana allen offen, die sowohl Fachkenntnis als auch Visionen mitbringen.

Promi-Weine

Auf den Fersen der Supertoskaner folgten die Promi-Weine. Der englische Popstar Sting besitzt bei Figline Valdarno das Biogut **Tenuta Il Palagio** (www.palagioproducts.com), wo verschiedene Weine gekeltert werden, jeder nach einem seiner Songs benannt, wie Message in a Bottle und When We Dance. 2016 wurde Stings vollmundiger Rotwein Sister

Weinproben vor Ort

Antinori nel Chianti Classico, Bargino

....

Petra Wine, Suvereto

....

Castello di Ama, Gaiole in Chianti

....

Poggio Antico, Montalcino

....

QUALITÄTSSIEGEL

Folgende Klassifizierungen geben Auskunft über Ursprung und Qualität der toskanischen Weine:

DOC (Denominazione d'Origine Controllata; kontrollierte Ursprungsbezeichnung) Dafür müssen die Weine in einer bestimmten Region nach Methoden hergestellt werden, die einen definierten Qualitätsstandard garantieren. Anbaugebiet, Traubensorten und Keller sowie Abfülltechniken sind genau festgelegt.

DOCG (Denominazione d'Origine Controllata e Garantita; kontrollierte und garantierte Ursprungsbezeichnung) Das ist die höchste Qualitätsstufe, für die die DOC-Regionen und -Regeln noch einmal unterteilt und verschärft werden. Von den insgesamt 44 italienischen DOCG-Appellationen liegen acht in der Toskana: Brunello di Montalcino, Carmignano, Chianti, Chianti Classico, Morellino di Scansano, Vernaccia di San Gimignano, Vino Nobile di Montepulciano und Elba Aleatico Passito.

IGT (Indicazione Geografica Tipica; mit typischen geografischen Merkmalen) Solche Weine entsprechen nicht den DOC- oder DOCG-Regeln, haben aber trotzdem einen hohen Qualitätsstandard. Die Supertoskaner fallen beispielsweise in diese Kategorie.

Moon – eine schöne Mischung aus Sangiovese-, Cabernet-Sauvignon-und Merlottrauben – von der amerikanischen Zeitschrift *Wine Spectator* zu einem der 100 besten Weine Italiens gekürt.

Supertoskaner liefert die **Tenuta degli Dei** (www.deglidei.com) bei Panzano in Chianti. Hier hat der Sohn des Florentiner Designers Roberto Cavalli das Sagen. Er bietet die teureren Flaschen in einer schicken, für Cavalli typischen Box im Leopardenlook an. Südöstlich von Pisa produziert die Familie des Opernsängers Andrea Bocelli Weine, die in der Cantina Bocelli (S. 265) in La Sterza verkauft werden.

Wer neben Wein auch auf tolle zeitgenössische Architektur abfährt, macht eine Weinprobe bei **Rocca di Frassinello** (www.castellare.it/it/rocca-di-frassinello) nicht weit von Grosseto. Die Weinkeller wurden vom Architekten Renzo Piano gebaut. Ebenfalls ein Hingucker ist das Weingut **Petra** (www.petrawine.it) im Hinterland der etruskischen Riviera bei Suvereto, das der Schweizer Architekt Mario Botta entwarf.

Und dann gibt's natürlich noch den spektakulären neuen Keller von Antinori (S. 155). Dafür wurde ein ganzer Bergrücken mitten im Gebiet des Chianti Classico ausgehöhlt, um darin eine supermoderne, perfekt durchdesignte Anlage zu versenken. Anschließend wurde das Loch wieder mit Erde aufgeschüttet und mit Reben bepflanzt. Vom gegenüberliegenden Hügel aus sind nur zwei große Freiflächen zu sehen – die Panoramaterrassen des 26 000 m² großen, unterirdischen Gebäudes.

Literatur & Kino

Nur wenige Reiseziele besitzen eine so ereignisreiche Geschichte und eine so vielfältige Landschaft wie die Toskana – eine Quelle der Inspiration. Außerdem ist die Toskana eine wirklich paradiesische Location für Kreative, Autoren, Schauspieler und Filmcrews. Als Geburtsort der italienischen Literatur (dank des großartigen Dante Alighieri) und Drehort des besten italienischen Films der letzten Jahrzehnte *(Das Leben ist schön)* hält die Toskana für Besucher schon vor der Reise umfangreiches Schrift- und (bewegtes) Bildmaterial bereit.

Die Toskana in der Literatur

Das reiche kulturelle und literarische Erbe der Region inspiriert einheimische wie ausländische Autoren bis heute.

Frühe toskanische Autoren

Bis zum 13. Jh. schrieben alle italienischen Autoren in Latein. Das änderte sich grundlegend, als der in Florenz geborene Dante Alighieri (ca. 1265–1321) die Feder zur Hand nahm. Als Mitbegründer der literarischen Bewegung *Dolce Stil Novo* (süßer neuer Stil) verfasste er lyrische Texte im toskanischen Dialekt. Dante schrieb das erste und zugleich brillanteste Werk, das je auf Italienisch veröffentlicht wurde: *La grande commedia* (Die große Komödie). Sie erschien um 1317 und wurde später von Dantes Bewunderer Boccaccio in *La divina commedia* (Die Göttliche Komödie) umbenannt. Sie besteht aus den drei Teilen *Inferno* (Hölle)*, Purgatorio* (Fegefeuer) und *Paradiso* (Paradies) und entwickelt eine allegorische Vision des Lebens nach dem Tod, die die Zeitgenossen fesselte und tief berührte. Da sie weit über die Region hinaus gelesen wurde, etablierte sich der toskanische Dialekt als Standard für die italienische Schriftsprache.

Auch der aus Certaldo stammende Giovanni Boccaccio (1303–1375) bediente sich der neuen Literatursprache. In den Jahren nach der Pestepidemie von 1348 entstand sein Meisterwerk, das *Dekameron*. Darin lässt er zehn Personen insgesamt 100 allegorische Geschichten erzählen, die wie ein großer Bilderbogen verschiedenste Charaktere, Ereignisse und symbolträchtige Handlungen schildern und die Leser restlos begeisterten. Das *Dekameron* wurde fast genauso berühmt und wegweisend wie *Die Göttliche Komödie*.

Dritter im Bunde des einflussreichen Trios, das die Weichen für das italienische Schriftgut stellte, war Francesco Petrarca (1304–1374). Er kam als Kind florentinischer Eltern in Arezzo zur Welt und schrieb zwar viel in Latein, aber für seine populärsten Werke, die Gedichte, bediente er sich des Italienischen. *Il canzoniere* (Liederbuch; ca. 1327–1368) stellt die Essenz seiner feinsinnigen Dichtkunst dar. Obwohl eigentlich die unerwiderte Liebe Petrarcas zu Laura darin die Hauptrolle spielt, werden sämtliche Facetten menschlichen Glücks und Leidens mit einer bis dahin unerreichten lyrischen Finesse behandelt. Petrarca wirkte weit über seine Zeit hinaus; seine Sonettform, sein Reimschema und sogar seine Themen wurden von anderen Dichtern aufgegriffen.

Ein weiterer hervorragender Literat der Renaissancezeit war Niccolò Machiavelli (1469–1527). Er setzte sich in seinem bekanntesten Buch, *Il Principe* (Der Fürst; 1532), mit Politik und Macht auseinander.

Literaten der Neuzeit

Nach dem fulminanten Start des Italienischen als Literatursprache wurde es im 17. und 18. Jh. still in der Toskana. Erst im 19. Jh. erwachte die Gilde der Schreiberlinge dort wieder zu neuem Leben. Eine Schlüsselrolle spielte dabei Giosuè Carducci (1835–1907), Der in der Maremma geborene Autor verbrachte seine zweite Lebenshälfte in Bologna. Seine besten Werke entstanden in den 1870er-Jahren und reichten von nachdenklichen Betrachtungen des Todes (wie z. B. in *Pianto antico*) und Erinnerungen an jugendlichen Sturm und Drang *(Idillio maremmano)* bis zur nostalgisch verklärten Rückbesinnung auf den Glanz des antiken Roms.

In den Jahren vor dem Ersten Weltkrieg war Aldo Palazzeschi (1885–1974) aus Florenz ein Vorreiter des literarischen Futurismus. 1911 veröffentlichte er den Roman *Il codice di Perelà*, den viele für sein bestes Werk halten.

Vasco Pratolini (1913–1991), ebenfalls ein Florentiner, siedelte vier hochgelobte neorealistische Romane in seiner Heimatstadt an: *Chronik einer Familie* (1947), *Chronik armer Liebesleute* (1947), *Die Mädchen von Sanfrediano* (1949) und *Metello, der Maurer* (1955).

Aus Fiesole stammt Dacia Maraini (geb. 1936), die zu den populärsten zeitgenössischen Autorinnen Italiens gehört. Den größten Erfolg unter ihren Romanen, Gedichten und Theaterstücken ernteten *Die stumme Herzogin* (1990) und *Kinder der Dunkelheit* (1999); für letzteres Werk wurde sie mit dem wichtigsten italienischen Literaturpreis, dem Premio Strega, ausgezeichnet. Ihr aktuellstes Werk ist *Das Mädchen und der Träumer* (2015).

Aus ausländischer Sicht

Der Trend, die Toskana als Schauplatz von Romanen zu wählen, begann in der Zeit der Grand Tour, auch Kavalierstour genannt. Damals, vor allem von der Mitte des 17. bis zur Mitte des 19. Jhs., gehörte es zum guten Ton, dass sich die Sprösslinge reicher Bürger- und Adelsfamilien aus Mittel- und Nordeuropa auf eine längere Europareise begaben. Sie besichtigten die Kulturschätze der Antike und Renaissance, erweiterten ihren Horizont und lernten, sich auf dem gesellschaftlichen Parkett zu bewegen.

In *Across the Big Blue Sea* (2017) berichtet die Schweizer Schriftstellerin Katja Meier von ihrer Arbeit in einem Flüchtlingsheim in den Bergen der Maremma.

TOSKANISCHE ERINNERUNGEN

Viele Toskana-Urlauber träumen davon, sich ein eigenes, privates Stückchen vom toskanischen Paradies zu sichern. Die folgenden Autoren haben das in die Tat umgesetzt – und darüber geschrieben:

Robert Gernhardt (*Toscana mia*; 2011)

Dario Castagno (*Ein Tag in der Toskana: Vom Abenteuer, Italiener zu sein*; *Toskana forever: Ein Reiseleiter erzählt*; 2004–2009)

Ferenc Máté (*Die Hügel der Toskana: Mein neues Leben in einem alten Land*; *Ein Weinberg in der Toskana: Wie mein Traum wahr wurde*; 1996–2009)

Frances Mayes (*Die Sonne der Toskana*; *Rückkehr ins Paradies: Unser Jahr in der Toskana*; *Das Paradies heißt Bramasole: Eine Liebeserklärung an die Toskana*; 1996–2003)

Andrea Thiele (*Ein Jahr in der Toskana: Reise in den Alltag*; 2009)

Stephan Dierichs (*Mit dem Traktor durch die Toskana: Vier Jahre Leben und Arbeiten in Italien*; 2000)

Mit dem Eisenbahnbau rückte so eine Kulturreise ab den 1840er-Jahren auch für die Mittelschicht in den Bereich des Möglichen. Weltenbummler aus Großbritannien, den USA, Australien und Fernost stürzten sich auf Italien, und einige verarbeiteten das Erlebte auch literarisch. Bekannte Beispiele dafür sind Henry James, der Teile von *Bildnis einer Dame* (1881) und *Roderick Hudson* (1875) hier ansiedelte, George Eliot, deren *Romola* (1862) im Florenz des 15. Jhs. spielt, und E. M. Forster, der sich als Schauplatz für *Zimmer mit Aussicht* (1908) Florenz und für *Engel und Narren* (1905) San Gimignano (das im Buch Monteriano heißt) aussuchte.

Anfang des 20. Jhs. beruhigte sich der Hype etwas, und nur wenige bedeutende Autoren entschieden sich für die toskanische Kulisse. Ausnahmen sind Somerset Maugham (*Oben in der Villa;* 1941) und Aldous Huxley (*Zeit muss enden;* 1944).

In den letzten Jahrzehnten erschien eine ganze Reihe erfolgreicher Bücher, die in der Toskana spielen. Das Florenz der Renaissance hat viele Autoren inspiriert, z. B. Sarah Dunant (*Das Zeichen der Venus;* 2003), Salman Rushdie (*Die bezaubernde Florentinerin;* 2008), Michaela-Marie Roessner-Hermann (*Die Sterne von Florenz,* 1997; *Die Macht der Sterne,* 1999) und Jack Dann (*Die Kathedrale der Erinnerung;* 1995). Den Preis für den originellsten Plot gewinnt in jedem Fall Jack Dann: Hier gelingt es Leonardo da Vinci, einige seiner Erfindungen tatsächlich zu bauen (z. B. die Flugmaschine) und sie im Dienste eines syrischen Generals bei einer Schlacht im Mittleren Osten einzusetzen.

Die Gewinnerin des Booker Prize 1979, Penelope Fitzgerald, versetzt ihre Figuren aus *Innocence* (1986) in das Florenz der 1950er-Jahre; Robert Hellenga wählt denselben Schauplatz, aber nach der Flutkatastrophe von 1966, für *Das verbotene Buch der Lüste* (1994). *Der englische Patient* (1992) von Michael Ondaatje spielt teilweise in einer Villa außerhalb von Florenz. Florenz bildet auch die Kulisse für *Inferno* (2013) von Dan Brown, dem Autor des Bestsellers *Sakrileg.*

Die Toskana im Kino

In der Toskana gedreht

....

Der englische Patient (Anthony Minghella; 1996)

....

Gladiator (Ridley Scott; 2000)

....

Viel Lärm um nichts (Kenneth Branagh; 1993)

....

Zimmer mit Aussicht (James Ivory; 1985)

....

Inferno (Ron Howard; 2016)

Franco Zeffirelli, eine Lichtgestalt des Kinos, wurde 1923 in Florenz geboren und die Toskana taucht in vielen seiner Filme als Kulisse auf. Zeffirellis Karriere begann beim Radio, dann inszenierte er für Theater und Oper und wurde international berühmt mit Streifen wie *Romeo und Julia* (1968), *Bruder Sonne, Schwester Mond* (1972), *Hamlet* (1990) und dem biografisch angehauchten *Tee mit Mussolini* (1999). Ausschnitte daraus kann man in Florenz im Museo Novecento als Teil einer faszinierenden Montage verschiedener in Florenz gedrehter Filme sehen.

Der Schauspieler, Komiker und Regisseur Roberto Benigni wurde 1952 in der Nähe von Castiglion Fiorentino geboren. Als vierfacher Oscarpreisträger schuf er ein eigenes Genre: die Holocaust-Komödie. In seinem Meisterstück *Das Leben ist schön* (1998 im toskanischen Arezzo) spielte er eine der Hauptrollen, führte Regie und war am Drehbuch beteiligt. Benigni wird oft mit Charlie Chaplin und Buster Keaton verglichen; er führte in neun Filmen Regie (zwei davon spielen in der Toskana) und trat in vielen weiteren Produktionen als Schauspieler auf, darunter in drei Streifen des unabhängigen Filmemachers Jim Jarmusch.

Vier Filme, für die der neorealistische Autor Vasco Pratolini die Vorlagen lieferte, wurden in Florenz gedreht: *Die schönen Mädchen von Florenz* (*Le ragazze di San Frediano;* Valerio Zurlini; 1954), *Chronik armer Liebesleute* (*Cronache di poveri amanti;* Carlo Lizzani; 1954), *Tagebuch eines Sünders* (TV-Titel von *Cronaca familiare;* Valerio Zurlini; 1962) und *Metello* (Mauro Bolognini; 1970).

Die preisgekrönten Filmemacher und Brüder Paolo und Vittorio Taviani stammen aus San Miniato und haben drei ihrer Filme z. T. in der Toskana gedreht: *Die Nacht von San Lorenzo* (1982), *Wahlverwandtschaften* (1996) und *Good Morning Babylon* (1987).

Kunst & Architektur

In vieler Hinsicht ist die Geschichte der Kunst in der Toskana auch die Geschichte der Kunst Westeuropas. Ein oberflächlicher Streifzug durch die Fachliteratur genügt, um zu begreifen, wie einflussreich die italienische Renaissance, deren Ursprung und Mittelpunkt in Florenz lagen, in den letzten 500 Jahren gewesen ist. Man kann getrost behaupten, dass Architektur, Malerei und Bildhauerei von den technischen Entdeckungen dieser Zeit wesentlich geprägt sind und dass die Hauptwerke der Renaissance noch heute den Künsten als wichtige Inspirationsquelle dienen.

Die Etrusker

Rund 2800 Jahre, bevor die deutsche „Toskana-Fraktion" von hübschen Ferienhäusern auf einem Hügel in der Toskana träumte, hatten die Etrusker schon ähnliche Ideen. Sie durchsetzten die Landschaft mit Siedlungen, vornehmlich auf Hügelkuppen.

Vom 8. bis zum 3. Jh. v. Chr. behaupteten sich die Etrusker gegenüber Römern und anderen Landsleuten. Sie beteten ihre eigenen Götter und Göttinnen an und bestellten die Äcker des Tieflands mithilfe ausgeklügelter Entwässerungssysteme, die sie selbst entwickelt hatten. Was für ein Leben die Etrusker – von Belagerungen und Kriegen geplagt – führten, ist kaum bekannt, aber mit Bestattungen kannten sie sich aus: In etruskischen Steingräbern in der südlichen, östlichen und Zentral-Toskana wurden haufenweise Schmuck, Urnen aus Terrakotta und Alabaster, schwarz glänzende Tongefäße *(bucchero)* und Votivfiguren aus Bronze gefunden.

Als die Römer die Gräber plünderten, erkannten sie gleich, dass ihnen etwas Gutes in die Hände gefallen war. Nachdem sie im 3. Jh. v. Chr. große Teile des etruskischen Territoriums in der Toskana erobert hatten, übernahmen sie den feinen, geometrischen Kunst- und Architekturstil der Etrusker.

Einzug des Christentums

Die römischen Zenturionen mögen auf die Bevölkerung nicht allzu viel Eindruck gemacht haben, umso erfolgreicher war das Christentum: Um das Jahr 500 tauschte ein junger Mann aus der Region – sein Name war Benedikt – gute Karriereaussichten in Rom gegen ein zurückgezogenes, kontemplatives Leben ein. Er hatte die Gabe, Wunder zu bewirken, gründete persönlich zwölf Klöster und stieß die Gründung vieler weiterer an. Seine Geschichte wird bildhaft und detailreich in dem herrlichen Freskenzyklus (1497–1505) von Il Sodoma und Luca Signorelli im großen Kreuzgang der Abbazia di Monte Oliveto Maggiore in der Nähe von Siena erzählt.

Eine der ältesten benediktinischen Abteien, San Pietro in Valle im benachbarten Umbrien, wurde von Faroald II., dem langobardischen Herzog von Spoleto, gegründet. Hier liegen die Wurzeln des romanischen Baustils, zu dem lombardische und römische Architektur verschmolzen und in dem viele Sakralbauten der Region errichtet wurden. Das Grundmuster war einfach: ein schlichtes Mittelschiff ohne Säulen, das in eine

Etrusker-museen

....

Museo Etrusco Guarnacci, Volterra

....

Museo dell'Accademia Etrusca, Cortona

....

Museo Civico Archeologico Isidoro Falchi, Vetulonia

....

Museo Archeologico Nazionale Gaio Cilnio Mecenate, Arezzo

Kunst-museen

....

Galleria degli Uffizi, Florenz

....

Galleria dell'Accademia, Florenz

....

Pinacoteca Nazionale, Siena

....

Museo Nazionale di San Matteo, Pisa

....

Galleria Palatina, Palazzo Pitti, Florenz

kuppelüberwölbte Apsis mündet. Diese wird mit Kapellen ergänzt, die meist von reichen Gläubigen gestiftet wurden.

Im 11. Jh. entstand in Pisa eine deutlich toskanische Variante der Romanik. Der *duomo* (Dom) der Stadt wurde mit farbigen Marmorstreifen und Verblendsteinen geschmückt und setzte damit neue Maßstäbe in Sachen Bauornamentik. Dieser spezielle Stil (manchmal auch als „pisanisch" bezeichnet) wurde bei Kirchen überall in der Region angewandt. Sehenswerte Beispiele sind die Basilica di San Miniato al Monte in Florenz sowie die Chiesa di San Michele in Foro und die Cattedrale di San Martino in Lucca.

Siena wollte den Rivalen Florenz und Pisa architektonisch in nichts nachstehen. Daher beschloss der Stadtrat 1196 ein Mammutprojekt, den Bau des *duomo*. Und er bekam etwas für sein Geld, nämlich eine grandiose gotische Fassade von Giovanni Pisano, eine Kanzel von Nicola Pisano und eine von Duccio di Buoninsegna entworfene Fensterrosette.

Die Kirchen der Toskana wurden immer spektakulärer. Aber was die Pilger in der Ober- und Unterkirche der Basilica di San Francesco in Assisi (Umbrien) vorfanden, übertraf alles. Nicht lange nach dem Tod des Franz von Assisi im Jahr 1226 wurde ein toskanisches Dreamteam von Künstlern beauftragt, die beiden Kirchen zu seinen Ehren auszuschmücken. Sie lösten damit eine Begeisterung für Fresken aus, die Jahrhunderte andauern sollte. Cimabue, Giotto, Pietro Lorenzetti und Simone Martini stellten den Lebensweg und das sanfte Gemüt des hl. Franziskus dar, solange das Andenken in den Köpfen und Herzen der Gläubigen noch lebendig war. Zu einer Zeit, als es noch keine Multiplexkinos und Special Effects gab, muss der Anblick für die Pilger überwältigend gewesen sein: In leuchtenden Farben und vom Boden bis zur Decke erzählen die Bilder ihre Geschichten.

Aufstieg der Stadtstaaten

Während sich im Hinterland um Eremiten und heilige Männer herum Gemeinden bildeten, gingen die Städte seit dem 13. und 14. Jh. eigene Wege. Die Römerstraßen dienten ab dem 11. Jh. als Handelswege, und aus Kaufleuten, Bauern und Handwerkern bildete sich eine wohlhabende Mittelschicht, die auch außerhalb der größeren Handelszentren Landgüter und Villen errichtete. Durch Steuern und Spenden wurde der Bau von Krankenhäusern wie das Ospedale Santa Maria della Scala in Siena finanziert. Straßen wurden gepflastert, Stadtmauern errichtet und Abwassersysteme angelegt – für eine zunehmend kultivierte Stadtbevölkerung, die sich nicht mit Chaos und Dreck abfinden wollte.

Der Geiz saß diesen neureichen Bürgern noch in den Knochen, und oft genug konnten sie sich nicht einigen, wie die ihnen abgeknöpften Steuern ausgegeben werden sollten. Stadträte *(comuni)* wurden gebildet, in denen die verschiedenen Interessen von Kaufleuten, Gilden und rivalisierenden Adelsfamilien vertreten waren. Um die Bedeutung und Macht der *comune* zu demonstrieren, investierten die größeren mittelalterlichen Städte wie Siena, Florenz und Volterra als Erstes in den Bau eines repräsentativen Rathauses.

Aber die freien Stadtbürger waren nicht nur geschickte Lobbyisten und Freunde großartiger Bauprojekte, welche gleichzeitig Arbeitsplätze schaffen. Sie waren auch Meister der Propaganda, die bestens verstanden, welchen Einfluss Kunst und Architektur ausüben können. Ein typisches Beispiel ist der Freskenzyklus *Allegorien der guten und der schlechten Regierung* von Ambrogio Lorenzetti im Palazzo Comunale von Siena. Kein politisches Plakat wird ihn je an Aussagekraft und Wirkung übertreffen. In der *Allegorie der guten Regierung* wird die graubärtige Figur der rechtmäßigen Herrschaft von einer Entourage flankiert, die heutigen Kabinetten die Schamesröte ins Gesicht treiben würde: Frieden, Tapferkeit, Besonnenheit, Großmut, Mäßigung und Gerechtigkeit. Darüber schweben Glaube, Hoffnung und Nächstenliebe. Links thront selbstbewusst die Eintracht, über der die Zügel der Gerechtigkeit fest angezogen sind.

Ein weiteres Fresko zeigt die Auswirkungen der guten Regierung: Die Bürger bewegen sich geordnet durch die Stadt; sie halten inne, um Geschäfte zu machen, einander die Hände zu schütteln und ein lustiges Tänzlein aufzuführen. Genau das Gegenteil zeigt die *Allegorie der schlechten Regierung*, wo eine gehörnte und mit Reißzähnen bewehrte Tyrannia, umgeben von geflügelten Lastern, über eine Szene des Chaos herrscht, während die Gerechtigkeit mit zerstörter Waage bewusstlos am Boden liegt. Wie die besten Wahlkampfreden wird auch diese warnende Geschichte brillant erzählt – nur wurden die Warnungen nicht immer beachtet.

Weltbühne

Neben den politischen Intrigen widmeten sich die Bauern, Handwerker und Kaufleute des ausgehenden Mittelalters in herausragender Weise ihrem Beruf. Feine, in der Region hergestellte Töpferwaren, Fliesen und Marmorarbeiten fanden in den Kirchen der ganzen Toskana ihren Platz. Sie wurden auch im übrigen Europa und im Mittelmeerraum zu begehrten Waren, nachdem Pilger Exemplare als Andenken von ihrer Wanderung auf der Via Francigena nach England und Frankreich mitgebracht hatten. Die Kunsthandwerker schulten ihre Fertigkeiten an städtischen und kirchlichen Auftragsarbeiten, da die Bauwerke an steigende Besucherzahlen und die wachsenden Erwartungen der Pilger angepasst werden mussten.

Mit dem Interesse des Auslands an den heimischen Waren kamen auch Einflüsse von außen in die Region, und lokale Stile passten sich den Erfordernissen der ausländischen Märkte an. Florenz wurde berühmt für seine strahlenden zinnglasierten Majolika-Fliesen und -Teller, die mit bunten metallischen Farbpigmenten bemalt und von der maurischen Keramik Mallorcas inspiriert waren. Die überaus produktive Familie della Robbia schuf glasierte Keramikreliefs, die heute im Museo del Bargello in Florenz sowie in Kirchen und Museen überall in der Region gehütet werden.

Dunkle Zeiten

Im 14. Jh. müssen die lächelnden Sieneser Bürger auf Ambrogio Lorenzettis *Allegorie der guten Regierung* Betrachtern wie Ausgeburten einer blühenden Phantasie vorgekommen sein. Nach einer großen Hungersnot 1329, gefolgt von einem Bankenzusammenbruch, nahm die Stadt Schulden in Kauf, um Straßen in Schuss zu halten, die Arbeiten am Dom fortzusetzen, den Bedürftigen zu helfen und die Wirtschaft wieder anzukurbeln. Gerade als Siena wieder auf die Beine kam, schlug 1348 die Pest zu. Drei Viertel der Einwohner, darunter auch Pietro und Ambrogio Lorenzetti, fielen ihr zum Opfer. So gut wie alle ökonomischen und künstlerischen Aktivitäten kamen zum Stillstand. 1374 brach die Pest erneut aus und raffte 80 000 Sienesen dahin. Eine unmittelbar anschließende Hungersnot versetzte der Stadt einen Stoß, von dem sie sich nie wieder erholte.

Auch Florenz wurde von der Pest im Jahr 1348 heimgesucht. Alles Beten half nichts: Innerhalb von nur sieben Monaten starben 96 000 Florentiner. Die Überlebenden durchlitten eine Glaubenskrise, wodurch Florenz zu einem fruchtbaren Boden für humanistische Ideen wurde – aber auch für alle möglichen und unmöglichen Formen von Aberglaube und Wiederauferweckungsversuchen. Leichen übten eine unbestimmte

KUNST & ARCHITEKTUR WELTBÜHNE

Künstlerisches Genie, ebenso wie Wahnsinn und Lasterhaftigkeit, liegt oft in der Familie. Zu den italienischen Künstlerdynastien gehören die della Robbias (Luca, Marco, Andrea, Giovanni und Girolamo), die Lorenzettis (Ambrogio und Pietro) und die Pisanos (Nicola und Giovanni, Andrea und Nino).

Gotische Kirchen

Duomo, Siena

Abbazia di San Galgano, südlich von Siena

Chiesa di Santa Maria della Spina, Pisa

GIOTTO DI BONDONE

Der toskanische Dichter Giovanni Boccaccio beschrieb im 14. Jh. im *Dekameron* seinen Landsmann und Zeitgenossen Giotto di Bondone (um 1266–1337) als „ein so erhabenes Genie [...], dass die Natur nichts hervorbringen kann, was er nicht lebensecht darstellen könnte."

Boccaccio war nicht die einzige prominente Stimme, die Giotto außerordentliches Talent bescheinigte. Der Architekt und Maler Giorgio Vasari war ein ebenso großer Fan und der Ansicht, Giotto habe die Wiedergeburt (*rinascità* oder *renaissance*) der Kunst eingeleitet. In seinen Werken brach Giotto mit geltenden Konventionen wie der Dreiviertelansicht von Kopf und Körper. Er zeigte seine Figuren von hinten, von der Seite oder im Umdrehen, je nachdem, was die Geschichte verlangte. Giotto brauchte weder Gold noch aufwendige Verzierungen, um seine Message rüberzubringen und den Betrachter zu beeindrucken. Stattdessen fesselte er mit der naturalistischen Darstellung der Figuren und radikalen Kompositionen, mit denen er eine Tiefenillusion erzeugte und Szenen voller Dramatik schuf.

Zu den bedeutenden Werken Giottos in der Toskana gehören ein Altarbild mit Madonna und Kind zwischen Engeln und Heiligen in den Uffizien, ein bemaltes Holzkruzifix in der Basilica di Santa Maria Novella und Fresken in der Basilica di Santa Croce, alle in Florenz. Sein herrlicher Freskenzyklus zum Leben des hl. Franziskus schmückt die Wände der Oberkirche der Basilica di San Francesco in Assisi, Umbrien.

Faszination aus, die Menschen wie Leonardo da Vinci „wissenschaftlich" nannten, andere „makaber".

Mit dem Ende der Pest setzte ein Bauboom ein, befeuert von neureichen Kaufleuten wie Cosimo I. de' Medici (Cosimo dem Älteren) und Palla Strozzi, die darin konkurrierten, einer Stadt, die nach den vergangenen Horrorzeiten neu entworfen werden musste, ihren Stempel aufzudrücken.

Die Renaissance

Nicht nur die Kaufleute stürzten sich damals in Machtspielchen. Die von Rom unterstützten Guelfen markierten ihr Revier mit beeindruckenden neuen Wahrzeichen, um damit den Machtansprüchen ihrer Rivalen (der toskanischen Ghibellinen-Fraktion, die mit dem Heiligen Römischen Reich verbündet war) entgegenzutreten. Schauplatz war vor allem Florenz. Giotto, der vielen als Begründer der Renaissancekunst gilt, bekam den Auftrag, den 85 m hohen, viereckigen Glockenturm zu entwerfen, heute ein Wahrzeichen der Stadt. Er sollte den 57 m hohen Turm, an dem zu dieser Zeit im ghibellinischen Pisa (weiter-)gebaut wurde und der damals schon in Schieflage geraten war, deutlich übertreffen. Ähnliche Projekte gab es viele.

„Wer mit Florenz Streit anfängt, muss es auch mit Rom aufnehmen!" Das war die offene Ansage florentinischer Architekten, die sich im *Trecento* (14. Jh.) und *Quattrocento* (15. Jh.) in ihren Entwürfen für neue Kirchen, Palazzi und öffentliche Gebäude überall in der Stadt auf die ruhmreichen Zeiten der antiken Weltmacht und die klassische Architektur bezogen. Der neue Florentiner Stil wurde als Renaissance (wörtlich „Wiedergeburt") bekannt. Er kam so richtig in Schwung, nachdem Filippo Brunelleschi sich im Wettbewerb um den Bau der Domkuppel durchgesetzt hatte. Brunelleschi war ein treuer Jünger der antiken Baumeister, konnte aber noch einen draufsetzen: Er hatte die mathematischen Gesetze entdeckt, nach denen Objekte sich zu verkleinern scheinen, wenn sie in den Hintergrund treten. Damit eröffnete er den Künstlern und Architekten in seinem Umfeld eine neue visuelle Perspektive und gab ihnen ein Mittel an die Hand, mit dem sie zu neuen künstlerischen Ufern aufbrachen.

Die wohlhabenden Kaufmannsfamilien der Renaissance haben nicht nur Kirchen gestiftet, Paläste gebaut und Fresken finanziert, sondern auch unzählige Porträts in Auftrag gegeben. Lieblingsmaler von Cosimo I. de' Medici war Agnolo di Cosimo (1503–1572), wegen seines dunklen Teints Bronzino genannt. Seine hervorragenden Medici-Porträts befinden sich heute in den Uffizien in Florenz.

Die Florentiner Künstler erfreuten sich einer wahren Auftragsflut. Sie sollten heroische Schlachtenszenen malen, Privatkapellen mit Fresken ausschmücken und Büsten von machtversessenen Persönlichkeiten anfertigen. Die Werke überdauerten nicht selten den Ruhm ihrer Auftraggeber. Ein Beispiel dafür ist die Familie Peruzzi, die im 14. Jh. zu Ansehen und Macht kam. Die Peruzzi waren Bankiers mit Geschäftsinteressen von London bis zum Nahen Osten. Sie setzten ein Beispiel für Mäzenatentum, als sie Giotto mit der Ausgestaltung der Familienkapelle in Santa Croce beauftragten; er stellte die Fresken 1320 fertig. Als einer der Peruzzi-Kunden, König Edward III. von England, mit der Rückzahlung seiner Schulden in Verzug geriet, gingen die Peruzzi pleite. Doch als Anschieber für Giottos frühe Experimente mit der Perspektive und dem Illusionismus der Renaissance hinterließen sie ein Erbe, das den Boden für die künstlerische Blütezeit von Florenz bereitete.

Die angesehene Familie Brancacci folgte dem Beispiel der Peruzzi. Sie beauftragten Masolino da Panicale und seinen Meisterschüler Masaccio, eine Kapelle in der Basilica di Santa Maria del Carmine in Florenz auszuschmücken. Nach Masaccios vorzeitigem Tod im Alter von 27 Jahren wurden die Fresken von Filippino Lippi fertiggestellt. Die dramatischen Szenen aus dem Leben des hl. Petrus, die vor überraschend überzeugender architektonischer Kulisse gezeigt werden, spielen auf drängende Probleme des Florenz der damaligen Zeit an: die neue Einkommensteuer, Justizirrtümer und die Anhäufung von Reichtum. Masaccios Darstellung der Vertreibung von Adam und Eva aus dem Paradies sollte sich als prophetisch herausstellen. Die Brancacci waren mit den Strozzi verbündet und wurden genau wie diese von den Medici aus der Stadt verbannt, noch bevor die Fresken vollendet waren.

Filippo Lippi (1406–1469) trat im Alter von 14 Jahren dem Karmeliterorden bei. Doch später brach er sein Gelübde und brannte mit einer Novizin durch. Sie hatte ihm für ein Fresko, das er für den *duomo* von Prato malte, Modell gesessen – als Jungfrau Maria. Ihr gemeinsamer Sohn Filippino (1457–1504) wurde ebenfalls Maler.

FILIPPO BRUNELLESCHI

Viele Männer der Renaissance haben ihre Spuren in Florenz hinterlassen, aber nur wenige haben so Großes geschaffen wie Filippo Brunelleschi (1377–1446). Er war Architekt, Mathematiker, Ingenieur, absolvierte eine Lehre zum Goldschmied und zeigte früh sein Talent für die Bildhauerei. 1401 nahm er an einem Entwurfswettbewerb für die Türen des Baptisteriums von Florenz teil (den Lorenzo Ghiberti gewann) und reiste kurz darauf mit Donatello, ebenfalls Goldschmied, nach Rom, um die antike Architektur und Kunst der Stadt zu studieren. Nach seiner Rückkehr nach Florenz 1419 bekam er von der Seidenhändlerzunft den Auftrag, für die Piazza della Santissima Annunziata in San Marco ein Findlingshaus zu entwerfen. Das Ospedale degli Innocenti (Krankenhaus der Unschuldigen – heute ein atemberaubendes Museum) ist ein klassisch proportioniertes, detailreiches Gebäude mit einer auffälligen, neunjochigen Loggia. Damit entfernte sich Brunelleschi radikal vom hochgotischen Stil, dem die meisten seiner Zeitgenossen damals noch huldigten. Die Form war rein, weltlich und raffiniert – der Bau verkörperte das neue humanistische Ideal.

Nachdem er mit der Arbeit am Findlingshaus fertig war, begann er mit einem wirklich großen Auftrag, der ihn die nächsten 42 Jahre beschäftigen sollte: dem Bau der Kuppel für den Dom von Florenz. Mit seinem mathematischen Gehirn und seiner technischen Erfindungsgabe gelang ihm etwas, was viele Florentiner für unmöglich hielten: die größte Kuppel Italiens seit der Antike.

Andere Werke von Brunelleschi in Florenz sind die Basilica di San Lorenzo, die Basilica di Santa Spirito und die Cappella de' Pazzi in der Basilica di Santa Croce. Vasari schrieb über ihn: „Die Welt war so lange ohne Künstler mit hochfliegenden Seelen und inspiriertem Talent, dass der Himmel bestimmte, dass sie von Filippo das großartigste, größte und ausgezeichnetste Kunstwerk aller Zeiten erhalten solle, um zu zeigen, dass der Genius der Toskana zwar erstarrt, aber nicht tot war." Brunelleschi ist im Dom begraben – unter der gigantischen Kuppel, die sein schönstes Vermächtnis ist.

PETER BARRITT/ALAMY ©

1. Eine Version von Fra Angelicos *Verkündigung*, Museo di San Marco **2.** Michelangelos *Tondo Doni* (S. 70) und andere Werke in den Uffizien **3.** Botticellis *Primavera*, Galleria degli Uffizi (S. 69) **4.** Die *Maestà* von Duccio (S. 139), Museo dell'Opera

VALERY VOENNYY/ALAMY ©

2 Künstler der Toskana

Viele große Namen konkurrieren um die Plätze auf einer Liste der Top 5 – hier ist unser Vorschlag.

Michelangelo Buonarroti (1475–1564)

Er war der Renaissancemensch schlechthin; Maler, Bildhauer und Architekt, der mehr Meisterwerke schuf als jeder andere Künstler. In Florenz gehören der *David* in der Galleria dell'Accademia (S. 92) und der *Tondo Doni* (Heilige Familie mit dem Jesuskind) in den Uffizien (S. 70) aufs Programm.

Sandro Botticelli (1444–1510)

Seine Schönheiten betörten die Medici und locken noch immer jedes Jahr Millionen von Besuchern in die Uffizien. Unbedingt ansehen (S. 69): *Primavera* und *Geburt der Venus*.

Giotto di Bondone (1266–1337)

Giotto brachte die Renaissance ins Rollen – mit Fresken, auf denen die Körpersprache der Figuren jede Bilderklärung überflüssig machten. Fans pilgern nach Assisi (S. 303), um einen Blick auf den Freskenzyklus *Das Leben des hl. Franziskus* zu werfen.

Fra Angelico (1395–1455)

Wenige Künstler haben es zum Heiligen gebracht. Eine Ausnahme war Il Beato Angelico, der 1982 heiliggesprochen wurde. Sein berühmtestes Werk ist die *Verkündigung*, von dem Versionen im Museo di San Marco (S. 89) in Florenz und im Museo Diocesano (S. 301) in Cortona hängen.

Duccio di Buoninsegna (1255–1318)

Der Chef der Sieneser Schule war bekannt für fesselnde Marien-Darstellungen: Maria mit durchdringendem Blick und blassgrüner Haut vor glühend goldenem Hintergrund. Sein bestes Stück ist die *Maestà* im Museo dell'Opera (S. 139) in Siena.

Welch großen Teil seines Lebens und Werks Michelangelo der Bildhauerei – und der Stadt Florenz – widmete, lässt sich in Irving Stones spannendem biographischem Roman *Michelangelo* (1961) nachvollziehen.

Doch den größten Einfluss auf die Kunst ihrer Zeit nahmen unter allen Mäzenen natürlich die Medici. Patriarch Cosimo der Ältere wurde 1433 von einer Gruppe Florentiner Familien aus der Stadt verbannt, weil sie in ihm eine dreifache Bedrohung sahen: Er war mächtiger Bankier, Gesandter des Kirchenstaats und vollendeter Politiker mit der nötigen Gerissenheit, um Päpste und Kaiser zu beeinflussen. Aber die mit seinem Weggang einhergehende Kapitalflucht löste eine derartige Panik aus, dass die Verbannung hastig zurückgenommen wurde. Innerhalb Jahresfrist waren die Medici mit all ihrer Macht und unvermindertem Einfluss in die Stadt zurückgekehrt. Die Heimkehr wurde gebührend gefeiert: Cosimo finanzierte 1437 den Umbau des Convento di San Marco (jetzt Museo di San Marco) durch Michelozzo und beauftragte Fra Angelico, die Mönchsquartiere mit Szenen aus dem Leben Jesu auszumalen. Ein weiterer Künstler, der sich über die Rückkehr Cosimos freute, war Donatello. Er vollendete mit dessen Unterstützung seine grazile Bronzestatue des David (heute zu sehen im Museo del Bargello).

FRESKEN DER RENAISSANCE

Sie sehen heute vielleicht aus wie einfache Bibelgeschichten, aber in ihrer Glanzzeit, der Renaissance, dienten Fresken sowohl als Kommentar zur sozialen Wirklichkeit wie auch als religiöse Inspirationsquelle. In den Bildern erschien das menschliche Elend göttlich, und umgekehrt.

In der Toskana wimmelt es nur so von großartigen Beispielen. Einige der besten sind in den folgenden Kirchen und Museen zu finden:

Collegiata, San Gimignano (S. 162) In dieser Kirche gibt es so gut wie keine unbemalte Fläche. Wirklich jede Wand ist mit riesigen, bilderbuchartigen Fresken versehen, u. a. von Bartolo di Fredi, Lippo Memmi, Domenico Ghirlandaio und Benozzo Gozzoli. Glanzstück ist das herrlich groteske *Jüngste Gericht* (1396) von Taddeo di Bartolo.

Libreria Piccolomini, Duomo, Siena (S. 136) Bernadino Pinturicchio aus Umbrien preist den Ruhm Sienas in zehn lebendigen Fresken (ca. 1502–1507), die Enea Silvio Piccolomini alias Papst Pius II. verherrlichen. Auch die hl. Katharina hat einen Gastauftritt.

Museo di San Marco, Florenz (S. 89) Die Fresken von Fra Angelico zeigen Porträts biblischer Personen in äußerst menschlichen Momenten der Unsicherheit. Sie sind damit Zeugnis des Humanismus als wesentlicher Geistesbewegung der Renaissance. Großartig ist die *Verkündigung* (1440).

Museo Civico, Siena (S. 138) „Prächtig" ist das einzige Wort, das den *Allegorien der guten und der schlechten Regierung* (1338–1340) von Ambrogio Lorenzetti und der *Maestà* (1315) von Simone Martini gerecht wird.

Cappella Brancacci, Florenz (S. 98) *Die Vertreibung von Adam und Eva aus dem Paradies* und *Der Zinsgroschen* (ca. 1427) von Masaccio sind zugleich Beispiele für Perspektivenzeichnung und für spitze politische Satire.

Cappella Bacci, Basilica di San Francesco, Arezzo (S. 283) Piero della Francescas *Legende vom wahren Kreuz* (ca. 1452–1466) offenbart das ganze Trickrepertoire der Renaissancemaler (gerichtetes Licht, steile Perspektiven usw.).

Chiesa di Sant'Agostino, San Gimignano (S. 164) Das bizarre Fresko vom hl. Sebastian (ca. 1464) von Benozzo Gozzoli zeigt den vollständig bekleideten Heiligen, wie er in Begleitung einer barbusigen Jungfrau Maria und eines halb nackten Jesus die Bewohner von San Gimignano beschützt. Es verdient einen Preis für die merkwürdigste religiöse Darstellung.

Cappella dei Magi, Palazzo Medici-Riccardi, Florenz (S.88) Wieder Gozzoli, aber diesmal mit einer üblichen Darstellung: Mitglieder der Medici-Familie bekommen einen Gastauftritt in der *Prozession der Heiligen Drei Könige nach Bethlehem* (ca. 1459–1463).

GIORGIO VASARIS KÜNSTLERBIOGRAFIEN

Der Maler, Architekt und Schriftsteller Giorgio Vasari (1511–1574) gehört zu denjenigen, die zu Recht als „Universalgenie" bezeichnet werden. Er wurde in Arezzo geboren und wuchs in dem Haus auf, das heute das kleine, aber faszinierende Museo di Casa Vasari beherbergt. Später absolvierte er in Florenz eine Ausbildung zum Maler und arbeitete mit Künstlern wie Andrea del Sarto und Michelangelo, den er sehr verehrte. Als Maler ist er hauptsächlich für das raumfüllende Fresko im Salone di Cinquecento im Florentiner Palazzo Vecchio bekannt. Sein schönstes architektonisches Werk ist die elegante Loggia der Uffizien. Und er baute den überdachten Hochgang, der den Palazzo Vecchio mit den Uffizien und dem Palazzo Pitti verbindet, den nach ihm benannten Corridoio Vasariano. Der Nachwelt blieb er vor allem als Kunsthistoriker in Erinnerung. Seine *Lebensbeschreibungen der berühmtesten Maler, Bildhauer und Architekten. Von Cimabue bis in unsere Zeit* erschienen erstmals 1550 und sind Cosimo I. de' Medici gewidmet. Die darin versammelten Künstlerbiografien sind gespickt mit Anekdoten und Klatsch über Künstler und Zeitgenossen des 16. Jhs. Die *Lebensbeschreibungen* sind eine großartige Vorbereitung für jeden Florenz-Besuch. 2015 erschienen die letzten Bände der 45-bändigen Neuübersetzung in der Edition Giorgio Vasari bei Wagenbach.

So erinnert sich Vasari u. a. an einen Besuch im Atelier von Donatello. Der große Bildhauer saß vor seiner äußerst lebendig wirkenden Statue des Propheten Habakuk und flehte sie an, mit ihm zu reden (er war wohl etwas überarbeitet). Oder an den jungen Giotto, der eines Tages auf ein Bild von Cimabue eine Fliege malte, die so echt aussah, dass der alte Meister versuchte, sie zu verjagen.

Auftragsarbeiten wie diese verbreiteten die Neuerungen der Frührenaissance – Perspektive, genaue Beobachtung der Wirklichkeit und Hell-Dunkel-Kontraste *(chiaroscuro)* – in der ganzen Region. In Sansepolcro ließ Piero della Francesca Figuren in übernatürlichem Licht erstrahlen oder stellte sie in misslichen (allzu menschlichen) Situationen dar, in die sich die Betrachter hineinversetzen konnten: Römische Soldaten halten ein Nickerchen, Menschenmassen bestaunen mit aufgerissenen Augen Wunder, Unbeteiligte beobachten verstört grausame Verfolgungen. Sein Freskenzyklus *Die Legende vom wahren Kreuz* wurde von der Familie Bacci für eine Kapelle in der Chiesa di San Francesco von Arezzo in Auftrag gegeben und gehört zu den größten künstlerischen Werken der Zeit.

Die Hochrenaissance

Die Jahrzehnte, die das *Cinquecento* (16. Jh.) einleiten, werden oft wie eine Gelehrtenversammlung dargestellt, auf der edle Weise mit silbernem Haar Ideen austauschen. Näher an der Wahrheit wäre, bildlich gesprochen, eine Kneipenschlägerei, denn Künstler, Wissenschaftler, Politiker und Kleriker lagen sich ständig in den Haaren. Das Muster war nie ganz klar, etwa Kirche gegen Staat, Wissenschaft gegen Kunst oder Wissenschaft gegen Glauben. In dieser Zeit konnten Politiker Kleriker, Wissenschaftler Künstler und Künstler Kleriker sein.

Es gab einige begnadete Talente unter den Künstlern der Region, die nach Florenz kamen, um dort ihre Fertigkeiten zu verfeinern und dann in andere Teile Italiens weiterzuziehen. Ihre Karrieren wurden von Giorgio Vasari in seinen mitteilsamen *Lebensbeschreibungen der berühmtesten Maler, Bildhauer und Architekten* verewigt.

Ein weiterer Protegé von Lorenzo de' Medici war Michelangelo, ein Dorfbursche aus dem Provinznest Caprese (heute Caprese Michelangelo) im osttoskanischen Casentino. Sein von der antiken Kunst inspiriertes Werk fand allseits Bewunderung, bis Savonarola die Medici 1494 hinausschmiss. Auch frühe Gemälde Michelangelos sollen damals den

Das Wandgemälde *Dreifaltigkeit* von Masaccio in der Basilica di Santa Maria Novella in Florenz gilt als eines der ersten Werke im Stil der Renaissance. Es soll Leonardo da Vinci zu seiner Darstellung des *Abendmahls* angeregt haben.

Toskanische Architektur

Italien ist mit Architekturikonen reich gesegnet, und viele von ihnen befinden sich in der Toskana. Nicht nur Brunelleschi und Michelangelo schufen hier Meisterwerke – jeder größere Ort kann zumindest eine Perle der Romanik, Gotik oder Renaissance aufweisen.

Kirchen

Dass Besucher in toskanischen Kirchen andächtig verweilen, hat nicht nur Glaubensgründe. Selbst im kleinsten Dorf steht eine Kirche, und nicht selten handelt es sich dabei um einen Hort großer Kunst. Florenz schwimmt in Meisterwerken (Santa Maria Novella, Santa Croce und San Lorenzo sind ein Muss!), aber auch Siena, Pisa und San Gimignano besitzen wunderschöne *duomi*, die das Stadtbild prägen. Der Dom von Orvieto,

nahe der toskanischen der Grenze in Umbrien, gehört zu den schönsten Sakralbauten Italiens.

Baptisterien

Zu großen Kathedralen gehört oft ein separates *battistero* (Baptisterium) mit Altar und Taufbecken. Das an einen Cupcake erinnernde Baptisterium auf der Piazza dei Miracoli in Pisa mit der wunderbaren, sechseckigen Marmorkanzel von Nicola Pisano: göttlich! Dasselbe gilt für sein romanisches Pendant in Florenz, dessen berühmte Bronzeportale Lorenzo Ghiberti schuf.

Hospitale

Die von der Kirche, der *comune* (Stadt) oder vermögenden Familien gegründeten *ospedali* (Hospitale) gehörten zu den größten und prächtigsten öffentlichen

1. Florenz und sein Dom (S. 74)
2. Battistero di San Giovanni (S. 241), Pisa
3. Palazzo Pubblico, Torre del Mangia und Piazza del Campo (S. 132), Siena

Gebäuden ihrer Zeit. Santa Maria della Scala in Siena ist das bekannteste Beispiel; eine architektonische Perle ist auch Brunelleschis Ospedale degli Innocenti in Florenz.

Paläste

Nicht nur die Medici hatten eine Schwäche für Palazzi (prächtige Stadthäuser). Im Mittelalter und während der Renaissance ließen sich die reichen Familien aller toskanischen Städte Prestigebauten entwerfen, und Päpste, Kardinäle und *podestà* (Stadtverwalter) taten es ihnen nach. Berühmte Beispiele sind die Palazzi Strozzi, Pitti und Medici-Riccardi in Florenz, die Palazzi Piccolomini, Salimbeni und Chigi-Saracini in Siena sowie der Palazzo Piccolomini in Pienza.

Piazze

Auf den Paradebeispielen für Stadtplanung pulsiert das Herz jeder toskanischen Gemeinde. Hier trifft man sich, hier stehen meist alle wichtigen Gebäude (Kirche, Rathaus usw.). Die beiden berühmtesten Plätze, die Piazza Pio II in Pienza und die Piazza dei Miracoli in Pisa, gehören zum Weltkulturerbe der Unesco. Ebenfalls erwähnenswert sind Livornos Piazza dei Domenicani, Arezzos Piazza Grande und Massa Marittimas Piazza Garibaldi.

Rathäuser

Als Symbol für Reichtum und Bürgerstolz ist der *palazzo comunale* (Rathaus) oft der beeindruckendste Zivilbau einer toskanischen Stadt. Prachtstücke sind die Rathäuser von Siena (Piazza del Campo), Volterra (Piazza dei Priori) und Florenz (Piazza della Signoria).

Flammen übergeben worden sein. Ohne die Medici als Förderer schien Michelangelo führungslos: Für kurze Zeit versteckte er sich im Kellergewölbe von San Lorenzo und zog dann durch ganz Italien. In Rom schuf er für Kardinal Raffaele Riaro einen Bacchus, den der Auftraggeber unpassend fand – was Michelangelo möglicherweise zu dem größeren und noch sinnlicheren *David* (1501) anstachelte. Das Original steht heute in der Galleria dell' Accademia in Florenz.

Leonardo, aus Vinci südwestlich von Florenz, hatte so viele Talente, dass es schwierig ist, eines hervorzuheben. In der Malerei machte er für manche Kunsthistoriker den entscheidenden Schritt in der westlichen Kunstgeschichte – er hob die klare Trennung zwischen Farben und Linien auf und setzte für die Konturen Schattierungen ein. Diese Technik wird Sfumato genannt und ist bei der *Mona Lisa* im Louvre in Perfektion zu sehen. Nur wenige seiner Werke sind in seiner Heimatregion verblieben; Ausnahmen sind die *Anbetung der Könige aus dem Morgenland* und die *Verkündigung* (beide hängen in den Uffizien).

1542 erreichte die Inquisition Italien und beendete die Erforschung des Menschen in all seiner Unvollkommenheit, die die Renaissance gekennzeichnet hatte. Nie wieder sollten Kunst und Architektur der Toskana eine vergleichbare Vorreiterrolle in der Welt einnehmen.

Der Begriff „Macchiaioli" für eine Gruppe toskanischer Freilichtmaler wurde 1862 von einem Journalisten geprägt. Er war abgeleitet von *darsi alla macchia* (sich in den Büschen verstecken) und eine abschätzige Bezeichnung für Werke, in denen das Establishment nicht mehr als Skizzen erkennen konnte bzw. wollte.

Eine Station der Grand Tour

Im Europa des 18. Jhs. galt eine große Italienreise gesellschaftlich als absolutes Muss. Die Toskana war eine wichtige Etappe auf dieser „Grand Tour". Deutsche, französische und englische Künstler waren fasziniert von Michelangelo, Perugino und anderen Malern der Hochrenaissance, nahmen deren Ideen mit nach Hause und lösten damit den klassizistischen Trend aus. Auf demselben Weg kamen italienische Künstler mit Kunstströmungen aus Nordeuropa in Kontakt und nahmen die Romantik, den Impressionismus und das Malen in der freien Natur als Impulse in ihr Schaffen auf, wie man in der Sammlung der Galleria d'Arte Moderna im Palazzo Pitti in Florenz sehen kann. Hier befinden sich Werke aus dem späten 19. Jh. von Künstlern aus der Macchiaioli-Schule (toskanische Variante des Impressionismus), z. B. von Telemaco Signorini (1835–1901) und Giovanni Fattori (1825–1908).

In der Architektur erwies sich der Jugendstil als der faszinierendste Fall von künstlerischem Im- und Export: Die italienische Variante des internationalen Phänomens bekam die Bezeichnung Stile Floreale.

Skulpturen-gärten

Il Giardino di Daniel Spoerri, Seggiano

Fattoria di Celle, Pistoia

Giardino dei Tarocchi, südliche Toskana

Forte Belvedere, Florenz

Chianti Sculpture Park, Chianti

Castello di Ama, Chianti

Das 20. Jahrhundert

In den Jahrhunderten unter der Fuchtel der Päpste und verschiedener ausländischer Mächte legte sich die Toskana zwangsweise eine gewisse Weltoffenheit zu. Die lokalen Künstler identifizierten sich mit Rom, Paris oder anderen großen Städten und nicht mehr nur mit ihrer *contrada* (Stadtviertel). Die beiden bekanntesten Künstler zu Beginn des 20. Jhs. waren der in Livorno geborene Maler und Bildhauer Amedeo Modigliani (1884–1920), der später überwiegend in Paris lebte, und der in Griechenland geborene Maler Giorgio de Chirico (1888–1978), der in Florenz studierte und dort die ersten seiner traumähnlichen Stadtszenen malte.

Bis auf Modigliani und de Chirico waren in den wichtigsten Stilrichtungen des 20. Jhs. keine toskanischen Maler vertreten: *Futurismo* (Futurismus), *Pittura Metafisica* (metaphysische Malerei), *Spazialismo* (neue Lehre von Raum, Zeit und Farbe) und *Arte Povera* (Konzeptkunst, die mit billigen Materialien arbeitet). Auch in der Architektur taten sich nur wenige Toskaner hervor. Die einzige Ausnahme war Giovanni Michelucci (1891–1990), zu dessen bekanntesten Bauwerken der Bahnhof Santa Maria Novella in Florenz (1932–1934) gehört.

Auf den Gebieten der abstrakten Kunst, Installationskunst und Bildhauerei machte die Kleinstadt Pistoia in den 1950er- und 1960er-Jahren dank eines Künstlertrios von sich reden. Fernando Melani (1907–1985) kam in Pistoia zur Welt, verbrachte sein ganzes Leben dort und stellte auch selten irgendwo anders aus. In seinen verspielten Werken verarbeitete er eine Vielzahl recycelter Materialien und schuf ausgefallene Formen und Modelle aus gebogenen und verdrehten Metalldrähten. Sein Zeitgenosse Mario Nigro (1917–1992) zog im Alter von zwölf nach Livorno um und später, nachdem er sich auf abstrakte Kunst verlegt hatte, ins weltstädtische Mailand. Der Bildhauer Marino Marini (1901–1980), ebenfalls aus Pistoia, ließ sich vom etruskischen Vermächtnis der Toskana inspirieren; seine bevorzugten Motive waren Aktdarstellungen und Menschen zu Pferd.

In den 1980er-Jahren fand eine Rückbesinnung auf die traditionelle (vor allem figürliche) Malerei und Bildhauerei statt. Die *Transavanguardia* als eine Art Gegenströmung zur international angesagten Konzeptkunst wurde von einigen Kritikern als Zeichen für den Tod der Avantgarde gewertet. Zu den Toskanern in dieser Bewegung gehört Sandro Chia (geb. 1946).

Zeitgenössische Kunst

Das Erbe der reichen, künstlerischen Traditionen, das sich über drei Jahrtausende angesammelt hat, sichert vielen toskanischen Restauratoren und Kunsthistorikern einen Job, übt aber möglicherweise auch eine lähmende Wirkung auf all diejenigen aus, die etwas Neues schaffen möchten. Glücklicherweise hat die lokale Kunstszene dann doch mehr zu bieten als die amateurhaften Kleckereien der Straßenkünstler vor den großen Museen und Touristenattraktionen.

Einer der bemerkenswertesten aktuellen bildenden Künstler der Toskana ist Massimo Bartolini (geb. 1962). Mit ein paar trügerisch einfachen (und typisch toskanischen) Licht- und Perspektivkorrekturen hat er unsere Wahrnehmung einer vertrauten Umgebung radikal verändert: Da gibt es ein Schlafzimmer, in dem alle Möbel im Boden zu versinken scheinen (Venedig lässt grüßen), oder eine Galerie, in der die Betrachter Spezialschuhe tragen, die mit jedem Schritt die Beleuchtung des Raums subtil ändern. Das toskanische Städtchen Cecina bei Livorno, wo der Künstler lebt und arbeitet, verdankt ihm eine besondere Atmosphäre, denn Bartolini lockt ein buntes Völkchen von Kunstsammlern und Kuratoren an.

Im schmucken Städtchen Pietrasanta im Hinterland der Versiliaküste im Nordwesten der Toskana lebt eine dynamische Künstlergemeinde, zu der auch der hochgelobte, in Kolumbien geborene Maler und Bildhauer Fernando Botero (geb. 1932) gehört. Im Val d'Orcia lädt der aus Volterra stammende Bildhauer Mauro Staccioli (geb. 1937) die Besucher dazu ein, die Landschaft anhand seiner monumentalen geometrischen Installationen, die in der ganzen Stadt verteilt sind, aus einer anderen Perspektive zu betrachten.

Ein Ziel für Freunde der zeitgenössischen Kunst ist auch die Galleria Continua in San Gimignano, eine hochkarätige kommerzielle Galerie, die Künstler wie die Toskaner Giovanni Ozzala (geb. 1982) und Luca Pancrazzi (geb. 1961) vertritt. In Prato wartet das kürzlich eröffnete Centro per l'Arte Contemporanea Luigi Pecci mit zeitgenössischer Kunst auf.

KUNST & ARCHITEKTUR ZEITGENÖSSISCHE KUNST

Museen für moderne Kunst

Museo Novecento, Florenz

Galleria Continua, San Gimignano

Palazzo Fabroni, Pistoia

Museo Marino Mirini, Pistoia

Lucca Centre of Contemporary Art, Lucca

Palazzo Strozzi, Florenz

Praktische Informationen

Allgemeine Informationen

Botschaften & Konsulate

Ausländische Botschaften und Konsulate sind im italienischen Telefonbuch unter „Ambasciate" und „Consolati" zu finden. Außerdem unterhalten einige Länder an zusätzlichen Orten auch noch Honorarkonsulate.

Ermäßigungen

Jugendliche unter 18 Jahren und Senioren über 65 erhalten in vielen Museen und kulturellen Einrichtungen freien Eintritt; EU-Bürger bis 25 zahlen ebenfalls oft nur die Hälfte.

Eine weitere Möglichkeit, Geld zu sparen, bietet in vielen Orten wie Siena und San Gimignano ein **biglietto cumulativo**. Diese Eintrittskarte für mehrere Sehenswürdigkeiten kommt günstiger als die Summe der jeweiligen Einzelpreise.

European Youth Card, Studenten- & Lehrerausweise

➡ Die **European Youth Card** (Carta Giovani Europea; www.eyca.org/card/kiosk; je nach Verkaufsstelle um 14 €) bietet in ganz Italien in Tausenden von Hotels, Museen, Restaurants, Geschäften und Clubs einen Rabatt. Sie ist online für alle Unter-30-Jährigen weltweit zu erwerben.

➡ Für Schüler, Studenten und Lehrer bietet der Internationale Studenten- bzw. Lehrerausweis (ISIC; www.isic.de) Ermäßigungen auf Unterkünfte, Transport und Essen. Er ist online weltweit bei Studentenvertretungen, Jugendherbergen und spezialisierten Reisebüros wie STA Travel (www.statravel.de) zu bekommen, entweder als ISIC (Internationaler Studentenausweis, für Vollzeitschüler und -studenten), als ITIC (Internationaler Lehrerausweis, für Vollzeitlehrer) oder als IYTC (Internationale Reisekarte für Jugendliche unter 31 Jahren).

➡ Wichtig: Viele Ermäßigungen sind an ein Höchstalter gebunden – auch wenn man vielleicht immer noch studiert. Deshalb neben der ISIC immer auch einen Altersnachweis (z. B. Personalausweis) bereithalten.

Firenze Card

In Florenz könnte sich die Firenze Card (€72; www.firenzecard.it) lohnen. Sie ist 72 Stunden gültig und deckt neben dem Eintritt in 72 Museen, Villen und Parks auch die unbegrenzte Nutzung der städtischen Busse und Straßenbahnen ab. Außerdem umfasst sie kostenloses WLAN.

Essen

Näheres zum Thema Essen unter „Essen & Trinken" (S. 41).

Feiertage

Die meisten Italiener nehmen ihren Jahresurlaub im August, vor allem rund um *Ferragosto* (15.8.). Die Folge ist, dass viele Geschäfte im August zumindest teilweise geschlossen sind. Auch die Karwoche (*Settimana Santa*) gehört zu den beliebten Urlaubszeiten in Italien.

PREISKATEGORIEN ESSEN

Die folgenden Preiskategorien beziehen sich auf ein 2-Gänge-Menü inklusive *bicchiere di vino della casa* (ein Glas Hauswein) und *coperto* (Bedienungszuschlag):

€ bis 25 €

€€ 25–45 €

€€€ ab 45 €

Manche Städte haben eigene Feiertage zu Ehren ihres Stadtpatrons. Landesweit gelten folgende gesetzliche Feiertage:

Neujahr (Capodanno oder Anno Nuovo) 1. Januar

Dreikönigsfest (Epifania oder Befana) 6. Januar

Ostersonntag (Domenica di Pasqua) März/April

Ostermontag (Pasquetta oder Lunedì dell'Angelo) März/April

Tag der Befreiung (Giorno della Liberazione) 25. April – zum Gedenken an den Sieg der Alliierten und den Abzug der Deutschen 1945

Tag der Arbeit (Festa del Lavoro) 1. Mai

Tag der Republik (Festa della Repubblica) 2. Juni

Mariä Himmelfahrt (Assunzione oder Ferragosto) 15. August

Allerheiligen (Ognissanti) 1. November

Mariä Empfängnis (Immaculata Concezione) 8. Dezember

1. Weihnachtstag (Natale) 25. Dezember

2. Weihnachtstag (Festa di Santo Stefano) 26. Dezember

Geld

Geldautomaten gibt's überall. Die meisten Hotels und Restaurants nehmen Kreditkarten.

Geldautomaten

An Geldautomaten (bancomat) herrscht in der Toskana kein Mangel.

Kreditkarten

Welche ausländischen Kredit- und Bankkarten am Geldautomaten funktionieren, ist an den dort angebrachten Logos zu erkennen. Die meisten Hotels, Restaurants, Geschäfte, Supermärkte und Mautstellen akzeptieren Karten.

Verlorene, gestohlene oder vom Geldautomaten verschluckte Kreditkarten sollte man unverzüglich unter der

Rauchen ist in allen öffentlichen Gebäuden untersagt.

Die größten **Tageszeitungen** sind der *Corriere della Sera* (www.corriere.it, Artikel auf Englisch unter www.corriere.it/englisch) und *La Repubblica* (www.firenze.repubblica.it). *The Florentine* (www.theflorentine.net) bietet Regionalnachrichten, Kommentare und Anzeigen und erscheint einmal im Monat sowohl digital als auch gedruckt (kostenlos) auf Englisch.

Wo viele Touristen unterwegs sind, stehen die Chancen gut, am Kiosk die gängigsten deutschsprachigen Zeitungen zu bekommen.

deutschen Notfallnummer +49 116 116 (gilt für alle Kartenbetreiber) oder unter den folgenden kostenlosen italienischen Telefonnummern sperren lassen:

MasterCard ☎800 870866

Visa ☎800 819014

Trinkgeld

Taxis Auf den nächsten Euro aufrunden.

Restaurants Die meisten Einheimischen geben Kellnern kein Trinkgeld, doch Touristen geben gewöhnlich 10 bis 15 %, es sei denn, das Serviceentgelt ist schon im Rechnungsbetrag inbegriffen.

Cafés Trinkt man seinen Kaffee am Tresen, reicht es, eine Münze (auch 0,10 € sind schon okay) liegen zu lassen; am Tisch gibt man 10 %.

Hotels Gepäckträger erwarten etwa 1 bis 2 € pro Gepäckstück; Portiers, Reinigungs- und Rezeptionspersonal braucht man kein Trinkgeld zu geben.

Währung

In Italien gilt der Euro.

Gesundheit

Vor der Abreise

IMPFUNGEN

Für Italien sind keine speziellen Impfungen vorgeschrieben. Allerdings empfiehlt die Weltgesundheitsorganisation WHO Reisenden generell einen Impfschutz für Diphtherie, Tetanus, Masern, Mumps, Röteln, Kinderlähmung und Hepatitis B.

KRANKENVERSICHERUNG

➡ Die Europäische Krankenversicherungskarte (EHIC), die kostenlos bei den gesetzlichen Krankenversicherungen erhältlich ist, deckt in etwa die Leistungen ab, die auch zu Hause von den Krankenkassen übernommen werden (ein eventuell nötiger Rücktransport ins Heimatland gehört allerdings nicht dazu; dieser sollte von einem zusätzlichen Auslandsschutzbrief gedeckt sein).

Vor Ort

LEITUNGSWASSER

Zwar trinken die Einwohner der Toskana zum Essen gern Mineralwasser aus der Flasche, doch ist das Leitungswasser in der Region problemlos trinkbar.

MEDIZINISCHE VERSORGUNG

Rezeptfreie Medikamente sind auch in Italien in der Apotheke zu bekommen. Bei schwerwiegenden Problemen weiß man dort, an welchen Spezialisten in der Gegend man sich wenden kann.

Die Apotheken halten sich meist an die allgemeinen Ladenöffnungszeiten. Nachts und am Sonntag ist in größeren Ortschaften ein rotierender Notdienst (farmacie di turno) eingerichtet. Ein Verzeichnis der aktuellen Notapotheken ist unter www.miniportale.it/miniportale/farmacie/Toscana.htm zu finden. Außerdem hängt in jeder Apotheke der Hinweis auf die nächste Notapotheke an der Tür.

Notarzt und Krankenwagen sind unter der Nummer ☏118 zu erreichen. In der Notaufnahme (pronto soccorso) der öffentlichen Krankenhäuser ist auch ein zahnärztlicher Notdienst eingerichtet.

Internetzugang

Die meisten Einheimischen verfügen über einen privaten Internetanschluss und fast alle Hotels, Pensionen, Hostels und agriturismi (Gästezimmer auf Bauernhöfen oder Weingütern) bieten ihren Gästen kostenlosen WLAN-Zugang – auch wenn die Verbindungen dank dicker alter Mauern und/oder abgeschiedener Lage nicht immer gut sind. Klassische Internetcafés gibt es fast gar nicht mehr.

Karten

Wenn man in der ländlichen Toskana die Hauptstraßen verlässt, ist eine Straßenkarte ganz nützlich. Straßenkarten für die Toskana – z. B. die von Michelin (1:200 000), Marco Polo (1:200 000) und Touring Editore (1:200 000) – sind im Buchhandel und an Tankstellen erhältlich.

Wer sich lieber mit digitalen Karten orientiert, sollte vor der Abreise Offline-Versionen herunterladen – in der ländlichen Toskana hat man vielerorts keinen Empfang.

Öffnungszeiten

Die Öffnungszeiten wechseln im Laufe des Jahres mehrfach. Im Buch sind die Öffnungszeiten für die Haupt- und Nebensaison (also Sommer und Winter) angegeben, in der Zwischensaison können sie jedoch abweichen.

Banken Mo–Fr 8.30–13.30 und 15.30–16.30 Uhr

Restaurants 12.30–14.30 und 19.30–22 Uhr oder später

Cafés 7.30–20 Uhr

Bars und Kneipen 10–1 Uhr

Geschäfte Mo–Sa 9–13 und 15.30–19.30 Uhr (oder 16–20 Uhr)

Post

Le Poste (www.poste.it), das italienische Postsystem, arbeitet einigermaßen zuverlässig. Für Pakete sind Kuriere wie DHL oder FedEx oft die sicherere Wahl.

Briefmarken heißen francobolli und sind bei der Post und in Tabakläden erhältlich. Diese tabacchi sind an einem schwarzen Schild mit weißem T zu erkennen; sie halten sich meist an die üblichen Ladenöffnungszeiten.

Rechtsfragen

Urlauber kommen höchstens dann mit dem Gesetz in Berührung, wenn sie einem Taschendieb zum Opfer gefallen sind oder wenn das Auto abgeschleppt wurde.

Rufnummern für Notfälle (Diebstahl, Raub, Überfall oder Unfälle): 113 oder 112 (Letztere bietet einen mehrsprachigen Antwortdienst).

Reisen mit Behinderung

Die meisten toskanischen Städte und Orte sind kein Paradies für Menschen mit Behinderung – Rollstühle kommen nicht überall problemlos voran, da viele Straßen über ein Kopfsteinpflaster verfügen und die Bürgersteige in den Altstädten oft zu schmal sind.

In immer mehr Museen wie dem Uffizien in Florenz gibt es für Besucher mit eingeschränktem Sehvermögen Tastmodelle der wichtigsten Kunstwerke.

Klima

Florenz

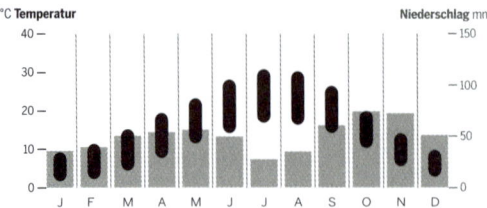

Elba

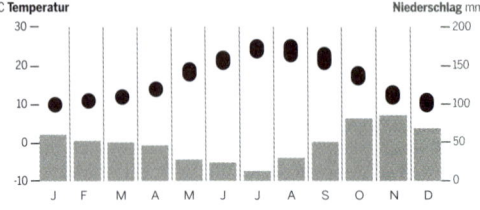

Sage Traveling (www.sagetraveling.com) ist ein europaweit agierender, auf Behindertenreisen spezialisierter Veranstalter. Auf der Website finden sich Tipps und Ratschläge für einen behindertengerechten Urlaub in Florenz. Außerdem bietet der Veranstalter verschiedene geführte Stadttouren für Rollstuhlfahrer – Buchung über die Website.

Auf http://lptravel.to/AccessibleTravel ist der kostenlose Führer *Accessible Travel* von Lonely Planet erhältlich.

Schwule & Lesben unterwegs

Homosexualität ist in Italien legal und wird in den großen Städten problemlos akzeptiert. An der Küste sind Viareggio und Torre del Lago für ihre Schwulenszenen bekannt.

Weitere nützliche Informationen sind beispielsweise auf den folgenden Seiten zu finden:

Arcigay (www.arcigay.it) Nationale Organisation für die LGBTI Community mit Sitz in Bologna.

Azione Gay e Lesbica Firenze (☎055 22 02 50; www.azionegayelesbica.it; Via Pisana 32r) Schwulen- und Lesbenorganisation aus Florenz.

GayFriendlyItaly.com (www.gayfriendlyitaly.com) Die englischsprachige Website (ein Ableger von gay.it) liefert umfassende Informationen – von Veranstaltungen über Homophobie bis hin zu Rechtsfragen.

Gay.it (www.gay.it) Website mit Nachrichten, Artikeln und Klatsch und Tratsch aus der Gayszene.

Pride (www.prideonline.it) Landesweite Monatszeitschrift mit Schwerpunkt Kunst, Musik, Politik und schwule Kultur.

Strom

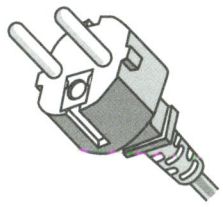

Typ F
230 V / 50 Hz

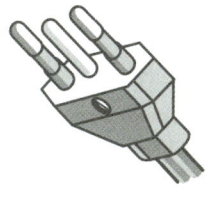

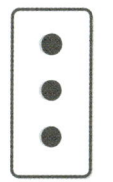

Typ L
220 V / 50 Hz

Telefon

Handys

Mehrere Unternehmen haben kurzfristige und Prepaid-Verträge im Angebot. Schon ab 20 € lassen sich italienische SIM-Karten aktivieren (wobei manche Anbieter diesen Betrag gleich als Guthaben auf die Karte buchen): Einfach in einem Handyladen registrieren (Ausweis nicht vergessen!), und nach etwa 24 Stunden ist das Handykonto freigeschaltet.

➡ Das Kartenguthaben kann man später in jeder Filiale des Anbieters, im Tabakladen, in Supermärkten und in Banken aufladen (*ricaricare*).

➡ TIM (Telecom Italia Mobile; www.tim.it), Vodafone (www.vodafone.it) und Wind (www.wind.it) haben das dichteste Filialnetz im Land.

➡ Wer mit dem deutschen Handy-Anbieter unterwegs ist, sollte sich vor der Reise beim Provider nach möglichen Roaming-Gebühren erkundigen. Seit Juni 2017 sind diese innerhalb der EU grundsätzlich abgeschafft, einige Verträge nehmen aber bestimmte Leistungen hiervon aus.

Innerhalb Italiens

➡ Italienische Ortsvorwahlen beginnen mit ☎0 und bestehen aus bis zu vier Ziffern. Die nachfolgende Anschlussnummer kann vier- bis neunstellig sein. Die Vorwahlnummer muss immer mitgewählt werden, selbst wenn man nur seinen Nachbarn anruft.

➡ Handynummern haben eine dreistellige Vorwahl, z. B. ☎330.

➡ Kostenlose Servicenummern (*numeri verdi*) beginnen normalerweise mit ☎800.

➡ Auch die Vorwahlen ☎840, 841, 848, 892, 899, 163, 166 und 199 sagen nichts darüber aus, wo sich der Anschluss befindet.

➡ Darüber hinaus sind noch ein paar gebührenpflichtige Nummern mit sechs Stellen im Umlauf (z. B. Alitalia, Bahnauskunft und Post).

➡ Wie überall in Europa haben auch italienische Telefonkunden die Wahl zwischen einer Unmenge von Anbietern und Tarifen. Allgemein gültige Aussagen über Telefongebühren sind deshalb schwierig.

Auslandsgespräche

→ Am günstigsten ins Ausland telefoniert man mit kostenloser oder preisgünstiger IP-Telefonie-Software wie Skype oder Viber.

→ Callshops gibt's in allen größeren Städten; die Gebühren sind oft erheblich günstiger als die Auslandstarife in öffentlichen Telefonzellen. Einfach eine der Zellen im Callshop belegen; bezahlt wird am Ende.

→ Die am Kiosk oder im Tabakladen erhältlichen Auslandstelefonkarten haben günstigere Tarife und können auch an öffentlichen Telefonzellen benutzt werden.

→ Deutschland hat die Vorwahl ☏0049, Österreich ☏0043 und die Schweiz ☏0041. Bei der anschließenden Ortsvorwahl die 0 weglassen.

→ Um aus Deutschland, Österreich oder der Schweiz nach Italien zu telefonieren, wählt man ☏0043 und dann die komplette Rufnummer mit Vorwahl (einschließlich der 0!).

Telefonzellen & Telefonkarten

→ Die meisten Telefonzellen funktionieren nur mit *carte/schede telefoniche* (Telefonkarten), manche auch mit Kreditkarten. Erhältlich sind die Karten (zu 1, 2,50, 3, 5 oder 7,50 €) bei der Post, im Tabakladen und am Zeitungskiosk.

→ Telecom Italia hat ein breites Spektrum an Telefonkarten im Sortiment.

Toiletten

Öffentliche Toiletten sind Fehlanzeige. Wenn Not am Mann oder an der Frau ist, begibt man sich am besten ins nächste Café, bestellt an der Theke einen Espresso und betrachtet die 1 € für den Kaffee als Gebühr für die Toilettenbenutzung. Wenn man das Wasser im Waschbecken nicht per Wasserhahn zum Laufen bekommt: Auf das Fußpedal unter dem Becken treten!

Touristeninformation

Visit Tuscany (www.visittuscany.com) ist die Website des toskanischen Fremdenverkehrsamts.

Versicherungen

Oft lohnt sich eine Auslandsreiseversicherung gegen Diebstahl und Verlust von Wertgegenständen sowie für medizinische Zusatzleistungen, die von der normalen Krankenversicherung nicht abgedeckt sind. Manche Versicherungen greifen allerdings nicht bei so genannten „gefährlichen Aktivitäten" – damit kann neben Tauchen, Klettern und Motorradfahren auch Wandern gemeint sein; also immer das Kleingedruckte lesen.

Unter www.lonelyplanet.com/travel-insurance werden weltweit Reiseversicherungen angeboten. Auch wer schon unterwegs ist, kann dort eine Versicherung abschließen, erweitern oder im Fall eines Falles in Anspruch nehmen.

Visum

→ Italien gehört ebenso wie Deutschland, Österreich, die Schweiz und Liechtenstein zum Schengenraum. Ein Visum ist daher für Bürger dieser Staaten nicht erforderlich.

DIE ITALIENISCHE POLIZEI

In Italien gibt es sechs verschiedene landesweite Polizeiorganisationen, dazu kommen eine ganze Reihe regional organisierter Einheiten. Die wichtigsten Organisationen sind:

ORGANISATION	ZUSTÄNDIGKEIT	UNIFORM
polizia di stato (zivile Staatspolizei)	Diebstahl, Verlängerung von Visa und Aufenthaltsgenehmigungen; zu finden in der örtlichen *questura* (Polizeiwache)	taubenblaue Hosen mit lila Streifen, marineblaue Jacke
arma dei carabinieri (Gendarmerie)	allgemeine Verbrechens- und Drogenbekämpfung, öffentliche Ordnung (häufig Kompetenzüberlappung mit der *polizia di stato*)	schwarz mit rotem Streifen
polizia municipale (auch *vigili urbani*; städtische Polizei)	Parksünden (Knöllchen, Abschleppen), öffentliche Ordnung, kleinere Verbrechen	je nach Provinz

➡ EU-Bürger benötigen für Italien keine Aufenthalts- und Arbeitsgenehmigung.

Zeit

In Italien gilt das ganze Jahr hindurch dieselbe Zeit wie in Deutschland, Österreich und der Schweiz. Viele Museen und andere Sehenswürdigkeiten stellen ihre Öffnungszeiten parallel zum Wechsel von Sommer- auf Winterzeit um.

Zoll-bestimmungen

Wer aus einem nicht der EU angehörigen Staat (also beispielsweise aus der Schweiz) nach Italien einreist, darf Waren nur bis zu den folgenden Höchstmengen einführen. Zu beachten ist, dass diese Obergrenzen auch dann gelten, wenn die Schweiz nur Transitland ist!

➡ 1 l Spirituosen (oder 2 l Wein)

➡ 200 Zigaretten

➡ sonstige Waren (z. B. Parfüm) bis zu einem Gesamtwert von 430 € (Reisende unter 15 Jahren 150 €)

Alles, was darüber hinausgeht, muss bei der Einreise deklariert und entsprechend verzollt werden.

Weitere Informationen unter www.italia.it.

Verkehrsmittel & -wege

AN- & WEITERREISE

Flüge, Mietwagen und Touren können online gebucht werden unter lonelyplanet.com/bookings.

Auf dem Landweg

Einreise

Bei der Einreise aus einem benachbarten EU-Land oder der Schweiz gibt es in der Regel keine Grenzkontrollen.

Auto & Motorrad

Wer mit dem eigenen Fahrzeug in Italien unterwegs ist, sollte ein paar Regeln beherzigen, da sonst zum Teil saftige Strafen fällig werden: Für jeden Passagier muss eine eigene Warnweste an Bord in Greifweite liegen, Fahranfänger dürfen auf Autobahnen höchstens 100 km/h fahren (auf Schnellstraßen 90 km/h), und außerhalb des Ortes gilt auch tagsüber: Licht an! Nähere Informationen zu den Verkehrsregeln in Italien s. S. 360.

Bus

Der Bus ist die günstigste Möglichkeit, um auf dem Landweg nach Italien zu kommen. Allerdings fahren Busse seltener als Züge, sind nicht so bequem und bedeutend langsamer.

Zug

➡ Um mit der Bahn nach Florenz zu kommen, muss man in den meisten Fällen in Mailand umsteigen; von dort aus hat man u. a. Verbindungen nach Florenz und Pisa. Nachtzüge fahren von München und Wien aus direkt nach Florenz.

➡ Fahrpläne und Fahrplan-Apps finden sich unter www.eurail.com und www.bahn.de.

Flugzeug

➡ Die Hochsaison für Flugreisen nach Italien geht von Mitte April bis Mitte September.

➡ Zwischen Mitte September und Ende Oktober sowie von Ostern bis Mitte April ist die Nachfrage etwas geringer.

➡ Nebensaison ist von November bis März.

➡ Um Weihnachten und Ostern ziehen die Preise oft wieder an; Flüge können in dieser Zeit ausgebucht sein.

Übers Meer

Italien ist durch Fährverbindungen mit seinen Inseln und anderen Mittelmeerländern verbunden. Die Fähren von Spanien, Sardinien und Korsika laufen Livorno an.

Umfassende Informationen über Fährverbindungen von und nach Italien gibt's bei **Traghettionline** (www.traghettionline.com). Auf der Website sind alle Verbindungen aufgeführt; es gibt Links zu Fährgesellschaften, bei denen man Tickets kaufen und nach Angeboten suchen kann.

SCHNELLZUGVERBINDUNGEN

VON	NACH	TAKT	DAUER (STD.)	PREIS (€)
Genf	Mailand	4-mal tgl.	4	79
München	Verona	5-mal tgl.	5½	62–89
Paris	Mailand	4-mal tgl.	7–10	59–104
Ventimiglia	Mailand	6-mal tgl.	4	32
Wien	Florenz	1-mal tgl. nachts	11	59–119
Zürich	Mailand	7-mal tgl.	3¾	39–76

FLUGHAFEN	NAME	REGION	WEBSITE
Pisa (PSA)	Aeroporto Galileo Galilei	Pisa	www.pisa-airport.com
Florenz (FLR)	Amerigo Vespucci; Peretola	Florenz	www.aeroporto.firenze.it
Umbrien (PEG)	Perugia San Francesco d'Assisi	Perugia, Umbrien	www.airport.umbria.it
Bologna (BLQ)	Aeroporto G Marconi	Bologna, Emilia-Romagna	www.bologna-airport.it

Inlandsflüge:

Alitalia (☎ aus dem Ausland 06 6 56 49, in Italien 89 20 10; www.alitalia.it) Die nationale Fluggesellschaft Italiens. Fliegt von Pisa, Florenz und Bologna nach Rom und Catania.

Meridiana Fly (☎ aus dem Ausland +39 0789 5 26 82, in Italien 89 29 28; www.meridiana.it) Von Bologna nach Olbia und Cagliari.

Ryanair (www.ryanair.com) Vom Flughafen Pisa nach Trapani, Palermo, Bari, Brindisi und Cagliari, vom Flughafen Umbrien nach Brindisi, Cagliari und Trapani sowie vom Flughafen Bologna nach Bari, Brindisi, Trapani und Palermo.

UNTERWEGS VOR ORT

Auto & Motorrad

Benzin & Ersatzteile

Fast nirgends in Europa ist der Sprit teurer als in Italien, wobei die Preise von Tankstelle (*benzinaio, stazione di servizio*) zu Tankstelle variieren. Super bleifrei (*senza piombo*) mit 95 Oktan kostet gewöhnlich 1,50 bis 1,60 € pro Liter, Diesel (*gasolio*) 1,40 €. Um die Mittagszeit, nachts und am Wochenende sind viele Tankstellen nicht besetzt. Dann kann man z. T. mit Kreditkarte tanken; allerdings nehmen die Automaten nicht alle ausländischen Karten an.

Wer Ersatzteile braucht, wendet sich an eine Werkstatt oder die 24-Stunden-Nummer des ACI ☎ 803 116.

Führerschein

EU-Führerscheine werden in ganz Europa anerkannt. Wer keinen EU-Führerschein besitzt, ist verpflichtet, sich als Ergänzung zum nationalen einen Internationalen Führerschein zu besorgen.

Allerdings wird das in der Realität kaum kontrolliert.

Mietwagen

Um ein Auto zu mieten, muss man mindestens 25 Jahre alt und im Besitz einer Kreditkarte sein. Die meisten Autoverleiher erwarten, dass das Fahrzeug vollgetankt zurückgebracht wird. Andernfalls fordern sie zum Teil hohe Aufpreise. Ein Blick auf die Öffnungszeiten der Vermieter kann sich lohnen: Wer nach Geschäftsschluss ankommt, zahlt Strafe.

Es sollte klar sein, was im Preis inbegriffen ist (z. B. unbegrenzte Kilometer, Steuern, Versicherung, Selbstbeteiligung). Auch die gewünschte Fahrzeuggröße sollte gut bedacht werden – angesichts der hohen Benzinpreise, engen Straßen sowie der Verkehrs- und Parkbedingungen in den Städten sind kleinere Fahrzeuge von Vorteil.

Motorradverleih

Überall in der Toskana kann man sich einen rollenden Untersatz ausleihen: von der kleinen Vespa bis hin zum großen Tourenmotorrad.

Helme sind Pflicht. Die meisten Verleiher vermieten keine Motorräder an Personen unter 18 Jahren. Viele verlangen eine Kaution in beträchtlicher Höhe. Eventuell muss man im Falle eines Diebstahls einen Teil der Wiederbeschaffungskosten mittragen.

Mopeds mit einer Höchstgeschwindigkeit von 40 km/h dürfen ohne Führerschein gefahren werden – allerdings nur von Personen, die über 14 Jahre alt sind. Für ein Motorrad oder einen Motorroller zwischen 50 und 125 ccm beträgt das Mindestalter 16 Jahre, und ein Führerschein ist erforderlich (Autoführerschein reicht). Für Motorräder über 125 ccm braucht man einen Motorradführerschein.

Roller mit weniger als 150 ccm dürfen nicht auf Autobahnen fahren, dafür sind in der *Zona a Traffico Limitato* (ZTL; verkehrsberuhigte Zone) mancher Städte Motorräder zugelassen.

Parken

Parkplätze mit blauer Umrandung sind kostenpflichtig. Parkscheine gibt's an Automaten in der Nähe; der Schein muss deutlich sichtbar hinter die Windschutzscheibe gelegt werden. Weiße

Umrandungen kennzeichnen kostenlose Parkplätze, gelbe Anwohnerparkplätze. Wenn Motorräder oder Roller auf dem Bürgersteig abgestellt werden, drückt die Verkehrspolizei normalerweise ein Auge zu.

Straßennetz

Die Toskana hat ein ausgezeichnetes Straßennetz. Im Gegensatz zu den Landstraßen sind die Autobahnen A11 und A12 zwischen Florenz, Pisa und Livorno (FI-PI-LI) sowie die A1 (von Mailand über Florenz und Arezzo nach Rom) mautpflichtig. Infos zu Fahrzeiten und Mautgebühren gibt's unter www. autostrade.it.

Die italienischen Straßenkategorien lauten in absteigender Rangfolge:

Strade statali (Abkürzung SS oder S; Staatsstraßen) Teils autobahnähnliche, mautfreie Fernstraßen, teils normale Landstraßen, auf denen es vor allem im Gebirge manchmal nur im Schneckentempo vorwärtsgeht.

Strade regionali (Abkürzung SR oder R; Regionalstraßen) Diese Straßen verbinden kleinere Orte.

TEMPOLIMITS

Für Autos und Motorräder gelten die folgenden Tempolimits:

➡ Geschlossene Ortschaften: 50 km/h

➡ Landstraßen: 70–90 km/h (Schilder beachten)

➡ Schnellstraßen: 110 km/h, 90 km/h bei Regen

➡ Autobahnen: 130 km/h, 110 km/h bei Regen

Für Gespanne (einschließlich Wohnanhänger) und Wohnmobile gelten niedrigere Tempolimits.

Strade provinciali (Abkürzung SP oder P; Provinzstraßen)

Strade locali Oft ohne Fahrbahnbelag und nicht auf jeder Landkarte zu finden.

Verkehrsregeln

➡ Wo die Vorfahrt nicht eigens geregelt ist, gilt rechts vor links.

➡ Alle Fahrzeuginsassen müssen einen Sicherheitsgurt anlegen. Wer ohne Gurt erwischt wird, muss mit einer sofort fälligen Geldstrafe rechnen. Kinder unter zwölf Jahren müssen auf dem Rücksitz Platz nehmen, Kinder unter vier in Kindersitzen. Bei einer Körpergröße unter 1,50 m muss entweder ein zugelassenes Rückhaltesystem oder ein geeigneter Sitz vorhanden sein.

➡ Ein Warndreieck muss immer an Bord sein, ebenso für jeden Insassen eine Warnweste, die man bei Pannen und Unfällen in abgelegenen Gebieten zu tragen hat, sobald man das Fahrzeug verlässt.

➡ Die Alkoholgrenze liegt bei 0,5 Promille; die Polizei führt regelmäßig Kontrollen durch. Wer mit mehr erwischt wird, muss mit harten Strafen rechnen.

➡ Bußgelder wegen Geschwindigkeitsübertretungen richten sich nach der Höhe der Überschreitung. Im schlimmsten Fall werden 2000 € und der Führerschein kassiert.

➡ Auf Autobahnen ist für alle Fahrzeuge auch tagsüber Abblendlicht Pflicht, für Motorräder ist es auch auf kleineren Straßen empfehlenswert.

➡ In den Altstädten vieler toskanischer Städte wurde eine *Zona a Traffico Limitato* (ZTL; verkehrsberuhigte Zone) eingerichtet, in die nur Anwohner mit entsprechender Parklizenz einfahren dürfen. Wer ohne Genehmigung eine ZTL befährt, muss mit einer Strafe rechnen. Das

gilt auch für Mietwagen; Reisende, die unwissentlich in eine ZTL eingefahren sind, können hinterher auf der Kreditkartenabrechnung der Autovermietung einen gepfefferten Posten (Geldbuße plus Verwaltungsgebühr) vorfinden.

Versicherung

In Italien muss neben dem Fahrzeugschein auch immer ein Versicherungsnachweis mitgeführt werden. Für Fahrzeuge, die in der EU zugelassen sind, ist keine eigene Auslandsversicherung nötig. Falls es zu einem Unfall kommt, ist der Europäische Unfallbericht hilfreich. Das Formular gibt es bei den Autoversicherern und im Internet als Download.

Bus

Zwischen den größeren Städten ist die Bahn die praktischere und günstigere Reisealternative. Busgesellschaften bieten dagegen oft die besseren Verbindungen zwischen kleinen Orten und Dörfern. Auch zwischen einigen größeren Städten wie Florenz und Siena sind Busse das bessere Verkehrsmittel.

➡ Dutzende Regionalbusgesellschaften sind unter der Dachmarke **Tiemme** (www.lfi.it) unterwegs.

➡ An Feiertagen und Wochenenden, besonders sonntags, sind die Verbindungen aber stark eingeschränkt; manchmal wird der Betrieb sogar ganz eingestellt.

➡ Viele örtliche Touristeninformationen halten Busfahrpläne bereit.

➡ Bustickets sind bei den meisten *tabacchi* und Zeitungskiosken und an den Fahrkartenschaltern und -automaten an den Busbahnhöfen erhältlich. Mit geringem Aufpreis sind Fahrkarten normalerweise auch im Bus erhältlich.

BUSUNTERNEHMEN IN DER TOSKANA

BUSUNTER-NEHMEN	WEBSITE (MEIST NUR AUF ITALIENISCH)	BEREICH
ATL	www.atl.livorno.it	Livorno
CPT	www.cpt.pisa.it	Pisa & Volterra
Etruria Mobilità	www.etruriamobilita.it	Östliche Toskana
Siena Mobilità	www.sienamobilita.it	Siena & Umgebung
SITA	www.sitabus.it	Florenz & Chianti
Vaibus	www.vaibus.it	Lucca, Garfagnana & Versilia

➡ Fahrscheine müssen im Bus entwertet werden.

➡ In den größeren Städten haben die Busgesellschaften oft Ticketbüros. Manchmal gibt es günstige spezielle Tagestickets für Touristen.

➡ Zur Abfahrt sollte man immer rechtzeitig erscheinen, denn entgegen der italienischen Lebensart sind Busse fast immer pünktlich.

Fahrrad

Radfahren ist in Italien Nationalsport. Die *autostrada* (Autobahn) ist für Radler tabu, aber sonst gibt es eigentlich keine Einschränkungen.

Fahrräder können in jedem Zug mitgenommen werden, der mit einem Rad-Logo gekennzeichnet ist. Am billigsten ist die Mitnahme mit einer separaten Fahrradkarte (3,50 € in Regionalzügen und 12 € in internationalen Zügen). Die Fahrkarte gilt 24 Stunden und muss vor Fahrtantritt entwertet werden. Auf Fähren können Räder gratis mitgenommen werden.

In der Toskana gibt es immer mehr städtische Fahrradleihsysteme. In Pisa kann man an einer von 14 Leihstationen in der ganzen Stadt ein silbernes Rad von **Ciclopi** (☎800 005 640; www.ciclopi. eu; Piazza Vittorio Emanuele II; 1. Std. kostenlos, 2./3./4. halbe Std. 0,90/1,50/2,50 €; ☺9.30–13 Uhr) leihen. **SiPedala** (www.sienaparcheggi. com/it/1125/Bike-sharing. htm) in Siena ist das erste E-Bike-Leihsystem der Region, mit 13 Leihstationen in der Stadt.

Von/Zu den Flughäfen

Internationaler Flughafen Pisa Ins Zentrum von Pisa fahren LAM-Rossa-Busse (1,20 €). Die automatischen Bahnen Pisa-Mover verkehren zur Stazione Pisa Centrale (2,70 €) in Pisa; außerdem fahren regelmäßig Züge zur Stazione di Santa Maria Novella (8,40 €) in Florenz. Ein Taxi in die Innenstadt von Pisa kostet 10 €.

Flughafen Florenz Ins Zentrum von Florenz fahren Busse (6 €). Für Taxis in die Innenstadt gilt ein Festpreis von 20 € (sonn- und feiertags 23 €, von 22 bis 6 Uhr 22 €) plus 1 € pro Gepäckstück und 1 € für einen vierten Fahrgast.

Nahverkehr

Straßenbahn

Florenz hat eine Straßenbahn, deren Streckenführung für Touristen allerdings eher uninteressant ist.

Taxi

Taxistände finden sich in der Regel an Bahnhöfen und Busbahnhöfen. Man kann Taxis auch telefonisch bestellen. Am besten begibt man sich zu einem Taxistand, da Taxis nicht einfach auf der Straße halten dürfen, wenn man eines heranwinkt. Wer telefonisch ein Taxi ruft, sollte bedenken, dass das Taxameter bereits ab dem Anrufzeitpunkt läuft.

Schiff/Fähre

Das ganze Jahr über bestehen regelmäßige Fährverbindungen von Piombino nach Portoferraio auf Elba und zu den kleineren Hafenstädten Cavo und Rio Marina auf Elba. Von Livorno aus gibt es eine Fährverbindung zur Insel Capraia (ganzjährig).

KLIMAWANDEL & REISEN

Jede Art der motorisierten Fortbewegung erzeugt CO_2, den Hauptverursacher der globalen Erwärmung. Reisen ist in unserer Zeit nur noch schwer ohne Flugzeuge denkbar. Sie verbrauchen zwar weniger Treibstoff pro Kilometer und Person als die meisten Autos, legen aber viel größere Entfernungen zurück. Außerdem setzen sie Treibhausgase in hohen Schichten der Atmosphäre frei, was den Treibhauseffekt verstärkt. Viele Websites bieten sogenannte CO_2-Rechner, mit denen jeder selbst errechnen kann, wie viel Treibhausgase seine Reise produziert. Häufig wird gleichzeitig angeboten, die errechneten Emissionen durch finanzielle Unterstützung von klimafreundlichen Initiativen und Projekten in der ganzen Welt auszugleichen. Alle Reisen von Mitarbeitern und Autoren von Lonely Planet werden auf diese Weise kompensiert.

Zugstrecken

N 0 _____ 50 km

- Genua
- Savona
- Bologna
- Lugo
- **Ravenna**
- *Adria*
- Faenza
- Forli
- La Spezia
- Sarzana
- Massa Centro
- Pietrasanta
- Pistoia
- Rimini
- Viareggio
- Prato
- Lucca
- Pisa
- Empoli
- **Florenz**
- *Ligurisches Meer*
- Livorno
- Arezzo
- Poggibonsi
- Cecina
- Volterra-Saline-Pomarance
- Siena
- Asciano
- Camucia-Cortona
- Buonconvento
- Piombino
- Chiusi-Chianciano Terme
- **UMBRIEN**
- Grosseto
- Orvieto
- Orbetello

——	Hauptstrecken
- - -	Nahverkehrsstrecken

Zug

➡ **Trenitalia** (☎ aus dem Ausland 06 6847 5475, in Italien 89 20 21; www.trenitalia.com; ⏰ Callcenter 7–24 Uhr) betreibt die meisten Bahnlinien in Italien.

➡ Das Bahnangebot in der Toskana ist eher bescheiden. Fahrkarten gibt's an den Schaltern und Automaten in den Bahnhöfen und über die Trenitalia-Smartphone-App.

➡ Gedruckte Fahrscheine müssen *vor* dem Einsteigen an den gelben *convalida*-Maschinen entwertet werden, die an den Zugängen zu den Bahnsteigen stehen. Wer kein entwertetes Ticket besitzt, muss mit einer Geldstrafe von mindestens 50 € rechnen. Diese ist sofort und bar zu bezahlen; wer nicht genügend Bargeld dabeihat, wird vom Kontrolleur zum nächsten Geldautomaten begleitet.

➡ Die Zugfahrpläne an den Bahnhöfen listen normalerweise die *arrivi* (Ankünfte) auf weißem Hintergrund und die *partenze* (Abfahrten) auf gelbem Hintergrund. Reisende haben die Auswahl zwischen folgenden Zügen:

Regionale (R) Regionalzüge. Günstig, dafür langsam; sie halten fast überall. *Regionale veloce* (schnelle Regionalzüge) halten nicht ganz so oft.

InterCity (IC) Schnellere, teurere Verbindung zwischen größeren Städten.

Alta Velocità (AV) Hochmoderne Hochgeschwindigkeitszüge, die mit bis zu 350 km/h fahren. Teurer als der Intercity, dafür dauert die Fahrt z. T. nur halb so lang. Der *Frecciarossa* fährt über Florenz nach Turin, Mailand, Bologna, Rom und Salerno. Reservierung erforderlich.

Ermäßigungen

Trenitalia hat mehrere Ermäßigungskarten im Angebot, z. B. die Carta Verde (40 €) für junge Leute von 12–26 Jahren und die Carta d'Argento (30 €) für Senioren (ab 60). Normale Fahrkarten kosten 10 bis 15 % weniger, internationale Verbindungen sind um 25 % günstiger. Näheres auf www.trenitalia.com.

Gepäck-aufbewahrung

Die meisten größeren Bahnhöfe verfügen über einen Gepäckaufbewahrungsschalter oder Schließfächer. Die Gepäckschalter sind gewöhnlich rund um die Uhr oder von 6 Uhr bis Mitternacht geöffnet; ein Gepäckstück kostet etwa 5 € für zwölf Stunden.

Klassen & Preise

In den meisten italienischen Zügen gibt es eine 1. und eine 2. Klasse; eine Fahrkarte für die 1. Klasse kostet knapp doppelt so viel wie eine für die 2. Klasse. Der Unterschied ist aber nicht groß: In der 1. Klasse gibt's halt ein bisschen mehr Platz und Kaffee/Tee gratis.

Wer nur eine kurze Strecke fahren möchte, sollte die Preise von *regionale* und IC/*AV* vergleichen. Die Tickets für einen *regionale* sind erheblich billiger. Der IC oder *AV* ist manchmal nur zehn Minuten schneller, aber die Fahrkarte kostet gleich mindestens 5 € mehr. Die aktuellen Preise sind unter www.trenitalia.com zu finden.

Sprache

In ganz Italien wird die Hochsprache gelehrt und gesprochen. Auch wenn Dialekte ein wichtiger Bestandteil regionaler Identität sind, wird man mit Hochitalienisch, das wir auch für dieses Kapitel verwendet haben, nirgends Probleme haben, sich verständlich zu machen.

Die Laute des Italienischen kommen auch in der deutschen Sprache vor. Wer die farbige Lautschrift in diesem Kapitel benutzt, wird sich verständlich machen können. Die betonte Silbe eines Wortes ist stets kursiv gedruckt. Anders als im Deutschen wird der Umlaut „ei" wie zwei Vokale gesprochen, also nicht wie in „Seite", sondern wie in „beinhalten". Dasselbe gilt für „eu", das wie in „beurteilen" klingt, was beim Bezahlen in Euro (e·uro) wichtig ist. Konsonanten werden oft schärfer als bei uns gesprochen, das „r" etwas gerollt. Doppelkonsonanten werden deutlich betont, so dass der Unterschied zwischen z. B. sonno (son·no; Schlaf) und sono (so·no; ich bin) offensichtlich wird.

GRUNDLAGEN

Wie im Deutschen gibt es auch im Italienischen eine Höflichkeitsform. Wer Fremde, Amtspersonen oder ältere Menschen anspricht, verwendet daher die dritte Person Singluar lci (Sie). Bei Verwandten, Freunden und jüngeren Personen ist dagegen das vertrauliche tu (du) üblich.

Die italienische Sprache kennt nur zwei grammatikalische Geschlechter, maskulin und feminin. Die meisten weiblichen Substantive und Adjektive enden auf -a, die männlichen auf -o, im Plural auf -e bzw. -i. Der weibliche Artikel ist la (bestimmt) oder una

(unbestimmt), der männliche il (bestimmt) oder uno (unbestimmt). Wo notwendig, werden in diesem Kapitel die Varianten für vertraute (du)/höfliche (Sie) Anrede sowie maskulin/feminin angegeben.

Hallo.	Buongiorno.	bon·dschor·no
Auf Wiedersehen.	Arrivederci.	ar·ri·we·der·tschi
Ja/Nein.	Sì/No.	si/no
Entschuldigen Sie/entschuldige.	Mi scusi/Scusami.	mi sku·si/sku·sa·mi
Tut mir leid.	Mi dispiace.	mi dis·pja·tsche
Bitte (um etwas bitten).	Per favore.	per fa·wo·re
Danke.	Grazie.	gra·tsje
Bitte (gern geschehen).	Prego.	pre·go

Wie geht es Ihnen/dir?
Come sta/stai? — ko·me sta/stai

Gut, und Ihnen/dir?
Bene. E Lei/tu? — be·ne e lej/tu

Wie heißen Sie/heißt du?
Come si chiama? — ko·me si kja·ma
Come ti chiami? — ko·me ti kja·mi

Ich heiße ...
Mi chiamo ... — mi kja·mo ...

Sprechen Sie/Sprichst du Deutsch/Englisch?
Parla/Parli — par·la/par·li
tedesco/inglese? — te des ko/in·gle·se

Ich verstehe nicht.
Non capisco. — non ka·pis·ko

UNTERKUNFT

Haben Sie ein ...-zimmer?	Avete una camera ...?	a·we·te u·na ka·me·ra ...
Doppel-	doppia con letto matrimoniale	dop·ja kon le·to ma·tri·mon·ja·le
Einzel-	singola	sing·go·la

NOCH MEHR ITALIENISCH?

Mehr zur italienischen Sprache und weitere nützliche Redewendungen verrät der *Sprachführer Italienisch* von Lonely Planet. Er kann auch unter **shop.lonely planet.de** bestellt werden.

Wieviel kostet es pro ...?	Quanto costa per ...?	kwan·to kos·ta per ...
Nacht	una notte	u·na no·te
Person	persona	per·so·na

Ist das Frühstück inbegriffen?
La colazione è compresa? — la ko·la·*tsjo*·ne e kom·*pre*·sa

Bad	bagno	ba·njo
Campingplatz	campeggio	kam·pe·dscho
Fenster	finestra	fi·nes·tra
Hotel	albergo	al·ber·go
Jugend-herberge	ostello della gioventù	os·tel·lo de·la dscho·ven·tu
Klimaanlage	aria condizionata	a·ria kon·di·tsjo·na·ta
Pension	pensione	pen·sjo·ne

RICHTUNGSANGABEN

Wo ist ...?
Dov'è ...? — do·wä ...

Wie ist die Adresse?
Qual'è l'indirizzo? — kwal·ä lin·di·ri·tso

Können Sie das bitte aufschreiben?
Può scriverlo, per favore? — puo skri·wer·lo per fa·wo·re

Können Sie es mir (auf der Karte) zeigen?
Può mostrarmi (sulla pianta)? — puo mos·trar·mi (su·la pjan·ta)

an der Ampel	al semaforo	al se·ma·fo·ro
an der Ecke	all'angolo	al·lan·go·lo
gegenüber	di fronte a	di fron·te a
geradeaus	sempre diritto	sem·pre di·ri·to
hinter	dietro	dje·tro
links	a sinistra	a si·nis·tra
nahe	vicino	wi·tschi·no
neben	accanto a	ak·kan·to a
rechts	a destra	a de·stra
vor (räumlich)	davanti a	da·wan·ti a
weit weg	lontano	lon·ta·no

ESSEN & TRINKEN

Was können Sie empfehlen?
Cosa mi consiglia? — ko·sa mi kon·sil·ja

Welche Zutaten hat dieses Gericht?
Quali ingredienti ci sono in questo piatto? — kwa·li in·gre·djen·ti tschi so·no in kwes·to pja·to

SATZBAUKASTEN

Hier die wirklich wichtigen Standard-sätze, kombinierbar mit den jeweiligen Begriffen aus dem Glossar:

Wann geht (der nächste Flug)?
A che ora è (il prossimo volo)? — a ke o·ra ä (il pro·si·mo wo·lo)

Wo ist (der Bahnhof)?
Dov'è (la stazione)? — do·wä (la sta·tsjo·ne)

Ich suche (ein Hotel).
Sto cercando (un albergo). — sto tscher·kan·do (un al·ber·go)

Haben Sie/hast du (eine Karte)?
Ha (una pianta)? — a (u·na pjan·ta)

Gibt's hier (eine Toilette)?
C'è (un gabinetto)? — tschä (un ga·bi·net·to)

Ich hätte gerne (einen Kaffee).
Vorrei (un caffè). — wo·rej (un ka·fe)

Ich möchte gerne (ein Auto mieten).
Vorrei (noleggiare una macchina). — wo·rej (no·le·dscha·re u·na ma·ki·na)

Darf ich (hereinkommen)?
Posso (entrare)? — pos·so (en·tra·re)

Könnten Sie/könntest du (mir helfen)?
Può/puoi (aiutarmi), per favore? — puo/puoi (a·ju·tar·mi) per fa·wo·re

Muss ich (einen Platz reservieren)?
Devo (prenotare un posto)? — de·wo (pre·no·ta·re un pos·to)

Was ist die Spezialität der Region?
Qual'è la specialità di questa regione? — kwa·le la spe·tscha·li·ta di kwes·ta re·dscho·ne

Das war köstlich!
Era squisito! — e·ra skwi·si·to

Zum Wohl!
Salute! — sa·lu·te

Die Rechnung, bitte.
Mi porta il conto, per favore? — mi por·ta il kon·to per fa·wo·re

Ich möchte einen Tisch für ... reservieren	Vorrei prenotare un tavolo per ...	wo·rej pre·no·ta·re un ta·wo·lo per ...
(zwei) Personen	(due) persone	(du·e) per·so·ne
(acht) Uhr	le (otto)	le (o·to)
Ich esse kein/e/n ...	Non mangio ...	non man·dscho
Eier	uova	uo·wa
Fisch	pesce	pe·sche
Nüsse	noci	no·tschi
(rotes) Fleisch	carne (rossa)	kar·ne (ros·sa)

Nützliches

Abendessen	cena	*tsche*-na
Bar	locale	lo-*ka*-le
Café	bar	Bar
Flasche	bottiglia	bot-*ti* lja
Frühstück	prima colazione	*pri*-ma ko-la-*tsjo*-ne
Gabel	forchetta	for-*ket*-ta
Getränkekarte	lista delle bevande	*lis*-ta *del*-le be-*wan*-de
Glas	bicchiere	bi-*kje*-re
heiß	caldo	*kal*-do
kalt	freddo	*fred*-do
Lebensmittel	alimentari	a-li-men-*ta*-ri
Löffel	cucchiaio	kuk-*ja*-jo
Markt	mercato	mer-*ka*-to
Messer	coltello	kol-*tel*-lo
mit	con	kon
Mittagessen	pranzo	*pran*-tso
ohne	senza	*sen*-tsa
Restaurant	ristorante	ree-sto-*ran*-te
scharf	piccante	pi-*kan*-te
Speisekarte	menù	me-*nu*
Teller	piatto	*pjat*-to
vegetarisch	vegetariano	we-dsche-ta-ri *ja*-no

Fleisch & Fisch

Austern	ostriche	*o*-stri-ke
Ente	anatra	*a*-na-tra
Fisch	pesce	*pe*-sche
Fleisch	carne	*kar*-ne
Forelle	trota	*tro*-ta
Garnelen	gamberi	*gam*-be-ri
Hähnchen	pollo	*pol*-lo

Schilder

Entrata/Ingresso	Eingang
Uscita	Ausgang
Aperto	Geöffnet
Chiuso	Geschlossen
Informazioni	Auskünfte
Proibito/Vietato	Verboten
Gabinetti/Servizi	Toiletten
Uomini	Herren
Donne	Damen

Hering	aringa	a-*rin*-ga
Hummer	aragosta	a-ra-*gos*-ta
Jakobs-muscheln	capasante	ka-pa-*san*-te
Kalbfleisch	vitello	wi-*te*-lo
Lachs	salmone	sal-*mo*-ne
Lamm	agnello	an-*jel*-lo
Meeresfrüchte	frutti di mare	*fru*-ti di *ma*-re
Miesmuscheln	cozze	*kott*-se
Rindfleisch	manzo	*man*-tso
Schweinefleisch	maiale	ma-*ja*-le
Shrimps	gamberetti	gam be-*ret*-ti
Thunfisch	tonno	*ton*-no
Tintenfisch	calamari	ka-la-*ma*-ri
Truthahn	tacchino	ta-*ki*-no

Obst & Gemüse

Ananas	ananas	*a*-na-nas
Apfel	mela	*me*-la
Blumenkohl	cavolfiore	ka-wol-*fjo*-re
Bohnen	fagioli	fa-*dscho*-li
Erbsen	piselli	pi-*sel*-li
Gemüse	verdura	wer-*du*-ra
Gurke	cetriolo	tsche-tri-o-lo
Kartoffeln	patate	pa-*ta*-te
Kohl	cavolo	*ka*-wo-lo
Linsen	lenticchie	len-*ti*-kje
Möhre	carota	ka-*ro*-ta
Nüsse	noci	*no*-tschi
Obst	frutta	*frut*-ta
Orange	arancia	a-*ran*-tscha
Paprika	peperone	pe-pe-*ro*-ne
Pfirsich	pesca	*pes*-ka
Pflaume	prugna	*prun*-ja
Pilze	funghi	*fung*-gi
Spinat	spinaci	spi-*na*-tschi
Tomaten	pomodori	po-mo-*do*-ri
Weintraube	uva	*u*-wa
Zitrone	limone	li-*mo*-ne
Zwiebeln	cipolle	tschi-*pol*-le

Sonstiges

Brot	pane	*pa*-ne
Butter	burro	*bur*-ro
Ei	uova	*uo*-wa
Eis (Würfel)	ghiaccio	*gja*-tscho

Essig	aceto	*a·tsche·to*
Honig	miele	*mje·le*
Käse	formaggio	*for·ma·dscho*
Marmelade	marmellata	*mar·mel·la·ta*
Nudeln	pasta	*pas·ta*
Öl	olio	*o·ljo*
Pfeffer	pepe	*pe·pe*
Reis	riso	*ri·so*
Salz	sale	*sa·le*
Sojasauce	salsa di soia	*sal·sa di so·ja*
Suppe	minestra	*mi·nes·tra*
Zucker	zucchero	*tsuk·ke·ro*

Getränke

Bier	birra	*bee·ra*
Getränk	bibita	*bi·bi·ta*
Kaffee (Espresso)	caffè	*ka·fä*
Milch	latte	*lat·te*
(Mineral-) Wasser	acqua (minerale)	*a·kwa (mi·ne·ra·le)*
(Orangen-) Saft	succo (d'arancia)	*su·ko (da·ran·tscha)*
Rotwein	vino rosso	*wi·no ros·so*
Tee	tè	*te*
Weißwein	vino bianco	*wi·no bjang·ko*

IM NOTFALL

Hilfe! | *Aiuto!* | *a·ju·to*

Lassen Sie/lass mich in Ruhe!
Lascimi/lasciami in pace!
la·schi mi/la·scha mi in pa·tsche

Ich habe mich verirrt.
Mi sono perso/a. (m/f)
mi so·no per·so/a

Es ist ein Unfall passiert.
C'è stato un incidente.
tsche sta·to un in·tschi·den·te

Rufen Sie/ruf die Polizei!
Chiami/chiama la polizia!
kja·mi/kja ma la po·li·tsi·ja

Rufen Sie/ruf einen Arzt!
Chiami/chiama un medico!
kja·mi/kja ma un me·di·ko

Wo sind die Toiletten?
Dove sono i gabinetti?
do·we so·no i ga·bi·net·ti

Mir ist schlecht.
Mi sento male.
mi sen·to ma·le

Ich habe hier Schmerzen.
Mi fa male qui.
mi fa ma·le kwi

Ich bin allergisch gegen...
Sono allergico/a a... (m/f)
so·no al·ler·dschi·ko/a a...

SHOPPEN & DIENSTLEISTUNGEN

Ich würde gerne ... kaufen.
Vorrei comprare ... | *wo·rej kom·pra·re ...*

Ich schaue mich nur um.
Sto solo guardando. | *sto so·lo gwar·dan·do*

Kann ich das mal anschauen?
Posso dare un'occhiata? | *pos·so da·re un ok·kja·ta*

Wie viel kostet das?
Quanto costa questo? | *kwan·to kos·ta kwes·to*

Das ist zu teuer.
È troppo caro/a. (m/f) | *ä trop·po ka·ro/a*

Können Sie den Preis nachlassen?
Può farmi lo sconto? | *puo far·mi lo skon·to*

Die Rechnung stimmt nicht.
C'è un errore nel conto. | *tsche un er·ro·re nel kon·to*

Geldautomat	Bancomat	*ban·ko·mat*
Postamt	ufficio postale	*uf·fi·tscho pos·ta·le*
Touristen-information	ufficio del turismo	*uf·fi tscho del tu·ris·mo*

DATUM & UHRZEIT

Wie viel Uhr ist es?	Che ora è?	*ke o·ra ä*
Es ist 13 Uhr.	È l'una.	*ä lu·na*
Es ist (zwei) Uhr.	Sono le (due).	*so·no le (du·e)*
halb (zwei; 13.30 Uhr)	(L'una) e mezza.	*(lu·na) e met·sa*
morgens	di mattina	*di mat·ti·na*
nachmittags	di pomeriggio	*di po·me·ri·dscho*
abends	di sera	*di se·ra*

gestern	ieri	je·ri
heute	oggi	o·dschi
morgen	domani	do·ma·ni
Montag	lunedì	lu·ne·di
Dienstag	martedì	mar·te·di
Mittwoch	mercoledì	mer·ko·le·di
Donnerstag	giovedì	dscho·we·di
Freitag	venerdì	we·ner·di
Samstag	sabato	sa·ba·to
Sonntag	domenica	do·me·ni·ka
Januar	gennaio	dsche·na·jo
Februar	febbraio	feb·ra·jo
März	marzo	mar·tso
April	aprile	a·pri·le
Mai	maggio	ma·dscho
Juni	giugno	dschun·jo
Juli	luglio	lul·jo
August	agosto	a·gos·to
September	settembre	set·tem·bre
Oktober	ottobre	ot·to·bre
November	novembre	no·wem·bre
Dezember	dicembre	di·tschem·bre

VERKEHRSMITTEL & -WEGE

Öffentliche Verkehrsmittel

Um wie viel Uhr startet/kommt ...
A che ora parte/arriva ...?
a ke o·ra par·te/ar·ri·wa ...

der Bus	l'autobus	lau·to·bus
die Fähre	il traghetto	il tra·get·to
das Flugzeug	l'aereo	la·e·re·o
das Schiff	la nave	la na·we
die U-Bahn	la metropolitana	la me·tro po·li·ta·na
der Zug	il treno	il tre·no
Bahnhof	stazione ferroviaria	sta·tsjo·ne fer·ro wi ari·ja
Bahnsteig/Gleis	binario	bi·na·rio
Bushaltestelle	fermata dell' autobus	fer·ma·ta dell au·to·bus
Fahrkarte	il biglietto	il bil·jet·to
einfach	di sola andata	di so·la an·da·ta
hin und zurück	di andata e ritorno	di an·da·ta e ri·tor·no

Zahlen

1	uno	u·no
2	due	du·e
3	tre	trä
4	quattro	kwat·tro
5	cinque	tsching·kwe
6	sei	sej
7	sette	set·te
8	otto	ot·to
9	nove	no·we
10	dieci	dje·tschi
20	venti	wen·ti
30	trenta	tren·ta
40	quaranta	kwa·ran·ta
50	cinquanta	tsching·kwan·ta
60	sessanta	ses·san·ta
70	settanta	se·tan·ta
80	ottanta	ot·tan·ta
90	novanta	no·wan·ta
100	cento	tschen·to
1000	mille	mi·le

Fahrplan	orario	o·ra·rio
Kartenschalter	biglietteria	bil jet te ri·a

Hält er in ...?
Si ferma a ...?
si fer·ma a ...

Bitte sagen Sie mir, wann wir in ... ankommen.
Mi dica per favore quando arriviamo a ...
mi di·ka per fa·wo·re kwan·do ar·ri·wja·mo a ...

Ich möchte hier aussteigen.
Voglio scendere qui.
wo·ljo schen·de·re kwi

Auto, Motorrad & Fahrrad

Ich würde gerne ein ... mieten.
Vorrei noleggiare un/una ... (m/f)
wo·rej no·le·dscha·re un/u·na ...

Allradfahrzeug	fuoristrada (m)	fuo·ri·stra·da
Auto	macchina (f)	ma·ki·na
Fahrrad	bicicletta (f)	bi tschi·klet·ta
Motorrad	moto (f)	mo·to
Benzin/Diesel	benzina/gasolio	ben·tsi·na/ gas o ljo

Fahrradpumpe	pompa della bicicletta	pom·pa del·la bi tschi·klet·ta
Helm	casco	kas·ko
Kindersitz	seggiolino	se·dscho·li·no
Mechaniker	meccanico	mek·ka·ni·ko
Tankstelle	stazione di servizio	sta·tsjo·ne di ser·wi·tsjo

Ist das die Straße nach ...?
Questa strada porta a ...?
kwe·sta stra·da por·ta a ...

(Wie lange) Kann ich hier parken?
(Per quanto tempo) Posso parcheggiare qui?
(per kwan·to tem·po) pos·so par·ke·dscha·re kwi

Das Auto/Motorrad hatte eine Panne (in ...).
La macchina/moto si è guastata (a ...).
la ma·ki·na/mo·to si e gwas·ta·ta (a ...)

Ich habe einen platten Reifen.
Ho una gomma bucata.
o u·na gom·ma bu·ka·ta

Mir ist das Benzin ausgegangen.
Ho esaurito la benzina.
o e·sau·ri·to la ben·tsi·na

Hinter den Kulissen

WIR FREUEN UNS ÜBER EIN FEEDBACK

Post von Travellern zu bekommen ist für uns ungemein hilfreich – Kritik und Anregungen halten uns auf dem Laufenden und helfen, unsere Bücher zu verbessern. Unser reiseerfahrenes Team liest alle Zuschriften genau durch, um zu erfahren, was an unseren Reiseführern gut und was schlecht ist. Wir können solche Post zwar nicht individuell beantworten, aber jedes Feedback wird garantiert schnurstracks an die jeweiligen Autoren weitergeleitet, rechtzeitig vor der nächsten Auflage.

Wer Ideen, Erfahrungen und Korrekturhinweise zum Reiseführer mitteilen möchte, hat die Möglichkeit dazu auf www.lonelyplanet.com/contact/guidebook_feedback/new. Anmerkungen speziell zur deutschen Ausgabe erreichen uns über www.lonelyplanet.de/kontakt.

Hinweis: Da wir Beiträge möglicherweise in Lonely Planet Produkten (Reiseführer, Websites, digitale Medien) veröffentlichen, ggf. auch in gekürzter Form, bitten wir um Mitteilung, falls ein Kommentar nicht veröffentlicht oder ein Name nicht genannt werden soll. Wer Näheres über unsere Datenschutzpolitik wissen will, erfährt das unter www.lonelyplanet.com/privacy.

DANK VON LONELY PLANET

Vielen Dank an die folgenden Leser, die mit der letzten Ausgabe unterwegs waren und uns wertvolle Hinweise, Tipps und interessante Anekdoten geschickt haben: Deidre Terzian, Efrat Blum, Lisa Sarasohn, Trevor Matthews.

DANK DER AUTOREN
Nicola Williams

Grazie mille an alle vor Ort, die ihre Liebe zur Toskana und ihr Insiderwissen mit mir geteilt haben: das Weinverkoster-Duo Manuele Giovanelli & Zeno Fioravanti (Pitti Gola e Cantina), Angela Banti (Lorenzo Villoresi), Doreen & Carmello (Hotel Scoti), Georgette Jupe (@girlinflorence), die notorische Feinschmeckerin Coral Sisk (@curiousappetite), Nardia Plumridge (@lostinflorence), Familien-Tourguide & Kunsthistorikerin Molly McIlwrath, Cailin Swanson und Betti Soldi, Caroline (Raw), Duccio di Giovanni und Marco Mantonavi. Und schließlich, Hut ab vor meinem ureigenen fachkundigen, trilingualen Familienreise-Rechercheteam: Niko, Mischa & Kaya.

Virginia Maxwell

So viele Einheimische haben mich auf dieser Rechercherreise unterstützt. Vielen Dank an Tiziana Babbucci, Fernando Bardini, Maricla Bicci, Niccolò Bisconti, Enrico Bracciali, Rita Ceccarelli, Cecilia in Massa Marittima, Stefania Colombini, Ilaria Crescioli, Martina Dei, Paolo Demi, Federica Fantozzi, Irene Gavazzi, Francesco Gentile, Francesca Geppetti, Maria Guarriello, Benedetta Landi, Freya Middleton, Alessandra Molletti, Sonai Pallai, Luigi Pagnotta, Valentina De Pamphilis, Franco Rossi, Fabiana Sciano, Maria Luisa Scorza, Raffaella Senesi, Coral Sisk, Carolina Taddei und Luca Ventresa. Herzlichen Dank auch an meine Reisegefährten: Peter Handsaker, Eveline Zoutendijk, Max Handsaker, Elizabeth Maxwell, Matthew Clarke und Ella Clarke.

QUELLENNACHWEIS

Die Angaben auf der Klimakarte stammen von Peel MC, Finlayson BL & McMahon TA (2007) „Updated World Map of the Köppen-Geiger Climate Classification", Hydrology and Earth System Sciences, 11, 163344.

Illustrationen S. 72–73 von Javier Zarracina

Titelfoto: Bauernhaus im Val d'Orcia, Francesco Riccardo Iacomino/AWL ©

ÜBER DIESES BUCH

Dies ist die 7. deutsche Auflage von *Toskana*. Sie basiert auf der 10. englischen Auflage, recherchiert und geschrieben von Nicola Williams und Virginia Maxwell. Nicola übernahm auch die Koordination. Die vorherige Auflage stammt von Nicola und Belinda Dixon.

Dieser Reiseführer wurde produziert von:

Titelredaktion Anna Tyler

Produktredaktion Kathryn Rowan, Anne Mason

Kartografie Anthony Phelan

Layout Clara Monitto

Redaktionsassistenz Sarah Bailey, James Bainbridge, Michelle Coxall, Pete Cruttenden, Jodie Martire, Kristin Odijk, Monique Perrin, Simon Williamson

Kartografieassistenz Valentina Kremenchutskaya

Titelbildrecherche Naomi Parker

Dank an Will Allen, Nigel Chin, Lauren Keith, Catherine Naghten, Lauren O'Connell

Register

NOTIZEN

Kartenlegende

Sehenswertes

- Strand
- Vogelschutzgebiet
- buddhistisch
- Burg/Schloss/Palast
- christlich
- konfuzianisch
- hinduistisch
- islamisch
- jainistisch
- jüdisch
- Denkmal
- Museum/Galerie/histor. Gebäude
- Ruine
- Sento/Onsen
- shintoistisch
- Sikh
- taoistisch
- Weingut/Weinberg
- Zoo/Wildschutzgebiet
- sonstige Sehenswürdigkeit

Aktivitäten, Kurse & Touren

- bodysurfen
- tauchen
- Kanu/Kajak fahren
- Kurs/Tour
- Ski fahren
- schnorcheln
- surfen
- Swimmingpool
- wandern
- windsurfen
- sonstige Aktivität

Schlafen

- Hotel/Pension/Hostel
- Camping

Essen

- Restaurant

Ausgehen & Nachtleben

- Bar/Kneipe/Club
- Café

Unterhaltung

- Unterhaltung

Shoppen

- Shoppen

Praktisches

- Bank
- Botschaft/Konsulat
- Krankenhaus/Arzt
- Internet
- Polizei
- Post
- Telefon
- Toilette
- Touristeninformation
- sonstige Informationen

Geografie

- Strand
- Hütte/Unterstand
- Leuchtturm
- Aussichtspunkt
- Berg/Vulkan
- Oase
- Park
- Pass
- Rastplatz
- Wasserfall

Städte

- Hauptstadt (Staat)
- Hauptstadt (Provinz)
- Großstadt
- Stadt/Ort

Transport

- Flughafen
- Grenzübergang
- Bus
- Seilbahn/Standseilbahn
- Radweg
- Fähre
- Metrostation
- Schwebebahn
- Parkplatz
- Tankstelle
- S-Bahnstation
- Taxi
- T-bane/Tunnelbana-Station
- Bahnhof/Bahnlinie
- Straßenbahn
- Tube Station
- U-Bahnstation
- sonstiger Transport

Hinweis: Nicht alle in der Legende aufgeführten Symbole sind Bestandteil der Karten dieses Buches

Verkehrswege

- Mautstraße
- Autobahn
- Hauptstraße
- Landstraße
- Verbindungsstraße
- sonstige Straße
- unbefestigte Straße
- Straße im Bau
- Platz, Promenade
- Treppe
- Tunnel
- Fußgängerbrücke
- Spaziergang
- Abstecher vom Spaziergang
- Weg/Pfad

Grenzen

- Staatsgrenze
- Provinzgrenze
- umstrittene Grenze
- Regional-/Bezirksgrenze
- Meeresschutzgebiet
- Kliff
- Mauer

Gewässer

- Fluss, Bach
- periodischer Fluss
- Kanal
- Gewässer
- Salzsee/trockener/periodischer See
- Riff

Gebietsform

- Flughafen/Flugplatz
- Strand/Wüste
- christlicher Friedhof
- sonstiger Friedhof
- Gletscher
- Watt
- Park/Wald
- Sehenswertes (Gebäude)
- Sportplatz
- Sumpf/Mangroven

DIE AUTOREN

Nicola Williams

Grenzen zu überqueren gehört für Nicole Williams, britische Autorin, Läuferin, Feinschmeckerin, Kunstliebhaberin und Mutter dreier Kinder zum Lebensstil. Sie lebt seit über zehn Jahren in einem französischen Dorf am Südufer des Genfer Sees. Nicola hat für Lonely Planet an über 50 Reiseführern über Paris, die Provence, Rom, die Toskana, Frankreich, Italien und die Schweiz mitgearbeitet und ist Frankreichexpertin für den *Telegraph*. Sie schreibt auch für *Independent*, *Guardian*, lonelyplanet.com, *Lonely Planet Magazine*, *Cool Camping France* und weitere Publikationen. Sie ist auf Twitter und Instagram unter @tripalong zu finden.

Virginia Maxwell

Auch wenn sie in Australien lebt, verbringt Virginia mindestens drei Monate im Jahr in Europa und dem Nahen Osten, um für Reiseführer und andere Reisepublikationen für diverse Verlagen zu recherchieren. Mit dem Reisevirus infizierte sie sich bei ihrem ersten Auslandsaufenthalt in London, wo sie zwei Jahre lebte, nachdem sie die Uni absolviert hatte. Seitdem ist sie regelmäßig auf Reisen. Virginia arbeit seit 13 Jahren vollzeit als Reiseautorin und gelegentliche Rezensentin, vorher war sie Journalistin, Buch- und Zeitschriftenredakteurin, Museumskuratorin und Filmfestival-Programmmacherin. Für Lonely Planet war sie in letzter Zeit u. a. an Nord- und Westküste von Tasmanien, in Istanbul (ihrem Lieblingsreiseziel) und an der türkischen Ägäisküste, an der marokkanischen Atlantikküste und in der Toskana unterwegs.

DIE LONELY PLANET STORY

Ein ziemlich mitgenommenes, altes Auto, ein paar Dollar in der Tasche und Abenteuerlust – 1972 war das alles, was Tony und Maureen Wheeler für die Reise ihres Lebens brauchten, die sie durch Europa und Asien bis nach Australien führte. Die Tour dauerte einige Monate, können am Ende saßen die beiden – erschöpft, aber voller Inspiration – an ihrem Küchentisch und schrieben ihren ersten Reiseführer *Across Asia on the Cheap*. Lonely Planet war geboren. Heute hat der Verlag Büros in Melbourne, London, Oakland, Franklin, Delhi und Beijing mit mehr als 600 Mitarbeitern und Autoren. Und alle teilen Tonys Überzeugung, dass ein guter Reiseführer drei Dinge erfüllen sollte: informieren, bilden und unterhalten.

Lonely Planet Global Limited
Digital Depot
The Digital Hub
Dublin D08 TCV4
Ireland

Obwohl die Autoren und Lonely Planet alle Anstrengungen bei der Recherche und bei der Produktion dieses Reiseführers unternommen haben, können wir keine Garantie für die Richtigkeit und Vollständigkeit dieses Inhalts geben. Deswegen können wir auch keine Haftung für eventuell entstandenen Schaden übernehmen.

Verlag der deutschen Ausgabe:
MAIRDUMONT, Marco-Polo-Str. 1, 73760 Ostfildern,
www.lonelyplanet.de, www.mairdumont.com, lonelyplanet-online@mairdumont.com

Chefredakteurin deutsche Ausgabe: Birgit Borowski

Redaktion: Bintang Buchservice GmbH, www.bintang-berlin.de
Übersetzung: Gunter Mühl, Julia Rickers
An früheren Auflagen haben außerdem mitgewirkt: Dorothee Büttgen, Agnes Dubberke, Petra Dubilski, Berna Ercan, Tobias Ewert, Tatyana Gardner, Karen Gerwig, Marion Gref-Timm, Stefanie Gross, Tina Heidborn, Joachim Henn, Valeska Henze, Britta Kotrasch, Jürgen Kucklinski, Andreas Loos, Silvia Mayer, Ute Perchtold, Dr. Christian Rochow, Christina Schmidt, Kathrin Schnellbächer, Frauke Sonnabend, Nicole Stange, Robert Suske, Inga-Brita Thiele, Katja Weber
Lektorat: Katharina Grimm, Jan Haas
Satz: Stefan Müssigbrodt
Technischer Support: Typopoint, Ostfildern/Kemnat

Toskana
7. deutsche Auflage April 2018, übersetzt von
Florence & Tuscany, 10th edition, Januar 2018, Lonely Planet Global Limited

Deutsche Ausgabe © Lonely Planet Global Limited, April 2018

Fotos © wie angegeben 2018

Die meisten Fotos in diesem Reiseführer können bei Lonely Planet Images, www.lonelyplanetimages.com, auch lizenziert werden.

Printed in Poland

MIX
Papier aus verantwortungsvollen Quellen
FSC® C018236
www.fsc.org